孙洋 孔军 等编

图解
汽车正时校对
维修大全
第2版

TUJIE
QICHE ZHENGSHI JIAODUI
WEIXIU DAQUAN

化学工业出版社
·北京·

内 容 简 介

本书从汽车维修人员的实际需求出发,采用图解的形式,详细介绍了汽车正时校对维修方法与技巧。

本书精选了300多种汽车发动机,对汽车发动机的正时调整的方法、步骤、操作技能与技巧进行了细致讲解,并清楚标明了发动机的型号,以便维修人员在实际维修汽车时对应操作。

本书内容全面实用,讲解细致到位,图文并茂,资料新颖,是汽车维修人员必备的参考书,也可供职业院校及培训机构汽车维修专业的师生参考使用。

图书在版编目(CIP)数据

图解汽车正时校对维修大全/孙洋等编.—2版.—北京:化学工业出版社,2020.10
ISBN 978-7-122-37333-5

Ⅰ.①图… Ⅱ.①孙… Ⅲ.①汽车-发动机-车辆修理-图解 Ⅳ.①U472.43-64

中国版本图书馆CIP数据核字(2020)第118229号

责任编辑:耍利娜 李军亮　　　　文字编辑:毛亚囡
责任校对:宋　夏　　　　　　　　装帧设计:王晓宇

出版发行:化学工业出版社(北京市东城区青年湖南街13号　邮政编码100011)
印　　装:大厂聚鑫印刷有限责任公司
787mm×1092mm　1/16　印张55¼　字数1525千字　2021年2月北京第2版第1次印刷

购书咨询:010-64518888　　　　　　　售后服务:010-64518899
网　　址:http://www.cip.com.cn
凡购买本书,如有缺损质量问题,本社销售中心负责调换。

定　价:198.00元　　　　　　　　　　　　　　　　　版权所有　违者必究

前言

汽车发动机曲轴链轮和凸轮轴链轮上都有正时标记，拆卸和装配发动机正时系统部件时都应对准正时标记，否则发动机就不能正常工作。由于目前汽车发动机种类繁多，各发动机正时调整方法各不相同，故发动机正时校对成了广大维修人员的难题。为帮助汽车维修人员迅速掌握发动机正时校对方法，我们编写了本书，希望对维修人员有一定帮助。

本书特点如下。

1. 涉及品牌较多且有代表性

本书涉及了20多个品牌、300多种发动机的正时校对。在选型上，精选了市场上保有量较大的型号，同时收录了少量保有量虽不是很大但技术较新的车型，从而使本书更加完善。

2. 内容实用，车型新

本书根据编者20多年的维修和教学经验编写而成，汇集了众多维修人员的实战经验，从维修人员的实际需要出发，去粗取精；根据汽车发动机的维修周期，选择了较新的车型进行介绍。

3. 查阅方便

书中标题不但简明列举了各车型发动机的排量，还标出了发动机的型号，便于准确查找。

4. 全程图解

书中配备了清晰的正时机构简图、正时校对示意图、简明的操作步骤和对应示意图，图解的形式直观易懂。

参与本书编写工作的人员有孙洋、孔军、张玉合、孙慧杰、薛金梅、王精、孙文、孙翠、付洪亮、马青梅、王占涛、张秀珍、张小五、马钰莹、陈玉彬、薛焕珠、石国富、薛运芝、楚建功、孙新生、薛秀云、董小改、王晶、孙润生、付乐乐、薛新建、楚永幸、杨国强、孙兰、李艳丽、孙东生、冯志刚、王佳、谭连枝、张旭、马亮亮、马娟、李换、石超、刘彦楠、杨易锋、冯丹丹、张玉、孙雅欣等。

由于编者水平有限，书中不足之处在所难免，恳请广大读者批评指正。

编　者

目 录

第一章 北京现代车系 — 001

第一节　北京现代索纳塔车系发动机正时校对维修 …………………………………… 001
　　一、2.0L 和 2.4L 发动机 ………………………………………………………………… 001
　　二、2.0L LPG 发动机 …………………………………………………………………… 007
第二节　北京现代领翔车系 G4KD-2.0/G4KE-2.4 发动机正时校对维修 ……………… 010
　　一、正时系统部件的拆卸 ………………………………………………………………… 010
　　二、正时系统部件的检查 ………………………………………………………………… 014
　　三、正时系统部件的安装 ………………………………………………………………… 014
第三节　北京现代途胜车系正时校对维修 ………………………………………………… 018
　　一、G6BA 发动机 ………………………………………………………………………… 018
　　二、G4GC 发动机 ………………………………………………………………………… 024
第四节　北京现代雅绅特车系 G4EE-GSL1.4 和 G4ED-GSL1.6 发动机正时校对维修 … 031
　　一、正时系统部件的拆卸 ………………………………………………………………… 031
　　二、正时系统部件的检查 ………………………………………………………………… 035
　　三、正时系统部件的安装 ………………………………………………………………… 035
第五节　北京现代御翔车系 G4KC-2.4L 汽油发动机正时校对维修 …………………… 039
　　一、正时链条的拆卸 ……………………………………………………………………… 039
　　二、正时链条的安装 ……………………………………………………………………… 041
第六节　北京现代伊兰特悦动车系 1.6L 和 1.8L 发动机正时校对维修 ………………… 042
　　一、正时系统部件的拆卸 ………………………………………………………………… 043
　　二、链轮、张紧轮和惰轮的检查 ………………………………………………………… 046
　　三、正时系统部件的安装 ………………………………………………………………… 046

第二章 丰田车系发动机正时校对维修 — 050

第一节　一汽丰田威驰车系发动机正时校对维修 ………………………………………… 050
　　一、5A-FE、8A-FE 发动机 ……………………………………………………………… 050
　　二、2NZ-FE 发动机 ……………………………………………………………………… 056
　　三、1ZR-FE 发动机 ……………………………………………………………………… 067
第二节　一汽丰田卡罗拉汽车 ……………………………………………………………… 080
第三节　一汽丰田皇冠车系 3GR-EF 和 5GR-EF 发动机正时校对维修 ………………… 081
　　一、正时系统部件的拆卸 ………………………………………………………………… 081
　　二、正时系统部件的安装 ………………………………………………………………… 085

第四节　一汽丰田锐志汽车 090
第五节　广州丰田凯美瑞车系 1AZ-FE 和 2AZ-FE 发动机正时校对维修 090
　一、正时链条的拆卸 090
　二、正时链条的检查 095
　三、正时链条的安装 095
第六节　广州丰田凯美瑞混合动力车系 3AZ-FXE 发动机正时校对维修 100
　一、发动机的拆卸 101
　二、发动机的安装 104
第七节　广州丰田雅力士车系发动机正时校对维修 107
　一、2NZ-FE 发动机 107
　二、1ZR-FE、4ZR-FE 发动机 113
第八节　广州丰田汉兰达车系 2GR-FE 发动机正时校对维修 123
　一、正时系统部件的拆卸 124
　二、正时系统部件的安装 130
第九节　广州丰田酷路泽车系 1GR-FE 发动机正时校对维修 135
　一、正时链条的拆卸 135
　二、正时链条的安装 139

第三章　马自达车系发动机正时校对维修 143

第一节　一汽马自达 6 车系 L8、LF 和 L5 发动机正时校对维修 143
第二节　一汽马自达 8 车系 L3 发动机正时校对维修 144
第三节　一汽马自达 CX-7 车系 L5 发动机正时校对维修 146
第四节　长安马自达 2 车系 ZJ、ZY、Z6 发动机正时校对维修 148
　一、正时链条的拆卸 148
　二、正时链条的组装 148
　三、正时链条的安装说明 149
第五节　长安马自达 3 车系 Z6 发动机正时校对维修 149
　一、Z6 发动机 149
　二、LF、L5 发动机 152

第四章　本田车系发动机正时校对维修 155

第一节　东风本田 CR-V 车系发动机正时校对维修 155
　一、R20A1 发动机 155
　二、K24Z1 发动机 155
　三、K20A4、K20A5、K24A1、K24A5 发动机 155
第二节　东风本田思铂睿车系发动机正时校对维修 160
　一、R20A3 发动机 160
　二、K24Z3 发动机 166
第三节　东风本田思域车系发动机正时校对维修 172
第四节　广州本田锋范车系 L15A7、L18A1 发动机正时校对维修 173
　一、凸轮轴链条的拆卸 173
　二、凸轮轴链条的安装 175

第五节　广州本田飞度车系 L13Z1(1.3L)/L15A7(1.5L)发动机正时校对维修 …………………… 179
　一、凸轮链条的拆卸 …………………………………………………………………… 179
　二、凸轮链条的安装 …………………………………………………………………… 182
第六节　广州本田奥德赛车系 K24A4 发动机正时校对维修 ………………………… 187
　一、正时链条的拆卸 …………………………………………………………………… 187
　二、正时链条的安装 …………………………………………………………………… 189
第七节　广州本田雅阁车系发动机正时校对维修 …………………………………… 191
　一、R20A3 发动机 ……………………………………………………………………… 191
　二、K24Z2、K24Z3 发动机 …………………………………………………………… 195
第八节　广州本田思迪车系 L13A3 和 L15A1 发动机正时校对维修 ……………… 201
　一、正时链条的拆卸 …………………………………………………………………… 201
　二、正时链条的安装 …………………………………………………………………… 203
第九节　进口本田思域车系 LDA2(1.3L)发动机正时校对维修 ……………………… 207
　一、凸轮链条的拆装 …………………………………………………………………… 207
　二、凸轮轴链轮的拆装 ………………………………………………………………… 211
第十节　讴歌 MDX/LR/TL 车系 J35A1/J35A8/J35Z6 发动机正时校对维修 ……… 213
　一、正时皮带的检查 …………………………………………………………………… 213
　二、正时皮带的拆卸 …………………………………………………………………… 213
　三、正时皮带的安装 …………………………………………………………………… 215

第五章　日产车系发动机正时校对维修　218

第一节　东风日产新天籁车系发动机正时校对维修 ………………………………… 218
　一、MR20DE 发动机 …………………………………………………………………… 218
　二、VQ25DE、VQ35DE 发动机 ……………………………………………………… 225
第二节　东风日产新逍客(J10)车系发动机正时校对维修 …………………………… 236
　一、HR16DE 发动机 …………………………………………………………………… 236
　二、MR20DE 发动机 …………………………………………………………………… 242
第三节　东风日产骏逸车系 MR18DE(1.8L)和 MR20DE(2.0L)发动机正时校对维修 … 242
　一、正时链条的拆卸 …………………………………………………………………… 242
　二、正时链条的安装 …………………………………………………………………… 245
第四节　东风日产新阳光 N17 车系 HR15DE 发动机正时校对维修 ………………… 249
第五节　东风日产新奇峻 T31 车系发动机正时校对维修 …………………………… 256
　一、MR20DE 发动机 …………………………………………………………………… 256
　二、QR25DE 发动机 …………………………………………………………………… 256
　三、M9R 发动机 ………………………………………………………………………… 262
第六节　东风日产玛驰 MARCH 车系发动机正时校对维修 ………………………… 270
　一、HR12DE(1.2L)发动机 ……………………………………………………………… 270
　二、HR15DE(1.5L)发动机 ……………………………………………………………… 277
第七节　东风日产骐达、颐达车系 HR16DE 发动机正时校对维修 ………………… 277
第八节　郑州日产 NV200 车系 HR16DE 发动机正时校对维修 …………………… 278
第九节　郑州日产奥丁(OTING)车系 4G64 发动机正时校对维修 ………………… 278
　一、正时齿带的拆卸 …………………………………………………………………… 278
　二、正时齿带的安装 …………………………………………………………………… 278
第十节　东风日产新骐达 C12 车系 MR16DDT 发动机正时校对维修(12 款) ……… 284

一、正时链条的拆卸 284
　　二、正时链条的安装 286
第十一节　东风日产轩逸车系 MR 类型发动机正时校对维修 290
第十二节　东风日产楼兰车系发动机正时校对维修 291
　　一、QR25DE 发动机 291
　　二、VQ35ED 发动机 297

第六章　上海通用雪佛兰车系发动机正时校对维修　308

第一节　上海通用雪佛兰科鲁兹车系 1.6L(LXV、LDE)和 1.8L(2HO)
　　　　发动机正时校对维修 308
　　一、正时皮带的更换 308
　　二、正时皮带张紧器的更换 311
第二节　上海通用雪佛兰科帕奇 C100 车系 2.4L 发动机正时校对维修 314
　　一、正时皮带的拆卸 314
　　二、正时皮带的安装 315
第三节　上海通用雪佛兰景程 V-car 车系发动机正时校对维修 316
第四节　雪佛兰景程(V-250)车系 L34GMDAT 发动机正时校对维修 316
　　一、正时皮带的拆卸 316
　　二、正时皮带的安装 318
第五节　上海通用雪佛兰乐风车系发动机正时校对维修 319
第六节　上海通用雪佛兰乐骋 L95 车系 322
　　一、正时皮带的拆卸 322
　　二、正时皮带的安装 323
第七节　雪佛兰迈锐宝车系发动机正时校对维修 324
　　一、1.6L(LDE、LED、LFJ、LGE、LLU、LXV)或 1.8L(2HO、LFH、LUW、LWE)
　　　　发动机 324
　　二、LTD(2.0L)发动机 327
　　三、LAF、LEA(2.2L)或 LUK(2.4L)发动机 333
第八节　雪佛兰景程(V-250)车系 L34GMDAT 发动机正时校对维修 339
　　一、正时皮带的拆卸 339
　　二、正时皮带的安装 341
第九节　雪佛兰爱唯欧车系正时校对维修 342
　　一、1.4L(LCU)发动机 342
　　二、1.6L(LDE、LED、LFJ、LGE、LLU、LXV)或 1.8L(2HO、LFH、LUW、LWE)
　　　　发动机 344
第十节　上海通用凯迪拉克 CTS 车系 LY7/LP1/LLT 发动机正时校对维修 347
　　一、左侧次级凸轮轴传动链条的安装(第四次设计 LY7/LP1/LLT) 347
　　二、初级凸轮轴传动链条的安装(第四次设计) 349
　　三、初级凸轮轴传动链条张紧器的安装(第四次设计 LY7/LP1) 350
　　四、右侧次级凸轮轴传动链条的安装(第四次设计) 352
第十一节　上海通用凯迪拉克 SGM980 车系发动机正时校对维修 354
　　一、2.8L(LP1)发动机 354
　　二、3.6L(LY7)发动机 365
　　三、4.6L(LH2)发动机 376

第十二节　上海通用凯迪拉克 XLR 车系 4.6L(LH2)发动机正时校对维修 ………………… 385
　　一、4.6L(LH2)发动机凸轮轴正时传动链条定位 ………………………………………… 385
　　二、4.6L(LH2)次凸轮轴传动链条的更换(左侧) ………………………………………… 386
　　三、4.6L(LH2)次凸轮轴传动链条的更换(右侧) ………………………………………… 389
第十三节　上海通用凯迪拉克凯雷德车系发动机正时校对维修 …………………………… 392
　　一、LC9/LMG/LY2/LY5 发动机 …………………………………………………………… 392
　　二、LY6/L76/L92 发动机 …………………………………………………………………… 397
第十四节　上海通用凯迪拉克 SRX 车系发动机正时校对维修 …………………………… 402
　　一、3.6L(LY7)发动机 ……………………………………………………………………… 402
　　二、4.6L(LH2)发动机 ……………………………………………………………………… 406

第七章
别克车系发动机正时校对维修 …………………………………………………………… 409

第一节　上海通用别克君威车系发动机正时校对维修 ……………………………………… 409
　　一、2.5L(LB8)和 3.0L(LW9)发动机 ……………………………………………………… 409
　　二、2.0L(L34)发动机 ……………………………………………………………………… 410
　　三、2.0L(LDK)、2.4L(LE5)发动机 ……………………………………………………… 413
第二节　上海通用别克君越混合动力车系发动机正时校对维修 …………………………… 421
　　一、2.4L(LAT、LE5)发动机 ……………………………………………………………… 421
　　二、3.0L(LZD)发动机 ……………………………………………………………………… 427
第三节　上海通用别克陆尊车系 3.0L(LW9)发动机正时校对维修 ………………………… 429
　　一、正时链条和链轮的拆卸 ………………………………………………………………… 429
　　二、正时链条和链轮的安装 ………………………………………………………………… 430
第四节　上海通用别克凯越车系发动机正时校对维修 ……………………………………… 431
　　一、1.6L(L91)发动机 ……………………………………………………………………… 431
　　二、1.8L(L79)发动机 ……………………………………………………………………… 433
第五节　上海通用别克林荫大道车系 3.0L(LF1)发动机正时校对维修 …………………… 435
　　一、发动机正时标记 ………………………………………………………………………… 435
　　二、排气凸轮轴位置执行器的更换-缸组 2(左侧) ……………………………………… 436
　　三、排气凸轮轴位置执行器的更换-缸组 1(右侧) ……………………………………… 438
　　四、进气凸轮轴位置执行器的更换-缸组 2(左侧) ……………………………………… 440
第六节　别克 GL8 豪华商务车 2.4L(LE5)发动机正时校对维修 …………………………… 442
　　一、拆卸程序 ………………………………………………………………………………… 442
　　二、安装程序 ………………………………………………………………………………… 444
第七节　别克英朗车系发动机正时校对维修(12 款) ………………………………………… 448
　　一、1.6L(LDE、LXV)和 1.8L(2H0)发动机正时皮带的更换 …………………………… 448
　　二、1.6L(LLU)发动机 ……………………………………………………………………… 450
第八节　别克君越车系发动机正时校对维修 ………………………………………………… 452
　　一、2.0L 发动机 …………………………………………………………………………… 452
　　二、2.2L 或 2.4L 发动机(LE5、LAF) …………………………………………………… 459
　　三、2.8L、3.0L、3.2L 或 3.6L 发动机(LF1 或 LFW) …………………………………… 459
第九节　别克昂科雷车系 2.8L、3.0L、3.2L 或 3.6L 发动机正时校对维修 ……………… 464
　　一、初级凸轮轴传动链条和链轮的更换 …………………………………………………… 464
　　二、凸轮轴位置执行器的更换(缸组 1) …………………………………………………… 465

第八章 三菱车系发动机正时校对维修 ... 471

第一节 三菱欧蓝德车系发动机正时校对维修 ... 471
一、6B3 发动机 ... 471
二、4B1 发动机 ... 471

第二节 三菱帕杰罗 V87、V97、V93 车系发动机正时校对维修 ... 472
一、6G72 发动机 ... 472
二、6G75 发动机 ... 472
三、4M40 发动机 ... 472
四、4M41 发动机 ... 472

第三节 三菱蓝瑟、翼豪、陆神车系 4B11、4B12 发动机正时校对维修 ... 473

第四节 三菱伊柯丽斯车系发动机正时校对维修 ... 473
一、2.4L 发动机 ... 473
二、3.8L 发动机 ... 480

第五节 三菱格蓝迪车系 4G69(2.4L)发动机正时校对维修 ... 483
一、正时系统的结构 ... 483
二、拆卸维修要点 ... 484
三、安装维修要点 ... 485

第六节 三菱帕杰罗车系发动机正时校对维修 ... 489
一、6G72 发动机 ... 489
二、6G74 发动机 ... 493
三、6G75 发动机 ... 496
四、4M40 发动机 ... 499
五、4M41 发动机 ... 500

第九章 铃木车系发动机正时校对维修 ... 503

第一节 长安铃木雨燕、CM8 和志翔车系 JL474Q-A 发动机正时校对维修 ... 503
一、正时皮带和张紧轮的拆卸 ... 503
二、正时皮带和张紧轮的检查 ... 504
三、正时皮带和张紧轮的安装 ... 505

第二节 长安铃木新奥拓 YC5 车系 K10B 发动机正时调整 ... 506
一、正时链条的拆装 ... 506
二、链条导向/张紧装置 ... 507

第三节 超级维特拉车系发动机正时校对维修 ... 508
一、装配 VVT 的 M16A 发动机正时调整 ... 508
二、J20 发动机正时调整 ... 511
三、F9Q 发动机正时调整 ... 518

第四节 铃木吉姆尼车系 M13 发动机正时调整 ... 524
一、正时链条和链条张紧装置 ... 524
二、正时链条和链条张紧装置的拆卸 ... 524
三、正时链条和链条张紧装置的检查 ... 524
四、正时链条和链条张紧装置的安装 ... 525

第五节 昌河铃木浪迪车系 K14B 发动机正时校对维修 ... 527

一、发动机的构造(K14B型) …………………………………… 527
　　二、正时链条和链条张紧器组件 …………………………………… 527
　　三、拆卸正时链条和链条张紧器 …………………………………… 528

10 第十章
长安福特车系发动机正时校对维修 …………………………………… 531

第一节　长安福特翼虎车系 5.4L 发动机正时校对维修 …………………………………… 531
　　一、正时驱动部件的拆卸 …………………………………… 531
　　二、正时驱动部件的安装 …………………………………… 534
第二节　长安福特福克斯车系 1.8L/2.0L 发动机正时校对维修 …………………………………… 538
　　一、曲轴皮带轮的拆装 …………………………………… 538
　　二、凸轮轴的拆装 …………………………………… 545
　　三、油泵的拆装 …………………………………… 551
第三节　长安福特 S-MAX 车系 2.3L 发动机正时校对维修 …………………………………… 553
　　一、正时链条的拆卸 …………………………………… 553
　　二、正时链条的安装 …………………………………… 553
第四节　长安福特蒙迪欧致胜车系发动机正时校对维修 …………………………………… 554
　　一、2.3L 发动机 …………………………………… 554
　　二、2.0L 发动机 …………………………………… 556
第五节　长安福特嘉年华车系 1.3L(Z6)/1.5L(Z6)发动机正时校对维修 …………………………………… 556
　　一、正时链条的拆卸 …………………………………… 556
　　二、正时链条的安装 …………………………………… 558

11 第十一章
大众车系发动机正时校对维修 …………………………………… 560

第一节　上海大众途观车系 1.8L/2.0L 发动机正时校对维修 …………………………………… 560
　　一、凸轮轴正时链的拆卸 …………………………………… 560
　　二、凸轮轴正时链的安装 …………………………………… 562
　　三、平衡轴正时链的安装 …………………………………… 564
第二节　一汽大众 CC 车系 2.0L CGMA 发动机正时校对维修 …………………………………… 565
　　一、凸轮轴正时链的拆卸 …………………………………… 565
　　二、凸轮轴正时链的安装 …………………………………… 566
第三节　一汽大众宝来车系发动机正时校对维修 …………………………………… 568
　　一、1.4L(CFBA)发动机 …………………………………… 568
　　二、1.6L(BWH)发动机 …………………………………… 572
第四节　一汽大众高尔夫 A6 车系发动机正时校对维修 …………………………………… 574
　　一、1.4L(CFBA)发动机 …………………………………… 574
　　二、1.6L(CDFA)发动机 …………………………………… 580
　　三、2.0L(CGMA)发动机 …………………………………… 585
第五节　一汽大众迈腾车系发动机正时校对维修 …………………………………… 588
　　一、1.4L 4 缸涡轮增压发动机(CFBA) …………………………………… 588
　　二、1.8L 4 缸涡轮增压发动机(BYJ、BYE) …………………………………… 594
第六节　上海大众朗逸车系 1.6L(CDE)发动机正时校对维修 …………………………………… 598
　　一、发动机气门正时调整 …………………………………… 598

二、拆装控制链条和机油泵的驱动链条 ·· 601
第七节　上海大众斯柯达昊锐车系 1.8TSI/2.0TSI 发动机正时校对维修 ················ 605
第八节　上海大众波罗劲情车系 BMG、BMH 发动机正时校对维修 ···················· 606
第九节　斯柯达车系 1.8L 发动机正时校对维修 ··· 609
　　一、正时系统结构 ·· 609
　　二、V 形皮带的拆卸 ··· 609
　　三、正时皮带的安装 ·· 610
第十节　一汽大众新速腾 1.4L 和 1.6L 发动机正时校对维修 ································· 611
　　一、多楔皮带的拆卸和安装 ·· 611
　　二、多楔皮带走向 ··· 612
　　三、正时齿轮箱罩的拆卸和安装 ··· 612
第十一节　大众甲壳虫车系 APH、AVC、AWP、AWU、AWV、BNU、BKF
　　　　　发动机正时校对维修 ·· 615
　　一、齿形皮带的拆卸 ·· 615
　　二、齿形皮带的安装 ·· 617
　　三、张紧齿形皮带的安装 ·· 617
第十二节　一汽大众开迪车系发动机正时校对维修 ·· 618
　　一、BDJ(2.0L)发动机 ·· 618
　　二、1.6L(4 缸)发动机 ·· 622
第十三节　斯柯达法比亚车系 ARV、AQV、AZE、AZF、ANC、ATC、AQW
　　　　　发动机正时校对维修 ·· 622
　　一、正时系统部件 ·· 622
　　二、齿形皮带的拆卸 ·· 623
　　三、主传动-张紧皮带轮的检查 ··· 625
　　四、联轴器驱动-张紧皮带轮的检查 ··· 625
　　五、主传动-齿形皮带的拆卸 ··· 625
　　六、联轴器驱动-齿形皮带的拆卸 ··· 626
　　七、安装 ··· 626
第十四节　一汽大众捷达车系 AQM 柴油发动机正时校对维修 ······························· 628
　　一、正时系统部件 ·· 628
　　二、多楔皮带的拆装 ·· 628
　　三、皮带布置(带空调压缩机的结构) ·· 628
　　四、半自动齿形皮带张紧轮的检查 ··· 629

12 第十二章
比亚迪车系发动机正时校对维修 ·· 630

第一节　比亚迪 F0 车系 BYD371QA 发动机正时校对维修 ····································· 630
　　一、正时链条的拆卸 ·· 630
　　二、正时链条的安装 ·· 631
第二节　比亚迪 F3(F3-R)车系 1.6L(DA4G18)/1.5L(DA4G15S)发动机正时校对维修 ······ 632
　　一、正时皮带的拆卸 ·· 632
　　二、正时皮带的安装 ·· 633
第三节　比亚迪 G3 车系发动机正时校对维修 ·· 635
　　一、1.5L(DA4G15S)发动机 ·· 635
　　二、BYD483QA/QB 发动机 ··· 637

第四节　比亚迪 S8(F8)车系 2.0L(BYD483QB)发动机正时校对维修 ……………… 638
　　一、正时皮带的拆卸/安装概述 …………………………………………………… 639
　　二、正时皮带的拆卸 ………………………………………………………………… 639
　　三、正时皮带的安装 ………………………………………………………………… 639

13 第十三章
奇瑞车系发动机正时校对维修 ……………………………………………………… 641

第一节　奇瑞 QQ 车系发动机正时校对维修 ………………………………………… 641
　　一、SQR372 发动机 ………………………………………………………………… 641
　　二、DA465Q 发动机 ………………………………………………………………… 644
第二节　奇瑞 QQ6 和瑞麒 2 车系 SQR473F 发动机正时校对维修 ………………… 645
　　一、正时皮带的拆卸 ………………………………………………………………… 645
　　二、正时皮带的安装 ………………………………………………………………… 647
　　三、调整发动机正时(大修) ………………………………………………………… 647
　　四、调整发动机正时(小修) ………………………………………………………… 647
第三节　奇瑞风云 2 车系 SQ477F 发动机正时校对维修 …………………………… 648
　　一、曲轴正时齿轮的安装 …………………………………………………………… 648
　　二、凸轮轴正时齿轮的安装 ………………………………………………………… 648
　　三、正时皮带和张紧轮的安装 ……………………………………………………… 648
第四节　奇瑞瑞麒 G5 车系 SQR484B 发动机正时校对维修 ………………………… 649
第五节　奇瑞瑞麒 G6 车系 SQR484B 发动机正时校对维修 ………………………… 650
第六节　奇瑞威麟 V5 车系发动机正时校对维修 …………………………………… 652
　　一、SQR484F 发动机 ……………………………………………………………… 652
　　二、SQ481A 发动机 ………………………………………………………………… 653
第七节　奇瑞旗云车系 Tritec 1.6L 发动机正时校对维修 ………………………… 657
　　一、正时链轮和导板的拆卸 ………………………………………………………… 657
　　二、凸轮轴链轮的拆卸 ……………………………………………………………… 658
　　三、曲轴链轮的拆卸与安装 ………………………………………………………… 658
　　四、凸轮轴链轮的安装 ……………………………………………………………… 659
　　五、正时链轮和导板的安装 ………………………………………………………… 659
第八节　奇瑞东方之子车系 4G63 和 4G64 发动机正时校对维修 …………………… 660
　　一、正时部件 ………………………………………………………………………… 660
　　二、正时系统部件的拆卸要点 ……………………………………………………… 661
　　三、正时系统部件的安装要点 ……………………………………………………… 663
第九节　奇瑞 A5 车系发动机正时校对维修 ………………………………………… 667
　　一、SQR484F 发动机 ……………………………………………………………… 667
　　二、SQR481H 发动机 ……………………………………………………………… 670
第十节　奇瑞开瑞优优车系 SQR472WF/C 发动机正时校对维修 ………………… 672
　　一、正时皮带的拆卸 ………………………………………………………………… 672
　　二、正时皮带的安装 ………………………………………………………………… 674
第十一节　奇瑞开瑞优优车系 SQR473F 发动机正时校对维修 …………………… 676

第十四章 吉利车系发动机正时校对维修 ... 677

第一节　吉利帝豪 EC7 车系 4G18D 发动机正时校对维修 ... 677
　一、正时链条的更换 ... 677
　二、正时链条的检查 ... 680
　三、正时链条张紧器的更换 ... 681
第二节　吉利远景车系 JL4G18 发动机正时校对维修 ... 682
第三节　吉利金刚车系 MR479Q、MR479QA、MR481QA 发动机正时校对维修 ... 687

第十五章 上海荣威车系发动机正时校对维修 ... 688

第一节　上海荣威 R350 车系 1.5VCT 发动机正时校对维修 ... 688
　一、正时链条的拆卸 ... 688
　二、正时链条的安装 ... 690
第二节　上汽荣威 R550 车系发动机正时校对维修 ... 692
　一、1.8T(K4)发动机 ... 692
　二、1.8VCT(K4)发动机(旧版本) ... 695
　三、1.8VCT(K4)发动机(新版本) ... 698
第三节　上海荣威 750 车系发动机正时校对维修 ... 700
　一、2.5L(KV6)发动机 ... 700
　二、1.8T(K4)发动机 ... 710
第四节　上海荣威 W5 车系 G32D 发动机正时校对维修 ... 712
　一、正时系统结构 ... 712
　二、V 形皮带轮 ... 713
　三、正时链的拆卸 ... 714
　四、张紧导轨的拆装 ... 716
　五、曲轴链轮的拆装 ... 716

第十六章 东风悦达起亚车系发动机正时校对维修 ... 718

第一节　东风悦达起亚赛拉图车系发动机正时校对维修 ... 718
　一、1.6L(DOHC)发动机 ... 718
　二、1.8L(DOHC)发动机 ... 725
第二节　东风悦达起亚 K5 车系 2.0L 和 2.4L 发动机正时校对维修 ... 728
　一、正时系统部件的拆卸 ... 729
　二、正时系统部件的安装 ... 734
第三节　东风悦达起亚 K2 车系 G4FA、G4FC 发动机正时校对维修 ... 739
　一、正时系统部件 ... 739
　二、正时系统的拆卸程序(1) ... 740
　三、正时系统的拆卸程序(2) ... 744
　四、正时系统的安装程序 ... 745
第四节　东风悦达起亚远舰车系 2.0L/2.4L 发动机正时校对维修 ... 748

一、正时皮带的拆卸 … 749
　　二、正时系统部件的检查 … 750
　　三、正时皮带的安装 … 750
　第五节　东风悦达起亚千里马车系发动机正时校对维修 … 754
　　一、1.3L 发动机 … 754
　　二、1.4L 发动机 … 757

17 第十七章
奥迪车系发动机正时校对维修 … 760

　第一节　奥迪 A4 车系 ALZ、AVJ、ALT、AWA、ASN 和 BBK 发动机正时校对维修 … 760
　　一、正时系统的结构 … 760
　　二、齿形皮带的拆装 … 760
　　三、张紧齿形皮带的拆装 … 762
　第二节　奥迪 A6 车系 ATX、APS 发动机正时校对维修 … 764
　　一、齿形皮带的拆卸 … 764
　　二、齿形皮带的安装 … 765
　第三节　奥迪 A8 车系 BFL/BFM 发动机正时校对维修 … 766
　　一、拆卸齿形皮带 … 766
　　二、安装齿形皮带(调整配气相位) … 768

18 第十八章
华泰圣达菲车系发动机正时校对维修 … 771

　第一节　华泰圣达菲车系 1.8K4G、DED483Q(2.0L)、4G63 和 4G64(2.0L)
　　　　　发动机正时校对维修 … 771
　　一、1.8K4G 发动机 … 771
　　二、DED483Q(2.0L)发动机 … 773
　　三、4G63 和 4G64(2.0L)发动机 … 774
　第二节　华泰圣达菲 K4 车系 1.8T 发动机正时校对维修 … 780
　　一、凸轮轴正时带的拆装 … 780
　　二、正时带前上盖的拆装 … 782

19 第十九章
海马车系发动机正时校对维修 … 784

　第一节　海马 M2 车系 1.3L(4A90)、1.5L(4A91)发动机正时校对维修 … 784
　　一、正时系统的结构 … 784
　　二、进气连续可变气门正时机构(MIVEC) … 785
　　三、全寿命的链条 … 785
　　四、凸轮轴带轮的拆装 … 785
　　五、正时记号 … 785
　　六、正时实物记号 … 786
　第二节　海马 3 车系发动机正时校对维修 … 786
　　一、HM483Q 发动机 … 786

二、HM484Q 发动机 ……………………………………………………………………… 787
第三节　海马新普马力 H2 车系 HM479Q-A、HM479Q-B 发动机正时校对维修 ………… 787
　　一、气门间隙的检查、调整 ………………………………………………………………… 787
　　二、正时皮带的安装 ………………………………………………………………………… 787
第四节　海马 S3 车系 HM484Q 发动机正时校对维修 …………………………………… 788
　　一、正时链盒的观察孔 ……………………………………………………………………… 788
　　二、正时标记 ………………………………………………………………………………… 788

20 第二十章 南汽名爵车系发动机正时校对维修 …………………………………………… 789

第一节　南汽名爵 MG6 车系 1.8T 发动机正时校对维修 ………………………………… 789
　　一、凸轮轴正时带的拆卸 …………………………………………………………………… 789
　　二、凸轮轴正时带的安装 …………………………………………………………………… 790
第二节　南汽名爵 MG3 车系 N16 发动机正时校对维修 ………………………………… 792
　　一、凸轮轴同步带的拆卸 …………………………………………………………………… 792
　　二、凸轮轴同步带的安装 …………………………………………………………………… 793
　　三、上盖-凸轮轴同步带的拆装 …………………………………………………………… 795
第三节　南汽名爵车系 1.8T 发动机正时校对维修 ………………………………………… 795
　　一、凸轮轴正时带的拆卸 …………………………………………………………………… 795
　　二、凸轮轴正时带的安装 …………………………………………………………………… 797
第四节　南汽名爵车系 N16 发动机正时校对维修 ………………………………………… 798
　　一、凸轮轴同步带的拆卸 …………………………………………………………………… 798
　　二、凸轮轴同步带的安装 …………………………………………………………………… 799
第五节　南汽名爵 TF 跑车系列发动机正时校对维修 …………………………………… 801
　　一、K8 发动机 ……………………………………………………………………………… 801
　　二、K16 发动机 ……………………………………………………………………………… 804

21 第二十一章 其他车系发动机正时校对维修 ……………………………………………… 809

第一节　东风风神 S30 车系 N6A 10FX3A PSA 发动机正时校对维修 ………………… 809
　　一、正时皮带的拆卸 ………………………………………………………………………… 809
　　二、正时皮带的安装 ………………………………………………………………………… 811
　　三、凸轮轴的拆卸 …………………………………………………………………………… 812
　　四、凸轮轴的安装 …………………………………………………………………………… 813
　　五、发动机的拆卸 …………………………………………………………………………… 813
　　六、发动机的安装 …………………………………………………………………………… 821
第二节　东风雪铁龙凯旋车系 EW10A(2.0L) 发动机正时校对维修 …………………… 826
　　一、正时皮带的拆卸 ………………………………………………………………………… 826
　　二、正时皮带的安装 ………………………………………………………………………… 827
第三节　一汽红旗 HQ3 车系 3UZ-FE 发动机正时校对维修 …………………………… 827
第四节　双龙路帝、雷斯特车系 M161、M162 发动机正时校对维修 ………………… 838
　　一、正时系统结构 …………………………………………………………………………… 838
　　二、正时链条的更换程序 …………………………………………………………………… 838
第五节　一汽奔腾车系 LF、L3 发动机正时校对维修 …………………………………… 840

第六节　斯巴鲁车系发动机正时校对维修 …………………………………………………… 842
　一、ME(H4SO)2.0 发动机 ……………………………………………………………… 842
　二、ME(H4DO/HDOTC)发动机 ………………………………………………………… 845
　三、ME(H6DO)发动机 …………………………………………………………………… 852
第七节　中兴无限车系 XG491Q 发动机正时校对维修 ……………………………………… 857
　一、拆卸程序 ……………………………………………………………………………… 858
　二、安装程序 ……………………………………………………………………………… 859
第八节　江铃陆风风尚、风尚车系 CA20 发动机正时校对维修 …………………………… 862
　一、正时系统机构的拆卸 ………………………………………………………………… 862
　二、正时结构的检查 ……………………………………………………………………… 863
　三、正时结构的安装 ……………………………………………………………………… 864
第九节　长丰猎豹 4G94-S9L 发动机正时校对维修 ………………………………………… 866
　一、正时皮带的拆卸 ……………………………………………………………………… 866
　二、正时皮带的安装 ……………………………………………………………………… 867
　三、正时皮带的张力调整 ………………………………………………………………… 867

第一章 北京现代车系

第一节 北京现代索纳塔车系发动机正时校对维修

一、2.0L 和 2.4L 发动机

发动机正时系统部件如图 1-1 所示。

(一) 正时系统的拆卸

> **注意**
> 顺时针方向旋转曲轴对准正时标记，使缸活塞处于压缩冲程上止点位置，这时凸轮轴正时标记也要与气缸盖上的标记一致，凸轮轴齿轮定位销朝上。

(1) 拆卸曲轴皮带轮、水泵轮和齿带。
(2) 拆卸正时齿带罩。
(3) 拆卸自动张紧器，如图 1-2 所示。

> **注意**
> 若再使用正时齿带时在齿带上做标记，以便安装时保持原来的方向。

(4) 拆卸正时齿带，如图 1-3 所示。
(5) 拆卸凸轮轴，如图 1-4 所示。

> **注意**
> 使用工具时要注意不要损坏气缸盖和正时齿轮。

(6) 拆卸机油泵正时齿轮螺母时，先将气缸体左侧塞头拆除，后使用直径 8mm 螺丝刀（螺钉旋具）插入 60mm 以上，以便固定左侧平衡轴。

(7) 拆卸机油泵正时齿轮螺母后拆卸正时齿轮，如图 1-5 所示。
(8) 松开右侧平衡轴正时齿轮螺栓。
(9) 拆卸张紧器 B 后拆卸正时齿带 B。
(10) 在曲轴上拆卸正时齿轮 B，如图 1-6 所示。

(二) 正时系统的检查

1. 正时齿轮、张紧轮、惰轮

(1) 检查凸轮轴正时齿轮、曲轴正时齿轮、张紧轮、惰轮的磨损、裂纹、损坏情况，必要时更换。
(2) 检查张紧轮和惰轮的旋转，如图 1-7 所示，必要时更换。
(3) 更换泄漏润滑脂的零件。

2. 自动张紧器

(1) 检查自动张紧器的漏油情况，必要时更换。

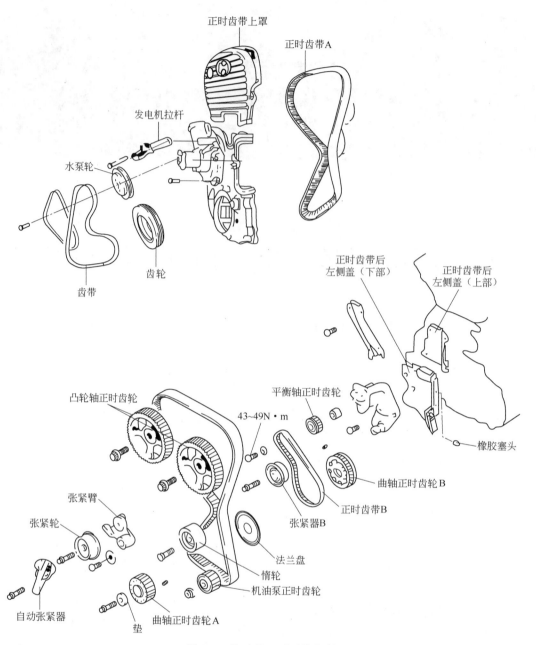

图 1-1 发动机正时系统部件

(2) 检查推杆的磨损和损坏情况，如图 1-8 所示，必要时更换。

(3) 检测推杆长度，如图 1-9 所示，超出规定值时更换。规定值为 14.5mm。

(4) 用软垫夹住自动张紧器推入推杆，推入推杆时应有适当的阻力，如图 1-10 所示。

3. 正时皮带

(1) 检查皮带上有无油或灰尘，必要时更换，不能用清洗剂清洗。

(2) 发动机大修或重新调整张力时仔细观察皮带，有缺陷时更换皮带。

（三）正时系统的安装

(1) 安装曲轴正时齿轮 B，如图 1-11 所示。

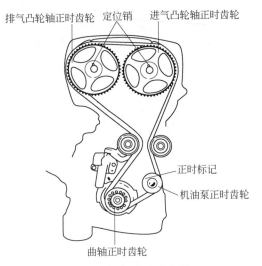

图 1-2　拆卸自动张紧器

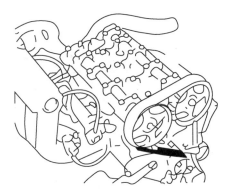

图 1-3　拆卸正时皮带

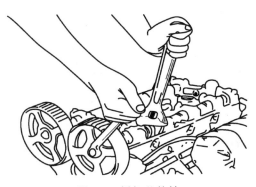

图 1-4　拆卸凸轮轴

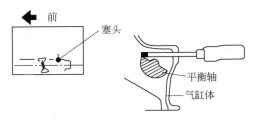

图 1-5　拆卸正时齿轮

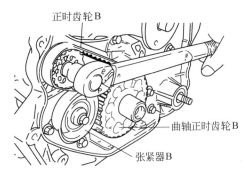

图 1-6　拆卸正时齿轮 B

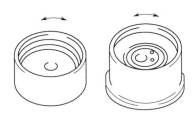

图 1-7　检查张紧轮和惰轮的旋转

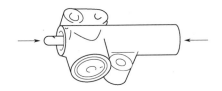

图 1-8　检查推杆

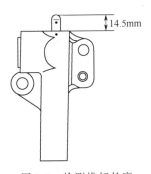

图 1-9　检测推杆长度

> **注意**
>
> 法兰盘方向不正确时有可能损坏皮带。

（2）在垫外侧涂抹一层机油后安装在右

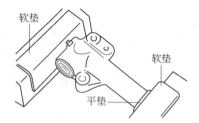

图 1-10 用软垫夹住自动张紧器推入推杆

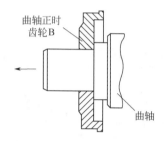

图 1-11 安装曲轴正时齿轮 B

侧时确认平衡轴是否按照图 1-11 所示的方向安装。

(3) 安装右侧平衡轴正时齿轮以后用手拧紧螺栓，如图 1-12 所示。

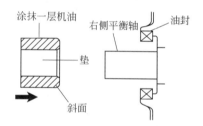

图 1-12 确认平衡轴安装方向并用手拧紧螺栓

(4) 对准各正时齿轮上的正时标记和前壳上的标记，如图 1-13 所示。

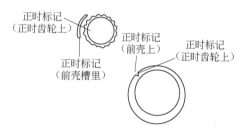

图 1-13 对准标记

(5) 安装正时齿带 B 时不要松动，张紧器 B 安装在固定螺栓左侧的皮带轮及发动机前方皮带轮法兰盘上，如图 1-14 所示。

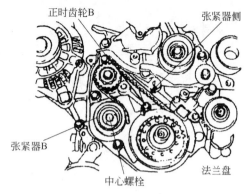

图 1-14 安装正时齿带 B

(6) 提高张紧器 B 使张力侧皮带绷紧，然后拧紧张紧器 B 固定螺栓。拧紧螺栓时，若轴一起旋转，齿带会过度绷紧，所以应注意避免轴一起旋转，如图 1-15 所示。

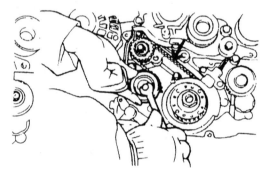

图 1-15 拧紧张紧器 B 固定螺栓

(7) 检查正时标记是否一致。

(8) 检测皮带张力，如图 1-16 所示。

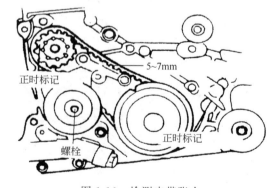

图 1-16 检测皮带张力

方法 1：在张力侧皮带中间用手指向箭头方向摁住时检测皮带弯曲度是否在规定值内。

皮带弯曲为 5~7mm。

方法 2：使用张力测试器检测张力，见表 1-1。

表 1-1　张力测试器检测张力的参数

SPAN 长度	压力	转矩
139mm (5.47in)	0.42kgf/cm² (42kPa)	50～100N·m（500～1000kgf·cm 或 37～73lbf·ft）

（9）按图 1-17 所示方向安装法兰盘及曲轴正时齿轮。

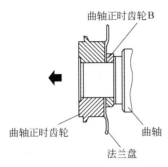

图 1-17　安装法兰盘及曲轴正时齿轮

（10）安装垫及正时齿轮，按规定转矩拧紧螺栓。

（11）气缸体左侧塞孔插入螺丝刀固定平衡轴，如图 1-18 所示。

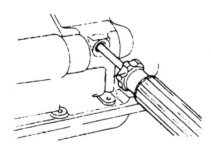

图 1-18　固定平衡轴

（12）安装机油泵正时齿轮，按规定转矩拧紧螺母，如图 1-19 所示。

（13）安装凸轮轴正时齿轮，按规定转矩拧紧螺栓，如图 1-20 所示。

（14）安装自动张紧器，如图 1-21 所示。

自动张紧器推杆过度突出时用以下方法修正。

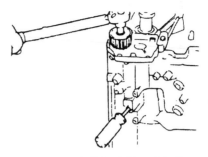

图 1-19　安装机油泵正时齿轮

图 1-20　安装凸轮轴正时齿轮

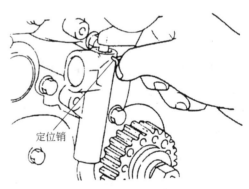

图 1-21　安装自动张紧器

① 自动张紧器底部有塞头时使用平垫和软垫夹住张紧器。

② 慢慢夹紧虎钳对上缸筒和推杆孔，如图 1-22 所示。

③ 塞入定位销。

 注意

在安装过程中不要拔出定位销。

（15）在张紧臂上安装张紧轮并用规定

第一章　北京现代车系

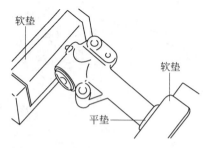

图 1-22 夹紧虎钳对上缸筒和推杆孔

转矩拧紧螺栓,如图 1-23 所示。

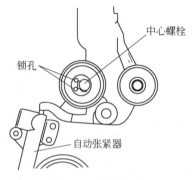

图 1-23 拧紧螺栓

(16) 旋转正时齿轮使定位销朝上,然后对准摇臂轴正时标记和两个正时齿轮上的正时标记。

> **注意**
> ① 安装正时皮带前凸轮轴正时齿轮和气缸盖正时标记不一致时,不论哪个方向不要旋转两个齿数以上,如图 1-24 所示。

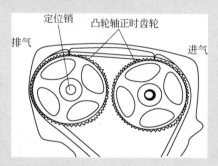

图 1-24 正时标记

② 需要旋转两个齿数以上时,先把曲轴正时齿轮逆时针方向旋转两个齿数以后再旋转凸轮轴正时齿轮。

> **注意**
> 进、排气凸轮轴正时齿轮使用同样的部件,根据排气量确认识别标记,如图 1-25 所示。

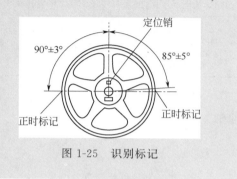

图 1-25 识别标记

(17) 对准曲轴正时齿轮正时标记。

(18) 对准机油泵正时齿轮正时标记,如图 1-26 所示。

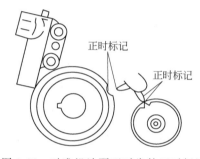

图 1-26 对准机油泵正时齿轮正时标记

(19) 张紧轮和曲轴正时齿轮上安装正时皮带,并用左手抓紧张紧轮上的正时皮带。

(20) 用右手拉正时皮带,安装在机油泵正时齿轮上。

(21) 正时皮带安装在惰轮上。

(22) 正时皮带安装在进气正时齿轮上。

(23) 旋转进、排气凸轮轴正时齿轮对准正时标记。

(24) 在张紧轮上带上皮带后拔出自动张紧器固定销。

(25) 旋转曲轴确认正时标记是否正确,如图 1-27 所示。

(26) 拆卸自动张紧器定位销。

(27) 曲轴顺时针方向旋转两周,等待 15min 后检测。"A"间隙(张紧器臂和自

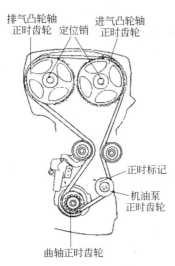

图 1-27　确认正时标记

动张紧器距离）如图 1-28 所示。

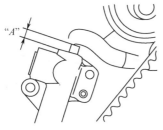

图 1-28　检测"A"间隙

(28) 安装正时齿带下部和上部罩，如图 1-29 所示。

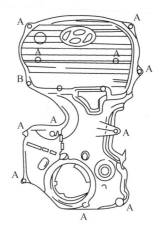

图 1-29　安装正时齿带下部和上部罩

A——一个盖子上的螺孔；B——另一个部件上的螺孔

二、2.0L LPG 发动机

2.0L LPG 发动机正时系统部件如图 1-30 所示。

（一）正时系统的拆卸

(1) 拆卸曲轴皮带轮、水泵轮和皮带。
(2) 拆卸交流发电机螺栓。

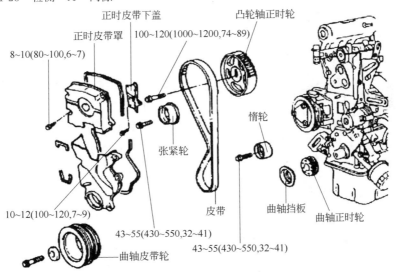

转矩：N·m(kgf·cm, lbf·ft)

图 1-30　2.0L LPG 发动机正时系统部件

（3）拆卸水泵和皮带，如图1-31所示。

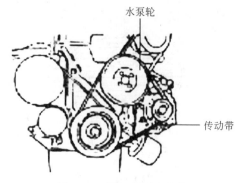

图1-31 拆卸水泵和皮带

（4）拆卸曲轴轮。

（5）拆卸正时皮带罩，如图1-32所示。

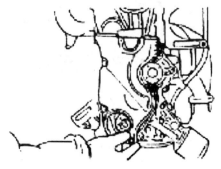

图1-32 拆卸正时皮带罩

（6）拆卸正时皮带张紧轮，如图1-33所示。

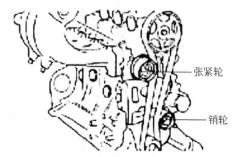

图1-33 拆卸正时皮带张紧轮

> **注意**
> 若再使用正时皮带要在皮带上做标记，以便安装时保持原来的方向。

（7）拆卸正时皮带，如图1-34所示。

（8）拆卸惰轮。

（9）拆卸凸轮轴。

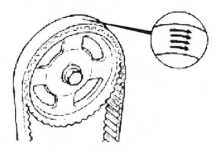

图1-34 拆卸正时皮带

> **注意**
> 使用工具时，不要损伤气缸盖和正时齿轮。

（10）在曲轴上拆卸正时齿轮，如图1-35所示。

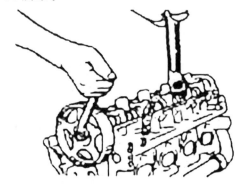

图1-35 在曲轴上拆卸正时齿轮

（二）正时系统的检查

1. 正时齿轮、张紧轮、惰轮

（1）检查凸轮轴正时齿轮、曲轴正时齿轮、张紧轮、惰轮的磨损、裂纹、损坏情况，必要时更换。

（2）检查张紧轮和惰轮的旋转、间隙和噪声，如图1-36所示，必要时更换。

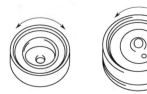

图1-36 检查张紧轮和惰轮的旋转等

（3）更换泄漏润滑脂的零件。

2. 正时皮带

（1）检查皮带上有无油或灰尘，必要时

更换，不能用清洗剂清洗，小的污渍应该用干抹布擦拭。

（2）发动机大修或重新调整张力时仔细观察皮带，有缺陷时更换皮带。

> **注意**
> ① 禁止弯曲、缠绕或旋转正时皮带。
> ② 禁止正时皮带接触油、水和蒸汽。

（三）正时系统的安装

（1）安装法兰盘和曲轴链轮，如图1-37所示。要特别注意它们的安装方向。

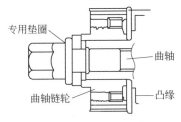

图1-37　安装法兰盘和曲轴链轮

（2）安装曲轴链轮并按规定转矩上紧螺栓。

（3）对准凸轮轴链轮和曲轴链轮的正时标记，这时1号活塞位于压缩冲程上止点。

（4）安装凸轮轴正时皮带张紧轮和惰轮。

（5）在凸轮轴上安装正时皮带。

> **注意**
> 当在凸轮轴上安装正时皮带时，朝水泵方向推动正时皮带张紧轮后安装正时皮带，如图1-38所示。

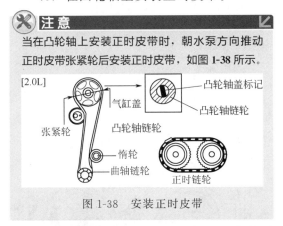

图1-38　安装正时皮带

（6）按操作方向（顺时针）转动曲轴并对准曲轴链轮正时标记。

> **注意**
> 禁止按逆时针方向转动曲轴，转动曲轴时应顺畅。

（7）重新检测皮带张紧度，如图1-39所示。当用一般的力［大约2kgf（20N）］推动正时皮带时，正时皮带齿末端下降4～6mm（0.16～0.24in）。

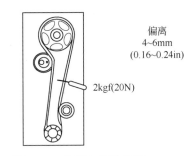

图1-39　检测皮带张紧度

（8）安装正时皮带盖，如图1-40所示。

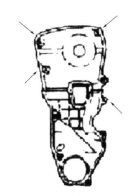

图1-40　安装正时皮带盖

（9）安装曲轴皮带轮，如图1-41所示。确认曲轴链轮轴与曲轴链轮孔相吻合。

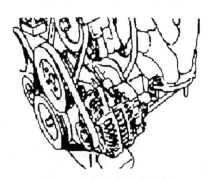

图1-41　安装曲轴皮带轮

（10）安装水泵轮。

（11）安装驱动皮带并调节皮带张力。

第一章　北京现代车系　009

第二节

北京现代领翔车系 G4KD-2.0/G4KE-2.4 发动机正时校对维修

G4KD-2.0/G4KE-2.4 发动机结构基本相同,其正时系统部件如图 1-42 所示。

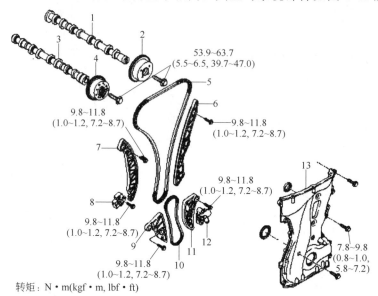

图 1-42 发动机机械系统(G4KD-2.0/G4KE-2.4)正时部件

1—进气凸轮轴;2—进气 CVVT 总成;3—排气凸轮轴;4—排气 CVVT 总成;5、6—正时链;
7—正时链张紧器臂;8—正时链张紧器;9—平衡轴链导轨;10—平衡轴链;
11—平衡轴链张紧器臂;12—平衡轴链张紧器;13—正时链盖

一、正时系统部件的拆卸

(1) 分离蓄电池负极导线。

(2) 分离发电机机盖 A,如图 1-43 所示。

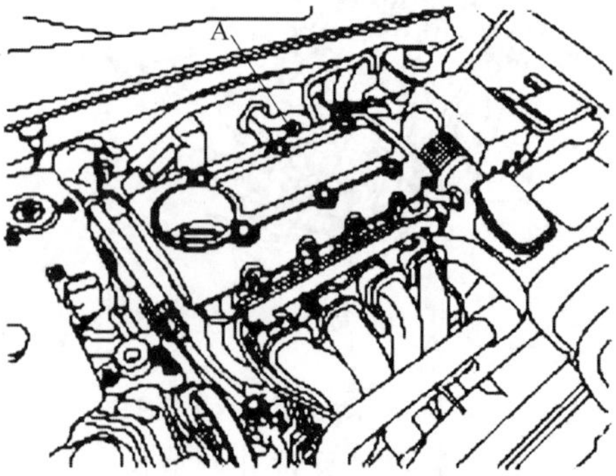

(3) 拆卸右前轮。

(4) 拆卸右侧盖。

(5) 把 1 号气缸设置到 TDC/压缩冲程,如图 1-44 所示。

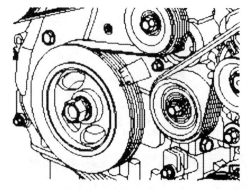

图 1-43 分离发电机机盖 A

图 1-44 把 1 号气缸设置到 TDC/压缩冲程

(6) 排放机油，然后在油底壳下放置千斤顶。

(7) 拆卸发动机装配支架 A，如图 1-45 所示。

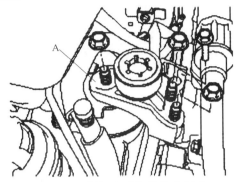

图 1-45　拆卸发动机装配支架 A

(8) 拆卸传动皮带 A，如图 1-46 所示。

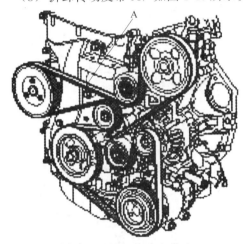

图 1-46　拆卸传动皮带 A

(9) 拆卸惰轮 A 和传动皮带张紧器 B，如图 1-47 所示。

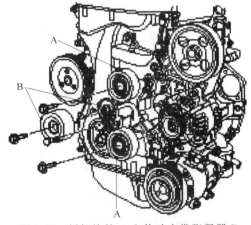

图 1-47　拆卸惰轮 A 和传动皮带张紧器 B

(10) 拆卸水泵皮带轮 A、曲轴皮带轮 B 和发动机支架 C，如图 1-48 所示。

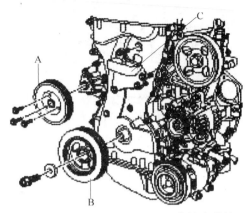

图 1-48　拆卸水泵皮带轮 A、曲轴皮带轮 B 和发动机支架 C

(11) 分离动力转向油压开关 A 和排气 OCV 连接器 B，如图 1-49 所示。

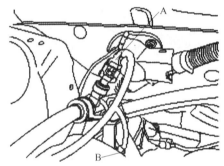

图 1-49　分离动力转向油压开关 A 和排气 OCV 连接器 B

(12) 拆卸通气软管，如图 1-50 所示。

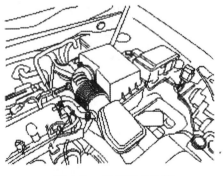

图 1-50　拆卸通气软管

(13) 拆卸 PCV 软管 A，如图 1-51 所示。

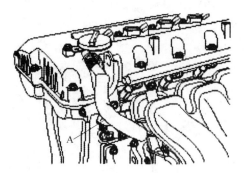

图 1-51 拆卸 PCV 软管 A

（14）分离点火线圈连接器 A，如图 1-52 所示。

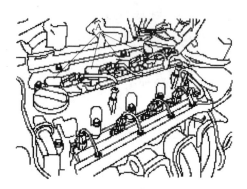

图 1-52 分离点火线圈连接器 A

（15）拆卸点火线圈 A，如图 1-53 所示。

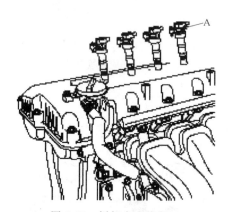

图 1-53 拆卸点火线圈 A

（16）拆卸气缸盖罩 A，如图 1-54 所示。

（17）拧下压缩机下部螺栓，如图 1-55 所示。

（18）拆卸压缩机支架 A，如图 1-56 所示。

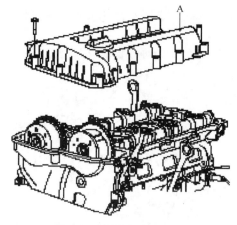

图 1-54 拆卸气缸盖罩 A

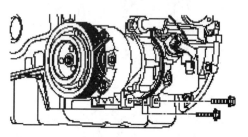

图 1-55 拧下压缩机下部螺栓

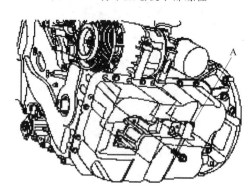

图 1-56 拆卸压缩机支架 A

（19）拆卸油底壳 A，如图 1-57 所示。

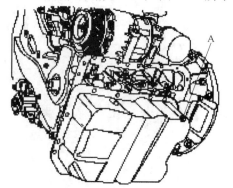

图 1-57 拆卸油底壳 A

注意

不要损坏缸体和油底壳的接触面。

（20）轻轻地撬气缸盖和气缸体之间的部分，拆卸正时链盖 A，如图 1-58 所示。

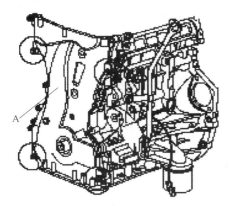

图 1-58　拆卸正时链盖 A

（21）对齐曲轴键和主轴承盖的接合面，使 1 号气缸位于压缩冲程的上止点。

（22）压缩正时链张紧器后安装定位销，如图 1-59 所示。

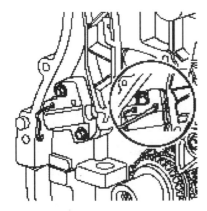

图 1-59　压缩正时链张紧器后安装定位销

（23）拆卸正时链张紧器 A 和正时链张紧器臂 B，如图 1-60 所示。

（24）拆卸正时链。

（25）拆卸正时链导轨 A，如图 1-61 所示。

（26）拆卸正时链机油喷嘴。

（27）拆卸曲轴链轮 A，如图 1-62 所示。

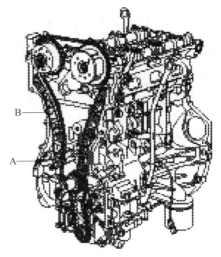

图 1-60　拆卸正时链张紧器 A 和正时链张紧器臂 B

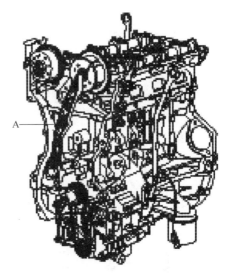

图 1-61　拆卸正时链导轨 A

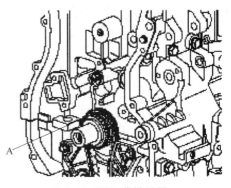

图 1-62　拆卸曲轴链轮 A

（28）拆卸平衡轴链。

二、正时系统部件的检查

1. 链轮、液压张紧器、链条导轨、张紧器臂

（1）检查CVVT链轮和曲轴链轮轮齿有无异常、磨损、裂纹或损坏，必要时更换。

（2）检查张紧器臂和链条导轨有无异常、磨损、裂纹或损坏，必要时更换。

（3）检查液压张紧器活塞行程和棘轮的工作情况，必要时更换。

2. 皮带、惰轮、皮带轮

（1）检查惰轮漏油量是否过大，有无异常转动或振动，必要时更换。

（2）检查皮带是否需要保养，V棱纹是否异常磨损，必要时更换。

（3）依次检查皮带轮的振动，V棱纹是否沉积油或灰尘。

三、正时系统部件的安装

（1）安装曲轴链轮。

（2）安装正时链条机油喷嘴。

（3）转动曲轴使曲轴键与主轴承盖的接合面对齐。在进气链轮、排气链轮与气缸盖的顶面对齐时，放置进气、排气凸轮轴总成。目的是使1号气缸活塞位于压缩冲程上止点。

（4）安装正时链导轨A，如图1-63所示。

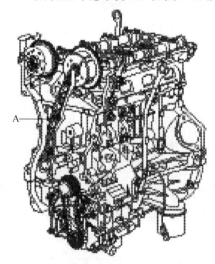

图1-63　安装正时链导轨A

（5）安装正时链。

为了保证链条不松弛，按下列顺序安装正时链：曲轴链轮→正时链条导轨→进气CVVT总成→排气CVVT总成。

安装正时链时，各链轮的正时标记应与正时链的正时标记（颜色链）相匹配，如图1-64所示。

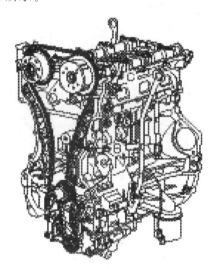

图1-64　安装正时链

（6）安装正时链张紧器臂。

（7）安装正时链自动张紧器A，拆卸定位销，如图1-65所示。

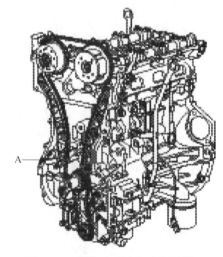

图1-65　安装正时链自动张紧器A

（8）按工作方向（从前看顺时针方向）旋转曲轴2周确认正时标记，如图1-66所示。

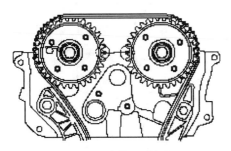

图 1-66 确认正时标记

(9) 安装正时链盖。

① 用衬垫刮刀从衬垫表面清除所有旧密封物。

② 链盖和相对部件（气缸盖、气缸体和梯形架）上的密封胶应远离发动机机油和 ETC。

③ 装配正时链盖前，应在气缸盖和气缸体之间的缝隙之间涂抹液体密封胶，如图 1-67 所示。

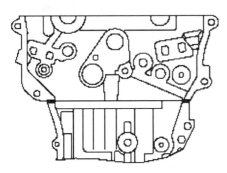

图 1-67 涂抹液体密封胶

④ 在正时链盖位置上涂抹密封胶，并在 5min 内装配部件，如图 1-68 所示。

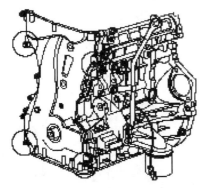

图 1-68 在正时链盖位置上涂抹密封胶

⑤ 密封胶宽度为 3.0mm。

⑥ 为了精确装配正时链盖，气缸体上的定位销和正时链上的孔应用作参考。

(10) 安装油底壳。

① 使用衬垫刮刀清除衬垫表面上的所有旧的密封物，在油底壳上涂抹液体密封胶，如图 1-69 所示。

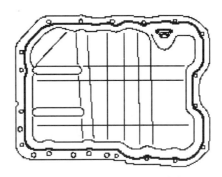

图 1-69 在油底壳上涂抹液体密封胶

② 在 5min 内装配部件。

③ 安装油底壳 A，如图 1-70 所示。

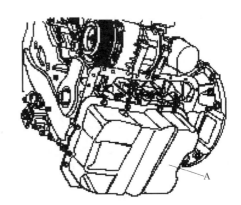

图 1-70 安装油底壳 A

④ 装配后，等待至少 30min，再加注发动机机油。

(11) 安装空调压缩机支架 A，如图 1-71 所示。

(12) 拧紧空调压缩机螺栓，如图 1-72 所示。

(13) 安装气缸盖罩。

① 装配气缸盖罩前，清除正时链盖和气缸盖之间上部区域的硬化密封胶。

第一章　北京现代车系

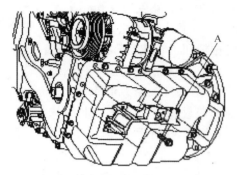

图 1-71　安装空调压缩机支架 A

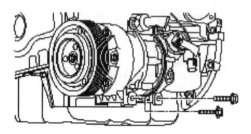

图 1-72　拧紧空调压缩机螺栓

② 涂抹密封胶后，5min 内装配部件，如图 1-73 所示。

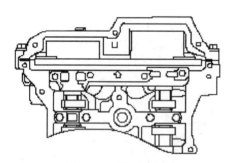

图 1-73　涂抹密封胶

③ 装配气缸盖罩 30min 后，再执行点火测试。

④ 拧紧气缸盖罩螺栓，如图 1-74 所示。

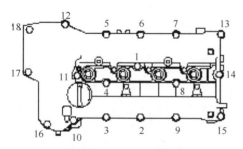

图 1-74　拧紧气缸盖罩螺栓

（14）安装点火线圈 A，如图 1-75 所示。

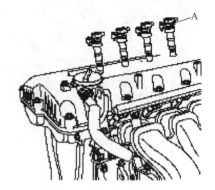

图 1-75　安装点火线圈 A

（15）连接点火线圈连接器 A，如图 1-76 所示。

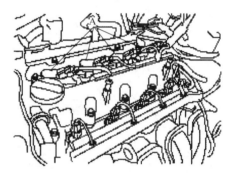

图 1-76　连接点火线圈连接器 A

（16）安装 PCV 软管 A，如图 1-77 所示。

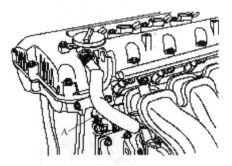

图 1-77　安装 PCV 软管 A

（17）安装通气软管，如图 1-78 所示。

（18）连接动力转向油压开关连接器 A 和排气 OCV 连接器 B，如图 1-79 所示。

（19）安装发动机支架。

（20）安装曲轴皮带轮。

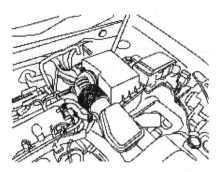

图 1-78 安装通气软管

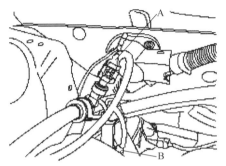

图 1-79 连接动力转向油压开关连接器 A 和排气 OCV 连接器 B

> **注意**
>
> 拆卸起动机后,用 SST(飞轮止动器,09231-3K000)拧紧曲轴皮带轮螺栓。

(21)安装水泵皮带轮 A,如图 1-80 所示。

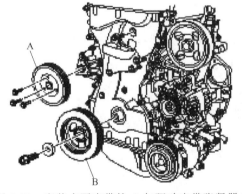

图 1-80 安装水泵皮带轮 A 与驱动皮带张紧器 B

(22)安装驱动皮带张紧器 B,如图 1-80 所示。

> **注意**
>
> 张紧器皮带轮螺栓是左旋的。

(23)安装惰轮 A,如图 1-81 所示。

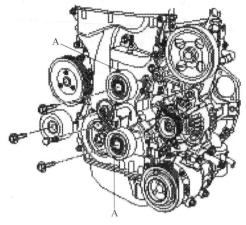

图 1-81 安装惰轮 A

(24)安装驱动皮带 A,如图 1-82 所示。

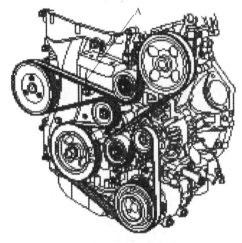

图 1-82 安装驱动皮带 A

安装顺序:曲轴皮带轮→A/C 皮带轮→交流发电机皮带轮→惰轮→P/S 泵皮带轮→惰轮皮带轮→水泵皮带轮→张紧器皮带轮。

逆时针旋转自动张紧器,用扳手转动自动张紧器皮带轮螺栓。将皮带放在自动张紧器皮带轮上后,缓慢释放自动张紧器皮带轮。

(25)安装发动机固定支架 A,如图 1-83 所示。

(26)安装右侧盖。

(27)安装右前轮。

(28)安装发动机盖 A,如图 1-84 所示。

(29)重新连接蓄电池负极导线。

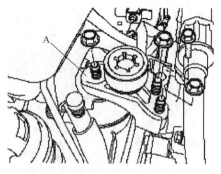
图 1-83　安装发动机固定支架 A

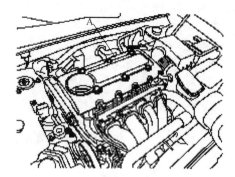
图 1-84　安装发动机盖 A

第三节
北京现代途胜车系正时校对维修

一、G6BA 发动机

发动机正时系统部件如图 1-85 所示。

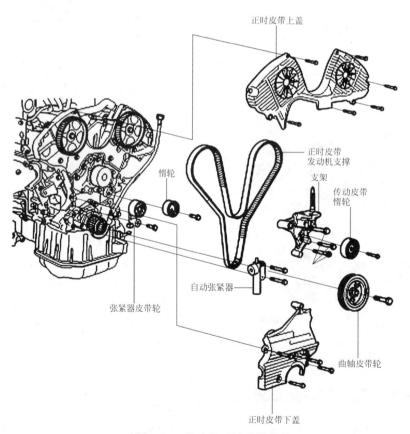

图 1-85　发动机正时系统部件

(一) 正时系统部件的拆卸

此程序不需要拆卸发动机。

(1) 拆卸发动机盖。

(2) 拆卸右前轮。

(3) 拆卸 2 个螺栓 B 和右侧盖 A，如图 1-86 所示。

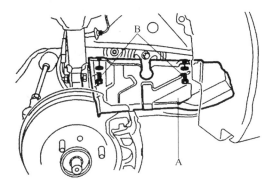

图 1-86　拆卸 2 个螺栓 B 和右侧盖 A

(4) 转动曲轴皮带轮，并对齐曲轴皮带轮的导槽与正时皮带盖的正时标记"T"，如图 1-87 所示。

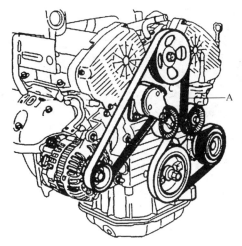

图 1-88　拆卸传动皮带 A 和皮带张紧器

图 1-87　对齐标记

(5) 拆卸传动皮带 A 和皮带张紧器，如图 1-88 所示。

(6) 拆卸发动机装配支架。

① 将千斤顶安装到发动机机油底壳，如图 1-89 所示。

 注意

在千斤顶和发动机机油底壳之间放置木块。

② 拆卸 2 个螺栓、2 个螺母和发动机

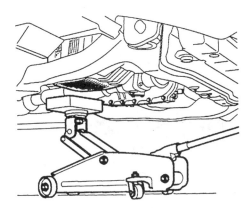

图 1-89　安装千斤顶

装配支架 A，如图 1-90 所示。

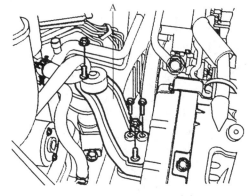

图 1-90　拆卸发动机装配支架 A

(7) 拆卸动力转向泵。

(8) 拆卸 7 个螺栓 B 和正时皮带上盖 A，如图 1-91 所示。

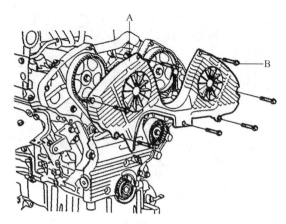

图 1-91　拆卸 7 个螺栓 B 和正时皮带上盖 A

（9）拆卸曲轴皮带轮螺栓和曲轴皮带轮 A，如图 1-92 所示。

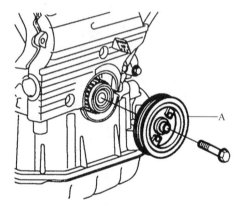

图 1-92　拆卸曲轴皮带轮 A

（10）拆卸传动皮带惰轮 A，如图 1-93 所示。

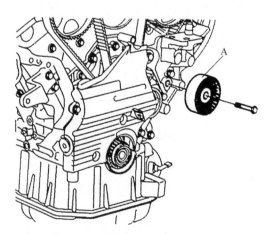

图 1-93　拆卸传动皮带惰轮 A

（11）拆卸 4 个螺栓 B 和正时皮带下盖 A，如图 1-94 所示。

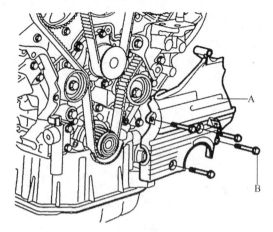

图 1-94　拆卸 4 个螺栓 B 和正时皮带下盖 A

（12）拆卸发动机支撑支架 A，如图 1-95 所示。

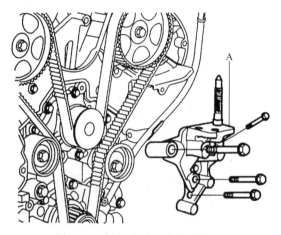

图 1-95　拆卸发动机支撑支架 A

（13）检查凸轮轴正时皮带轮和气缸盖罩的正时标记是否对齐。若没有对齐，将曲轴旋转 1 圈（360°）。

（14）拆卸正时皮带张紧器。

交替松动 2 个螺栓，拆卸张紧器 A，如图 1-96 所示。

（15）拆卸正时皮带 A，如图 1-97 所示。

> **注意**
>
> 如果再次使用正时皮带时，应在皮带上做箭头指示旋转方向，确保安装皮带时保持原来的方向。

(17) 拆卸曲轴链轮。

(18) 拆卸凸轮轴链轮。

固定带有扳手的凸轮轴六角头扳手部位并拆卸螺栓和凸轮轴链轮。

> **注意**
>
> 使用扳手时不要损坏气缸和气门提升器。

(二) 正时系统部件的检查

1. 链轮、张紧器、惰轮

(1) 检查凸轮轴链轮、曲轴链轮、张紧器皮带轮和惰轮的不正常磨损、裂纹或损坏情况，必要时按要求更换。

(2) 检查张紧器皮带轮和惰轮是否容易平滑旋转，检查是否有间隙和噪声，必要时按要求更换。

(3) 若从皮带轮轴承上有润滑脂泄漏，则应更换皮带轮。

2. 正时皮带

(1) 检查皮带上有无油或尘埃，必要时更换。使用干布条或纸擦去小型沉淀物，不要使用溶剂清洗。

(2) 在发动机大修或调整皮带张力时，仔细检查皮带。如果有明显的任何缺陷，则应更换皮带。

> **注意**
>
> ① 不要彻底地弯曲、扭曲或转动正时皮带。
> ② 不要使正时皮带与油、水和蒸汽接触。

(三) 正时系统部件的安装

(1) 安装曲轴链轮。

对齐皮带轮的键与曲轴链轮键导槽，并在曲轴链轮上滑动。

(2) 安装凸轮轴链轮并将螺栓拧紧至规定转矩。

① 暂时安装凸轮轴链轮螺栓。

② 用扳手固定凸轮轴六角头扭转部位，并拧紧凸轮轴链轮螺栓。

(3) 安装惰轮 B 和张紧器皮带轮 A，如

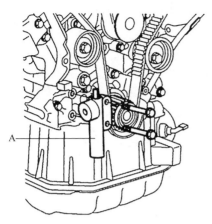

图 1-96 拆卸张紧器 A

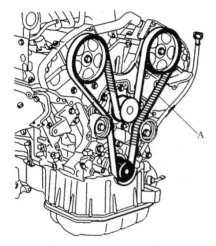

图 1-97 拆卸正时皮带 A

(16) 拆卸张紧器皮带轮 A 和正时皮带惰轮 B，如图 1-98 所示。

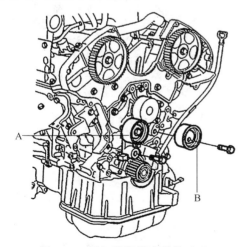

图 1-98 拆卸张紧器皮带轮 A 和正时皮带惰轮 B

图 1-99 所示。

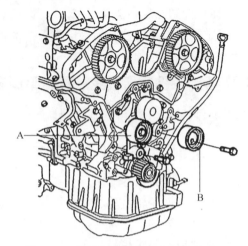

图 1-99 安装惰轮 B 和张紧器皮带轮 A

 注意

将惰轮插入并安装到被压在水泵凸台内的滚子销上。

（4）在将 1 号活塞放在上止点即它的压缩冲程时，对齐凸轮轴链轮和曲轴链轮的正时标记，如图 1-100 所示。

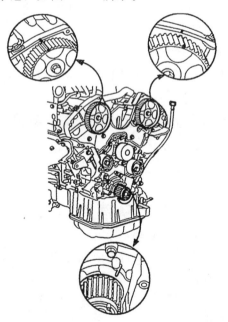

图 1-100 对齐凸轮轴链轮和曲轴链轮的正时标记

（5）定位正时皮带张紧器。
① 使用压床，缓慢地压进气门推杆。
② 对齐气门推杆和外壳孔，通过孔用定位销来固定气门推杆的定位位置。
③ 释放压床。

（6）安装正时皮带张紧器。
① 暂时安装张紧器的 2 个螺栓。
② 交替拧紧 2 个螺栓，如图 1-101 所示。

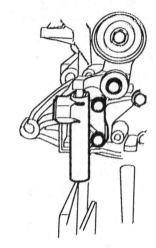

图 1-101 交替拧紧 2 个螺栓

（7）安装正时皮带。
① 除去链轮上的任何油和水，使它们保持干净。
② 按下列顺序安装正时皮带（图 1-102）：曲轴链轮 A→惰轮 B→凸轮轴链轮左侧 C→水泵皮带轮 D→凸轮轴链轮右侧 E→张紧器皮带轮 F。

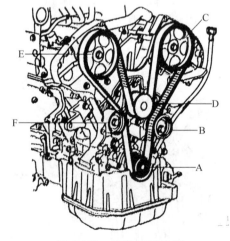

图 1-102 安装正时皮带

（8）拆卸张紧器上的定位销 A，如图 1-103 所示。

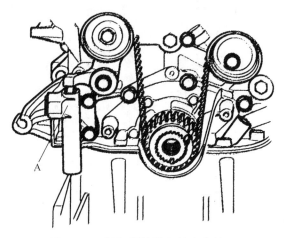

图 1-103 拆卸张紧器上的定位销 A

（9）检查正时皮带张紧器。

① 按顺时针方向旋转曲轴 2 圈，5min 后在 TDC（1 号压缩行程）处，测量自动张紧器的投影长度，如图 1-104 所示。

② 投影长度应是 7~9mm。

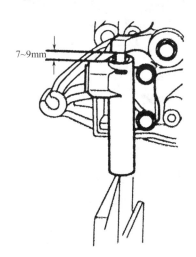

图 1-104 测量自动张紧器的投影长度

（10）安装发动机支撑支架 A，如图 1-105 所示。

（11）用 4 个螺栓 B 安装正时皮带下盖 A，如图 1-106 所示。

（12）安装传动皮带惰轮 A，如图 1-107 所示。

（13）安装曲轴皮带轮 A，如图 1-108 所示。

确定曲轴链轮销钉与皮带轮内的小孔相

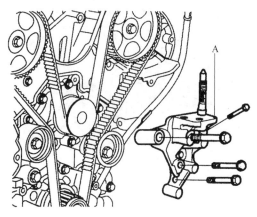

图 1-105 安装发动机支撑支架 A

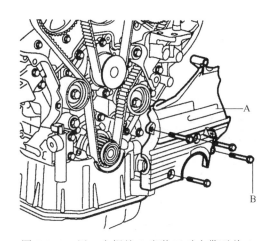

图 1-106 用 4 个螺栓 B 安装正时皮带下盖 A

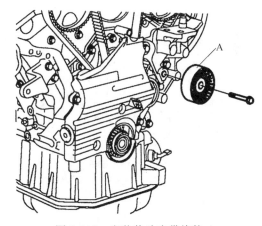

图 1-107 安装传动皮带惰轮 A

吻合。

（14）用 7 个螺栓 B 安装正时皮带上盖 A，如图 1-109 所示。

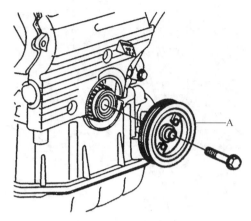

图 1-108　安装曲轴皮带轮 A

图 1-109　用 7 个螺栓 B 安装正时皮带上盖 A

（15）安装动力转向泵。

（16）安装传动皮带张紧器 B 和传动皮带 A，如图 1-110 所示。

（17）安装发动机装配支架。

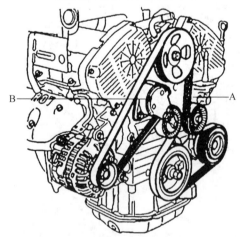

图 1-110　安装传动皮带张紧器 B 和传动皮带 A

用 2 个螺母和 2 个螺栓安装发动机装配支架，如图 1-111 所示。

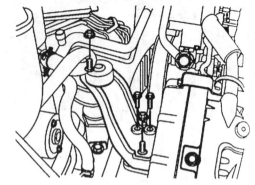

图 1-111　用 2 个螺母和 2 个螺栓安装发动机装配支架

（18）用 2 个螺栓安装右侧盖 A，如图 1-112 所示。

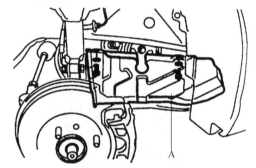

图 1-112　用 2 个螺栓安装右侧盖 A

（19）安装右前轮。

（20）安装发动机盖。

二、G4GC 发动机

G4GC 发动机正时调整系统如图 1-113 所示。

（一）正时系统部件的拆卸

此程序不需要拆卸发动机。

（1）拆卸发动机盖。

（2）拆卸右前轮。

（3）拆卸 2 个螺栓 B 和右侧盖 A，如图 1-114 所示。

（4）拆卸发动机装配支架。

① 将千斤顶安装到发动机油底壳，如图 1-115 所示。

② 拆卸螺栓 B、螺母 C 与 D 和发动机装配支架 A，如图 1-116 所示。

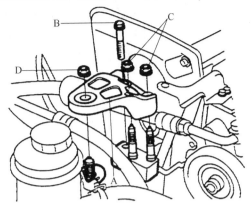

图 1-116　拆卸螺栓 B、螺母 C 与 D 和发动机装配支架 A

③ 拆卸螺栓 B 和撑板 A，如图 1-117 所示。

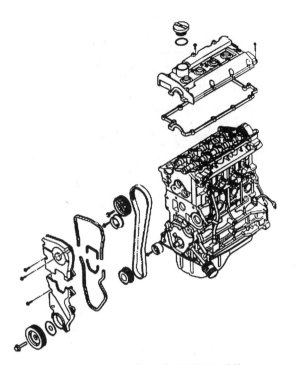

图 1-113　G4GC 发动机正时调整系统

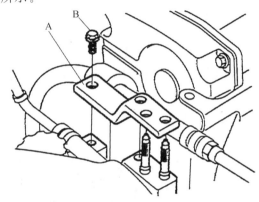

图 1-117　拆卸螺栓 B 和撑板 A

（5）暂时松开水泵皮带轮螺栓，如图 1-118 所示。

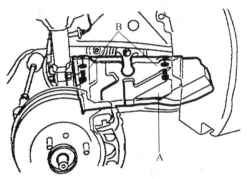

图 1-114　拆卸 2 个螺栓 B 和右侧盖 A

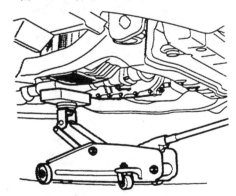

图 1-115　将千斤顶安装到发动机机油底壳

 注意

在千斤顶和发动机机油底壳之间放置木块。

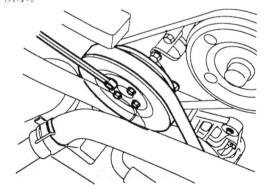

图 1-118　松开水泵皮带轮螺栓

（6）拆卸交流发电机皮带。
（7）拆卸空气压缩机皮带。

第一章　北京现代车系　025

（8）拆卸动力转向泵皮带。

（9）拆卸4个螺栓和水泵皮带轮。

（10）拆卸4个螺栓和正时皮带上盖。

（11）转动曲轴皮带轮，并对齐它的导槽和正时皮带盖的正时标记"T"。

（12）拆卸曲轴皮带轮螺栓B和曲轴皮带轮A，如图1-119所示。

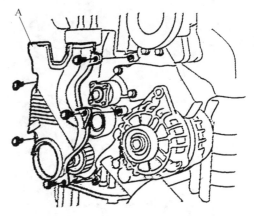

图1-121 拆卸5个螺栓和正时皮带下盖A

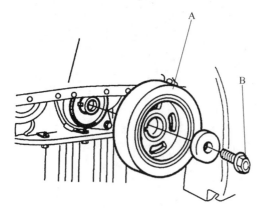

图1-119 拆卸曲轴皮带轮螺栓B和曲轴皮带轮A

（13）拆卸曲轴凸缘A，如图1-120所示。

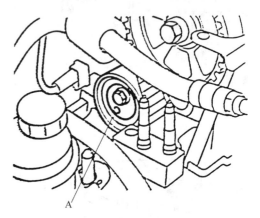

图1-122 拆卸正时皮带张紧器A

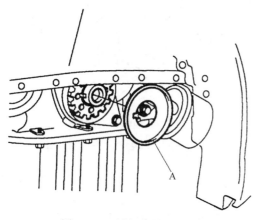

图1-120 拆卸曲轴凸缘A

（14）拆卸5个螺栓和正时皮带下盖A，如图1-121所示。

（15）拆卸正时皮带张紧器A，如图1-122所示，然后拆卸正时皮带A，如图1-123所示。

> **注意**
>
> 如果再次使用正时皮带时，应在皮带上做箭头指示旋转方向，确保安装皮带时保持原来的方向。

（16）拆卸螺栓B和正时皮带惰轮A，

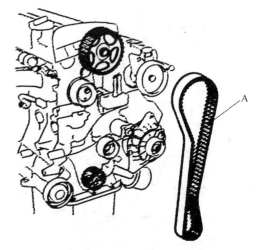

图1-123 拆卸正时皮带A

如图1-124所示。

（17）拆卸曲轴链轮A，如图1-125所示。

（18）拆卸气缸盖罩。

① 拆卸火花塞配线。

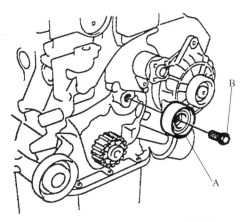

图 1-124　拆卸螺栓 B 和正时皮带惰轮 A

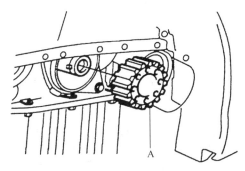

图 1-125　拆卸曲轴链轮 A

② 从气缸盖罩上拆卸加速器配线。

③ 拆卸 PCV（曲轴箱强制通风装置）软管和通气软管。

④ 拆卸 12 个螺栓和气缸盖罩。

（19）拆卸凸轮轴链轮。

固定带有扳手 B 的凸轮轴六角头扳手 A 部位并拆卸螺栓和凸轮轴链轮，如图 1-126 所示。

 注意

使用扳手时不要损坏气缸盖和气门提升器。

（二）正时系统部件的安装

（1）安装凸轮轴链轮并将螺栓拧紧至规定转矩。

① 暂时安装凸轮轴链轮螺栓。

② 固定带有扳手 B 的凸轮轴六角头扳手 A 部位并拧紧凸轮轴链轮螺栓，如图 1-127 所示。

（2）安装气缸盖罩。

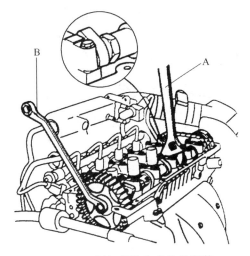

图 1-126　拆卸螺栓和凸轮轴链轮

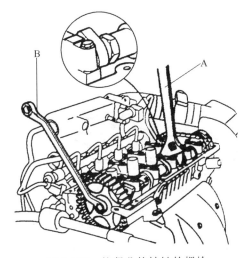

图 1-127　拧紧凸轮轴链轮螺栓

① 安装气缸盖罩 A 和 12 个螺栓 B，如图 1-128 所示。

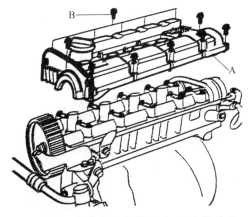

图 1-128　安装气缸盖罩 A 和 12 个螺栓 B

② 安装 PCV 软管 A 和通气装置软管 B，如图 1-129 所示。

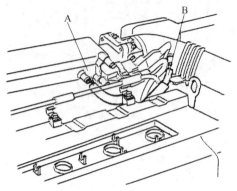

图 1-129　安装 PCV 软管 A 和通气装置软管 B

③ 将加速器配线 A 安装在气缸盖罩上，如图 1-130 所示。

图 1-130　将加速器配线 A 安装在气缸盖罩上

④ 安装火花塞配线。

（3）安装曲轴链轮 A，如图 1-131 所示。

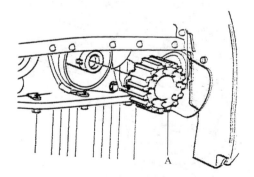

图 1-131　安装曲轴链轮 A

（4）将 1 号活塞放在上止点即它的压缩冲程时，对齐凸轮轴链轮和曲轴链轮的正时标记，如图 1-132 所示。

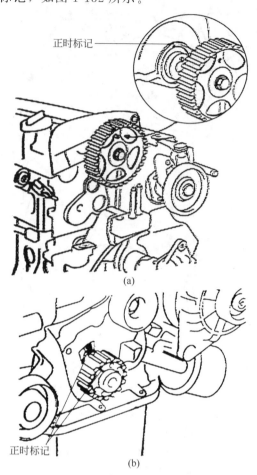

图 1-132　对齐凸轮轴链轮和曲轴链轮的正时标记

（5）安装惰轮 A 并拧紧螺栓 B 至规定转矩，如图 1-133 所示。

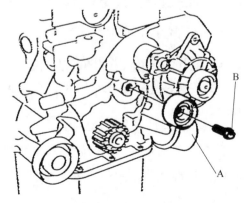

图 1-133　安装惰轮 A 并拧紧螺栓 B 至规定转矩

（6）用平垫圈 B 暂时安装正时皮带张紧器 A，如图 1-134 所示。

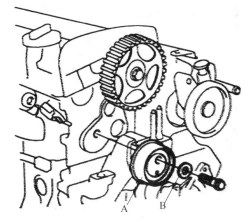

图 1-134 用平垫圈 B 暂时安装正时皮带张紧器 A

（7）为使皮带不在轴的各个中央松弛，按下列顺序安装正时皮带（图 1-135）：曲轴链轮 A→惰轮 B→凸轮轴链轮 C→正时皮带张紧器 D。

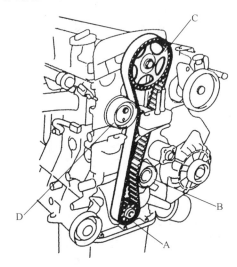

图 1-135 安装正时皮带

（8）通过中心螺栓在皮带上加力来暂时固定张紧器皮带轮。

（9）正时皮带张力调节。

① 按规定方向（从前看顺时针方向）旋转曲轴，经过的角度等于经过凸轮轴链轮 A 的两个轮牙（18°）的角度，如图 1-136 所示。

② 按箭头方向使用工具，通过旋转张

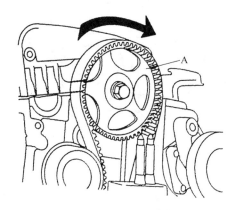

图 1-136 旋转曲轴

紧器将张力赋予正时皮带，并设置正时皮带使紧边没有松弛，如图 1-137 所示。

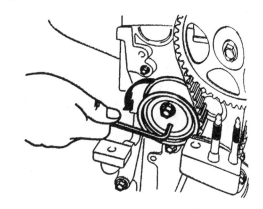

图 1-137 设置正时皮带

③ 拧紧张紧器螺栓。

④ 重新检查皮带张力，在使用适中力（约 2kgf）平地推动正时皮带紧边时，正时皮带轮牙凹陷 4～6mm，如图 1-138 所示。

（10）按操作方向（顺时针）将曲轴旋转 2 圈并重新对齐曲轴链轮和凸轮轴链轮的正时标记。

（11）用 5 个螺栓 B 安装正时皮带下盖 A，如图 1-139 所示。

（12）安装凸缘和曲轴皮带轮 A，确定曲轴链轮销与皮带轮内的小孔相吻合，如图 1-140 所示。

（13）用 4 个螺栓安装正时皮带上盖。

（14）用 4 个螺栓安装冷却水泵皮带轮。

（15）安装动力转向泵皮带。

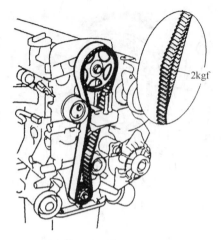

图 1-138　检查皮带张力

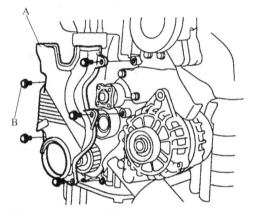

图 1-139　用 5 个螺栓 B 安装正时皮带下盖 A

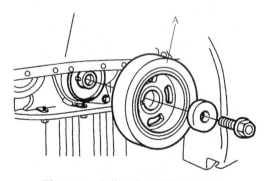

图 1-140　安装凸缘和曲轴皮带轮 A

（16）安装空气压缩机皮带。
（17）安装交流发电机皮带。
（18）安装发动机装配支架。
① 用螺栓 B 安装撑板 A，如图 1-141 所示。

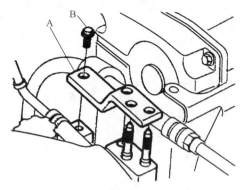

图 1-141　用螺栓 B 安装撑板 A

② 用 3 个螺母和螺栓安装发动机装配支架 A，如图 1-142 所示。

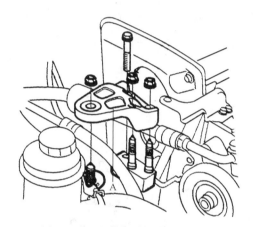

图 1-142　安装发动机装配支架 A

（19）用 2 个螺栓 B 安装右侧盖 A，如图 1-143 所示。

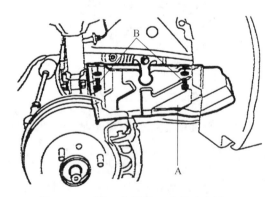

图 1-143　用 2 个螺栓 B 安装右侧盖 A

（20）安装右前轮。
（21）用 4 个螺栓安装发动机盖。

第四节

北京现代雅绅特车系 G4EE-GSL1.4 和 G4ED-GSL1.6 发动机正时校对维修

G4EE-GSL1.4 和 G4ED-GSL1.6 发动机正时调整如下。

一、正时系统部件的拆卸

此程序不需要拆卸发动机总成。

(1) 拆卸发动机盖,如图 1-144 所示。

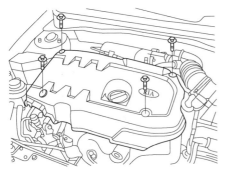

图 1-144 拆卸发动机盖

(2) 拆卸右前轮。

(3) 拆卸 2 个螺栓 B 和右侧盖 A,如图 1-145 所示。

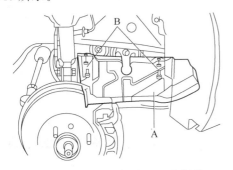

图 1-145 拆卸 2 个螺栓 B 和右侧盖 A

(4) 松开水泵皮带轮螺栓,如图 1-146 所示。

(5) 拆卸交流发电机驱动皮带 A,如图 1-147 所示。

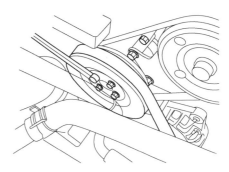

图 1-146 松开水泵皮带轮螺栓

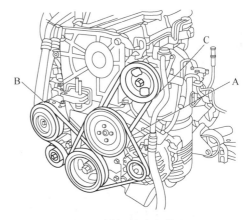

图 1-147 拆卸驱动皮带 A～C

(6) 拆卸空调压缩机驱动皮带 B,如图 1-147 所示。

(7) 拆卸动力转向泵驱动皮带 C,如图 1-147 所示。

(8) 拆卸 4 个螺栓和水泵皮带轮。

(9) 拆卸 4 个螺栓 B 和正时皮带上盖 A,如图 1-148 所示。

(10) 转动曲轴皮带轮,并对齐它的导槽和正时皮带盖的正时标记"T",检查凸轮轴正时齿轮的正时标记是否与气缸盖罩的正时标记对齐,如图 1-149 所示(1 号气缸压缩 TDC 位置)。

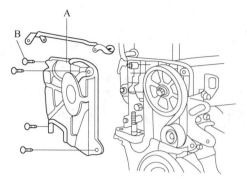

图 1-148 拆卸 4 个螺栓 B 和正时皮带上盖 A

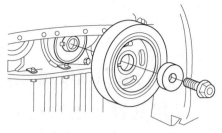

图 1-150 拆卸曲轴皮带轮
螺栓和曲轴皮带轮

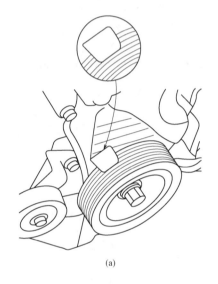

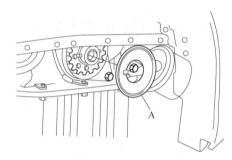

图 1-151 拆卸曲轴法兰 A

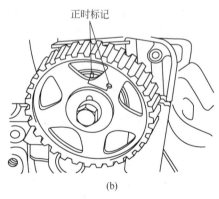

图 1-149 检查标记对齐

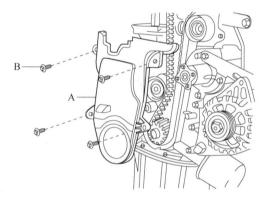

图 1-152 拆卸 4 个螺栓 B 和
正时皮带下盖 A

(11) 拆卸曲轴皮带轮螺栓和曲轴皮带轮，如图 1-150 所示。

(12) 拆卸曲轴法兰 A，如图 1-151 所示。

(13) 拆卸 4 个螺栓 B 和正时皮带下盖 A，如图 1-152 所示。

(14) 拆卸正时皮带张紧器 A 和正时皮带，如图 1-153 所示。

> **注意**
>
> 如果再次使用正时皮带时，应在皮带上做箭头指示旋转方向，确保安装皮带时保持原来的方向。

(15) 拆卸螺栓 B 和正时皮带惰轮 A，如图 1-154 所示。

(16) 拆卸曲轴正时齿轮 A，如图 1-155 所示。

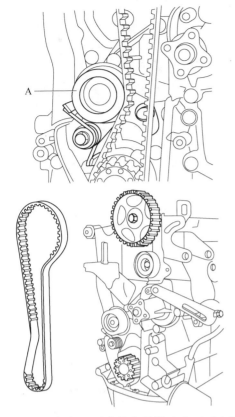

图 1-153　拆卸正时皮带张紧器 A 和正时皮带

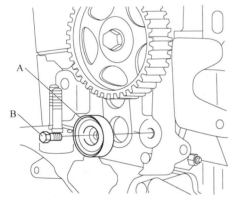

图 1-154　拆卸螺栓 B 和正时皮带惰轮 A

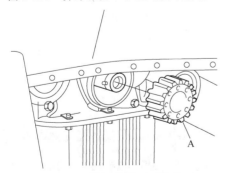

图 1-155　拆卸曲轴正时齿轮 A

(17) 拆卸气缸盖罩。

① 拆卸导线线束支架 A，如图 1-156 所示。

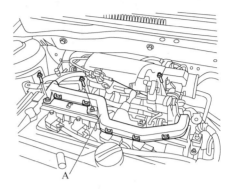

图 1-156　拆卸导线线束支架 A

② 分离点火线圈，如图 1-157 所示。

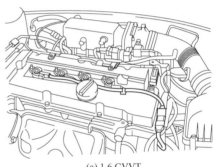

(a) 1.6 CVVT

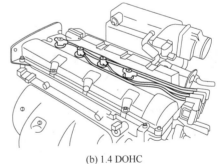

(b) 1.4 DOHC

图 1-157　分离点火线圈

③ 从气缸盖上拆卸 PCV（曲轴箱强制通风装置）软管 A 和通气软管 B，如图 1-158 所示。

④ 拆卸发动机盖支架 A，如图 1-159 所示。

⑤ 拧下气缸盖罩螺栓 B 并拆卸气缸盖

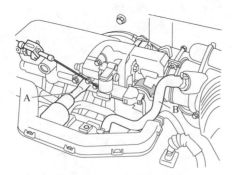

图 1-158　拆卸 PCV（曲轴箱强制通风装置）软管 A 和通气软管 B

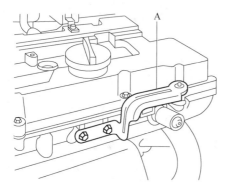

图 1-159　拆卸发动机盖支架 A

A 和衬垫，如图 1-160 所示。

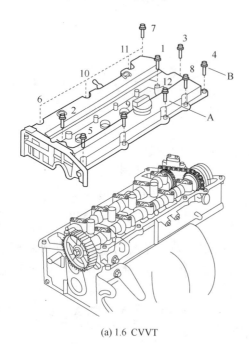

(a) 1.6 CVVT

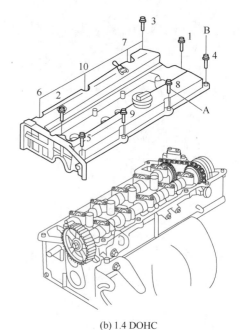

(b) 1.4 DOHC

图 1-160　拧下气缸盖罩螺栓 B 并拆卸气缸盖 A 和衬垫

（18）拆卸凸轮轴正时齿轮。

用扳手固定凸轮轴六角头部位 A，并用扳手 B 拆卸螺栓 C，然后拆卸凸轮轴正时齿轮，如图 1-161 所示。

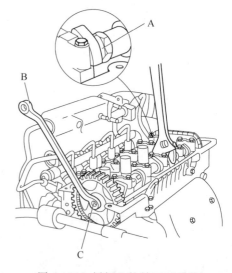

图 1-161　拆卸凸轮轴正时齿轮

> **注意**
>
> 使用扳手时不要损坏气缸盖和气门挺杆。

二、正时系统部件的检查

(一) 正时齿轮、张紧器皮带轮、惰轮

(1) 检查凸轮轴正时齿轮、曲轴正时齿轮、张紧器皮带轮和惰轮的不正常磨损、裂纹或损坏的情况,必要时按要求更换。

(2) 检查张紧器皮带轮和惰轮是否容易平滑旋转,检查是否有间隙和噪声,必要时按要求更换,如图 1-162 所示。

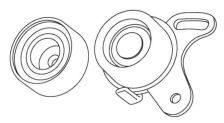

图 1-162 检查张紧器皮带轮和惰轮是否容易平滑旋转

(3) 若从皮带轮轴承上有润滑脂泄漏,应则更换皮带轮。

(二) 正时皮带

(1) 检查皮带上有无油或尘埃,必要时更换。使用干布条或纸擦去小沉淀物,不要使用溶剂清洗。

(2) 在发动机维修或调整皮带张力时,仔细检查皮带。如果有明显的任何缺陷,更换皮带。

> **注意**
> ① 不要彻底地弯曲、扭曲或反方向安装正时皮带。
> ② 不要使正时皮带与油、水和蒸汽接触。

三、正时系统部件的安装

(1) 安装凸轮轴正时齿轮并将螺栓拧紧至规定转矩。

① 暂时安装凸轮轴正时齿轮螺栓 C。

② 用扳手固定凸轮六角头部位 A 并用扳手 B 拧紧螺栓 C,如图 1-163 所示。

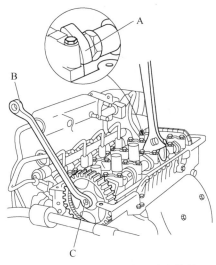

图 1-163 安装凸轮轴正时齿轮并将螺栓拧紧至规定转矩

(2) 安装气缸盖罩。

① 安装气缸盖罩 A 和螺栓 B,如图 1-164 所示。

② 安装发动机盖支架 A (1.6CVVT),如图 1-165 所示。

③ 将 PCV(曲轴箱强制通风装置)软管 A 和通气软管 B 安装到气缸盖罩上,如图 1-166 所示。

④ 安装点火线圈,如图 1-167 所示。

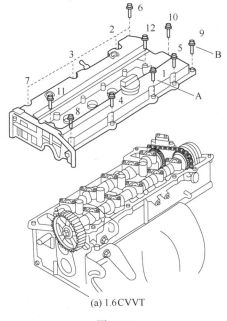

(a) 1.6CVVT

图 1-164

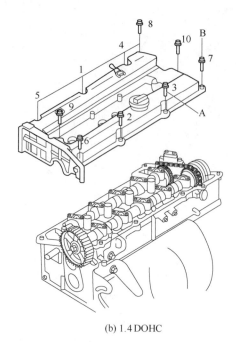

(b) 1.4DOHC

图 1-164　安装气缸盖罩 A 和螺栓 B

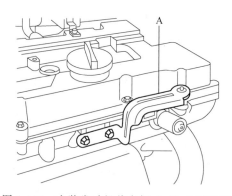

图 1-165　安装发动机盖支架 A（1.6CVVT）

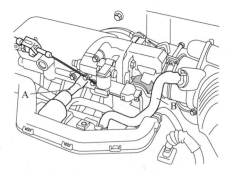

图 1-166　将 PCV（曲轴箱强制通风装置）软管 A 和通气软管 B 安装到气缸盖罩上

（3）安装曲轴正时齿轮 A，如图 1-168

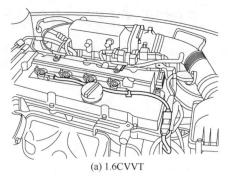

(a) 1.6CVVT

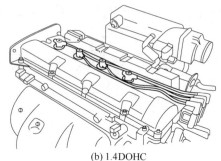

(b) 1.4DOHC

图 1-167　安装点火线圈

所示。

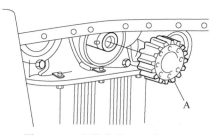

图 1-168　安装曲轴正时齿轮 A

（4）将 1 号活塞放在上止点，对齐凸轮轴正时齿轮 A 和曲轴正时齿轮 B 的正时标记，如图 1-169 所示。

（5）安装惰轮 A 并拧紧螺栓 B 至规定

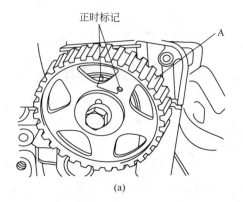

(a)

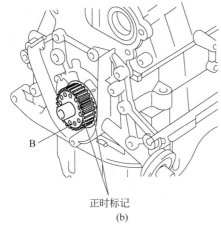

正时标记
(b)

图 1-169 将 1 号活塞放在上止点

转矩,如图 1-170 所示。

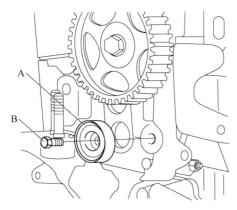

图 1-170 安装惰轮 A 并拧紧螺栓 B

(6) 暂时安装正时皮带张紧器 A,如图 1-171 所示。

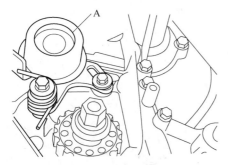

图 1-171 暂时安装正时皮带张紧器 A

(7) 按下列顺序安装正时皮带(图 1-172):曲轴正时齿轮 A→惰轮 B→凸轮轴正时齿轮 C→正时皮带张紧器 D。

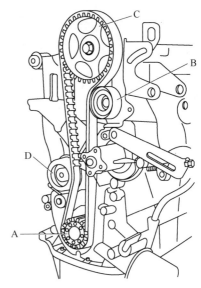

图 1-172 按顺序安装正时皮带

(8) 调节正时皮带张力。

① 拧下固定螺栓 A、B 后,通过旋转张紧器给正时皮带施加张力,如图 1-173 所示。

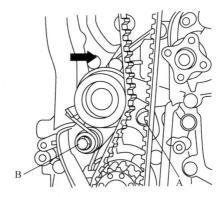

图 1-173 拧下固定螺栓 A、B 并旋转张紧器

② 检查各正时齿轮和正时皮带齿牙之间是否对齐,逐个拧紧固定螺栓 A 和 B。

③ 重新检查皮带张力。

使用适当力[约 49N(11lbf)]水平握紧张紧器和正时皮带张力侧时,确定正时皮带轮齿尖到螺栓头中心的距离为张紧器固定螺栓头半径的 1/2(横过平面),如图 1-174 所示。

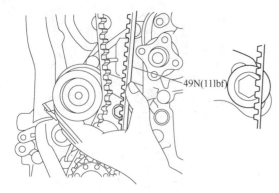

图 1-174 重新检查皮带张力

④ 正时皮带张力测量程序：顺时针旋转曲轴，将 1 号活塞设置在上止点（TDC），并逆时针旋转曲轴 90°，利用自由振动方式测量张力侧跨度中央的皮带张力。

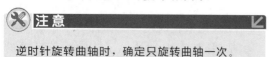

逆时针旋转曲轴时，确定只旋转曲轴一次。

（9）按操作方向（顺时针）将曲轴旋转 2 圈并重新对齐曲轴正时齿轮和凸轮轴正时齿轮的正时标记。

（10）用 4 个螺栓 B 安装正时皮带下盖 A，如图 1-175 所示。

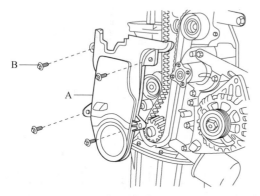

图 1-175 用 4 个螺栓 B 安装正时皮带下盖 A

（11）安装法兰和曲轴皮带轮 A，拧紧曲轴皮带轮螺栓，如图 1-176 所示。

确定曲轴正时齿轮销与皮带轮内的小孔相吻合。

（12）用 4 个螺栓 B 安装正时皮带上盖 A，如图 1-177 所示。

（13）安装水泵皮带轮和 4 个螺栓。

（14）安装动力转向泵驱动皮带 C，如图 1-178 所示。

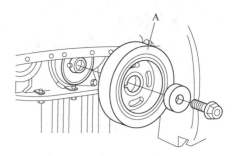

图 1-176 安装法兰和曲轴皮带轮

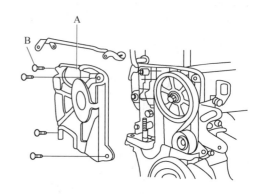

图 1-177 用 4 个螺栓 B 安装正时皮带上盖 A

（15）安装空调压缩机驱动皮带 B，如图 1-178 所示。

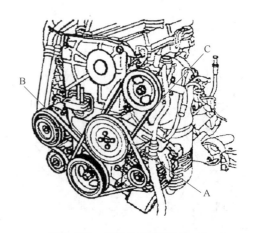

图 1-178 安装驱动皮带 A～C

（16）安装交流发电机驱动皮带 A，如

图 1-178 所示。

(17) 用 2 个螺栓 B 安装右侧盖 A，如图 1-179 所示。

(18) 安装右前轮。

(19) 用螺栓安装发动机盖，如图 1-180 所示。

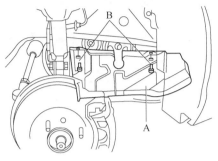

图 1-179 用 2 个螺栓 B 安装右侧盖 A

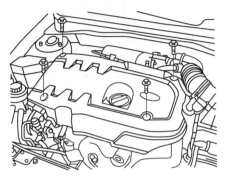

图 1-180 用螺栓安装发动机盖

第五节 北京现代御翔车系 G4KC-2.4L 汽油发动机正时校对维修

G4KC-2.4L 汽油发动机正时调整如下。

一、正时链条的拆卸

此程序不需要拆卸发动机总成。

(1) 拆卸发动机盖。
(2) 拆卸右前轮。
(3) 拆卸右侧盖。
(4) 将 1 号气缸设置在 TDC/压缩冲程，如图 1-181 所示。

(5) 拆卸发动机装配支撑支架。
① 将千斤顶安装到发动机油底壳。
② 松开 2 个螺栓、2 个螺母，拆卸发动机装配支撑支架。
(6) 暂时松开水泵皮带轮螺栓。
(7) 拆卸驱动皮带 A，如图 1-182 所示。

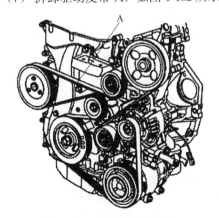

图 1-182 拆卸驱动皮带 A

(8) 拆卸惰轮皮带轮 A，如图 1-183 所示。

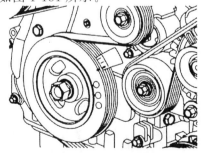

图 1-181 将 1 号气缸设置在 TDC/压缩冲程

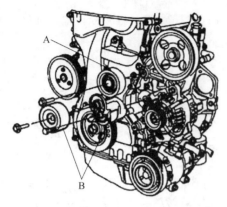

图 1-183　拆卸惰轮皮带轮 A 与驱动
皮带张紧器皮带轮和张紧器 B

（9）拆卸驱动皮带张紧器皮带轮和张紧器 B，如图 1-183 所示。

（10）拆卸水泵皮带轮 A，如图 1-184 所示。

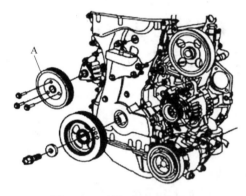

图 1-184　拆卸水泵皮带轮 A

（11）拆卸曲轴皮带轮。

（12）拆卸发动机支撑支架。

（13）分离点火线圈连接器。

（14）拆卸点火线圈。

（15）从气缸盖罩上拆卸 PCV 软管和通气软管。

（16）拧下气缸盖罩螺栓，拆卸气缸盖罩 A 和衬垫，如图 1-185 所示。

（17）拆卸压缩机下部螺栓，如图 1-186 所示。

（18）拆卸压缩机支架。

（19）排出发动机油。

（20）拆卸油底壳。

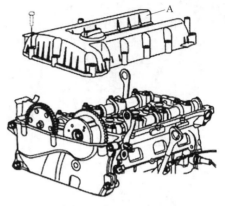

图 1-185　拆卸气缸盖罩 A 和衬垫

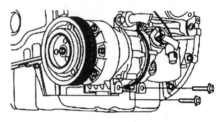

图 1-186　拆卸压缩机下部螺栓

（21）用螺丝刀撬气缸盖和气缸体之间的位置，拆卸正时链盖 A，如图 1-187 所示。

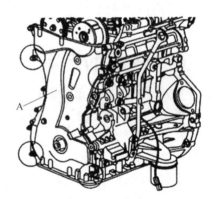

图 1-187　拆卸正时链盖 A

（22）对齐曲轴齿键和主轴承盖的接合面。使 1 号气缸位于上止点即它的压缩冲程。

（23）压缩正时链张紧器后，安装定位销，如图 1-188 所示。

（24）拆卸正时链张紧器。

（25）拆卸正时链张紧器臂。

（26）拆卸正时链。

图 1-188 安装定位销

(27) 拆卸正时链导轨。

(28) 拆卸正时链油喷嘴 A，如图 1-189 所示。

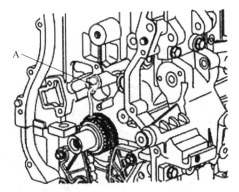

图 1-189 拆卸正时链油喷嘴 A

二、正时链条的安装

(1) 安装曲轴链条链轮 A，如图 1-190 所示。

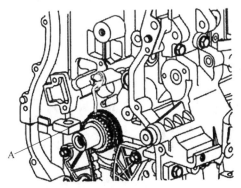

图 1-190 安装曲轴链条链轮 A

(2) 安装正时链条油喷嘴。

(3) 在曲轴的齿键与主轴承盖的接合面对齐时，装配曲轴。在进气链轮、排气链轮与气缸盖的顶面对齐时，放置进气、排气凸轮轴总成。目的是使 1 号气缸上的活塞位于上止点即它的压缩冲程。

(4) 安装正时链导轨。

(5) 安装正时链。

为使皮带不在轴的各个中央松弛，按下列顺序安装正时链，如图 1-191 所示。

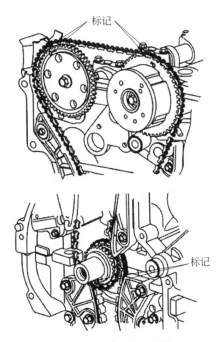

图 1-191 安装正时链

曲轴链轮→正时链条导轨→进气凸轮轴链轮→排气凸轮轴链轮。

安装正时链时，各链轮的正时标记应与正时链的正时标记（颜色链）相匹配。

(6) 安装正时链张紧器臂。

(7) 安装正时链自动张紧器，拆卸定位销。

(8) 按常规方向（从前看顺时针方向）旋转曲轴 2 周确认正时标记，如图 1-192 所示。

(9) 安装正时链盖。

(10) 安装油底壳。

(11) 安装空调支架。

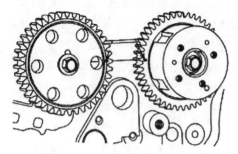

图 1-192 旋转曲轴 2 周确认正时标记

(12) 安装空调压缩机螺栓。
(13) 安装气缸盖罩。
(14) 安装点火线圈。
(15) 连接点火线圈连接器。
(16) 安装发动机支撑支架。
(17) 使用飞轮止动器，安装曲轴皮带轮。
(18) 安装水泵皮带轮。
(19) 安装驱动皮带张紧器和张紧器皮带轮。
(20) 安装惰轮。
(21) 安装驱动皮带，如图 1-193 所示。

安装顺序：曲轴皮带轮→A/C 皮带轮→交流发电机皮带轮惰轮→P/C 泵皮带轮→惰轮→水泵皮带轮→张紧器皮带轮。

逆时针旋转自动张紧器，用扳手转动自动张紧器皮带轮螺栓。

将皮带放在自动张紧器皮带轮上后，缓慢释放自动张紧器皮带轮。

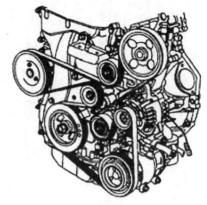

图 1-193 安装驱动皮带

(22) 安装发动机固定支架 A，如图 1-194 所示。

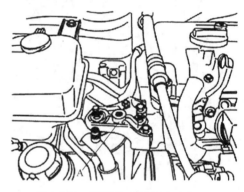

图 1-194 安装发动机固定支架 A

(23) 安装右侧盖。
(24) 安装右前轮。
(25) 安装发动机盖。

第六节

北京现代伊兰特悦动车系 1.6L 和 1.8L 发动机正时校对维修

北京现代伊兰特悦动 1.6L 和 1.8L 发动机结构基本相同，其正时调整部件如图 1-195 所示。

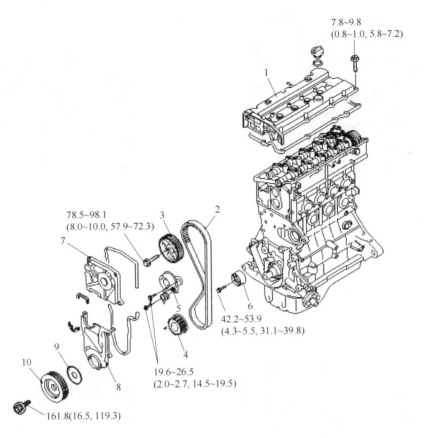

转矩：N·m (kgf·m, lbf·ft)

图 1-195 发动机正时调整部件

1—气缸盖罩；2—正时皮带；3—凸轮轴链轮；4—曲轴链轮；5—张紧器；6—惰轮；
7—正时皮带上盖；8—正时皮带下盖；9—法兰；10—曲轴皮带轮

一、正时系统部件的拆卸

此程序不需要拆卸发动机总成。

（1）拆卸发动机中央盖。

（2）拆卸右前轮。

（3）拆卸 2 个螺栓 B 和右侧盖 A，如图 1-196 所示。

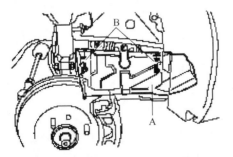

图 1-196 拆卸 2 个螺栓 B 和右侧盖 A

（4）暂时拧下水泵皮带轮螺栓，如图 1-197 所示。

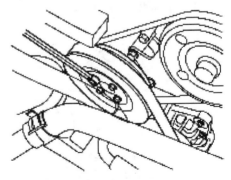

图 1-197 暂时拧下水泵皮带轮螺栓

（5）拆卸交流发电机驱动皮带，如图 1-198 所示。

（6）拆卸空调压缩机驱动皮带。

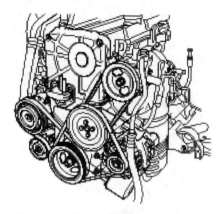

图 1-198 拆卸交流发电机驱动皮带

（7）拆卸动力转向泵驱动皮带。

（8）拧下 4 个螺栓并拆卸水泵皮带轮。

（9）拆卸 4 个螺栓 B 和正时皮带上盖 A，如图 1-199 所示。

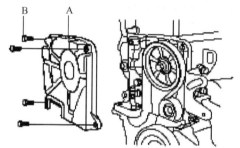

图 1-199 拆卸 4 个螺栓 B 和正时皮带上盖 A

（10）转动曲轴皮带轮，并对齐它的导槽和正时皮带盖的正时标记，如图 1-200 所示。检查凸轮轴皮带轮的正时标记是否与气缸盖罩的正时标记对齐，如图 1-201 所示（1 号气缸压缩 TDC 位置）。

图 1-200 对齐导槽和正时皮带盖的正时标记

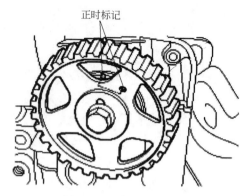

图 1-201 检查正时标记

（11）拆卸曲轴皮带轮螺栓和曲轴皮带轮 A，如图 1-202 所示。

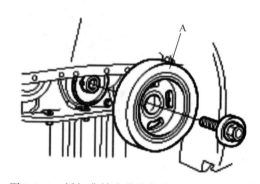

图 1-202 拆卸曲轴皮带轮螺栓和曲轴皮带轮 A

拆卸皮带轮时，拆卸起动机并固定 SST（09231-2B100），如图 1-203 所示。

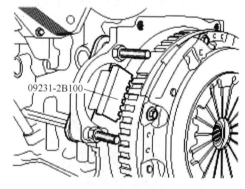

图 1-203 固定 SST

（12）拆卸曲轴凸缘 A，如图 1-204 所示。

（13）拧下 4 个螺栓 B 和正时皮带下盖 A，如图 1-205 所示。

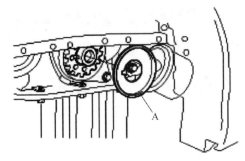

图 1-204 拆卸曲轴凸缘 A

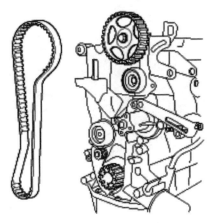

图 1-207 拆卸正时皮带

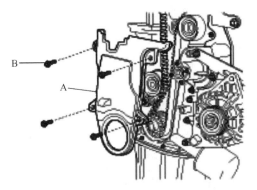

图 1-205 拧下 4 个螺栓 B 和正时皮带下盖 A

（14）拆卸正时皮带张紧器 A，如图 1-206 所示，然后拆卸正时皮带，如图 1-207 所示。

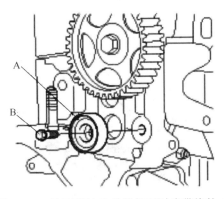

图 1-208 拧下螺栓 B 并拆卸正时皮带惰轮 A

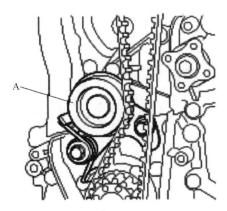

图 1-206 拆卸正时皮带张紧器 A

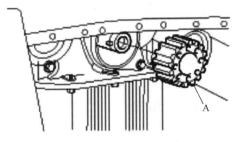

图 1-209 拆卸曲轴链轮 A

（17）拆卸气缸盖罩。
① 拆卸线束支架 A。
② 拆卸点火线圈 B。
③ 从气缸盖罩上拆卸 PCV（曲轴箱强制通风）软管 C 和通气软管 D，如图 1-210 所示。
④ 拧下气缸盖罩螺栓 B 并拆卸气缸盖罩 A 和衬垫，如图 1-211 所示。

（18）拆卸凸轮轴链轮。
用六角扳手固定凸轮轴部分 A，用扳

如果重新使用正时皮带，用箭头标记识别旋转方向，以确认重新安装的皮带与以前在同一方向。

（15）拧下螺栓 B 并拆卸正时皮带惰轮 A，如图 1-208 所示。

（16）拆卸曲轴链轮 A，如图 1-209 所示。

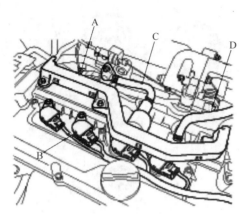

图 1-210 拆卸 PCV、软管 C 和通气软管 D

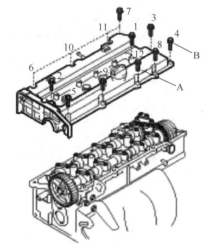

图 1-211 拧下气缸盖罩螺栓 B 并拆卸气缸盖罩 A 和衬垫

手 B 拆卸螺栓 C，并且拆卸凸轮轴链轮，如图 1-212 所示。

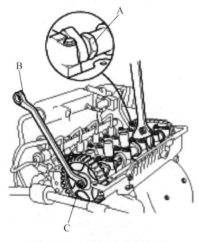

图 1-212 拆卸凸轮轴链轮

> **注意**
>
> 避免扳手损坏气缸盖和气门挺杆。

二、链轮、张紧轮和惰轮的检查

（1）检查凸轮轴链轮、曲轴链轮、皮带张紧轮和惰轮皮带轮是否有不正常磨损、裂纹或损坏，按需要更换。

（2）检查皮带张紧轮和惰轮转动是否自由平滑，并检查其间隙或噪声。

（3）如果轴承的润滑脂泄漏，则应更换皮带轮。

三、正时系统部件的安装

（1）安装凸轮轴链轮，按规定转矩拧紧螺栓。

① 暂时安装凸轮轴链轮螺栓 C。

② 使用六角扳手拧住凸轮轴部分 A，使用扳手 B 拧紧螺栓 C，如图 1-213 所示。

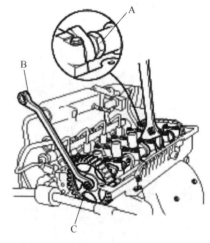

图 1-213 使用扳手 B 拧紧螺栓 C

（2）安装气缸盖罩。

① 安装气缸盖罩 A 和螺栓 B，如图 1-214 所示。

② 在气缸盖罩上安装 PCV（曲轴箱强制通风）软管 C 和通气软管 D，如图 1-215 所示。

③ 安装点火线圈 B，如图 1-215 所示。

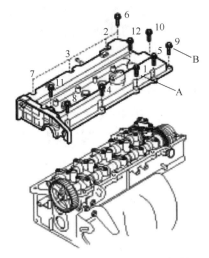

图 1-214 安装气缸盖罩 A 和螺栓 B

④ 安装线束支架 A,如图 1-215 所示。

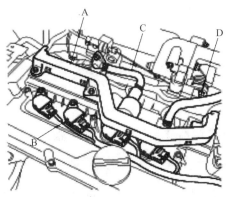

图 1-215 PCV 软管 C、通气软管 D、
点火线圈 B 和线束支架 A

(3) 安装曲轴链轮 A,如图 1-216 所示。

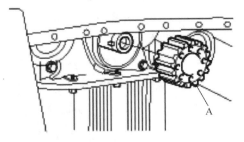

图 1-216 安装曲轴链轮 A

(4) 1 号活塞位于上止点(如图 1-217 所示)和它的压缩冲程时,对准凸轮轴链轮和曲轴链轮 B 的正时标记,如图 1-218 所示。

(5) 安装惰轮 A 并按规定转矩拧紧螺

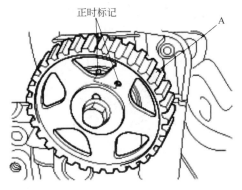

图 1-217 1 号活塞位于上止点

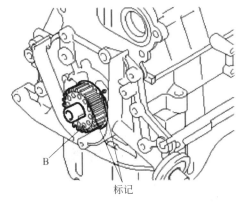

图 1-218 对准标记

栓 B,如图 1-219 所示。

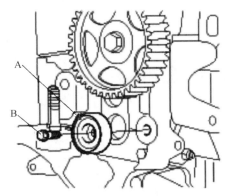

图 1-219 安装惰轮 A 并按规定
转矩拧紧螺栓 B

(6) 暂时安装正时皮带张紧器 A,如图 1-220 所示。

(7) 用扳手固定凸轮轴的六角部分,拧紧凸轮轴链轮螺栓,如图 1-221 所示,顺序为:曲轴链轮 A→惰轮 B→凸轮轴链轮 C→

正时皮带张紧器D。

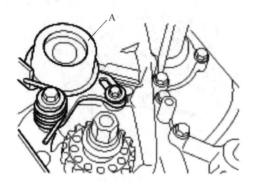

图 1-220 暂时安装正时皮带张紧器 A

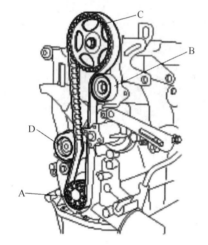

图 1-221 拧紧凸轮轴链轮螺栓

(8) 调整正时皮带张力。

① 拧紧装配螺栓 A、B 后，利用张紧器的弹性调整正时皮带张力，如图 1-222 所示。

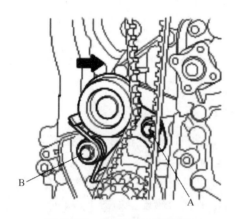

图 1-222 调整正时皮带张力

② 检查每个链轮和每个正时皮带轮齿之间是否对齐后，拧紧装配螺栓 A 和 B。

③ 再检查皮带张力。

确认用适当的力[约49N（11lbf）]水平推动正时皮带的受拉部分时，正时皮带齿末端与螺栓头中央部分的距离约为张紧器固定螺栓头半径（通过平面）的1/2，如图 1-223 所示。

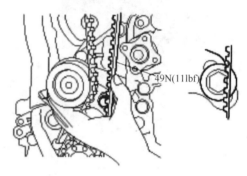

图 1-223 检查皮带张力

④ 正时皮带张力测量程序（通过声波张力规）：按顺时针方向转动曲轴，把第一活塞设置在上止点（TDC），按逆时针方向转动曲轴至 90°，然后利用自由振动的方法测量受拉部分跨度中央的皮带张力。

> **注意**
>
> 在安装正时皮带、调整张力和测量张力过程中，必须拆卸火花塞。

(9) 按正常方向（顺时针）转动 2 圈，重新排列曲轴链轮和凸轮轴链轮正时标记。

(10) 用 4 个螺栓 B 安装正时皮带下盖 A，如图 1-224 所示。

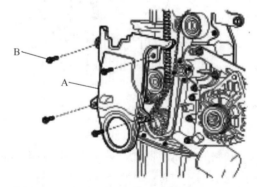

图 1-224 用 4 个螺栓 B 安装正时皮带下盖 A

(11) 安装法兰和曲轴皮带 A，然后拧紧曲轴皮带轮螺栓，确定曲轴链轮销与皮带轮小孔相吻合，如图 1-225 所示。

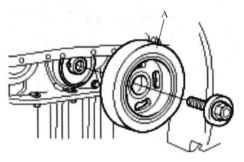

图 1-225　安装法兰和曲轴皮带 A

参考：安装皮带轮时，拆卸起动机并固定 SST（09231-2B100），如图 1-226 所示。

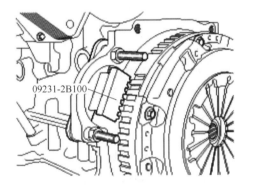

图 1-226　拆卸起动机并固定 SST

(12) 用 4 个螺栓 B 安装正时皮带上盖 A，如图 1-227 所示。

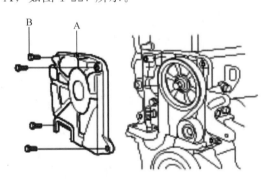

图 1-227　安装正时皮带上盖 A

(13) 安装水泵皮带轮和 4 个螺栓。
(14) 安装动力转向泵驱动皮带 C，如图 1-228 所示。

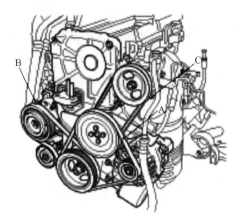

图 1-228　安装驱动皮带 A～C

(15) 安装空调压缩机驱动皮带 B，如图 1-228 所示。
(16) 安装交流发电机驱动皮带 A，如图 1-228 所示。
(17) 用 2 个螺栓 B 安装右侧盖 A，如图 1-229 所示。

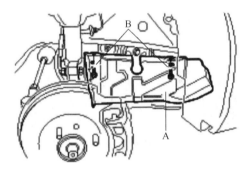

图 1-229　用 2 个螺栓 B 安装右侧盖 A

(18) 安装前轮 RH。
(19) 用螺栓安装发动机中心盖。

第二章 丰田车系发动机正时校对维修

第一节 一汽丰田威驰车系发动机正时校对维修

一、5A-FE、8A-FE 发动机

正时系统部件如图 2-1 所示。

(一) 正时皮带的拆卸

(1) 拆下右侧前轮。
(2) 拆下发动机下盖板。
(3) 拆下带软管的空气滤清器总成。
① 断开进气温度传感器接头和电线夹。
② 从空气滤清器软管上断开通风管。
③ 松开滤清器软管夹箍螺栓。
④ 分离开 2 个空气滤清器盖夹子。
⑤ 从节气门体上断开空气滤清器软管，把空气滤清器盖子连同空气滤清器软管一同拆下。
⑥ 拆下 3 个螺栓和空气滤清器，如图 2-2 所示。
(4) 拆下风扇和发电机 V 带。
(5) 拆下 1 号 V 带（空调压缩机到曲轴皮带轮）。
(6) 拆下叶片泵 V 带（带动力转向）。
(7) 拆下风扇皮带轮。
拆下 4 个螺栓和水泵皮带，如图 2-3 所示。
(8) 拆下线圈和高压线，如图 2-4 所示。
(9) 拆下气缸盖分总成。
① 断开发电机接头。
② 断开发电机电线。
③ 断开油压开关接头。
④ 断开空调压缩机开关接头。
⑤ 分离开电线夹子。
⑥ 从盖子上断开线束。
⑦ 从盖子上断开 2 根通风管。
⑧ 拆下 4 个螺母、4 个密封垫、盖子和垫片。
(10) 拆下横向发动机安装隔板，如图 2-5 所示。
(11) 拆下发电机总成。
(12) 将 1 号缸置于上止点压缩位置。
① 转动曲轴皮带轮，把它的槽口对准 1 号正时皮带盖的正时记号 "0"，如图 2-6 所示。
② 检查凸轮轴正时皮带轮的 "K" 记号与轴承盖的正时记号对齐，如图 2-7 所示。
如果没有对齐，将曲轴转动一圈（360°）。
(13) 拆下曲轴皮带轮。
① 用专用工具 SST 拆下皮带轮螺栓，如图 2-8 所示。

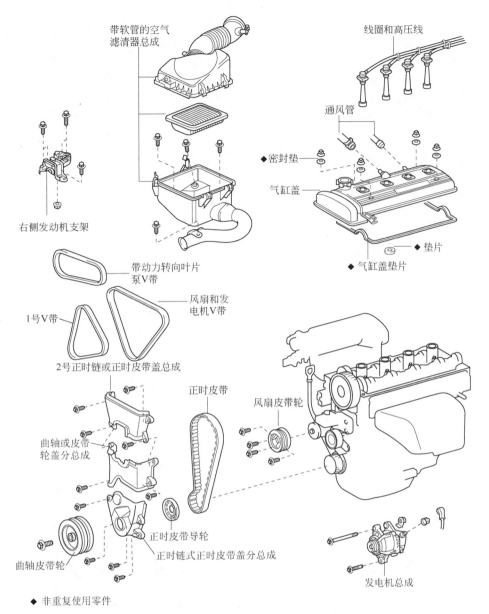

图 2-1 正时系统部件

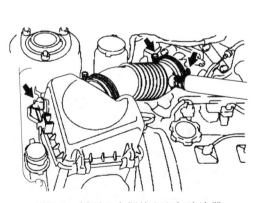

图 2-2 拆下 3 个螺栓和空气滤清器

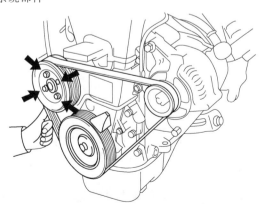

图 2-3 拆下 4 个螺栓和水泵皮带

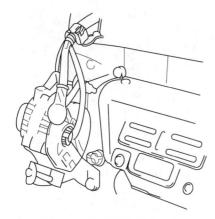

图 2-4　拆下线圈和高压线

图 2-7　"K"记号与轴承盖的正时记号对齐

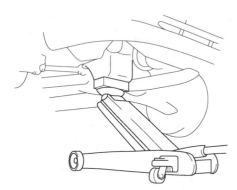

图 2-5　拆下横向发动机安装隔板

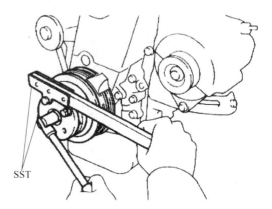

图 2-8　拆下皮带轮螺栓

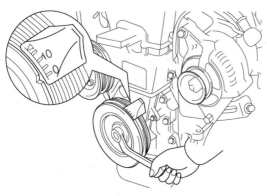

图 2-6　槽口对准 1 号正时皮带盖的正时记号"0"

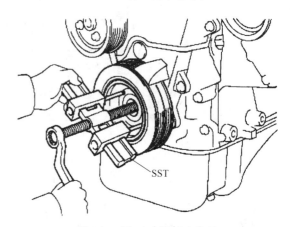

图 2-9　用 SST 拆下皮带轮

② 用 SST 拆下皮带轮，如图 2-9 所示。

(14) 拆下 2 号正时链或正时皮带盖子。

(15) 拆下曲轴齿轮或皮带轮盖子分总成。

(16) 拆下正时链或皮带盖子分总成。

(17) 拆下正时皮带导轮。

(18) 拆下正时皮带。

注意

如果再使用正时皮带，在皮带上（发动机旋转方向）画一箭头方向，在皮带轮和皮带上做记号，如图 2-10 所示。

① 松开惰轮皮带轮的安装螺栓，把皮

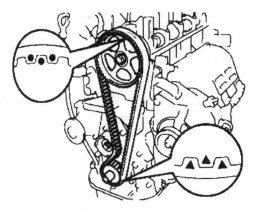

图 2-10　在皮带轮和皮带上做记号

带轮尽可能向左移动,然后暂时将其紧固,如图 2-11 所示。

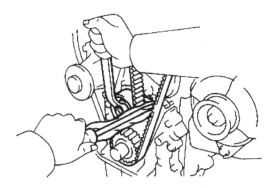

图 2-11　松开惰轮皮带轮的安装螺栓

② 拆下正时皮带。

(19) 拆下火花塞孔垫片。

① 向上弯曲通风隔音板,防止垫片滑脱。

② 使用螺丝刀取出垫片,如图 2-12 所示。

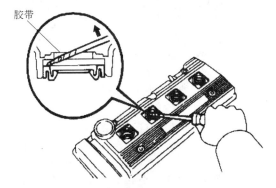

图 2-12　使用螺丝刀取出垫片

(20) 安装火花塞孔垫片。

① 用 SST 和榔头将新的孔垫片(如图 2-13 所示)装入。

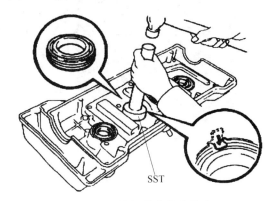

图 2-13　将新的孔垫片装入

② 在垫片边上涂一层薄薄的 MP 润滑脂。

③ 将通风隔音板装回原位。

(21) 将 1 号缸置于上止点压缩位置。

① 转动凸轮轴六角部位,将凸轮轴正时皮带轮的"K"记号与轴承盖上的正时记号对齐,如图 2-14 所示。

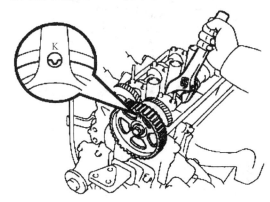

图 2-14　"K"记号与轴承盖上的正时记号对齐

② 使用曲轴皮带轮螺栓,转动曲轴,将曲轴正时皮带轮的正时记号与油泵对齐,如图 2-15 所示。

(22) 安装正时皮带。

(二) 正时皮带的安装

发动机必须是冷机。

(1) 安装正时皮带,检查曲轴正时皮带轮和凸轮轴正时皮带轮之间的张紧力。

第二章　丰田车系发动机正时校对维修　053

图 2-15　将曲轴正时皮带轮的正时记号与油泵对齐

> **注意**
>
> 如果再使用正时皮带，在拆卸时要做对齐记号，如图 2-16 所示。安装皮带时，使发动机旋转方向与箭头方向相同。

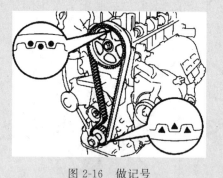

图 2-16　做记号

（2）检查气门正时。

① 松开惰轮螺栓，如图 2-17 所示。

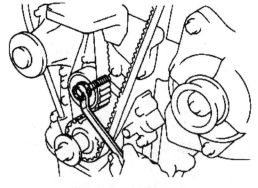

图 2-17　松开惰轮螺栓

② 慢慢将曲轴从上止点到上止点转动 2 圈。

> **注意**
>
> 始终顺时针转动曲轴。

（3）检查每个皮带轮与正时记号是否对齐。如果正时记号没有对齐，拆下正时皮带重新安装，如图 2-18 所示。

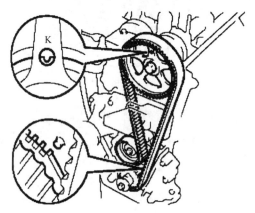

图 2-18　皮带轮与正时记号对齐

（4）紧固惰轮螺栓。

（5）拆下曲轴皮带轮螺栓。

检查正时皮带是否变形。

① 检查图 2-19 所示位置存在的皮带变形量。

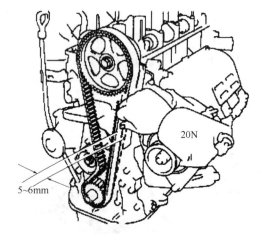

图 2-19　检查皮带变形量

皮带变形量：20N 时为 5～6mm。

② 如果变形量不符合规范，重新调整惰轮，如图 2-20 所示。

（6）安装正时皮带导轮，如图 2-21 所示。

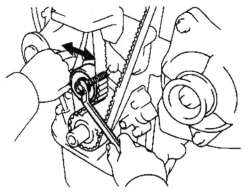

图 2-20　调整惰轮

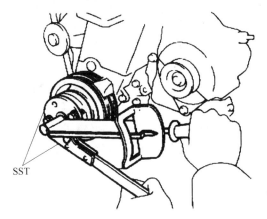

图 2-22　用 SST 安装皮带轮螺栓

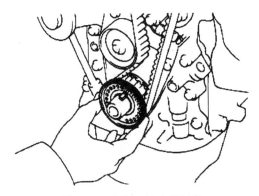

图 2-21　安装正时皮带导轮

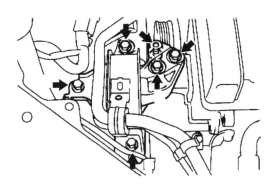

图 2-23　安装右侧发动机安装隔板

安装导轮，将杯口面向外。

（7）安装正时链或正时皮带盖分总成。

（8）安装曲轴齿轮或皮带轮盖分总成。

（9）安装 2 号正时链或皮带盖。

（10）安装曲轴皮带轮。

① 将皮带轮定位键与皮带轮槽对齐，安装皮带轮。

② 用 SST 安装皮带轮螺栓，如图 2-22 所示。

（11）安装发电机总成。

（12）用 5 个螺栓和螺母安装右侧发动机安装隔板，如图 2-23 所示。

（13）安装气缸盖分总成。

① 拆下所有旧填充（FIPG）材料。

② 如图 2-24 所示，将密封材料涂到气缸盖上。

③ 将垫片安装到气缸盖上。

④ 用 4 个密封垫和 4 个螺母安装缸盖。

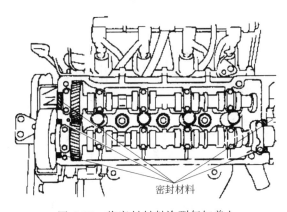

图 2-24　将密封材料涂到气缸盖上

⑤ 将 2 个通风管安装到缸盖上。

⑥ 将发动机线束装到缸盖上。

⑦ 连接发电机接头。

⑧ 连接发电机电线。

⑨ 连接油压开关接头。

⑩ 安装电线夹子。

⑪ 连接空调压缩机开关接头。

（14）安装点火线圈和高压线。

（15）安装风扇皮带轮。

（16）安装叶片泵 V 带（带动力转向）。

（17）安装 1 号 V 带（空调压缩机到曲轴皮带盘）。

（18）安装风扇和发电机 V 带。

（19）安装带软管的空气滤清器总成。

（20）安装右侧前轮。

（21）检查发动机油是否泄漏。

二、2NZ-FE 发动机

（一）发动机的拆卸

（1）拆卸火花塞，如图 2-25 所示。

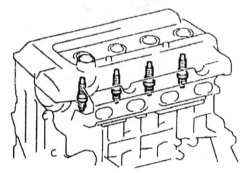

图 2-25　拆卸火花塞

（2）拆卸爆震传感器。

（3）拆卸发动机机油压力开关总成。

（4）拆卸发动机冷却液温度传感器。

（5）拆下 2 个螺母，然后拆下进水口，如图 2-26 所示。

（6）拆卸节温器，如图 2-27 所示。

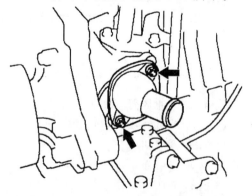

图 2-26　拆下进水口

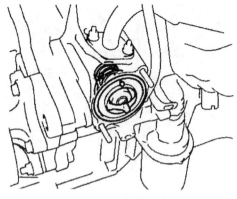

图 2-27　拆卸节温器

（7）拆卸机油加注口盖分总成。

（8）拆卸机油加注口盖垫片。

（9）拆卸曲轴位置传感器。

（10）拆卸通风阀分总成。

（11）拆卸气缸盖罩分总成。

拆下 9 个螺栓、2 个螺母和 2 个密封垫圈，然后拆下气缸盖罩分总成，如图 2-28 所示。

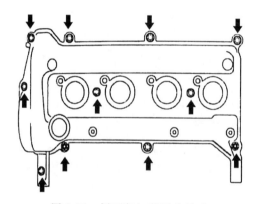

图 2-28　拆下气缸盖罩分总成

（12）拆卸气缸盖罩垫片。

（13）拆下螺栓和凸轮轴正时机油控制阀，如图 2-29 所示。

（14）拆卸机油液位尺导管。

（15）拆卸水泵皮带轮。

① 用 SST 固定水泵皮带轮。

② 拆下 3 个螺栓和水泵皮带轮，如图 2-30 所示。

（16）拆卸曲轴减震器分总成。

图 2-29 拆下螺栓和凸轮轴正时机油控制阀

图 2-30 拆下 3 个螺栓和水泵皮带轮

① 检查并确认凸轮轴正时链轮和凸轮轴正时齿轮上的正时标记朝上，如图 2-31 所示。

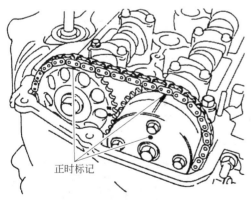

图 2-31 凸轮轴正时链轮和凸轮轴正时齿轮上的正时标记朝上

如果没有朝上，则转动曲轴 1 周（360°），并按上述对准正时标记。

② 在固定住曲轴减震器分总成的同时，用 2 个 SST 松开螺栓。

> **注意**
>
> 安装时检查 SST 的安装位置，以防止 SST 的固定螺栓接触到机油泵总成。

③ 拆下 SST 和螺栓。

④ 拆下曲轴减震器分总成，如图 2-32 所示。

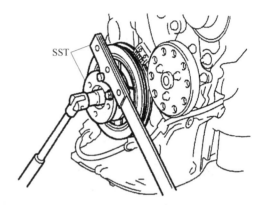

图 2-32 拆下曲轴减震器分总成

（17）拆卸横置发动机安装支架。

（18）拆卸水泵总成。

拆下 3 个螺栓和 2 个螺母，然后拆下水泵和垫片，如图 2-33 所示。

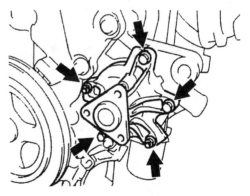

图 2-33 拆下水泵和垫片

（19）拆下 15 个螺栓和螺母，拆卸机油泵总成，如图 2-34 所示。

第二章 丰田车系发动机正时校对维修

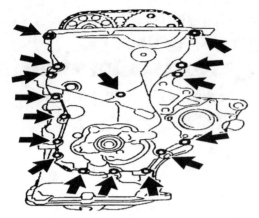

图 2-34 拆卸机油泵总成

(20) 拆卸机油泵密封件，使用头部被保护带包住的螺丝刀拆下油封，如图 2-35 所示。

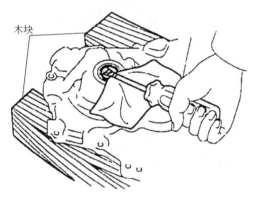

图 2-35 拆下油封

(21) 拆卸 1 号链条张紧器总成，如图 2-36 所示。

> **注意**
> ① 拆下链条张紧器后不要转动曲轴。
> ② 在正时链条被拆下的状态下转动凸轮轴时，先从 TDC 位置逆时针转动曲轴 40°。

① 松开锁，向上拉锁止板，将锁止板固定，如图 2-37 所示。

② 将链条张紧器柱塞解锁，然后将其推到端部，如图 2-38 所示。

③ 柱塞推至端部后，拉下锁止板，锁住柱塞，如图 2-39 所示。

④ 将直径为 3mm（0.12in）的钢条插

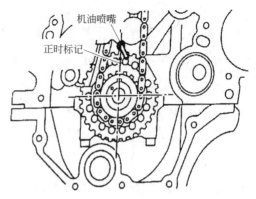

图 2-36 拆卸 1 号链条张紧器总成

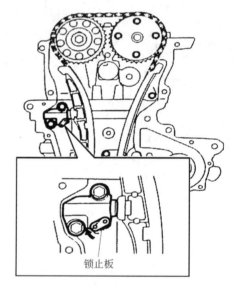

图 2-37 将锁止板固定

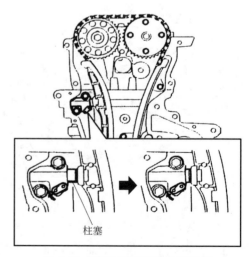

图 2-38 将链条张紧器柱塞解锁

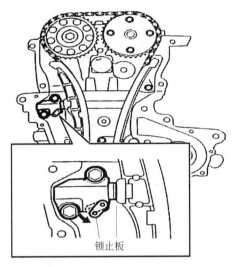

图 2-39 锁住柱塞

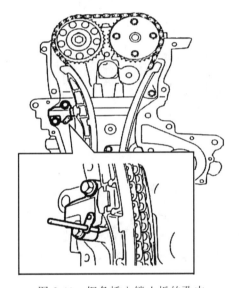

图 2-40 钢条插入锁止板的孔中

图 2-41 拆下 1 号链条张紧器总成

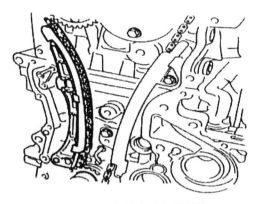

图 2-42 拆卸链条张紧器滑块

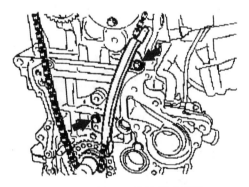

图 2-43 拆下 1 号链条减震器

入锁止板的孔中,锁住柱塞,如图 2-40 所示。

⑤ 拆下 2 个螺栓,拆下 1 号链条张紧器总成,如图 2-41 所示。

(22) 拆卸链条张紧器滑块,如图 2-42 所示。

(23) 拆下 2 个螺栓,然后拆下 1 号链条减震器,如图 2-43 所示。

(24) 拆卸链条分总成。

(25) 拆下 3 个螺栓,然后一起拆下 4 个喷油器和输油管分总成,如图 2-44 所示。

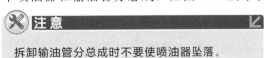

注意

拆卸输油管分总成时不要使喷油器坠落。

(26) 拆卸 1 号输油管隔圈。

(27) 拆下 4 个喷油器隔震器,如图 2-45 所示。

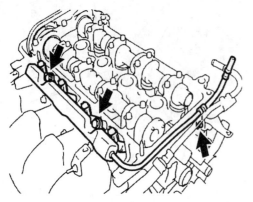

图 2-44 拆下 4 个喷油器和输油管分总成

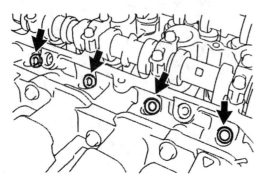

图 2-45 拆下 4 个喷油器隔震器

(28) 从输油管分总成中拉出 4 个喷油器总成，如图 2-46 所示。

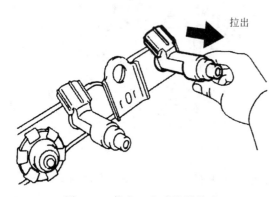

图 2-46 拉出 4 个喷油器总成

(29) 拆下螺栓和凸轮轴位置传感器，如图 2-47 所示。

(30) 拆卸 2 号凸轮轴，如图 2-48 所示。

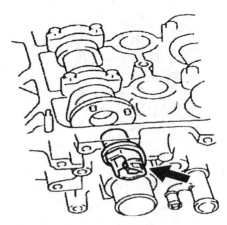

图 2-47 拆下螺栓和凸轮轴位置传感器

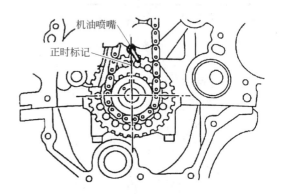

图 2-48 拆卸 2 号凸轮轴

⚠ 注意

在正时链条被拆下的状态下转动凸轮轴时，先从 TDC 位置逆时针转动曲轴减震器 40°，然后将机油喷嘴孔对准油漆标记。这样可以避免活塞接触到气门。

按图 2-49 所示顺序，分步骤均匀松开并拆下 11 个轴承盖螺栓，然后拆下 1 号凸轮轴轴承盖、2 号凸轮轴轴承盖和 2 号凸轮轴，如图 2-49 所示。

⚠ 注意

保持凸轮轴水平状态，均匀松开每个螺栓。

(31) 拆卸凸轮轴正时链轮。
① 用台钳夹住凸轮轴。
② 拆下凸缘螺栓，然后拆下凸轮轴正时链轮，如图 2-50 所示。

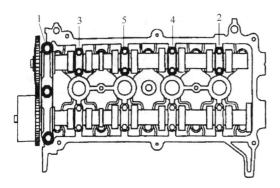

图 2-49 拆卸轴承盖螺栓

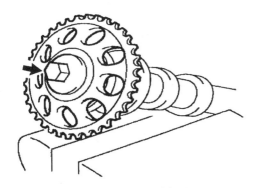

图 2-50 拆下凸缘螺栓

(32) 拆卸凸轮轴。

(33) 拆卸凸轮轴正时齿轮总成。

① 用台钳夹住凸轮轴,并确保其被锁止。

② 如图 2-51 所示,用聚氯乙烯带罩住凸轮轴轴颈上的 4 条油道。

> **注意**
>
> 凸轮轴轴颈上的两个凹槽,一个用于推迟凸轮正时(上部),另一个用于提前凸轮正时(下部),每个凹槽有 2 个油道。在用聚氯乙烯带包住凸轮轴轴颈前,用橡胶件塞住每个凹槽上的一个油道。

③ 刺穿覆盖在提前侧油道以及提前侧油道相反侧的推迟油道上的聚氯乙烯带。

④ 在 2 个穿透的油道(提前侧油道和推迟侧油道)上施加约 150kPa 的压缩空气,如图 2-52 所示。

⑤ 在减少施加到推迟侧油道上的气压

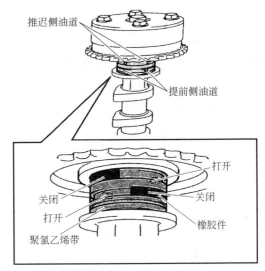

图 2-51 用聚氯乙烯带罩住凸轮轴轴颈上的 4 条油道

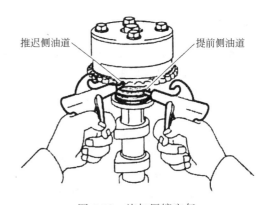

图 2-52 施加压缩空气

时,确认凸轮轴正时齿轮总成朝正时提前方向旋转,如图 2-53 所示。

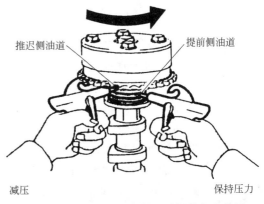

图 2-53 正时齿轮总成朝正时提前方向旋转

⑥ 当凸轮轴正时齿轮转动到最大提前位置时，从正时推迟侧油道释放气压，然后从提前侧油道释放气压。

> **注意**
> 如果先释放提前侧油道的气压，则凸轮轴正时齿轮总成会间歇性地突然朝推迟侧转动。这通常会导致锁销断裂。

⑦ 拆下凸缘螺栓，然后拆下凸轮轴正时齿轮总成，如图 2-54 所示。

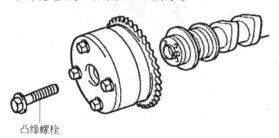

图 2-54 拆下凸轮轴正时齿轮总成

（34）按图 2-55 所示顺序，分步骤用 8mm（0.31in）双六角扳手均匀松开并拆下 10 个气缸盖螺栓和平垫圈。

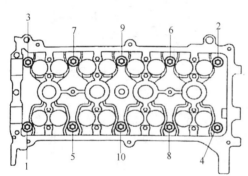

图 2-55 拆卸顺序

（35）拆卸气缸盖垫片。
（36）拆卸机油滤清器分总成。
（37）拆卸机油滤清器接头。
（38）拆卸发动机后油封。
（39）拆卸 2 号油底壳分总成。
（40）拆卸滤油网分总成。
（41）分步骤均匀地松开并拆下 13 个螺栓，拆下油底壳分总成，如图 2-56 所示。
（42）拆卸双头螺栓。

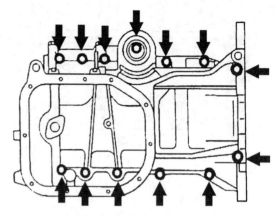

图 2-56 拆下 13 个螺栓

（二）发动机的安装

（1）安装双头螺栓。
（2）安装油底壳分总成。

按图 2-57 所示顺序，分步骤安装并均匀拧紧 13 个螺栓。

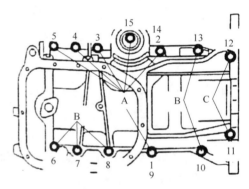

图 2-57 拧紧螺栓

（3）安装滤油网分总成。

用 2 个螺母和螺栓安装新垫片和滤油网。转矩：11N·m（112kgf·cm，8lbf·ft）。

（4）安装 2 号油底壳分总成。
（5）安装机油滤清器接头。
（6）安装机油滤清器分总成。
（7）将新气缸盖垫片置于气缸体上，并且使批号戳记朝上，如图 2-58 所示。
（8）安装气缸盖分总成。

① 在气缸盖螺栓的螺纹上涂抹一薄层发动机机油。

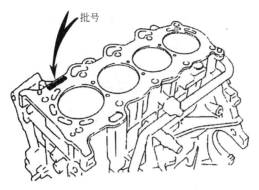

图2-58 批号戳记朝上

② 按图2-59所示顺序分步骤用8mm双六角扳手安装并均匀拧紧10个气缸盖螺栓和平垫圈。

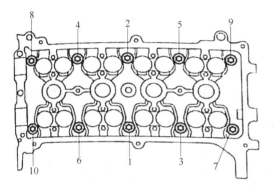

图2-59 拧紧螺栓顺序

③ 用油漆标记气缸盖螺栓的前侧。

④ 如图2-60所示,将气缸盖螺栓再拧紧90°,然后再次拧紧90°。

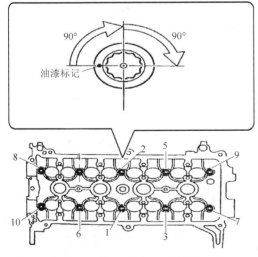

图2-60 将气缸盖螺栓再拧紧90°

⑤ 检查并确认油漆标记现在与前方成180°角。

(9) 安装发动机后油封。

(10) 安装凸轮轴正时齿轮总成。

(11) 安装凸轮轴。

① 在凸轮轴轴颈部分涂抹一薄层发动机机油。

② 将凸轮轴安装在气缸盖上,凸轮轴正时标记朝上,如图2-61所示。

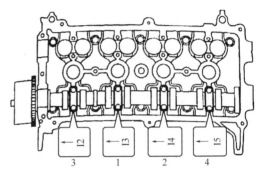

图2-61 凸轮轴正时标记朝上

③ 检查朝前标记和号码,并按照顺序拧紧螺栓。

(12) 安装凸轮轴正时链轮。

将凸轮轴正时链轮上的定位销孔与凸轮轴定位销对准,并用凸缘螺栓安装凸轮轴正时链轮,如图2-62所示。

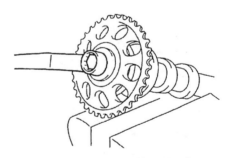

图2-62 安装凸轮轴正时链轮

(13) 安装2号凸轮轴。

① 在凸轮轴轴颈部分涂抹一薄层发动机机油。

② 将凸轮轴安装在气缸盖上,凸轮轴正时标记朝上。

(14) 安装凸轮轴位置传感器。

(15) 安装链条分总成。

① 确保所有正时标记位于图 2-63 所示的位置（TDC）。

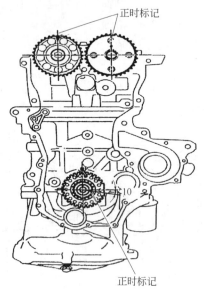

图 2-63 对正标记

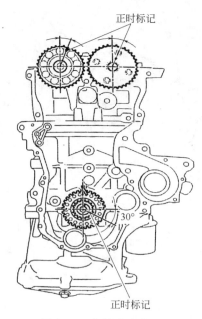

图 2-65 曲轴准确位置

> **注意**
>
> 在气门弹簧的作用下，正时标记可能会与预定的位置不同。

② 如图 2-64 所示，将曲轴的正时标记置于 40°～140°ATDC 之间。

图 2-64 将曲轴的正时标记置于 40°～140°ATDC 之间

③ 将凸轮轴正时齿轮、正时链轮置于如图 2-65 所示的位置（20°ATDC）。

④ 将曲轴置于图 2-65 所示的位置（20°ATDC）。

⑤ 用 2 个螺栓安装 1 号链条减震器，如图 2-66 所示。

图 2-66 安装 1 号链条减震器

⑥ 将凸轮轴的正时标记对准正时链条的标记牌，安装正时链条，如图 2-67 所示。

> **注意**
>
> 用扳手转动凸轮轴上的六角形维修部位的同时，将正时标记对准标记牌。

(16) 安装链条张紧器滑块，如图 2-68 所示。

(17) 安装 1 号链条张紧器总成。

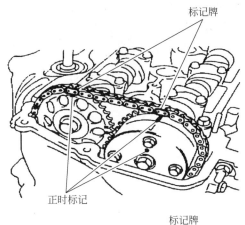

图 2-67 将凸轮轴的正时标记对准正时链条的标记牌

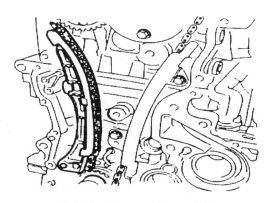

图 2-68 安装链条张紧器滑块

① 用 2 个螺栓安装 1 号链条张紧器总成，如图 2-69 所示。

② 从 1 号链条张紧器总成上拆下圆棒。

（18）安装机油泵密封件。

（19）安装机油泵总成。

① 将 2 个新的 O 形圈安装到如图 2-70 所示的 2 个位置。

② 如图 2-70 所示，在机油泵总成、气缸盖和气缸体上涂抹密封材料。

图 2-69 安装 1 号链条张紧器总成

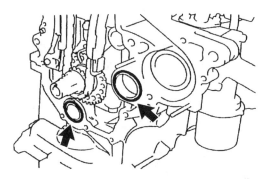

图 2-70 涂抹密封材料

（20）用 3 个螺栓和 2 个螺母安装水泵和新垫片，如图 2-71 所示。

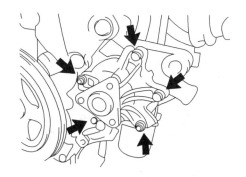

图 2-71 安装水泵和新垫片

（21）安装横置发动机安装支架。

（22）安装曲轴减震器分总成。

① 将曲轴减震器的销孔对准销的位置，然后安装曲轴减震器分总成。

② 暂时安装螺栓。

③ 在固定住曲轴减震器分总成的同时，用 2 个 SST 拧紧螺栓，如图 2-72 所示。

（23）用 SST 和 3 个螺栓安装水泵皮带

第二章 丰田车系发动机正时校对维修

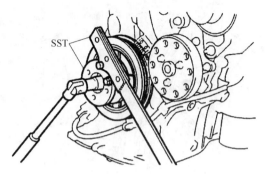

图 2-72　固定住曲轴减震器分总成

轮，如图 2-73 所示。

图 2-73　安装水泵皮带轮

（24）检查气门间隙。

（25）调整气门间隙。

（26）安装凸轮轴正时机油控制阀总成。

① 在新 O 形圈上涂抹一层发动机机油，然后将其安装到凸轮轴正时机油控制阀上，如图 2-74 所示。

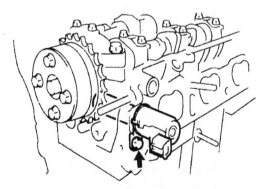

图 2-74　涂抹发动机机油

② 用螺栓安装凸轮轴正时机油控制阀。

（27）安装喷油器总成。

① 在新的 O 形圈上涂抹一薄层汽油或锭子油，然后将其安装到各喷油器上，如图 2-75 所示。

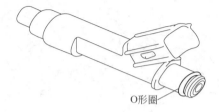

图 2-75　涂抹汽油或锭子油

② 在输油管与喷油器 O 形圈的接触表面涂抹一薄层汽油或锭子油。

③ 在左右转动喷油器的同时，将其安装到输油管上，如图 2-76 所示。

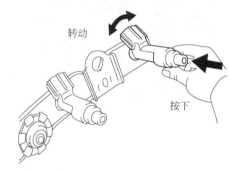

图 2-76　安装喷油器

（28）将 4 个喷油器隔震器安装到气缸盖上，如图 2-77 所示。

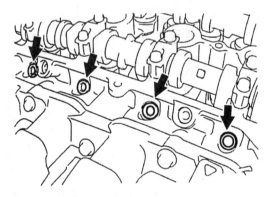

图 2-77　安装喷油器隔震器

（29）安装 1 号输油管隔圈。

（30）安装输油管分总成。

（31）安装气缸盖罩分总成。

（32）安装通风阀分总成。

（33）安装机油液位尺导管。

(34) 安装曲轴位置传感器。
(35) 安装机油加注口盖垫片。
(36) 安装机油加注口盖分总成。
(37) 安装节温器。
(38) 安装进水口。
(39) 安装发动机冷却液温度传感器。
(40) 安装发动机机油压力开关总成。

三、1ZR-FE 发动机

(一) 发动机的拆卸

(1) 拆下 3 个螺栓和 2 个发动机吊架，如图 2-78 所示。

图 2-78 拆下发动机吊架

(2) 拆卸机油加注口盖分总成，如图 2-79 所示。

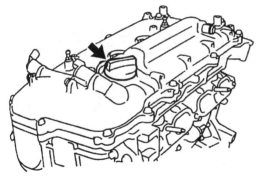

图 2-79 拆卸机油加注口盖分总成

(3) 拆卸机油加注口盖垫片。
(4) 拆卸火花塞。
(5) 拆卸凸轮轴位置传感器，如图 2-80 所示。
(6) 拆卸凸轮轴正时机油控制阀总成。
(7) 拆卸气缸盖罩分总成。

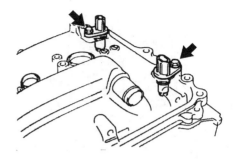

图 2-80 拆卸凸轮轴位置传感器

① 拆下 13 个螺栓、密封垫圈和气缸盖，如图 2-81 所示。

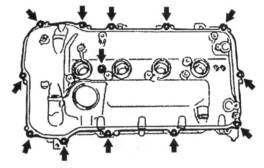

图 2-81 拆下螺栓

② 拆下凸轮轴轴承盖上的 3 个垫片，如图 2-82 所示。

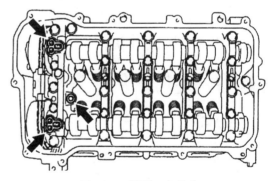

图 2-82 拆下 3 个垫片

(8) 拆卸气缸盖罩垫片。
(9) 将 1 号气缸盖设置在 TDC/压缩位置上。

① 转动曲轴皮带轮，将皮带轮上的正时缺口对准正时链条上的正时标记"0"。
② 检查并确认排气凸轮轴正时齿轮和凸轮轴正时齿轮上的正时标记均朝上，如

图 2-83 所示。

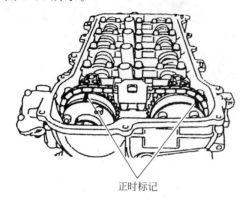

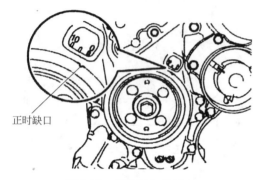

图 2-83　正时标记均朝上

> **注意**
>
> 如果没有朝上，转动曲轴 1 周（360°），并如上所述对准正时标记。

（10）拆卸曲轴皮带轮。

① 用 SST 将皮带轮固定住，并松开皮带轮螺栓，如图 2-84 所示。

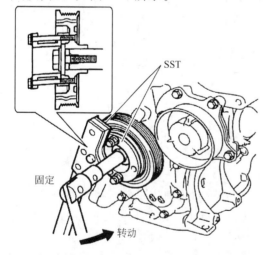

图 2-84　松开皮带轮螺栓

> **注意**
>
> 安装时需要检查 SST 的安装位置，以防止 SST 安装螺栓接触到正时链盖分总成。

② 用 SST 拆下皮带轮螺栓和皮带轮，如图 2-85 所示。

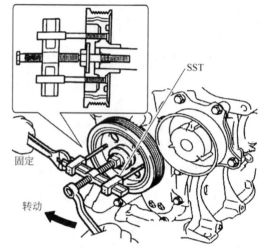

图 2-85　拆下皮带轮螺栓和皮带轮

（11）拆卸 1 号链条张紧器总成，如图 2-86 所示。

图 2-86　拆卸 1 号链条张紧器总成

（12）拆卸曲轴位置传感器。

（13）拆卸发动机机油压力开关总成。

（14）拆卸 1 号锥度螺旋塞，如图 2-87 所示。

（15）拆卸爆震传感器。

（16）拆卸发动机冷却液温度传感器。

（17）拆卸滤清器分总成。

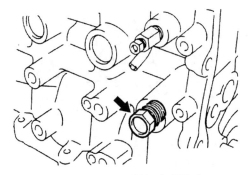

图 2-87 拆卸 1 号锥度螺旋塞

① 用 SST 拆下机油滤清器,如图 2-88 所示。

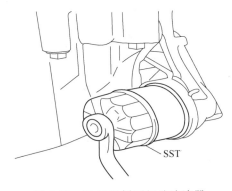

图 2-88 用 SST 拆下机油滤清器

② 用 12mm 六角套筒扳手拆下接头,如图 2-89 所示。

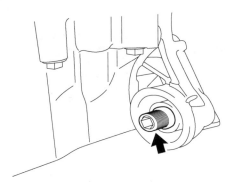

图 2-89 拆下接头

(18) 拆卸进水口,如图 2-90 所示。
(19) 拆卸节温器。
(20) 拆卸正时链条或皮带盖分总成。
① 拆下 3 个螺栓,然后拆下发动机安装支架 RH,如图 2-91 所示。
② 拆下 4 个螺栓,然后拆下机油滤清

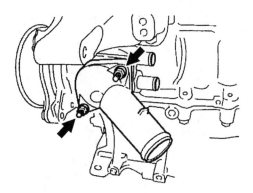

图 2-90 拆卸进水口

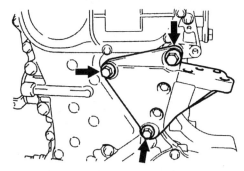

图 2-91 拆下发动机安装支架 RH

器支架,如图 2-92 所示。

图 2-92 拆下机油滤清器支架

③ 从正时链盖分总成上拆下 2 个 O 形圈,如图 2-93 所示。

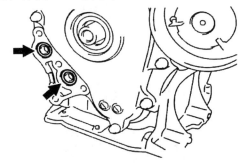

图 2-93 拆下 2 个 O 形圈

④ 拆下19个螺栓，如图2-94所示。

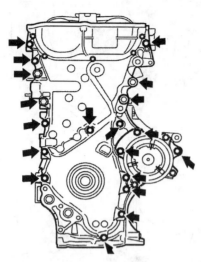

图2-94 拆下19个螺栓

⑤ 用头部被保护带包住的螺丝刀在正时链条或正时皮带盖分总成以及气缸盖或气缸体之间撬动，以拆下正时链条或正时皮带盖分总成。

⑥ 从气缸盖和气缸体上拆下3个O形圈，如图2-95所示。

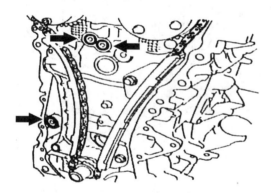

图2-95 拆下3个O形圈

⑦ 拆下3个螺栓和水泵总成，如图2-96所示。

⑧ 从正时链条或正时皮带盖分总成上拆下垫片，如图2-97所示。

（21）拆卸正时链盖油封，如图2-98所示。

（22）拆下3个螺栓、垫片和进水口外壳，如图2-99所示。

（23）拆卸1号发电机支架。

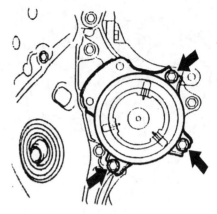

图2-96 拆下3个螺栓和水泵总成

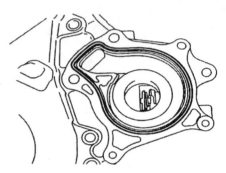

图2-97 拆下垫片

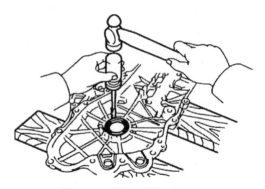

图2-98 拆卸正时链盖油封

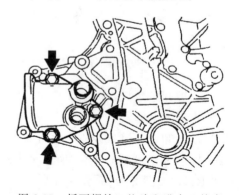

图2-99 拆下螺栓、垫片和进水口外壳

(24) 拆下 2 个螺栓, 然后拆下 2 号链条减震器, 如图 2-100 所示。

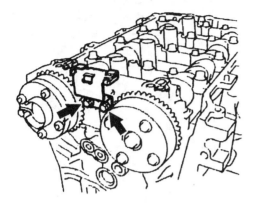

图 2-100 拆下 2 号链条减震器

(25) 从气缸体上拆下链条张紧器滑块, 如图 2-101 所示。

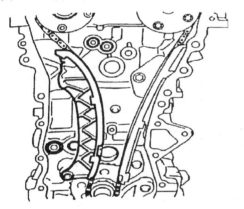

图 2-101 拆下链条张紧器滑块

(26) 拆下 2 个螺栓和链条减震器, 如图 2-102 所示。

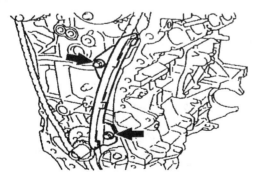

图 2-102 拆下 2 个螺栓和链条减震器

(27) 拆卸链条分总成。

① 用扳手固定凸轮轴的六角部分, 逆时针转动凸轮轴正时齿轮总成, 以松开凸轮轴正时齿轮之间的链条。

② 链条松开后, 从凸轮轴正时齿轮总成上取下链条, 将其放置在凸轮轴正时齿轮总成上。

③ 顺时针转动凸轮轴将其回归原位, 并拆下链条, 如图 2-103 所示。

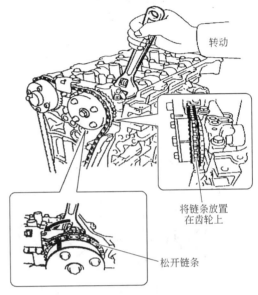

图 2-103 拆下链条

(28) 拆卸曲轴正时齿轮或链轮, 如图 2-104 所示。

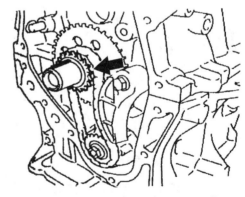

图 2-104 拆卸曲轴正时齿轮或链轮

(29) 拆卸 2 号链条分总成。

① 顺时针转动曲轴 90°, 将机油泵驱动轴链轮的调节孔与机油泵的槽对准, 如图 2-105 所示。

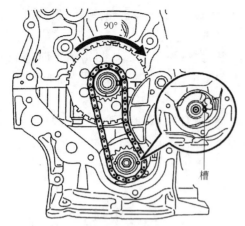

图 2-105 将机油泵驱动轴链轮的调节孔与机油泵的槽对准

② 将一根直径为 4mm 的钢条插入机油泵驱动轴齿轮的调节孔内，将齿轮锁止到位，然后拆下螺母，如图 2-106 所示。

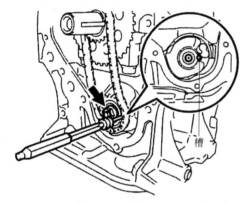

图 2-106 拆下螺母

③ 拆下螺栓、链条张紧器板和弹簧，如图 2-107 所示。

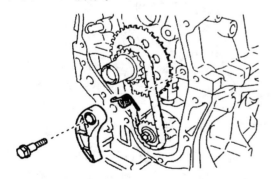

图 2-107 拆下螺栓、链条张紧器板和弹簧

④ 拆下机油泵驱动轴齿轮、机油泵主动齿轮和链条，如图 2-108 所示。

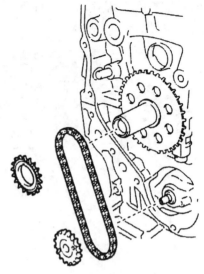

图 2-108 拆下机油泵驱动轴齿轮、机油泵主动齿轮和链条

（30）拆卸 1 号曲轴位置传感器齿板，如图 2-109 所示。

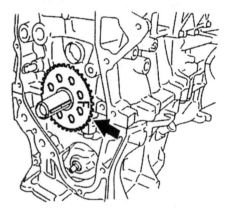

图 2-109 拆卸 1 号曲轴位置传感器齿板

（31）用螺丝刀拆下 2 个曲轴正时齿轮键，如图 2-110 所示。

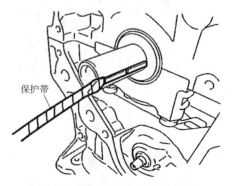

图 2-110 拆下 2 个曲轴正时齿轮键

(32) 拆卸凸轮轴正时齿轮总成。

(33) 拆卸排气凸轮轴正时齿轮总成，握住凸轮轴的六角部分，拆下凸缘螺栓，然后拆下排气凸轮轴正时齿轮总成，如图 2-111 所示。

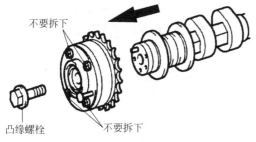

图 2-111　拆下凸缘螺栓

(34) 拆卸凸轮轴轴承盖。

① 按图 2-112 所示顺序，均匀松动并拆下 10 个轴承盖螺栓。

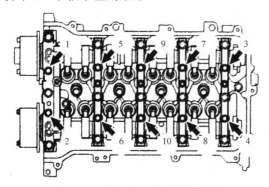

图 2-112　拆下 10 个轴承盖螺栓

② 按图 2-113 所示顺序，均匀松动并拆下 15 个轴承盖螺栓。

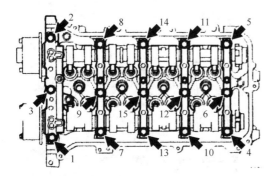

图 2-113　拆下 15 个轴承盖螺栓

③ 拆下 5 个轴承盖。

建议：按正确的顺序安放拆下的零件。

④ 拆下凸轮轴和 2 号轴。

(35) 拆下凸轮轴，如图 2-114 所示。

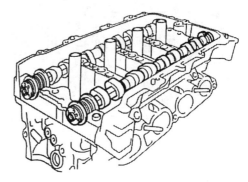

图 2-114　拆下凸轮轴

(36) 拆下 2 号凸轮轴。

(37) 拆下 1 号气门摇臂分总成。

(38) 拆卸气门间隙调节器总成。

(39) 拆卸机油控制阀滤清器，如图 2-115 所示。

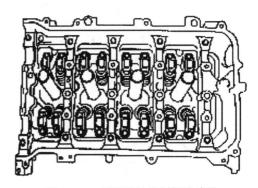

图 2-115　拆卸机油控制阀滤清器

(40) 拆卸 1 号凸轮轴轴承。

拆下 2 个 1 号凸轮轴轴承。

建议：按正确的顺序安放拆下的零件。

(41) 拆卸 2 号凸轮轴轴承。

拆下 2 个 1 号凸轮轴轴承。

建议：按正确的顺序安放拆下的零件。

(42) 拆下 2 个螺栓，然后拆卸凸轮轴外壳分总成，如图 2-116 所示。

(43) 拆卸气缸盖分总成。

① 按图 2-117 所示顺序，分步骤用 10mm 双六角扳手均匀松开并拆下 10 个气缸盖螺栓。

② 拆下气缸盖分总成。

(44) 拆卸气缸盖垫片。

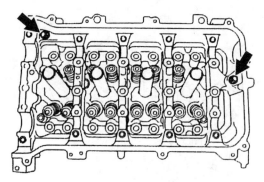

图 2-116　拆卸凸轮轴外壳分总成

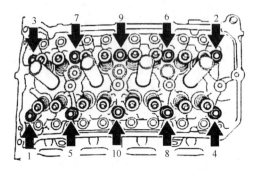

图 2-117　拆下 10 个气缸盖螺栓

(45) 拆卸气缸体放水龙头分总成，如图 2-118 所示。

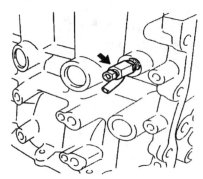

图 2-118　拆卸气缸体放水龙头分总成

(46) 拆卸通风阀分总成，如图 2-119 所示。

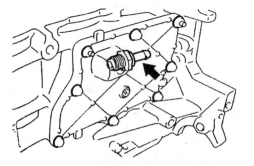

图 2-119　拆卸通风阀分总成

(47) 拆卸油底壳排放塞。
(48) 拆卸 2 号油底壳分总成。
(49) 拆卸机油泵总成。
(50) 拆卸发动机后油封。
(51) 拆卸加强曲轴箱总成。

（二）发动机的安装

(1) 安装加强曲轴箱总成。

① 在连续涂抹线内涂抹密封材料（直径为 2.5mm）到如图 2-120 所示位置上。

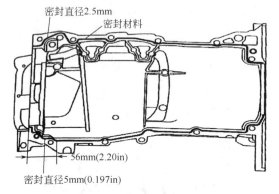

图 2-120　涂抹密封材料

② 用 11 个螺栓安装加强曲轴箱，如图 2-121 所示。

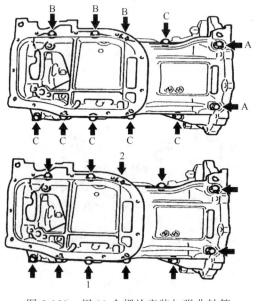

图 2-121　用 11 个螺栓安装加强曲轴箱

③ 重新检查螺栓 1 和 2（图 2-121）的转矩。

④ 用干净的布擦去多余的密封材料。
(2) 安装发动机后油封。

用 SST 和锤子均匀敲打油封，直至其表面与后油封挡圈边缘齐平，如图 2-122 所示。

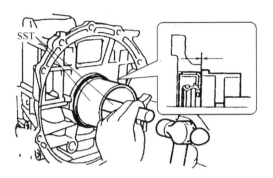

图 2-122 用 SST 和锤子均匀敲打油封

(3) 安装机油泵总成。
(4) 安装 2 号油底壳分总成。
(5) 安装油底壳排放塞。
(6) 安装气缸体放水龙头总成。

① 将黏合剂涂抹在放水龙头的螺纹上，如图 2-123 所示。

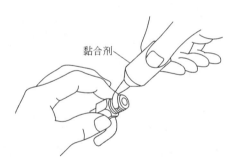

图 2-123 涂抹黏合剂

② 如图 2-124 所示，安装放水龙头。

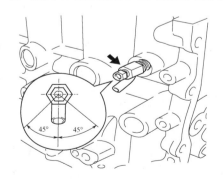

图 2-124 安装放水龙头

③ 将放水龙头塞安装到水龙头上。
(7) 安装通风阀分总成。
(8) 安装气缸盖分总成。

① 在气缸盖螺栓的螺纹上涂抹一薄层发动机机油。

② 按图 2-125 所示顺序，分步骤用 10mm 双六角扳手安装并拧紧 10 个气缸盖螺栓和平垫圈。

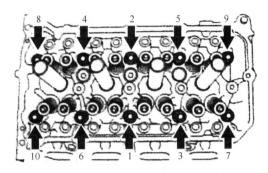

图 2-125 拧紧 10 个气缸盖螺栓和平垫圈

③ 用油漆标记气缸盖螺栓的前侧。
④ 如图 2-126 所示，将气缸盖螺栓再拧紧 90°，然后再拧紧 45°。

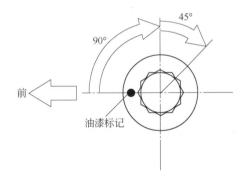

图 2-126 将气缸盖螺栓再拧紧 90°，然后再拧紧 45°

⑤ 检查并确认油漆标记与前方成 135°角。
(9) 安装气门间隙调节器总成。
(10) 安装 1 号气门摇臂分总成。

① 在间隙调节器顶部和气门杆盖末端涂抹发动机机油。

② 如图 2-127 所示，安装气门摇臂。
(11) 安装 1 号凸轮轴轴承。
(12) 安装机油控制阀滤清器。
(13) 安装 2 号凸轮轴轴承。

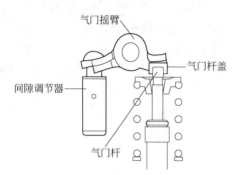

图 2-127 安装气门摇臂

(14) 安装 2 号凸轮轴。

(15) 安装凸轮轴。

(16) 安装凸轮轴轴承盖。

(17) 安装凸轮轴外壳分总成。

(18) 安装凸轮轴正时齿轮总成。

① 检查并确认定位销安装在凸轮轴上。

② 如图 2-128 所示,直销和键槽不对准时,将凸轮轴正时齿轮和凸轮轴放置在一起。

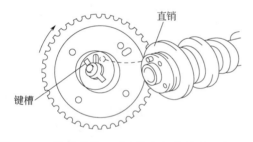

图 2-128 将凸轮轴正时齿轮和凸轮轴放置在一起

③ 如图 2-129 所示,转动凸轮轴正时齿轮,同时将其轻轻压向凸轮轴,将直销进一步推入凹槽中。

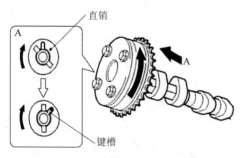

图 2-129 转动凸轮轴正时齿轮

> **注意**
>
> 不要朝推迟方向(朝右)转动凸轮轴正时齿轮。

④ 测量齿轮和凸轮轴之间的间隙,应为 0.1~0.4mm,如图 2-130 所示。

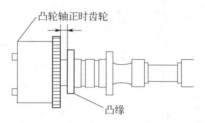

图 2-130 测量齿轮和凸轮轴之间的间隙

⑤ 凸轮轴正时齿轮固定就位时拧紧凸缘螺栓,如图 2-131 所示。

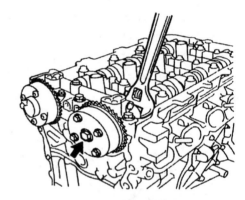

图 2-131 拧紧凸缘螺栓

⑥ 检查并确认凸轮轴正时齿轮可移动到推迟角侧(朝右方向)且锁定到最大推迟的位置。

(19) 安装排气凸轮轴正时齿轮总成。

① 检查并确认定位销安装在凸轮轴上,如图 2-132 所示。

② 通过对准键槽和直销将排气凸轮轴正时齿轮和凸轮轴放置在一起,如图 2-133 所示。

③ 将齿轮轻轻压向凸轮轴,并转动齿轮。在直销进入键槽的位置进一步按压。

④ 检查并确认齿轮凸缘和凸轮轴之间没有间隙。

⑤ 在排气凸轮轴正时齿轮固定的状态

图 2-132 检查并确认定位销安装在凸轮轴上

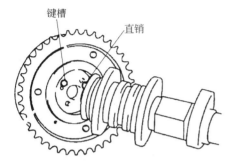

图 2-133 通过对准键槽和直销将排气凸轮轴正时齿轮和凸轮轴放置在一起

下拧紧凸缘螺栓,如图 2-134 所示。

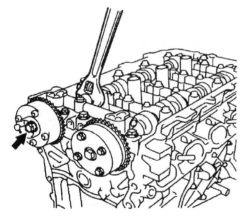

图 2-134 拧紧凸缘螺栓

⑥ 检查并确认排气凸轮轴正时齿轮已锁止。

(20) 安装曲轴正时齿轮键。

(21) 安装 1 号曲轴位置传感器齿板。

安装传感器齿板,让"F"标记朝前,如图 2-135 所示。

(22) 安装 2 号链条分总成。

① 如图 2-136 所示,设置曲轴键。

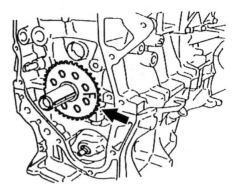

图 2-135 让"F"标记朝前

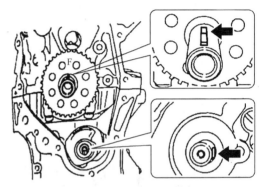

图 2-136 设置曲轴键

② 转动驱动轴,使缺口朝右。

③ 如图 2-137 所示,将黄色标记连杆与各齿轮的正时标记对准。

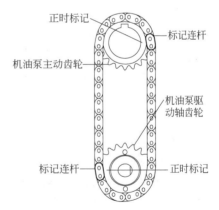

图 2-137 将黄色标记连杆与各齿轮的正时标记对准

④ 链条安装在齿轮上时,将齿轮安装到曲轴和机油泵轴上。

⑤ 用螺母暂时拧紧机油泵驱动轴齿轮。

⑥ 将缓冲弹簧插入调节孔内,然后用

螺栓安装链条张紧器板，如图 2-138 所示。

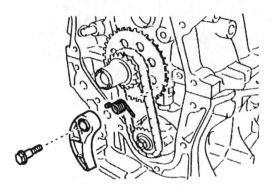

图 2-138　安装链条张紧器板

⑦ 将机油泵驱动轴齿轮的调节孔与机油泵的槽对准，如图 2-139 所示。

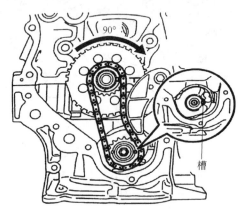

图 2-139　将机油泵驱动轴齿轮的调节孔与机油泵的槽对准

⑧ 将一根直径为 4mm 的钢条插入机油泵驱动轴齿轮的调节孔内，将齿轮锁住，然后拧紧螺母，如图 2-140 所示。

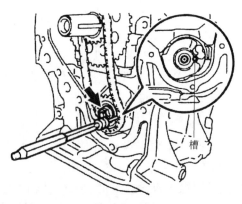

图 2-140　拧紧螺母

（23）安装曲轴正时齿轮或链轮，如图 2-141 所示。

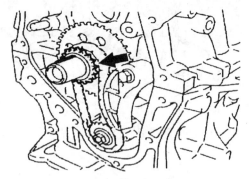

图 2-141　安装曲轴正时齿轮或链轮

（24）安装 1 号链条减震器。

（25）安装链条分总成。

① 检查 1 号气缸 TDC/压缩。

a. 暂时拧紧曲轴皮带轮螺栓。

b. 逆时针转动曲轴，直到正时齿轮键向上，如图 2-142 所示。

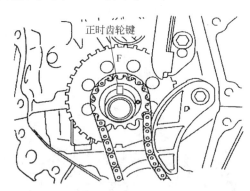

图 2-142　正时齿轮键向上

c. 拆下曲轴皮带轮螺栓。

d. 检查各凸轮轴正时齿轮上的正时标记。

② 如图 2-143 所示，将标记牌（橙色）和正时标记对准，并安装链条。

③ 不要将链条绕在曲轴上，放在曲轴上即可，如图 2-144 所示。

④ 用扳手握住凸轮轴的六角部分，并逆时针转动凸轮轴正时齿轮总成，以将标记牌（橙色）与正时标记对准。

⑤ 用扳手握住凸轮轴的六角部分，并顺

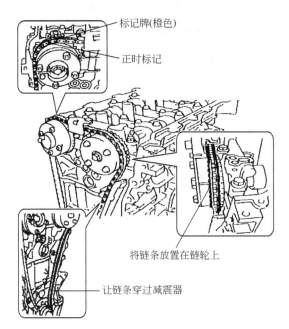

图 2-143 将标记牌（橙色）和正时标记对准

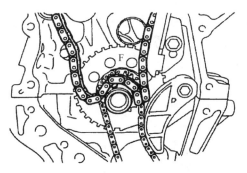

图 2-144 链条放在曲轴上

时针转动凸轮轴正时齿轮总成，如图 2-145 所示。

⚠ 注意

拉伸链条时，朝顺时针方向缓慢转动凸轮轴正时齿轮总成，以防止链条对不准。

⑥ 将标记牌（黄色）与正时标记对准，并将链条安装到曲轴正时齿轮上，如图 2-146 所示。

⚠ 注意

曲轴侧的标记牌为黄色。

⑦ 在 TDC/压缩处，重新检查各正时

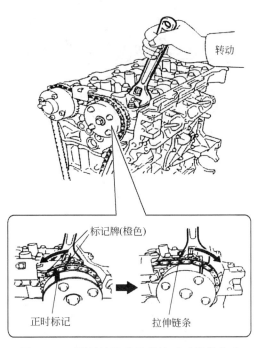

图 2-145 顺时针转动凸轮轴正时齿轮总成

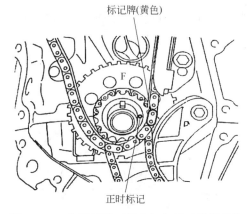

图 2-146 将标记牌（黄色）与正时标记对准

标记。

（26）安装链条张紧器滑块，如图 2-147 所示。

（27）安装 2 号链条减震器，如图 2-148 所示。

（28）安装 1 号发电机支架。

（29）安装进水口外壳。

（30）安装正时链盖油封。

（31）安装正时链条或正时皮带盖分总成。

（32）安装节温器，如图 2-149 所示。

① 将新垫片安装到节温器上。

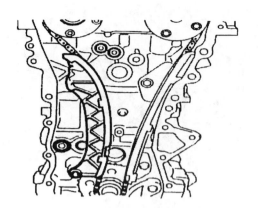

图 2-147 安装链条张紧器滑块

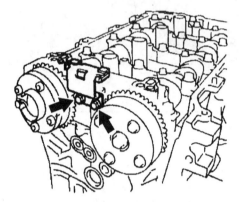

图 2-148 安装 2 号链条减震器

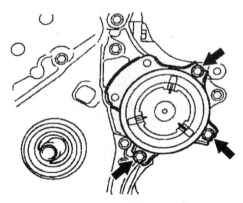

图 2-149 安装节温器

② 安装节温器，使跳阀向上。

> **注意**
> 跳阀可以固定在如图 2-150 所示任意一边 10°以内的范围内。

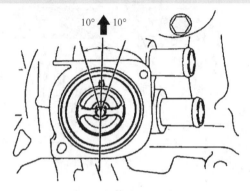

图 2-150 跳阀固定

（33）安装进水口。
（34）安装曲轴皮带轮。
（35）安装发动机机油压力开关总成。
（36）安装发动机冷却液温度传感器。
（37）安装爆震传感器。
（38）安装 1 号锥度螺旋塞。
（39）安装曲轴位置传感器。
（40）安装 1 号链条张紧器总成。
（41）安装机油滤清器分总成。
（42）安装气缸盖罩垫片。
（43）安装气缸盖罩分总成。
（44）安装凸轮轴正时机油控制阀总成。
（45）安装凸轮轴位置传感器。
（46）安装火花塞。
（47）安装机油加注口盖垫片。
（48）安装机油加注口盖分总成。
（49）安装发动机吊架。

第二节
一汽丰田卡罗拉汽车

一汽丰田卡罗拉 1ZR-FE、2ZR-FE 发动机的拆装，请参考一汽丰田威驰 1ZR-FE、2ZR-FE 发动机相关内容。

第三节

一汽丰田皇冠车系 3GR-EF 和 5GR-EF 发动机正时校对维修

3GR-EF 和 5GR-EF 发动机结构基本相同。发动机正时系统部件如图 2-151 所示。

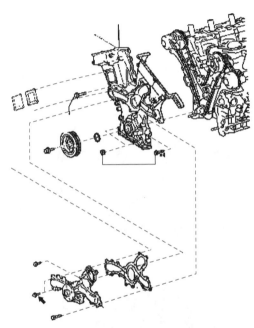

图 2-151 发动机正时系统部件

一、正时系统部件的拆卸

（1）拧松曲轴皮带轮螺栓，如图 2-152 所示。

（2）拆下 13 个螺栓、气缸盖罩和衬垫即可拆下气缸盖罩分总成（列 1），如图 2-153 所示。

（3）拆下 12 个螺栓、气缸盖罩和衬垫即可拆下气缸盖罩分总成（列 2），如图 2-154 所示。

（4）拆下 15 个螺栓和 2 个螺母即可拆下 2 号机油盘分总成，如图 2-155 所示。

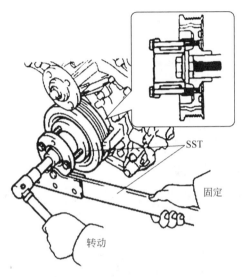

图 2-152 拧松曲轴皮带轮螺栓

图 2-153 拆下 13 个螺栓

（5）拆下 16 个螺栓和 2 个螺母即可拆下机油盘分总成，如图 2-156 所示。

（6）拆下 16 个螺栓、水泵和衬垫即可拆下水泵总成，如图 2-157 所示。

（7）拆下 16 个螺栓和 2 个螺母即可拆下正时链条盖分总成，如图 2-158 所示。

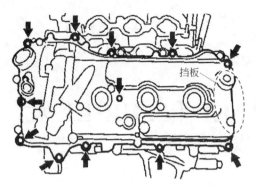

图 2-154 拆下 12 个螺栓

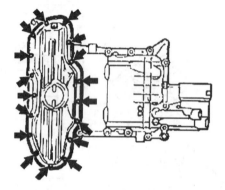

图 2-155 拆下 2 号机油盘分总成

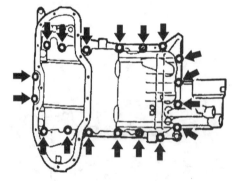

图 2-156 拆下机油盘分总成

图 2-157 拆下 16 个螺栓

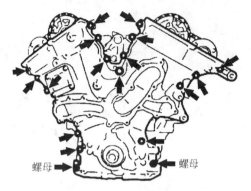

图 2-158 拆下 16 个螺栓和 2 个螺母

（8）将 1 号气缸设置到上止点/压缩位置。

① 暂时紧固皮带轮固定螺栓。

② 将曲轴转角信号盘上的正时标记对齐右侧缸体孔径的中心线（上止点/压缩）位置，如图 2-159 所示。

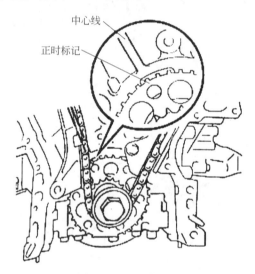

图 2-159 对齐标记

③ 如图 2-160 所示，检查并确认凸轮轴正时齿轮的正时标记对准轴承盖的正时标记。如果没有对准，则转动曲轴 1 圈（360°），如上所述，对准正时标记。

（9）拆下 1 号链条张紧器总成。

① 向上移动挡片以使其锁止，并将柱塞直推入张紧器。

② 向下移动挡片以卡紧锁扣，并将六角扳手插入挡片孔，如图 2-161 所示。

③ 拆下 2 个螺栓和链条张紧器。

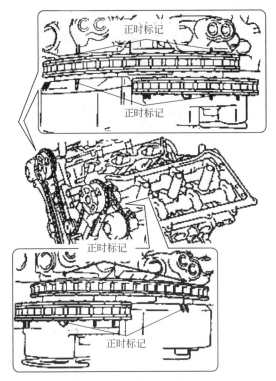

图 2-160 正时标记对准轴承盖的正时标记

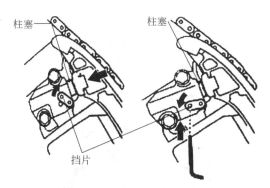

图 2-161 将六角扳手插入挡片孔

(10) 拆下链条张紧器滑块即可拆下链条张紧器滑块,如图 2-162 所示。

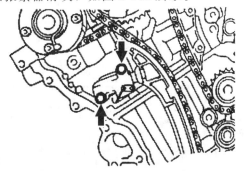

图 2-162 拆下链条张紧器滑块

(11) 拆下链条分总成。

① 逆时针旋转曲轴 10°以松开曲轴正时链轮链条,如图 2-163 所示。

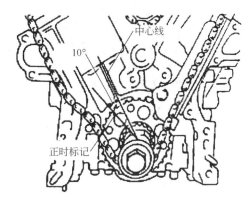

图 2-163 松开曲轴正时链轮链条

② 拆下皮带轮固定螺栓。

③ 从曲轴正时链轮上拆下链条,并将其放在曲轴上,如图 2-164 所示。

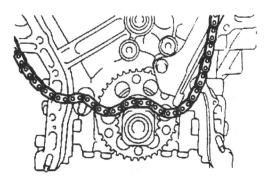

图 2-164 拆下链条后放在曲轴上

④ 顺时针旋转右列气缸组上的凸轮轴正时齿轮总成(大约 60°),并按如图 2-165 所示设定。一定要松开右列气缸组间的链条。

⑤ 拆下链条。

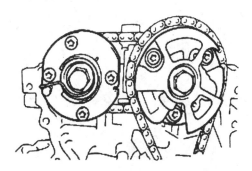

图 2-165 旋转凸轮轴正时齿轮总成

（12）拆下怠速链轮总成。

用 10mm 六角扳手拆下 2 号惰轮轴、链轮和 1 号惰轮轴，如图 2-166 所示。

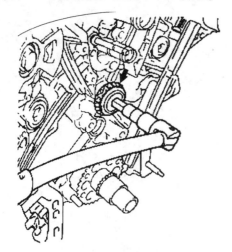

图 2-166　拆下 2 号惰轮轴、链轮和 1 号惰轮轴

（13）拆下 2 个螺栓和链条减震器即可拆下 1 号链条减震器，如图 2-167 所示。

图 2-167　拆下 2 个螺栓和链条减震器

（14）拆下 2 个链条减震器即可拆下 2 号链条减震器，如图 2-168 所示。

图 2-168　拆下 2 个链条减震器

（15）拆下曲轴正时链轮。

① 从曲轴上拆下曲轴正时链轮。

② 从曲轴上拆下 2 个皮带轮定位键，如图 2-169 所示。

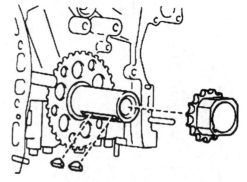

图 2-169　拆下 2 个皮带轮定位键

（16）拆下凸轮轴正时凸轮和 2 号链条（列 1）。

① 升高 2 号链条张紧器的同时，将 ϕ1.0mm（0.039in）的销插入孔中，以将其固定。

② 用扳手固定凸轮轴的六角部位，并拆下 2 个螺栓和 2 个凸轮轴正时齿轮总成，如图 2-170 所示。

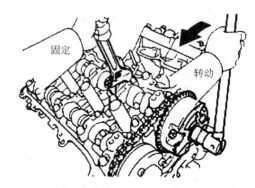

图 2-170　拆下 2 个螺栓和 2 个凸轮轴正时齿轮总成

③ 拆下 2 号链条。

（17）拆下 2 号链条张紧器总成。

（18）拆下凸轮轴轴承盖（列 1），按如图 2-171 所示顺序，均匀地拧松并拆下 8 个轴承盖螺栓。

（19）拆下凸轮轴正时齿轮和 2 号链条（列 2）。

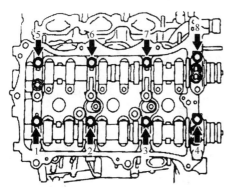

图 2-171 拆下 8 个轴承盖螺栓

① 按下 3 号链条张紧器的同时，将 ϕ1.0mm（0.039in）的销插入孔中以将其固定，如图 2-172 所示。

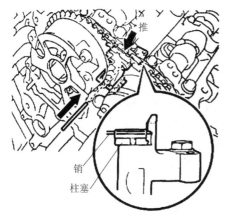

图 2-172 按下 3 号链条张紧器

② 用扳手固定凸轮轴的六角部位，并拆下 2 个螺栓和 2 个凸轮轴正时齿轮总成，如图 2-173 所示。

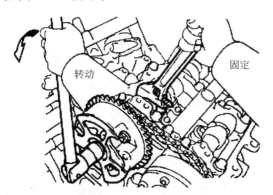

图 2-173 拆下凸轮轴正时齿轮总成

③ 拆下 2 号链条。

小心：不要使扳手损坏到气缸盖；不要拆解凸轮轴正时齿轮总成。

二、正时系统部件的安装

（1）安装左侧凸轮轴壳体总成。

（2）安装 2 号链条张紧器总成。

① 用螺栓安装 2 号链条张紧器。

② 推入张紧器的同时，将 ϕ1.0mm（0.039in）的销插入孔内以将其固定，如图 2-174 所示。

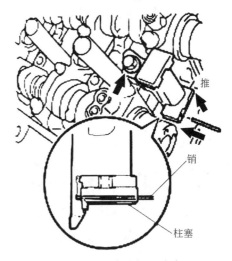

图 2-174 将销插入孔内

（3）安装凸轮轴正时齿轮和 2 号链条（列1）。

① 如图 2-175 所示，使标记板（黄色）与凸轮轴正时齿轮的正时标记（一个点状标记）对准。

② 在螺栓螺纹和螺栓座面上涂抹一薄层机油。

③ 使凸轮轴的锁销与凸轮轴正时齿轮的销孔对准，在安装好 2 号链条的情况下，安装凸轮轴正时齿轮和右侧排气凸轮轴正时齿轮。

④ 用扳手固定住凸轮轴的六角头部位并紧固 2 个螺栓，如图 2-176 所示。

⑤ 从链条张紧器上拆下销。

（4）安装 3 号链条张紧器总成。

① 用螺栓安装链条张紧器。

② 推入张紧器的同时，将 ϕ1.0mm

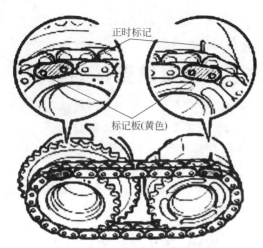

图 2-175　使标记板（黄色）与凸轮轴正时齿轮的正时标记对准

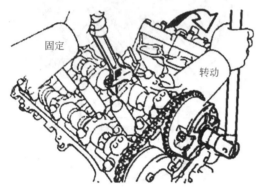

图 2-176　用扳手固定住凸轮轴的六角头部位并紧固 2 个螺栓

（0.039in）的销插入孔内以将其固定，如图 2-177 所示。

（5）安装凸轮轴正时齿轮和 2 号链条

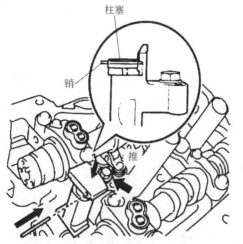

图 2-177　将销插入孔内

（列 2）。

① 如图 2-178 所示，使标记板（黄色）与凸轮轴正时齿轮的正时标记（2 个点状标记）对准。

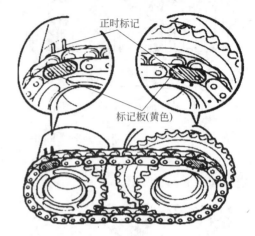

图 2-178　对准标记

② 在螺栓螺纹和螺栓座面上涂抹一薄层机油。

③ 使凸轮轴的锁销与凸轮轴正时齿轮的销孔对准。在安装好 2 号链条的情况下，安装凸轮轴正时齿轮和左侧排气凸轮轴正时齿轮。

④ 用扳手固定凸轮轴的六角头部位并紧固 2 个螺栓，如图 2-179 所示。

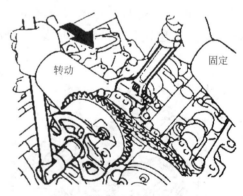

图 2-179　紧固 2 个螺栓

⑤ 从链条张紧器上拆下销。

（6）用 2 个螺栓安装链条减震器，如图 2-180 所示，即可安装 1 号减震器。

（7）安装 2 个链条减震器，如图 2-181

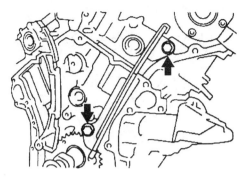

图 2-180 用 2 个螺栓安装链条减震器

所示,即可安装 2 号链条减震器。

图 2-181 安装 2 号链条减震器

(8) 如图 2-182 所示,安装 2 个正时齿轮定位键和正时链轮即可安装曲轴正时链轮。

图 2-182 安装 2 个正时齿轮定位键和正时链轮

(9) 安装怠速链轮总成。

① 在 1 号惰轮轴的旋转表面上涂抹一薄层机油。

② 使 1 号惰轮的锁销对准气缸体的锁销槽,暂时安装 1 号惰轮轴和带 2 号惰轮轴的怠速链轮,如图 2-183 所示。

③ 用 10mm 的六角扳手紧固 2 号惰轮轴。

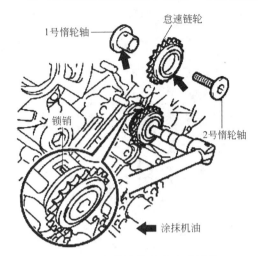

图 2-183 安装惰轮轴和怠速链轮

小心:注意惰轮和安装方向。

(10) 安装链条分总成。

① 如图 2-184 所示,对准标记板和正时标记并安装链条。

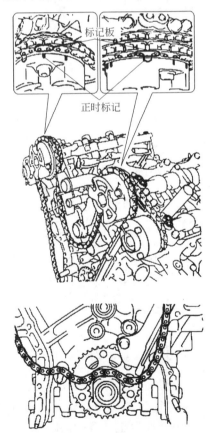

图 2-184 对准标记板和正时标记并安装链条

② 逆时针转动右列气缸组上的凸轮轴正时齿轮总成，以紧固气缸组间的链条，如图 2-185 所示。

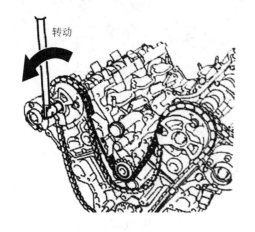

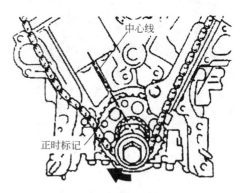

图 2-187 顺时针转动曲轴

小心：不要将链条穿过曲轴，只需要将其放在曲轴上。重新使用怠速链轮时，将链条板对准其原来所在位置的标记，以紧固气缸组间的链条。

> **注意**
>
> 曲轴标记板为黄色。

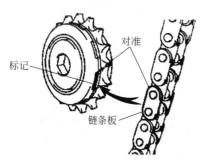

图 2-185 紧固气缸组间的链条

③ 如图 2-186 所示，对准标记板和正时标记，将链条安装到曲轴正时链轮上。

（11）安装链条张紧器滑块。
（12）安装1号链条张紧器总成。
① 向上移动挡片以解除锁止，并将柱塞推入张紧器。
② 向下移动挡片以卡紧锁扣，将六角扳手插入挡片孔，如图 2-188 所示。

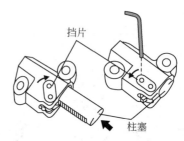

图 2-188 将六角扳手插入挡片孔

③ 用2个螺栓安装链条张紧器，如图 2-189 所示。
④ 拆下链条张紧器的锁挡。检查并确认各正时标记在上止点/压缩位置时对准曲轴，如图 2-190 所示。
⑤ 拆下皮带轮固定螺栓。
转矩：10N·m（102kgf·cm，7lbf·ft）。
（13）用SST敲新油封，直到其表面与

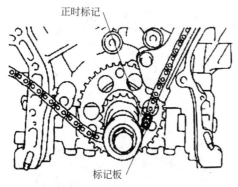

图 2-186 对准标记板和正时标记

④ 暂时紧固皮带齿轮固定螺栓。
⑤ 顺时针转动曲轴，将其定位至右侧缸体孔径中心线（上止点/压缩）位置，如图 2-187 所示。

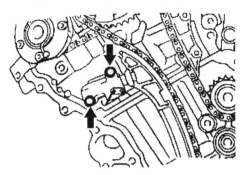

图 2-189　用 2 个螺栓安装链条张紧器

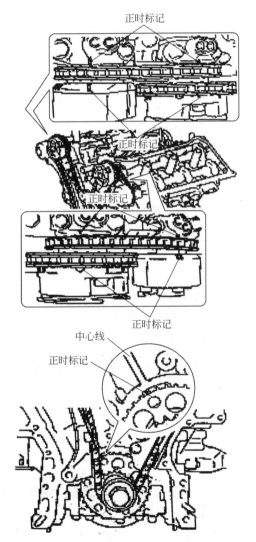

图 2-190　检查并确认各正时标记在上止点/压缩位置时对准曲轴

正时齿轮箱边缘齐平，如图 2-191 所示，即可安装正时链条箱油封。

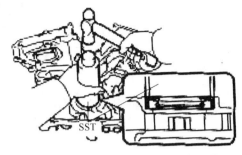

图 2-191　用 SST 敲新油封，直到其表面与正时齿轮箱边缘齐平

（14）用 16 个螺栓安装新衬垫和水泵，如图 2-192 所示，即可安装水泵总成。

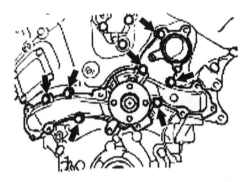

图 2-192　用 16 个螺栓安装新衬垫和水泵

（15）如图 2-193 所示，在发动机单元上连续涂抹密封胶即可安装正时链条盖分总成。

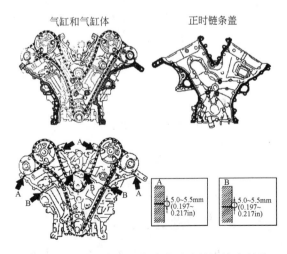

图 2-193　安装正时链条盖分总成并涂抹密封胶

第二章　丰田车系发动机正时校对维修

第四节 一汽丰田锐志汽车

一汽丰田锐志 3GR-FE、5GR-FE 发动机的拆装请参考一汽丰田皇冠汽车 3GR-FE、5GR-FE 发动机。

第五节 广州丰田凯美瑞车系 1AZ-FE 和 2AZ-FE 发动机正时校对维修

1AZ-FE 和 2AZ-FE 发动机正时系统部件如图 2-194 所示。

① 断开蓄电池负极端子电缆。
② 拆卸 1 号发动机盖分总成。
③ 拆卸前轮 RH。
④ 拆卸发动机下盖 LH。
⑤ 拆卸发动机下盖 RH。
⑥ 拆卸前翼子板密封件 RH。
⑦ 排出发动机机油。
⑧ 拆卸前排气管总成。
⑨ 拆卸 2 号发动机安装支撑件 RH。
⑩ 拆卸发动机移动控制杆分总成。
⑪ 拆卸 2 号发动机安装支座 RH。
⑫ 拆卸 V 带。
⑬ 拆卸发电机总成。
⑭ 拆卸叶轮泵总成。
⑮ 拆卸点火线圈总成。
⑯ 断开通风软管。
⑰ 断开 2 号通风软管。
⑱ 拆卸气缸盖罩分总成。

一、正时链条的拆卸

(1) 拆卸 2 个螺栓并断开 2 根发动机导线,如图 2-195 所示。

(2) 拆卸 8 个螺栓、2 个螺母和气缸盖罩,如图 2-196 所示。
(3) 将 1 号气缸置于 TDC/压缩位置。
(4) 拆卸曲轴皮带轮。
(5) 拆卸曲轴位置传感器。
(6) 拆卸油底壳分总成。
① 拆卸 12 个螺栓和 2 个螺母,如图 2-197 所示。
② 在曲轴箱和油底壳之间插入 SST 的刀片,切穿密封件并拆卸油底壳,如图 2-198 所示。

> **注意**
> 不要损坏曲轴箱、链盖和油底壳的接触表面。

(7) 拆卸 1 号链条张紧器总成。拆卸 2 个螺母、张紧轮和垫片,如图 2-199 所示。

> **注意**
> 须使用链条张紧器转动曲轴。

(8) 安装发动机吊耳。
① 用螺栓安装 1 号发动机吊耳和 2 号发动机吊耳,如图 2-200 所示。
② 将起吊装置安装到发动机吊耳和起

图 2-194 发动机正时系统部件

重机上。

(9) 拆卸带 V 形加强筋的皮带张紧轮总成。

① 用起重机向上举起发动机。

> ⚠ **注意**
>
> 非必要情况下，请勿举起发动机。

② 拆卸螺栓、螺母和带 V 形加强筋的

第二章　丰田车系发动机正时校对维修

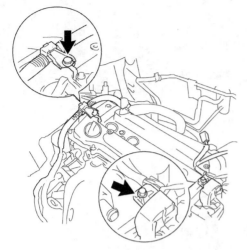

图 2-195 拆卸 2 个螺栓

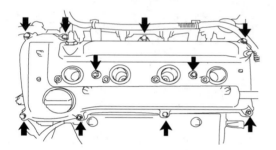

图 2-196 拆卸 8 个螺栓、2 个螺母和气缸盖罩

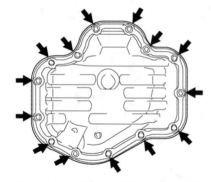

图 2-197 拆卸 12 个螺栓和 2 个螺母

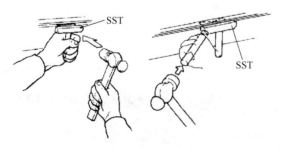

图 2-198 插入 SST 的刀片

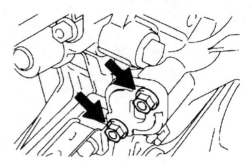

图 2-199 拆卸 2 个螺母、张紧轮和垫片

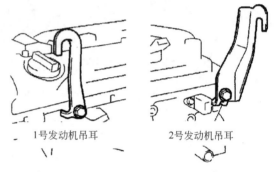

1号发动机吊耳　　　　2号发动机吊耳

图 2-200 安装发动机吊耳

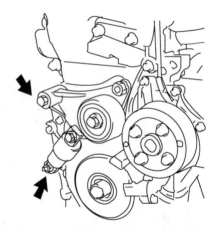

图 2-201 拆卸螺栓、螺母和皮带张紧轮

皮带张紧轮，如图 2-201 所示。

（10）拆卸发动机隔热板。

① 将发动机吊链安装到发动机吊耳上。

> **注意**
>
> 不要试图将链条钩到其他部位来吊起发动机。

② 拆卸螺栓,并断开发动机隔热板 FR,如图 2-202 所示。

图 2-202　断开发动机隔热板 FR

③ 拆卸 2 个螺栓,并从车架上断开转向机构回流管夹箍,如图 2-203 所示。

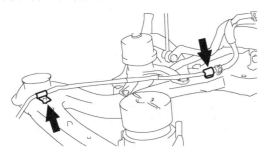

图 2-203　拆卸 2 个螺栓

④ 从发动机隔热板 RH 上拆卸 4 个螺母,如图 2-204 所示。

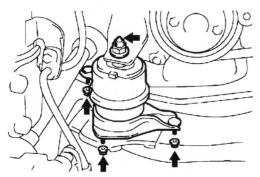

图 2-204　拆卸 4 个螺母

⑤ 抬起发动机,并拆卸发动机隔热板 RH。

(11) 拆卸发动机安装支座 RH。拆卸 3 个螺栓和发动机安装支座 RH,如图 2-205 所示。

(12) 拆卸正时链盖分总成。

(13) 拆卸正时链条箱油封。

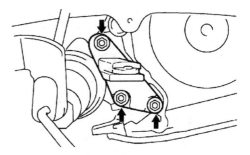

图 2-205　拆卸 3 个螺栓和发动机安装支座 RH

(14) 拆卸 1 号曲轴位置传感器齿板,如图 2-206 所示。

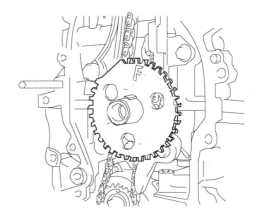

图 2-206　拆卸 1 号曲轴位置传感器

(15) 拆卸螺栓和链条张紧器滑块,如图 2-207 所示。

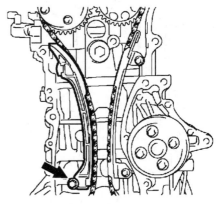

图 2-207　拆卸螺栓和链条张紧器滑块

(16) 拆卸 2 个螺栓和链条减震器,如图 2-208 所示。

(17) 拆卸螺栓和正时链条导向器,如图 2-209 所示。

图 2-208 拆卸 2 个螺栓和链条减震器

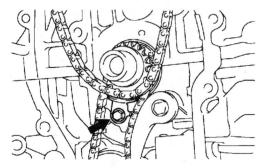

图 2-209 拆卸螺栓和正时链条导向器

(18) 拆卸链条分总成，如图 2-210 所示。

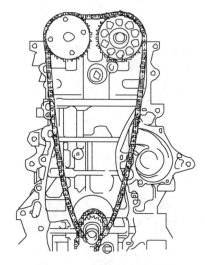

图 2-210 拆卸链条分总成

(19) 拆卸曲轴正时链轮，如图 2-211 所示。

(20) 拆卸 2 号链条分总成。

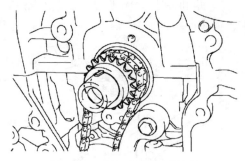

图 2-211 拆卸曲轴正时链轮

① 按逆时针方向转动曲轴 90°，使机油泵驱动轴链轮的调节孔与机油泵的槽对准，如图 2-212 所示。

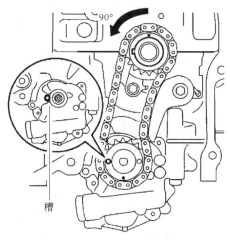

图 2-212 使机油泵驱动轴链轮的调节孔与机油泵的槽对准

② 将一个直径为 4mm 的条插入机油泵驱动轴链轮的调节孔内，将齿轮锁止，然后拆卸螺母，如图 2-213 所示。

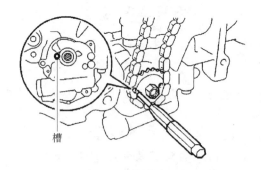

图 2-213 拆卸螺母

③ 拆卸螺栓、链条张紧器板和弹簧，

如图 2-214 所示。

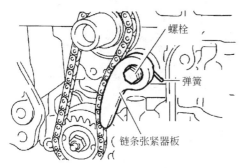

图 2-214 拆卸螺栓、链条张紧器板和弹簧

④ 拆卸链条张紧器、机油泵从动链轮和链条，如图 2-215 所示。

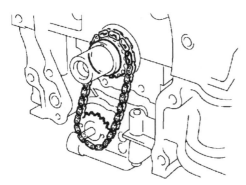

图 2-215 拆卸链条张紧器、机油泵从动链轮和链条

二、正时链条的检查

（1）检查链条分总成。
（2）检查 2 号链条分总成。
（3）检查机油泵驱动链轮。
（4）检查机油泵驱动轴链轮。
（5）检查链条张紧器滑块。
（6）检查 1 号链条减震器。
（7）检查链条张紧器板。
（8）检查 1 号链条张紧器。

三、正时链条的安装

（1）安装 2 号链条分总成。
① 将曲轴键置于左侧水平位置。
② 转动驱动轴，使缺口朝上，如图 2-216 所示。

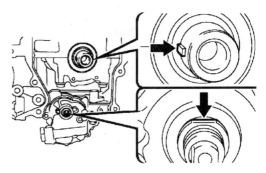

图 2-216 转动驱动轴，使缺口朝上

③ 将黄色标记连杆与各齿轮的正时标记对准，如图 2-217 所示。

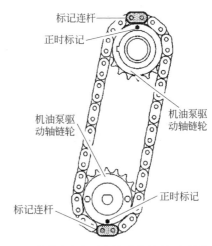

图 2-217 将黄色标记连杆与各齿轮的正时标记对准

④ 用齿轮上的链条，将链轮安装到曲轴和机油泵上。
⑤ 用螺母暂时拧紧机油泵驱动轴链轮。
⑥ 将缓冲弹簧插入调节孔内，然后用螺栓安装链条张紧器板，如图 2-218 所示。
⑦ 对准机油泵驱动轴链轮的调节孔与机油泵的槽。
⑧ 将一个直径为 4mm 的条插入机油泵驱动轴齿轮的调节孔内，将齿轮锁止，如图 2-219 所示。
⑨ 按顺时针方向转动曲轴 90°，并将曲轴键朝上，如图 2-220 所示。
（2）安装曲轴正时链轮。
安装曲轴正时链轮，如图 2-221 所示。
（3）用 2 个螺栓安装链条减震器，如图

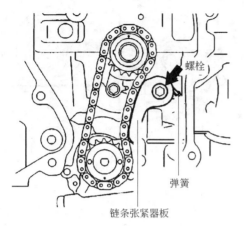

图 2-218 将缓冲弹簧插入调节孔内

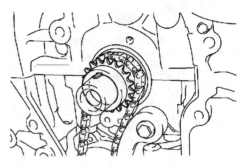

图 2-221 安装曲轴正时链轮

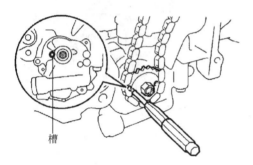

图 2-219 将齿轮锁止

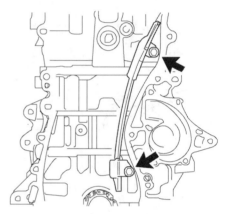

图 2-222 用 2 个螺栓安装链条减震器

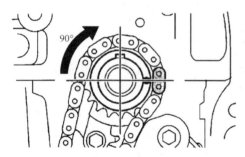

图 2-220 曲轴键朝上

2-222 所示。

(4) 安装链条分总成。

① 将 1 号气缸设定为 TDC/压缩。

a. 用扳手转动凸轮轴（使用六角顶部），使凸轮轴正时齿轮的各正时标记与 1 号以及 2 号轴承盖上的各正时标记均对准，如图 2-223 所示。

b. 用曲轴皮带轮螺栓，将曲轴转动到曲轴键朝上的位置，如图 2-224 所示。

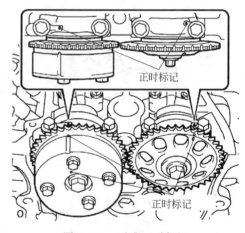

图 2-223 对准正时标记

② 将链条安装到曲轴正时链轮上，使金色或粉色标记连杆与曲轴上的正时标记对准，如图 2-225 所示。

③ 用 SST 和锤子敲入曲轴正时链轮，如图 2-226 所示。

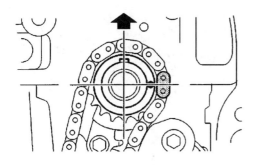

图 2-224 将曲轴转动到曲轴键朝上的位置

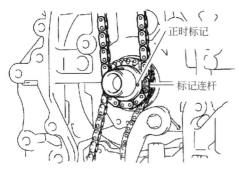

图 2-225 使金色或粉色标记连杆与曲轴上的正时标记对准

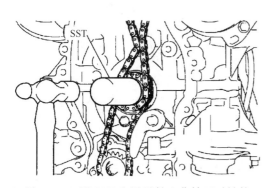

图 2-226 用 SST 和锤子敲入曲轴正时链轮

④ 将金色或黄色标记连杆对准凸轮轴正时齿轮和链轮上的各正时标记,然后安装链条,如图 2-227 所示。

(5) 安装链条张紧器滑块,如图 2-228 所示。

(6) 用螺栓安装正时链条导向器,如图 2-229 所示。

(7) 安装传感器板,让"F"标记朝上,如图 2-230 所示。

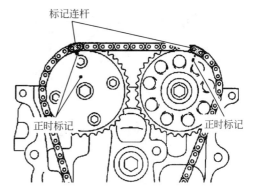

图 2-227 安装链条

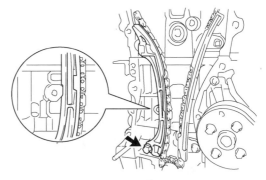

图 2-228 安装链条张紧器滑块

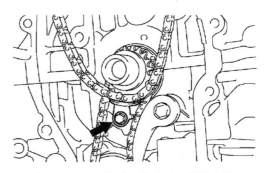

图 2-229 用螺栓安装正时链条导向器

(8) 安装正时链条箱油封。

(9) 安装正时链盖分总成。

(10) 安装带 V 形加强筋的皮带张紧轮总成,如图 2-231 所示。

(11) 用 3 个螺栓安装支座,如图 2-232 所示。

(12) 安装发动机隔热板。

① 抬起发动机,并安装发动机隔热板 RH。

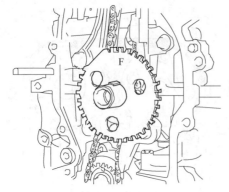

图 2-230 安装传感器板,让"F"标记朝上

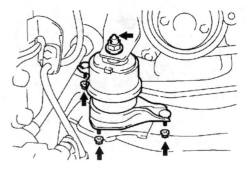

图 2-233 安装发动机隔热板 RH

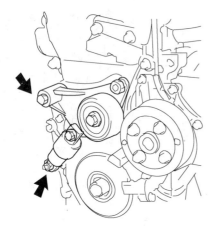

图 2-231 安装皮带张紧轮总成

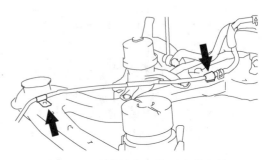

图 2-234 安装转向机构回流管夹箍

图 2-235 安装发动机隔热板 FR

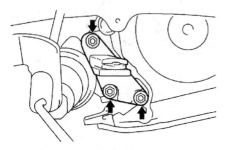

图 2-232 用 3 个螺栓安装支座

② 用 4 个螺母安装发动机隔热板 RH,如图 2-233 所示。

③ 用 2 个螺栓将转向机构回流管夹箍安装到车架上,如图 2-234 所示。

④ 用螺栓安装发动机隔热板 FR,如图 2-235 所示。

(13) 拆卸发动机吊耳。

(14) 安装油底壳分总成。

① 拆卸旧的密封材料,小心不要让任何机油滴落到气缸体和油底壳的接触表面上。

② 如图 2-236 所示,在连续涂抹线内涂抹密封材料。

③ 将油底壳安装到气缸体上。

④ 按图 2-237 所示顺序均匀拧紧 12 个螺栓和 2 个螺母。

(15) 安装曲轴位置传感器。

(16) 安装曲轴皮带轮。

(17) 安装 1 号链条张紧器总成。

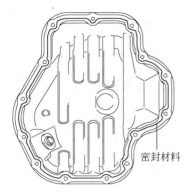

图 2-236 涂抹密封材料

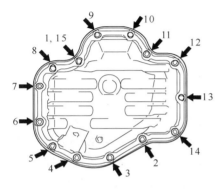

图 2-237 拧紧 12 个螺栓和 2 个螺母

① 松开棘轮爪，然后将柱塞完全推入并使卡钩钩住销，以使柱塞保持在如图 2-238 所示位置。

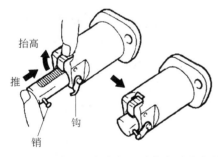

图 2-238 将柱塞完全推入并使卡钩钩住销

② 用 2 个螺母安装新垫片和链条张紧器，如图 2-239 所示。

 注意

在安装链条张紧器时，如果卡钩从柱塞上松开，则重新设置卡钩。

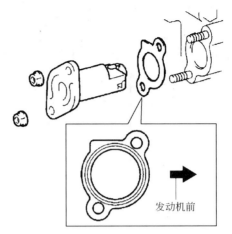

图 2-239 安装新垫片和链条张紧器

③ 按逆时针方向转动曲轴，然后从卡钩上断开柱塞定位销，如图 2-240 所示。

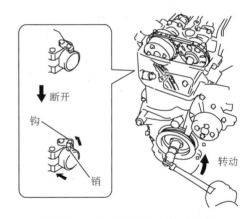

图 2-240 按逆时针方向转动曲轴

④ 按顺时针方向转动曲轴，然后检查柱塞是否伸出，如图 2-241 所示。

(18) 安装气缸盖罩分总成。

① 去除接触表面上的任何密封材料。

② 将密封材料涂抹到如图 2-242 所示的 2 个位置。

③ 用 8 个螺栓和 2 个螺母安装气缸盖罩，如图 2-243 所示。

④ 用 2 个螺栓安装 2 根发动机导线，如图 2-244 所示。

(19) 安装 2 号通风软管。

(20) 安装通风软管。

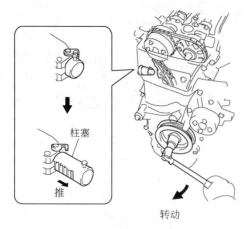

图 2-241 按顺时针方向转动曲轴

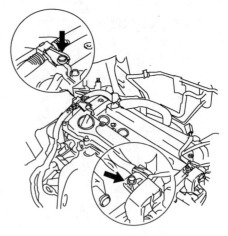

图 2-244 安装 2 根发动机导线

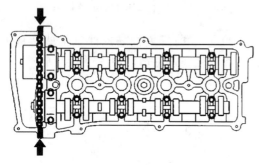

图 2-242 涂抹密封材料

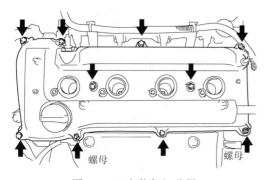

图 2-243 安装气缸盖罩

(21) 安装点火线圈总成。
(22) 安装叶轮泵总成。
(23) 安装发电机总成。
(24) 安装 V 带。
(25) 安装 2 号发动机支座 RH。
(26) 安装发动机移动控制杆分总成。
(27) 安装 2 号发动机支撑件 RH。
(28) 安装前排气管总成。
(29) 添加发动机机油。
(30) 将电缆连接到蓄电池负极端子上。
(31) 检查发动机机油是否泄漏。
(32) 检查有无废气泄漏。
(33) 检查点火正时。
(34) 安装前翼子板密封件 RH。
(35) 安装发动机下盖 LH。
(36) 安装发动机下盖 RH。
(37) 安装前轮 RH。
(38) 安装 1 号发动机盖分总成。

第六节

广州丰田凯美瑞混合动力车系 3AZ-FXE 发动机正时校对维修

3AZ-FXE 发动机的拆装如下。

一、发动机的拆卸

(1) 拆卸发动机有关附件。

(2) 拆卸气缸盖罩分总成，如图2-245所示。

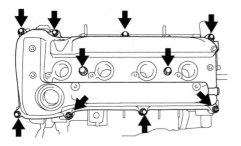

图2-245 拆卸气缸盖罩分总成

(3) 拆卸凸轮轴正时机油控制阀总成，如图2-246所示。

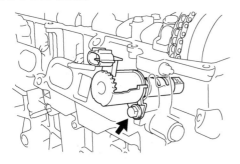

图2-246 拆卸凸轮轴正时机油控制阀总成

① 拆下螺栓和凸轮轴正时机油控制阀总成。

② 从凸轮轴正时机油控制阀总成上拆下O形圈。

(4) 拆卸1号链条张紧器总成。

(5) 拆卸水泵皮带轮。

(6) 拆卸水泵总成。

(7) 拆卸油底壳放油螺塞。

(8) 拆卸油底壳分总成，如图2-247所示。

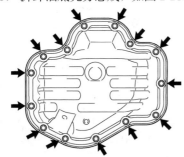

图2-247 拆卸油底壳分总成

(9) 拆卸惰轮分总成。

(10) 拆卸惰轮支架。

(11) 拆卸正时链条盖分总成，如图2-248所示。

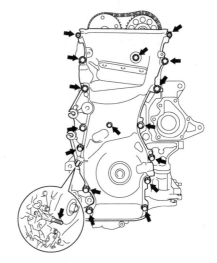

图2-248 拆卸正时链条盖分总成

① 使用"TORX"梅花套筒E10，拆下双头螺栓。

② 拆下14个螺栓和2个螺母。

③ 用螺丝刀撬动正时链条盖和气缸盖或气缸体之间的部位，拆下正时链条盖，如图2-249所示。

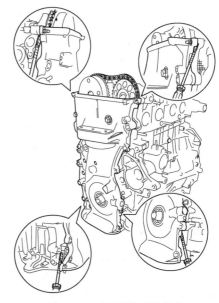

图2-249 拆下正时链条盖

(12) 拆卸 1 号曲轴位置信号盘,如图 2-250 所示。

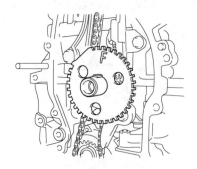

图 2-250　拆卸 1 号曲轴位置信号盘

(13) 拆下螺栓和正时链条导板,如图 2-251 所示。

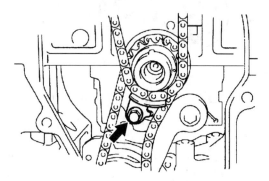

图 2-251　拆下螺栓和正时链条导板

(14) 拆下螺栓和链条张紧器导板,如图 2-252 所示。

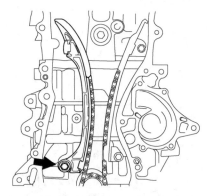

图 2-252　拆下螺栓和链条张紧器导板

(15) 拆下 2 个螺栓和 1 号链条振动阻尼器,如图 2-253 所示。

(16) 拆下链条分总成,如图 2-254 所示。

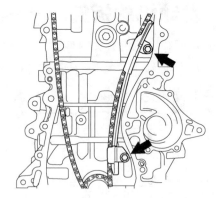

图 2-253　拆下 2 个螺栓和 1 号链条振动阻尼器

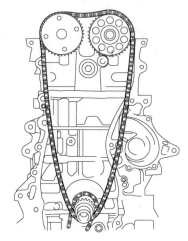

图 2-254　拆下链条分总成

(17) 拆下曲轴正时链轮,如图 2-255 所示。

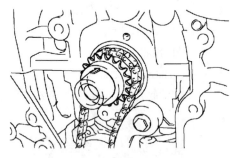

图 2-255　拆下曲轴正时链轮

(18) 拆卸 2 号链条分总成。

① 逆时针转动曲轴 90°,将机油泵主动轴齿轮的调节孔对准机油泵的凹槽,如图 2-256 所示。

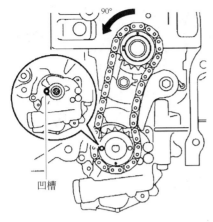

图 2-256 转动曲轴

② 将 4mm 直径的棒条插入机油泵主动轴齿轮的调节孔中,将齿轮锁止到位,然后拆下螺母,如图 2-257 所示。

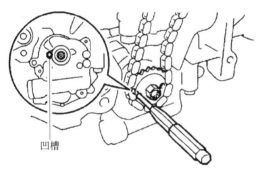

图 2-257 拆下螺母

③ 拆下螺栓、链条张紧器盖板和弹簧,如图 2-258 所示。

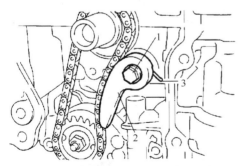

图 2-258 拆下螺栓、链条张紧器盖板和弹簧
1—螺栓;2—链条张紧器盖板;3—弹簧

④ 拆下机油泵主动轴齿轮和 2 号链条,如图 2-259 所示。

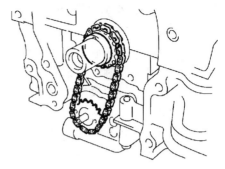

图 2-259 拆下机油泵主动轴齿轮和 2 号链条

(19) 拆卸 2 号凸轮轴。

① 按图 2-260 所示顺序,分步均匀地松开并拆下 10 个轴承盖螺栓。

② 拆下 5 个轴承盖和 2 号凸轮轴。

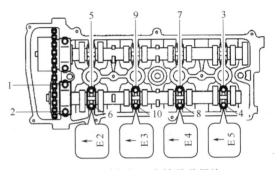

图 2-260 拆下 10 个轴承盖螺栓

(20) 拆卸凸轮轴。

① 按图 2-261 所示顺序,分步均匀地松开并拆下 10 个轴承盖螺栓。

② 拆下 5 个轴承盖和凸轮轴。

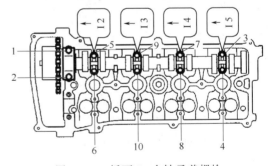

图 2-261 拆下 10 个轴承盖螺栓

(21) 拆卸凸轮轴正时链轮。
(22) 拆卸凸轮轴正时齿轮总成。
(23) 拆卸气缸盖分总成。
(24) 拆卸气缸盖衬垫。

(25) 拆卸气缸体水套隔垫，使用尖嘴钳拆下气缸体水套隔垫。

(26) 拆卸进水口壳放水开关总成。

(27) 拆卸机油控制阀滤清器。

(28) 拆卸1号锥螺纹塞。

(29) 拆卸机油泵总成。

(30) 拆卸1号和2号平衡轴分总成。

① 按图2-262所示顺序，均匀地拧松并拆下8个螺栓。

② 拆下平衡轴外壳。

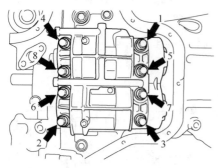

图2-262 拆下8个螺栓

③ 拆下1号和2号平衡轴，如图2-263所示。

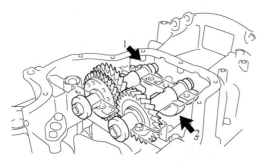

图2-263 拆下1号和2号平衡轴
1—1号平衡轴；2—2号平衡轴

(31) 拆卸1号平衡轴轴承。

(32) 拆卸发动机后油封。

(33) 拆卸加强曲轴箱总成，如图2-264所示。

二、发动机的安装

(1) 安装1号平衡轴轴承。

① 将轴承安装到曲轴箱和平衡轴外壳中。

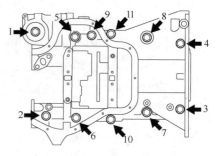

图2-264 拆卸加强曲轴箱总成

② 在轴承上涂抹一薄层发动机机油。

(2) 安装1号和2号平衡轴分总成。

① 沿旋转方向旋转1号平衡轴的1号从动齿轮直至其接触到挡块，如图2-265所示。

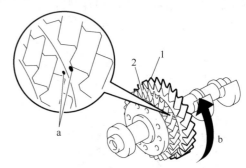

图2-265 旋转1号平衡轴的1号从动齿轮
1—1号从动齿轮；2—2号从动齿轮；
a—对准；b—旋转方向

② 如图2-266所示，对准1号和2号平衡轴的正时标记。

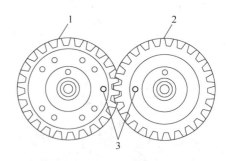

图2-266 对准标记
1—1号平衡轴；2—2号平衡轴；3—正时标记

③ 将1号和2号平衡轴安装到曲轴箱上，如图2-267所示。

④ 在平衡轴外壳螺栓的螺栓头下部涂抹一薄层发动机机油。

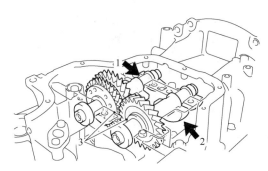

图 2-267 安装 1 号和 2 号平衡轴
1—1 号平衡轴；2—2 号平衡轴；3—正时标记

⑤ 安装平衡轴外壳螺栓。
（3）安装加强曲轴箱总成。
（4）安装机油泵总成。
（5）安装发动机后油封。
（6）安装 1 号锥螺纹塞。
（7）安装机油控制阀滤清器。
（8）安装进水口壳。
（9）安装进水口壳放水开关总成。
（10）安装气缸体水套隔垫。
（11）安装气缸盖衬垫。
（12）安装气缸盖分总成。
（13）安装凸轮轴正时机油控制阀总成。
（14）安装凸轮轴正时齿轮总成。
（15）安装凸轮轴正时链轮。
（16）安装 1 号凸轮轴轴承。
（17）安装 2 号凸轮轴轴承。
（18）安装凸轮轴。

① 在凸轮轴的轴颈位置涂抹一薄层发动机机油。
② 检查朝前标记和编号，确认其顺序如图 2-268 所示。然后将轴承盖安装到气缸盖上。

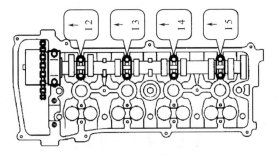

图 2-268 检查朝前标记和编号

③ 在轴承盖螺栓的螺纹上和螺栓头下部涂抹一薄层发动机机油。
（19）安装 2 号凸轮轴。
（20）安装键。
（21）安装 2 号链条分总成，如图 2-269 所示。

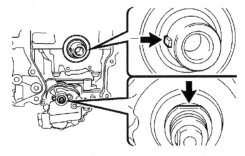

图 2-269 转动机油泵驱动轴

① 将曲轴键固定到左侧水平位置。
② 转动机油泵驱动轴，使切口朝上。
③ 如图 2-270 所示，使黄色链条标记与各齿轮的正时标记对准。

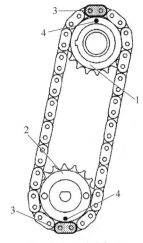

图 2-270 对准标记
1—机油泵主动齿轮；2—机油泵主动轴齿轮；
3—链条标记（黄色）；4—正时标记

④ 暂时用螺母紧固机油泵主动轴齿轮。
⑤ 将减震弹簧插入调节孔，然后用螺栓安装链条张紧器盖板。
⑥ 将机油泵主动轴齿轮的调节孔对准机油泵的凹槽。
⑦ 将 4mm 直径的棒条插入机油泵主

动轴齿轮的调节孔中,以将齿轮锁止到位,然后紧固螺母。

⑧ 顺时针旋转曲轴 90°,使曲轴键朝上。

(22) 安装曲轴正时链轮。

(23) 安装 1 号链条振动阻尼器。

(24) 安装链条分总成。

将 1 号气缸设定至 TDC/压缩。

① 如图 2-271 所示,用扳手(六角凸角)转动凸轮轴,使凸轮轴正时齿轮上的正时标记对准 1 号和 2 号轴承盖上的各个正时标记。

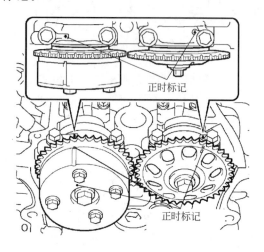

图 2-271 对准标记(1)

② 检查并确认曲轴定位,如图 2-272 所示,使曲轴键朝上。

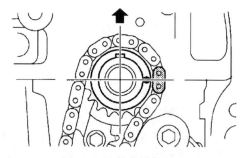

图 2-272 使曲轴键朝上

③ 将链条安装到曲轴正时链轮上,使金色或粉色的链条标记对准曲轴上的正时标记,如图 2-273 所示。

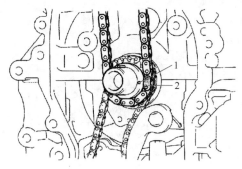

图 2-273 对准标记(2)
1—正时标记;2—链条标记

④ 使用 SST 和锤子,敲入曲轴正时链轮,如图 2-274 所示。

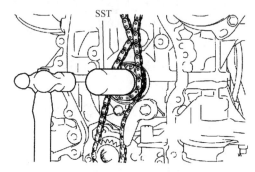

图 2-274 敲入曲轴正时链轮

⑤ 将金色或粉色的链条标记对准凸轮轴正时齿轮和链轮上的正时标记,然后安装链条,如图 2-275 所示。

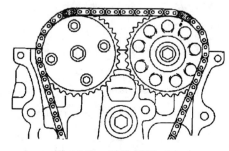

图 2-275 对准标记(3)

(25) 安装链条张紧器导板,用螺栓安装链条张紧器导板。

(26) 安装正时链条导板,如图 2-276 所示。

(27) 安装 1 号曲轴位置信号盘,使"F"标记朝前,如图 2-277 所示。

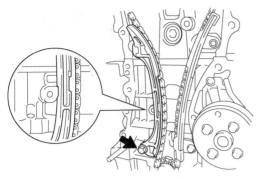

图 2-276 安装正时链条导板

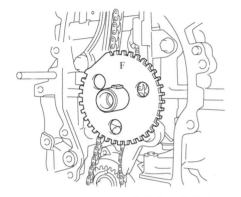

图 2-277 安装 1 号曲轴位置信号盘

(28) 安装正时链条盖分总成。
(29) 安装惰轮支架。
(30) 安装惰轮分总成。
(31) 安装正时链条箱油封。
(32) 安装油底壳分总成。
(33) 安装油底壳放油螺塞。
(34) 安装水泵总成。
(35) 安装水泵皮带。
(36) 安装曲轴位置传感器。
(37) 安装曲轴皮带轮。
(38) 安装 1 号链条张紧器总成。
(39) 检查气门间隙。
(40) 调节气门间隙。
(41) 安装凸轮轴位置传感器。
(42) 安装气缸盖罩衬垫。
(43) 安装气缸盖罩分总成。

第七节 广州丰田雅力士车系发动机正时校对维修

一、2NZ-FE 发动机

(一) 发动机的拆卸

(1) 拆卸发动机有关附件。

(2) 拆卸气缸盖罩分总成，如图 2-278 所示。

拆下 9 个螺栓、2 个螺母和 2 个密封垫圈，然后拆下气缸盖罩分总成。

(3) 拆卸凸轮轴正时机油控制阀总成。

拆下螺栓和凸轮轴正时机油控制阀，如图 2-279 所示。

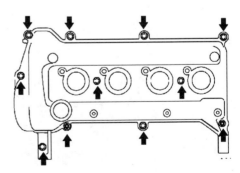

图 2-278 拆卸气缸盖罩分总成

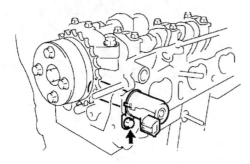

图 2-279 拆下螺栓和凸轮轴正时机油控制阀

(4) 拆卸曲轴减震器分总成。

① 将 1 号气缸设置在 TDC/压缩位置上。

a. 转动曲轴减震器分总成，并将分总成上的正时缺口与机油泵的正时标记"0"对准，如图 2-280 所示。

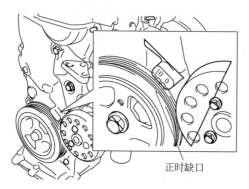

图 2-280 对准标记

b. 检查并确认凸轮轴正时链轮和凸轮轴正时齿轮上的正时标记朝上（如图 2-281 所示）。如果未朝上，则转动曲轴 1 周（360°）对准上述标记。

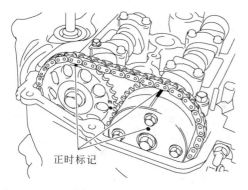

图 2-281 对准标记

② 用 2 个 SST 固定住曲轴减震器分总成的同时松开螺栓，如图 2-282 所示。

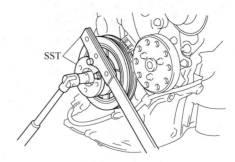

图 2-282 固定住曲轴减震器分总成

③ 拆下 SST 和螺栓。

④ 拆下曲轴减震器分总成。

(5) 拆卸横置发动机安装支架。

(6) 拆卸水泵总成。

(7) 拆卸机油泵总成。

(8) 拆卸机油泵密封件。

(9) 拆卸 1 号链条张紧器总成。

① 拆下链条张紧器后不要转动曲轴，如图 2-283 所示。

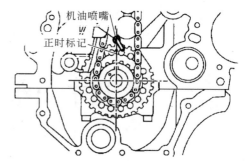

图 2-283 拆下链条张紧器

② 在正时链条被拆下的状态下转动凸轮轴时，先从 TDC 位置逆时针转动曲轴 40°。

a. 松开锁，向上拉锁止板，将锁止板固定，如图 2-284 所示。

b. 将链条张紧器柱塞解锁，如图 2-285 所示，然后将其推到端部。

c. 柱塞推至端部后，拉下锁止板，如图 2-286 所示，锁住柱塞。

d. 将直径为 3mm（0.12in）的钢条插

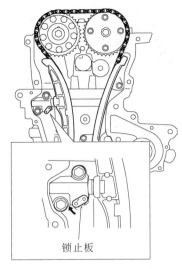

图 2-284 将锁止板固定

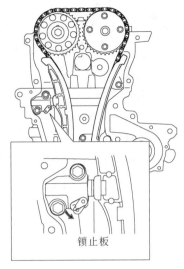

图 2-286 拉下锁止板

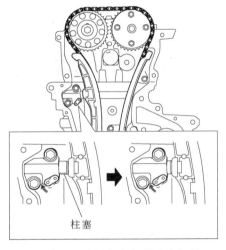

图 2-285 将链条张紧器柱塞解锁

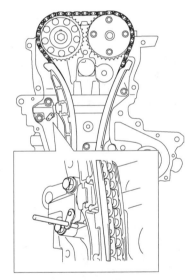

图 2-287 锁住柱塞

入锁止板的孔中,锁住柱塞,如图 2-287 所示。

e.拆下 2 个螺栓,然后拆下 1 号链条张紧器总成,如图 2-288 所示。

(10)拆卸链条张紧器滑块,如图 2-289 所示。

(11)拆卸 1 号链条减震器。

拆下 2 个螺栓,如图 2-290 所示,然后拆下 1 号链条减震器。

(12)拆卸链条分总成。

(13)拆卸喷油嘴隔震器。

(14)拆卸喷油器总成。

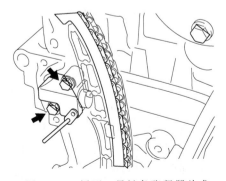

图 2-288 拆下 1 号链条张紧器总成

图 2-289 拆卸链条张紧器滑块

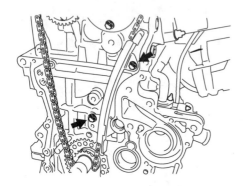

图 2-290 拆下 2 个螺栓

(15) 拆卸凸轮轴位置传感器。

(16) 拆卸 2 号凸轮轴,如图 2-291 所示。

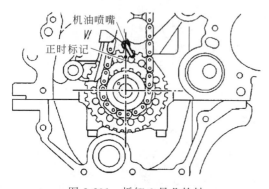

图 2-291 拆卸 2 号凸轮轴

(17) 拆卸凸轮轴正时链轮。

① 用台钳夹住凸轮轴。

② 拆下凸缘螺栓,然后拆下凸轮轴正时链轮,如图 2-292 所示。

(18) 拆卸凸轮轴。

按图 2-293 所示顺序,分步骤均匀松开

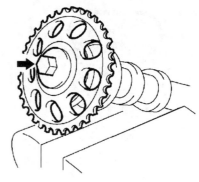

图 2-292 拆下凸轮轴正时链轮

并拆下 8 个轴承盖螺栓,然后拆下 2 号凸轮轴轴承盖和凸轮轴。

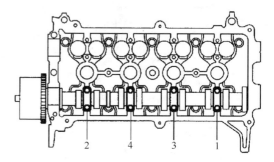

图 2-293 拆下 8 个轴承盖螺栓

(19) 拆卸凸轮轴正时齿轮总成。

(20) 拆卸气缸盖分总成。

(21) 拆卸气缸盖垫片。

(22) 拆卸机油滤清器分总成。

(23) 拆卸机油滤清器接头。

(24) 拆卸发动机后油封。

(25) 拆卸 2 号油底壳分总成。

(26) 拆卸滤油网分总成。

(27) 拆卸油底壳分总成。

(28) 拆卸双头螺栓。

(二)发动机的安装

(1) 安装双头螺栓。

(2) 安装油底壳分总成。

(3) 安装滤油网分总成。

(4) 安装 2 号油底壳分总成。

(5) 安装机油滤清器分总成。

(6) 安装气缸盖垫片。

(7) 安装气缸盖分总成。

(8) 安装发动机后油封。

(9) 安装凸轮轴正时齿轮总成。

① 通过对齐直销和凹槽，将凸轮轴正时齿轮总成和凸轮轴安放在一起。

② 顺时针转动凸轮轴正时齿轮总成，如图 2-294 所示，同时轻轻将其压向凸轮轴。当直销与凹槽对准后，推按直销使其与凹槽更好地装配。

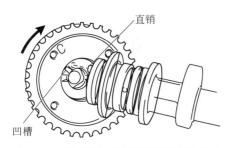

图 2-294　顺时针转动凸轮轴正时齿轮总成

③ 检查并确认齿轮和凸轮轴之间无间隙。

④ 在凸轮轴正时齿轮被固定的状态下，拧紧凸缘螺栓。

⑤ 检查并确认凸轮轴正时齿轮总成可被移动到延迟方向（向右），且能被锁止在最大延迟位置。

(10) 安装凸轮轴。

① 在凸轮轴轴颈部分涂抹一薄层发动机机油。

② 将凸轮轴安装在气缸盖上，凸轮轴正时齿轮的正时标记朝上。

③ 检查朝前标记和号码，并按照图 2-295 所示顺序拧紧螺栓。

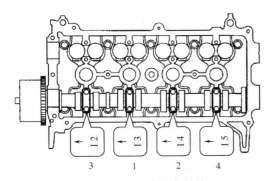

图 2-295　按顺序拧紧螺栓

(11) 安装凸轮轴正时链轮。

① 用台钳夹住凸轮轴。

② 将凸轮轴正时链轮上的定位销孔与凸轮轴定位销对准，如图 2-296 所示，并用凸缘螺栓安装凸轮轴正时链轮。

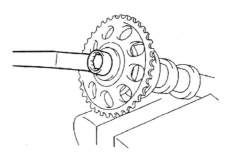

图 2-296　对准定位销

(12) 安装 2 号凸轮轴。

① 在凸轮轴轴颈部分涂抹一薄层发动机机油。

② 将凸轮轴安装在气缸盖上，凸轮轴正时齿轮的正时标记朝上。

③ 检查 1 号和 2 号凸轮轴轴承盖上的朝前标记和号码，检查并确认顺序，如图 2-297 所示。然后分步骤均匀拧紧螺栓。

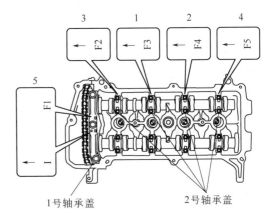

图 2-297　检查标记

(13) 安装凸轮轴位置传感器。

(14) 安装链条分总成。

① 确保所有正时标记位于图 2-298 所示的位置（TDC）。

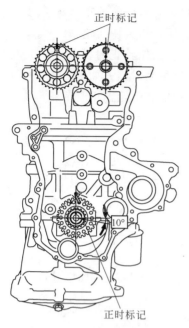

图 2-298 正时标记位置

> **注意**
> 在气门弹簧的作用下，正时标记可能会与预定的位置不同。

② 如图 2-299 所示，将曲轴的正时标记置于 40°～140°ATDC 之间。

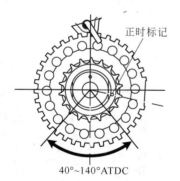

图 2-299 将曲轴的正时标记置于 40°～140°ATDC 之间

③ 将凸轮轴正时齿轮和凸轮轴正时链轮置于如图 2-300 所示的位置（20°ATDC）。

④ 将曲轴置于如图 2-300 所示的位置（20°ATDC）。

⑤ 用 2 个螺栓安装 1 号链条减震器，如图 2-301 所示。

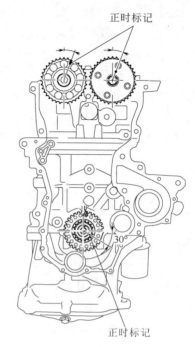

图 2-300 曲轴正确位置

图 2-301 用 2 个螺栓安装 1 号链条减震器

⑥ 将凸轮轴的正时标记对准正时链条的标记牌，如图 2-302 所示，安装正时链条。

(15) 安装链条张紧器滑块，如图 2-303 所示。

(16) 安装 1 号链条张紧器总成。

① 用 2 个螺栓安装 1 号链条张紧器总成，如图 2-304 所示。

② 从 1 号链条张紧器总成上拆下钢条。

(17) 安装机油泵密封件。

用 SST 和锤子敲入新油封，直至其表面与正时链盖边缘齐平。

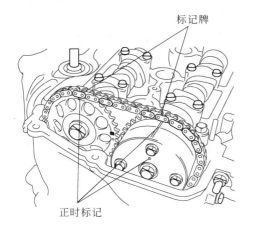

图 2-302 将凸轮轴的正时标记对准正时链条的标记牌

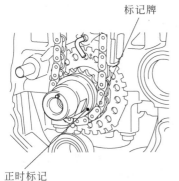

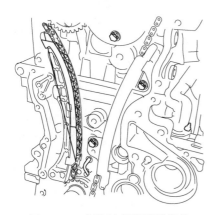

图 2-303 安装链条张紧器滑块

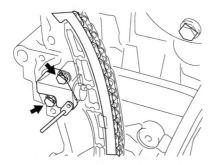

图 2-304 用 2 个螺栓安装 1 号链条张紧器总成

(18) 安装机油泵总成。

(19) 安装水泵总成。

(20) 安装其他附件。

二、1ZR-FE、4ZR-FE 发动机

（一）发动机的拆卸

(1) 拆下发动机吊架，如图 2-305 所示。

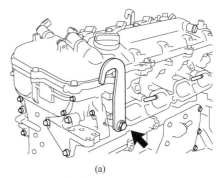

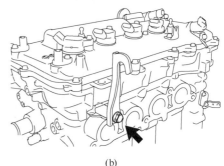

图 2-305 拆下发动机吊架

(2) 拆下与正时无关的部件。

(3) 将 1 号气缸设置在 TDC/压缩位置上。

① 转动曲轴皮带轮，将皮带轮上的正时缺口对准正时链盖分总成上的正时标记"0"。

② 检查并确认排气凸轮轴正时齿轮和凸轮轴正时齿轮上的两个正时标记均朝上，如图 2-306 所示。

> ⚒ **注意**
>
> 如果未朝上，则转动曲轴 1 周（360°）对准上述标记。

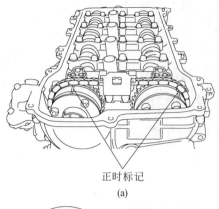

正时标记

(a)

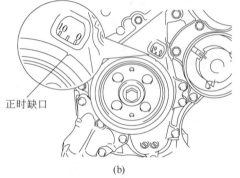

正时缺口

(b)

图 2-306　确认标记朝上

（4）拆卸曲轴皮带轮，如图 2-307 所示。

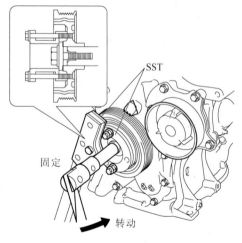

SST

固定

转动

图 2-307　拆卸曲轴皮带轮

（5）拆卸 1 号链条张紧器总成。
（6）拆卸曲轴位置传感器。
（7）拆卸发动机油压开关总成。
（8）拆卸正时链条或正时皮带分总成，如图 2-308 所示。

① 拆下 3 个螺栓，然后拆下发动机安

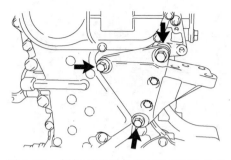

图 2-308　拆卸正时链条或正时皮带分总成

装支架 RH。

② 用缠绕保护带的螺丝刀，在正时链条或正时皮带盖分总成以及气缸盖或气缸体之间撬动，以拆下正时链盖或正时皮带盖分总成，如图 2-309 所示。

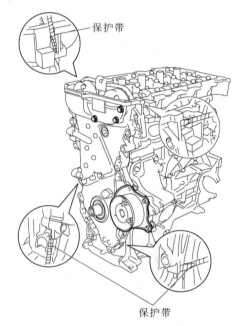

保护带

保护带

图 2-309　拆下正时链盖或正时皮带盖分总成

③ 从气缸盖和气缸体上拆下 3 个 O 形圈，如图 2-310 所示。

（9）拆卸进水口外壳。
（10）拆卸 1 号发电机支架。
（11）拆卸 2 号链条减震器。

拆下 2 个螺栓，如图 2-311 所示，然后拆下 2 号链条减震器。

（12）拆卸链条张紧器滑块，如图 2-312 所示。

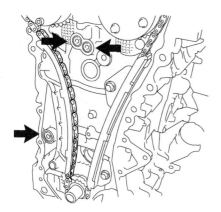

图 2-310 拆下 3 个 O 形圈

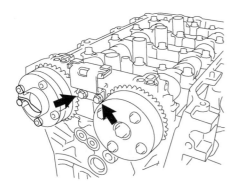

图 2-311 拆下 2 个螺栓

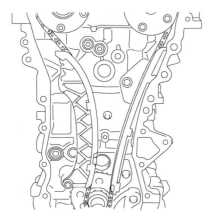

图 2-312 拆卸链条张紧器滑块

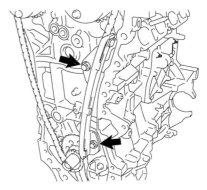

图 2-313 拆卸 2 个螺栓

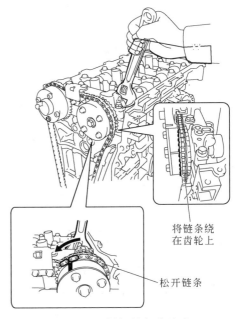

图 2-314 拆卸链条分总成

(13) 拆卸 2 个螺栓,如图 2-313 所示,拆卸链条减震器。

(14) 拆卸链条分总成,如图 2-314 所示。

① 用扳手固定凸轮轴的六角部分,逆时针转动凸轮轴正时齿轮总成,以松开凸轮轴正时齿轮之间的链条。

② 链条松开后,从凸轮轴正时齿轮总成上松开链条,将其放置在凸轮轴正时齿轮总成上。

确保已从链轮上完全松开链条。

③ 顺时针转动凸轮轴,将其回归原位,并拆下链条。

(15) 拆卸曲轴正时齿轮或链轮,如图 2-315 所示。

(16) 拆卸 2 号链条分总成。

① 顺时针转动曲轴 90°,将机油泵驱动轴链轮的调节孔与机油泵的槽对准,如图 2-316 所示。

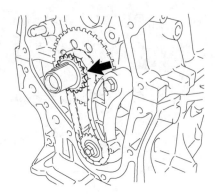

图 2-315 拆卸曲轴正时齿轮或链轮

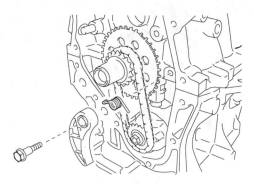

图 2-318 拆下螺栓、链条张紧器板和弹簧

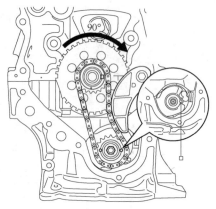

图 2-316 将机油泵驱动轴链轮的调节孔与机油泵的槽对准

② 将一根直径为 4mm 的钢条插入机油泵驱动轴齿轮的调节孔内，将齿轮锁止到位，如图 2-317 所示，然后拆下螺母。

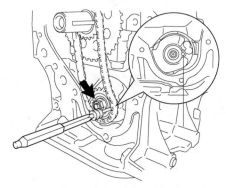

图 2-317 将齿轮锁止到位

③ 拆下螺栓、链条张紧器板和弹簧，如图 2-318 所示。

④ 拆下机油泵驱动轴齿轮、机油泵主动齿轮和链条，如图 2-319 所示。

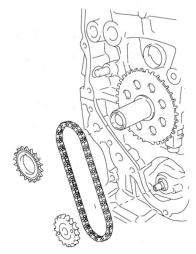

图 2-319 拆下机油泵驱动轴齿轮、机油泵主动齿轮和链条

（17）拆下 1 号曲轴位置传感器齿板，如图 2-320 所示。

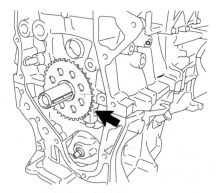

图 2-320 拆下 1 号曲轴位置传感器齿板

（18）拆卸曲轴正时齿轮键。

（19）拆卸凸轮轴正时齿轮总成。

① 清洁并去除 1 号凸轮轴轴承盖进气

侧 VVT 油孔的油渍后，如图 2-321 所示，用黏合胶带或同类产品完全密封油孔，以防止气体泄漏。

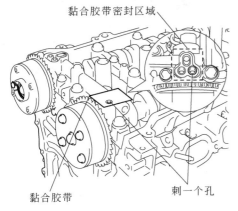

图 2-321 清除油渍

② 握住凸轮轴的六角部分，拆下凸缘螺栓，如图 2-322 所示，然后拆下凸轮轴正时齿轮总成。

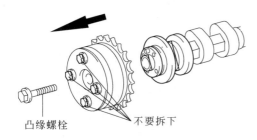

图 2-322 拆下凸缘螺栓

(20) 拆卸排气凸轮轴正时齿轮总成，如图 2-323 所示。

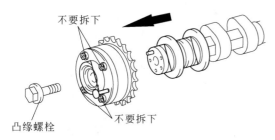

图 2-323 拆卸排气凸轮轴正时齿轮总成

(21) 拆卸凸轮轴轴承盖。
(22) 拆卸凸轮轴。
(23) 拆卸 2 号凸轮轴。
(24) 拆卸 1 号气门摇臂分总成。

(25) 拆卸气门间隙调节器总成。
(26) 拆下 2 个 1 号凸轮轴轴承。

按正确的顺序安放拆下的零件。

(27) 拆卸凸轮轴外壳分总成。
① 拆下 2 个螺栓，如图 2-324 所示。

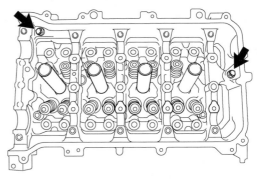

图 2-324 拆下 2 个螺栓

② 用螺丝刀在气缸盖和凸轮轴外壳间撬动，如图 2-325 所示，拆下凸轮轴外壳。

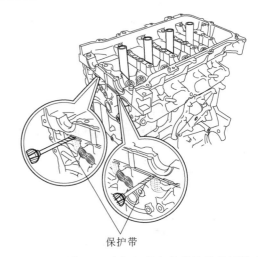

图 2-325 用螺丝刀在气缸盖和凸轮轴外壳间撬动

(28) 拆卸气缸盖分总成。

按图 2-326 所示顺序，分步骤用 10mm 双六角扳手均匀松开并拆下 10 个气缸盖螺栓和平垫圈。

(29) 拆卸气缸体放水龙头分总成。
(30) 拆卸与正时无关的部件。

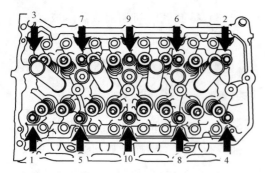

图 2-326　拆下 10 个气缸盖螺栓和平垫圈

(二) 发动机的安装

(1) 安装加强曲轴箱总成,如图 2-327 所示。

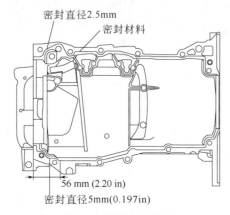

图 2-327　安装加强曲轴箱总成

(2) 安装发动机后油封。

① 用 SST 和锤子均匀敲打油封,如图 2-328 所示,直至其表面与后油封挡圈边缘齐平。

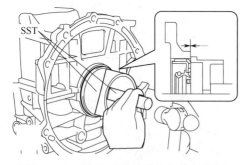

图 2-328　用 SST 和锤子均匀敲打油封

② 在新油封唇部涂抹 MP 润滑脂。

(3) 安装机油泵总成。

(4) 安装 2 号油底壳分总成。

(5) 安装油底壳排放塞。

(6) 安装气缸放水龙头总成。

(7) 安装通风阀分总成。

(8) 安装气缸盖垫片。

(9) 安装气缸盖分总成。

(10) 安装气门间隙调节器总成。

(11) 安装 1 号气门摇臂分总成。

(12) 安装 1 号凸轮轴轴承。

(13) 安装机油控制阀滤清器。

(14) 安装 2 号凸轮轴轴承。

(15) 安装 2 号凸轮轴。

(16) 安装凸轮轴。

(17) 安装凸轮轴轴承盖。

(18) 安装凸轮轴外壳分总成,如图 2-329 所示。

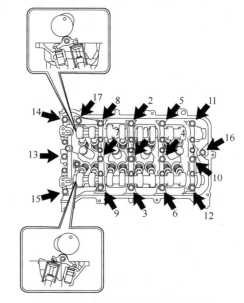

图 2-329　安装凸轮轴外壳分总成

(19) 安装凸轮轴正时齿轮总成。

① 检查并确认定位销安装在凸轮轴上。

② 如图 2-330 所示,将凸轮轴正时齿轮和凸轮轴安装在一起,直销和键槽不对准。

③ 如图 2-331 所示,转动凸轮轴正时齿轮,同时将其轻轻压向凸轮轴,将直销进一步推入键槽中。

④ 测量齿轮和凸轮轴之间的间隙。

⑤ 凸轮轴正时齿轮固定到位时,拧紧凸缘螺栓,如图 2-332 所示。

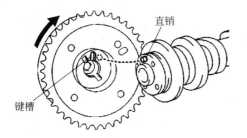

图 2-330 将凸轮轴正时齿轮和凸轮轴安装在一起

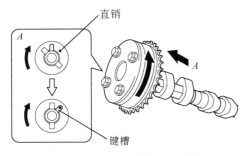

图 2-331 转动凸轮轴正时齿轮

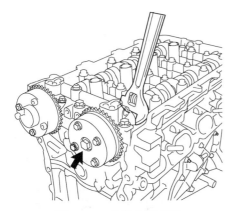

图 2-332 拧紧凸缘螺栓

⑥ 检查并确认凸轮轴正时齿轮可移动到延迟角侧（朝右方向）且锁止到最大延迟位置。

（20）安装排气凸轮轴正时齿轮总成。

① 检查并确认定位销安装在凸轮轴上，如图 2-333 所示。

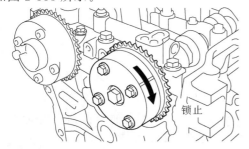

图 2-333 检查并确认定位销安装在凸轮轴上

② 通过对准键槽和直销，将排气凸轮轴正时齿轮和凸轮轴安装在一起。

③ 将齿轮轻轻压向凸轮轴，如图 2-334 所示，并转动齿轮，进一步按压使直销进入键槽。

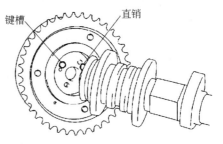

图 2-334 将齿轮轻轻压向凸轮轴

④ 检查并确认齿轮凸缘和凸轮轴之间没有间隙。

⑤ 在排气凸轮轴正时齿轮固定的状态下拧紧凸缘螺栓，如图 2-335 所示。

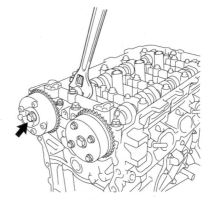

图 2-335 拧紧凸缘螺栓

⑥ 检查并确认排气凸轮轴正时齿轮已锁止。

确保排气凸轮轴正时齿轮已锁止。

（21）安装曲轴正时齿轮键。

（22）安装 1 号曲轴位置传感器齿板。

安装传感器齿板，如图 2-336 所示，让"F"标记朝前。

（23）安装 2 号链条分总成。

① 如图 2-337 所示，设置曲轴键。

② 转动驱动轴，使缺口朝右。

③ 如图 2-338 所示，将黄色标记连杆与各齿轮的正时标记对准。

④ 链条安装在齿轮上时，将齿轮安装

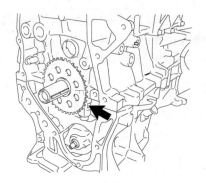

图 2-336 安装传感器齿板

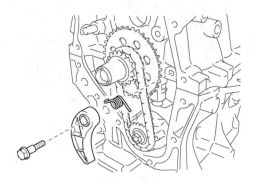

图 2-339 用螺栓安装链条张紧器板

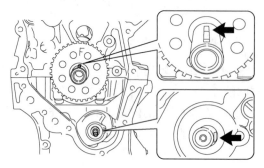

图 2-337 设置曲轴键

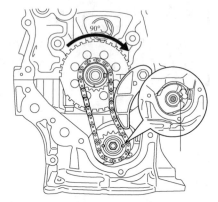

图 2-340 将机油泵驱动轴齿轮的调节孔与机油泵的槽对准

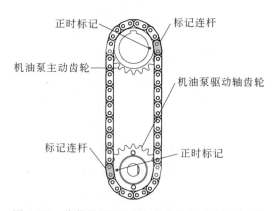

图 2-338 将黄色标记连杆与各齿轮的正时标记对准

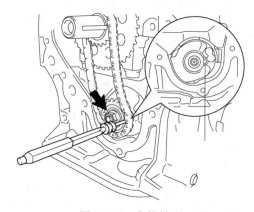

图 2-341 齿轮锁止

到曲轴和机油泵轴上。

⑤ 用螺母暂时拧紧机油泵驱动轴齿轮。

⑥ 将缓冲弹簧插入调节孔内,然后用螺栓安装链条张紧器板,如图 2-339 所示。

⑦ 将机油泵驱动轴齿轮的调节孔与机油泵的槽对准,如图 2-340 所示。

⑧ 将一根直径为 4mm 的钢条插入机油泵驱动轴齿轮的调节孔内,将齿轮锁止,如图 2-341 所示,然后拧紧螺母。

(24) 安装曲轴正时齿轮或链轮,如图 2-342 所示。

(25) 安装 1 号链条减震器,如图 2-343 所示。

(26) 安装链条分总成。

① 检查 1 号气缸 TDC/压缩。

a. 暂时拧紧曲轴皮带轮螺栓。

b. 逆时针转动曲轴,直到正时齿轮键向上,如图 2-344 所示。

c. 拆下曲轴皮带轮螺栓。

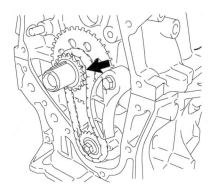

图 2-342 安装曲轴正时齿轮或链轮

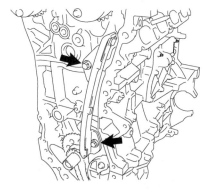

图 2-343 安装 1 号链条减震器

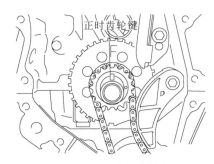

图 2-344 正时齿轮键向上

d. 检查各凸轮轴正时齿轮上的正时标记，如图 2-345 所示。

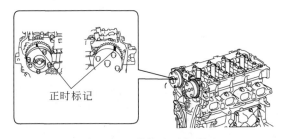

图 2-345 检查正时标记

② 如图 2-346 所示，将标记牌（橙色）和正时标记对准，并安装链条。

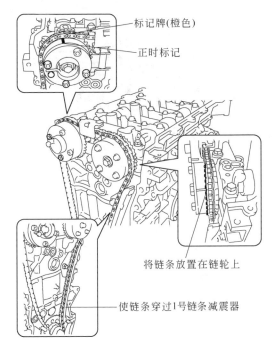

图 2-346 将标记牌（橙色）和正时标记对准

> ⚠ 注意
> ① 确保标记牌面向发动机前侧。
> ② 凸轮轴侧的标记牌为橙色。
> ③ 不要将链条绕在凸轮轴正时齿轮总成的链轮上，只需将其放置在链轮上。
> ④ 使链条穿过 1 号链条减震器。

③ 不要将链条绕在曲轴上，如图 2-347 所示，放在曲轴上即可。

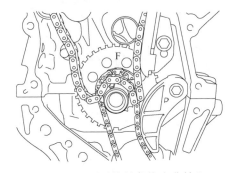

图 2-347 不要将链条绕在曲轴上

④ 用扳手固定凸轮轴的六角部分，并逆时针转动凸轮轴正时齿轮总成，以将标记牌（橙色）与正时标记对准，如图 2-348 所示。

第二章 丰田发动机正时校对维修

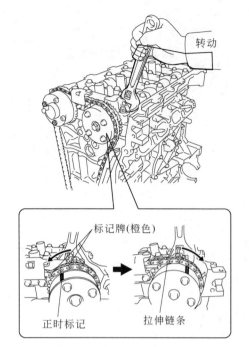

⑦ 重新检查 TDC/压缩处的各正时标记，如图 2-350 所示。

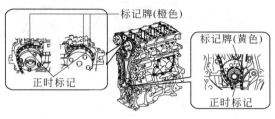

图 2-350 重新检查 TDC/压缩处的各正时标记

（27）安装链条张紧器滑块，如图 2-351 所示。

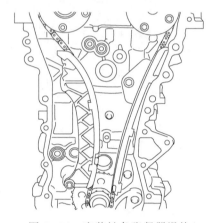

图 2-351 安装链条张紧器滑块

（28）安装 2 号链条减震器，如图 2-352 所示。

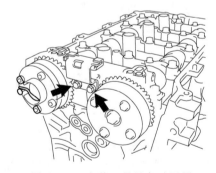

图 2-352 安装 2 号链条减震器

（29）安装 1 号发电机支架。
（30）安装进水口外壳。
（31）安装正时链盖油封。
（32）安装正时链条或正时皮带盖分总成。
（33）安装正时以外的部件。

图 2-348 将标记牌（橙色）与正时标记对准

> ⚠ 注意
> ① 确保标记牌面向发动机前侧。
> ② 凸轮轴侧的标记牌为橙色。

⑤ 用扳手固定凸轮轴的六角部分，并顺时针转动凸轮轴正时齿轮总成。

⑥ 将标记牌（黄色）与正时标记对准，如图 2-349 所示，并将链条安装到曲轴正时齿轮上。

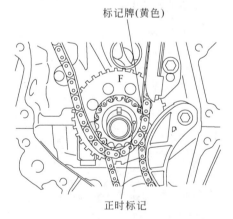

图 2-349 将标记牌（黄色）与正时标记对准

> ⚠ 注意
> 曲轴侧的标记牌为黄色。

第八节 广州丰田汉兰达车系 2GR-FE 发动机正时校对维修

2GR-FE 发动机正时调整拆装如下。
发动机正时调整部件如图 2-353 所示。

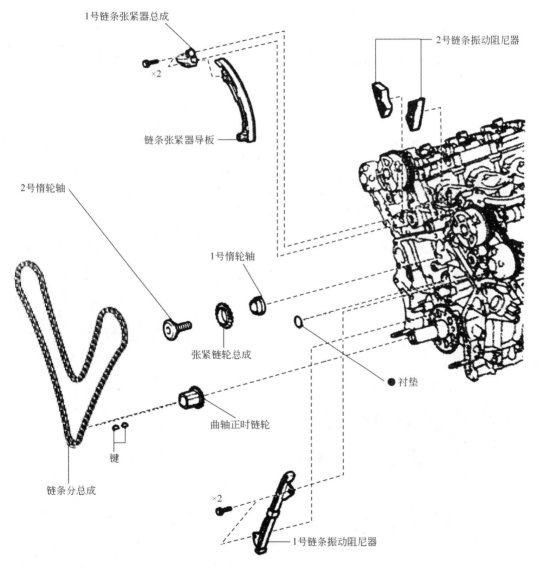

图 2-353　发动机正时调整部件
● 不可重复使用零件

一、正时系统部件的拆卸

（1）拆下4个螺栓和4个凸轮轴机油控制阀，如图2-354所示。

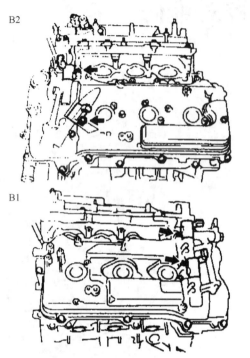

图2-354　拆下4个螺栓和4个凸轮轴机油控制阀
B1、B2—两种发动机上的气缸盖

（2）拆下12个螺栓、密封垫圈、气缸盖罩分总成和气缸盖罩衬垫，如图2-355所示。

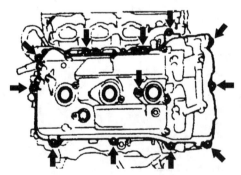

图2-355　拆下12个螺栓、密封垫圈、气缸盖罩分总成和气缸盖罩衬垫

（3）拆下12个螺栓、密封垫圈、气缸盖罩分总成和气缸盖罩衬垫，如图2-356所示。

小心：挡板位于图示部分的后面，拆下气缸盖罩分总成时不要损坏挡板。

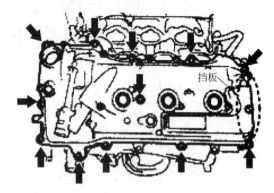

图2-356　拆下12个螺栓等

（4）拆下16个螺栓和2个螺母，如图2-357所示，即可拆卸2号油底壳分总成。

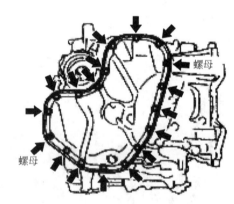

图2-357　拆下16个螺栓和2个螺母

（5）拆下16个螺栓和2个螺母，即可拆卸油底壳分总成，如图2-358所示。

（6）拆下16个螺栓、水泵总成和水泵衬垫，如图2-359所示。

（7）拆卸正时链条盖分总成。

① 如图2-360所示，拆下15个螺栓和2个螺母。

② 用螺丝刀撬动正时链条盖和气缸盖分总成或气缸体分总成之间的部位，拆下正时链条盖分总成，如图2-361所示。

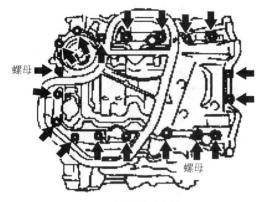

(a) 不带机油冷却器

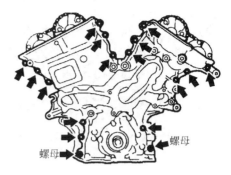

图 2-360 拆下 15 个螺栓和 2 个螺母

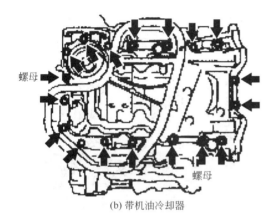

(b) 带机油冷却器

图 2-358 拆下 16 个螺栓和 2 个螺母

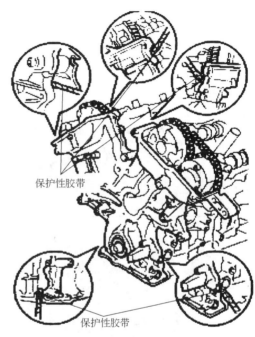

图 2-361 拆下正时链条盖分总成

图 2-359 拆下 16 个螺栓、水泵总成和水泵衬垫

③ 拆下 4 个螺栓、链条盖板和链条盖板衬垫。

(8) 拆卸正时链条箱油封,如图 2-362 所示。

(9) 将 1 号气缸设置到 TDC/压缩。

① 暂时紧固皮带轮固定螺栓。

② 将曲轴转角信号盘上的正时标记的位置设置为右侧缸体孔径中心线(TDC/压缩),如图 2-363 所示。

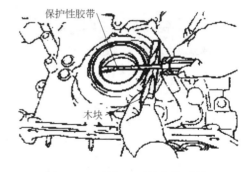

图 2-362 拆卸正时链条箱油封

③ 检查并确认凸轮轴正时齿轮的正时标记,如图 2-363 所示,对准轴承盖的正时标记。

第二章 丰田发动机正时校对维修 125

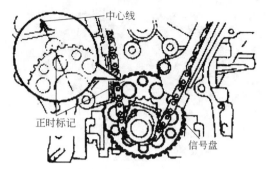

图 2-363 将正时标记的位置设置为
右侧缸体孔径中心线（TDC/压缩）

如果没有对准，则转动曲轴 1 圈（360°），如图 2-364 所示，对准正时标记。

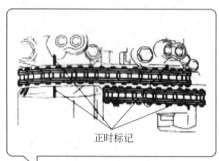

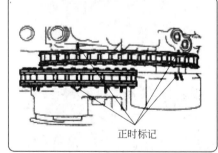

图 2-364 对准正时标记

（10）拆卸 1 号链条张紧器总成。

① 向上移动挡片以松开锁止，并将柱塞推入张紧器。

② 向下移动挡片以锁定锁止机构，并将直径为 1.27mm（0.05 in）的销插入挡片孔中，如图 2-365 所示。

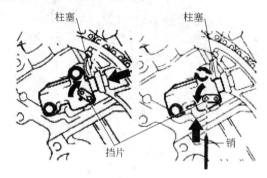

图 2-365 将销插入挡片孔中

③ 拆下 2 个螺栓和 1 号链条张紧器总成。

④ 拆下链条张紧器导板，如图 2-366 所示。

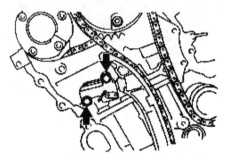

图 2-366 拆下链条张紧器导板

（11）拆卸链条分总成。

① 逆时针转动曲轴 10° 以松开链条分总成。

② 拆下皮带轮固定螺栓，如图 2-367 所示。

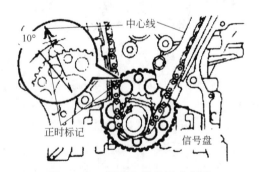

图 2-367 拆下皮带轮固定螺栓

③ 从曲轴正时链轮上拆下链条分总成，并将其放在曲轴上，如图 2-368 所示。

④ 顺时针旋转气缸组 1 上的凸轮轴正

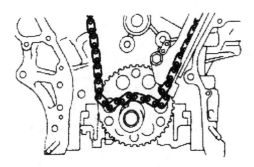

图 2-368 将链条分总成放在曲轴上

时齿轮总成（大约 60°），使之停留在如图 2-369 所示的位置。一定要松开气缸组间的链条分总成。

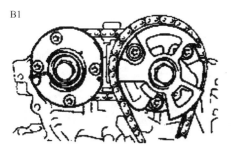

图 2-369 将凸轮轴正时齿轮总成定位

⑤ 拆下链条分总成。

（12）用 10mm 六角扳手拆下 2 号惰轮轴、张紧链轮总成和 1 号惰轮轴，如图 2-370 所示。

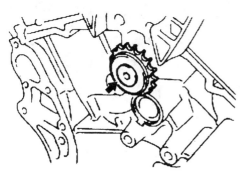

图 2-370 拆下 2 号惰轮轴、张紧链轮总成和 1 号惰轮轴

（13）拆卸曲轴正时链轮。

① 从曲轴上拆下曲轴正时链轮。

② 从曲轴上拆下 2 个键，如图 2-371 所示。

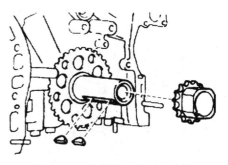

图 2-371 从曲轴上拆下 2 个键

（14）拆卸凸轮轴正时齿轮和 2 号链条（B1）。

① 升高 2 号链条张紧器总成的同时，将直径为 1.0mm 的销插入孔中以将其固定，如图 2-372 所示。

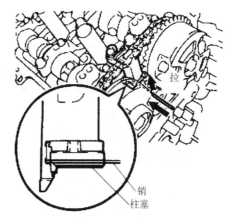

图 2-372 将销插入孔中以将其固定

② 用扳手固定住凸轮轴的六角头部分，并拆下 2 个螺栓和 2 个凸轮轴正时齿轮总成，如图 2-373 所示。

③ 拆下 2 号链条总成。

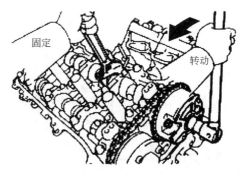

图 2-373 用扳手固定住凸轮轴的六角头部分

(15) 拆下螺栓和 2 号链条张紧器总成，如图 2-374 所示。

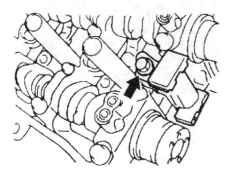

图 2-374　拆下螺栓和 2 号链条张紧器总成

(16) 拆卸凸轮轴轴承盖（B1）。

① 检查并确认凸轮轴位于如图 2-375 所示部位。

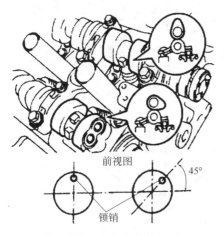

图 2-375　确认凸轮轴位置

② 按如图 2-376 所示顺序，分步均匀地拧松并拆下 8 个轴承盖螺栓。

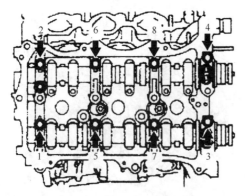

图 2-376　拆下 8 个轴承盖螺栓

③ 按图 2-377 所示顺序，分步均匀地拧松并拆下 12 个轴承盖螺栓。

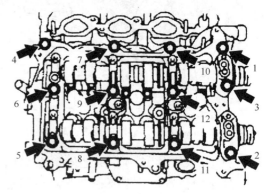

图 2-377　拆下 12 个轴承盖螺栓

(17) 拆卸凸轮轴。

(18) 拆卸 2 号凸轮轴。

(19) 拆卸右侧凸轮轴壳分总成。

用螺丝刀撬动气缸盖和右侧凸轮轴壳分总成之间的部位，拆下右侧凸轮轴壳分总成，如图 2-378 所示。

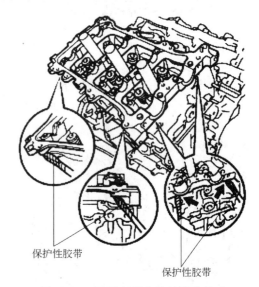

图 2-378　拆下右侧凸轮轴壳分总成

(20) 拆卸凸轮轴正时齿轮和 2 号链条（B2）。

① 按下 3 号链条张紧器总成的同时，将直径为 1.0mm 的销插入孔中，以将其固定，如图 2-379 所示。

② 用扳手固定凸轮轴的六角头部分，

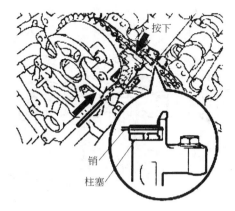

图 2-379 将销插入孔中

并拆下 2 个螺栓和 2 个凸轮轴正时齿轮总成,如图 2-380 所示。

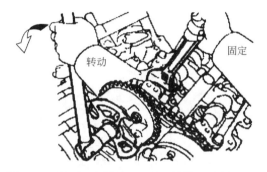

图 2-380 拆下 2 个螺栓和 2 个凸轮轴正时齿轮总成

③ 拆下 2 号链条分总成。

(21) 拆下螺栓和 3 号链条张紧器总成,如图 2-381 所示。

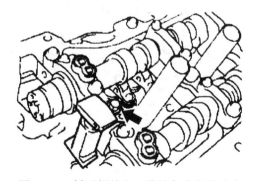

图 2-381 拆下螺栓和 3 号链条张紧器总成

(22) 拆卸凸轮轴轴承盖(B2)。

① 检查并确认凸轮轴位于如图 2-382 所示部位。

② 按图 2-383 所示顺序,分步均匀地

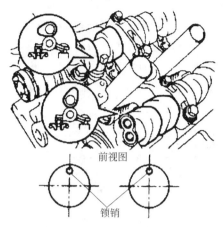

图 2-382 确认凸轮轴位置

拧松并拆下 8 个轴承盖螺栓。

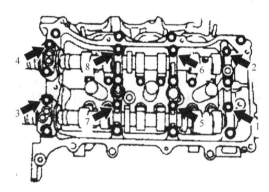

图 2-383 拆下 8 个轴承盖螺栓

③ 按图 2-384 所示顺序,分步均匀地拧松并拆下 13 个轴承盖螺栓。

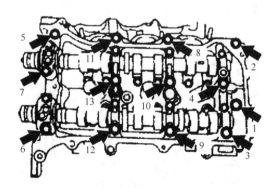

图 2-384 拆下 13 个轴承盖螺栓

(23) 拆卸 3 号凸轮轴。
(24) 拆卸 4 号凸轮轴。
(25) 拆卸左侧凸轮轴壳分总成。

(26) 拆卸1号气门摇臂分总成。
(27) 拆卸气门间隙调节器总成。
(28) 拆卸右侧气缸盖分总成。

按图2-385所示顺序,用10mm双六角扳手均匀地松开8个气缸盖螺栓,拆下8个气缸盖螺栓和平垫圈。

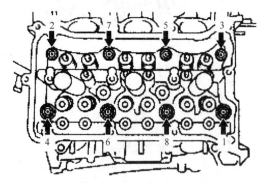

图2-385 拆下8个气缸盖螺栓和平垫圈

(29) 拆卸左侧气缸盖分总成。

二、正时系统部件的安装

(1) 安装凸轮轴轴承盖（B2）。

① 在凸轮轴轴颈、左侧凸轮轴壳分总成和凸轮轴轴承盖上涂抹发动机机油。

② 将3号凸轮轴和4号凸轮轴安装到左侧凸轮轴壳分总成上。

③ 根据涂漆标记和号码,确保在正确的位置和方向安装凸轮轴轴承盖,如图2-386所示。

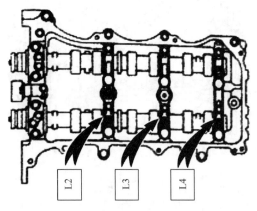

图2-386 安装凸轮轴轴承盖

④ 按图2-387所示顺序,暂时紧固8个螺栓。

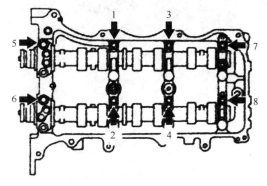

图2-387 紧固8个螺栓

(2) 安装左侧凸轮轴壳分总成。

① 确保将气门摇臂安装至如图2-388所示位置。

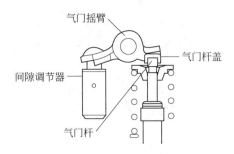

图2-388 安装气门摇臂

② 连续涂抹密封胶。

③ 安装左侧凸轮轴壳分总成,并按图2-389所示顺序紧固13个螺栓。

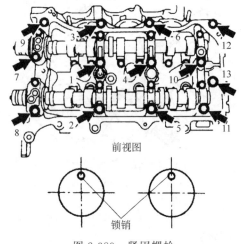

图2-389 紧固螺栓

(3) 安装2号链条张紧器总成。

① 用螺栓安装2号链条张紧器总成。

② 推入张紧器的同时，将直径为1.0mm（0.039 in）的销插入孔中以将其固定，如图2-390所示。

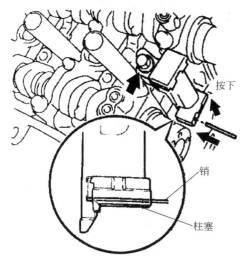

图2-390 将销插入孔中

(4) 安装凸轮轴正时齿轮和2号链条（B1）。

① 如图2-391所示，使标记板（黄色）与凸轮轴正时齿轮总成的正时标记（1点标记）对准。

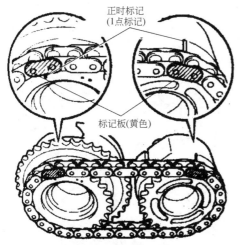

图2-391 使标记板与凸轮轴正时齿轮总成的正时标记对准

② 在螺栓螺纹和螺栓座面上涂抹一薄层发动机机油。

③ 使凸轮轴的锁销对准凸轮轴正时齿轮总成的销孔。在安装好2号链条分总成的情况下，安装凸轮轴正时齿轮总成和右侧排气凸轮轴正时齿轮。

④ 用扳手固定住凸轮轴的六角头部分，并紧固2个螺栓和2个凸轮轴正时齿轮总成，如图2-392所示。

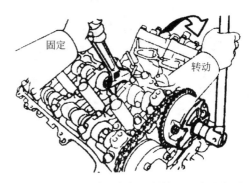

图2-392 用扳手固定住凸轮轴的六角头部分

⑤ 从2号链条张紧器总成上拆下销。

(5) 安装3号链条张紧器总成。

① 用螺栓安装3号链条张紧器总成。

② 推入张紧器的同时，将直径为1.0mm（0.039in）的销插入孔中以将其固定，如图2-393所示。

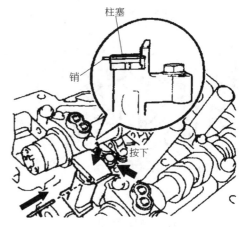

图2-393 将销插入孔中

(6) 安装凸轮轴正时齿轮和2号链条（B2）。

① 如图2-394所示，使标记板（黄色）与凸轮轴正时齿轮总成的正时标记（2点标记）对准。

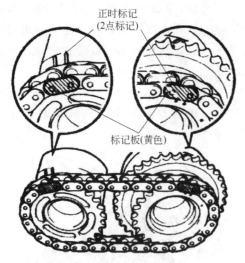

图 2-394 安装凸轮轴正时齿轮

图 2-396 安装 2 号链条振动阻尼器

② 在螺栓螺纹和螺栓座面上涂抹一薄层发动机机油。

③ 使凸轮轴的锁销对准凸轮轴正时齿轮总成的销孔。在安装好 2 号链条分总成的情况下,安装凸轮轴正时齿轮总成和左侧排气凸轮轴正时齿轮。

④ 用扳手固定凸轮轴的六角头部分并紧固 2 个螺栓,如图 2-395 所示。

图 2-397 安装 2 个键和曲轴正时链轮

(10) 安装怠速链轮总成。

① 在 1 号惰轮轴的旋转表面上涂抹一薄层发动机机油。

② 使 1 号惰轮轴的锁销对准气缸体的锁销槽的同时,暂时安装 1 号惰轮轴和带 2 号惰轮轴的怠速链轮,如图 2-398 所示。

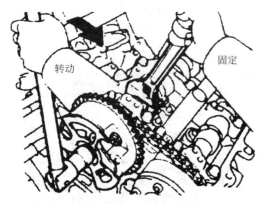

图 2-395 紧固 2 个螺栓

⑤ 从 3 号链条张紧器总成上拆下销。

(7) 安装 1 号链条振动阻尼器。

(8) 安装 2 号链条振动阻尼器,如图 2-396 所示。

(9) 安装曲轴正时链条。

如图 2-397 所示,安装 2 个键和曲轴正时链轮。

图 2-398 暂时安装 1 号惰轮轴和带 2 号惰轮轴的怠速链轮

③ 用 10mm 六角扳手紧固 2 号惰轮轴。

(11) 安装链条分总成。

① 如图 2-399 所示，对准标记板和正时标记，并安装链条。

🔧 **注意**

凸轮轴标记板为橙色。

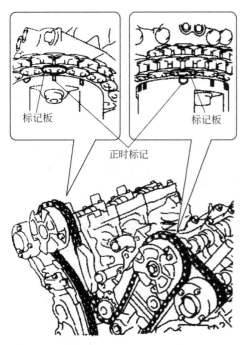

图 2-399　对准标记板和正时标记

② 不要将链条穿过曲轴，只需暂时将其放在曲轴上，如图 2-400 所示。

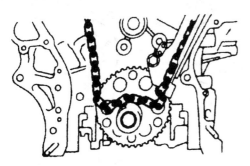

图 2-400　将链条暂时放在曲轴上

③ 逆时针转动 B1 上的凸轮轴正时齿轮总成，以紧固气缸组间的链条，如图 2-401 所示。

小心：重复使用张紧链轮总成时，将链条板对准其原来所在位置的标记，以紧固气缸组间的链条。

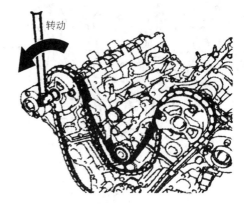

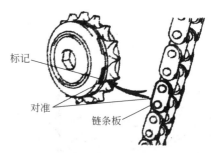

图 2-401　逆时针转动 B1 上的凸轮轴正时齿轮总成

④ 如图 2-402 所示，对准标记板和正时标记，并将链条安装到曲轴正时链轮上。

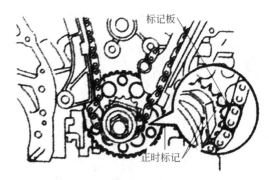

图 2-402　对准标记板和正时标记

🔧 **注意**

曲轴标记板为黄色。

⑤ 暂时紧固皮带轮固定螺栓。

⑥ 顺时针转动曲轴，将其定位至右侧缸体孔径中心线（DTC/压缩）位置，如

图 2-403 所示。

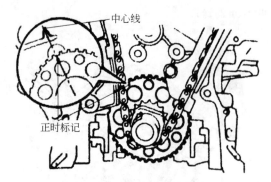

图 2-403 顺时针转动曲轴

(12) 安装 1 号链条张紧器总成。

① 向上移动挡片以松开锁止,并将柱塞推入张紧器。

② 向下移动挡片以卡紧锁扣,并将六角扳手插入挡片孔,如图 2-404 所示。

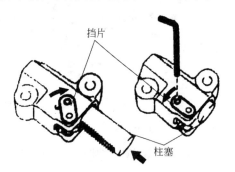

图 2-404 将六角扳手插入挡片孔

③ 用 2 个螺栓安装 1 号链条张紧器总成,如图 2-405 所示。

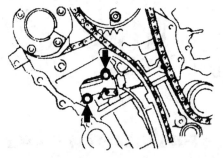

图 2-405 用 2 个螺栓安装 1 号链条张紧器总成

(13) 安装正时链条箱油封。
(14) 安装正时链条盖分总成。

① 如图 2-406 所示,给发动机单元连续涂抹密封胶。

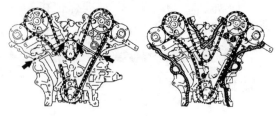

图 2-406 给发动机单元连续涂抹密封胶

② 安装新衬垫,如图 2-407 所示。

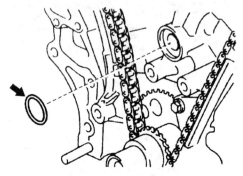

图 2-407 安装新衬垫

③ 如图 2-408 所示,将机油泵的主动转子花键与曲轴对准,将花键和链条盖安装到曲轴上。

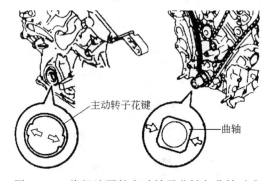

图 2-408 将机油泵的主动转子花键与曲轴对准

④ 用 23 个螺栓和 2 个螺母暂时紧固正时链条盖。

(15) 安装进水口壳。
(16) 安装发动机左前 1 号悬置支架。
(17) 安装油底壳挡板。

第九节

广州丰田酷路泽车系 1GR-FE 发动机正时校对维修

1GR-FE 发动机正时部件如图 2-409 所示。

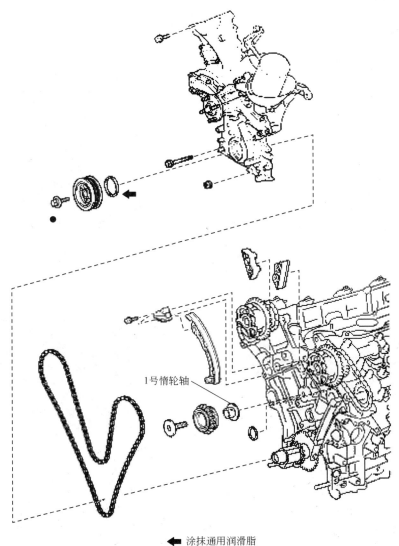

◀ 涂抹通用润滑脂

图 2-409　1GR-FE 发动机正时部件

一、正时链条的拆卸

（1）拆卸蓄电池。

（2）排净发动机冷却液。

（3）排空发动机机油。

（4）拆卸动力转向拉杆总成。

(5) 拆下前差速器支架总成。
(6) 拆卸风扇。
(7) 拆卸发电机总成。
(8) 分离制冷剂压缩机总成。
(9) 拆下 5 个螺栓，然后拆下 V 带张紧器，如图 2-410 所示。

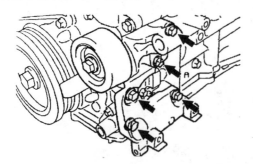

图 2-410 拆下 5 个螺栓

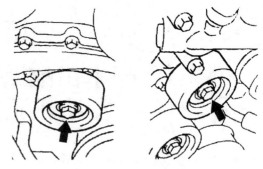

图 2-412 拆下 2 个螺栓

(13) 拆下螺栓，然后拆下 1 号惰轮，如图 2-413 所示。

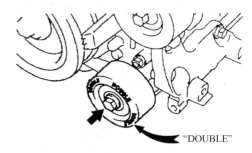

图 2-413 拆下 1 号惰轮

(10) 拆卸油位计导管。
① 拆下油位计。
② 拆下螺栓并拉出油位计导管。
③ 将 O 形圈从油位计导管上拆下。
(11) 分离动力转向泵总成。
① 断开动力转向开关连接器。
② 拆下 2 个螺栓，然后分离动力转向泵，如图 2-411 所示。

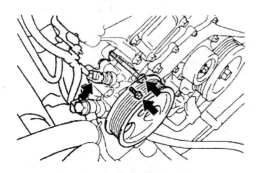

图 2-411 分离动力转向泵

小心：分离动力转向泵时，切勿用其他部件敲击皮带轮。

动力转向泵应被安全吊起。

(12) 拆下 2 个螺栓，然后拆下 2 号惰轮，如图 2-412 所示。

(14) 拆卸曲轴皮带轮。
① 用 SST 固定曲轴皮带轮并拧松皮带轮固定螺栓，如图 2-414 所示。

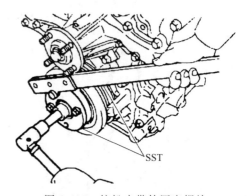

图 2-414 拧松皮带轮固定螺栓

② 用皮带轮固定螺栓和 SST 拆下曲轴皮带轮，如图 2-415 所示。

(15) 拆卸 2 号油底壳分总成。
① 拆下 10 个螺栓和 2 个螺母，如图 2-416 所示。
② 将 SST 的刃片插入油底壳和 2 号油

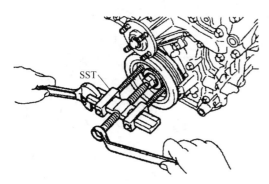

图 2-415 拆下曲轴皮带轮

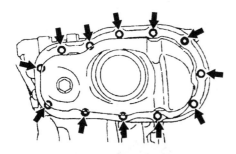

图 2-416 拆下 10 个螺栓和 2 个螺母

底壳之间，切开涂抹的密封胶并拆下 2 号油底壳，如图 2-417 所示。

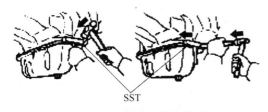

图 2-417 拆下 2 号油底壳

小心：不要损坏油底壳和 2 号油底壳的接触表面。

(16) 拆下 2 个螺母，然后拆下滤油网和衬垫，如图 2-418 所示。

图 2-418 拆下滤油网和衬垫

(17) 拆卸油底壳分总成。

① 拆下 4 个外壳螺栓，如图 2-419 所示。

② 拆下飞轮壳底罩。

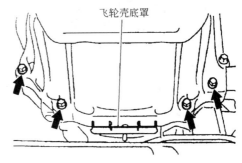

图 2-419 拆下 4 个外壳螺栓

③ 拆下 17 个螺栓和 2 个螺母，如图 2-420 所示。

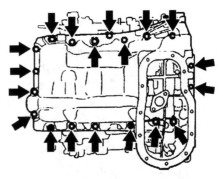

图 2-420 拆下 17 个螺栓和 2 个螺母

④ 使用螺丝刀，通过撬动油底壳和气缸体之间的部位拆下油底壳，如图 2-421 所示。

小心：不要损坏气缸体和油底壳的接触表面。

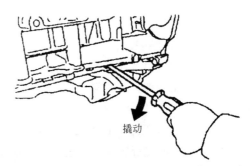

图 2-421 撬动油底壳和气缸体之间的部位拆下油底壳

第二章 丰田发动机正时校对维修

⑤ 从油泵上拆下 O 形圈。

(18) 拆卸空气滤清器总成。

(19) 拆卸节气门体支架。

(20) 拆卸挡油板。

(21) 拆卸稳压罐 1 号撑条。

(22) 拆卸稳压罐 2 号撑条。

(23) 拆卸进气稳压罐。

(24) 拆卸点火线圈总成。

(25) 拆卸凸轮轴正时机油控制阀总成。

(26) 拆卸 VVT 传感器。

(27) 拆卸进水口。

(28) 拆卸气缸盖罩分总成。

(29) 拆卸左侧气缸盖罩分总成。

(30) 拆卸正时链条或正时皮带盖分总成。

① 拆下 24 个螺栓和 2 个螺母,如图 2-422 所示。

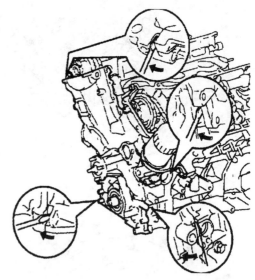

图 2-423 拆下正时链条盖

图 2-422 拆下 24 个螺栓和 2 个螺母

② 用螺丝刀撬动正时链条盖和气缸盖或气缸体之间的部位,拆下正时链条盖,如图 2-423 所示。

小心:注意不要损坏正时链条盖、气缸体和气缸盖的接触表面。

③ 从左侧气缸盖上拆下 O 形圈。

(31) 拆卸正时齿轮箱或正时链条箱油封。

(32) 将 1 号压缩设置到 TDC/压缩。

① 使用曲轴皮带轮固定螺栓,转动曲轴使曲轴定位键对准气缸体正时线,如图 2-424 所示。

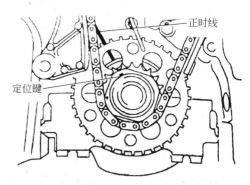

图 2-424 对准气缸体正时线

② 检查并确认凸轮轴正时齿轮的正时标记,如图 2-425 所示,对准轴承的正时标记。如果没有对准,则转动曲轴 1 圈(360°),使上述正时标记对准。

(33) 拆卸 1 号链条张紧器总成。

小心:在拆下链条张紧器后,切勿转动曲轴。

在拆下链条张紧器后转动凸轮轴时,先从 TDC 逆时针转动曲轴 40°。

① 如图 2-426 所示,向上转动张紧器挡片时,将链条张紧器推入柱塞中。

② 当向下转动张紧器挡片时,将一个 $\phi 3.5mm$ (0.138in) 的杆插入到挡片和张紧器孔,以固定挡片。

③ 拆下 2 个螺栓,然后拆下链条张紧器。

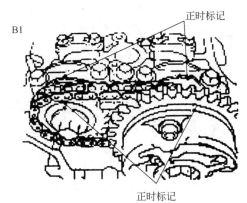

图 2-425 对准正时标记

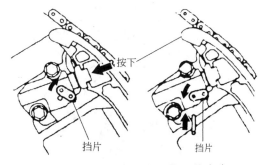

图 2-426 将链条张紧器推入柱塞中

(34) 拆卸链条张紧器导板。

(35) 使用 10mm 六角扳手拆下 2 号惰轮轴、1 号惰轮和 1 号惰轮轴,如图 2-427 所示。

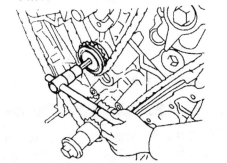

图 2-427 拆下 2 号惰轮轴、1 号惰轮和 1 号惰轮轴

(36) 拆卸 2 号链条振动阻尼器。

拆下 2 个 2 号链条振动阻尼器。

(37) 拆卸链条分总成。

二、正时链条的安装

(1) 安装链条张紧器导板。

(2) 安装 1 号链条张紧器总成。

① 如图 2-428 所示,顺时针转动张紧器挡片时,将张紧器推入柱塞中。

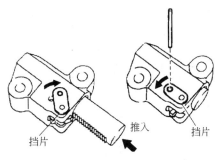

图 2-428 将张紧器推入柱塞中

② 当逆时针转动张紧器挡片时,将一个 φ35mm(0.138in)的杆插入到挡片和张紧器孔,以固定挡片。

③ 用 2 个螺栓安装链条张紧器。

(3) 安装链条分总成。

① 将 1 号气缸设置到 TDC/压缩。

a. 对准凸轮轴正时齿轮和轴承盖的正时标记,如图 2-429 所示。

b. 使用曲轴皮带轮固定螺栓,转动曲轴使曲轴定位键对准气缸体正时线,如图 2-430 所示。

② 将黄色链条标记对准曲轴正时链条的正时标记,如图 2-431 所示。

③ 将橙色链条标记对准凸轮轴正时齿轮的正时标记,并安装链条,如图 2-432 所示。

(4) 安装 2 号链条振动阻尼器。

安装 2 个 2 号链条振动阻尼器。

(5) 安装 1 号惰轮轴。

① 在 1 号惰轮轴的旋转表面上涂抹一薄层发动机机油。

② 使 1 号惰轮轴的锁销对准气缸体的

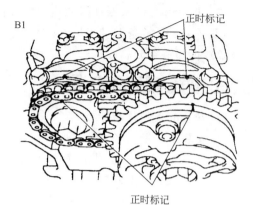

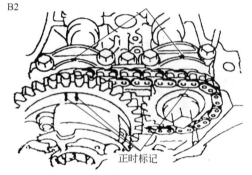

图 2-429 对准凸轮轴正时齿轮和轴承盖的正时标记

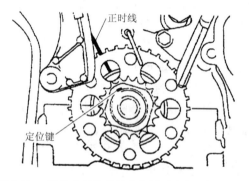

图 2-430 转动曲轴使曲轴定位键对准气缸体正时线

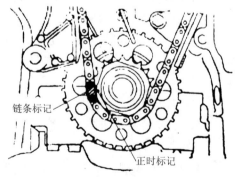

图 2-431 将黄色链条标记对准曲轴正时链条的正时标记

图 2-432 将橙色链条标记对准凸轮轴正时齿轮的正时标记

锁销槽的同时，暂时安装 1 号惰轮和 2 号惰轮。

小心：正确定位惰轮轴。

③ 用 10mm 六角扳手紧固 2 号惰轮轴，如图 2-433 所示。

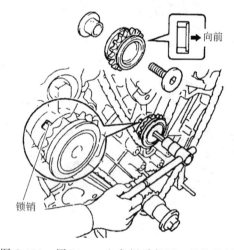

图 2-433 用 10mm 六角扳手紧固 2 号惰轮轴

④ 从链条张紧器上拆下杆。

（6）安装正时齿轮箱或正时链条箱油封。

（7）安装正时链条或正时皮带盖分总成。

① 清除所有旧密封胶（FIPG）涂料。

 注意

切勿将机油滴在正时链条盖、气缸盖和气缸体的接触表面。

② 如图 2-434 所示，将一个新的 O 形圈安装到气缸盖 B2 上。

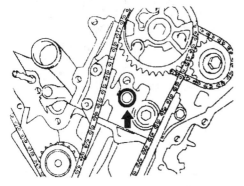

图 2-434　将 O 形圈安装到气缸盖 B2 上

③ 在图 2-435 所示的 4 个部位上涂抹一条连续的密封胶［直径 3～4mm（0.12～0.16in）］。

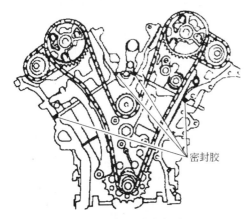

图 2-435　涂抹密封胶

④ 在安装链条盖前，保持图 2-436 所示的气缸体和气缸盖之间的密封表面没有机油。

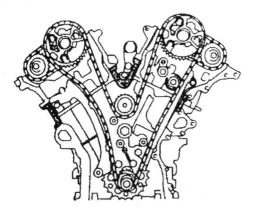

图 2-436　保持密封表面没有机油

⑤ 如图 2-437 所示，在正时链条盖上涂抹一条连续的密封胶［直径 3～4mm（0.12～0.16in）］。

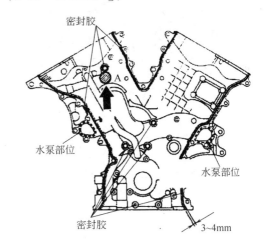

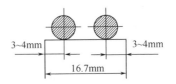

图 2-437　涂抹密封胶

小心：涂抹密封胶后 3min 内安装正时链条盖，必须在安装的 15min 内紧固正时链条盖螺栓和螺母，否则，必须清除密封胶并重新涂抹。切勿在图 2-437 所示的 A 部位涂抹密封胶。

⑥ 将油泵主动转子的键槽与曲轴正时齿轮的矩形部件对准，并将正时链条盖滑动到位，如图 2-438 所示。

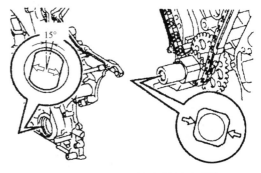

图 2-438　将正时链条盖滑动到位

⑦ 用 24 个螺栓和 2 个螺母安装正时链

条盖，分几个步骤均匀地紧固螺栓和螺母，如图 2-439 所示。

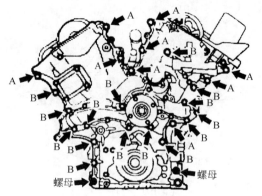

图 2-439　用 24 个螺栓和 2 个螺母安装正时链条盖
A，B—螺栓

(8) 安装左侧气缸盖罩分总成。
(9) 安装气缸盖罩分总成。
(10) 安装进水口。
(11) 安装 VVT 传感器。
(12) 安装凸轮轴正时机油控制阀总成。
(13) 安装点火线圈总成。
(14) 安装进气稳压罐。
(15) 安装稳压罐 2 号撑条。
(16) 安装稳压罐 1 号撑条。
(17) 安装挡油板。
(18) 安装节气门体支架。
(19) 安装空气滤清器总成。
(20) 安装油底壳分总成。
① 清除所有旧密封胶（FIPG）涂料。

> **注意**
>
> 切勿将机油滴在气缸体、后油封和油底壳的接触表面。

② 将新 O 形圈安装到油泵上。

第三章 马自达车系发动机正时校对维修

第一节 一汽马自达6车系L8、LF和L5发动机正时校对维修

L8、LF和L5发动机正时系统部件如图3-1所示。

正时链条拆卸/安装如下。

（1）断开蓄电池负极电缆。
（2）拆下火花塞垫片。
（3）拆下点火线圈。
（4）拆下通风管。
（5）断开凸轮轴位置（CMP）传感器连接器。
（6）断开油压控制阀（OCV）接头（带可变气门正时机构）。
（7）拆下前轮与轮胎（RH）。
（8）将前挡泥板（RH）布置在不会造成障碍的地方。
（9）拆下挡泥板（RH）。
（10）拆下2号发动机下护板。
（11）松开水泵皮带轮的螺栓并拆下驱动带。
（12）拆下曲轴位置（CKP）传感器。
（13）将驱动轴（RH）从联轴器上拆下来，将驱动轴（RH）放在一边。
（14）按图3-1所示的图注序号顺序进行拆卸。
（15）按与拆卸相反的顺序进行安装。
（16）启动发动机，进行以下检查和调整（如有需要）。
① 检查发动机润滑油是否泄漏。
② 检查皮带轮与皮带是否有偏差和是否接触。
③ 检查点火正时、急速和急速混合气。

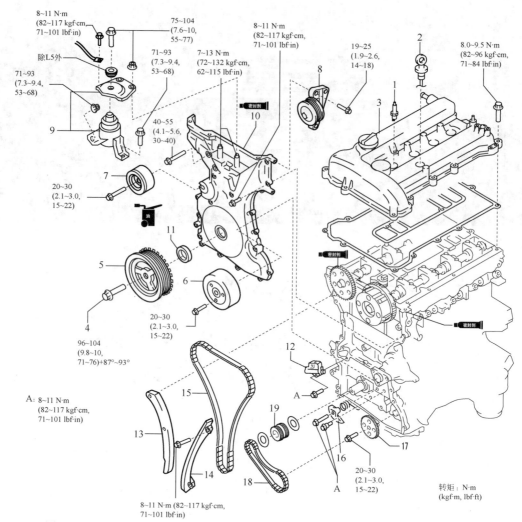

图 3-1　L8、LF 和 L5 发动机正时系统部件（注：拆卸时应按图注的序号顺序进行）

1—火花塞；2—油标尺；3—气缸盖罩；4—曲轴皮带轮锁定螺栓；5—曲轴皮带轮；6—水泵皮带轮；7、8—驱动带惰轮；9—3 号发动机悬置件；10—发动机前罩；11—前油封；12—链条张紧器；13—张紧臂；14—链条导板；15—正时链条；16—机油泵链条张紧器；17—机油泵链轮；18—油泵链条；19—曲轴链轮

第二节

一汽马自达 8 车系 L3 发动机正时校对维修

L3 正时链条的拆卸/安装（L3）如下。

（1）断开电池负极电缆。
（2）拆下发动机罩盖。
（3）拆下挡泥板（RH）。
（4）拆下底盖。
（5）拆下点火线圈。
（6）断开线束。
（7）拆下通风管。
（8）拆下驱动带。
（9）拆下曲轴位置（CKP）传感器。

(10) 拆下 P/S 油泵，保持油管连接，然后将 P/S 油泵移开。

(11) 按照图 3-2 拆下支架，并将动力转向压力软管置于车外。

(12) 按图 3-3 所示的图注序号顺序进行拆卸。

(13) 按照与拆卸相反的顺序进行安装。

(14) 启动发动机，检查和调整（如有需要）下列项目。

① 检查机油、变速驱动桥油和燃油是否泄漏。

② 检查皮带轮与皮带是否有偏差和是否接触。

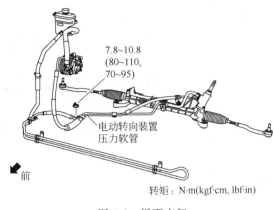

图 3-2 拆下支架

③ 检查点火正时、怠速和怠速混合气。

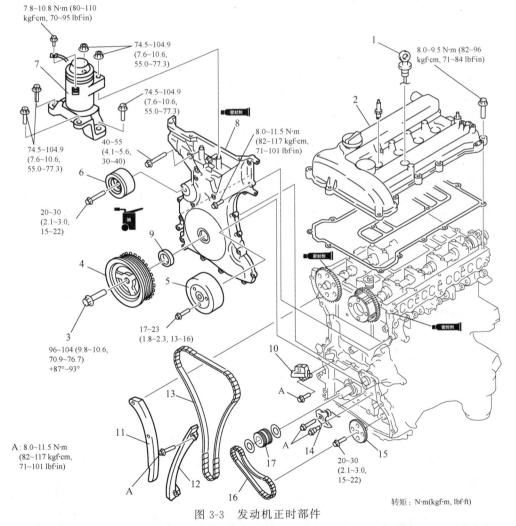

图 3-3 发动机正时部件

1—油标尺；2—气缸盖罩；3—曲轴皮带轮锁定螺栓；4—曲轴皮带轮；5—水泵皮带轮；6—驱动带惰轮；7—3 号发动机悬置件；8—发动机前罩；9—前油封；10—链条张紧器；11—张紧臂；12—链条导板；13—正时链条；14—机油泵链条张紧器；15—油泵链轮；16—油泵链条；17—曲轴链轮

第三节
一汽马自达 CX-7 车系 L5 发动机正时校对维修

正时链条拆卸/安装（L5）如下。

（1）断开电池负极电缆。

（2）拆下发动机罩盖。

（3）拆下点火线圈。

（4）断开气缸盖罩上的通风管。

（5）断开凸轮轴位置（CMP）传感器连接器。

（6）断开油压控制阀（OCV）连接器。

（7）拆下前轮与轮胎（RH）。

（8）拆下底盖。

（9）将前挡泥板（RH）布置在不会造成障碍的地方。

（10）拆下挡泥板（RH）。

（11）松开水泵皮带轮的螺栓并拆下驱动带。

（12）拆下曲轴位置（CKP）传感器。

（13）拆下 P/S 油泵，保持软管和管路仍然连接。

注意

使用绳索或钢丝固定并紧固 P/S 油泵，以免妨碍操作。

（14）按图 3-4 所示的标注序号顺序进行拆卸。

（15）按与拆卸相反的顺序进行安装。

（16）启动发动机，进行以下检查和调整（如有需要）。

① 检查发动机润滑油是否泄漏。

② 检查皮带轮与皮带是否有偏差和是否接触。

③ 检查点火正时、怠速和怠速混合气。

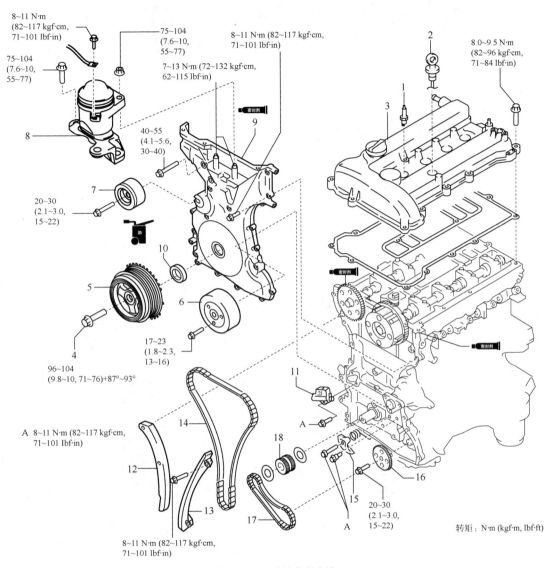

图 3-4 正时链条的拆卸

1—火花塞；2—油标尺；3—气缸盖罩；4—曲轴皮带轮锁定螺栓；5—曲轴皮带轮；6—水泵皮带轮；
7—驱动带惰轮；8—3号发动机悬置件；9—发动机前罩；10—前油封；11—链条张紧器；
12—张紧臂；13—链条导板；14—正时链条；15—机油泵链条张紧器；
16—机油泵链轮；17—油泵链条；18—曲轴链轮

第四节

长安马自达 2 车系 ZJ、ZY、Z6 发动机正时校对维修

ZJ、ZY、Z6 发动机正时链条的拆卸/安装如下。

一、正时链条的拆卸

发动机正时链条的拆卸应按与装配相反的顺序进行。

二、正时链条的组装

正时链条的组装应按图 3-5 所示的图注序号顺序进行。

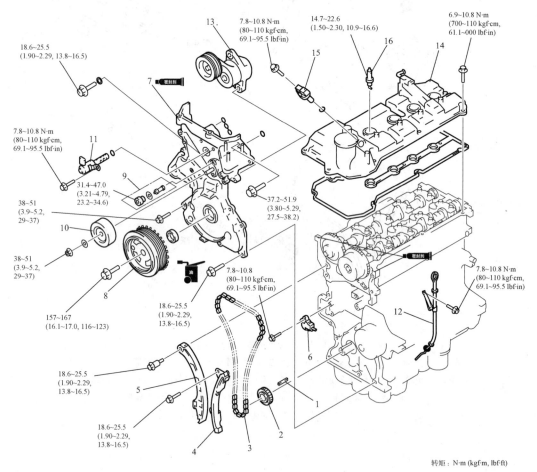

转矩：N·m (kgf·m, lbf·ft)

图 3-5　正时链条的组装

1—滑块；2—曲轴链轮；3—正时链条；4—正时链条导向装置；5—正时链条张紧器臂；6—正时链条张紧器；7—发动机前罩；8—曲轴皮带轮；9—OCV 机油滤清器、塞子；10—惰轮；11—OCV；12—油位计管道；13—驱动带自动张紧器；14—气缸盖罩；15—CMP 传感器；16—火花塞

三、正时链条的安装说明

（1）将曲轴链轮的键槽与正时标记对齐，如图 3-6 所示，然后将 1 号气缸定位到 TDC 处。

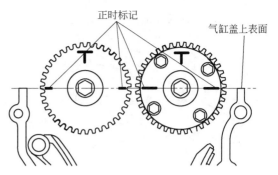

图 3-7 对齐曲轴链轮上的正时标记

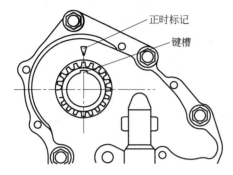

图 3-6 将曲轴链轮的键槽与正时标记对齐

（2）对齐曲轴链轮上的正时标记，从而使它们形成一条直线，并且与气缸盖上水平面对齐，如图 3-7 所示。

（3）安装正时链条。

（4）安装正时链条导向装置和正时链条张紧器臂。

（5）安装链条调节器，然后拆下被用于固定的金属丝或纸夹（在安装新链条张紧器时，拆下已安装的止动器，如图 3-8 所示）。

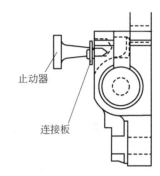

图 3-8 拆下已安装的止动器

（6）检查正时链条是否松弛，然后再次检查各链轮是否被定位在正确的位置。

（7）通过将曲轴顺时针旋转两次检查气门正时。

第五节

长安马自达 3 车系 Z6 发动机正时校对维修

一、Z6 发动机

（一）正时链条的拆卸/安装

（1）拆下电池盖。

（2）断开电池负极电缆。

（3）拆下前轮与轮胎（RH）。

（4）将 2 号发动机下护板与挡泥板作为一个单独的装置拆下。

（5）排出发动机冷却液。

（6）将净气管和空气过滤器作为一个单独装置拆下。

（7）拆下仍然连接的带软管的冷却液储液罐。

（8）拆下点火线圈。

（9）将线束放置在不会妨碍操作的地方。

（10）拆下图 3-9 所示的螺母，并将动力转向管部件放置在不会妨碍操作的地方。

（11）固定冷却器管道和冷却器软管，

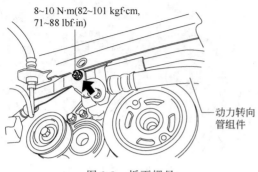

图 3-9 拆下螺母

使其不妨碍工作（配有空调）。

（12）拆下驱动带。

（13）断开曲轴位置（CKP）传感器的连接器。

（14）拆下发电机。

（15）拆下水泵。

（16）将接地线从 3 号发动机支座上断开。

拧紧转矩：35~50N·m（3.6~5.0kgf·m，26~36lbf·ft）。

（17）按图 3-10 所示的图注序号顺序进行拆卸。

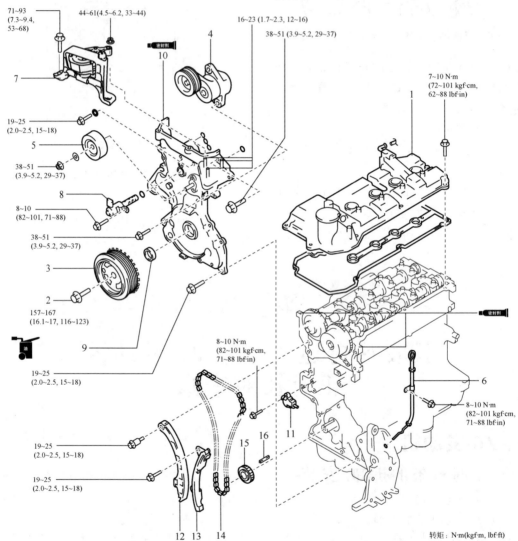

图 3-10 发动机正时部件

1—气缸盖罩；2—曲轴皮带轮锁定螺栓；3—曲轴皮带轮；4—驱动带自动张紧器；5—怠速部件；6—量油尺；7—3 号发动机悬置件；8—OCV；9—前油封；10—发动机前罩；11—链条张紧器；12—链条张紧器臂；13—链条导板；14—正时链条；15—曲轴链轮；16—滑块

(18) 按与拆卸相反的顺序进行安装。

(19) 重新注入发动机冷却液。

(20) 启动发动机,检查和按需调节下列项目。

① 检查发动机是否漏油和发动机冷却剂是否充足。

② 检查皮带轮与皮带是否偏摆及接触。

③ 检查点火正时与急速,以及 CO 和 HC 的容量。

(二) 正时链条的拆卸说明

(1) 顺时针旋转曲轴,将曲轴链轮的键槽与正时标记对齐(如图 3-11 所示),然后将 1 号气缸定位到 TDC 处。

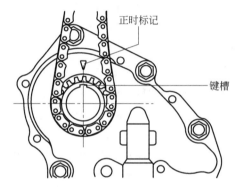

图 3-11 将曲轴链轮的键槽与正时标记对齐

(2) 对齐凸轮轴链轮上的正时标记(如图 3-12 所示),从而使它们形成一条直线,并且与气缸盖上水平面对齐。

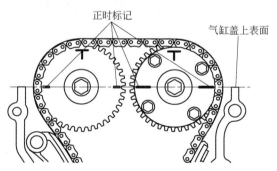

图 3-12 对齐凸轮轴链轮上的正时标记

(3) 拆下正时链条。

(三) 正时链条的安装说明

(1) 将曲轴链轮的键槽与正时标记对齐(如图 3-13 所示),然后将 1 号气缸定位到 TDC 处。

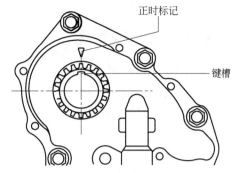

图 3-13 将曲轴链轮的键槽与正时标记对齐

(2) 对齐凸轮轴链轮上的正时标记(如图 3-14 所示),从而使它们形成一条直线,并且与气缸盖上水平面对齐。

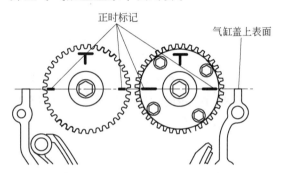

图 3-14 对齐凸轮轴链轮上的正时标记

(3) 安装正时链条。

(4) 在安装链条调节器之后,拆下被安装在链条张紧器上的金属丝或纸夹,并向正时链条施加张紧力(在安装新链条张紧器时,拆下已安装的止动器,如图 3-15 所示)。

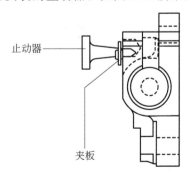

图 3-15 拆下已安装的止动器

(5) 确认正时链条上不存在松弛,然后确认各链轮再次被定位在正确的位置。

(6) 将曲轴顺时针旋转两次,然后检查气门正时。

二、LF、L5 发动机

正时链条的拆卸/安装如下。

(1) 拆下电池盖。

(2) 断开电池负极电缆。

(3) 拆下发动机罩盖。

(4) 断开线束。

(5) 拆下点火线圈。

(6) 拆下火花塞。

(7) 拆下通风管。

(8) 拆下带有软管的冷却液储液罐,并将其放在不会妨碍操作的位置。

(9) 拆下前轮和轮胎。

(10) 将 2 号发动机下护板与挡泥板作为一个单独的装置拆下。

(11) 拆下图 3-16 和图 3-17 所示的螺母,并将动力转向管部件放置在不会妨碍操作的地方。

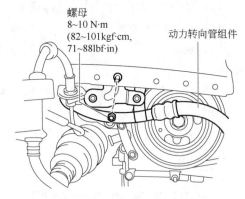

图 3-17 拆下螺母（L5）

(12) 拆下驱动带。

(13) 拆下曲轴位置（CKP）传感器。

(14) 拆下带冷却器软管的 A/C 压缩机,并使用钢丝或绳索将其固定,使其不妨碍相关操作。

(15) 将驱动轴（RH）从联轴器上拆下来,将驱动轴（RH）放在一边（MTX）。

(16) 按图 3-18 和图 3-19 所示的图注序号顺序进行拆卸。

(17) 按与拆卸相反的顺序进行安装。

(18) 启动发动机,进行以下检查和调整（如有需要）。

① 检查发动机润滑油是否泄漏。

② 检查皮带轮与皮带是否有偏差和是否接触。

③ 检查点火正时、怠速和怠速混合气。

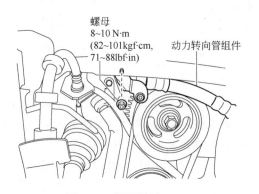

图 3-16 拆下螺母（LF）

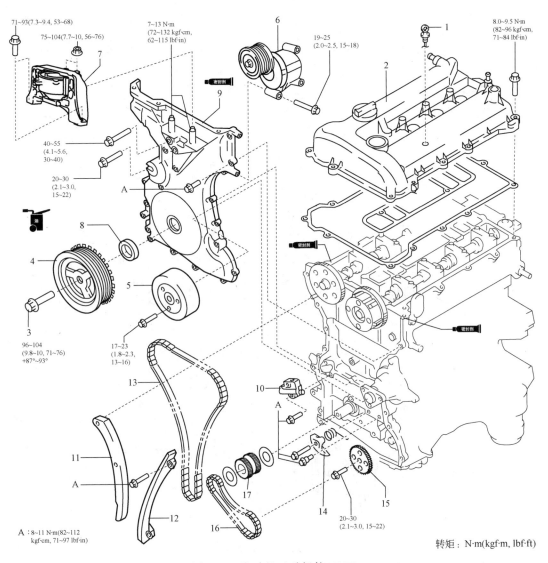

图 3-18 发动机正时部件（LF）

1—油标尺；2—气缸盖罩；3—曲轴皮带轮锁定螺栓；4—曲轴皮带轮；5—水泵皮带轮；6—驱动带自动张紧器；7—3 号发动机悬置件；8—前油封；9—发动机前罩；10—链条张紧器；11—张紧臂；12—链条导板；13—正时链条；14—机油泵链条张紧器；15—机油泵链轮；16—油泵链条；17—曲轴链轮

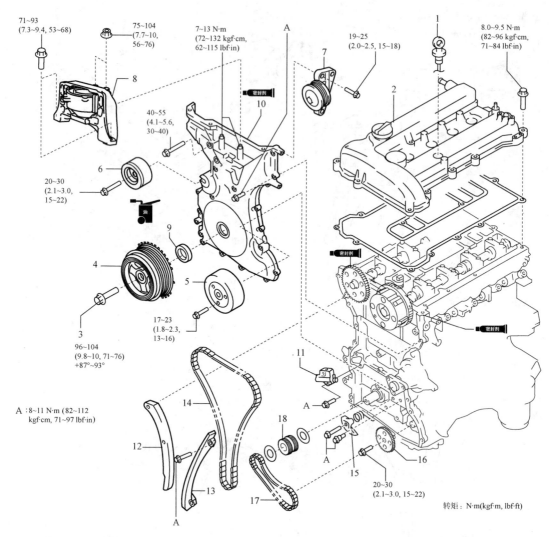

图 3-19　发动机正时部件（L5）

1—油标尺；2—气缸盖罩；3—曲轴皮带轮锁定螺栓；4—曲轴皮带轮；5—水泵皮带轮；6，7—惰轮；8—3 号发动机悬置件；9—前油封；10—发动机前罩；11—链条张紧器；12—张紧臂；13—链条导板；14—正时链条；15—机油泵链条张紧器；16—机油泵链轮；17—油泵链条；18—曲轴链轮

第四章 本田车系发动机正时校对维修

第一节 东风本田 CR-V 车系发动机正时校对维修

一、R20A1 发动机

R20A1 发动机正时调整方法可参考广州本田雅阁 R20A3 发动机的相关内容。

二、K24Z1 发动机

K24Z1 发动机正时调整方法可参考广州本田雅阁 K24Z2、K24Z3 发动机的相关内容。

三、K20A4、K20A5、K24A1、K24A5 发动机

(一) 正时链条的拆卸

注意

不要使正时链条与磁场接触。

(1) 转动曲轴皮带轮,使上止点(TDC)标记 A 与指示标记 B 对齐,如图 4-1 所示。

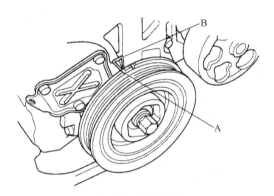

图 4-1 对准标记

(2) 拆下前轮胎/车轮。
(3) 拆下挡泥板,如图 4-2 所示。
(4) 卸下驱动皮带。
(5) 拆下气门室盖。
(6) 拆下曲轴皮带轮。
(7) 断开曲轴转角(CKP)传感器插

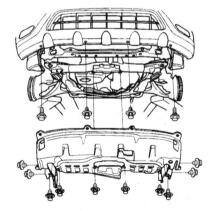

图 4-2 拆下挡泥板

头 A 和可变气门正时控制(VTC)机油控制电磁阀插头 B,如图 4-3 所示。

(8) 拆下 VTC 机油控制电磁阀。

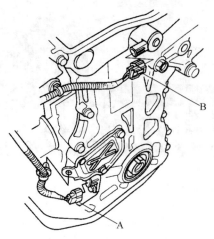

图 4-3 断开插头 A 和 B

（9）使用千斤顶并将木块放置在油底壳下部，支撑发动机。

（10）断开地线 A，并拆下上部支架 B，如图 4-4 所示。

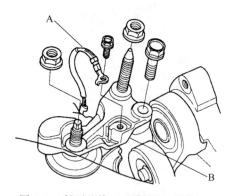

图 4-4 断开地线 A 和拆下上部支架 B

（11）拆下发动机侧安装支架，如图 4-5 所示。

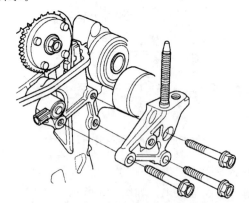

图 4-5 拆下发动机侧安装支架

（12）拆下链条壳体，如图 4-6 所示。

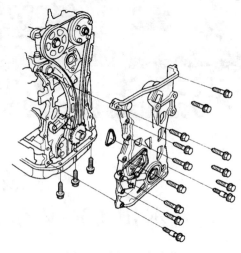

图 4-6 拆下链条壳体

（13）松弛地安装曲轴皮带轮。

（14）逆时针转动曲轴，以压紧自动张紧器，如图 4-7 所示。

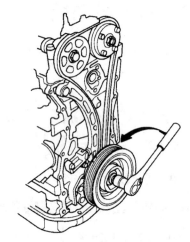

图 4-7 逆时针转动曲轴以压紧自动张紧器

（15）将锁定装置 A 与自动张紧器 B 上的孔对正，然后将一个直径 1.5mm（0.06in）的销子 C 插入孔内。顺时针转动曲轴，以紧固销子，如图 4-8 所示。

（16）拆下自动张紧器，如图 4-9 所示。

（17）拆下正时链条导向装置，如图 4-10 所示。

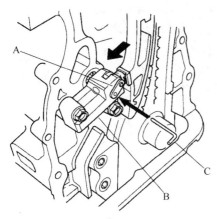

图 4-8　紧固销子

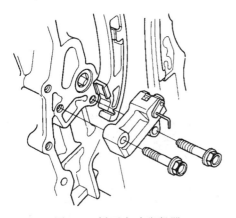

图 4-9　拆下自动张紧器

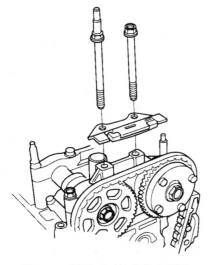

图 4-10　拆下正时链条导向装置

(18) 拆下正时链条导向装置 A 和张紧器臂 B，如图 4-11 所示。

(19) 拆下正时链条。

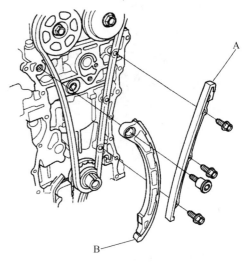

图 4-11　拆下正时链条导向装置 A 和张紧器臂 B

（二）正时链条的安装

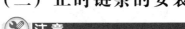

不要使正时链条与磁场接触。

(1) 将曲轴置于上止点（TDC），将曲轴链轮上的 TDC 标记 A 与缸体上的指示标记 B 对齐，如图 4-12 所示。

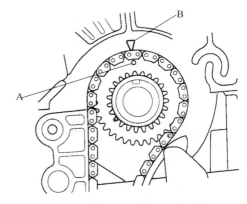

图 4-12　将 TDC 标记 A 与缸体上的指示标记 B 对齐

(2) 将凸轮轴置于 TDC。可变气门正时控制（VTC）作动器上的一个冲印箭头标记 A 和排气凸轮轴链轮上的冲印标记 B 应位于顶部。将 VTC 作动器与排气凸轮轴链轮上的 TDC 标记 C 对齐，如图 4-13 所示。

(3) 使彩色链节 A 与曲轴链轮上的冲印标记 B 对齐，将正时链条安装在曲轴链轮上，如图 4-14 所示。

第四章　本田车系发动机正时校对维修

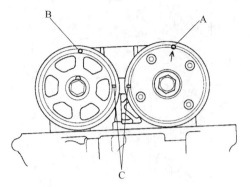

图 4-13 TDC 标记 C 对齐

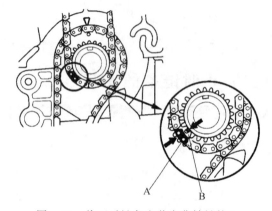

图 4-14 将正时链条安装在曲轴链轮上

(4) 使冲印标记 A 与两个彩色链节 B 对齐,将正时链条安装在 VTC 作动器和排气凸轮轴链轮上,如图 4-15 所示。

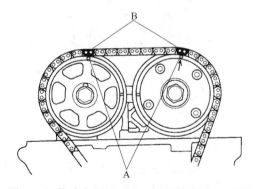

图 4-15 使冲印标记 A 与两个彩色链节 B 对齐

(5) 安装正时链条导向装置 A 和张紧器臂 B,如图 4-16 所示。

(6) 安装自动张紧器,如图 4-17 所示。

(7) 安装正时链条导向装置,如图 4-18 所示。

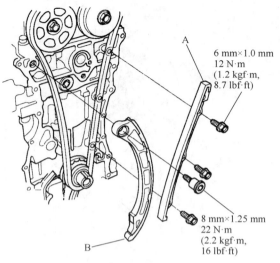

图 4-16 安装正时链条导向装置 A 和张紧器臂 B

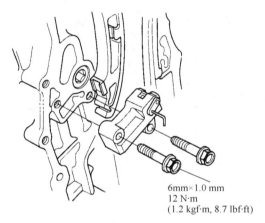

图 4-17 安装自动张紧器

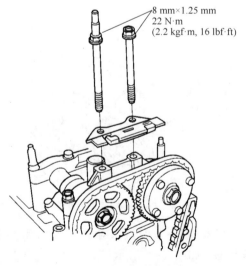

图 4-18 安装正时链条导向装置

(8) 从自动张紧器上卸下固定销，如图 4-19 所示。

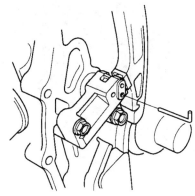

图 4-19 从自动张紧器上卸下固定销

(9) 检查链条壳体油封是否损坏。如果损坏，则更换链条壳体油封。

(10) 清除链条壳体配合面、螺栓和螺栓孔上的旧液体密封剂。

(11) 清洗链条壳体配合面并将其晾干。

(12) 在链条壳体的缸体配合面和螺栓孔的内螺纹上均匀地施加液体密封剂，如图 4-20 所示。

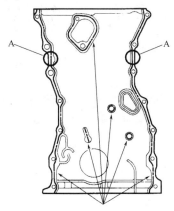

图 4-20 沿点画线施加液体密封剂

(13) 在链条壳体的缸体上部配合面 A 上施加液体密封剂。

(14) 在链条壳体的油底配合面和螺栓孔的内螺纹上均匀地施加液体密封剂。

 注意

若施加液体密封剂后已达到或超过了 **5min**，则不要安装零部件，而应清除已施加的液体密封剂，并重新施加新的液体密封剂，如图 **4-21** 所示。

沿点画线施加液体密封剂
图 4-21 施加液体密封剂

(15) 在链条壳体上安装新 O 形密封圈 A。先将链条壳体 B 的边缘与油底壳 C 的边缘对齐固定，然后再将链条壳体安装到缸体 D 上，如图 4-22 所示。

 注意

安装链条壳体时，不要滑动与油底壳的底部配合面。

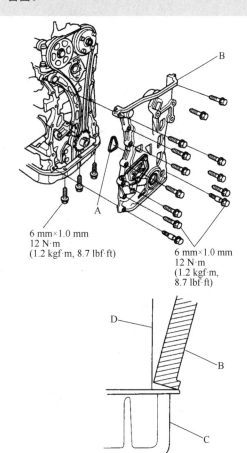

图 4-22 将链条壳体安装到缸体 D 上

(16) 安装发动机侧安装支架，如图 4-23 所示。

(17) 安装上支架 A，然后按图 4-24 所示的编号顺序拧紧螺栓/螺母。

(18) 安装地线 B。

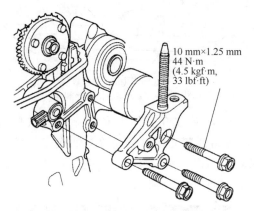

图 4-23 安装发动机侧安装支架

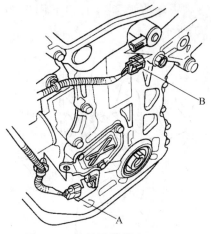

图 4-25 连接曲轴转角（CKP）传感器插头 A 等

(21) 安装曲轴皮带轮。
(22) 安装气门室盖。
(23) 安装驱动皮带。
(24) 安装挡泥板，如图 4-26 所示。

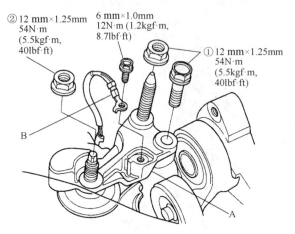

图 4-24 拧紧螺栓/螺母

(19) 安装 VTC 机油控制电磁阀。
(20) 连接曲轴转角（CKP）传感器插头 A 和可变气门正时控制（VTC）机油控制电磁阀插头 B，如图 4-25 所示。

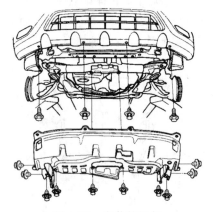

图 4-26 安装挡泥板

第二节
东风本田思铂睿车系发动机正时校对维修

一、R20A3 发动机

（一）凸轮链条的拆卸

> **注意**
> 使凸轮链条远离磁场。

(1) 拆下前车轮。
(2) 拆下挡泥板。
(3) 拆下驱动皮带自动张紧器。
(4) 拆下缸盖罩。
(5) 将 1 号活塞置于上止点（TDC）位

置。凸轮轴链轮上的一个"向上（UP）"标记 A 应位于顶部。凸轮轴链轮上的 TDC 冲印标记 B 应与缸盖的顶部边缘对齐，如图 4-27 所示。

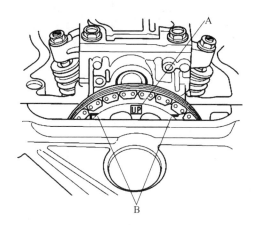

图 4-27 将 1 号活塞置于上止点（TDC）位置

（6）拆下曲轴箱强制通风（PCV）软管，如图 4-28 所示。

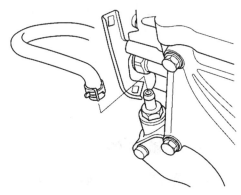

图 4-28 拆下曲轴箱强制通风（PCV）软管

（7）拆下曲轴皮带轮。

（8）使用千斤顶并将木块放置在油盘下部，支撑发动机。

（9）拆下接地导线 A，然后拆下发动机侧装配支架 B，如图 4-29 所示。

（10）拆下油泵，如图 4-30 所示。

（11）测量张紧器体与张紧器臂平面部分之间张紧器杆的长度。如果长度超出规定值，则更换凸轮链条，如图 4-31 所示。

张紧器杆长度维修极限为 14.5mm

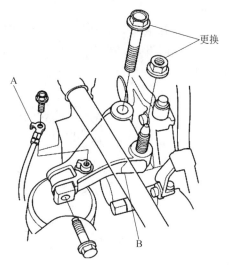

图 4-29 拆下接地导线 A 和发动机侧装配支架 B

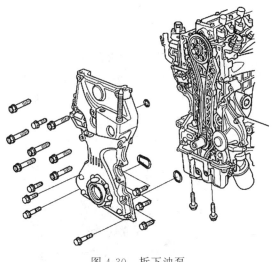

图 4-30 拆下油泵

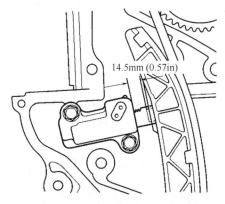

图 4-31 测量张紧器杆的长度

第四章 本田车系发动机正时校对维修 | 161

（0.57in）。

（12）松弛地安装曲轴皮带轮。

（13）逆时针转动曲轴，以压紧自动张紧器，如图 4-32 所示。

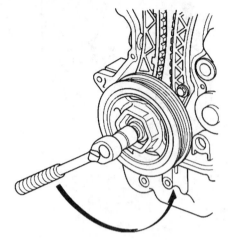

图 4-32　逆时针转动曲轴

（14）将锁定装置 A 和自动张紧器 B 上的孔对齐，然后将直径为 1.0mm（0.04in）的销 C 插入孔内。顺时针方向转动曲轴，将销紧固，如图 4-33 所示。

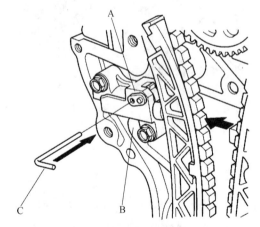

图 4-33　将锁定装置 A 和
自动张紧器 B 上的孔对齐

（15）拆下自动张紧器，如图 4-34 所示。

（16）拆下曲轴皮带轮。

（17）拆下凸轮链条导向装置 A 和凸轮链条张紧器臂 B，如图 4-35 所示。

（18）拆下凸轮链条。

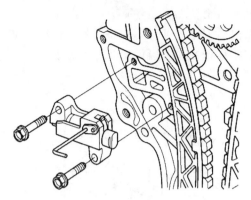

图 4-34　拆下自动张紧器

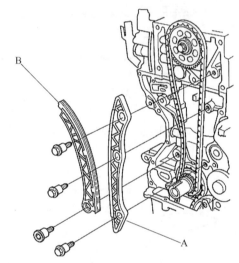

图 4-35　拆下凸轮链条导向装置 A 和
凸轮链条张紧器臂 B

（二）凸轮链条的安装

> **注意**
>
> 使凸轮链条远离磁场。

（1）将曲轴置于上止点（TDC）位置。将曲轴链轮上的 TDC 冲印标记 A 与发动机体上的指示标记 B 对齐，如图 4-36 所示。

（2）将凸轮轴置于上止点（TDC）位置。凸轮轴链轮上的一个"向上（UP）"标记 A 应位于顶部。凸轮轴链轮上的 TDC 冲印标记 B 应与缸盖的顶部边缘对齐，如图 4-37 所示。

（3）使彩色链板 A 与曲轴链轮上的标

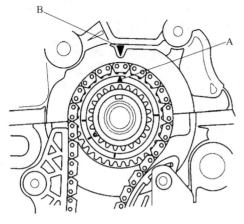

图 4-36 对准 A、B 标记

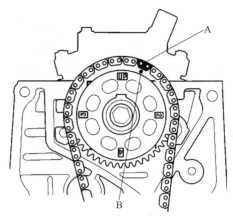

图 4-39 使彩色链板 A 与凸轮轴
链轮上的标记 B 对齐

（5）安装凸轮链条导向装置 A 和张紧器臂 B，如图 4-40 所示。

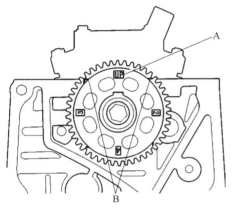

图 4-37 对准标记

记 B 对齐，将凸轮链条安装在曲轴链轮上，如图 4-38 所示。

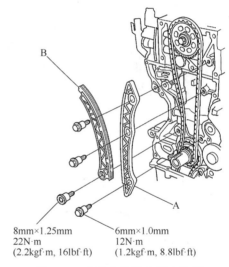

8mm×1.25mm
22N·m
(2.2kgf·m, 16lbf·ft)

6mm×1.0mm
12N·m
(1.2kgf·m, 8.8lbf·ft)

图 4-40 安装凸轮链条导向装置
A 和张紧器臂 B

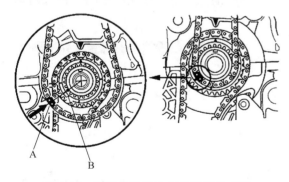

图 4-38 使彩色链板 A 与曲轴链轮上的
标记 B 对齐

（4）使彩色链板 A 与凸轮轴链轮上的标记 B 对齐，将凸轮链条安装在凸轮轴链轮上，如图 4-39 所示。

（6）更换凸轮链条时，压紧自动张紧器。将销从自动张紧器上拆下。逆时针旋转平板 A 以松锁，然后将杆 B 下压，并将第一个凸轮 C 固定在齿条 D 第一齿上。将直径 1.0mm（0.04in）的销 E 插入孔 F 中，如图 4-41 所示。

✖ 注意

如果自动张紧器没有依此设置，则自动张紧器将会受损。

第四章 本田车系发动机正时校对维修

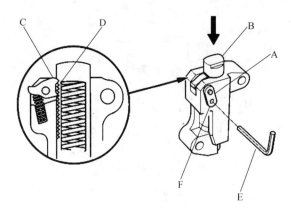

图 4-41 将销从自动张紧器上拆下等

（7）安装自动张紧器，如图 4-42 所示。

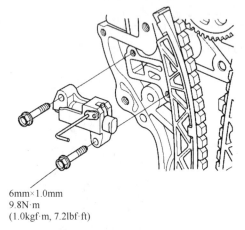

图 4-42 安装自动张紧器

（8）从自动张紧器上拆下销，如图 4-43 所示。

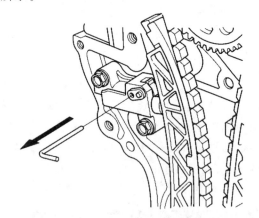

图 4-43 从自动张紧器上拆下销

（9）检查油泵油封是否损坏。如果油封损坏，则将其更换。

（10）清除油泵配合面、螺栓和螺栓孔上的所有旧液体密封剂。

（11）清洁并干燥油泵配合面。

（12）在油泵发动机体的配合表面及螺栓孔内螺纹上，均匀地涂抹液体密封剂，如图 4-44 所示。

> **注意**
>
> 沿点画线 A 涂抹液滴直径约为 2.5mm（0.098in）的液体密封剂。

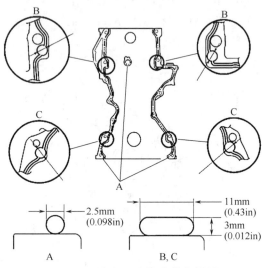

图 4-44 均匀地涂抹液体密封剂

（13）在油泵的发动机体上表接触区域 B 和油泵的底座上表接触区域 C 上涂抹液体密封剂。

> **注意**
>
> 在区域 B 与 C 上涂抹液滴直径约为 11mm（0.43in）、厚度为 3mm（0.12in）的液体密封剂。

（14）在油泵的油盘配合面上涂抹液体密封剂，如图 4-45 所示。

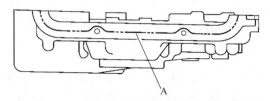

图 4-45 沿点画线 A 涂抹液体密封剂

> **注意**
> ① 沿点画线 A 涂抹液滴直径约为 2.5mm（0.098in）的液体密封剂。
> ② 如果涂抹液体密封剂后已达到或超过了 5min，则不要安装零部件，而应清除已涂抹的液体密封剂，并重新涂抹新的液体密封剂。

（15）在油泵上安装新的 O 形密封圈 A。先将油泵壳体 B 的边缘与油盘 C 的边缘对齐固定，然后再将油泵安装到发动机机体 D。

松弛地安装暗销螺栓 E，然后紧固 8mm 螺栓 F。紧固 6mm 螺栓 G 与暗销螺栓。擦去油盘与油泵配合面上多余的液体密封剂，如图 4-46 所示。

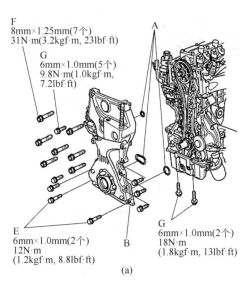

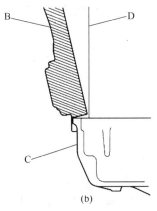

图 4-46 在油泵上安装新的 O 形密封圈 A 等

> **注意**
> ① 安装油泵时，不要使底部在油盘装配面上滑动。
> ② 至少等待 30min 后，才能加注发动机机油。
> ③ 安装油泵后至少 3h 内，不要运行发动机。

（16）安装侧发动机装配托架 A，然后紧固新的螺栓和螺母 B，并紧固螺栓 C，如图 4-47 所示。

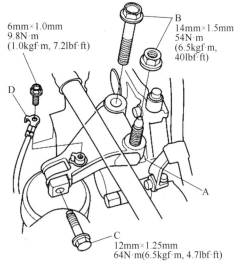

图 4-47 安装侧发动机装配托架 A 等

（17）安装接地导线 D。
（18）安装曲轴皮带轮。
（19）安装曲轴箱强制通风（PCV）软管，如图 4-48 所示。
（20）安装缸盖罩。

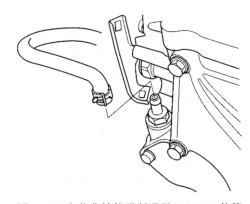

图 4-48 安装曲轴箱强制通风（PCV）软管

(21) 安装驱动皮带自动张紧器。

(22) 安装挡泥板。

(23) 安装前车轮。

(24) 进行曲轴位置（CKP）模式清除/CKP 模式学习程序。

(25) 安装前车轮。

(26) 进行曲轴位置（CKP）模式清除/CKP 模式学习程序。

二、K24Z3 发动机

（一）凸轮链条的拆卸

> **注意**
>
> 使凸轮链条远离磁场。

(1) 拆下前车轮。

(2) 拆下挡泥板。

(3) 配备油冷却器：将发动机冷却液排出。

(4) 拆下驱动皮带。

(5) 拆下缸盖罩。

(6) 将 1 号活塞置于上止点（TDC）位置。可调气门正时控制（VTC）作动器上的冲印标记 A 和排气门凸轮轴链轮上的冲印标记 B 应位于顶部。将 VTC 作动器上的 TDC 冲印标记 C 和排气门凸轮轴链轮上的 TDC 冲印标记 C 对齐，如图 4-49 所示。

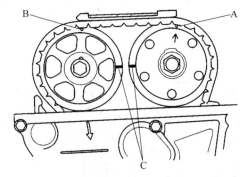

图 4-49 将 1 号活塞置于上止点（TDC）位置

(7) 配备油冷却器：从水泵上拆下油冷却器软管接头管，如图 4-50 所示。

(8) 断开 VTC 油控电磁阀接头 A，如

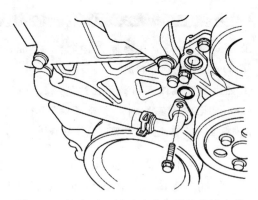

图 4-50 从水泵上拆下油冷却器软管接头管

图 4-51 所示。

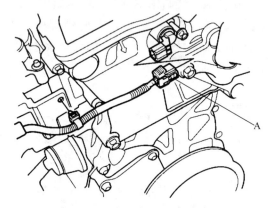

图 4-51 断开 VTC 油控电磁阀接头 A

(9) 拆下 VTC 油控电磁阀。

(10) 拆下曲轴皮带轮。

(11) 使用千斤顶并将木块放置在油盘下部，支撑发动机。

(12) 拆下接地导线 A，然后拆下发动机侧装配支架 B，如图 4-52 所示。

(13) 拆下发动机侧装配支架，如图 4-53 所示。

(14) 拆下凸轮链条盖 A 与垫片 B，如图 4-54 所示。

(15) 松弛地安装曲轴皮带轮。

(16) 逆时针转动曲轴，以压紧自动张紧器，如图 4-55 所示。

(17) 将锁定装置 A 上的孔和自动张紧器 B 上的孔对齐，然后将直径为 1.2mm（0.05in）的销或锁销（P/N14511-PNA-003）C 插入孔内。顺时针方向转动曲轴，

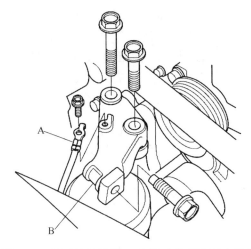

图 4-52 拆下接地导线 A 和发动机侧装配支架 B

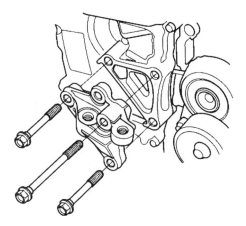

图 4-53 拆下发动机侧装配支架

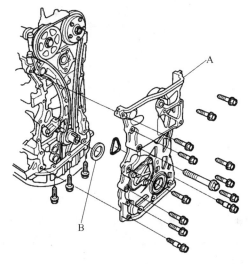

图 4-54 拆下凸轮链条盖 A 与垫片 B

将销紧固，如图 4-56 所示。

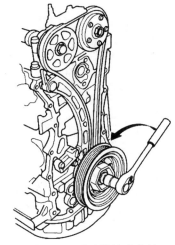

图 4-55 逆时针转动曲轴

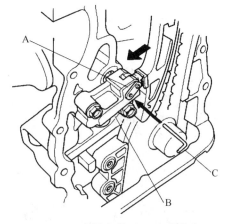

图 4-56 将锁定装置 A 上的孔和自动张紧器 B 上的孔对齐

（18）拆下自动张紧器，如图 4-57 所示。

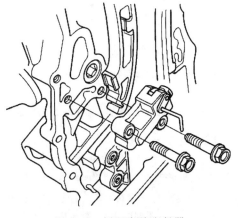

图 4-57 拆下自动张紧器

（19）拆下凸轮链条导向装置，如图 4-58

所示。

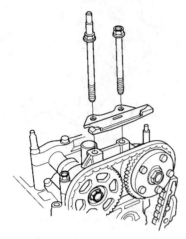

图 4-58 拆下凸轮链条导向装置

（20）拆下凸轮链条导向装置 A 和张紧器臂 B，如图 4-59 所示。

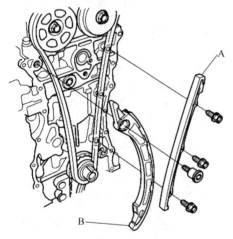

图 4-59 拆下凸轮链条导向装置 A 和张紧器臂 B

（21）拆下凸轮链条。

（二）凸轮链条的安装

注意

① 使凸轮链条远离磁场。
② 进行该步骤之前，检查可调气门正时控制（VTC）作动器是否已经通过逆时针方向旋转 VTC 作动器而锁定。如果没有锁定，则顺时针方向旋转 VTC 作动器，直到其停止，然后重新检查。如果仍没有锁定，则更换 VTC 作动器。

（1）将曲轴置于上止点（TDC）位置。将曲轴链轮上的 TDC 冲印标记 A 与发动机体上的指示标记 B 对齐，如图 4-60 所示。

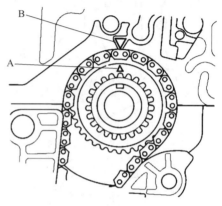

图 4-60 将曲轴置于上止点（TDC）位置等

（2）凸轮轴置于上止点（TDC）位置。可调气门正时控制（VTC）作动器上的冲印标记 A 和排气门凸轮轴链轮上的冲印标记 B 应位于顶部。将 VTC 作动器上的 TDC 冲印标记 C 和排气门凸轮轴链轮上的 TDC 冲印标记 C 对齐，如图 4-61 所示。

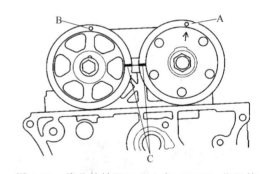

图 4-61 将凸轮轴置于上止点（TDC）位置等

（3）为固定进气门凸轮轴，将可调节棘爪臂轴（P/N24635-P6H-000）A 插入凸轮轴位置（CMP）脉冲板 B 中的检修孔，并穿过 5 号摇臂轴保持架 C，如图 4-62 所示。

（4）固定排气门凸轮轴，将可调节棘爪臂轴（P/N24635-P6H-000）A 插入 CMP

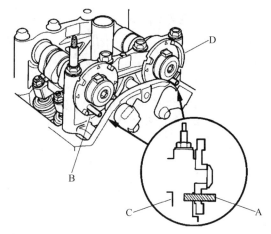

图 4-62 插入凸轮轴位置（CMP）
脉冲板 B 中的检修孔等

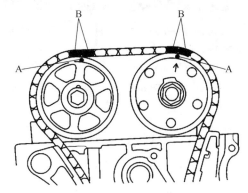

图 4-64 使冲印标记 A 与两个
彩色链板 B 的中心对齐

脉冲板 D 中的检修孔，并穿过 5 号摇臂轴保持架 C，如图 4-62 所示。

（5）将凸轮链条安装在曲轴链轮上，使彩色链板 A 与曲轴链轮上的标记 B 对齐，如图 4-63 所示。

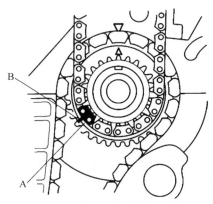

图 4-63 彩色链板 A 与
曲轴链轮上的标记 B 对齐

（6）将凸轮链条安装在 VTC 作动器和排气门凸轮轴链轮上，使冲印标记 A 与两个彩色链板 B 的中心对齐，如图 4-64 所示。

（7）安装凸轮链条导向装置 A 和张紧器臂 B，如图 4-65 所示。

（8）更换凸轮链条时压紧自动张紧器。将销从自动张紧器上拆下。逆时针旋转平板

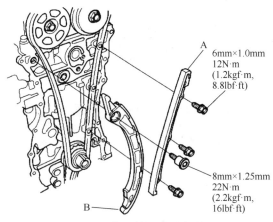

图 4-65 安装凸轮链条导向装置 A
和张紧器臂 B

A 以松锁，然后将杆 B 下压，并将第一个凸轮 C 固定在齿条 D 第一齿上。将直径为 1.2mm（0.05in）的销或锁销（P/N14511-PNA-003）E 插入孔 F 中，如图 4-66 所示。

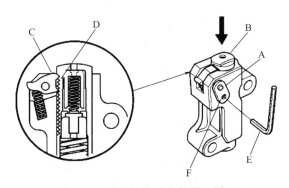

图 4-66 将销从自动张紧器上拆下

> **注意**
>
> 如果自动张紧器没有依此设置,则自动张紧器将会受损。

(9) 安装自动张紧器,如图 4-67 所示。

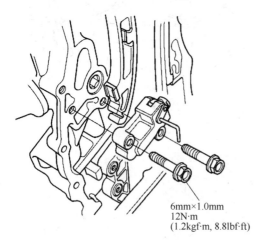

图 4-67 安装自动张紧器

(10) 安装凸轮链条导向装置,如图 4-68 所示。

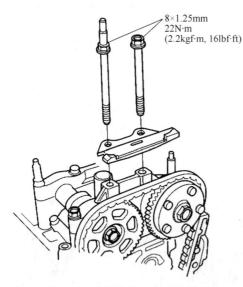

图 4-68 安装凸轮链条导向装置

(11) 从自动张紧器上拆下销或锁销(P/N14511-PNA-003),如图 4-69 所示。

(12) 拆下可调节棘爪臂轴

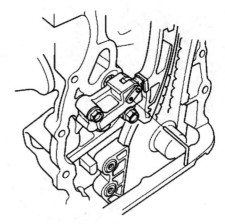

图 4-69 从自动张紧器上拆下销或锁销(P/N24635-P6H-000),如图 4-70 所示。

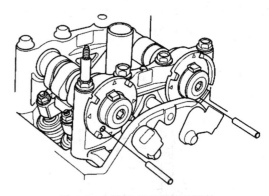

图 4-70 拆下可调节棘爪臂轴

(13) 检查链条盖油封是否损坏。如果损坏,则更换链条盖油封。

(14) 清除链条盖配合面、螺栓和螺栓孔上的所有旧液体密封剂。

(15) 清洁并干燥链条盖配合面。

(16) 在链条盖发动机体配合面及螺栓孔内螺纹上,均匀地涂抹液体密封剂,如图 4-71 所示。

> **注意**
>
> 沿点画线 A 涂抹液滴直径约为 3mm(0.12in)的液体密封剂。

(17) 在油泵的发动机机体上表接触区域 B 和油泵的底座上表接触区域 C 上,涂抹液体密封剂。

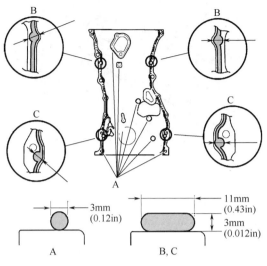

图 4-71 涂抹液体密封剂

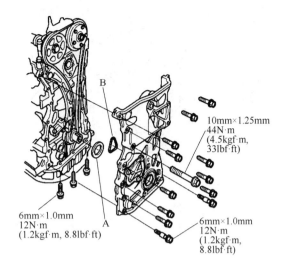

> 注意
>
> 在区域 B 与 C 上涂抹液滴直径为 11mm（0.43in）、厚度为 3mm（0.12in）的液体密封剂。

（18）在油泵的油盘配合面上涂抹液体密封剂，如图 4-72 所示。

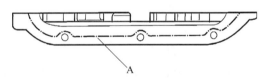

图 4-72 沿点画线 A 涂抹液体密封剂

> 注意
>
> ① 沿点画线 A 涂抹液滴直径约为 3mm（0.12in）的液体密封剂。
> ② 如果涂抹液体密封剂后已达到或超过了 5min，则不要安装零部件，而应清除已涂抹的液体密封剂，并重新涂抹新的液体密封剂。

（19）在油泵上安装垫片 A，然后安装新的 O 形密封圈 B。先将油泵壳体 C 的边缘与油盘 D 的边缘对齐固定，然后再将油泵安装到发动机机体 E 上。擦去油盘与油泵配合面上的剩余液体密封剂，如图 4-73 所示。

图 4-73 在油泵上安装垫片 A 等

> 注意
>
> ① 安装油泵时，不要使底部在链条盖配合面上滑动。
> ② 至少等待 30 min 后，才能加注发动机油。
> ③ 安装油泵后至少 3 h 内，不要运行发动机。

（20）安装侧发动机装配托架，然后紧固侧发动机装配托架的装配螺栓，如图 4-74 所示。

（21）安装侧发动机装配托架 A，然后紧固新的螺栓 B，并紧固螺栓 C，如图 4-75 所示。

（22）安装接地导线 D，如图 4-75 所示。

（23）安装曲轴皮带轮。

（24）安装 VTC 油控电磁阀。

（25）连接 VTC 油控电磁阀插接件 A，如图 4-76 所示。

（26）配备油冷却器：使用一个新的 O

第四章　本田车系发动机正时校对维修 | 171

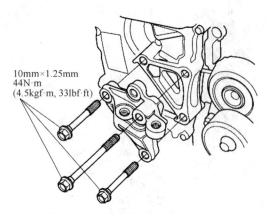

图 4-74　安装侧发动机装配托架等

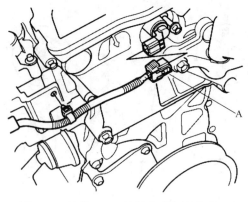

图 4-76　连接 VTC 油控电磁阀插接件 A

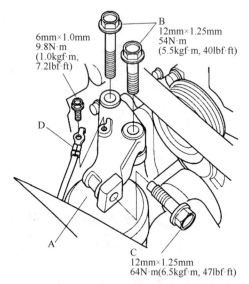

图 4-75　安装侧发动机装配托架 A 等

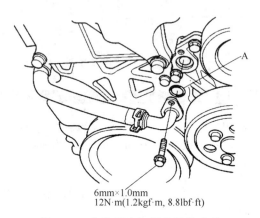

图 4-77　安装油冷却器软管接头管

形密封圈 A 安装油冷却器软管接头管，如图 4-77 所示。

（27）安装缸盖罩。

（28）安装驱动皮带。

（29）安装挡泥板。

（30）安装前车轮。

（31）配备油冷却器：向散热器内重新加注发动机冷却液，在加热器阀门打开的情况下，排放冷却系统内的空气。

（32）进行曲轴位置（CKP）模式清除/CKP 模式学习程序。

第三节　东风本田思域车系发动机正时校对维修

东风本田思域 R20A3 发动机正时调整参见广州本田雅阁 R20A3 发动机。

第四节

广州本田锋范车系 L15A7、L18A1 发动机正时校对维修

L15A7、L18A1 发动机凸轮轴链条的拆装如下。

一、凸轮轴链条的拆卸

注意

使凸轮轴链条远离磁场。

（1）拆下前轮。
（2）拆下挡泥板。
（3）拆下传动皮带自动张紧器。
（4）拆下缸盖罩。
（5）使1号活塞在上止点（TDC）位置。凸轮轴链轮上的"UP"标记A应在顶部，并且凸轮轴链轮上的TDC凹槽B应与气缸盖的顶部边缘对准，如图4-78所示。

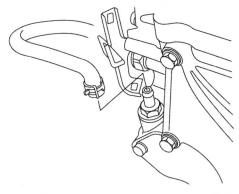

图4-79 拆下曲轴箱强制通风（PCV）软管

（8）在油底壳下放置一个千斤顶和木块，以支撑发动机。
（9）拆下固定空调管路的螺栓A，然后拆下上扭杆B，如图4-80所示。

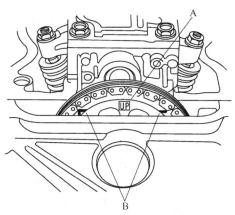

图4-78 凸轮轴链轮上的TDC凹槽B应与气缸盖的顶部边缘对准

（6）拆下曲轴箱强制通风（PCV）软管，如图4-79所示。
（7）拆下曲轴皮带轮。

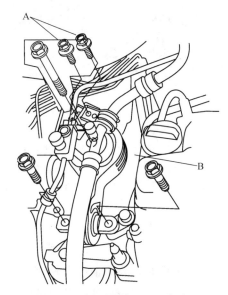

图4-80 拆下螺栓A、上扭杆B

（10）拆下搭铁电缆A，然后拆下发动机侧支座/托架总成B，如图4-81所示。

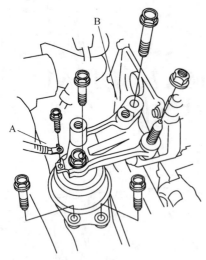

图 4-81 拆下搭铁电缆 A、发动机
侧支座/托架总成 B

(11) 拆下机油泵,如图 4-82 所示。

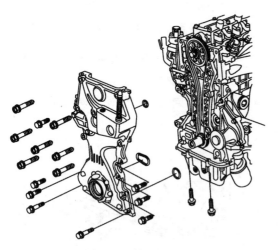

图 4-82 拆下机油泵

(12) 测量张紧器体和张紧器连杆平面部分底部之间的张紧器连杆长度。如果长度超出公差,则更换凸轮轴链条,如图 4-83 所示。

张紧器连杆长度使用极限为 14.5mm (0.57in)。

(13) 松弛地安装曲轴皮带轮。

(14) 逆时针旋转曲轴,以压缩自动张紧器,如图 4-84 所示。

(15) 将锁 A 上的孔与自动紧张器 B 的孔对准,然后将一个直径为 1.0mm

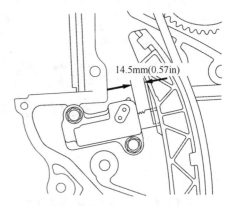

图 4-83 测量张紧器连杆长度

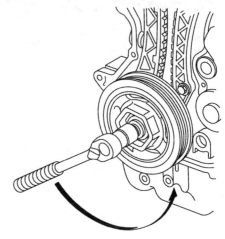

图 4-84 逆时针旋转曲轴

(0.04in) 的销 C 插入孔中。顺时针转动曲轴以固定销,如图 4-85 所示。

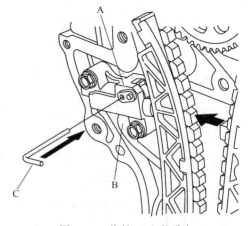

图 4-85 将锁 A 上的孔与
自动紧张器 B 的孔对准

（16）拆下自动张紧器，如图4-86所示。

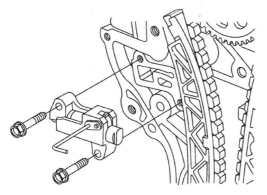

图4-86 拆下自动张紧器

（17）拆下曲轴皮带轮。

（18）拆下凸轮轴链条导板A和凸轮轴链条张紧器臂B，如图4-87所示。

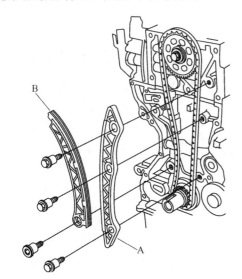

图4-87 拆下凸轮轴链条导板A和凸轮轴链条张紧器臂B

（19）拆下凸轮轴链条。

二、凸轮轴链条的安装

注意

使凸轮轴链条远离磁场。

（1）将曲轴置于上止点（TDC）。将曲轴链轮上的TDC标记A与发动机气缸体上的指针B对准，如图4-88所示。

（2）将凸轮轴设定到TDC。凸轮轴链

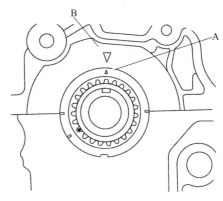

图4-88 对准标记

轮上的"UP"标记A应在顶部，并且凸轮轴链轮上的TDC凹槽B应与气缸盖的顶部边缘对准，如图4-89所示。

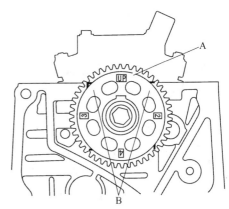

图4-89 凸轮轴链轮上的TDC凹槽B应与气缸盖的顶部边缘对准

（3）将凸轮轴链条安装在曲轴链轮上，使涂色的链节A与曲轴链轮上的标记B对准，如图4-90所示。

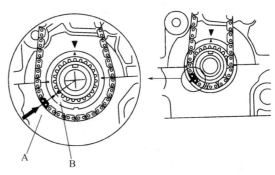

图4-90 使涂色的链节A与曲轴链轮上的标记B对准

(4) 将凸轮轴链条安装在凸轮轴链轮上，使涂色的链节 A 与凸轮轴链轮上的标记 B 对准，如图 4-91 所示。

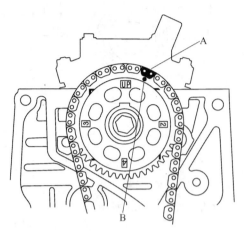

图 4-91 使涂色的链节 A 与凸轮轴链轮上的标记 B 对准

(5) 安装凸轮轴链条导板 A 和凸轮轴链条张紧器臂 B，如图 4-92 所示。

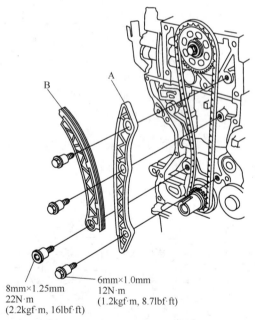

8mm×1.25mm
22N·m
(2.2kgf·m, 16lbf·ft)

6mm×1.0mm
12N·m
(1.2kgf·m, 8.7lbf·ft)

图 4-92 安装凸轮轴链条导板 A 和凸轮轴链条张紧器臂 B

(6) 安装自动张紧器，如图 4-93 所示。

(7) 将销或锁销从自动张紧器上拆下，

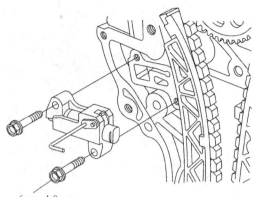

6mm×1.0mm
9.8N·m
(1.0kgf·m, 7.2lbf·ft)

图 4-93 安装自动张紧器

如图 4-94 所示。

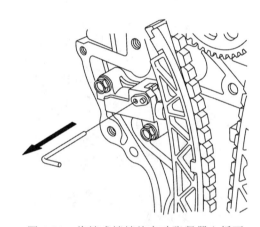

图 4-94 将销或锁销从自动张紧器上拆下

(8) 检查机油泵油封是否损坏。如果油封损坏，则更换油封。

(9) 将所有旧的密封胶从机油泵接合面、螺栓和螺栓孔上清除。

(10) 清理并风干机油泵接合面。

(11) 在机油泵的发动机气缸体接合面上均匀地涂抹密封胶，如图 4-95 所示。

> ⚒ **注意**
>
> 沿点画线 A 涂抹约 2.5mm（0.098in）胶条直径的密封胶。

(12) 在机油泵的发动机气缸体上表面

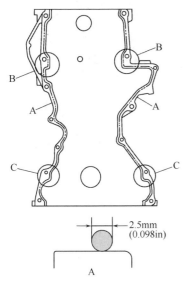

图 4-95 涂抹密封胶

> **注意**
> ① 安装机油泵时，切勿将底面滑到油底壳安装表面。
> ② 在加注发动机机油前，至少等待 **30min**。
> ③ 安装机油泵后，至少 **3h** 内不要运行发动机。

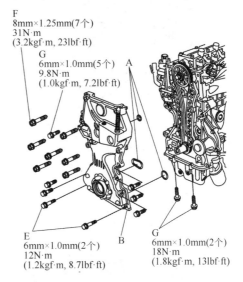

接触部位 B 和机油泵的下气缸体上表面接触部位 C 上涂抹密封胶，如图 4-95 所示。

（13）在机油泵的油底壳接合面上均匀地涂抹密封胶，如图 4-96 所示。

> **注意**
> 如果涂抹密封胶后经过 **5min** 或更长时间，不要安装零部件，应清除其上的残胶后重新涂抹密封胶。

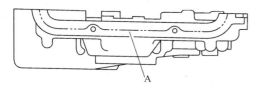

图 4-96　沿点画线 A 涂抹密封胶

（14）将新的 O 形圈 A 安装到机油泵上。将机油泵 B 的边缘固定到油底壳 C 的边缘上，然后将机油泵安装到发动机气缸体 D 上。松弛地安装定位螺栓 E，然后紧固 8mm 螺栓 F。紧固 6mm 螺栓 G 和定位螺栓。清除油底壳和机油泵接合部位多余的密封胶，如图 4-97 所示。

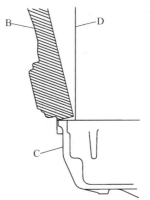

图 4-97　将机油泵 B 的边缘固定到油底壳 C 的边缘上

（15）安装发动机侧支座/托架总成 A，然后紧固新的发动机侧支座/托架总成安装螺栓 B，如图 4-98 所示。

（16）松弛地紧固新的发动机侧支座/托架总成安装螺栓和螺母 C。

（17）安装搭铁电缆 D。

（18）松开变速箱安装螺栓/螺母 A，如图 4-99 所示。

（19）用举升机将车辆举升至最高位置。

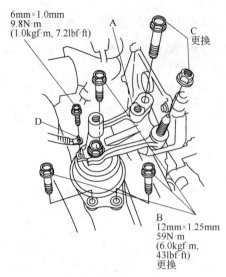

图 4-98　安装发动机侧支座/托架总成 A

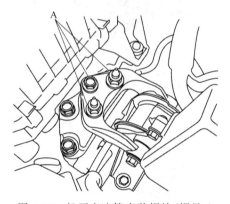

图 4-99　松开变速箱安装螺栓/螺母 A

（20）松开下扭杆安装螺栓 A，如图 4-100 所示。

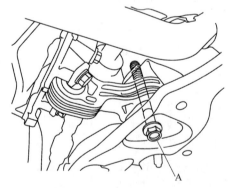

图 4-100　松开下扭杆安装螺栓 A

（21）降下举升机上的车辆。

（22）紧固发动机侧支座托架安装螺栓/螺母，如图 4-101 所示。

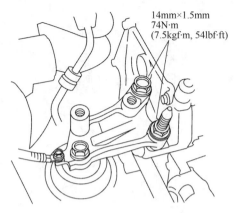

图 4-101　紧固发动机侧支座托架安装螺栓/螺母

（23）紧固变速箱安装螺栓/螺母，如图 4-102 所示。

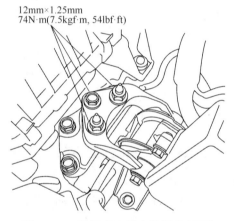

图 4-102　紧固变速箱安装螺栓/螺母

（24）用举升机将车辆举升至最高位置。

（25）紧固下扭杆安装螺栓，如图 4-103 所示。

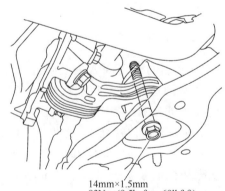

图 4-103　紧固下扭杆安装螺栓

(26) 降下举升机上的车辆。

(27) 安装上扭杆，并按图 4-104 所示的编号顺序紧固新的上扭杆安装螺栓。

(30) 安装曲轴皮带轮。

(31) 安装曲轴箱强制通风（PCV）软管，如图 4-105 所示。

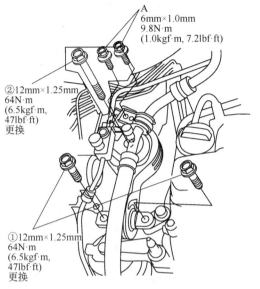

图 4-104 安装螺栓

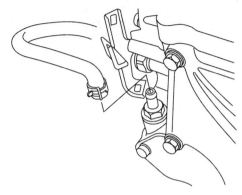

图 4-105 安装曲轴箱强制通风（PCV）软管

(28) 安装固定空调管路的螺栓 A。

(29) 拆下千斤顶。

(32) 安装缸盖罩。

(33) 安装传动皮带自动张紧器。

(34) 拆下挡泥板。

(35) 拆下前轮。

(36) 执行曲轴位置（CKP）模式清除/曲轴位置模式学习程序。

第五节

广州本田飞度车系 L13Z1（1.3L）/ L15A7（1.5L）发动机正时校对维修

L13Z1（1.3L）/L15A7（1.5L）发动机凸轮链条的拆装如下。

一、凸轮链条的拆卸

使凸轮链条远离磁场。

(1) 拆下缸盖罩。

(2) 使 1 号活塞在上止点（TDC）位置。凸轮轴链轮上的"UP"标记 A 应在顶部，并且凸轮轴链轮上的 TDC 凹槽 B 应与气缸盖的顶部边缘对准，如图 4-106 所示。

(3) 拆下右前轮。

(4) 拆下右侧挡泥板。

(5) 松开水泵皮带轮安装螺栓。

(6) 拆下传动皮带。

(7) 拆下水泵皮带轮，如图 4-107 所示。

(8) 拆下曲轴皮带轮。

(9) 拆下传动皮带自动张紧器。

第四章　本田车系发动机正时校对维修

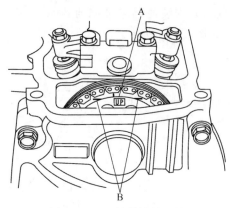

图 4-106 凸轮轴链轮上的"UP"标记 A 应在顶部

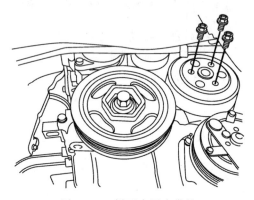

图 4-107 拆下水泵皮带轮

（10）拆下空调管路托架安装螺栓，如图 4-108 所示。

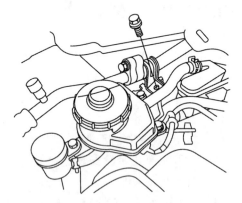

图 4-108 拆下空调管路托架安装螺栓

（11）在油底壳下放置一个千斤顶和木块，以支撑发动机。

（12）拆下搭铁电缆 A，然后拆下发动机侧支座/托架总成 B，如图 4-109 所示。

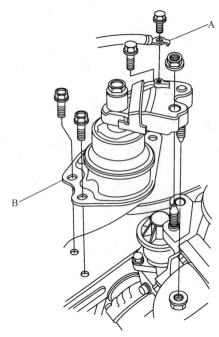

图 4-109 拆下搭铁电缆 A 并拆下发动机侧支座/托架总成 B

（13）拆下链条箱，如图 4-110 所示。

（14）测量凸轮链条分离间距。如果间距小于维修极限，更换凸轮链条和凸轮链条张紧器，如图 4-111 所示。标准间距为 19mm（0.75in）。维修极限为 15mm（0.59in）。

（15）在凸轮链条张紧器滑块 A 的滑动表面上涂抹新的发动机机油，如图 4-112 所示。

（16）用螺丝刀夹住凸轮链条张紧器滑块，然后拆下螺栓 B，并松开螺栓 C，如图 4-112 所示。

（17）拆下凸轮链条张紧器滑块，如图 4-113 所示。

（18）拆下凸轮链条张紧器 A 和凸轮链条导板 B，如图 4-114 所示。

（19）拆下凸轮链条。

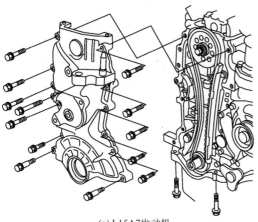

(a) L15A7发动机

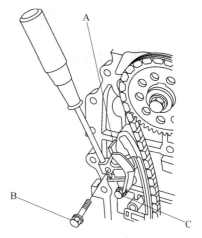

图 4-112 涂抹新的发动机机油

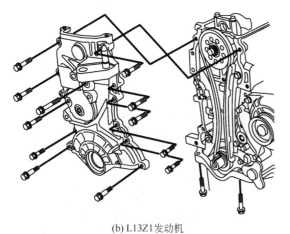

(b) L13Z1发动机

图 4-110 拆下链条箱

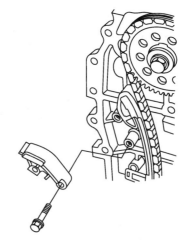

图 4-113 拆下凸轮链条张紧器滑块

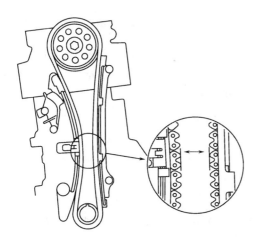

图 4-111 测量凸轮链条分离间距

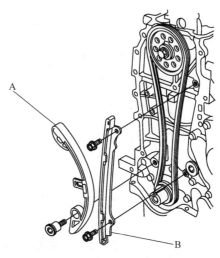

图 4-114 拆下凸轮链条张紧器
A 和凸轮链条导板 B

二、凸轮链条的安装

> ⚠ **注意**
>
> 使凸轮链条远离磁场。

（1）将曲轴置于上止点（TDC）。将曲轴链轮上的 TDC 标记 A 与机油泵上的指针 B 对准，如图 4-115 所示。

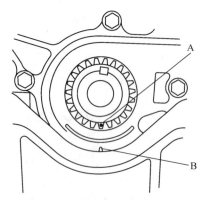

图 4-115　将曲轴链轮上的 TDC 标记 A 与机油泵上的指针 B 对准

（2）拆下曲轴链轮。

（3）将凸轮轴设定到 TDC。凸轮轴链轮上的"UP"标记 A 应在顶部，并且凸轮轴链轮上的 TDC 凹槽 B 应与气缸盖的顶部边缘对准，如图 4-116 所示。

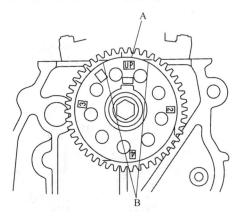

图 4-116　凸轮轴链轮上的"UP"标记 A 应在顶部

（4）将凸轮链条安装在曲轴链轮上，使涂色的链节 A 与曲轴链轮上的 TDC 标记 B 对准，然后将曲轴链轮安装到曲轴上，如图 4-117 所示。

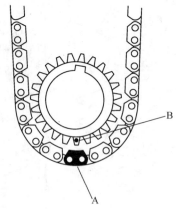

图 4-117　使涂色的链节 A 与曲轴链轮上的 TDC 标记 B 对准

（5）L15A7 发动机：将凸轮链条安装到凸轮轴链轮上，使指针 A 与三个涂色链节 B 对准，如图 4-118 所示。

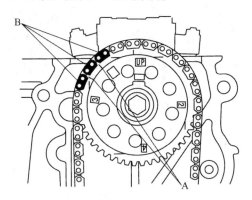

图 4-118　指针 A 与三个涂色链节 B 对准

（6）L13Z1 发动机：将凸轮链条安装到凸轮轴链轮上，使指针 A 对准两个涂色链节 B 的中间，如图 4-119 所示。

（7）安装凸轮链条张紧器 A 和凸轮链条导板 B，如图 4-120 所示。

（8）安装凸轮链条张紧器滑块，并松弛地紧固螺栓，如图 4-121 所示。

（9）在凸轮链条张紧器滑块 A 的滑动表面上涂抹新的发动机机油，如图 4-122 所示。

（10）顺时针转动凸轮链条张紧器滑块以压紧凸轮链条张紧器，安装剩余的螺栓，然后紧固螺栓。

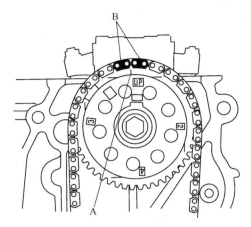

图 4-119 指针 A 对准两个涂色链节 B 的中间

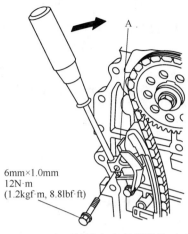

图 4-122 在凸轮链条张紧器滑块 A 的滑动表面上涂抹新的发动机机油

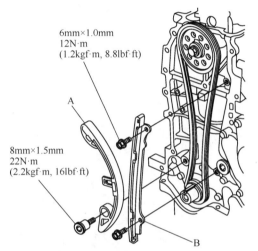

图 4-120 安装凸轮链条张紧器 A 和凸轮链条导板 B

（12）将所有旧的密封胶从链条箱接合面、螺栓和螺栓孔上清除。

（13）清洁并风干链条箱接合面。

（14）在链条箱的发动机气缸体接合面和螺栓孔的内螺纹上均匀地涂抹密封胶（P/N 08C70-K0234M、08C70-K0334M 或 08C70-X0331S），如图 4-123 所示。

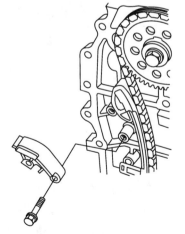

图 4-121 安装凸轮链条张紧器滑块

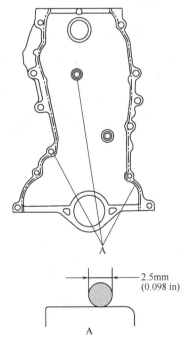

图 4-123 涂抹密封胶

（11）检查链条箱油封是否损坏。如果油封损坏，更换链条箱油封。

（15）在链条箱的油底壳接合面和螺栓孔的内螺纹上均匀地涂抹密封胶（P/N

08C70-K0234M、08C70-K0334M 或 08C70-X0331S），如图 4-124 所示。

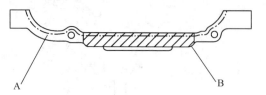

图 4-124　涂抹密封胶

> **注意**
> ① 沿点画线 A 涂抹约 2.5mm（0.098in）钢圈直径的密封胶。
> ② 在阴影区域 B 涂抹约 5.0mm（0.20in）钢圈直径的密封胶。
> ③ 如果涂抹密封胶后经过 5min 或更长时间，不要安装零部件，应清除其上的残胶后重新涂抹密封胶。

（16）将链条箱 A 的边缘固定到油底壳 B 的边缘上，然后将链条箱安装到发动机气缸体 C 上，如图 4-125 所示。

> **注意**
> ① 安装链条箱时，切勿将底面滑到油底壳安装表面上。
> ② 在加注发动机机油前，至少等待 30min。
> ③ 安装链条箱后，至少 3h 内不要运行发动机。

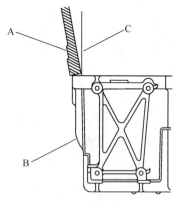

图 4-125　安装链条箱 A

（17）紧固铰链箱安装螺栓。清除油底壳和链条箱接合部位多余的密封胶，如图 4-126 所示。

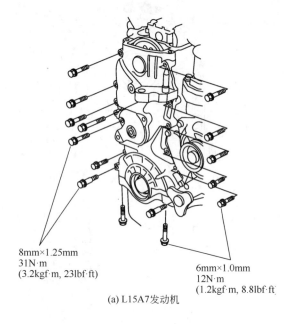

(a) L15A7 发动机

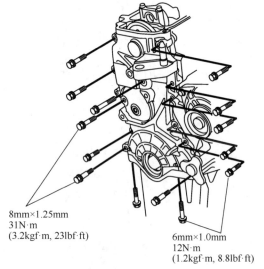

(b) L13Z1 发动机

图 4-126　紧固铰链箱安装螺栓

（18）安装发动机侧支座/托架总成 A，然后紧固新的发动机侧支座/托架总成安装螺栓 B，如图 4-127 所示。

（19）松弛地紧固新的发动机侧支座/托架总成安装螺母 C，如图 4-127 所示。

（20）安装搭铁电缆 D，如图 4-127 所示。

（21）拆下空气滤清器壳体总成。

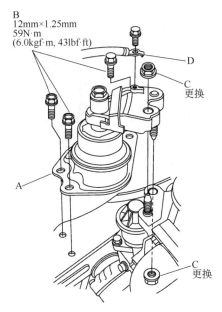

图 4-127 安装发动机侧支座/托架总成 A

(22) 松开变速箱安装托架安装螺栓和螺母 A，如图 4-128 所示。

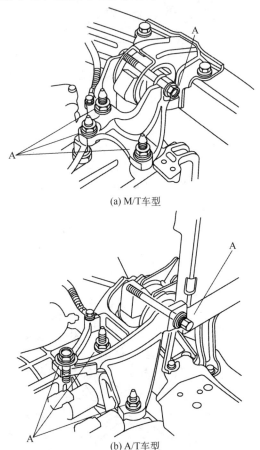

图 4-128 松开变速箱安装托架安装螺栓和螺母 A

(23) 用举升机将车辆举升至最高位置。

(24) 松开扭杆安装螺栓和螺母 A，如图 4-129 所示。

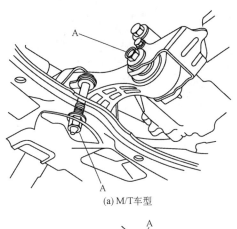

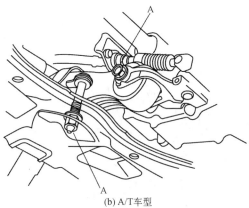

图 4-129 松开扭杆安装螺栓和螺母 A

(25) 降下举升机上的车辆。

(26) 按图 4-130 所示的编号顺序紧固发动机侧支座/托架总成安装螺母。

(27) 按图 4-131 所示的编号顺序紧固变速箱支座安装螺栓和螺母。

(28) 用举升机将车辆举升至最高位置。

(29) 按图 4-132 所示的编号顺序紧固扭杆安装螺栓和螺母。

(30) 降下举升机上的车辆。

(31) 安装空气滤清器壳体总成。

(32) 安装空调管路托架安装螺栓，如图 4-133 所示。

(33) 安装缸盖罩。

(34) 安装传动皮带自动张紧器。

(35) 安装曲轴皮带轮。

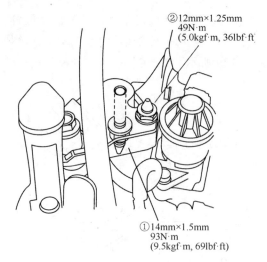

图 4-130　紧固发动机侧支座/托架总成安装螺母

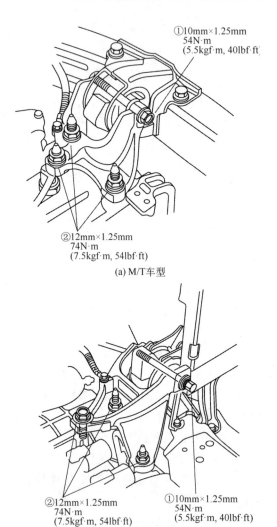

(b) A/T车型

图 4-131　紧固变速箱支座安装螺栓和螺母

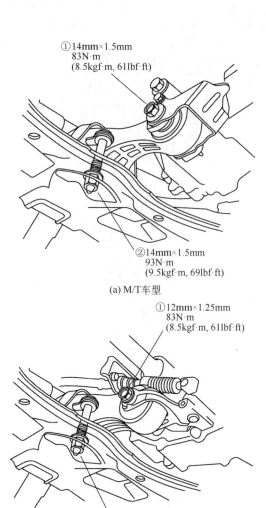

(a) M/T车型

(b) A/T车型

图 4-132　紧固扭杆安装螺栓和螺母

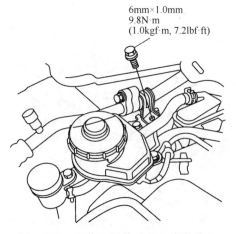

图 4-133　安装空调管路托架安装螺栓

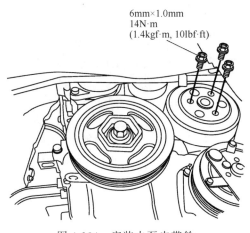

图 4-134 安装水泵皮带轮

(36) 安装水泵皮带轮,如图 4-134 所示。

(37) 安装传动皮带。

(38) 紧固水泵皮带轮安装螺栓。

(39) 安装右侧挡泥板。

(40) 安装右前轮。

(41) 执行曲轴位置（CKP）模式清除/曲轴位置模式学习程序。

第六节
广州本田奥德赛车系 K24A4 发动机正时校对维修

K24A4 发动机正时链条的拆装如下。

一、正时链条的拆卸

(1) 转动曲轴皮带轮,使其上止点（TDC）标记 A 与指针 B 对齐,如图 4-135 所示。

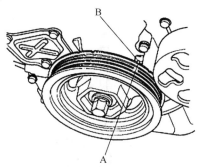

图 4-135 上止点（TDC）标记 A 与指针 B 对齐

(2) 拆除前胎/车轮。

(3) 拆除挡泥板。

(4) 拆除传动皮带。

(5) 卸下缸盖罩。

(6) 确认可变气门正时控制（VTC）作动器和排气凸轮轴链轮上的 1 号活塞 DTC 标记 A 对齐,如图 4-136 所示。

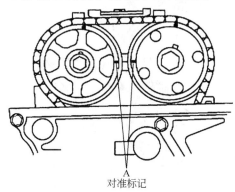

图 4-136 可变气门正时控制（VTC）作动器和排气凸轮轴链轮上的 1 号活塞 DTC 标记 A 对齐

(7) 卸下曲轴皮带轮。

(8) 断开曲轴位置（CKP）传感器插头与 VTC 机油控制电磁阀插头。

(9) 拆下 VTC 机油控制电磁阀。

(10) 在油底壳下方,借助千斤顶和木块支撑发动机。

(11) 拆除地线 A,然后拆除上支架 B,如图 4-137 所示。

(12) 拆除侧发动机安装座托架。

(13) 拆除正时链条壳体。

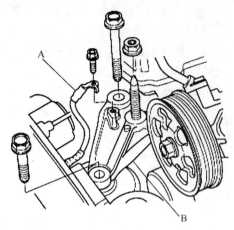

图 4-137 拆除地线 A 和支架 B

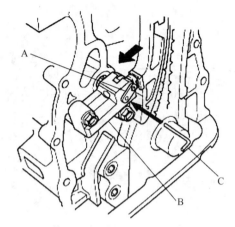

图 4-139 锁 A 和自动张紧装置 B 上的孔对准

(14) 松弛地安装曲轴皮带轮。

(15) 逆时针转动曲轴，如图 4-138 所示，以压缩自动张紧装置。

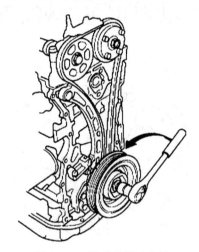

图 4-138 逆时针转动曲轴

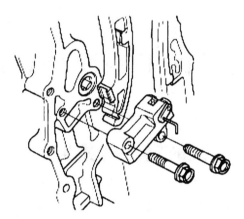

图 4-140 拆除自动张紧装置

(16) 将锁 A 和自动张紧装置 B 上的孔对准，如图 4-139 所示，然后在孔内插入一条直径为 1.2mm 的销子或锁销 C。顺时针转动曲轴，紧固销子。

(17) 拆除自动张紧装置，如图 4-140 所示。

(18) 卸下正时链条导板，如图 4-141 所示。

(19) 拆下正时链条导板 A 和张紧装置臂 B，如图 4-142 所示。

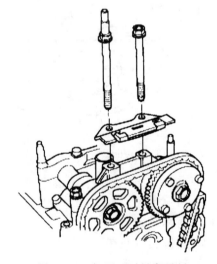

图 4-141 卸下正时链条导板

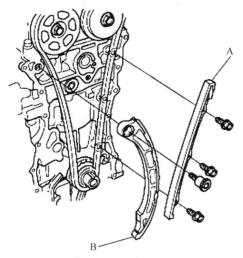

图 4-142　拆下正时链条导板 A 和张紧装置臂 B

二、正时链条的安装

使正时链条远离磁场。

（1）将曲轴置于上止点（TDC）。将曲轴链轮上的 TDC 标记 A 与气缸体上的指针 B 对准，如图 4-143 所示。

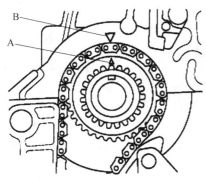

图 4-143　将曲轴链轮上的 TDC 标记
A 与气缸体上的指针 B 对准

（2）将凸轮轴置于 TDC，可变气门正时控制（VTC）作动器上的冲孔标记 A、排气凸轮轴链轮上的冲孔标记 B 应位于顶端。将 VTC 作动器和排气凸轮轴链轮上的 TDC 标记 C 对齐，如图 4-144 所示。

（3）将正时链条安装在曲轴轮上，色片

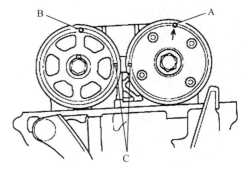

图 4-144　对准标记 A、B、C

A 要对准曲轴链轮上的标记 B，如图 4-145 所示。

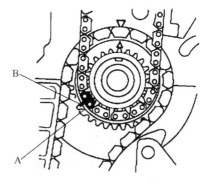

图 4-145　色片 A 要对准曲轴链轮上的标记 B

（4）将冲孔标记 A 与 2 块色片 B 的中心对准，如图 4-146 所示，将正时链条安装到 VTC 作动器和排气凸轮轴链轮上。

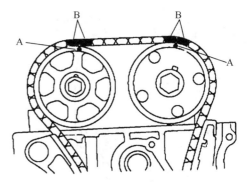

图 4-146　冲孔标记 A 与 2 块
色片 B 的中心对准

（5）安装正时链条导板 A 和张紧装置臂 B，如图 4-147 所示。

（6）安装自动张紧装置，如图 4-148 所示。

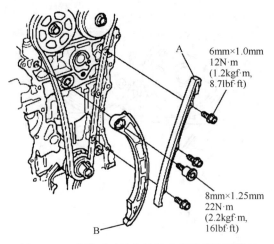

图 4-147 安装正时链条导板 A 和张紧装置臂 B

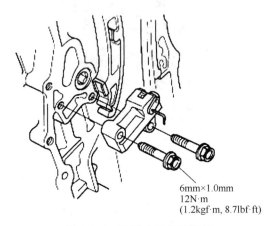

图 4-148 安装自动张紧装置

(7) 安装正时链条导板。

(8) 将销子（如图 4-149 所示）从自动张紧装置上拆除。

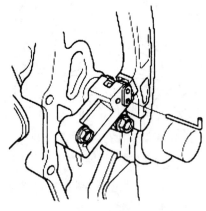

图 4-149 拆除销子

(9) 检查正时链条壳体油封是否损坏，如果油封损坏，则更换正时链条壳体油封。

(10) 将正时链条壳体配合表面、螺栓和螺栓孔上的旧液体密封胶清除。

(11) 清洁正时链条壳体配合表面，并将其干燥。

(12) 将液体密封胶均匀地涂在正时链条壳体缸体配合表面上及各孔的内螺纹上。

(13) 给正时链条壳体上的气缸体上表面接触区涂液体密封胶。

(14) 将液体密封胶均匀地涂在正时链条壳体的油底壳配合表面及各孔的螺纹上。

(15) 在正时链条壳体上安装新的 O 形密封圈。将正时链条壳体的边缘与油底壳的边缘放在一起，然后，将正时链条壳体安装在气缸体上。

> **注意**
>
> 安装正时链条壳体时，请勿让其底面在油底壳安装面上滑动。

(16) 安装侧发动机安装座托架，如图 4-150 所示。

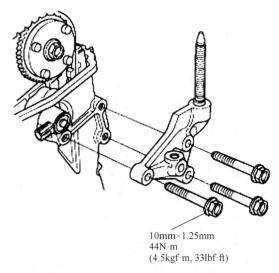

图 4-150 安装侧发动机安装座托架

(17) 安装上部托架 A，如图 4-151 所示，然后，按图所示的编号顺序拧紧螺栓/螺母。

(18) 连接地线 B，如图 4-151 所示。

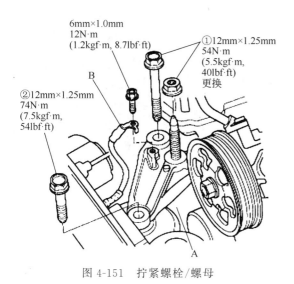

图 4-151 拧紧螺栓/螺母

(19) 安装可变气门正时控制（VTC）机油控制电磁阀。

(20) 连接曲轴位置（CKP）传感器插头与 VTC 机油控制电磁阀插头。

(21) 安装曲轴带轮。

(22) 安装缸盖罩。

(23) 安装传动皮带。

(24) 安装挡泥板。

(25) 执行 CKP 模式清除/CKP 学习程序。

第七节 广州本田雅阁车系发动机正时校对维修

一、R20A3 发动机

（一）凸轮轴链条的拆卸

 注意

使凸轮轴链条远离磁场。

(1) 拆下前轮。

(2) 拆下挡泥板。

(3) 拆下传动带自动张紧器。

(4) 拆下气门室盖。

(5) 使 1 号活塞在上止点（TDC）位置，凸轮轴链轮上的"UP"标记 A 应在顶部，并且凸轮轴链轮上的 TDC 凹槽 B 应与气缸盖的顶部边缘对准，如图 4-152 所示。

(6) 拆下曲轴箱强制通风（PCV）软管，如图 4-153 所示。

(7) 拆下曲轴皮带轮。

(8) 在油底壳下放置一个千斤顶和木块，以支撑发动机。

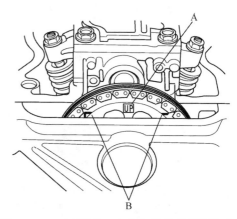

图 4-152 TDC 凹槽 B 与气缸盖的顶部边缘对准

(9) 拆下搭铁电缆 A，然后拆下发动机侧支座托架 B，如图 4-154 所示。

(10) 拆下机油泵，如图 4-155 所示。

(11) 测量张紧器体和张紧器连杆平面底部之间的张紧器连杆长度。如果长度超出公差，则更换凸轮轴链条，如图 4-156 所示。张紧器连杆的使用极限为 14.5mm。

(12) 松弛地安装曲轴皮带轮。

(13) 逆时针旋转曲轴，以压缩自动张

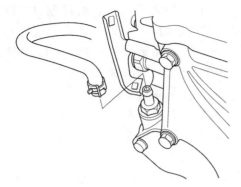

图 4-153 拆下曲轴箱强制通风（PCV）软管

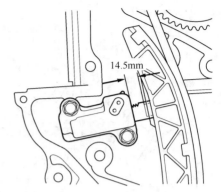

图 4-156 测量张紧器体和张紧器连杆平面底部之间的张紧器连杆长度，更换凸轮轴链条

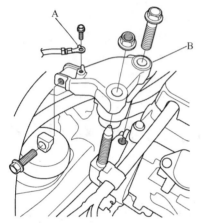

图 4-154 拆下搭铁电缆 A 和发动机侧支座托架 B

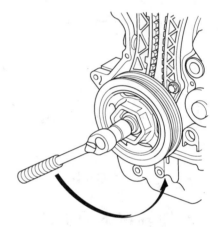

图 4-157 逆时针旋转曲轴

销 C 插入孔中。顺时针转动曲轴以固定销，如图 4-158 所示。

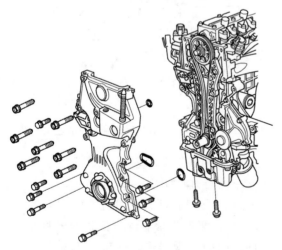

图 4-155 拆下机油泵

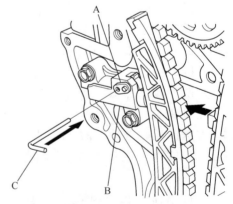

图 4-158 将锁 A 上的孔与自动张紧器 B 的孔对准

紧器，如图 4-157 所示。

（14）将锁 A 上的孔与自动张紧器 B 的孔对准，然后将一个直径为 1.0mm 的

（15）拆下自动张紧器，如图 4-159 所示。
（16）拆下曲轴皮带轮。

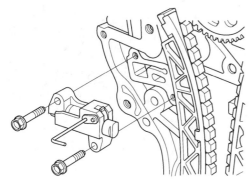

图 4-159　拆下自动张紧器

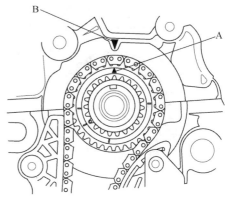

图 4-161　将曲轴链轮上的 TDC 标记 A 与
发动机气缸体上的指针 B 对准

（17）拆下凸轮轴链条导板 A 和凸轮轴链条张紧器臂 B，如图 4-160 所示。

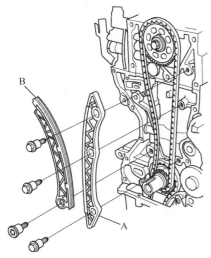

图 4-160　拆下凸轮轴链条导板 A 和
凸轮轴链条张紧器臂 B

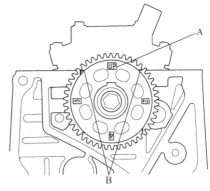

图 4-162　凸轮轴链轮 TDC 凹槽
B 与气缸盖的顶部边缘对准

（3）将凸轮轴链条安装在曲轴链轮上，使涂色的链节 A 与曲轴链轮上的标记 B 对准，如图 4-163 所示。

（18）拆下凸轮轴链条。

（二）凸轮轴链条的安装

 注意

使凸轮轴链条远离磁场。

（1）将曲轴设置在上止点（TDC）位置。将曲轴链轮上的 TDC 标记 A 与发动机气缸体上的指针 B 对准，如图 4-161 所示。

（2）将凸轮轴设定到 TDC。凸轮轴链轮上的"UP"标记 A 应在顶部，并且凸轮轴链轮上的 TDC 凹槽 B 应与气缸盖的顶部边缘对准，如图 4-162 所示。

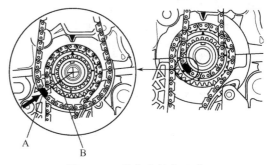

图 4-163　涂色的链节 A 与
曲轴链轮上的标记 B 对准

（4）将凸轮轴链条安装在凸轮轴链轮上，使涂色的链节 A 与凸轮轴链轮上的标记 B 对准，如图 4-164 所示。

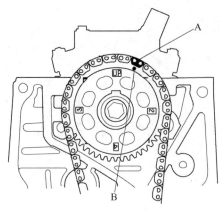

图 4-164 涂色的链节 A 与凸轮轴链轮上的标记 B 对准

（5）安装凸轮轴链条导板 A 和凸轮轴链条张紧器臂 B，如图 4-165 所示。

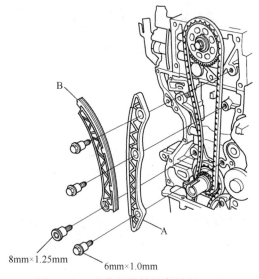

图 4-165 安装凸轮轴链条导板 A 和凸轮轴链条张紧器臂 B

（6）安装自动张紧器，如图 4-166 所示。

（7）将销或锁销从自动张紧器上拆下，如图 4-167 所示。

（8）检查机油泵油封是否损坏。如果油封损坏，则更换油封。

（9）将所有旧的密封胶从机油泵接合面、螺栓孔上清除。

（10）清洁并风干机油泵接合面。

（11）在机油泵的发动机气缸体接合面上均匀地涂抹密封胶，如图 4-168 所示。

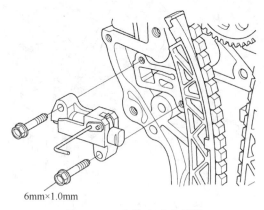

图 4-166 安装自动张紧器

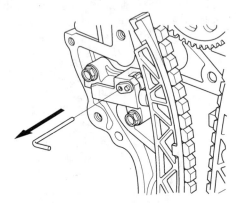

图 4-167 将销或锁销从自动张紧器上拆下

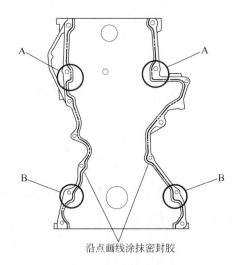

沿点画线涂抹密封胶

图 4-168 涂抹密封胶

（12）在机油泵的发动机气缸体上表面接触部位 A 和机油泵的下气缸体上表面接触部位 B 上涂抹密封胶，如图 4-168 所示。

（13）在机油泵的油底壳接合面上均匀地涂抹密封胶，如图 4-169 所示。

> **注意**
>
> 如果涂抹密封胶后过 5min 或更长时间,不要安装零部件,应清除其上的残胶后重新涂抹密封胶。

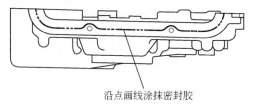

图 4-169 均匀地涂抹密封胶

（14）将新的 O 形圈 A 安装到机油泵上。将机油泵 B 的边缘固定到油底壳 C 的边缘上,然后将机油泵安装到发动机气缸体 D 上。松弛地安装定位螺栓 E,然后紧固 8mm 螺栓 F。紧固 6mm 螺栓 G 和定位螺栓。清除油底壳和机油泵接合部位多余的密封胶,如图 4-170 所示。

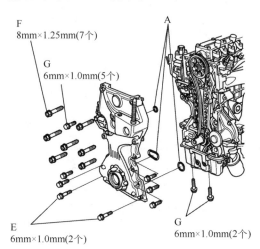

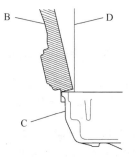

图 4-170 将新的 O 形圈 A 安装到机油泵上等

（15）安装发动机侧支座托架 A,然后安装搭铁电缆 B,如图 4-171 所示。

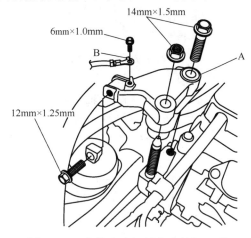

图 4-171 安装发动机侧支座托架 A 等

（16）安装曲轴皮带轮。

（17）安装曲轴箱强制通风（PCV）软管,如图 4-172 所示。

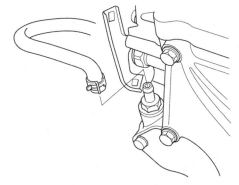

图 4-172 安装曲轴箱强制通风（PCV）软管

（18）安装气门室盖。

（19）安装传动带自动张紧器。

（20）安装挡泥板。

（21）安装前轮。

（22）执行曲轴位置（CKP）模式清除/曲轴位置模式学习程序。

二、K24Z2、K24Z3 发动机

（一）凸轮轴链条的拆卸

> **注意**
>
> 使凸轮轴链条远离磁场。

第四章 本田车系发动机正时校对维修 | 195

(1) 拆下前轮。

(2) 拆下挡泥板。

(3) 拆下传动带。

(4) 拆下气门室盖。

(5) 使1号活塞在上止点（TDC）位置。可变气门正时控制（VTC）执行器上的冲印标记A和排气凸轮轴链轮上的冲印标记B应该在顶部。对准可变气门正时控制执行器和凸轮轴链轮上的TDC标记C，如图4-173所示。

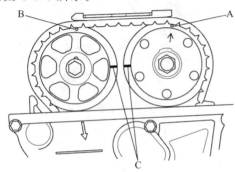

图4-173 对准可变气门正时控制执行器和凸轮轴链轮上的TDC标记C

(6) 断开VTC机油控制电磁阀连接器A，如图4-174所示。

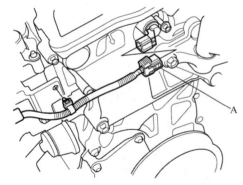

图4-174 断开VTC机油控制电磁阀连接器A

(7) 拆下VTC机油控制电磁阀。

(8) 拆下曲轴皮带轮。

(9) 在油底壳下放置一个千斤顶和木块，以支撑发动机。

(10) 拆下搭铁电缆A，然后拆下发动机侧支座托架B，如图4-175所示。

(11) 拆下发动机侧支座托架安装螺栓，如图4-176所示。

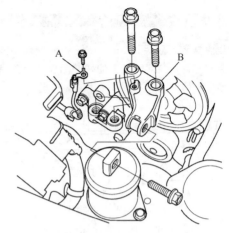

图4-175 拆下搭铁电缆A和发动机侧支座托架B

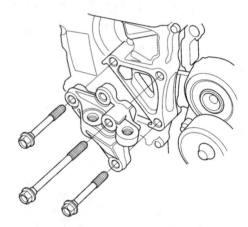

图4-176 拆下发动机侧支座托架安装螺栓

(12) 拆下凸轮轴链条箱A和隔垫B，如图4-177所示。

(13) 松弛地安装曲轴皮带轮。

(14) 逆时针旋转曲轴，以压缩自动张紧器，如图4-178所示。

(15) 将锁A上的孔与自动张紧器B上的孔对准，然后将一个直径为1.2mm的锁销C插入孔中，顺时针转动曲轴以固定，如图4-179所示。

> **注意**
>
> 检查自动张紧器凸轮位置，如果位置没有对准，使第一凸轮在齿条第一边缘位置。

(16) 拆下自动张紧器，如图4-180所示。

(17) 拆下凸轮轴链条导板，如图4-181所示。

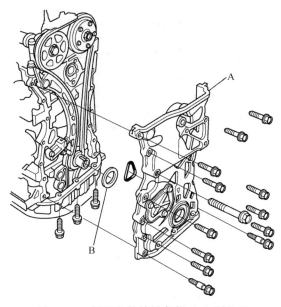

图 4-177 拆下凸轮轴链条箱 A 和隔垫 B

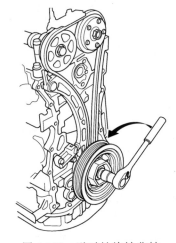

图 4-178 逆时针旋转曲轴

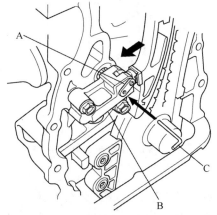

图 4-179 将锁 A 上的孔与自动
张紧器 B 上的孔对准

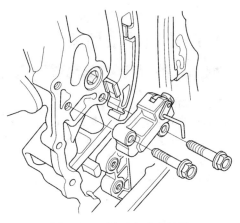

图 4-180 拆下自动张紧器

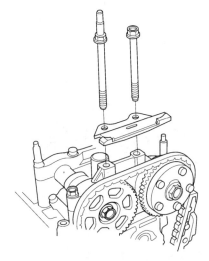

图 4-181 拆下凸轮轴链条导板

（18）拆下凸轮轴链条导板 A 和张紧器臂 B，如图 4-182 所示。

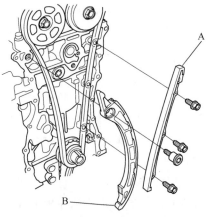

图 4-182 拆下凸轮轴链条
导板 A 和张紧器臂 B

(19) 拆下凸轮轴链条。

(二) 凸轮轴链条的安装

> **注意**
> ① 使凸轮轴链条远离磁场。
> ② 执行该程序前,逆时针转动 VTC 执行器,检查并确认可变气门正时控制（VTC）执行器锁止。如果没有锁止,顺时针转动 VTC 执行器直至停止,然后重新检查。如果仍然没有锁止,更换 VTC 执行器。

(1) 将曲轴设置在上止点（TDC）位置。将曲轴链上的 TDC 标记 A 与发动机气缸体上的指针 B 对准,如图 4-183 所示。

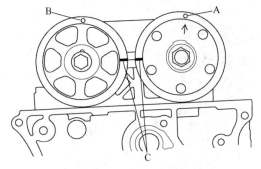

图 4-184　对准可变气门正时控制执行器和排气凸轮轴链轮上的 TDC 标记 C

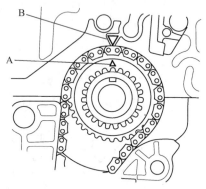

图 4-183　将曲轴链上的 TDC 标记 A 与发动机气缸体上的指针 B 对准

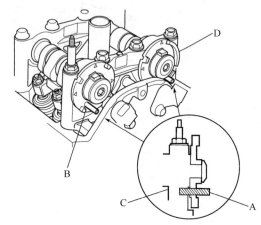

图 4-185　将止动臂轴 A 插入凸轮轴位置脉冲板 B 的保养孔内

(2) 将凸轮轴设置在上止点位置。可变气门正时控制执行器上的冲印标记 A 和排气凸轮轴链轮上的冲印标记 B 应该在顶部。对准可变气门正时控制执行器和排气凸轮轴链轮上的 TDC 标记 C,如图 4-184 所示。

(3) 握住进气凸轮轴,将一个可变的止动臂轴 A 插入凸轮轴位置（CMP）脉冲板 B 的保养孔内,并穿过 5 号摇臂轴支架 C,如图 4-185 所示。

(4) 握住排气凸轮轴,将一个变化的止动臂轴 A 插入凸轮轴位置脉冲板 D 的保养孔内,并穿过 5 号摇臂轴支架 C（图 4-185）。

(5) 将凸轮轴链条安装在曲轴链轮上,使涂色的链节 A 与曲轴链轮上的标记 B 对准,如图 4-186 所示。

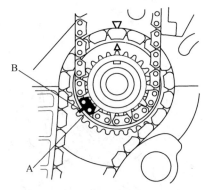

图 4-186　使涂色的链节 A 与曲轴链轮上的标记 B 对准

(6) 将凸轮轴链条安装在 VTC 执行器和排气凸轮轴链轮上,使冲印标记 A 与两个涂色的链节 B 的中心对准,如图 4-187 所示。

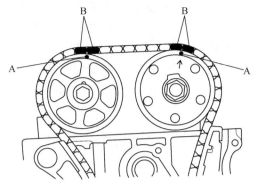

图 4-187 使冲印标记 A 与
两个涂色的链节 B 的中心对准

（7）安装凸轮轴链条导板 A 和张紧器臂 B，如图 4-188 所示。

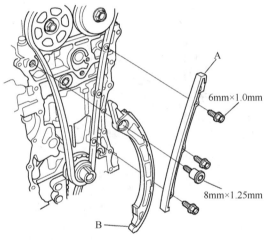

图 4-188 安装凸轮轴链条
导板 A 和张紧器臂 B

（8）安装自动张紧器，如图 4-189 所示。

⚙ **注意**

检查自动张紧器凸轮位置。如果位置没有对准，使第一凸轮在齿条第一边缘位置。

（9）安装凸轮轴链条导板，如图 4-190 所示。

（10）将销或锁销从自动张紧器上拆下，如图 4-191 所示。

（11）拆下可变的止动臂轴，如图 4-192 所示。

（12）检查链条箱油封是否损坏。如果油封损坏，更换链条箱油封。

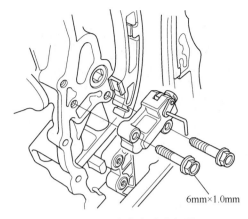

图 4-189 安装自动张紧器

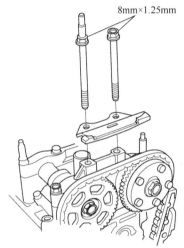

图 4-190 安装凸轮轴链条导板

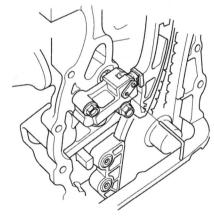

图 4-191 将销或锁销从自动张紧器上拆下

（13）将旧密封胶从链条箱接合面、螺栓和螺栓孔上清除。

（14）清洁并风干链条箱接合面。

（15）在链条箱的发动机气缸体接合面

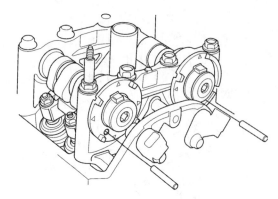

图 4-192　拆下可变的止动臂轴

上均匀地涂抹密封胶，如图 4-193 所示。

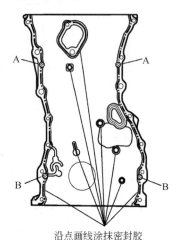

图 4-193　涂抹密封胶

(16) 在链条箱的发动机气缸体上表面接触部位 A 和链条箱的下气缸体上表面接触部位 B 涂抹密封胶，如图 4-193 所示。

(17) 在链条箱的油底壳接合面上均匀地涂抹密封胶，如图 4-194 所示。

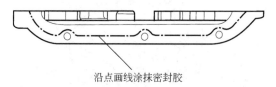

图 4-194　在链条箱的油底壳接合面上均匀地涂抹密封胶

> **注意**
>
> 如果涂抹密封胶后经过 **5min** 或更长时间，不要安装零部件，应清除其上的残胶后重新涂抹密封胶。

(18) 安装隔圈 A，然后将新的 O 形圈 B 安装到链条箱上。将链条箱 C 的边缘固定到油底壳 D 的边缘上，然后将链条箱安装到发动机气缸体 E 上。清除油底壳和链条箱接合部位多余的密封胶，如图 4-195 所示。

> **注意**
>
> 安装链条箱时，切勿将底面滑到油底壳安装表面上。在加注发动机机油前，至少等待 **30min**。安装链条箱后，至少 **3h** 内不要运行发动机。

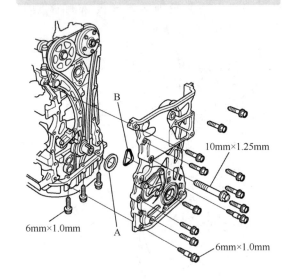

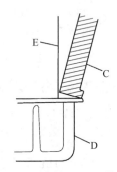

图 4-195　安装隔圈 A 等

(19) 安装发动机侧支座托架，然后紧固发动机侧支座托架安装螺栓，如图 4-196 所示。

(20) 按图 4-197 所示的编号顺序，紧固发动机侧支座托架安装螺栓。

(21) 安装搭铁电缆。

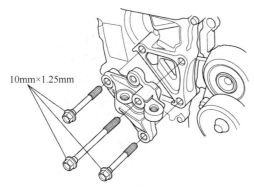

图 4-196　安装发动机侧支座托架

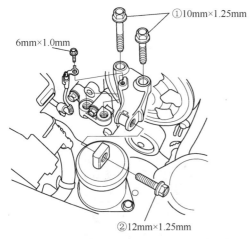

图 4-197　紧固发动机侧支座托架安装螺栓

(22) 安装曲轴皮带轮。
(23) 安装 VTC 机油控制电磁阀。
(24) 连接 VTC 机油控制电磁阀连接器 A，如图 4-198 所示。

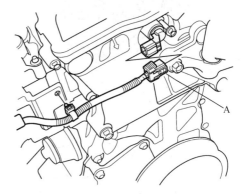

图 4-198　连接 VTC 机油控制电磁阀连接器 A

(25) 安装气门室盖。
(26) 安装传动带。
(27) 安装挡泥板。
(28) 安装前轮。
(29) 执行曲轴位置（CKP）模式清除/曲轴位置学习程序。

第八节

广州本田思迪车系 L13A3 和 L15A1 发动机正时校对维修

L13A3 和 L15A1 发动机正时链条的拆装如下。

一、正时链条的拆卸

> **注意**
>
> 使正时链条远离磁场。

(1) 拆除传动皮带。
(2) 拆除交流发电机托架的装配螺栓 A，然后，放松交流发电机的装配螺栓 B，如图 4-199 所示。
(3) 拆卸惰轮，如图 4-200 所示。
(4) 转动曲轴带轮，使其上止点（TDC）标记 A 与指针 B 对齐，如图 4-201 所示。
(5) 拆除水泵带轮。
(6) 拆卸缸盖罩。
(7) 拆除曲轴带轮。
(8) 拆卸油底壳。
(9) 断开曲轴位置（CKP）传感器 A，然后，拆下线束夹 B，如图 4-202 所示。

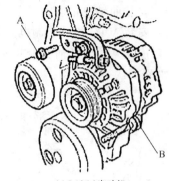

(a) L13A3发动机

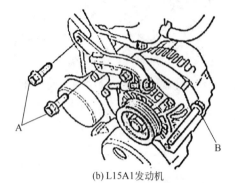

(b) L15A1发动机

图 4-199 拆除螺栓 A 和 B

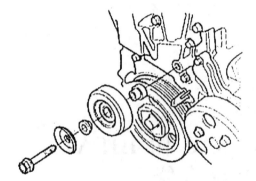

图 4-200 拆除惰轮

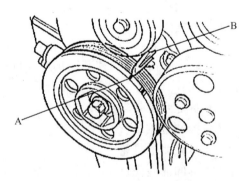

图 4-201 使上止点（TDC）标记 A 与指针 B 对齐

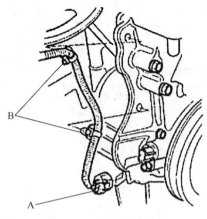

图 4-202 拆下线束夹 B

（10）从发动机缸体下方，借助千斤顶和木块支撑发动机。

（11）拆除地线 A，然后拆除发动机侧安装座/托架总成 B，如图 4-203 所示。

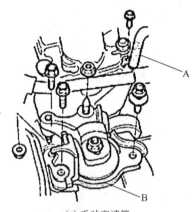

(a) 手动变速箱

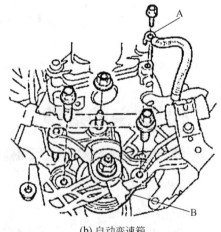

(b) 自动变速箱

图 4-203 拆除地线等

(12) 使交流发电机远离正时链条壳体。卸下正时链条壳体 A，然后卸下脉冲板 B，如图 4-204 所示。

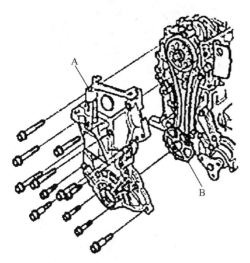

图 4-204　卸下正时链条壳体 A 和脉冲板 B

(13) 给正时链条张紧装置滑块 A 的滑动面涂上发动机机油，如图 4-205 所示。

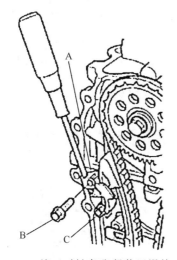

图 4-205　给正时链条张紧装置滑块 A 的滑动面涂上发动机机油

(14) 用螺丝刀撬开正时链条张紧器滑块上的孔，然后拆除螺栓 B，并松开螺栓 C，如图 4-205 所示。

(15) 拆除正时链条张紧器滑块，如图 4-206 所示。

(16) 拆下正时链条张紧器 A 和正时链

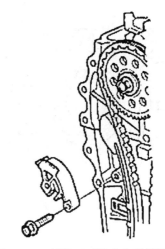

图 4-206　拆除正时链条张紧器滑块

导板 B，如图 4-207 所示。

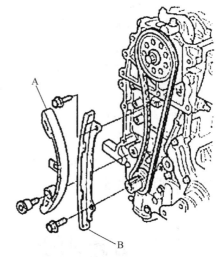

图 4-207　拆下正时链条张紧器 A 和正时链导板 B

二、正时链条的安装

注意

使正时链条远离磁场。

(1) 将曲轴置于上止点（TDC）。将曲轴链轮上的 TDC 标记 A 与机油泵上的指针 B 对齐，如图 4-208 所示。

(2) 将 1 号活塞置于上止点位置。凸轮轴链轮上的 "UP" 标记 A 应位于顶部，而凸轮轴链轮上的上止点槽 B 应当与缸盖的上边缘对齐，如图 4-209 所示。

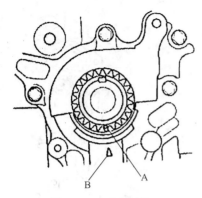

图 4-208　对准标记

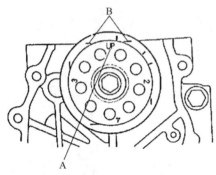

图 4-209　凸轮轴链轮上的上止点槽 B
应当与缸盖的上边缘对齐

（3）将正时链条安装在曲轴链轮上，色片 A 要对准曲轴链轮上的 TDC 标记 B，如图 4-210 所示。

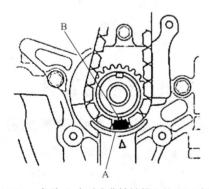

图 4-210　色片 A 应对准曲轴链轮上的 TDC 标记 B

（4）将正时链条安装到凸轮轴链轮上，指针 A 要与两块色片 B 的中心对齐，如图 4-211 所示。

（5）将正时链条安装到凸轮轴链轮上，指针 A 要对准三块色片 B，如图 4-212

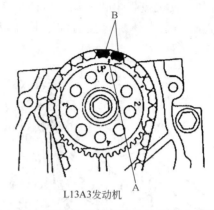

L13A3发动机

图 4-211　指针 A 应与两块色片 B 的中心对齐

所示。

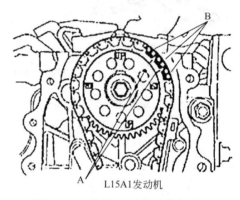

L15A1发动机

图 4-212　指针 A 对准三块色片 B

（6）给正时链条张紧器装配螺栓的螺纹涂上发动机机油。

（7）安装正时链条张紧器和正时链条导板。

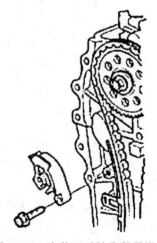

图 4-213　安装正时链张紧器滑块

(8) 安装正时链条张紧器滑块,并轻轻拧上螺栓,如图4-213所示。

(9) 给正时链条张紧器滑块A的滑动面涂上发动机机油,如图4-214所示。

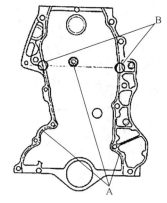

图4-215 涂密封胶

(15) 安装脉冲板及正时链壳体。

(16) 安装线束夹A,并连接曲轴位置(CKP)传感器插头B,如图4-216所示。

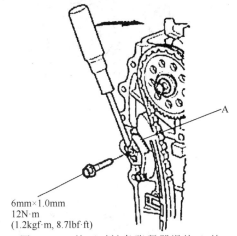

图4-214 给正时链条张紧器滑块A的滑动面涂上发动机机油

(10) 顺时针旋转正时链条张紧器滑块来压紧正时链条张紧器,安装剩余的螺栓,并将其锁紧。

(11) 检查正时链条壳体油封是否损坏。如果油封损坏,则更换正时链条壳体油封。

(12) 将正时链条壳体配合表面、螺栓和螺栓孔上的旧液体密封胶清除。

(13) 清洁正时链条壳体配合表面,并将其干燥。

(14) 将P/N 08C70-K0234M、08C70K0334M或08C70-X0331S型液体密封胶均匀地涂在正时链条壳体的发动机缸体配合表面及各孔的内螺纹上。

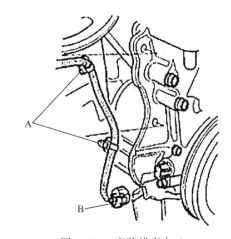

图4-216 安装线束夹A

(17) 安装发动机侧支架/托架总成A,然后按照图4-217所示的编号顺序拧紧装配螺栓和支承螺母。

(18) 安装接地电缆B,如图4-217所示。

(19) 安装油底壳。

(20) 安装曲轴皮带轮。

(21) 安装缸盖罩。

(22) 安装水泵皮带轮。

(23) 安装惰轮,如图4-218所示。

(24) 安装交流发电机托架装配螺栓,如图4-219所示。

> **注意**
> ① 沿点画线A涂敷1.5mm宽的液体密封胶,如图4-215所示。
> ② 给正时链条上的发动机缸体上表面接触面B涂上一层3.0mm宽的液体密封胶,如图4-215所示。
> ③ 部件安装须在涂抹液体密封胶后4min内进行。否则,应去除旧的残留物,重新涂抹液体密封胶。

第四章 本田车系发动机正时校对维修

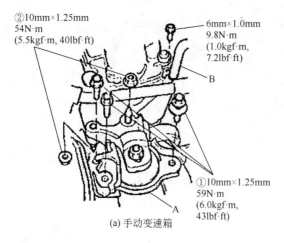

(a) 手动变速箱

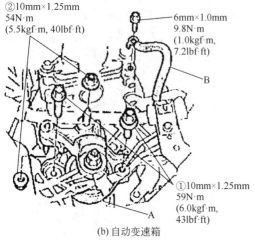

(b) 自动变速箱

图 4-217 安装发动机侧支架/托架总成 A

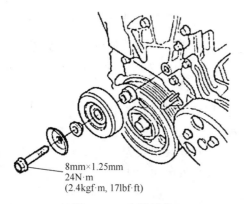

图 4-218 安装惰轮

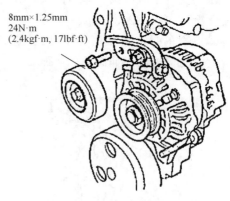

(a) L13A3发动机

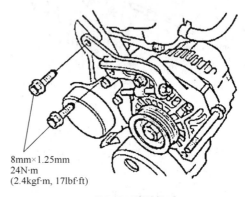

(b) L15A1发动机

图 4-219 安装交流发电机托架装配螺栓

（25）安装传动皮带，进行调整。

（26）自动变速箱车型：执行曲轴位置（CKP）模式清除和曲轴位置（CKP）模式学习程序。

第九节

进口本田思域车系 LDA2（1.3L）发动机正时校对维修

一、凸轮链条的拆装

（一）凸轮链条的拆卸

（1）拆下前车轮。

（2）拆下挡泥板与发动机下盖。

（3）拆下传动皮带。

（4）转动曲轴皮带轮使其上止点（TDC）标记 A 与指针 B 对齐，如图 4-220 所示。

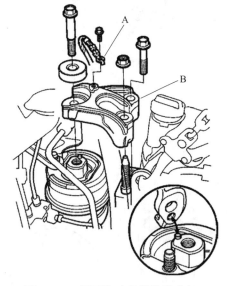

图 4-221 拆下发动机侧装配支架 B

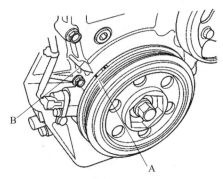

图 4-220 使曲轴皮带轮上止点标记 A 与指针 B 对齐

（5）拆下水泵皮带轮。

（6）拆下缸盖罩。

（7）拆下曲轴皮带轮。

（8）拆下油底壳。

（9）使用千斤顶并将木块放置在发动机体下，支撑发动机。

（10）拆下地线 A，然后拆下发动机侧装配支架 B，如图 4-221 所示。

（11）断开曲轴位置（CKP）传感器插头 A，如图 4-222 所示，然后拆下量油计软管装配螺栓 B 与线束夹具 C。

（12）拆下链条罩 A，如图 4-223 所示，

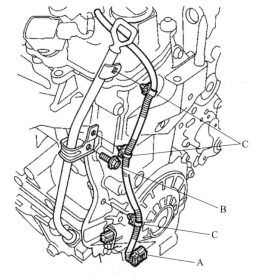

图 4-222 断开曲轴位置（CKP）传感器插头 A

然后拆下曲轴位置（CKP）脉冲板 B。

（13）测量凸轮链的间隔，如图 4-224 所示。如果间隔小于维修极限，则更换凸轮

第四章　本田车系发动机正时校对维修

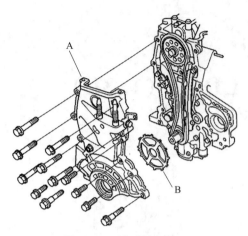

图 4-223 拆下链条罩 A

链与凸轮链张紧器。

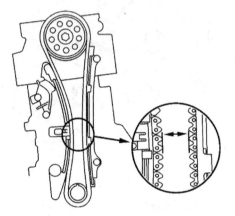

图 4-224 测量凸轮链的间隔

（14）在凸轮链张紧器滑块 A 的滑动面上涂抹新机油，如图 4-225 所示。

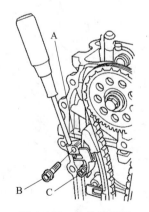

图 4-225 涂抹新机油

（15）使用螺丝刀固定凸轮链张紧器滑块，然后拆下螺栓 B，并拧松螺栓 C。

（16）拆下凸轮链张紧器滑块，如图 4-226 所示。

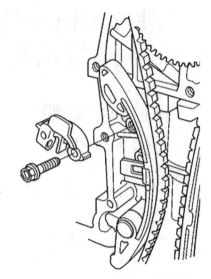

图 4-226 拆下凸轮链张紧器滑块

（17）拆下凸轮链张紧器 A 与凸轮链导轨 B，如图 4-227 所示。

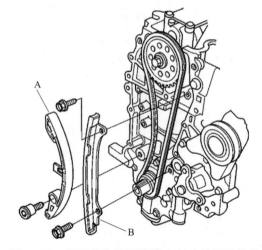

图 4-227 拆下凸轮链张紧器 A 与凸轮链导轨 B

（18）拆下凸轮链条。

（二）凸轮链条的安装

> ⚠ **注意**
> 使凸轮远离磁场。

（1）将曲轴置于上止点（TDC）位置。

将曲轴链轮上的 TDC 标记 A 与发动机体上的指针 B 对齐，如图 4-228 所示。

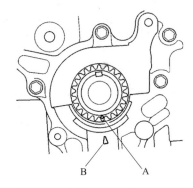

图 4-228　将标记 A 与指针 B 对齐

（2）将 1 号活塞置于上止点（TDC）位置。凸轮轴链轮上的一个"向上"标记 A 应位于顶部，且凸轮轴链轮上的 TDC 冲印标记 B 应与缸盖的顶部边缘对齐，如图 4-229 所示。

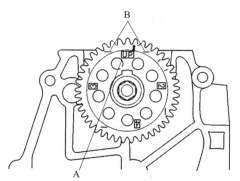

图 4-229　凸轮轴链轮上的冲印标记 B 应与缸盖的顶部边缘对齐

（3）使彩色链节 A 与曲轴链轮上的 TDC 标记 B 对齐，将凸轮链条安装在曲轴链轮上，如图 4-230 所示。

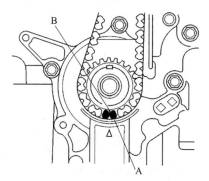

图 4-230　使彩色链节 A 与标记 B 对齐

（4）将指针 A 与两个彩色链节 B 的中间对齐，将凸轮链条安装在凸轮轴链轮上，如图 4-231 所示。

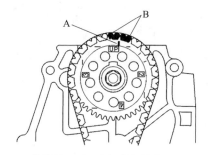

图 4-231　将指针 A 与两个彩色链节 B 的中间对齐

（5）在凸轮链张紧器装配螺栓 A 的螺纹上涂抹新机油，如图 4-232 所示。

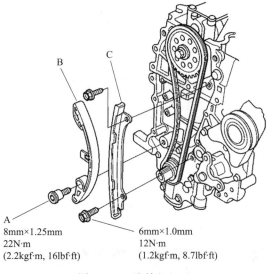

图 4-232　涂抹新机油

（6）安装凸轮链张紧器 B 与凸轮链导轨 C。

（7）安装凸轮链张紧器滑块，并松弛地拧入下侧螺栓，如图 4-226 所示。

（8）在凸轮链张紧器滑块 A 的滑动面上涂抹新机油，如图 4-225 所示。

（9）顺时针转动凸轮链张紧器压紧凸轮链张紧器滑块。安装剩下的螺栓并将其拧紧。

（10）检查链条罩油封是否损坏。如果油封损坏，则更换链条罩油封。

（11）清除链条罩配合面、螺栓和螺栓孔上的所有旧液体密封剂。

（12）清洁链条罩配合面，并将其晾干。

（13）在链条罩缸体配合面与螺栓孔内螺纹上涂抹液体密封剂，如图4-233所示。

> **注意**
> ① 沿着虚线 A 涂抹宽为 1.5mm 的液体密封剂。
> ② 在链轮与缸体上表面接触部位 B 涂抹宽为 3.0mm 的液体密封剂。

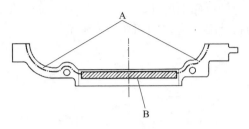

图4-234 沿着虚线A涂抹液体密封剂

（16）安装线束夹具A与量油计软管装配螺栓B，然后连接CKP传感器插头C，如图4-235所示。

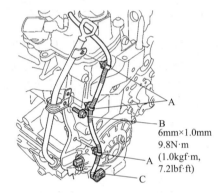

图4-235 连接CKP传感器插头C

（17）安装侧发动机装配支架A，然后按照图4-236所示编号顺序拧紧装配螺栓与螺母。

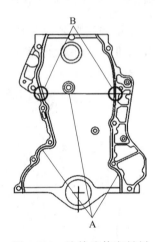

图4-233 涂抹液体密封剂

（14）在链条罩油底壳配合面与螺栓孔内螺纹上涂抹液体密封剂。

> **注意**
> ① 沿着虚线 A 涂抹宽为 1.5mm 的液体密封剂如图4-234所示。
> ② 在阴影区 B 涂抹宽为 5.0mm 的液体密封剂。
> ③ 涂抹密封剂后经过 5min 或更长时间，不要安装部件。此时，在清除旧的密封剂之后，重新涂抹液体密封剂。

（15）安装曲轴位置（CKP）脉冲板B与链条罩A，如图4-223所示。

> **注意**
> ① 在发动机注油之前，至少等待 30s。
> ② 安装链条罩之后，至少 3h 内不得启动发动机。

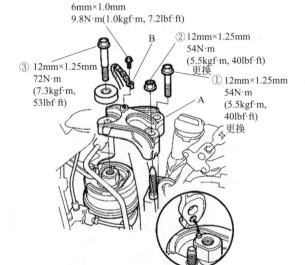

图4-236 拧紧装配螺栓与螺母

(18) 安装地线 B。
(19) 拆下千斤顶与木块。
(20) 安装油底壳。
(21) 安装曲轴皮带轮。
(22) 安装缸盖罩。
(23) 安装水泵皮带轮。
(24) 安装传动皮带。
(25) 安装挡泥板与发动机下盖。
(26) 安装前车轮。
(27) 运行曲轴位置（CKP）模式清除程序/曲轴位置（CKP）模式学习程序。

二、凸轮轴链轮的拆装

（一）凸轮轴链轮的拆卸

(1) 拆下缸盖罩。
(2) 穿过凸轮轴链轮与凸轮链条作参考标记 A，如图 4-237 所示。

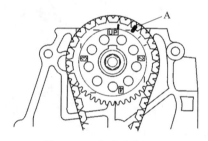

图 4-237 作参考标记 A

(3) 通过缸盖内的回油孔，在凸轮链张紧器滑动表面上涂抹新机油，如图 4-238 所示。

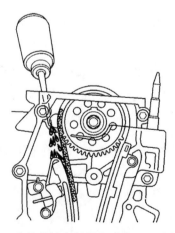

图 4-238 在凸轮链张紧器滑动表面上涂抹新机油

(4) 拆下缸盖塞，如图 4-239 所示。

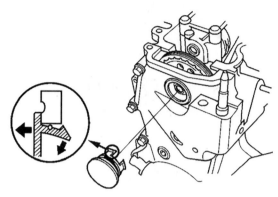

图 4-239 拆下缸盖塞

(5) 固定曲轴皮带轮并将套筒扳手 A 固定在凸轮轴链轮螺栓上，如图 4-240 所示。

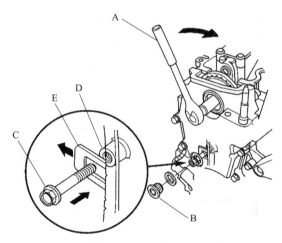

图 4-240 将套筒扳手 A 固定在凸轮轴链轮螺栓上

(6) 拆下维修螺栓 B，顺时针转动凸轮轴以压紧凸轮链张紧器，然后通过凸轮链张紧器维修孔 E 在发动机体螺栓孔 D 内安装 6mm×1.0mm 螺栓 C。

(7) 使用 27mm 开口扳手固定凸轮轴，然后拧松凸轮轴链轮螺栓，如图 4-241 所示。

(8) 拆下凸轮轴链轮螺栓，如图 4-242 所示，然后拆下凸轮轴链轮。

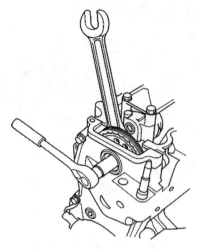

图 4-241 拧松凸轮轴链轮螺栓

 注意

使用绳索吊起凸轮链。

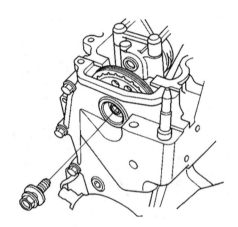

图 4-242 拆下凸轮轴链轮螺栓

（二）凸轮轴链轮的安装

（1）将凸轮链绕在凸轮轴链轮上，对齐参考标记 A，然后将凸轮轴安装在凸轮轴链轮上，如图 4-237 所示。

（2）使用 27mm 开口扳手固定凸轮轴，然后拧紧螺栓，如图 4-243 所示。

（3）通过缸盖内的回油孔，在凸轮链张紧器滑动表面涂抹新机油，如图 4-238 所示。

（4）固定曲轴皮带轮并将套筒扳手 A

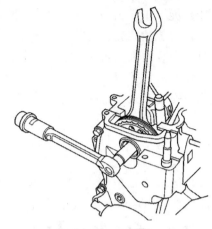

图 4-243 拧紧螺栓

固定在凸轮轴链轮螺栓上，如图 4-244 所示。

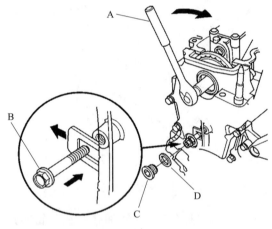

图 4-244 将套筒扳手 A 固定在凸轮轴链轮螺栓上

（5）顺时针转动凸轮轴以压紧凸轮链张紧器，然后拆下 6mm×1.0mm 螺栓 B。

 注意

① 转动凸轮轴时，转动转矩不应超过 44N·m。
② 不得逆时针转动凸轮轴。

（6）使用新垫圈 D 安装维修螺栓 C。
（7）安装新缸盖塞。
（8）安装缸盖罩。

第十节

讴歌 MDX/LR/TL 车系 J35A1/J35A8/J35Z6 发动机正时校对维修

J35Z6、J35A1 和 J35A8 发动机结构基本相同。现以 J35A1 发动机为例讲述发动机正时系统的检查和调整技巧。

一、正时皮带的检查

（1）拆下传动带。
（2）拆下传动带自动张紧器。
（3）拆下前上盖，如图 4-245 所示。

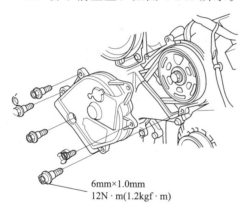

图 4-245　拆下前上盖

（4）检查正时皮带是否有裂纹、沾到机油或冷却液。如果有裂纹，则更换皮带。清除沾在皮带上的机油或冷却液，如图 4-246 所示。

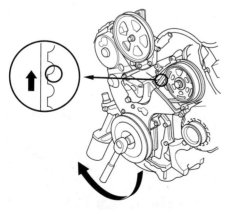

图 4-246　检查正时皮带

二、正时皮带的拆卸

正时皮带的拆卸如下。
（1）转动曲轴使其白色标记 A 与指针 B 对齐，如图 4-247 所示。

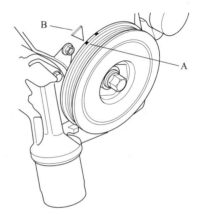

图 4-247　转动曲轴使其白色标记 A 与指针 B 对齐

（2）检查并确认前凸轮轴皮带轮上的 1 号活塞上止点（TDC）标记 A 与前上盖的指针 B 对齐，如图 4-248 所示。

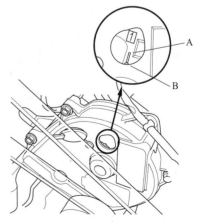

图 4-248　检查并确认前凸轮轴皮带轮上的 1 号活塞上止点（TDC）标记 A 与前上盖的指针 B 对齐

(3) 用举升机举升车辆，然后拆下右前车轮。

(4) 拆下挡泥板。

(5) 拆下传动带。

(6) 拆下传动带自动张紧器。

(7) 在油底壳下放置一个千斤顶和木块，以支撑发动机。

(8) 拆下搭铁电缆 A 和发动机侧支座托架 B 上半部分，如图 4-249 所示。

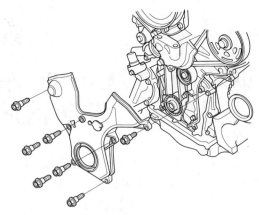

图 4-251 拆下下盖

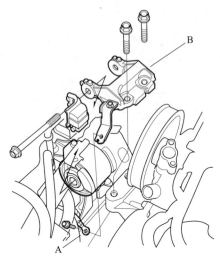

图 4-249 拆下搭铁电缆 A 和发动机侧支座托架 B 上半部分

(9) 拆下曲轴皮带轮。

(10) 拆下前上盖 A 和后上盖 B，如图 4-250 所示。

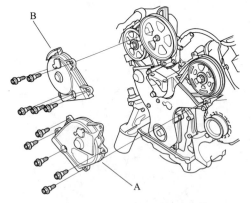

图 4-250 拆下前上盖 A 和后上盖 B

(11) 拆下下盖，如图 4-251 所示。

(12) 将一个蓄电池夹紧螺栓从蓄电池托架上拆下，然后打磨其末端。

(13) 如图 4-252 所示，紧固蓄电池夹紧螺栓，以将正时皮带调节器固定在其当前位置。用手紧固，不要使用扳手。

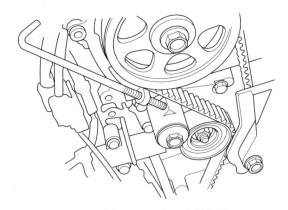

图 4-252 紧固蓄电池夹紧螺栓

(14) 拆下正时皮带导向板 A，如图 4-253 所示。

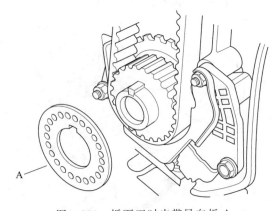

图 4-253 拆下正时皮带导向板 A

（15）拆下发动机侧面支座托架的下半部分，如图 4-254 所示。

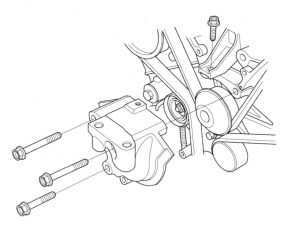

图 4-254　拆下发动机侧面支座托架的下半部分

（16）拆下惰轮螺栓 A 和惰轮 B，如图 4-255 所示，然后拆下正时皮带。报废惰轮螺栓。

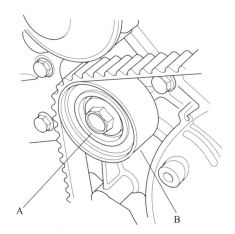

图 4-255　拆下惰轮螺栓 A 和惰轮 B

三、正时皮带的安装

（1）清理正时皮带轮，正时皮带导向板和上、下盖。

（2）通过将正时皮带驱动轮齿上的 TDC 标记 A 对准机油泵上的指针 B，将正时皮带驱动轮设定到上止点（TDC），如图 4-256 所示。

（3）通过将凸轮轴皮带轮上的 TDC 标记 A 对准后盖上的指针 B，将凸轮轴皮带轮设定到 TDC，如图 4-257 所示。

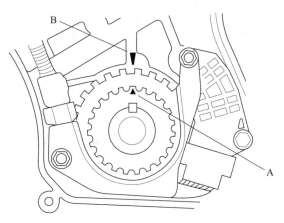

图 4-256　将正时皮带驱动轮设定到上止点

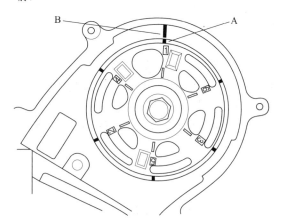

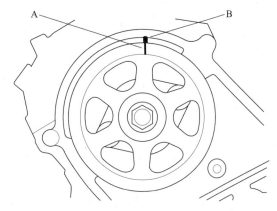

图 4-257　将凸轮轴皮带轮设定到 TDC

（4）用一个新的惰轮螺栓松松地安装惰轮，使惰轮能移动但不会脱落。

（5）如果自动张紧器已张开且不能安装正时皮带，则执行正时皮带更换程序。

(6) 从驱动轮开始，按逆时针顺序安装正时皮带，如图 4-258 所示。安装时，注意不要损坏正时皮带。

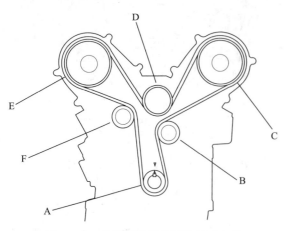

图 4-258　按逆时针顺序安装正时皮带

安装顺序：驱动轮 A→惰轮 B→前凸轮轴皮带轮 C→水泵皮带轮 D→后凸轮轴皮带轮 E→调节皮带轮 F。

(7) 紧固惰轮螺栓，如图 4-259 所示。

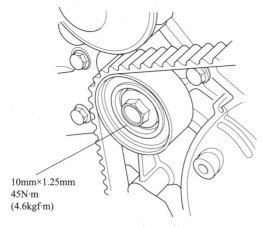

图 4-259　紧固惰轮螺栓

(8) 将蓄电池夹紧螺栓从后盖上拆下，如图 4-252 所示。

(9) 安装发动机侧支座托架的下半部分，如图 4-254 所示。

(10) 安装正时皮带导向板，如图 4-253 所示。

(11) 安装下盖，如图 4-251 所示。

(12) 安装前上盖 A 和后上盖 B，如图 4-250 所示。

(13) 安装曲轴皮带轮。

(14) 顺时针方向旋转曲轴皮带轮 5～6 圈，以将正时皮带定位在皮带轮上。

(15) 转动曲轴皮带轮，使其白色标记 A 与指针 B 对齐，如图 4-247 所示。

(16) 检查凸轮轴皮带轮标记，如图 4-260 所示。

> **注意**
>
> 如果标记未对准，转动曲轴 360°，并重新检查凸轮轴皮带轮标记。
> ① 如果凸轮轴皮带轮标记在 TDC，则转至步骤 (17)。
> ② 如果凸轮轴皮带轮标记不在 TDC，则拆下正时皮带并重复步骤 (2) ～ (16)。

前：

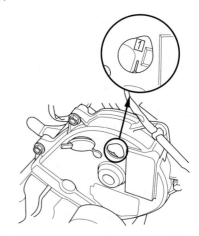

后：

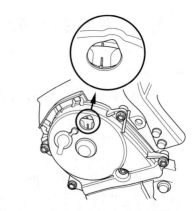

图 4-260　检查凸轮轴皮带轮标记

（17）安装发动机侧支座托架的上半部分，并紧固新安装螺栓 A，然后紧固质量阻尼器安装螺栓 B，如图 4-261 所示。

（21）安装挡泥板，如图 4-262 所示。

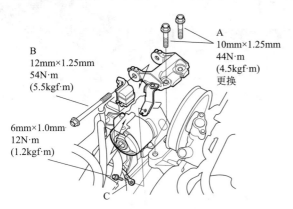

图 4-261　安装发动机侧支座托架的上半部分

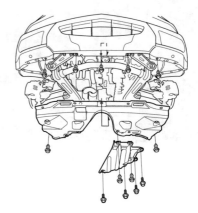

图 4-262　安装挡泥板

（18）安装搭铁电缆 C。
（19）安装传动带自动张紧器。
（20）安装传动带。

（22）安装右前轮。
（23）执行曲轴位置（CKP）模式清除/曲轴位置模式学习程序。

Chapter 5 第五章
日产车系发动机正时校对维修

第一节 东风日产新天籁车系发动机正时校对维修

一、MR20DE 发动机

发动机（MR20DE）正时系统分解图如图 5-1 所示。

（一）正时系统部件的拆卸

> **注意**
> 文中指示的旋转方向代表从发动机前端看到的方向。

（1）拆卸摇臂盖。
（2）排放发动机机油。

> **注意**
> 在发动机冷却后执行此步骤。

（3）拆下驱动皮带。
（4）用下列步骤设置 1 号气缸压缩行程上止点。

① 顺时针转动曲轴皮带轮 1，并对齐上止点标记（无油漆标记）B 至前盖上的正时指示器 A，如图 5-2 所示。
② 检查 1 号气缸的凸轮突起位于如图 5-3 所示位置（←）。
如果没有，如图 5-3 所示旋转曲轴皮带轮一圈（360°）并对齐。
（5）用下列步骤拆下曲轴皮带轮。

① 用皮带轮支架 A（通用维修工具）固定曲轴皮带轮 1，松开曲轴皮带轮螺栓，并使螺栓座面偏离其原始位置 10mm（0.39in），如图 5-4 所示。

> **注意**
> 切勿拆下曲轴皮带轮螺栓，因为它们将作为皮带轮拔具（SST：KV11103000）的支撑点使用。

② 在曲轴皮带轮 1 的 M6 螺纹孔内安装皮带轮拔具（SST：KV11103000）A，然后拆下曲轴皮带轮，如图 5-5 所示。

（6）拆下动力转向油泵皮带自动张紧器。
（7）拆下动力转向油泵和动力转向油泵支架。
（8）拆下排气前管。
（9）拆下后扭力杆。
（10）拆卸油底壳（下）。

> **注意**
> 如果曲轴链轮和平衡单元部件没有拆下，则不需要该步骤。

（11）拆下动力转向油泵的储液罐，将它移到一边。

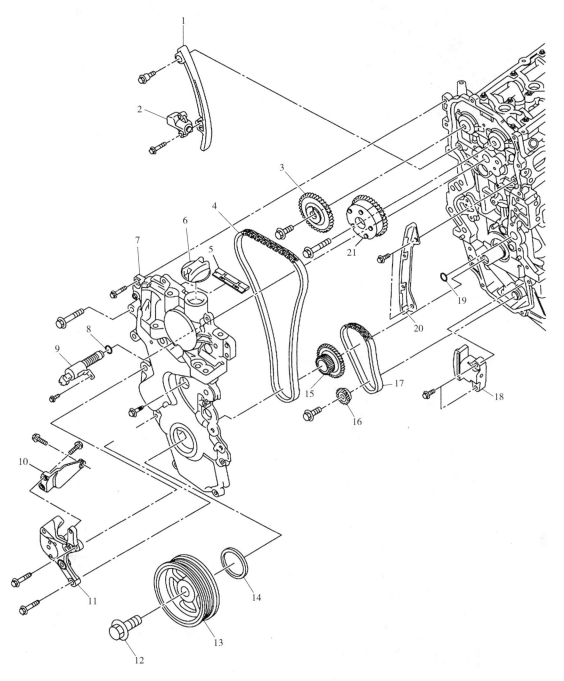

图 5-1 发动机（MR20DE）正时系统分解图

1—松紧导杆；2—正时链条张紧器；3—凸轮轴链轮（排气）；4—正时链条；5—张紧导板（前盖侧）；6—机油加注口盖；7—前盖；8，19—O形圈；9—进气门正时控制电磁阀；10，11—动力转向油泵支架；12—曲轴皮带轮螺栓；13—曲轴皮带轮；14—前油封；15—曲轴链轮；16—平衡单元链轮；17—平衡单元正时链条；18—平衡单元正时链条张紧器；20—张紧导板；21—凸轮轴链轮（进气）

第五章　日产车系发动机正时校对维修

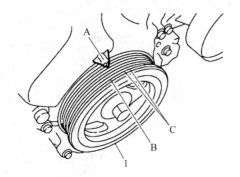

图 5-2 对齐标记 [C 为白色油漆标记（不用于维修）]

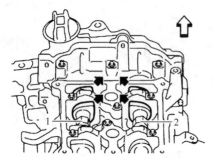

图 5-3 检查 1 号气缸的凸轮突起
1—凸轮轴（进气）；2—凸轮轴（排气）；⇦—发动机前端

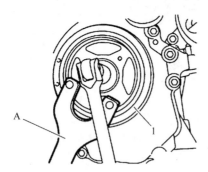

图 5-4 拆下曲轴皮带轮（一）

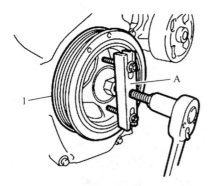

图 5-5 拆下曲轴皮带轮（二）

（12）用变速箱千斤顶支撑发动机底部，然后拆下发动机固定支架（右）和发动机固定隔垫（右）。

（13）拆卸进气门正时控制电磁阀。

（14）拆下交流发电机、水泵和 A/C 压缩机皮带自动张紧器。

（15）用下列步骤拆下前盖。

① 按图 5-6 所示的相反顺序松开装配螺栓。

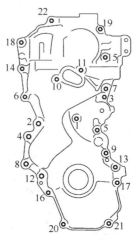

图 5-6 松开装配螺栓

② 拆下动力转向油泵支架。

③ 通过撬动图 5-7 中"⬅"位置，切割密封胶，然后拆下前盖。

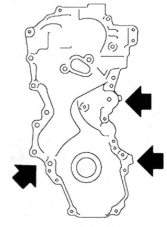

图 5-7 切割密封胶

⚠ 注意

① 不要损坏配合面。
② 与以前类型相比，在发货前涂抹了更具黏性的密封胶，所以不应在非规定位置剥落。

（16）从前盖上拆下前油封。

> **注意**
>
> 不要损坏前盖。用螺丝刀顶起前油封。

（17）按照以下步骤拆下正时链条张紧器。

① 按下正时链条张紧器柱塞。

② 将限位器销 A 插入主体孔内，然后按下柱塞并固定，如图 5-8 所示。

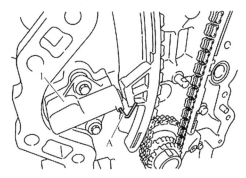

图 5-8　按下柱塞并固定

> **注意**
>
> 使用直径大约为 1.5mm（0.059in）的硬金属销作为限位器销。

③ 拆下正时链条张紧器 1，如图 5-8 所示。

（18）拆下松紧导杆 2、张紧器导板 3 和正时链条 1，如图 5-9 所示。

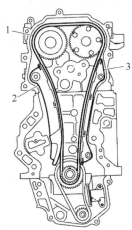

图 5-9　拆下松紧导杆 2、张紧器导板 3 和正时链条 1

> **注意**
>
> 拆卸正时链条时，切勿分别转动各曲轴或凸轮轴，这会导致气门和活塞干涉。

（19）用下列步骤拆下曲轴链轮和平衡单元驱动部件。

① 在图 5-10 所示方向按下限位器凸耳 A，朝平衡单元正时链条张紧器 1 方向推动正时链条松紧导杆 B。

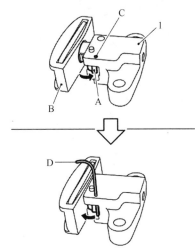

图 5-10　按下限位器凸耳 A

平衡单元正时链条松紧导杆通过按下限位器凸耳得以松开。随后可以移动平衡单元正时链条松紧导杆。

② 在张紧器主体孔 C 内插入限位器销 D，以固定平衡单元正时链条松紧导杆，如图 5-10 所示。

> **注意**
>
> 用直径约 1.2mm（0.047in）的硬金属销作为限位器销。

③ 拆下平衡单元正时链条张紧器。

当无法使杆上的孔和张紧器主体上的孔对齐时，略微移动平衡单元正时链条松弛导板来对齐这些孔。

④ 抓住平衡轴的 WAF 部分［WAF：19mm（0.75in）］A，然后松开平衡单元链轮螺栓，如图 5-11 所示。

> **注意**
>
> ① 用 WAF 部分固定平衡单元轴。
> ② 切勿通过拧紧平衡单元驱动链条来松开平衡单元链轮螺栓。

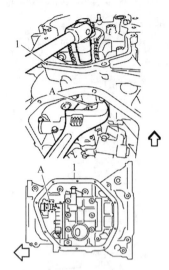

图 5-11 松开平衡单元链轮螺栓
1—油底壳(上);⇐—发动机前端

⑤ 作为一组拆下曲轴链轮、平衡单元链轮和平衡单元正时链条。

(20) 如果需要,从前盖上拆下张紧导板(前盖侧)。

(二) 正时系统部件的安装

> ⚙ 注意
>
> 图 5-12 显示了各个正时链条上的匹配标记和相应地安装了部件的链轮上的匹配标记之间的关系。

(1) 检查曲轴键是否朝上。

(2) 如果拆下张紧导板(前盖侧),则将其安装到前盖上。

> ⚙ 注意
>
> 根据声音或感觉检查接头状况。

(3) 安装曲轴链轮 2、平衡单元链轮 3 和平衡单元正时链条 1,如图 5-13 所示。

安装时对齐各链轮和平衡单元正时链条上的匹配标记。

如果这些匹配标记没有对齐,则略微转动平衡轴以修正位置。

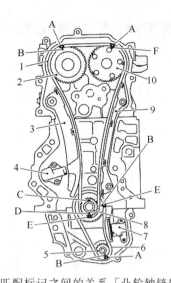

图 5-12 匹配标记之间的关系 [凸轮轴链轮(进气)内有两个外槽,较宽的一个是匹配标记]
1—正时链条;2—凸轮轴链轮(排气);3—松紧导杆;4—正时链条张紧器;5—平衡单元链轮;6—平衡单元正时链条;7—平衡单元正时链条张紧器;8—曲轴链轮;9—张紧导板;10—凸轮轴链轮(进气);A—匹配标记(深蓝色链节);B、D—匹配标记(印记);C—曲轴键位置(垂直朝上);E—匹配标记(橙色链节);F—匹配标记(外槽)❶

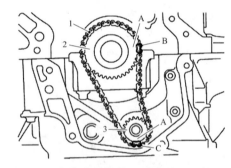

图 5-13 安装曲轴链轮 2 平衡单元链轮 3 和平衡单元正时链条 1
A—匹配标记(印记);B—匹配标记(橙色链节);C—匹配标记(深蓝色链节)

> ⚙ 注意
>
> 安装平衡单元正时链条后,检查各链轮的匹配标记位置。

(4) 抓住平衡轴的 WAF 部分 [WAF:19mm(0.75in)] A,然后拧紧平衡轴链

---

❶ 凸轮轴链轮(进气)内有两个外槽。较宽的一个是匹配标记。下同。

轮螺栓，如图5-14所示。

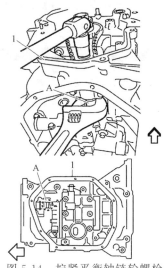

图5-14 拧紧平衡轴链轮螺栓
1—油底壳（上）；⇐—发动机前端

 注意

① 用 WAF 部分固定平衡单元轴。
② 切勿通过拧紧平衡单元正时链条来松开平衡轴链轮螺栓。

（5）安装平衡单元正时链条张紧器1，如图5-15所示。

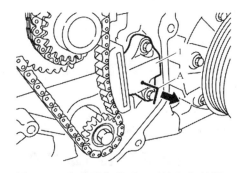

图5-15 安装平衡单元正时链条张紧器1

用限位器销 A 将柱塞固定在完全压缩位置，然后安装。安装平衡单元正时链条张紧器后，拉出"←"限位器销（图5-15）。

再次检查平衡单元正时链条和各链轮的匹配标记位置。

（6）对齐各链轮匹配标记与正时链条的匹配标记，如图5-16所示。

如果这些匹配标记没有对齐，则抓住六

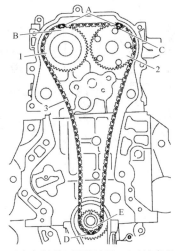

图5-16 对齐各链轮匹配标记与正时链条的匹配标记
1—凸轮轴链轮（排气）；2—凸轮轴链轮（进气）；
3—正时链条；A—匹配标记（深蓝色链节）；
B，E—匹配标记（印记）；C—匹配标记
（外槽）；D—匹配标记（橙色链节）

角形部分略微转动凸轮轴以修正位置。

 注意

安装正时链条后，再次检查各链轮和正时链条的匹配标记位置。

（7）安装张紧导板3和松紧导杆2，如图5-17所示。

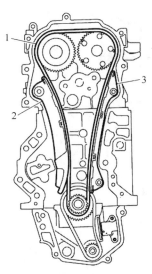

图5-17 安装张紧导板3和
松紧导杆2（1为正时链条）

（8）安装正时链条张紧器1，如图5-18

所示。

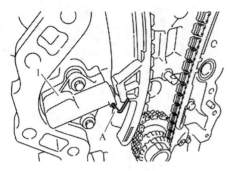

图 5-18 安装正时链条张紧器 1

用限位器销 A（图 5-18）将柱塞固定在完全压缩位置，然后安装。在安装正时链条张紧器后，用力拉出限位器销。

（9）再次检查正时链条和各链轮的匹配标记位置。

（10）安装前油封。

（11）用下列步骤安装前盖。

① 将新 O 形圈安装到缸体上。

⚒ 注意

务必对齐 O 形圈。

② 如图 5-19 所示，用压缩器（通用维修工具）将密封胶 B 连续地涂抹到前盖。

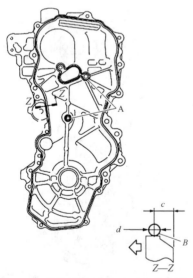

图 5-19 将密封胶 B 连续地涂抹到前盖
A—密封胶的应用部位；c—4.0～5.6mm（0.157～0.220in）；
d—ϕ3.4～4.4mm（0.134～0.173in）；⇦—发动机外部

请使用原装密封胶或同等产品。

③ 检查正时链条和各链轮的匹配标记是否仍然对齐，然后安装前盖。

⚒ 注意

① 检查缸体上的 O 形圈安装是否正确。
② 注意不要因为与曲轴的前端干涉而损坏前油封。

④ 安装前盖和动力转向油泵支架，并按图 5-20 所示的数字顺序拧紧装配螺栓。

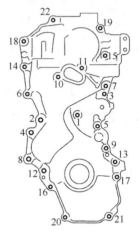

图 5-20 拧紧装配螺栓

有关螺栓的安装位置，请参见下列内容。

M6 螺栓：1 号。

M10 螺栓：6 号、7 号、10 号、11 号、14 号。

M12 螺栓：2 号、4 号、8 号、12 号。

M8 螺栓：除上述内容外。

⚒ 注意

应该在涂抹密封胶后的 5 min 内完成安装。

⑤ 拧紧所有螺栓后，按照图 5-20 所示的数字顺序重新拧紧它们至规定转矩。

⚒ 注意

务必擦除溢出的多余密封胶。

（12）用下列步骤安装曲轴皮带轮。

① 使用塑料锤插入曲轴皮带轮时，敲

击其中央位置（非四周位置）。

 注意

切勿损坏前油封唇部分。

② 用皮带轮固定器（通用维修工具）A 固定曲轴皮带轮 1，如图 5-21 所示。

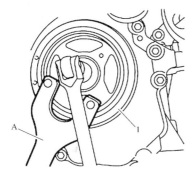

图 5-21　固定曲轴皮带轮 1

③ 用新发动机机油涂抹曲轴皮带轮螺栓的螺纹和固定面。

④ 拧紧曲轴皮带轮螺栓。

力矩：68.6N·m（7.0kgf·m，51lbf·ft）。

⑤ 完全松开。

力矩：0。

⑥ 拧紧曲轴皮带轮螺栓。

力矩：29.4N·m（3.0kgf·m，22lbf·ft）。

⑦ 在曲轴皮带轮 2 上做出油漆记号 B，它与六个中任意一个匹配，以便识别曲轴皮带轮螺栓 1 法兰上的角度标记 A，如图 5-22 所示。

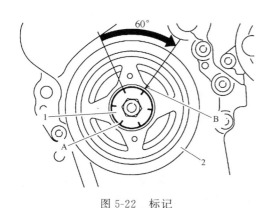

图 5-22　标记

⑧ 顺时针再转动 60°（定角度拧紧）。用角度记号的移动检查拧紧角度。

⑨ 检查曲轴在顺时针方向上的转动是否顺畅。

（13）按照与拆卸相反的顺序安装其余零件。

二、VQ25DE、VQ35DE 发动机

发动机（VQ25DE、VQ35DE）正时系统分解图如图 5-23 所示。

（一）正时系统部件的拆卸

（1）排放发动机机油。

（2）排出发动机中的冷却液。

（3）拆下进气歧管总管。

（4）拆下摇臂盖（气缸侧体 1 和 2）。

（5）拆下油底壳（上和下）和机油集滤器。

（6）拆下驱动皮带、惰轮皮带轮和支架。

（7）从前正时链条箱上拆卸它们的支架来分离发动机线束。

（8）拆下气门正时控制盖。

按图 5-24 所示的相反顺序松开装配螺栓。

注意

轴在内部与凸轮轴链轮（进气）中心孔相连。拆卸时，保持其水平直至完全断开。

（9）如图 5-25 所示，获取 1 号缸压缩行程上止点。

① 顺时针旋转曲轴皮带轮，将正时标记（无色槽沟线）"←" 对准正时指示器。

② 确认如图 5-26 所示位置的 1 号缸（气缸侧体 1 发动机前端）上的进气和排气凸轮尖端。

如果没有，请旋转曲轴一圈（360°）并对齐。

（10）拆卸曲轴皮带轮。

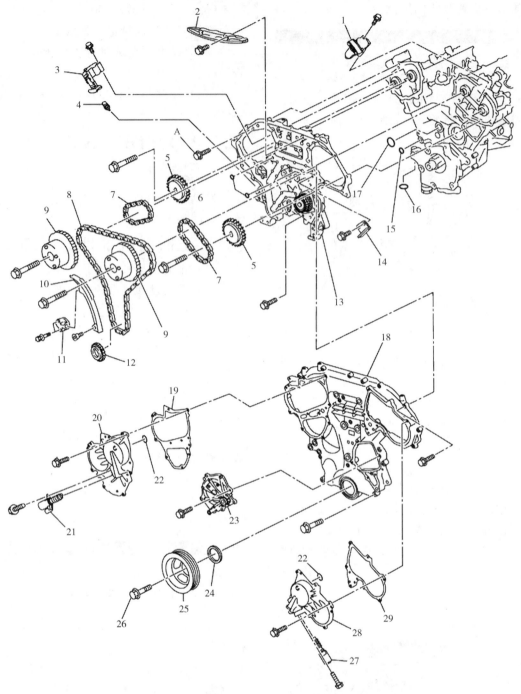

图 5-23 发动机（VQ25DE、VQ35DE）正时系统分解图

1—正时链条张紧器（副）（气缸侧体2）；2—内链条导轨；3—正时链条张紧器（副）（气缸侧体1）；4—机油温度传感器；5—凸轮轴链轮（排气）；6，15～17—O形圈；7—正时链条（副）；8—正时链条（主）；9—凸轮轴链轮（进气）；10—松紧导杆；11—正时链条张紧器（主）；12—曲轴链轮；13—后正时链条箱；14—张紧导板；18—前正时链条箱；19—气门正时控制盖衬垫（气缸侧体1）；20—气门正时控制盖（气缸侧体1）；21—进气门正时控制电磁阀（气缸侧体1）；22—密封圈；23—水泵盖；24—前油封；25—曲轴皮带轮；26—曲轴皮带轮螺栓；27—进气门正时控制电磁阀（气缸侧体2）；28—气门正时控制盖（气缸侧体2）；29—气门正时控制盖衬垫（气缸侧体2）

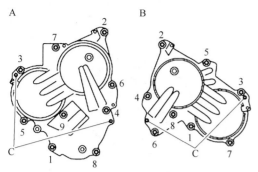

图 5-24　松开装配螺栓

A—气缸侧体 1；B—气缸侧体 2；C—定位销孔

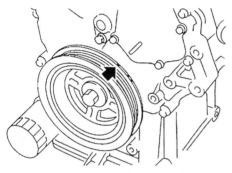

图 5-25　获取 1 号缸压缩行程上止点

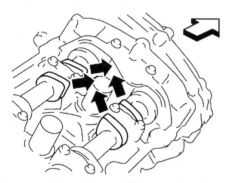

图 5-26　确认 1 号缸上的进气和排气凸轮尖端

⇦—发动机前端

① 用皮带轮夹具（通用维修工具）A 固定曲轴，如图 5-27 所示。

② 松开曲轴皮带轮螺栓，并确定离开螺栓原位 10mm（0.39in）的螺栓座表面。

⚠ 注意

切勿拆卸曲轴皮带轮螺栓，因为它还能用于支撑合适的拔具。

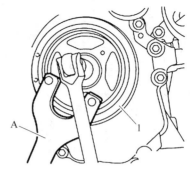

图 5-27　用皮带轮夹具 A 固定曲轴

1—曲轴皮带轮

③ 在曲轴皮带轮孔上放置合适的拔具凸耳，并拉出曲轴皮带轮，如图 5-28 所示。

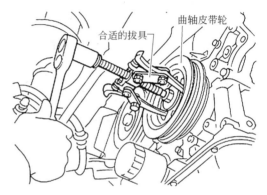

图 5-28　拉出曲轴皮带轮

⚠ 注意

切勿将合适的拔具凸耳放在曲轴皮带轮边缘上，否则会损坏内缓冲器。

（11）拆卸前正时链条箱。

① 按图 5-29 所示的相反顺序松开装配螺栓。

② 如图 5-30 所示，将合适的工具 A 插入前正时链条箱顶部的槽口。

③ 移动工具撬开链条箱。

使用油封刮刀（SST：KV10111100）清除密封胶，以便拆卸。

⚠ 注意

① 切勿使用螺丝刀或类似工具。

② 拆卸后，仔细处理前正时链条箱，使之不会因负载而翘起、倾斜或弯曲。

第五章　日产车系发动机正时校对维修

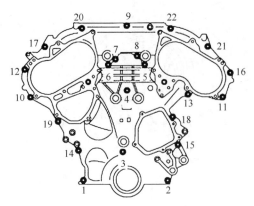

图 5-29 松开装配螺栓

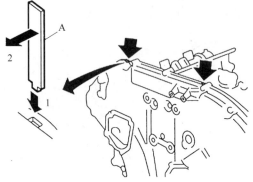

图 5-30 将合适的工具 A 插入前
正时链条箱顶部的槽口
1，2—插入的步骤

（12）从前正时链条箱上拆下水泵盖。

使用油封刮刀（SST：KV10111100）清除密封胶，以便拆卸。

（13）使用合适的工具从前正时链条箱上拆下前油封，如图 5-31 所示。

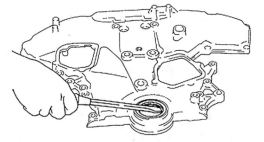

图 5-31 从前正时链条箱上拆下前油封

使用螺丝刀进行拆卸。

注意

不要损坏前正时链条箱。

（14）从后正时链条箱上拆下 O 形圈 1，如图 5-32 所示。

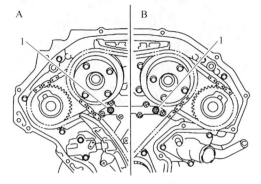

图 5-32 拆下 O 形圈 1
A—气缸侧体 1；B—气缸侧体 2

（15）按如下所示步骤拆卸正时链条张紧器（主）。

① 拆下下装配螺栓 1，如图 5-33 所示。

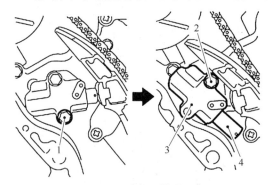

图 5-33 拆下下装配螺栓 1

② 慢慢松开上装配螺栓 2，然后转动装配螺栓上的正时链条张紧器（主）3，使柱塞 4 完全伸长（图 5-33）。

注意

即使柱塞完全伸出，它也不会从正时链条张紧器（主）上掉下。

③ 拆卸上装配螺栓，然后拆卸正时链条张紧器（主）。

（16）拆下内链条导轨 1、张紧导板 3 和松紧导杆 2，如图 5-34 所示。

注意

拆卸正时链条（主）后可以拆卸张紧导板。

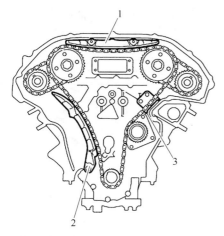

图 5-34 拆下内链条导轨 1、张紧导板 3 和松紧导杆 2

（17）拆卸正时链条（主）和曲轴链轮。

> **注意**
> 拆卸正时链条张紧器（主）后，不要分别旋转曲轴和凸轮轴，否则气门会碰撞活塞盖。

（18）如图 5-35 所示，拆卸正时链条（副）和凸轮轴链轮。

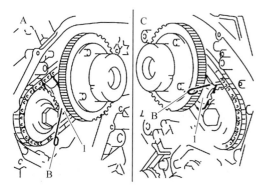

图 5-35 拆卸正时链条（副）和凸轮轴链轮

① 在气缸侧体 1A 和气缸侧体 2C 正时链条张紧器（副）1 上安装合适的定位销 B（图 5-35）。

> **注意**
> ① 用直径大约为 0.5mm（0.02in）的硬金属销作为限位器销。
> ② 关于拆卸正时链条张紧器（副），需要拆卸凸轮轴支架（1 号）。

② 拆下凸轮轴链轮（进气和排气）装

配螺栓，如图 5-36 所示。

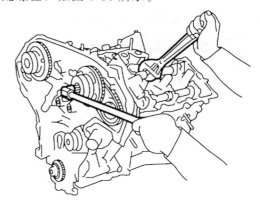

图 5-36 拆下凸轮轴链轮装配螺栓

使用扳手固定凸轮轴的六边形部分来松开装配螺栓。

> **注意**
> 切勿松开装配螺栓，而固定凸轮轴六边形以外的其他部分或张紧正时链条。

③ 将正时链条（副）与凸轮轴链轮一起拆卸。

稍微转动凸轮轴固定正时链条张紧器（副）侧的正时链条松紧度。

将 0.5mm（0.020in）厚的金属或树脂板插入正时链条和正时链条张紧器柱塞（导板）E 之间。从导管槽沟松开正时链条，将正时链条（副）2 与凸轮轴链轮一起拆卸，如图 5-37 所示。

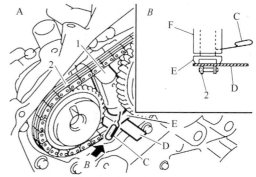

图 5-37 将正时链条（副）2 与凸轮轴链轮一起拆卸
1—正时链条张紧器（副）；A—气缸侧体 1；
B—视图；C—限位器销；D—板；
F—正时链条张紧器（主体）

拆卸正时链条（副）时小心柱塞不要脱

落。因为正时链条张紧器（副）的柱塞会在操作时移动，导致固定限位器销脱落。

> **注意**
> ① 凸轮轴链轮（进气）是用于正时链条（主）和正时链条（副）的二合一结构链轮。
> ② 如图 5-37 所示是气缸侧体 1 的示例。

当处理凸轮轴链轮（进气）时，请注意以下事项。

① 小心操作，避免震动凸轮轴链轮。

② 切勿分解。如图 5-38 所示，切勿松开螺栓 A。

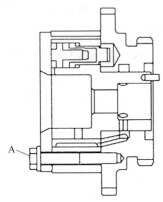

图 5-38　切勿松开螺栓 A

（19）若有必要，请从缸盖上拆卸正时链条张紧器（副）。

拆下已装好限位器销的正时链条张紧器（副）。

（20）使用刮刀从前正时链条箱和对面的配合面上清除所有旧密封胶遗留痕迹，如图 5-39 所示。

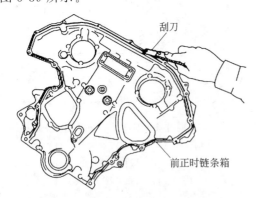

图 5-39　清除所有旧密封胶遗留痕迹

从螺栓孔 B 和螺纹上清除旧的密封胶，如图 5-40 所示。

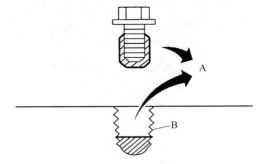

图 5-40　清除旧的密封胶
A—清除附着的旧密封胶

（21）使用刮刀除去水泵盖上的所有旧密封胶，如图 5-41 所示。

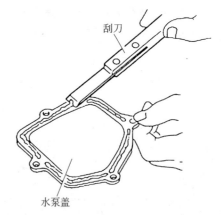

图 5-41　除去水泵盖上的所有旧密封胶

（二）正时系统部件的安装

图 5-42 显示了每个正时链条上的匹配标记和相应地安装了部件的链轮上的匹配标记之间的关系。

（1）若有必要，请将正时链条张紧器（副）安装到缸盖上。

安装已装有限位器销和新 O 形圈的正时链条张紧器（副）。

（2）确认定位销 A 和曲轴键 1 如图 5-43 所示的定位（压缩上止点的 1 号气缸）。

尽管凸轮轴没有停在如图 5-43 所示的位置，对于凸轮前端的放置，通常是将凸轮轴按图中相同的方向放置。

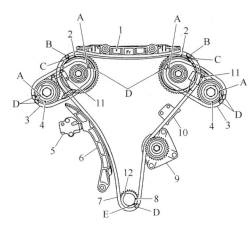

图 5-42 匹配标记之间的关系

1—内链条导轨；2—凸轮轴链轮（进气）；3—正时链条（副）；4—凸轮轴链轮（排气）；5—正时链条张紧器（主）；6—松紧导杆；7—正时链条（主）；8—曲轴链轮；9—水泵；10—张紧导板；11—正时链条张紧器（副）；12—曲轴键；A，C—匹配标记（冲孔）；B—匹配标记（粉色链节）；D—匹配标记（橙色）；E—匹配标记（有缺口）

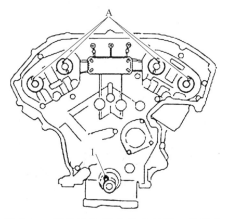

图 5-43 确认定位销 A 和曲轴键 1 的定位

凸轮轴定位销：在每个气缸侧体的缸盖面朝上侧。

曲轴键：在气缸侧体 1 的缸盖侧。

 注意

小直径侧的孔必须用作进气侧定位销孔。不要识别错（忽略大直径侧）。

（3）如下所示安装正时链条（副）和凸轮轴链轮（进气和排气）。

 注意

正时链条和链轮之间的匹配标记很易错位。安装时重复确认所有匹配标记位置。

① 按下正时链条张紧器（副）的柱塞，并用限位器销 A 保持按下状态，如图 5-44 所示。

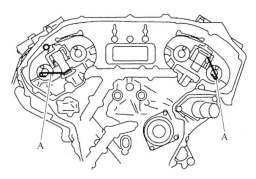

图 5-44 限位器销 A 保持按下状态

② 安装正时链条（副）1 和凸轮轴链轮（进气和排气），如图 5-45 所示。

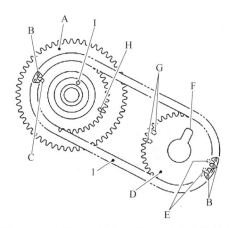

图 5-45 安装正时链条（副）1 和凸轮轴链轮

A—凸轮轴链轮（进气）背面；B—橙色链节；C—匹配标记（圆圈）；D—凸轮轴链轮（排气）背面；E—匹配标记（前面上的 2 个圆圈）；F—定位销槽；G—匹配标记（前面上的 2 个椭圆）；H—匹配标记（椭圆）；I—定位销孔

图 5-45 为气缸侧体 1（后视图）。

将正时链条（副）（橙色链节）上的匹配标记对准凸轮轴链轮（进气和排气）（冲孔）上的标记，并进行安装。

> **注意**
> ① 凸轮轴链轮（进气）的匹配标记位于凸轮轴链轮（副）的背面。
> ② 有两种类型的匹配标记：圆形和椭圆形。它们应分别用于气缸侧体 1 和气缸侧体 2。

气缸侧体 1 使用圆形，气缸侧体 2 使用椭圆形。

对齐凸轮轴上定位销与链轮上的槽，并进行安装。

在进气侧，将凸轮轴前端的定位销对准凸轮轴链轮背面的定位销孔，并进行安装。

在排气侧，将凸轮轴前端的定位销对准凸轮轴链轮上的定位销孔，并进行安装。

如果每个配合标记的位置和每个定位销的位置在配合零件上不匹配，请用扳手或同等工具握住凸轮轴的六边形部位进行微调。

凸轮轴链轮的装配螺栓必须在下一步中拧紧。用手拧紧它们足以避免定位销错位。

安装时和安装后很难通过目视检查匹配标记的错位。要使匹配更容易，请提前用油漆在链轮齿的顶部和延伸管路上做配合标记 A，如图 5-46 所示。

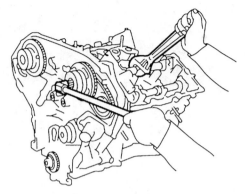

图 5-47　拧紧装配螺栓

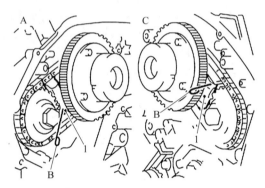

图 5-48　拉出限位器销 B
A—气缸侧体 1；C—气缸侧体 2

（4）安装张紧导板。
（5）如下所示安装正时链条（主）。
① 安装曲轴链轮 1，如图 5-49 所示。

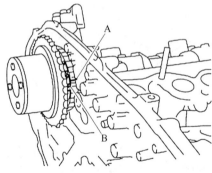

图 5-46　用油漆在链轮齿的顶部和
延伸管路上做配合标记 A
B—匹配标记（橙色链节）

③ 确认配合标记已对齐后，拧紧凸轮轴链轮装配螺栓。

用扳手固定凸轮轴的六角部分，以拧紧装配螺栓，如图 5-47 所示。

④ 从正时链条张紧器（副）1 上拉出限位器销 B，如图 5-48 所示。

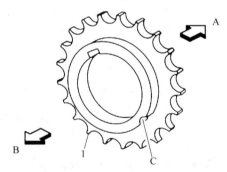

图 5-49　安装曲轴链轮 1
A—曲轴侧；B—发动机前端；C—匹配标记（前侧）

确认曲轴链轮上的配合标记朝向发动机前端。

② 安装正时链条（主）。

安装正时链条（主），使凸轮轴链轮

（进气）1 上的匹配标记（冲孔）B 与正时链条上的粉色链节 A 对齐，同时曲轴链轮 2 上的匹配标记（冲孔）C 与正时链条上的橙色链节 D 对齐，如图 5-50 所示。

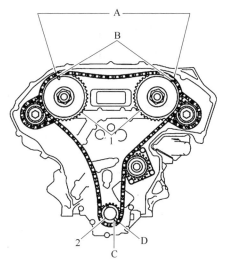

图 5-50　对正标记

当很难将正时链条（主）的配合标记对准每个链轮时，请使用扳手握住六边形部分慢慢转动凸轮轴，使其与配合标记对齐。

定位时，小心避免正时链条（副）的配合标记定位发生错位。

(6) 安装内链条导轨 1 和松紧导杆 2，以及张紧导板 3，如图 5-51 所示。

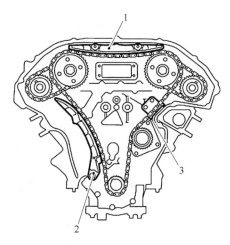

图 5-51　安装内链条导轨 1、松紧导杆 2 和张紧导板 3

> ✖ 注意
>
> 切勿过度拧紧松紧导杆装配螺栓 2。把装配螺栓拧紧到规定转矩时，螺栓座下面出现缝隙 A 是正常的，如图 5-52 所示。

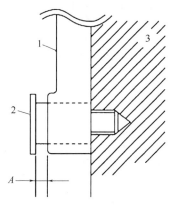

图 5-52　螺栓座下面出现缝隙 A
1—松紧导杆；3—缸体

(7) 按照以下步骤安装正时链条张紧器（主）。

① 向上拉出柱塞限位器凸耳 A（或向下转动杆）以拆卸柱塞棘齿 D 上的限位器，如图 5-53 所示。

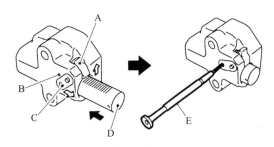

图 5-53　拆卸柱塞棘齿 D 上的限位器

> ✖ 注意
>
> 柱塞限位器凸耳和杆 C 是同步的（图 5-53）。

② 向张紧器中压入柱塞。

③ 使柱塞限位器凸耳与棘齿端啮合，在完全压紧的位置按住柱塞。

④ 从杆孔 B 中将限位器销 E 插入张紧器孔中以固定杆（图 5-53）。

杆零件和限位器凸耳是同步的。因此，

在这种情况下可固定柱塞。

> **注意**
> 图5-53中是使用直径为1.2mm（0.047in）的细螺丝刀作为限位器销。

⑤ 安装正时链条张紧器（主）1,如图5-54所示。

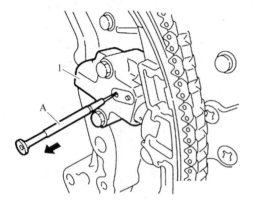

图5-54　安装正时链条张紧器（主）1

彻底清除正时链条张紧器（主）背面和安装表面上的污垢及异物。

⑥ 安装后将限位器销A（图5-54）拉出，然后松开柱塞。

（8）再次确认每个链轮和各正时链条上的配合标记都没有错位。

（9）将新O形圈1安装到后正时链条箱上,如图5-55所示。

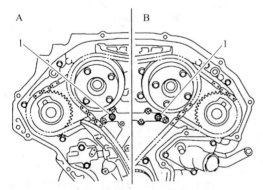

图5-55　将新O形圈1安装到后正时链条箱上
A—气缸侧体1；B—气缸侧体2

（10）将新的前油封安装到前正时链条箱上。

在油封唇和尘封唇上涂抹新发动机机油。

安装时如图5-56所示确定每个密封唇的方向。

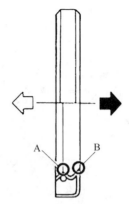

图5-56　确定每个密封唇的方向
A—油封唇；B—尘封唇；⇐—发动机内部；←—发动机外部

使用适当的冲头［外径：60mm（2.36in）］，压下固定油封，直至与前正时链条箱端面齐平，如图5-57所示。

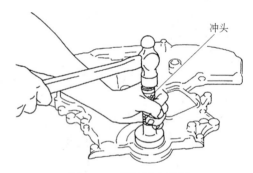

图5-57　压下固定油封

确认箍簧到位，密封唇还未翻转。

（11）在前正时链条箱上安装水泵盖。

用管压缩器（通用维修工具）将密封胶连续地涂抹到水泵盖1,如图5-58所示。

请使用原装密封胶或同等产品。

（12）如图5-59所示，安装前正时链条箱。

① 用管压缩器（通用维修工具）在前正时链条箱背面涂抹连续的密封胶。

请使用原装密封胶或同等产品。

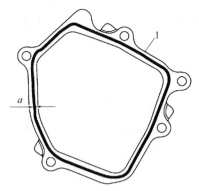

图 5-58　将密封胶连续地涂抹到水泵盖 1
$a—\phi 2.3 \sim 3.3\text{mm}$ （0.091～0.130in）

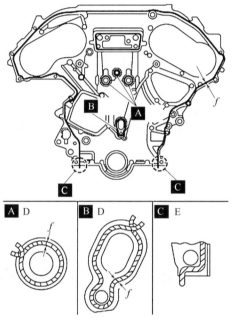

图 5-59　安装前正时链条箱
D—螺栓孔；E—凸起部分；$f—\phi 2.6 \sim 3.6\text{mm}$
（0.102～0.142in）

② 安装前正时链条箱，使它的定位销孔适合后正时链条箱上的定位销。

③ 按照图 5-60 所示的数字顺序拧紧装配螺栓到规定转矩。

有两种类型的装配螺栓。有关螺栓位置请参阅以下内容。

M8 螺栓：1，2。

力矩：28.4N·m（2.9kgf·m，21lbf·ft）。

M6 螺栓：除上述内容外。

力矩：12.7N·m（1.3kgf·m，9lbf·ft）。

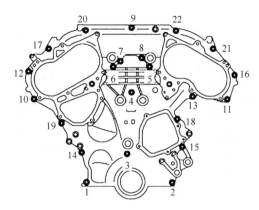

图 5-60　拧紧装配螺栓

④ 拧紧所有螺栓后，按图 5-60 所示的数字顺序重新拧紧它们至规定转矩。

> **注意**
>
> 务必清除油底壳（上）配合面上的过多泄漏的密封胶。

⑤ 安装前正时链条箱后，在油底壳（上）安装表面上检查下列零件之间的表面高度差，如图 5-61 所示。

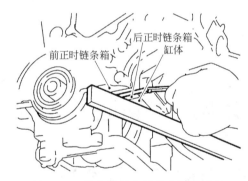

图 5-61　检查零件之间的表面高度差

标准：前正时链条箱至后正时链条箱为 $-0.14 \sim 0.14\text{mm}$（$-0.006 \sim 0.006\text{in}$）。

如果不在标准范围内，重复安装步骤。

(13) 安装进气门正时控制盖。

① 将新密封圈安装到轴槽沟中。

② 小心不要将密封圈从安装槽沟中移开，将前正时链条箱上的定位销对准孔来安装进气阀正时控制盖。

③ 按图 5-62 所示的数字顺序拧紧装配螺栓。

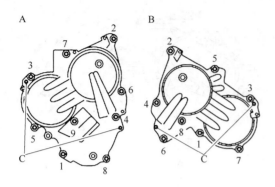

图5-62 拧紧装配螺栓
A—气缸侧体1；B—气缸侧体2；C—定位销孔

（14）安装曲轴皮带轮。

① 安装曲轴皮带轮，小心不要损坏前油封。

使用塑料锤敲下固定曲轴皮带轮时，请敲击其中央位置（非边缘位置）。

② 用皮带轮夹具（通用维修工具）固定曲轴。

③ 拧紧曲轴皮带轮螺栓。

力矩：44.1N·m（4.5kgf·m，33lbf·ft）。

④ 在曲轴皮带轮1上做一个油漆标记A，它与曲轴皮带轮螺栓2的角标记B对齐，如图5-63所示。拧紧螺栓90°（角度拧紧）。

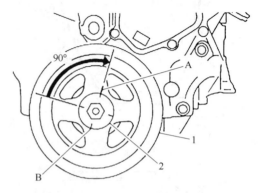

图5-63 对准标记

（15）沿正常方向旋转曲轴皮带轮（从发动机前端查看时是顺时针方向），确认其转动灵活。

（16）此步之后按照与拆卸相反的顺序安装。

第二节
东风日产新逍客（J10）车系发动机正时校对维修

一、HR16DE 发动机

如图5-64所示为HR16DE发动机正时系统分解图。

（一）正时系统部件的拆卸

（1）拆下前车轮（右）。

（2）拆下前翼子板保护板（右侧）。

（3）排放发动机机油。

注意

务必在发动机冷态时执行该步骤。

（4）拆下以下零件。

① 进气歧管。

② 驱动皮带。

③ 水泵皮带轮。

④ 接地电缆（右）。

（5）使用变速箱千斤顶支起发动机的底部，然后拆下发动机固定支架和安装隔垫（右）。

（6）拆卸摇臂盖。

（7）按如下步骤将1号气缸置于压缩行程上止点。

① 顺时针转动曲轴皮带轮2并使TDC标记（无漆）A与前盖上的正时指示器1对

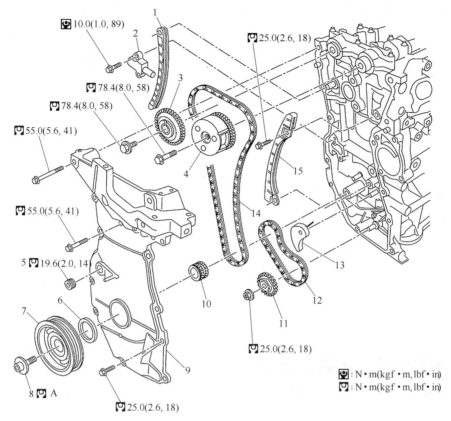

图 5-64 发动机（HR16DE）正时系统分解图
1—松弛侧链条导轨；2—链条张紧器（适用于正时链条）；3—凸轮轴链轮（排气）；
4—凸轮轴链轮（进气）；5—塞子；6—前油封；7—曲轴皮带；8—曲轴皮带轮螺栓；
9—前盖；10—曲轴链轮；11—油泵链轮；12—机油泵驱动链条；
13—链条张紧器（机油泵驱动链条用）；14—正时链条；
15—张紧侧链条导轨

准，如图 5-65 所示。

② 确认每个凸轮轴链轮匹配标记都处在如图 5-66 所示的位置。

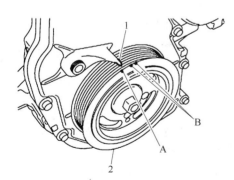

图 5-65 TDC 标记（无漆）A 与前盖上的正时指示器 1 对准
B—白色漆标记（不用于维修）

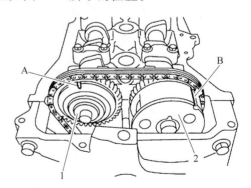

图 5-66 确认每个凸轮轴链轮匹配标记的位置
1—凸轮轴链轮（排气）；2—凸轮轴链轮（进气）；A—配合标记（印制处）；B—配合标记（外周压印线）

如果不对照的话，就再转动曲轴皮带轮一次，使匹配标记与图 5-66 所示的位置一致。

（8）用下列步骤拆下曲轴皮带轮。

① 使用滑轮托（通用维修工具）A 固定曲轴皮带轮 1，如图 5-67 所示。

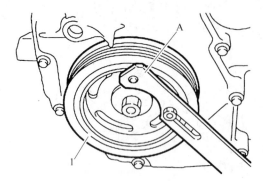

图 5-67　拆下曲轴皮带轮

② 松开并拉出曲轴皮带轮螺栓。

> ⚙ **注意**
>
> 切勿拆下装配螺栓，因为它们用于支撑皮带轮拔具。

③ 在曲轴皮带轮的 M6 螺纹孔内安装皮带轮拔具（SST：KV11103000）A，然后拆下曲轴皮带轮，如图 5-68 所示。

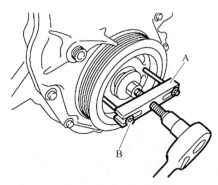

图 5-68　拆下曲轴皮带轮
B—M6 螺栓

（9）用下列步骤拆下前盖。

① 按图 5-69 所示的相反顺序松开螺栓。

② 通过撬动如图 5-70 所示位置"←"，

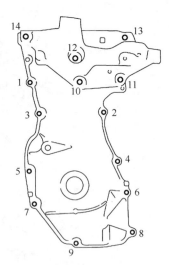

图 5-69　松开螺栓

切割密封胶，然后拆下前盖。

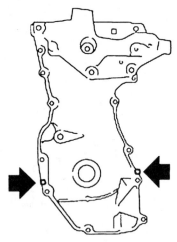

图 5-70　切割密封胶

（10）从前盖上拆下前油封。

使用合适的工具举起它，将其拆下。

> ⚙ **注意**
>
> 不要损坏前盖。

（11）按照以下步骤拆下链条张紧器（适用于正时链条）1，如图 5-71 所示。

① 完全按下链条张紧器杆 A，然后按下柱塞 C 至张紧器内部（图 5-71）。

完全推倒链条张紧器杆后，限定器 B（图 5-71）就被释放出来了。这样，就可以移动柱塞了。

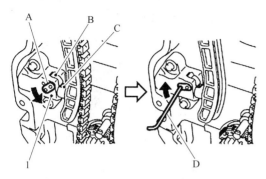

图 5-71 拆下链条张紧器 1

② 拉起杆，使其孔的位置对齐。

当孔的位置对齐时，柱塞也就被固定住了。

当柱塞棘齿的突出部分和限位器相对时，双方的孔位就不会对齐了。同时，要使它们正确接合，可通过轻轻移动栓塞来使这些孔的位置对齐。

③ 从杆孔中将限位销 D（图 5-71）插入张紧器孔中，然后在上方位置处固定住杆。

图 5-71 所示的是一个使用六角扳手 2.5mm（0.098in）的例子。

④ 拆下链条张紧器（适用于正时链条）。

(12) 拆下张紧侧链条导轨 2 和松弛侧链条导轨 1，如图 5-72 所示。

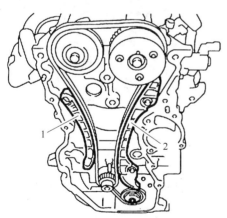

图 5-72 拆下张紧侧链条导轨 2 和
松弛侧链条导轨 1

(13) 拆下正时链条 2，如图 5-73 所示。朝凸轮轴链轮（EXH）方向拉动正时

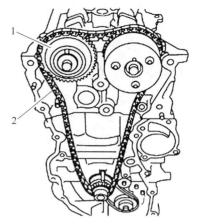

图 5-73 拆下正时链条 2
1—正时标记

链条的松动端，然后拆下正时链条并开始从凸轮轴链轮（EXH）侧拆下。

 注意

当拆卸正时链条时，切勿旋转曲轴或凸轮轴，它会造成气门和活塞之间的干扰。

(14) 按如下步骤拆下曲轴链轮和与机油泵驱动相关的部件。

① 拆下链条张紧器（为机油泵驱动链条）1，如图 5-74 所示。

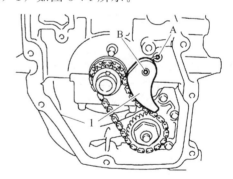

图 5-74 拆下链条张紧器 1

从驱动轴 B 和弹簧固定孔 A 内拉出（图 5-74）。

② 用 TORX 套筒固定油泵轴的顶端，然后松开油泵链轮螺母并拆下，如图 5-75 所示。

③ 同时，拆下曲轴链轮 1、油泵驱动链条 2、油泵链轮 3（图 5-75）。

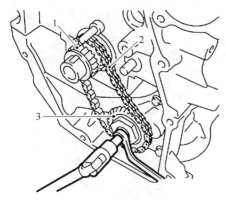

图 5-75 松开油泵链轮螺母

（二）正时系统部件的安装

图 5-76 显示了每个正时链条上的匹配标记和相应地安装了部件的链轮上的匹配标记之间的关系。

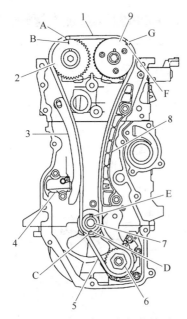

图 5-76 匹配标记之间的关系

1—正时链条；2—凸轮轴链轮（排气）；3—松弛侧链条导轨；
4—链条张紧器（适用于正时链条）；5—机油泵驱动链条；
6—油泵链轮；7—曲轴链轮；8—张紧侧链条导轨；
9—凸轮轴链轮（进气）；A，G—深蓝色链节；
B，D—配合标记（印制处）；C—橙色
链节；E—曲轴钥匙（直接
朝上）；F—配合标记
（外周压印线）

（1）安装曲轴链轮和与机油泵驱动相关的部件。

① 同时安装曲轴链轮1、油泵驱动链条2、油泵链轮3，如图 5-77 所示。

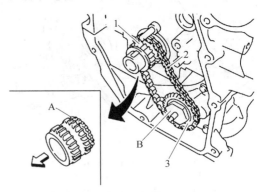

图 5-77 安装曲轴链轮1等

⇐—发动机前端

安装曲轴链轮时使其无效齿轮区域 A（图 5-77）朝向发动机背面。

安装油泵链轮，使它的六角面 B（图 5-77）朝向发动机的前部。

机油泵驱动相关零件上没有匹配标记。

② 用 TORX 套筒固定油泵轴的顶端，然后拧紧油泵链轮螺母，如图 5-78 所示。

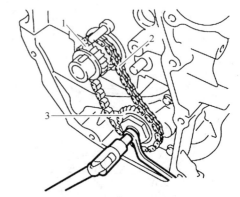

图 5-78 拧紧油泵链轮螺母

1—曲轴链轮；2—机油泵驱动链条；3—油泵链轮

③ 安装链条张紧器（为机油泵驱动链条）1，如图 5-79 所示。

当把弹簧插入到缸体前表面的固定孔 A 时，把张紧器插入轴 B 内（图 5-79）。

检查安装后油泵驱动链条是否张紧。

（2）按下列步骤安装正时链条，如

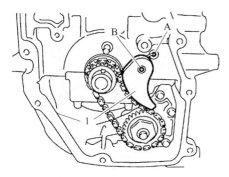

图 5-79　安装链条张紧器 1

图 5-80 所示。

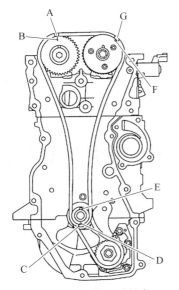

图 5-80　安装正时链条

A，G—深蓝色链节；B，D—配合标记（印制处）；
C—橙色链节；E—曲轴键匙（直接朝上）；
F—配合标记（外周压印线）

进行安装，使每个链轮和正时链条上的匹配标记对齐。

如果匹配标记没有对齐，就轻轻旋转凸轮轴，纠正其位置。

> **注意**
> 在安装正时链条后，再次检查各链轮和正时链条的匹配标记位置，用手抓住以对齐匹配标记。
> 为避免漏齿，在前盖安装前切勿转动曲轴和凸轮轴。

（3）安装张紧侧链条导轨 2 和松弛侧链条导轨 1，如图 5-81 所示。

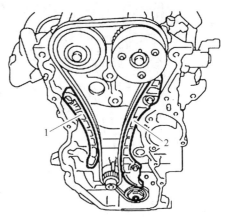

图 5-81　安装张紧侧链条导轨 2 和
松弛侧链条导轨 1

（4）安装链条张紧器（用于正时链条）1，如图 5-82 所示。

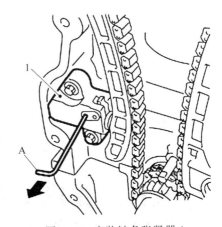

图 5-82　安装链条张紧器 1

用限位销 A（图 5-82）将柱塞固定在完全压缩位置，然后安装。

在安装链条张紧器后（对于正时链条），用力拉出限位销。

（5）重新检查正时链条和每个链轮的匹配标记位置。

（6）在前盖上安装前油封。

（7）按下列步骤安装前盖。

① 如图 5-83 所示，用管压缩器（通用维修工具）将密封胶连续地涂抹到缸体。

请使用正品密封胶或同等产品。

第五章　日产车系发动机正时校对维修

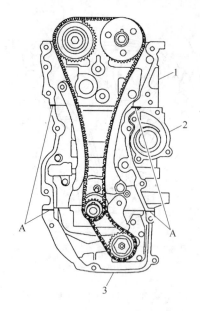

图 5-83 将密封胶连续地涂抹到缸体
1—缸盖；2—缸体；3—油底壳（上）；
A—密封胶涂抹区域 φ3.0～4.0mm
（0.118～0.157in）

② 如图 5-84 所示，用管压缩器（通用维修工具）将密封胶连续地涂抹到前盖。

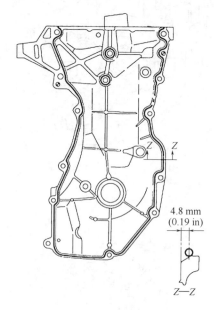

图 5-84 将密封胶连续地涂抹到前盖

二、MR20DE 发动机

MR20DE 发动机正时调整可参考东风日产新天籁 MR20DE 发动机正时调整。

第三节

东风日产骏逸车系 MR18DE（1.8L）和 MR20DE（2.0L）发动机正时校对维修

MR18DE（1.8L）和 MR20DE（2.0L）发动机结构基本相同，其正时系统部件如图 5-85 所示。

一、正时链条的拆卸

注意

文中标明的所有旋转方向表示的都是从发动机前方看过去的方向。

(1) 拆卸进气歧管和摇臂盖。

(2) 按照下列步骤将 1 号缸置于压缩行程上止点。

① 顺时针旋转曲轴皮带轮 1，把上止点标记 B（没有油漆标记）对准前盖的正时标记 A，如图 5-86 所示。

② 同时，确认 1 号缸的凸轮前端位于图 5-87 所示位置。

如果没有，应按图 5-87 所示旋转曲轴皮带轮一圈（360°）并对齐。

(3) 按以下步骤取下曲轴皮带轮。

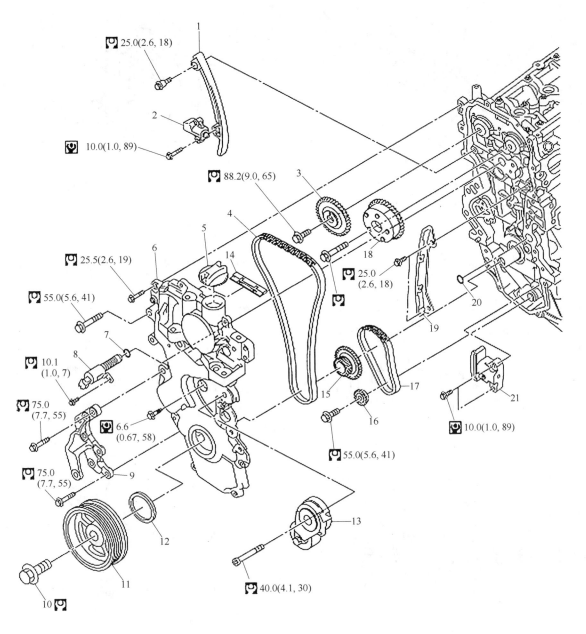

图 5-85　发动机正时系统部件

1—正时链条的松紧导杆；2—正时链条张紧器；3—凸轮轴链轮（排气）；4—正时链条；5—机油加注口盖；6—前盖；7，20—O形圈；8—进气门正时控制电磁阀；9—向下拉支架；10—曲轴皮带轮螺栓；11—曲轴皮带轮；12—前油封；13—驱动皮带自动张紧器；14—正时链条张紧度导向器（前盖侧）；15—曲轴链轮；16—机油泵链轮；17—机油泵驱动链；18—凸轮轴链轮（进气）；19—正时链条的张紧导杆；21—正时链条张紧器（用于机油泵）

① 用皮带轮固定器 A（通用维修工具）固定曲轴皮带轮 1，松开曲轴皮带轮螺栓，将螺栓基座面放在距离原始位置 10mm（0.39in）的地方，如图 5-88 所示。

第五章　日产车系发动机正时校对维修

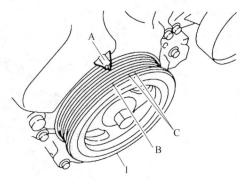

图 5-86　把上止点标记 B 对准前盖的正时标记 A
C—白色油漆标记（不用于维修）

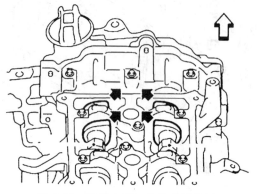

图 5-87　确定 1 号缸凸轮前端位置
⇐—发动机前方

图 5-88　松开曲轴皮带轮螺栓

> **注意**
>
> 切勿拆下曲轴皮带轮螺栓，因为它还将用于支撑皮带轮的拔具。

② 在曲轴皮带轮 1 的 M6 螺纹孔内安装皮带轮拔具 A，然后拆下曲轴皮带轮，如图 5-89 所示。

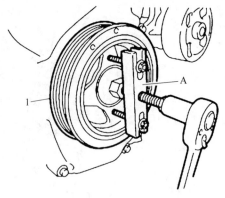

图 5-89　拆下曲轴皮带轮

（4）拆下油底壳（下）。

> **注意**
>
> 如果没有拆下曲轴链轮和机油泵驱动部件，则不需要该步骤。

（5）拆下进气门正时控制电磁阀。
（6）拆下驱动皮带自动张紧器。
（7）按下列步骤拆下前盖。

① 按图 5-90 所示的相反顺序松开装配螺栓。

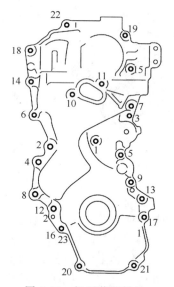

图 5-90　松开装配螺栓

② 撬开如图 5-91 所示的位置"⬅"，切下密封胶，然后取下前盖。

（8）从前盖上拆下前油封。
注意不要损坏前盖。

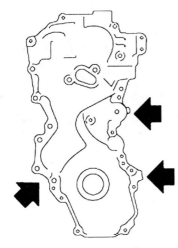

图 5-91　撬开部件

(9) 拆下正时链张紧器，如图 5-92 所示。

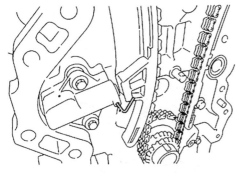

图 5-92　拆下正时链张紧器

(10) 拆下正时链条松弛导杆 2，正时链条的张紧导杆 3 和正时链条 1，如图 5-93 所示。

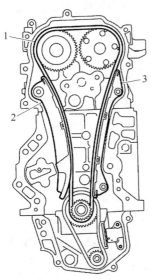

图 5-93　拆下正时链条松弛导杆 2 等

(11) 拆下曲轴链轮和机油泵驱动部件，如图 5-94 所示。

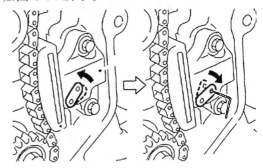

图 5-94　拆下曲轴链轮和机油泵驱动部件

(12) 如果需要，从前盖上拆下正时链条张紧导杆（前盖侧）。

二、正时链条的安装

图 5-95 中显示了每个正时链条上的匹配标记和相应地安装了部件的链轮上的匹配标记之间的关系。

(1) 确认曲轴键笔直朝上。

(2) 如果拆下了正时链条张紧导杆（前盖侧），将其安装到前盖上。

(3) 按照下列步骤安装曲轴链轮和机油泵驱动部件。

① 安装曲轴链轮 2、机油泵链轮 3、机油泵驱动链 1，如图 5-96 所示。

安装时，对齐每个链轮和机油泵驱动链条的匹配标记。

如果这些匹配标记没有对齐，轻微转动机油泵轴以校正位置。

> **注意**
>
> 安装机油泵驱动链条后，检查每个链轮的匹配标记位置，如图 5-97、图 5-98 所示。

② 抓住机油泵轴的 WAF 部分，然后拧紧机油泵链轮螺栓。

> **注意**
>
> ① 用 WAF 部分固定机油泵轴。
> ② 切勿通过拧紧机油泵驱动链条来松开机油泵链轮螺栓。

第五章　日产车系发动机正时校对维修

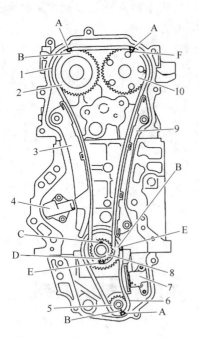

图 5-95 正时链条上的匹配标记

1—正时链条；2—凸轮轴链轮（排气）；3—正时链条的松紧导杆；4—正时链条张紧器；5—机油泵链轮；6—机油泵驱动链；7—正时链条张紧器（用于机油泵）；8—曲轴链轮；9—正时链条的张紧导杆；10—凸轮轴链轮（进气）；A—匹配标记（深蓝色）；B, D—匹配标记（印记）；C—曲轴键位置（直朝上）；E—匹配标记（橙色）；F—匹配标记（外沟槽）

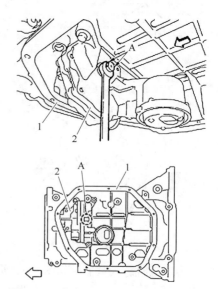

图 5-97 拧紧机油泵螺栓（MR18DE）

1—油底壳（上）；2—机油泵；A—WAF 部分 [10mm（0.39in）]；⇐—发动机前方

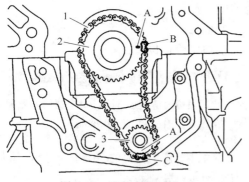

图 5-96 安装曲轴链轮 2

A—匹配标记（印记）；B—匹配标记（橙色）；C—匹配标记（深蓝色）

③ 安装正时链条张紧器（用于机油泵）1，如图 5-99 所示。

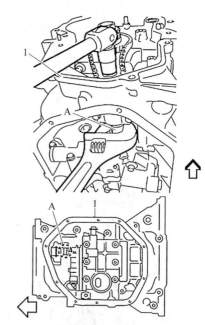

图 5-98 拧紧机油泵螺栓（MR20DE）

1—油底壳（上）；A—WAF 部分 [19mm（0.75in）]；⇐—发动机前方

使用限位销 A（图 5-99）把柱塞固定在所能压缩的极限位置，然后安装柱塞。

安装好正时链条张紧器后（用于机油泵），小心地拉出限位销。

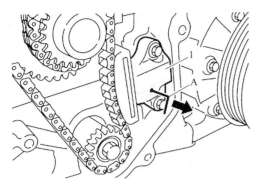

图 5-99　安装正时链条张紧器

再次检查机油泵驱动链条和每个链轮的匹配标记位置。

(4) 对齐每个链轮与正时链条的匹配标记,如图 5-100 所示。

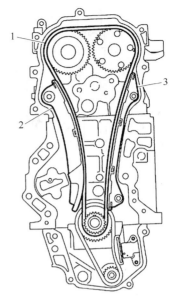

图 5-101　安装正时链条的张紧导杆 3 和
正时链条 1 的松弛导杆 2

(6) 安装正时链条张紧器 1,如图 5-102 所示。

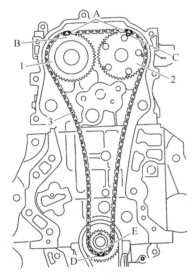

图 5-100　对齐每个链轮与正时链条的匹配标记
1—凸轮轴链轮(排气); 2—凸轮轴链轮(进气);
3—正时链条; A—匹配标记(深蓝色);
B、E—匹配标记(印记); C—匹配标记
(外沟槽); D—匹配标记(橙色)

如果这些匹配标记没有对齐,抓住六角部分轻微转动凸轮轴以校正位置。

> ⚠ 注意
> 安装正时链条后,检查每个链轮和正时链条的匹配标记位置。

(5) 安装正时链条的张紧导杆 3 和正时链条 1 的松弛导杆 2,如图 5-101 所示。

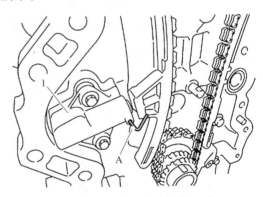

图 5-102　安装正时链条张紧器 1

使用限位销 A (图 5-102)把柱塞固定在所能压缩的极限位置,然后安装柱塞。

安装好正时链条张紧器后,小心地拉出限位销。

(7) 再次检查每个链轮和正时链的匹配标记位置。

(8) 按照以下步骤安装前油封。

① 用新的机油涂抹新的前油封接头表面。

② 安装前油封,如图 5-103 所示。
用适当的冲子压入前油封,直至它与前

第五章　日产车系发动机正时校对维修　247

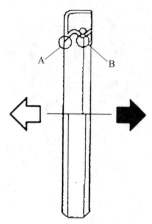

图 5-103 安装前油封
A—防尘密封唇；B—油封唇；⇦—发动机前方；
⇦—发动机后方

盖的前端表面平齐。

合适的冲头：外径 57mm（2.24in），内径 45mm（1.77in）。

至发动机前方 0.3mm（0.012in）之内。

至发动机后端 0.5mm（0.020in）之内。

注意

① 不要损坏前盖和曲轴。

② 笔直按下以固定油封，避免其粘连或倾斜。

③ 切勿触摸密封唇上的油脂。

（9）按以下步骤安装前盖。

① 将新 O 形圈安装到缸体上。

② 用压缩器在图 5-104 所示的地方呈点状使用密封胶 B。

③ 确认正时链条和各个链轮的匹配标记仍然是对齐的，然后安装前盖。

④ 安装前盖，按图 5-105 所示的数字顺序拧紧装配螺栓。

⑤ 拧紧所有螺栓后，按图 5-105 所示的数字顺序重新拧紧它们至规定转矩。

（10）按以下步骤安装曲轴皮带轮。

① 使用塑料锤插入曲轴皮带轮时，请敲击其中央位置（非四周位置）。

② 用皮带轮固定器（通用维修工具）固定曲轴皮带轮。

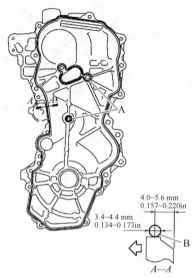

图 5-104 密封胶位置
A—密封胶的应用区域；⇦—发动机外部

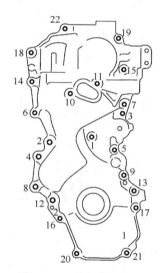

图 5-105 拧紧装配螺栓

③ 用新机油涂抹曲轴皮带轮螺栓的螺纹和固定面。

④ 拧紧曲轴皮带轮螺栓。

⑤ 完全松开。

⑥ 拧紧曲轴皮带轮螺栓。

⑦ 在曲轴皮带轮 2 上做油漆标记 B，以使其与曲轴螺栓凸缘 1 上的角度标记相匹配。角度标记 A 可以在六个中选一个容易被辨认的（图 5-106）。

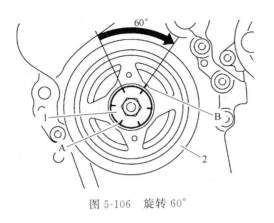

图 5-106 旋转 60°

⑧ 顺时针（拧紧的角度）再次旋转 60°，如图 5-106 所示。

⑨ 确认曲轴可以顺时针平顺转动。

(11) 按照与拆卸相反的顺序安装剩下的零件。

第四节

东风日产新阳光 N17 车系 HR15DE 发动机正时校对维修

发动机正时系统分解图如图 5-107 所示，HR15DE 发动机正时调整如下。

 注意

文中所示的旋转方向指出了从发动机前侧位置所能看到的所有方向。

（一）正时系统部件的拆卸

(1) 拆下前车轮（右侧）。

(2) 拆下前翼子板保护板（右侧）。

(3) 排放发动机机油。

 注意

在发动机冷却后执行此步骤。

(4) 拆下以下零件。

① 摇臂盖。

② 驱动皮带。

③ 水泵皮带轮。

(5) 使用变速箱千斤顶支起发动机的底部，然后拆下发动机固定支架和安装隔垫（右）。

(6) 按如下步骤将 1 号气缸置于压缩行程上止点。

① 顺时针转动曲轴皮带轮 2 并使 TDC 标记（无漆）A 与前盖上的正时指示器 1 对准，如图 5-108 所示。

② 确认每个凸轮轴链轮匹配标记都处在如图 5-109 所示的位置。

如果不对照的话，就再转动曲轴皮带轮一次，使匹配标记与图 5-109 中所示位置一致。

(7) 用下列步骤拆下曲轴皮带轮。

① 使用滑轮托（通用维修工具）A 固定曲轴皮带轮 1，如图 5-110 所示。

② 松开并拉出曲轴皮带轮螺栓。

 注意

切勿拆下装配螺栓，因为它用于支撑滑轮托（SST：KV11103000）。

③ 将滑轮托（SST：KV11103000）A 置于曲轴皮带轮的 M6 螺纹孔处，然后拆下

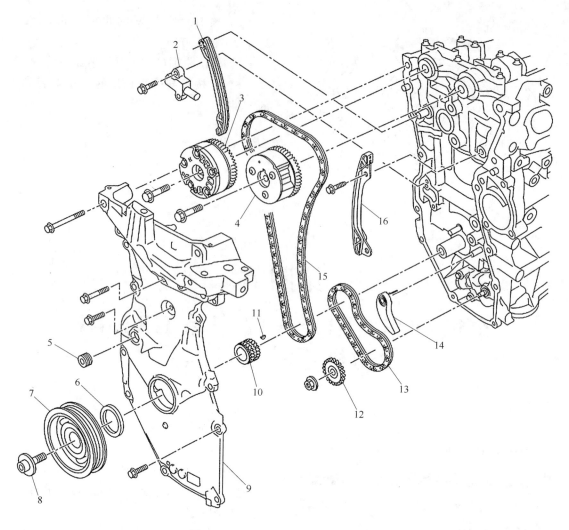

图 5-107 发动机正时系统分解图

1—正时链条松弛侧链条导轨；2—正时链条张紧器；3—凸轮轴链轮（排气）；4—凸轮轴链轮（进气）；5—塞子；6—前油封；7—曲轴皮带；8—曲轴皮带轮螺栓；9—前盖；10—曲轴链轮；11—曲轴链轮钥匙；12—油泵链轮；13—油泵驱动链条；14—油泵驱动链条张紧器；15—正时链条；16—正时链条张紧侧链条导轨

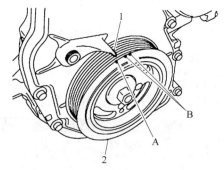

图 5-108 使 TDC 标记 A 与前盖上的正时指示器 1 对准
B—白色漆标记（不用于维修）

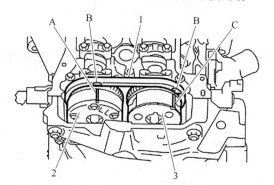

图 5-109 确认每个凸轮轴链轮匹配标记位置
1—正时链条；2—凸轮轴链轮（排气）；3—凸轮轴链轮（进气）；A，C—匹配标记（外槽）；B—配合标记（印制处）

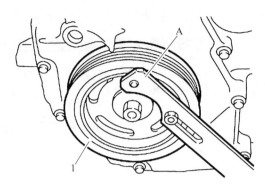

图 5-110 使用滑轮托 A 固定曲轴皮带轮 1

曲轴皮带轮，如图 5-111 所示。

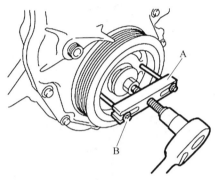

图 5-111 拆下曲轴皮带轮
B—M6 螺栓

（8）按照下列步骤拆下前盖。

① 按图 5-112 所示的相反顺序松开螺栓。

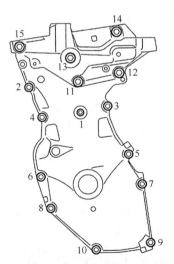

图 5-112 松开螺栓

② 通过撬动图 5-113 中的位置"←"

来切断密封胶，然后拆下前盖。

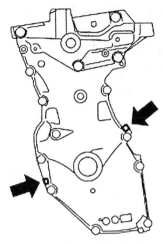

图 5-113 切断密封胶

（9）从前盖上拆下前油封。

使用合适的工具举起它，将其拆下。

注意

不要损坏前盖。

（10）按照下列步骤拆下链条张紧器 1，如图 5-114 所示。

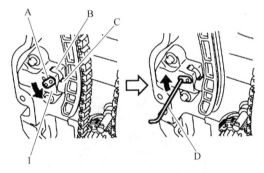

图 5-114 拆下链条张紧器 1

① 完全按下链条张紧器杆 A，然后按下柱塞 C 至张紧器内部（图 5-114）。

完全推倒链条张紧器杆后，限定器 B（图 5-114）就被释放出来了。这样，就可以移动柱塞了。

② 拉起杆，使其孔的位置对齐。

当杆孔的位置对齐时，柱塞也就被固定住了。

当柱塞棘齿的突出部分和限位器相对

第五章 日产车系发动机正时校对维修 | 251

时，双方的孔位就不会对齐了。同时，要使它们正确接合，可通过轻轻移动柱塞来使这些孔的位置对齐。

③ 从杆孔中将限位销 D（图 5-114）插入张紧器孔中，然后在上方位置处固定住杆。

图 5-114 所示的是一个使用六角扳手 2.5mm（0.098in）的例子。

④ 拆下链条张紧器。

（11）拆下正时链条张紧侧链条导轨 2 和正时链条松弛侧链条导轨 1，如图 5-115 所示。

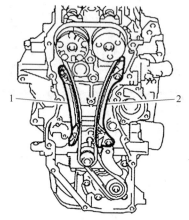

图 5-115 拆下正时链条张紧侧链条导轨 2 和正时链条松弛侧链条导轨 1

（12）拆下正时链条 2，如图 5-116 所示。

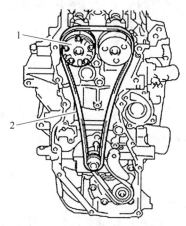

图 5-116 拆下正时链条 2

朝凸轮轴链轮（EXH）1（图 5-116）方向拉动正时链条的松动端，然后拆下正时链条并开始从凸轮轴链轮（EXH）侧拆下。

注意

当拆卸正时链条时，切勿旋转曲轴或凸轮轴，它会造成气门和活塞之间的干扰。

（13）按如下步骤拆下曲轴链轮和与油泵驱动相关的部件。

① 拆下链条张紧器 1，如图 5-117 所示。

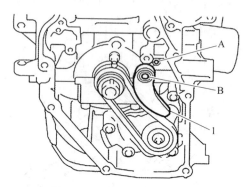

图 5-117 拆下链条张紧器 1

从驱动轴 B 和弹簧固定孔 A 内拉出（图 5-117）。

② 用 TORX 套筒（尺寸：E8）握住油泵轴的顶部，然后松开油泵链轮螺母并将其拆下，如图 5-118 所示。

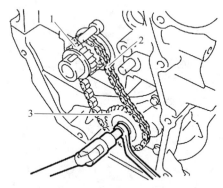

图 5-118 松开油泵链轮螺母

③ 同时，拆下曲轴链轮 1、油泵驱动链条 2、油泵链轮 3（图 5-118）。

（二）正时系统部件的安装

图 5-119 中显示了每个正时链条上的匹配标记和相应地安装了部件的链轮上的匹配

标记之间的关系。

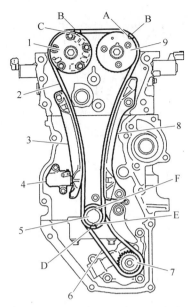

图 5-119 匹配标记之间的关系
1—凸轮轴链轮（排气）；2—正时链条；3—正时链条松弛侧链条导轨；4—链条张紧器；5—曲轴链轮；6—油泵驱动链条；7—油泵链轮；8—正时链条张紧侧链条导轨；9—凸轮轴链轮（进气）；A，C—匹配标记（外槽）；B—粉红色连杆；D—橙色链节；E—配合标记（印制处）；F—曲轴钥匙（直接朝上）

（1）安装曲轴链轮和与油泵驱动相关的部件。

① 同时安装曲轴链轮1、油泵驱动链条2、油泵链轮3，如图5-120所示。

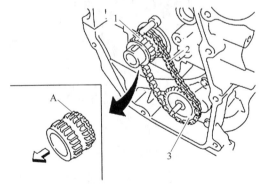

图 5-120 安装曲轴链轮 1、油泵驱动链条 2、油泵链轮 3
⇐—发动机前端

安装曲轴链轮时使其无效齿轮区域 A（图 5-120）朝向发动机背面。

安装油泵链轮，使它的凸起面朝向发动机的前部。

> **注意**
>
> 油泵驱动相关零件上没有匹配标记。

② 用 TORX 套筒（尺寸：E8）握住油泵轴的顶部，然后拧紧油泵链轮螺母，如图 5-121 所示。

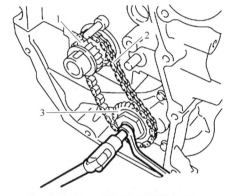

图 5-121 拧紧油泵链轮螺母
1—曲轴链轮；2—油泵驱动链条；3—油泵链轮

③ 安装链条张紧器1，如图5-122所示。

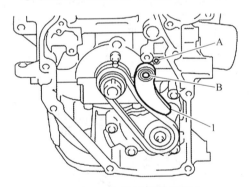

图 5-122 安装链条张紧器 1

当把弹簧插入到缸体前表面的固定孔 A 时，把张紧器插入轴 B 内（图 5-122）。

检查安装后油泵驱动链条是否张紧。

（2）用下列步骤安装正时链条，如图 5-123 所示。

使每个链轮和正时链条上的匹配标记对齐。

如果匹配标记没有对齐，就轻轻旋转凸轮轴，纠正其位置。

第五章　日产车系发动机正时校对维修 253

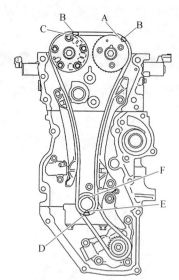

图 5-123 安装正时链条
A、C—匹配标记（外槽）；B—粉红色连杆；
D—橙色链节；E—配合标记（印制处）；
F—曲轴钥匙（直接朝上）

> **注意**
> 在以下注释中，配合标记对准后，用手将其固定从而保持其对准状态。
> 为避免漏齿，在前盖安装前切勿转动曲轴和凸轮轴。

（3）安装正时链条张紧侧链条导轨 2 和正时链条松弛侧链条导轨 1，如图 5-124 所示。

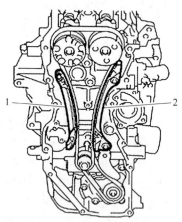

图 5-124 安装正时链条张紧侧链条导轨 2 和
正时链条松弛侧链条导轨 1

（4）安装链条张紧器 1，如图 5-125

所示。

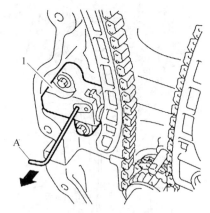

图 5-125 安装链条张紧器 1

用限位销 A（图 5-125）将柱塞固定在完全压缩位置，然后安装。

在安装过链条张紧器后，用力拉出限位销。

（5）重新检查正时链条和每个链轮的匹配标记位置。

（6）在前盖上安装前油封。

（7）用下列步骤安装前盖。

① 如图 5-126 所示，用管压缩器（通用维修工具）将密封胶连续地涂抹到前盖。

请使用正品密封胶或同等产品。

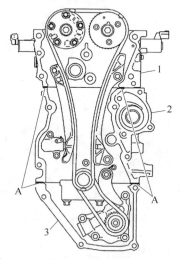

图 5-126 将密封胶连续地涂抹到前盖
1—缸盖；2—缸体；3—油底壳（上）；A—密封胶的
应用区域 [$\phi 3.0 \sim 4.0$mm（0.12～0.16in）]

② 如图 5-127 所示，用管压缩器（通用维修工具）将密封胶连续地涂抹到前盖。

请使用正品密封胶或同等产品。

> **注意**
> 务必擦干净溢出到表面的密封胶。

（8）通过对齐曲轴键来插入曲轴皮带轮。

使用塑料锤插入曲轴皮带轮时，请敲击其中央位置（非四周位置）。

> **注意**
> 安装时对前油封唇缘部分进行保护以免损坏。

（9）用下列步骤拆下曲轴皮带轮。

用滑轮托（通用维修工具）固定曲轴皮带轮，并拧紧曲轴皮带轮螺栓。

① 用新发动机机油涂抹曲轴皮带轮螺栓的螺纹和固定面。

② 拧紧曲轴皮带轮螺栓。

力矩：35.0N·m（3.6kgf·m，26lbf·ft）

③ 在曲轴皮带轮上做一个油漆标记 B，如图 5-129 所示，使其与曲轴螺栓法兰 1 上 6 个容易识别的角度标记 A 都匹配。

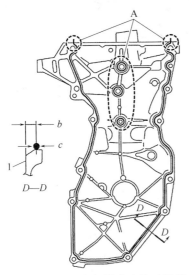

图 5-127 用管压缩器将密封胶连续地涂抹到前盖
1—前盖缘；A—密封胶的应用部位；b—4.0～5.6mm；
c—密封胶的应用区域［ϕ3.0～4.0mm（0.12～0.16in）］

③ 按图 5-128 所示的数字顺序拧紧螺栓。

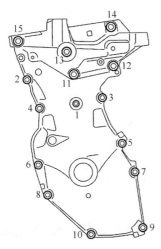

图 5-128 拧紧螺栓

④ 拧紧所有螺栓后，按图 5-128 所示的数字顺序重新拧紧它们至规定转矩。

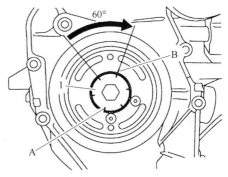

图 5-129 在曲轴皮带轮上做一个油漆标记 B

④ 再顺时针旋转 60°（定角度拧紧）。

在移动一个角度标记的情况下检查拧紧角。

（10）用手顺时针旋转，确认曲轴转动灵活。

（11）按照与拆卸相反的顺序安装剩下的零件。

第五节
东风日产新奇骏 T31 车系发动机正时校对维修

一、MR20DE 发动机

MR20DE 发动机正时调整可参考东风日产新天籁发动机的相关内容。

二、QR25DE 发动机

QR25DE 正时系统分解图如图 5-130 所示。

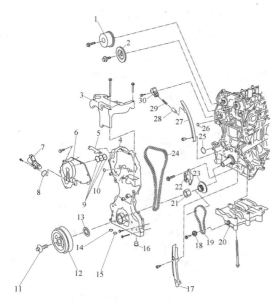

图 5-130　发动机（QR25DE）正时系统分解图
1—凸轮轴链轮（进气）；2—凸轮轴链轮（排气）；3—发动机固定支架（右侧）；4—前盖；5—链条导板；6—进气阀正时控制盖；7—进气门正时控制电磁阀；8～10、14～16、25、26—O 形圈；11—曲轴皮带轮螺栓；12—曲轴皮带轮；13—前油封；17—正时链条的张紧调整导板；18—平衡单元链轮；19—平衡单元正时链条；20—平衡单元；21—油泵驱动垫片；22—平衡单元正时链条张紧器；23—曲轴链轮；24—正时链条；27—正时链条的松弛调整导板；28—链条张紧器柱塞；29—弹簧；30—链条张紧器

（一）正时系统部件的拆卸

（1）拆下以下零件。
① PCV 软管。
② 进气歧管。
③ 点火线圈。
④ 驱动皮带。
⑤ 驱动皮带自动张紧器。

（2）拆下发动机固定支架（右侧）。
（3）拆下摇臂盖。
（4）拆下油底壳（下）。
（5）拆下油底壳（上）和机油集滤器。
（6）拆下进气门正时控制盖。

按照图 5-131 所示的相反顺序松开螺栓。

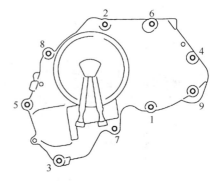

图 5-131　松开螺栓

使用油封刮刀（SST：KV10111100）或同等工具切开密封胶进行拆卸。

注意

不要损坏安装面。

（7）通过前盖拉出凸轮轴链轮之间的链条导板。
（8）按照下列步骤设置 1 号缸压缩行程

上止点。

① 顺时针转动曲轴皮带轮，并将上止点标记与前盖上的正时指示器对齐，如图 5-132 所示。

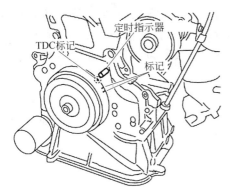

图 5-132 将上止点标记与前盖上的正时指示器对齐

② 同时，检查凸轮轴链轮上的匹配标记是否位于图 5-133 所示的位置。

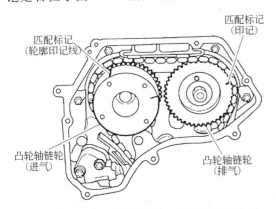

图 5-133 检查凸轮轴链轮上的匹配标记位置

如果不是，将曲轴皮带轮再转动一周，对齐匹配标记与图 5-133 所示的位置。

（9）按照下列步骤拆下曲轴皮带轮。

① 用皮带轮夹具（通用维修工具）固定曲轴皮带轮，松开曲轴皮带轮螺栓，并使螺栓座面偏离其原始位置 10mm（0.39in），如图 5-134 所示。

② 在曲轴皮带轮的 M6 螺纹孔内安装皮带轮拔具（SST），然后拆下曲轴皮带轮，如图 5-135 所示。

（10）按照下列步骤拆下前盖。

① 按图 5-136 所示的相反顺序松开并

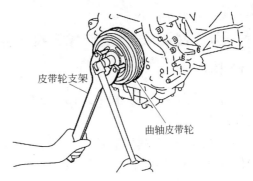

图 5-134 拆下曲轴皮带轮（一）

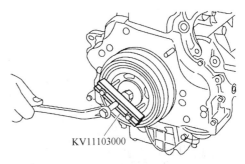

图 5-135 拆下曲轴皮带轮（二）

拆卸装配螺栓。

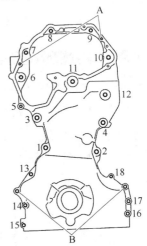

图 5-136 拆卸装配螺栓
A—定位销；B—定位销孔

② 使用油封刮刀（SST：KV10111100）或同等工具切开密封胶进行拆卸。

不要损坏安装面。

（11）如果需要更换前油封，用适当的

工具抬起并拆下。

> ⚠ 注意
>
> 不要损坏前盖。

（12）按照以下步骤拆下正时链条和凸轮轴链轮。

① 按下链条张紧器柱塞。在链条张紧器体的孔内插入限位销以固定链条张紧器柱塞，并拆下链条张紧器，如图5-137所示。

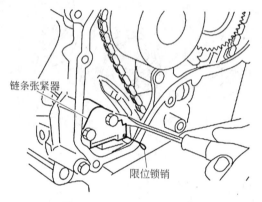

图 5-137　拆下链条张紧器

> ⚠ 注意
>
> 使用直径大约为 0.5mm（0.02in）的硬金属销作为限位销。

② 用扳手固定凸轮轴的六角形部分。松开凸轮轴链轮装配螺栓并拆下正时链条和凸轮轴链轮，如图5-138所示。

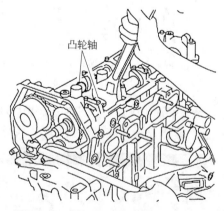

图 5-138　拆下正时链条和凸轮轴链轮

> ⚠ 注意
>
> 拆卸正时链条时，切勿转动曲轴或凸轮轴，这会导致气门和活塞干涉。

（13）拆下正时链条松弛调整导板、正时链条张紧调整导板和油泵驱动垫片。

（14）按照以下步骤拆下平衡单元正时链条张紧器。

① 在图5-139所示方向按下限位器凸耳A，朝正时链条张紧器（用于油泵）1方向推动正时链条松弛调整导板B。

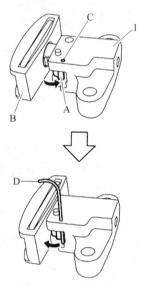

图 5-139　按下限位器凸耳A

松弛调整导板通过按下限位器凸耳松开。其结果就是可以移动松弛调整导板。

② 在张紧器主体孔C内插入限位销D，以固定正时链条松弛调整导板（图5-139）。

> ⚠ 注意
>
> 用直径约 1.2mm（0.047in）的硬金属销作为限位销。

③ 拆下平衡单元正时链条张紧器。

在无法对齐杆上的孔和张紧器主体上的孔时，略微移动松弛调整导板来对齐这些孔。

（15）拆下平衡单元正时链条和曲轴链轮。

(16) 按图 5-140 所示的相反顺序松开装配螺栓并拆卸平衡单元。

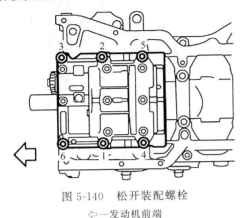

图 5-140 松开装配螺栓
⇦—发动机前端

> **注意**
>
> 切勿分解平衡单元。

注：使用 TORX 套筒（尺寸为 E14）。

（二）正时系统部件的安装

图 5-141 显示了各个正时链条上的匹配标记和相应地安装了部件的链轮上的匹配标记之间的关系。

(1) 检查曲轴键是否朝上。

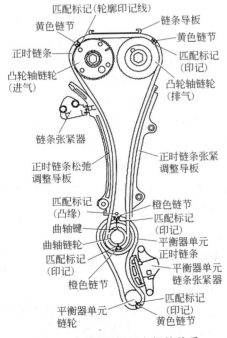

图 5-141 匹配标记之间的关系

(2) 按照下列步骤按图 5-142 中的数字顺序拧紧装配螺栓，并安装平衡单元。

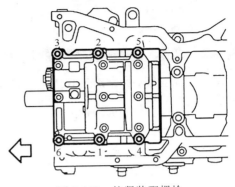

图 5-142 拧紧装配螺栓
⇦—发动机前端

> **注意**
>
> 如果装配螺栓是旧的，安装之前必须检查其外径。

① 用新机油涂抹装配螺栓的螺纹和固定面。

② 拧紧 1～5 号螺栓。

力矩：42.0N·m（4.3kg·m，35lbf·ft）。

③ 拧紧 6 号螺栓。

力矩：36.0N·m（3.7kg·m，27lbf·ft）。

④ 顺时针拧紧 1～5 号螺栓 120°（定角度拧紧），如图 5-143 所示。

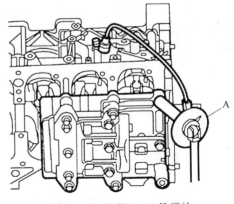

图 5-143 拧紧 1～5 号螺栓

> **注意**
>
> 使用角度扳手（SST：KV10112100）A（图 5-143）检查拧紧角度。切勿靠目视检查作出判断。

⑤ 顺时针拧紧 6 号螺栓 90°（定角度拧紧）。

⑥ 完全松开所有螺栓。

力矩：0。

> **注意**
>
> 在该步骤中，按图 5-142 所示的相反顺序松开螺栓。

⑦ 重复步骤②～⑤。

（3）安装曲轴链轮和平衡单元正时链条，如图 5-144 所示。

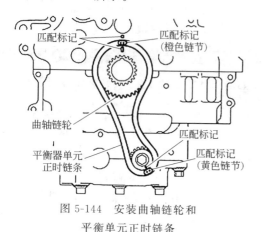

图 5-144　安装曲轴链轮和平衡单元正时链条

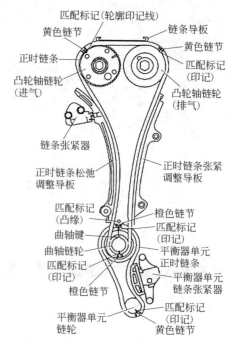

图 5-145　安装正时链条和相关零件

检查曲轴链轮和缸体上的匹配标记是否在顶部对齐。

安装时对齐各链轮和平衡单元正时链条上的匹配标记。

（4）安装平衡单元正时链条张紧器。

注意不要让各链轮和正时链条的匹配记号错位。

安装后，检查匹配标记有无错位，然后拆下限位销并松开张紧器套筒。

（5）安装正时链条和相关零件，如图 5-145 所示。

对齐各链轮和正时链条上的匹配标记进行安装。

安装链条张紧器前，再次检查匹配标记是否错位。

安装链条张紧器后，拆下限位销，并检查张紧器是否自由移动。

> **注意**
>
> 在匹配标记对齐后，用手使其保持对齐状态。为避免跳齿，切勿转动曲轴和凸轮轴，直至安装前盖。

注：安装链条张紧器前，可改变各链轮上的正时链条的匹配标记的位置以定位。

（6）将前油封安装到前盖上。

（7）按照下列步骤安装前盖。

① 将 O 形圈安装在缸盖和缸体上。

② 如图 5-146 所示，用管压缩器（通用维修工具）在前盖上连续地涂抹密封胶。

请使用原装密封胶或同等产品。

> **注意**
>
> 对于带有"▲"标记（5 个位置）的螺栓孔，在孔外使用密封胶。
> 应该在涂抹后的 5min 内完成安装。

注：使用方法取决于位置。

③ 检查正时链条和各链轮的匹配标记是否还对齐，然后安装前盖。

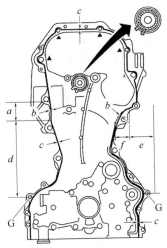

图 5-146　涂抹密封胶

a—35.7mm（1.406in）；b—ϕ4.8～5.8mm（0.189～0.228in）；c—ϕ3.4～4.4mm（0.134～0.173in）；d—179.6mm（7.07in）；e—35.5mm（1.398in）；f—31.3mm（1.232in）；G—定位销孔

> ✖ 注意
>
> 不要与曲轴的前端干涉而损坏前油封。

④ 按图 5-147 所示的数字顺序拧紧装配螺栓。

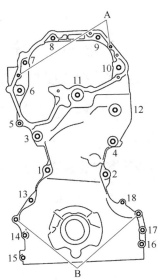

图 5-147　拧紧装配螺栓

A—定位销；B—定位销孔

拧紧转矩如下。

M10 螺栓：49.0N·m（5.0kgf·m，36lbf·ft）。

M6 螺栓：12.8N·m（1.3kgf·m，9lbf·ft）。

⑤ 拧紧所有螺栓后，按照图 5-147 所示的数字顺序重新拧紧它们至规定转矩。

> ✖ 注意
>
> 一定要擦净泄漏到油底壳安装面上的多余密封胶。

（8）在凸轮轴链轮之间安装链条导板。

（9）按照下列步骤安装进气门正时控制盖。

① 如果拆下，则在进气门正时控制盖上安装进气门正时控制电磁阀。

② 在进气门正时控制盖背面的凸轮轴链轮（进气）插入点上安装新油环。

③ 在前盖上安装 O 形圈。

④ 如图 5-148 所示，用管压缩器（通用维修工具）在进气门正时控制盖上连续地涂抹密封胶。

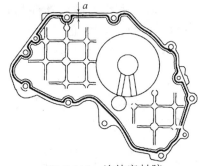

图 5-148　涂抹密封胶

a—ϕ3.4～4.4mm（0.134～0.173in）

请使用原装密封胶或同等产品。

> ✖ 注意
>
> 应该在涂抹密封胶后的 5min 内完成安装。

⑤ 按图 5-149 所示的数字顺序拧紧装配螺栓。

（10）对齐曲轴键，插入曲轴皮带轮。

使用塑料锤插入曲轴皮带轮时，敲击其中央位置（非圆周位置）。

> ✖ 注意
>
> 安装时，保护前油封密封唇部分以免损坏。

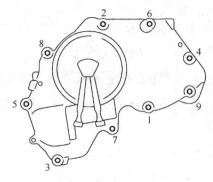

图 5-149　拧紧装配螺栓

(11) 拧紧曲轴皮带轮螺栓。

用皮带轮夹具（通用维修工具）固定曲轴皮带轮，然后拧紧曲轴皮带轮螺栓。

按照下列步骤进行定角度拧紧。

① 用新机油涂抹曲轴皮带轮螺栓的螺纹和固定面。

② 拧紧曲轴皮带轮螺栓。

力矩：42.1N·m（4.3kgf·m，31lbf·ft）。

③ 在曲轴皮带轮上做出油漆标记，如图 5-150 所示，与 6 个中任意一个匹配，以便识别螺栓凸缘上的角度标记。

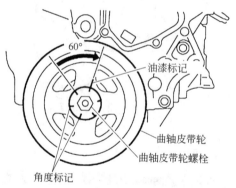

图 5-150　在曲轴皮带轮上做出油漆标记

④ 顺时针再转动 60°（定角度拧紧）。

用角度标记的移动检查拧紧角度。

(12) 按照与拆卸相反的顺序安装剩下的零件。

三、M9R 发动机

发动机（M9R）正时系统分解图如图 5-151 所示。

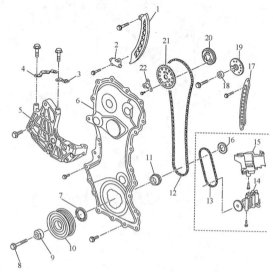

图 5-151　发动机（M9R）正时系统分解图
1—正时链条松弛调整导板；2—正时链条张紧器；3—发动机固定支撑（前）；4—发动机固定支撑（后）；5—发动机固定支架；6—前盖；7—前油封；8—曲轴皮带轮螺栓；9—曲轴垫圈；10—曲轴皮带轮；11—曲轴链轮；12—正时链条；13—机油泵驱动链条；14—油泵；15—油泵缓冲板；16—油泵链轮；17—正时链条张紧调整导板；18—磨损补偿齿轮垫圈；19—磨损补偿齿轮；20—正时链轮（后）；21—正时链轮（前）；22—正时链轮垫圈

（一）正时系统部件的拆卸

> **注意**
> 切勿在与正常工作相反的方向上转动发动机。

(1) 排出机油。

> **注意**
> 在发动机冷却后执行此步骤。

(2) 断开蓄电池负极电缆。

(3) 拆下以下零件。

① 发动机底盖。

② 负重轮胎（右侧）。

③ 翼子板保护板（右侧）。

④ 驱动皮带。

⑤ 燃油滤清器。

(4) 按照下列步骤拆下曲轴皮带轮。

① 安装曲轴皮带轮锁定工具［SST、

KV113-00QAL（Mot.1770）]A 并松开曲轴皮带轮螺栓，如图 5-152 所示。

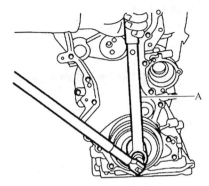

图 5-152 松开曲轴皮带轮螺栓

② 拆下曲轴皮带轮和垫圈。

用双手拉动曲轴皮带轮并拆下。

不要损坏前油封唇。

（5）拆下前油封。

将维修工具 A 的锚定件置于前油封缺口，如图 5-153 所示。逆时针转动，直至锁定。

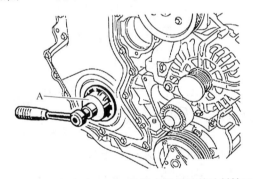

图 5-153 将维修工具 A 的锚定件置于前油封缺口

注：新前油封零件套装内提供了维修工具。

（6）拆下下扭力杆和发动机固定支架（后）之间的贯穿螺栓，并用变速器千斤顶支撑发动机固定支架（后）。

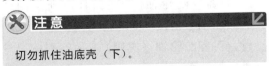

切勿抓住油底壳（下）。

（7）拆下上扭力杆和发动机安装隔垫

（右侧）。

（8）拆下发动机固定支架和发动机固定支撑（前和后）。

（9）拆下水泵皮带轮。

（10）按照下列步骤拆下前盖。

① 按照图 5-154 所示的相反顺序松开装配螺栓。

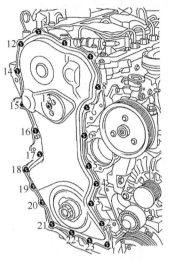

图 5-154 松开装配螺栓

② 使用油封刮刀[SST：KV10111100（一）]切开密封胶进行拆卸。

注意

切勿使用螺丝刀或类似工具。

注：用抖动的方法用手拆下前盖，确保其没有损坏。

（11）使 1 号气缸处于压缩上止点，如图 5-155 所示。转动曲轴，使其处于图示位置。

凸轮轴（右侧）的槽与向上的偏置侧平行。

对齐磨损补偿齿轮 1 的匹配标记 B 与缸盖罩的凸台 A（图 5-155）。

（12）按照以下步骤拆下正时链条，如图 5-156 所示。

① 安装凸轮轴正时工具[SST、KV113-00QAK(Mot.1769)]A，并拧紧装配螺栓[M6mm×50mm(1.97in)] B(图 5-156)。

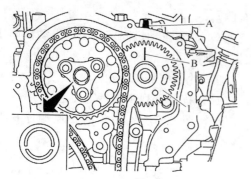

图 5-155 使 1 号气缸处于压缩上止点

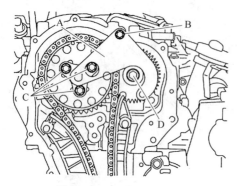

图 5-156 拆下正时链条

② 松开正时链轮装配螺栓 C 和磨损补偿齿轮装配螺栓 D（图 5-156）。

③ 拆下凸轮轴正时工具。

④ 拆下正时链条张紧器。

用正时链条松弛调整导板 2 压缩正时链条张紧器 1，然后在正时链条张紧器上的孔内插入限位销 A，如图 5-157 所示。

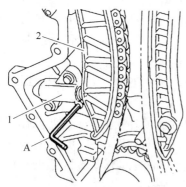

图 5-157 在正时链条张紧器上的孔内插入限位销 A

注：使用直径大约为 3.0mm（0.118in）的硬金属销作为限位销。

⑤ 拆下正时链条松弛调整导板和正时链条张紧调整导板。

⑥ 拆下正时链轮垫圈、正时链轮（前）、曲轴链轮和正时链条。

> **注意**
>
> 拆卸正时链条时，切勿转动曲轴或凸轮轴，这会导致气门和活塞干涉。

⑦ 插入螺丝刀 A 并向上抬起，移动磨损补偿齿轮 2 的齿轮，如图 5-158 所示。

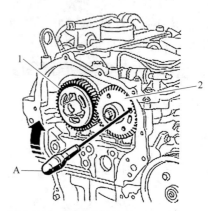

图 5-158 移动磨损补偿齿轮 2 的齿轮

注：对齐磨损补偿齿轮的两个齿。

⑧ 在上述步骤⑦说明的状态下，拆下正时链轮（后）1（图 5-158）。

⑨ 拆下磨损补偿齿轮和垫圈。

（13）拆下油泵相关零件。

（二）正时系统部件的安装

（1）按照下列步骤使 1 号缸处于其压缩行程上止点。

① 对齐曲轴槽 A 与缸体孔 B，如图 5-159 所示。

注：这是为了防止气门与活塞头干涉。

② 确认凸轮轴位于图 5-160 所示的位置。凸轮轴（右侧）1 的槽与向上的偏置侧平行。对齐凸轮轴（左侧）2 的匹配标记与缸盖罩的凸台。

③ 拆下上止点销塞 1，如图 5-161 所示。

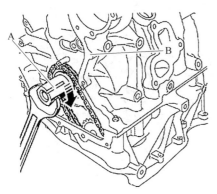

图 5-159 对齐曲轴槽 A 与缸体孔 B

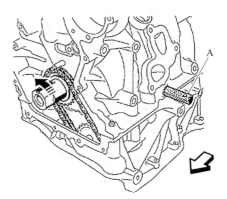

图 5-162 拧入上止点定位销 A
（⇐ 为发动机前端）

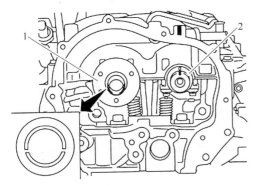

图 5-160 确认凸轮轴

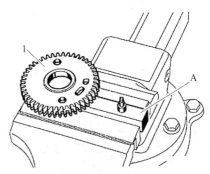

图 5-163 将磨损补偿齿轮 1
安装在定位工具 A 的基座板上

② 使杆 B 处于最低齿轮齿 A 内，如图 5-164 所示。逆时针转动杆，直至两个齿轮齿对齐。

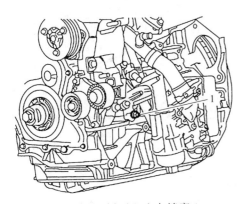

图 5-161 拆下上止点销塞 1

④ 拧入上止点定位销 [SST、KV113-00QAJ（Mot.1766）] A，如图 5-162 所示。逆时针转动发动机，直至曲轴接触上止点定位销。

（2）按照下列步骤安装磨损补偿齿轮。

① 将磨损补偿齿轮 1 安装在定位工具 [SST、KV113-00QAN（Mot.1773）] A 的基座板上，如图 5-163 所示。

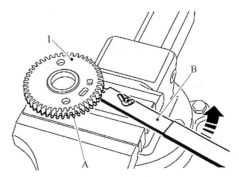

图 5-164 使杆 B 处于最低齿轮齿 A 内
1—磨损补偿齿轮

③ 将限位销 A 安装在齿轮孔内，如图 5-165 所示。

注：使用直径大约为 4.0mm（0.157in）的硬金属销作为限位销。

第五章 日产车系发动机正时校对维修

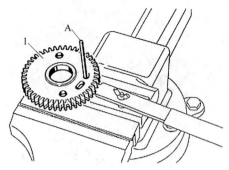

图 5-165　将限位销 A 安装在齿轮孔内
1—磨损补偿齿轮

④ 在凸轮轴（左侧）上安装磨损补偿齿轮 1 和磨损补偿齿轮垫圈 2，如图 5-166 所示。

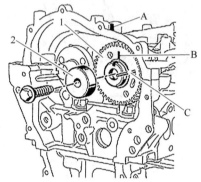

图 5-166　在凸轮轴（左侧）上安装磨损补偿
齿轮 1 和磨损补偿齿轮垫圈 2
C—限位销

⑤ 对齐磨损补偿齿轮的匹配标记 B 与缸盖罩的凸台 A（图 5-166）。

⑥ 暂时拧紧装配螺栓。

（3）按照以下步骤安装正时链轮（后）。

① 使正时链轮（后）的缺口处于凸轮轴（右侧）毂装配孔 A 中间，如图 5-167 所示。

② 使正时链轮（后）完全处于凸轮轴（右侧）毂上。

③ 拆下限位销 B（图 5-167）。

（4）安装正时链条张紧调整导板 2，如图 5-168 所示。

分两步拧紧正时链条张紧调整导板装配螺栓。

第一步：5.0N·m（0.51kgf·m，4lbf·ft）。

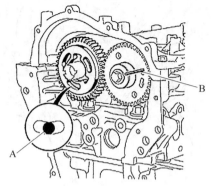

图 5-167　使正时链轮（后）的缺口处于
凸轮轴（右侧）毂装配孔 A 中间

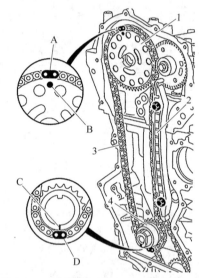

图 5-168　安装正时链条张紧调整导板 2
A，D—匹配标记；B—匹配标记（冲孔）；
C—匹配标记（有缺口）

第二步：25.0N·m（2.6kgf·m，18lbf·ft）。

（5）安装正时链轮（前）1、曲轴链轮 4 和正时链条 3（图 5-168）。

对齐各链轮和正时链条上的匹配标记。

（6）在正时链轮（前）上安装正时链轮垫圈 1，并暂时拧紧装配螺栓，如图 5-169 所示。

（7）安装正时链条张紧调整导板 2，如图 5-170 所示。

（8）安装正时链条张紧器 1（图 5-170）。

拧紧螺栓前，检查正时链条张紧器是否

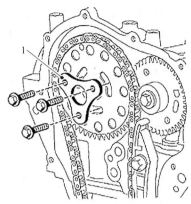

图 5-169 在正时链轮（前）上安装正时链轮垫圈 1

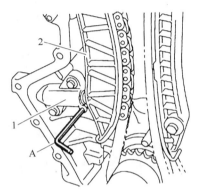

图 5-170 安装正时链条张紧调整导板 2

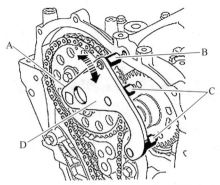

图 5-171 将正时调节工具的工具筒夹 A 置于凸轮轴槽（右侧）内
C—工具销

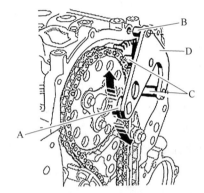

图 5-172 将工具销 C 装入磨损补偿齿轮孔内

与缸体接触。

安装后将限位销 A（图 5-170）拉出，然后松开柱塞。

（9）按照下列步骤拧紧装配螺栓（正时链轮和磨损补偿齿轮）。

① 将正时调节工具［SST、KV113-00QAK（Mot.1769）］D 的工具筒夹 A 置于凸轮轴槽（右侧）内，如图 5-171 所示。

② 转动凸轮轴正时工具，对齐垫圈 B（图 5-171）的轴与螺栓孔。

③ 将工具销 C 装入磨损补偿齿轮孔内，如图 5-172 所示。

④ 转动凸轮轴正时工具［SST、KV113-00QAK（Mot.1769）］D，对齐垫圈 B 的轴与螺栓孔（图 5-172）。

⑤ 将工具筒夹 A（图 5-172）轻轻放入凸轮轴槽内（右侧）。

⑥ 将装配螺栓［M6mm×50mm（1.97in）］B 装在正时调节工具［SST、KV113-00QAK（Mot.1769）］A 的垫圈上，如图 5-173 所示。

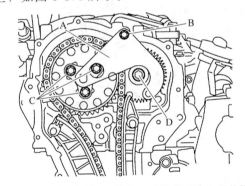

图 5-173 将装配螺栓 B 装在正时调节工具 A 的垫圈上

⑦ 拧紧正时链轮装配螺栓 C（图 5-173）。力矩：10.0N·m（1.0kgf·m，7lbf·ft）。

⑧ 顺时针转动 40°（定角度拧紧）。

⑨ 拧紧磨损补偿齿轮装配螺栓 D（图

5-173)。

力矩：20.0N·m（2.0kgf·m，15lbf·ft）。

⑩ 顺时针转动35°（定角度拧紧）。

> **注意**
>
> 使用角度扳手［SST、KV10112100（一）］或量角器检查拧紧角度。切勿目视检查判断，而不使用角度扳手。

⑪ 拆下正时调节工具。

（10）拆下上止点定位销［SST、KV113-00QAJ（Mot.1766）］。

（11）在上止点销塞上涂抹密封胶，然后拧紧。

拧紧转矩：25.0N·m（2.6kgf·m，18lbf·ft）。

请使用原装密封胶或同等产品。

（12）按照下列步骤安装前盖。

① 参考图 5-174 所示的使用位置，在前盖侧上涂抹密封胶。

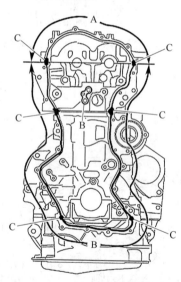

图 5-174 在前盖侧上涂抹密封胶

A（上侧）：直径 2.5～4.5mm（0.098～0.177in）。

B（下侧）：直径 3.0～7.0mm（0.118～0.276in）。

C 区域：直径 9.0～13.0mm（0.354～0.512in），长 10.0～15.0mm（0.394～0.591in）。

请使用原装密封胶或同等产品。

注：因为工作空间狭窄，密封胶应涂抹在前盖侧。

② 按照图 5-175 所示的步骤依数字顺序拧紧装配螺栓。

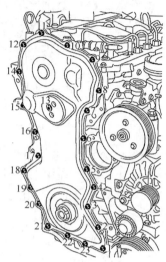

图 5-175 拧紧装配螺栓

a. 按图 5-175 所示数字顺序拧紧 1～23 号。

在 23 号螺栓上涂抹密封胶。请使用原装密封胶或同等产品。

力矩：5.0N·m（0.51kgf·m，4lbf·ft）。

b. 按图 5-175 所示数字顺序拧紧 1～22 号。

力矩：16.0N·m（1.6kgf·m，12lbf·ft）。

c. 拧紧 23 号螺栓。

力矩：18.0N·m（1.8kgf·m，13lbf·ft）。

有关螺栓的安装位置，请参见下列内容。

（13）按照下列步骤安装前油封。

① 将保护板 A 安装在前油封1上，如图 5-176 所示。

注：新前油封零件套装内提供了保护板。

② 用维修工具 A 拧紧前油封1，如图 5-177 所示。

注：新前油封零件套装内提供了维修工具。

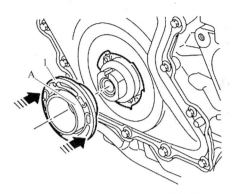

图 5-176 将保护板 A 安装在前油封 1 上

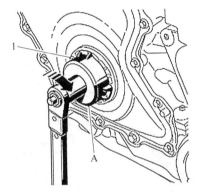

图 5-177 用维修工具 A 拧紧前油封 1

③ 拆下保护板。

(14) 按照下列步骤安装曲轴皮带轮。

① 用曲轴皮带轮锁定工具 [SST、KV113-00QAL（Mot.1770）] A 固定曲轴皮带轮，如图 5-178 所示。

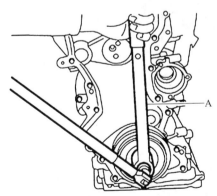

图 5-178 用曲轴皮带轮锁定工具 A 固定曲轴皮带轮

② 拧紧曲轴皮带轮螺栓。

力矩：50.0N·m（5.1kgf·m，37lbf·ft）。

③ 顺时针转动 85°（定角度拧紧）。

> **注意**
>
> 使用角度扳手 [SST、KV10112100（—）] 或量角器检查拧紧角度。切勿目视检查判断，而不使用角度扳手。

④ 沿正常方向旋转曲轴皮带轮（从前端查看时是顺时针方向），确认其转动灵活。

(15) 按照下列步骤安装发动机固定支架和发动机固定支撑（前和后）。

① 暂时拧紧发动机固定支架螺栓。

② 暂时拧紧发动机固定支撑（前和后）螺栓。

③ 按图 5-179 所示的数字顺序拧紧发动机固定支撑（前和后）螺栓。

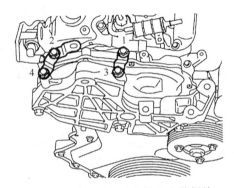

图 5-179 拧紧发动机固定支撑螺栓

④ 按图 5-180 所示的数字顺序拧紧发动机安装支架螺栓。

(16) 按照与拆卸相反的顺序安装剩余的零件。

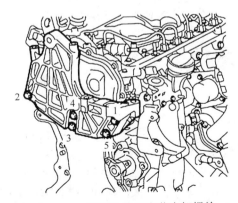

图 5-180 拧紧发动机安装支架螺栓

第六节 东风日产玛驰 MARCH 车系发动机正时校对维修

一、HR12DE（1.2L）发动机

HR12DE（1.2L）发动机正时系统分解如图 5-181、图 5-182 所示。

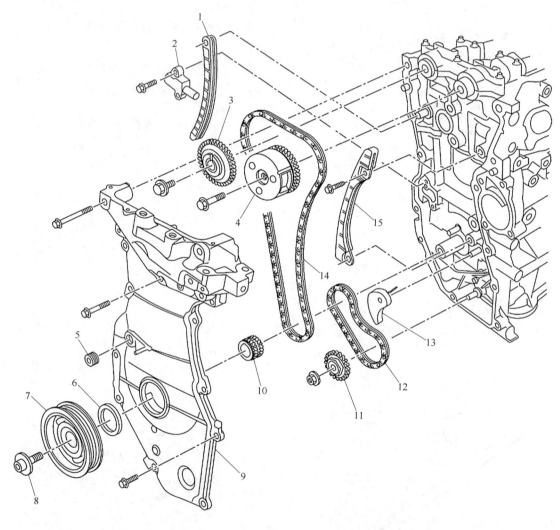

图 5-181 发动机正时系统部件（类型 1）

1—正时链条松弛侧链条导轨；2—链条张紧器（适用于正时链条）；3—凸轮轴链轮（排气）；4—凸轮轴链轮（进气）；5—孔塞；6—前油封；7—曲轴皮带轮；8—曲轴皮带轮螺栓；9—前盖；10—曲轴链轮；11—油泵链轮；12—机油泵驱动链条；13—链条张紧器（机油泵驱动链条用）；14—正时链条；15—正时链条张紧侧链条导轨

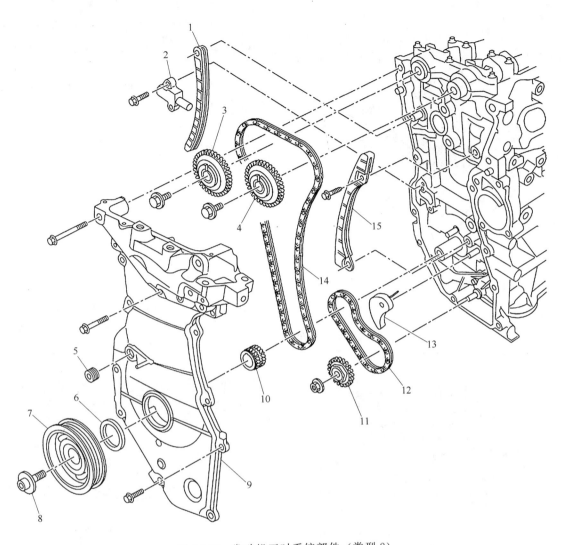

图 5-182 发动机正时系统部件（类型 2）

1—正时链条松弛侧链条导轨；2—链条张紧器（适用于正时链条）；3—凸轮轴链轮（排气）；4—凸轮轴链轮（进气）；5—孔塞；6—前油封；7—曲轴皮带轮；8—曲轴皮带轮螺栓；9—前盖；10—曲轴链轮；11—油泵链轮；12—机油泵驱动链条；13—链条张紧器（机油泵驱动链条用）；14—正时链条；15—正时链条张紧侧链条导轨

注意

文中所示的旋转方向指出了从发动机前侧位置所能看到的所有方向。

（一）正时系统的拆卸

（1）拆下前车轮（右侧）。

（2）拆下前翼子板保护板（右侧）。

（3）排放发动机机油。

注：在发动机冷却后执行此步骤。

（4）拆下以下零件。

① 摇臂盖。

② 驱动皮带。

③ 水泵皮带轮。

④ 接地电缆（位于前盖和散热器芯支撑之间）。

（5）拆下低压软管。

（6）使用变速箱千斤顶支起发动机的底部，然后拆下发动机固定支架和安装隔垫（右）。

（7）按照如下步骤将 1 号气缸置于压缩

行程上止点。

① 顺时针转动曲轴皮带轮 2 并使 TDC 标记（无漆）A 与前盖上的正时指示器 1 对准，如图 5-183 所示。

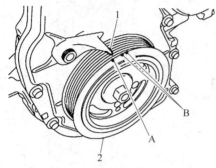

图 5-183 使 TDC 标记 A 与前盖上的正时指示器 1 对准
B—白色漆标记（不用于维修）

② 确认每个凸轮轴链轮匹配标记都处在如图 5-184 所示的位置。

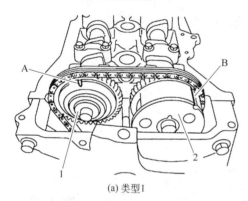

(a) 类型 1
1—凸轮轴链轮（排气）；2—凸轮轴链轮（进气）；A—配合标记（印制处）；B—配合标记（外周压印线）

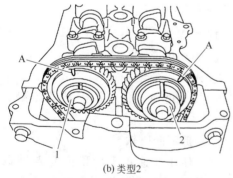

(b) 类型 2
1—凸轮轴链轮（排气）；2—凸轮轴链轮（进气）；A—配合标记（印制处）

图 5-184 确认每个凸轮轴链轮标记的位置

如果不对照的话，就再转动曲轴皮带轮一次，使匹配标记与图 5-184 所示位置一致。

③ 确认 1 号气缸的凸轮前端处于图 5-185 所示的位置。

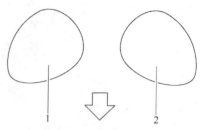

图 5-185 确认 1 号气缸的凸轮前端位置
1—凸轮轴（排气）；2—凸轮轴（进气）；⇦—缸盖侧

（8）按照下列步骤拆下曲轴皮带轮。

① 使用滑轮托（通用维修工具）A 固定曲轴皮带轮 1，如图 5-186 所示。

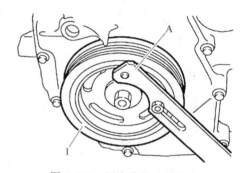

图 5-186 固定曲轴皮带轮 1

② 松开并拉出曲轴皮带轮螺栓。

> **注意**
>
> 切勿拆下装配螺栓，因为它用于支撑皮带轮拆卸器（SST：KV11103000）。

③ 将皮带轮拆卸器（SST：KV11103000）A 置于曲轴皮带轮的 M6 螺纹孔处，然后拆下曲轴皮带轮，如图 5-187 所示。

（9）按照下列步骤拆下前盖。

① 按图 5-188 所示的相反顺序松开螺栓。

② 通过撬动图 5-189 所示位置"⇐"来切断密封胶，然后拆下前盖。

（10）从前盖上拆下前油封。

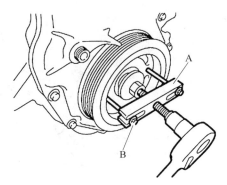

图 5-187 拆下曲轴皮带轮
B—M6 螺栓

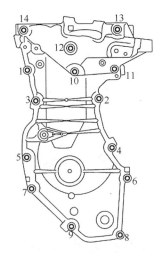

图 5-188 松开螺栓

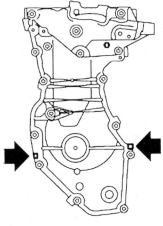

图 5-189 切断密封胶

使用合适的工具举起它，将其拆下。

> **注意**
>
> 不要损坏前盖。

(11) 按照以下步骤拆下链条张紧器（适用于正时链条）1，如图 5-190 所示。

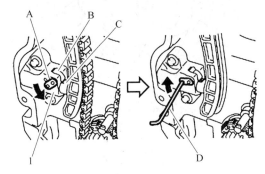

图 5-190 拆下链条张紧器 1

① 完全推倒链条张紧器杆 A，然后把柱塞 C 推入链条张紧器内（适用于正时链条）（图 5-190）。

完全推倒链条张紧器杆后，限定器 B（图 5-190）就被释放出来了。这样，就可以移动柱塞了。

② 拉起杆，使其孔的位置与主体孔的位置对齐。

当杆孔与主体孔的位置对齐时，柱塞也就被固定住了。

当柱塞棘齿的突出部分和限位器相对时，双方的孔位就不会对齐了。同时，要使它们正确结合，通过轻轻移动柱塞来使这些孔的位置对齐。

③ 从杆孔中将限位销 D（图 5-190）插入张紧器孔中，然后在上方位置处固定住杆。

图 5-190 所示的是一个使用六角扳手 2.5mm（0.098in）的例子。

④ 拆下链条张紧器（适用于正时链条）。

(12) 拆下正时链条张紧侧链条导轨 2 和正时链条松弛侧链条导轨 1，如图 5-191 所示。

注：以上分解图以类型 1 为例。

(13) 拆下正时链条 2，如图 5-192 所示。

朝凸轮轴链轮（EXH）1（图 5-192）方向拉动正时链条的松动端，然后拆下正时

第五章　日产车系发动机正时校对维修　273

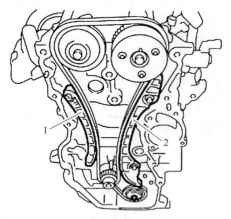

图 5-191　拆下正时链条张紧侧链条导轨 2 等

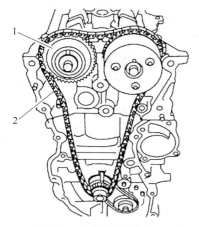

图 5-192　拆下正时链条 2

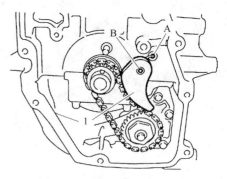

图 5-193　拆下链条张紧器 1

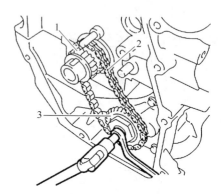

图 5-194　松开油泵链轮螺母

链条并开始从凸轮轴链轮（EXH）侧拆下。

注意

当拆卸正时链条时，切勿旋转曲轴或凸轮轴，它会造成气门和活塞之间的干扰。

注：以上分解图以类型 1 为例。

（14）按照如下步骤拆下曲轴链轮和与机油泵驱动相关的部件。

① 拆下链条张紧器（为机油泵驱动链条）1，如图 5-193 所示。从驱动轴 B 和弹簧固定孔 A 内拉出。

② 用 TORX 套筒（尺寸：E8）握住油泵轴的顶部，然后松开油泵链轮螺母并拆下它们，如图 5-194 所示。

③ 同时，拆下曲轴链轮 1、油泵驱动链条 2、油泵链轮 3。

（二）正时系统的安装

图 5-195 中显示了每个正时链条上的匹配标记和相应地安装了部件的链轮上的匹配标记之间的关系。

（1）安装曲轴链轮和与机油泵驱动相关的部件。

① 同时安装曲轴链轮 1、油泵驱动链条 2、油泵链轮 3，如图 5-196 所示。

安装曲轴链轮时使其无效齿轮区域 A（图 5-196）朝向发动机背面。

安装油泵链轮，使它的六角面朝向 B（图 5-196）发动机的前部。

注：机油泵驱动相关零件上没有匹配标记。

② 用 TORX 套筒（尺寸：E8）握住油泵轴的顶部，然后拧紧油泵链轮螺母，如图 5-197 所示。

③ 安装链条张紧器（为机油泵驱动链条）1，如图 5-198 所示。

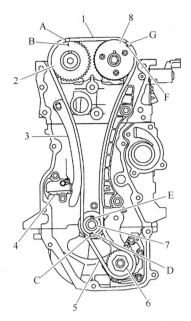

图 5-195 匹配标记之间的关系

1—正时链条；2—凸轮轴链轮（排气）；3—正时链条松弛侧链条导轨；4—链条张紧器（适用于正时链条）；5—机油泵驱动链条；6—油泵链轮；7—正时链条张紧侧链条导轨；8—凸轮轴链轮（进气）；A—黄色链节（类型1），蓝色链节（类型2）；B，D—配合标记（印制处）；C—橙色链节；E—曲轴钥匙（直接朝上）；F—配合标记（外周压印线）（类型1），配合标记（印制处）（类型2）；G—黄色链节（类型1），蓝色链节（类型2）

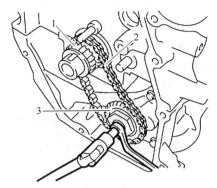

图 5-197 拧紧油泵链轮螺母

1—曲轴链轮；2—机油泵驱动链条；3—油泵链轮

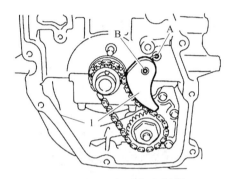

图 5-198 安装链条张紧器 1

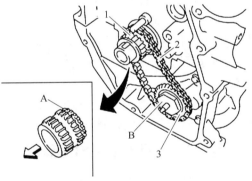

图 5-196 安装曲轴链轮 1 和与机油泵驱动相关的部件

⇦—发动机前端

当把弹簧插入到缸体前表面的固定孔 A 时，把张紧器插入轴 B 内（图 5-198）。

检查安装后油泵驱动链条是否张紧。

（2）按照下列步骤安装正时链条，如图 5-199 所示。

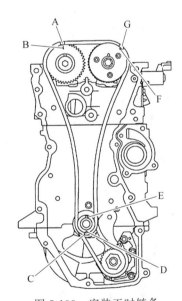

图 5-199 安装正时链条

A—黄色链节（类型1），蓝色链节（类型2）；B，D—配合标记（印制处）；C—橙色链节；E—曲轴钥匙（直接朝上）；F—配合标记（外周压印线）（类型1），配合标记（印制处）（类型2）；G—黄色链节（类型1），蓝色链节（类型2）

注：以上分解图以类型 1 为例。

安装时，使每个链轮和正时链条上的匹配标记对齐。

如果匹配标记没有对齐，就轻轻旋转凸轮轴，纠正其位置。

> **注意**
> ① 在以下内容中，配合标记对准后，用手将其固定从而保持其对准状态。
> ② 为避免漏齿，在前盖安装前切勿转动曲轴和凸轮轴。

（3）安装正时链条张紧侧链条导轨 2 和正时链条松弛侧链条导轨 1，如图 5-200 所示。

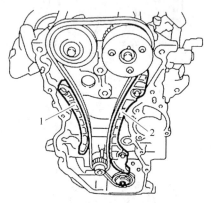

图 5-200　安装正时链条张紧侧链条导轨 2 等

注：以上分解图以类型 1 为例。

（4）安装链条张紧器（用于正时链条）1，如图 5-201 所示。

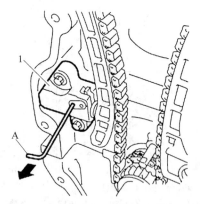

图 5-201　安装链条张紧器（用于正时链条）1

用限位销 A（图 5-201）将柱塞固定在完全压缩位置，然后安装。

在安装过链条张紧器后，用力拉出限位销。

（5）重新检查正时链条和每个链轮的匹配标记位置。

（6）在前盖上安装前油封。

（7）按照下列步骤安装前盖。

① 如图 5-202 所示，用压缩器（通用维修工具）将密封胶连续地涂抹到缸体。请使用正品密封胶或同等产品。

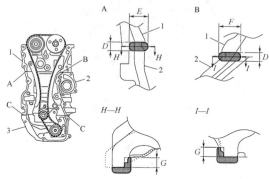

图 5-202　将密封胶连续地涂抹到缸体
1—缸盖；2—缸体；3—油底壳（上）；A～C—密封胶的应用部位；D—φ5mm（0.2in）；E—11mm（0.4in）；F—13mm（0.5in）；G—6mm（0.23in）

注：以上分解图以类型 1 为例。

② 如图 5-203 所示，用压缩器（通用维修工具）将密封胶连续地涂抹到前盖。

③ 按图 5-204 所示的数字顺序拧紧螺栓。

④ 拧紧所有螺栓后，按图 5-204 所示的数字顺序重新拧紧它们至规定转矩。

> **注意**
> 务必擦干净溢出到表面的密封胶。

（8）通过对齐曲轴键来插入曲轴皮带轮。

使用塑料锤插入曲轴皮带轮时，请敲击其中央位置（非四周位置）。

> **注意**
> 安装时对前油封唇缘部分进行保护以免损坏。

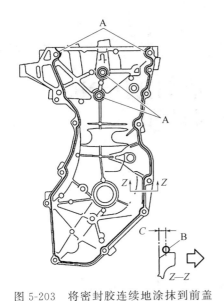

图 5-203 将密封胶连续地涂抹到前盖
（请使用正品密封胶或同等产品）

A—密封胶的应用部位；B—密封胶；C—$\phi 3.0 \sim$ 4.0mm（0.12～0.16in）；⇨—发动机外部

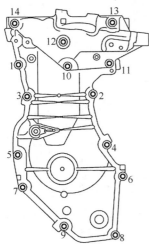

图 5-204 拧紧螺栓

（9）按照下列步骤拆下曲轴皮带轮。

用滑轮托（通用维修工具）固定曲轴皮带轮，并拧紧曲轴皮带轮螺栓。

① 用新发动机机油涂抹曲轴皮带轮螺栓的螺纹和固定面。

② 拧紧曲轴皮带轮螺栓。

力矩：35.0N·m（3.6kgf·m，26lbf·ft）。

③ 在曲轴皮带轮上做一个油漆标记 B，使其与曲轴螺栓法兰 1 上 6 个容易识别的角度标记 A 都匹配，如图 5-205 所示。

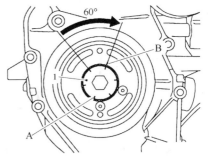

图 5-205 在曲轴皮带轮做标记

④ 再顺时针旋转 60°（角度拧紧）。

在移动一个角度标记的情况下检查拧紧角。

（10）用手顺时针旋转，确认曲轴转动灵活。

（11）按照与拆卸相反的顺序安装剩下的零件。

二、HR15DE（1.5L）发动机

HR15DE 发动机正时调整可参考东风日产新阳光（N17）HR15DE 发动机的相关内容。

第七节

东风日产骐达、颐达车系 HR16DE 发动机正时校对维修

东风日产骐达、颐达汽车发动机正时调整，可参考东风日产新逍客（J10）汽车 HR16DE 发动机相关内容。

第八节

郑州日产 NV200 车系 HR16DE 发动机正时校对维修

郑州日产 NV200 汽车 HR16DE 发动机正时调整，可参考东风日产新逍客（J10）汽车 HR16DE 发动机相关内容。

第九节

郑州日产奥丁（OTING）车系 4G64 发动机正时校对维修

4G64 发动机正时齿带相关部件如图 5-206 所示，其拆装方法如下。

一、正时齿带的拆卸

（1）正时齿带的拆卸。

记下齿带旋转方向以期装复时无误，如图 5-207 所示。

（2）油泵齿带轮的拆卸。

① 拆卸气缸体侧的旋塞。

② 插入直径 8mm 的十字螺丝刀，用于固定左侧平衡轴。

③ 拆卸油泵齿带轮螺母，如图 5-208 所示。

④ 拆卸油泵齿带轮。

（3）曲轴螺栓的拆卸。

① 使用专用工具固定飞轮，如图 5-209 所示。

② 拆卸曲轴螺栓。使用专用工具支撑飞轮。

（4）曲轴齿带轮的拆卸。

若因黏着不易拆卸，请使用专用工具，如图 5-210 所示。

（5）正时齿带 B 的拆卸。

记下齿带旋转方向以期装复时无误，如图 5-211 所示。

（6）平衡轴齿带轮的拆卸。

① 使用如图 5-212 所示工具，固定平衡轴齿带轮。

② 拆卸平衡轴齿带轮。

（7）曲轴齿带轮 B 的拆卸。

若因黏着不易拆卸，请使用专用工具，如图 5-213 所示。

（8）凸轮轴齿带轮螺栓的拆卸。

① 使用专用工具固定凸轮轴正时齿带轮，如图 5-214 所示。

② 拆卸凸轮轴齿带轮螺栓。

二、正时齿带的安装

（1）凸轮轴齿带轮螺栓的拧紧。

① 使用专用工具固定凸轮轴齿带轮，如图 5-215 所示。

② 把凸轮轴齿带轮螺栓拧紧到规定的转矩。

（2）衬套的安装。

安装衬套时，将有倒角的一侧朝向油封，如图 5-216 所示。

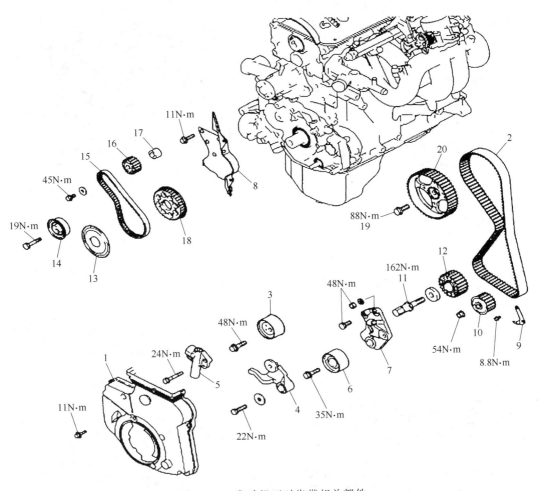

图 5-206 发动机正时齿带相关部件

1—正时齿带前下盖；2—正时齿带；3—张紧带轮；4—张紧臂；5—自动张紧器；6—中间带轮；7—张紧带轮支架；
8—正时齿带后盖；9—正时齿带指示器；10—油泵齿带轮；11—曲轴螺栓；12—曲轴齿带轮；
13—法兰；14—张紧器 B；15—正时齿带 B；16—平衡轴齿带轮；17—衬套；
18—曲轴齿带轮 B；19—凸轮轴齿带轮螺栓；
20—凸轮轴齿带轮

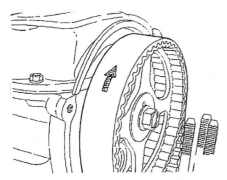

图 5-207 记下齿带旋转方向

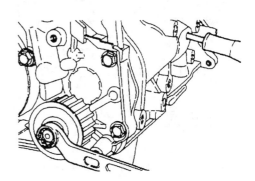

图 5-208 拆卸油泵齿带轮螺母

(3) 平衡轴齿带轮的安装。

① 用如图 5-217 所示的工具固定平衡轴齿带轮。

② 拧紧螺栓至规定的转矩。

第五章 日产车系发动机正时校对维修 279

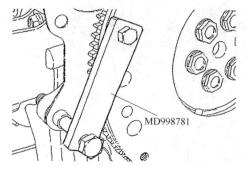

图 5-209　固定飞轮

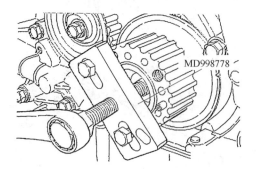

图 5-210　使用专用工具拆卸曲轴齿带轮

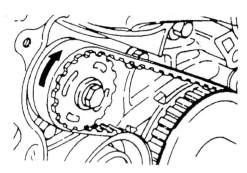

图 5-211　记下齿带旋转方向

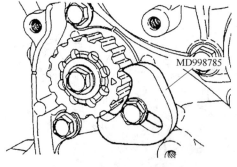

图 5-212　固定平衡轴齿带轮

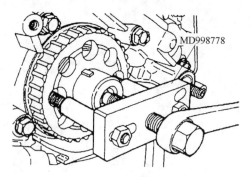

图 5-213　使用专用工具拆卸曲轴齿带轮 B

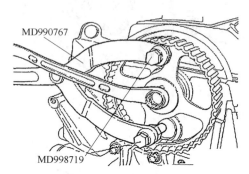

图 5-214　固定凸轮轴正时齿带轮

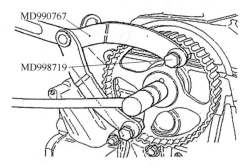

图 5-215　固定凸轮轴齿带轮

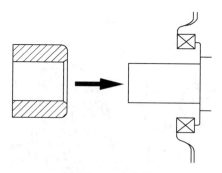

图 5-216　安装衬套

(4) 正时齿带 B 的安装。

① 将曲轴齿带轮 B 及平衡轴齿带轮的标记分别与前盖上的标记对正，如图 5-218 所示。

② 在曲轴齿带轮 B 及平衡轴齿带轮上安装正时齿带 B。张紧一侧不允许有松弛。

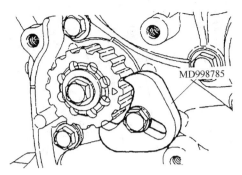

图 5-217 固定平衡轴齿带轮

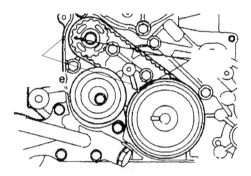

图 5-218 对准标记

③ 确认张紧器轮中心与螺栓中心的位置，如图 5-219 所示。

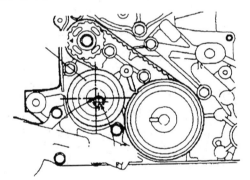

图 5-219 确认张紧器轮中心与螺栓中心的位置

④ 在用手指对着正时齿带张紧器一侧施加力的同时，向箭头方向移动张紧器 B。此时拧紧螺栓使张紧器 B 固定。如图 5-220 所示，注意在拧紧螺栓时，不要让轴与齿带轮一起转动使齿带过紧。

⑤ 确认齿带轮与前盖上的标记对齐，如图 5-221 所示。

⑥ 用食指压下正时齿带 B 的张紧器一侧的中央部分，齿带压下量为 5~7mm。

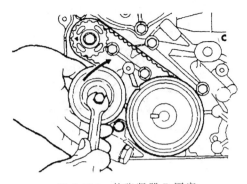

图 5-220 使张紧器 B 固定

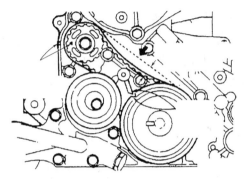

图 5-221 确认齿带轮与前盖上的标记对齐

(5) 曲轴螺栓的拧紧。

① 使用专用工具固定飞轮。

② 安装曲轴螺栓，如图 5-222 所示。

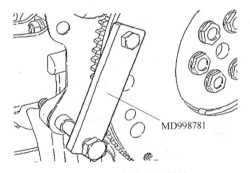

图 5-222 安装曲轴螺栓

(6) 机油泵齿带轮的安装。

① 将十字螺丝刀塞入气缸体左侧塞孔，阻止平衡轴转动，如图 5-223 所示。

② 安装机油泵齿带轮。

③ 在螺母与轴承的结合面涂抹机油。

④ 按照规定的力矩拧紧螺母。

(7) 自动张紧器的安装。

① 若自动张紧器杆在伸出位置，应按

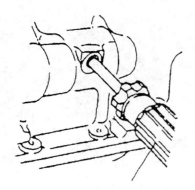

图 5-223 阻止平衡轴转动

照下述步骤使其缩回。

②用带有软钳口的虎钳夹紧自动张紧器。

③利用虎钳慢慢地将杆推入，直到杆的孔 A 与油缸的孔 B 对齐为止，如图 5-224 所示。

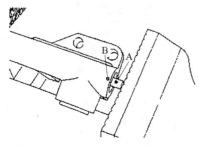

图 5-224 孔 A 与油缸的孔 B 对齐

④将钢丝（直径为 1.4mm）插进对齐的孔中，如图 5-225 所示。

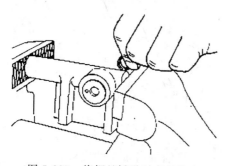

图 5-225 将钢丝插进对齐的孔中

⑤用虎钳拆卸自动张紧器。

⑥将自动张紧器安装在前盖上，用规定力矩拧紧螺栓，如图 5-226 所示。

（8）正时齿带的安装。

①确认正时齿带张紧器安装妥当。

②使凸轮轴齿带轮上的正时记号与气

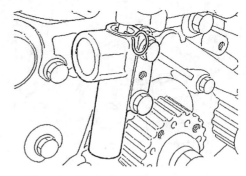

图 5-226 将自动张紧器安装在前盖上

缸盖上的记号对齐，如图 5-227 所示。

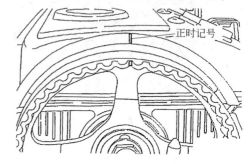

图 5-227 对准标记

③使曲轴齿带轮上的正时记号与前盖上的记号对齐，如图 5-228 所示。

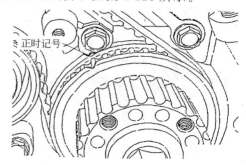

图 5-228 使曲轴齿带轮上的正时记号与前盖上的记号对齐

④使油泵齿带轮上的正时记号与其符合记号对齐，如图 5-229 所示。

⑤从气缸体上拆卸塞子，然后将十字螺丝刀（直径 8mm）插入孔中。若能插入 60mm 以上，表示正时标记对齐，若不能插入 20~25mm 以上，应将油泵齿带轮转一圈，然后对齐正时标记。再度检查螺丝刀能否插进 60mm 以上。将螺丝刀保持在插入位置上，直到正时齿带安装结束。

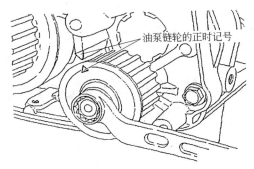

图 5-229 使油泵齿带轮上的
正时记号与其符合记号对齐

⑥ 将正时齿带依次连接到曲轴皮带轮、中间带轮、凸轮轴齿带轮以及张紧皮带轮上。

⑦ 向箭头方向抬起张紧器皮带轮，然后拧紧中心螺栓，如图 5-230 所示。

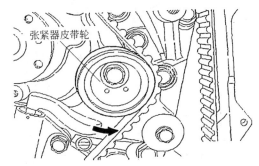

图 5-230 向箭头方向抬起张紧器皮带轮

⑧ 检查所有正时标记都成一直线。

⑨ 拆下步骤⑤时插入的螺丝刀，装上塞子。

⑩ 将曲轴逆时针旋转 1/4 转。然后顺时针旋转，直到所有正时记号再度排齐为止。

⑪ 将专用工具的套筒扳手和转矩扳手装配在张紧器皮带轮上，然后拧松张紧器皮带轮中心螺栓，如图 5-231 所示。

注：如果不能利用专用工具时，可使用能测量 0~0.3kgf·m 转矩的一般的转矩扳手。

⑫ 利用转矩扳手拧紧到 0.26~0.27kgf·m 的转矩。

⑬ 一面利用专用工具和转矩扳手保持张紧器皮带轮，一面拧紧中心螺栓至标准值。

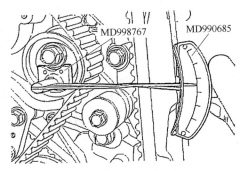

图 5-231 拧松张紧器皮带轮中心螺栓

⑭ 将曲轴顺时针旋转两转后，放置约 15min。然后，检查自动张紧器的固定钢丝能否自由滑动。

注：若钢丝不能自由滑动，反复进行上述⑩以上步骤，直至钢丝滑动为止。

⑮ 取下自动张紧器固定钢丝，如图 5-232 所示。

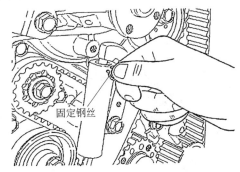

图 5-232 取下自动张紧器固定钢丝

⑯ 测量距离"A"（张紧器臂与自动张紧器本体间），如图 5-233 所示。标准值为 3.8~4.5mm。

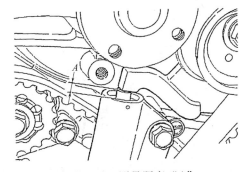

图 5-233 测量距离"A"

第五章 日产车系发动机正时校对维修

第十节 东风日产新骐达 C12 车系 MR16DDT 发动机正时校对维修（12 款）

一、正时链条的拆卸

（1）排放发动机机油。

（2）拆卸以下零件：进气歧管，摇臂盖。

（3）按照下列步骤设置 1 号缸压缩行程上止点。

① 顺时针转动曲轴皮带轮 1，并对齐上止点标记（无油漆标记）B 至前盖上的正时指示器 A，如图 5-234 所示。

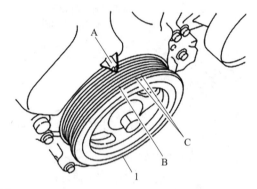

图 5-234　将上止点标记和前盖上的正时器 A 对齐
C—白色漆标记（不用于维修）

② 检查 1 号气缸的凸轮突起位于如图 5-235 所示位置。

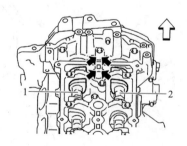

图 5-235　1 号气缸的凸轮突起
1—凸轮轴（进气）；2—凸轮轴（排气）；
⇦—发动机前端

（4）按照下列步骤拆下曲轴皮带轮。

① 用皮带轮夹具（通用维修工具）A 固定曲轴皮带轮 1，松开曲轴皮带轮螺栓，并使螺栓座面偏离其原始位置 10mm（0.39in），如图 5-236 所示。

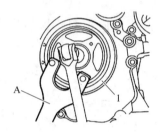

图 5-236　用皮带轮夹具固定曲轴皮带轮

② 在曲轴皮带轮 1 的 M6 螺纹孔内安装皮带轮拔具（SST：KV11103000）A，然后拆下曲轴皮带轮，如图 5-237 所示。

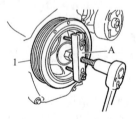

图 5-237　拆下曲轴皮带轮

（5）拆卸油底壳（下）。

注：如果曲轴链轮和机油泵驱动部件没有拆下，则不需要该步骤。

（6）拆卸进气门正时控制电磁阀。

（7）拆下驱动皮带自动张紧器。

（8）按照下列步骤拆下前盖。

① 按图 5-238 所示的相反顺序松开装配螺栓。

② 通过撬动图 5-239 所示位置来切割密封胶，然后拆下前盖。

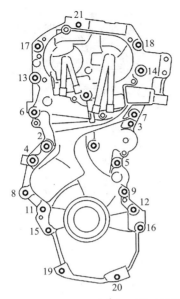

图 5-238 按相反顺序松开装配螺栓

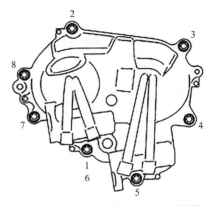

图 5-240 按相反顺序松开装配螺栓

字顺序 1 号。

(11) 按照以下步骤拆下正时链条张紧器。

① 按下正时链条张紧器柱塞后将导线 A（例如卡子）插入顶部凹槽，如图 5-241 所示。

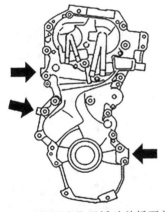

图 5-239 按图中位置撬动并拆下前盖

> ✖ **注意**
>
> 小心不要损坏配合面。

(9) 从前盖上拆下前油封。

> ✖ **注意**
>
> 不要损坏前盖。
> 用螺丝刀顶起前油封。

(10) 必要时，拆下气门正时控制盖。

按图 5-240 所示的相反顺序松开装配螺栓。

注：拆卸时，不必考虑图 5-240 中的数

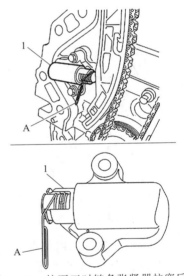

图 5-241 按下正时链条张紧器柱塞后将导线 A 插入顶部凹槽

注：插入一条导线（例如卡子）以充分固定正时链条张紧器柱塞。

② 拆下正时链条张紧器 1。

(12) 拆下松紧导杆 2、张紧导板 3 和正时链条 1，如图 5-242 所示。

> ✖ **注意**
>
> 拆卸正时链条时，切勿分别转动各曲轴或凸轮轴。它会造成气门和活塞之间的干扰。

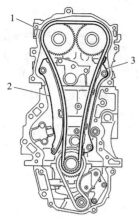

图 5-242 拆下松紧导杆 2、张紧导板 3 和正时链条 1

注：如果很难拆下正时链条，在拆下它前先拆下凸轮轴链轮（排气）。

（13）按照下列步骤拆下曲轴链轮和机油泵驱动部件。

① 按 A 所示的方向按下油泵驱动链条张紧器 1，如图 5-243 所示。

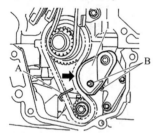

图 5-243 按 A 所示的方向按下油泵驱动链条张紧器 1

② 在主体孔 B 内插入限位器销 A。

③ 拆下机油泵链条张紧器。当无法对齐杆上的孔和张紧器主体上的孔时，略微移动机油泵链条张紧器松弛侧链条导轨来对齐这些孔。

④ 抓住机油泵轴的 WAF 部分〔WAF：10mm（0.39in）〕A，然后松开机油泵链轮螺栓并将其拆下，如图 5-244 所示。

（14）如果需要，从前盖上拆下张紧导板（前盖侧）。

二、正时链条的安装

图 5-245 中显示了每根正时链条上的匹

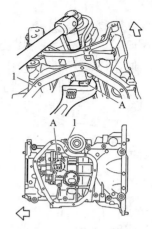

图 5-244 拆下机油泵链轮
1—油底壳（上）；⇦—发动机前端

配标记和相应地安装了部件的链轮上的匹配标记之间的关系。

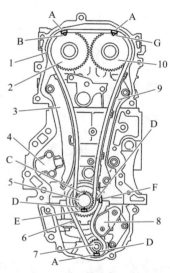

图 5-245 正时链条组件及匹配标记
1—正时链条；2—凸轮轴链轮（排气）；3—松弛侧链条导轨；
4—正时链条张紧器；5—曲轴链轮；6—油泵驱动链条；
7—油泵链轮；8—油泵驱动链条张紧器；9—张紧侧链条导轨；
10—凸轮轴链轮（进气）；A—匹配标记（深蓝色链节）；
B，G—匹配标记（外槽）；C—曲轴键位置（垂直朝上）；
D—匹配标记（印记）；E—匹配标记（白色链节）；
F—匹配标记（黄色链节）

（1）检查曲轴键是否朝上。

（2）如果拆下张紧导板（前盖侧），则将其安装到前盖上。

（3）安装曲轴链轮 2、油泵链轮 3 和油泵驱动链条 1，如图 5-246 所示。

安装时对齐各链轮和油泵驱动链条上的匹配标记。如果这些匹配标记没有对齐，则略微转动油泵轴以修正位置。

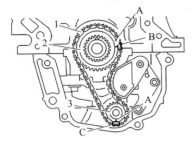

图 5-246　安装曲轴链轮 2、油泵链轮 3 和
油泵驱动链条 1
A—匹配标记（印记）；B—匹配标记（黄色链节）；
C—匹配标记（深蓝色链节）

（4）抓住油泵轴的 WAF 部分〔WAF：10mm（0.39in）〕A，然后拧紧机油泵轴链轮螺栓，如图 5-247 所示。

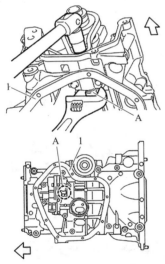

图 5-247　拧紧机油泵轴链轮螺栓
1—油底壳（上）；⇦—发动机前端

（5）安装油泵链条张紧器，如图 5-248 所示。

① 用限位销 A 将油泵链条张紧器面固定在完全压缩位置，然后安装。

② 安装油泵链条张紧器后，用力拉出限位销。

③ 重新检查油泵驱动链条和每个链轮

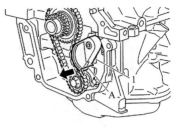

图 5-248　安装油泵链条张紧器

的匹配标记位置。

（6）对齐各链轮匹配标记与正时链条的匹配标记，如图 5-249 所示。

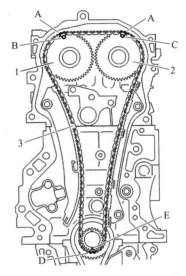

图 5-249　对齐各链轮匹配标记与
正时链条的匹配标记
1—凸轮轴链轮（排气）；2—凸轮轴链轮（进气）；
3—正时链条；A—匹配标记（深蓝色链节）；
B，C—匹配标记（外槽）；D—匹配标记（白色链节）；
E—匹配标记（印记）

如果这些匹配标记没有对齐，则抓住六角形部分略微转动凸轮轴以修正位置。

（7）安装松弛导轨 2 和张紧侧链条导轨 3，如图 5-250 所示。

（8）安装正时链条张紧器。

① 用限位销将柱塞固定在完全压缩位置，然后安装。

② 在安装正时链条张紧器后，用力拉出限位销。

第五章　日产车系发动机正时校对维修

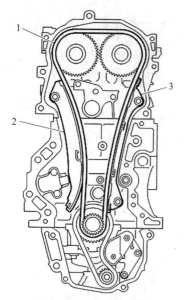

图 5-250　安装松弛导轨 2 和张紧侧链条导轨 3
1—正时链条

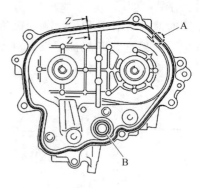

图 5-251　将密封胶 E 连续地涂抹到气门
正时控制盖上
1—前盖；2—气门正时控制盖；
A—开始和结束垫圈应用；
B—密封胶的应用部位；E—密封胶；
c—4.0～5.6mm（0.157～0.220in）；
d—ϕ3.4～4.4mm（0.134～0.173in）

> **注意**
>
> 将张紧器安装在凸轮侧后，拉出锁止销。
> 发动机没有安装张紧器的，如果拉出锁止销则栓塞会跳出，所以切勿使用张紧器（如果使用了，栓塞将不平滑移动）。
> 重复使用凸轮侧的张紧器：安装后，向栓塞尖端拉起且移动棘齿卡子且将张紧器平行放置在栓塞的外槽。

（9）重新检查正时链条和每个链轮的匹配标记位置。

（10）安装前油封。

（11）按照以下步骤安装前盖。

① 如有需要，安装气门正时控制盖。用压缩器（通用维修工具）将密封胶 E 连续地涂抹到气门正时控制盖，如图 5-251 所示。

注：衬垫应用从开始至结束都要彼此重叠 5mm 或以上。

按照图 5-252 所示数字的顺序拧紧装配螺栓。

注：分两步拧紧 1 号螺栓。编号 6 为第 2 步。

② 将新 O 形圈安装到缸体上。

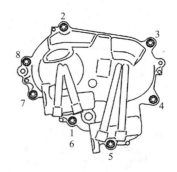

图 5-252　按顺序拧紧装配螺栓

> **注意**
>
> 务必对齐 O 形圈。

③ 如图 5-253 所示用压缩器（通用维修工具）将密封胶 D 连续地涂抹到前盖。

> **注意**
>
> 请使用原装密封胶或同等产品。

④ 检查正时链条和各链轮的匹配标记是否仍然对齐。然后安装前盖。

(12) 按照下列步骤安装曲轴皮带轮。

① 使用塑料锤插入曲轴皮带轮时，请敲击其中央位置（非四周位置）。

② 用皮带轮固定器（通用维修工具）A 固定曲轴皮带轮 1，如图 5-255 所示。

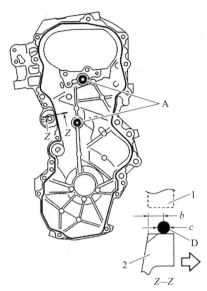

图 5-253　用压缩器将密封胶连续地涂抹到前盖
1—缸盖；2—前盖；A—密封胶的应用部位；
b—4.0～5.6mm（0.157～0.220in）；
c—ϕ3.4～4.4mm（0.134～0.173in）；⇐—发动机外部

⑤ 按图 5-254 所示的数字顺序安装前盖并拧紧装配螺栓。

图 5-255　固定曲轴皮带轮 1

③ 用新发动机机油涂抹曲轴皮带轮螺栓的螺纹和固定面。

④ 拧紧曲轴皮带轮螺栓。

⑤ 在曲轴皮带轮 2 上做出油漆记号 B，它与六个角度标记中的任意一个都匹配，以便识别曲轴皮带轮螺栓法兰 1 上的角度标记 A，如图 5-256 所示。

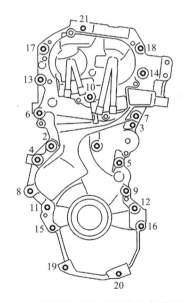

图 5-254　按顺序安装前盖并拧紧装配螺栓

⑥ 拧紧所有螺栓后，按图 5-254 所示的数字顺序重新拧紧它们至规定转矩。

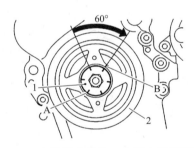

图 5-256　在曲轴皮带轮 2 上做出油漆记号 B

⑥ 再顺时针旋转 60°（定角度拧紧）。在移动一个角度标记的情况下检查拧紧角。

⑦ 检查曲轴在顺时针方向上的转动是否顺畅。

(13) 按照与拆卸相反的顺序安装剩余零件。

第十一节 东风日产轩逸车系 MR 类型发动机正时校对维修

正时系统部件如图 5-257 所示。

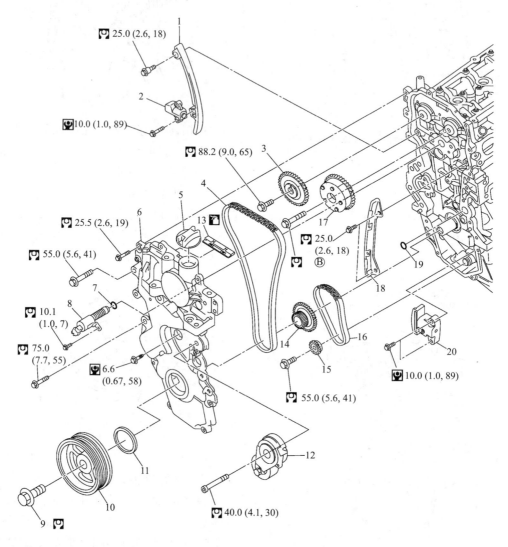

图 5-257 正时系统部件

1—正时链条的松紧导杆；2—正时链条张紧器；3—凸轮轴链轮（排气）；4—正时链条；5—机油加注口盖；6—前盖；7、19—O 形圈；8—进气门正时控制电磁阀；9—曲轴皮带轮螺栓；10—曲轴皮带轮；11—前油封；12—驱动皮带自动张紧器；13—正时链条的张紧导杆；14—曲轴链轮；15—油泵链轮；16—油泵驱动链；17—凸轮轴链轮（进气）；18—正时链条的张紧导杆；20—正时链条张紧器（用于油泵）

第十二节
东风日产楼兰车系发动机正时校对维修

一、QR25DE 发动机

QR25DE 发动机正时系统部件如图 5-258 所示。

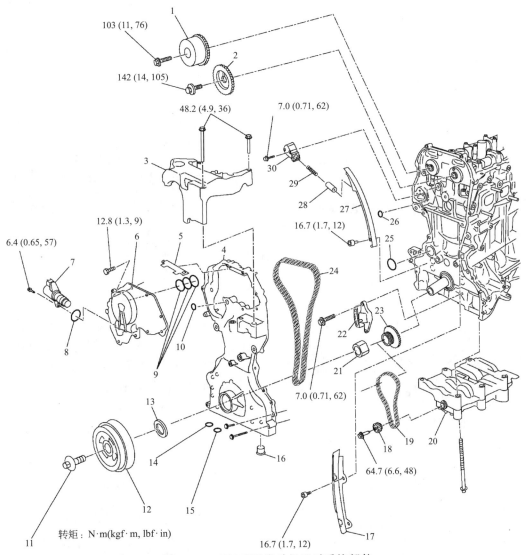

图 5-258　QR25DE 发动机正时系统部件

1—凸轮轴链轮（进气）；2—凸轮轴链轮（排气）；3—前盖支架；4—前盖；5—链条导板；6—曲轴链轮盖；7—进气门正时控制电磁阀；8~10，14~16，25，26—O 形圈；11—曲轴带轮螺栓；12—曲轴皮带；13—前油封；17—正时链条张紧侧链条导轨；18—平衡单元链轮；19—平衡单元正时链条；20—平衡单元；21—机油泵驱动隔套；22—平衡单元正时链条张紧器；23—曲轴链轮；24—正时链条；27—正时链条松弛侧链条导轨；28—链条张紧器柱塞；29—弹簧；30—链条张紧器

QR25DE发动机正时链条的拆卸和安装如下。

（一）拆卸程序

（1）拆下以下零件。

① PCV软管。

② 进气歧管。

③ 点火线圈。

④ 驱动皮带。

⑤ 驱动皮带自动张紧器。

（2）拆卸发动机固定支架（右）。

（3）拆卸摇臂盖。

（4）拆卸油底壳（下）。

（5）拆下油底壳（上）和机油集滤器。

（6）拆下进气阀正时控制盖。

① 按如图5-259所示的相反顺序松开螺栓。

② 使用密封刮刀或同等工具切割密封胶，以便拆卸。

注意

不要损坏装配表面。

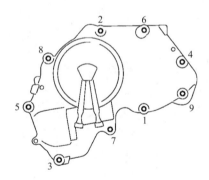

图5-259 松开螺栓

（7）从前盖将凸轮轴链轮之间的链条导板拉出。

（8）按照下列步骤设置1号缸压缩行程上止点。

① 顺时针旋转曲轴皮带轮，并将TDC标记对准前盖上的正时标记，如图5-260所示。

② 同时，检查凸轮轴链轮的配合面是

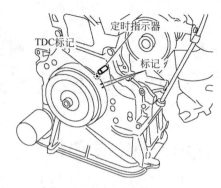

图5-260 将TDC标记对准前盖上的正时标记

否在图5-260所示位置。

如果不对照的话，就再转动曲轴皮带轮一次，使匹配标记与图5-261所示位置一致。

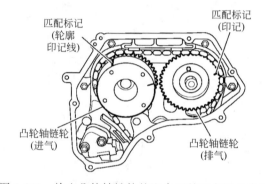

图5-261 检查凸轮轴链轮的配合面是否在图示位置

（9）按照下列步骤拆下曲轴皮带轮。

① 用皮带轮支架（通用维修工具）固定曲轴皮带轮，松开曲轴皮带轮螺栓，如图5-262所示，并使螺栓座面偏离其原始位置10mm（0.39in）。

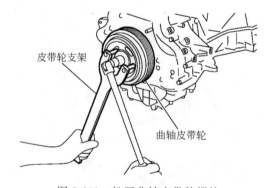

图5-262 松开曲轴皮带轮螺栓

② 将皮带轮拔具（SST）置于曲轴皮

带轮的 M6 螺纹孔处，然后拆下曲轴皮带轮，如图 5-263 所示。

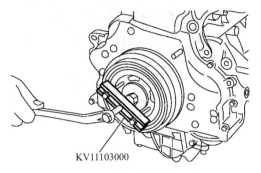

图 5-263　拆下曲轴皮带轮

（10）按照下列步骤拆下前盖。

① 按如图 5-264 所示的相反顺序松开并拆卸装配螺栓。

② 使用密封刮刀（SST：KV10111100）或同等工具切割密封胶，以便拆卸。

不要损坏装配表面。

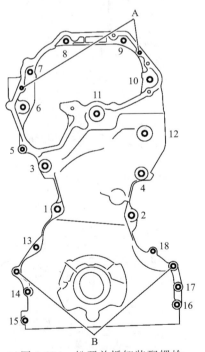

图 5-264　松开并拆卸装配螺栓
A—定位销；B—定位销孔

（11）如果前油封需要更换，用合适的工具将其夹起并拆下。

（12）按照下列步骤拆下正时链条和凸轮轴链轮。

① 按下链条张紧器柱塞，如图 5-265 所示。将限位销插入链条张紧器上的孔以固定链条张紧器柱塞并拆下链条张紧器。

注：使用直径大约 0.5mm（0.02in）的硬金属销作为限位销。

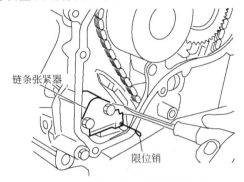

图 5-265　按下链条张紧器柱塞

② 用扳手固定凸轮轴的六角形部分，如图 5-266 所示。松开凸轮轴链轮装配螺栓并拆下正时链条和凸轮轴链轮。

当拆卸正时链条时，切勿旋转曲轴或凸轮轴。它会造成气门和活塞之间的干扰。

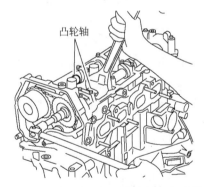

图 5-266　用扳手固定凸轮轴的六角形部分

（13）拆下正时链条松弛侧链条导轨、正时链条张紧侧链条导轨和油泵驱动隔套。

（14）按照以下步骤拆下平衡器单元正时链条张紧器。

① 按如图 5-267 所示方向按下限位器凸耳 A，朝正时链条张紧器（对于油泵）1

方向推动正时链条松弛侧链条导轨 B。通过按下限位器凸耳松开松弛侧链条导轨。这样，便可以移动松弛侧链条导轨。

② 在张紧器主体孔 C 内插入限位销 D，以固定正时链条松弛侧链条导轨。

注：用直径约 1.2mm 的硬金属销作为限位销。

③ 拆下平衡单元正时链条张紧器。

当无法对齐杆上的孔和张紧器主体上的孔时，略微移动松弛侧链条导轨与孔对齐。

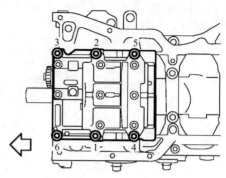

图 5-268 松开装配螺栓

⇦—发动机前端

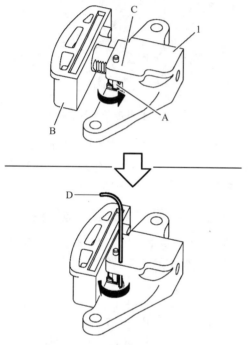

图 5-267 按下限位器凸耳 A 等

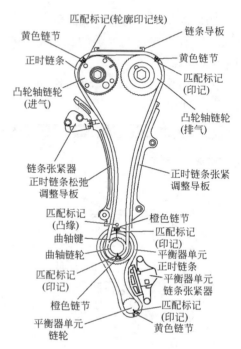

图 5-269 正时链条上的匹配标记

（15）拆下平衡器单元正时链条和曲轴链轮。

（16）按如图 5-268 所示的相反顺序松开装配螺栓，并拆下平衡器单元。

（二）安装程序

图 5-269 显示了每个正时链条上的匹配标记和相应地安装了部件的链轮上的匹配标记之间的关系。

（1）检查曲轴键是否朝上。

（2）采用以下步骤按图 5-270 所示顺序拧紧装配螺栓，并安装平衡器单元。

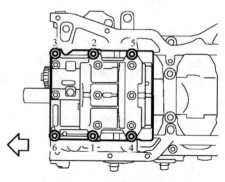

图 5-270 拧紧装配螺栓

① 用新发动机机油涂抹装配螺栓的螺纹和固定面。

② 再次拧紧1～5号螺栓。

③ 拧紧6号螺栓。

④ 顺时针拧紧1～5号螺栓120°（定角度拧紧）。

> **注意**
>
> 使用角度扳手检查拧紧角度，如图 5-271 所示。切勿靠目视检查做出判断。

⑤ 再顺时针旋转6号螺栓90°（定角度拧紧）。

⑥ 完全松开所有螺栓。

> **注意**
>
> 在这一步骤中，按如图 5-270 所示的相反顺序松开螺栓。

⑦ 重复步骤②～⑤。

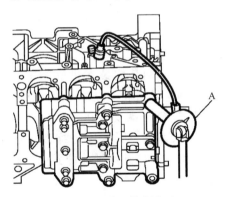

图 5-271 检查拧紧角度

（3）安装曲轴链轮和平衡器单元正时链条。

① 检查曲轴链轮是否位于缸体和曲轴链轮结合顶部的装配标记上。

② 安装时对齐各链轮和平衡器单元正时链条上的匹配标记，如图 5-272 所示。

（4）安装平衡单元正时链条张紧器。

① 小心切勿使各链轮和正时链条的匹配标记滑动。

② 安装后，确认匹配标记未滑动，然后拆下限位销并松开张紧器套筒。

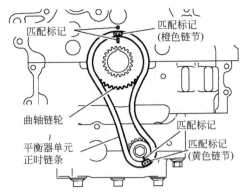

图 5-272 安装时对齐各链轮和平衡单元正时链条上的匹配标记

（5）安装正时链条和相关零件，如图 5-273 所示。

① 进行安装，使每个链轮和正时链条上的匹配标记对齐。

② 安装链条张紧器前后，再次检查匹配标记是否滑动。

③ 安装链条张紧器后，拆下限位销并检查张紧器是否移动自如。

> **注意**
>
> ① 在以下注释中，配合标记对准后，用手将其固定从而保持其对准状态。
>
> ② 为避免漏齿，在前盖安装前切勿转动曲轴和凸轮轴。

注：安装链条张紧器前，可以改变各链轮上正时链条匹配标记的位置以便对齐。

（6）在前盖上安装前油封。

（7）按照下列步骤安装前盖。

① 在缸盖和缸体上安装O形圈。

② 如图 5-274 所示用管压缩器（通用维修工具）将密封胶连续地涂抹到前盖。

③ 检查正时链条和各链轮的匹配标记是否仍然对齐。然后安装前盖。

④ 按照图 5-275 所示数字的顺序拧紧装配螺栓。

⑤ 拧紧所有螺栓后，按图 5-275 所示的数字顺序重新拧紧它们至规定转矩。

（8）在曲轴链轮之间安装链条导轨。

第五章 日产车系发动机正时校对维修 295

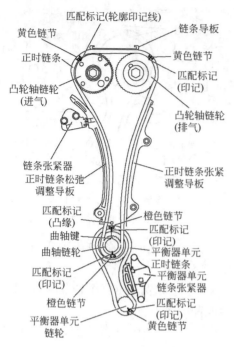

图 5-273 安装正时链条和相关零件

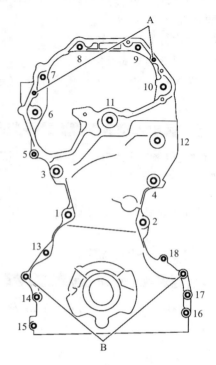

图 5-275 拧紧装配螺栓
A—定位销；B—定位销孔

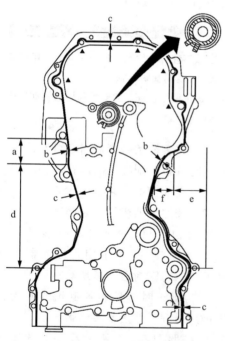

图 5-274 涂抹密封胶

阀安装至进气阀正时控制盖上。

② 将新的油环安装在进气阀正时控制盖背部的凸轮轴链轮（INT）插入点上。

③ 将新O形圈安装到前盖上。

④ 如图 5-276 所示用压缩器（通用维修工具）将密封胶连续地涂抹到进气阀正时控制盖。

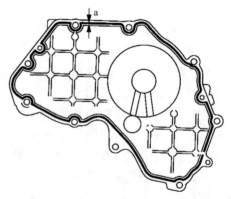

图 5-276 将密封胶连续地涂抹到进气阀正时控制盖

（9）按照如下步骤拆卸气门正时控制盖。

① 如拆卸，则将进气阀正时控制电磁

⑤ 按照图 5-277 所示数字的顺序拧紧装配螺栓。

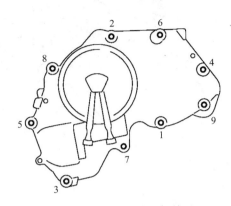

图 5-277 拧紧装配螺栓

(10) 通过对齐曲轴键来插入曲轴皮带轮。

使用塑料锤插入曲轴皮带轮时，请敲击其中央位置（非四周位置）。

> **注意**
> 安装时对前油封唇缘部分进行保护以免损坏。

(11) 拧紧曲轴皮带轮螺栓。

① 用滑轮托（通用维修工具）固定曲轴皮带轮，并拧紧曲轴皮带轮螺栓。

② 按以下步骤执行定角度拧紧。

a. 用新发动机机油涂抹曲轴皮带轮螺栓的螺纹和固定面。

b. 拧紧曲轴皮带轮螺栓。

c. 在曲轴皮带轮上做一个油漆标记，使其与螺栓法兰上六个容易识别的角度标记都匹配。

d. 再顺时针旋转 60°（定角度拧紧），如图 5-278 所示。

③ 在移动一个角度标记的情况下检查拧紧角。

(12) 安装油底壳、摇臂盖零件。

(13) 按照以下步骤在发动机侧安装支架。

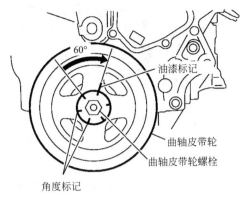

图 5-278 再顺时针旋转 60°

① 如图 5-279 所示，拧紧 3 号和 5 号螺栓（临时）。

② 按图 5-279 所示的数字顺序拧紧螺栓至规定转矩。

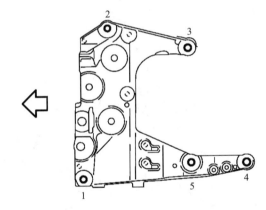

图 5-279 拧紧 3 号和 5 号螺栓

(14) 按照与拆卸相反的顺序安装所有拆卸的零件。

二、VQ35ED 发动机

VQ35ED 发动机正时系统部件如图 5-280 所示。

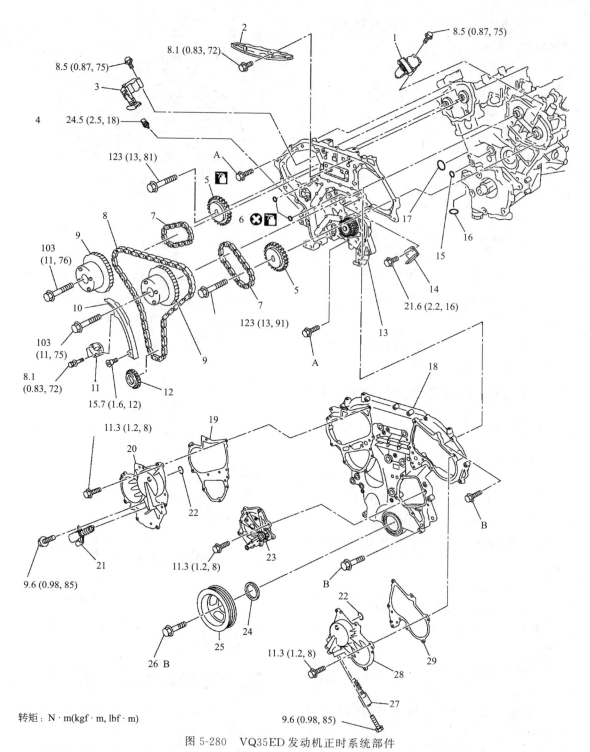

图 5-280　VQ35ED 发动机正时系统部件

1—正时链条张紧器（副）（气缸侧体 2）；2—内链条导轨；3—正时链条张紧器（副）（气缸侧体 1）；4—机油温度传感器；
5—凸轮轴链轮（排气）；6，15～17—O 形圈；7—正时链条（副）；8—正时链条（主）；
9—凸轮轴链轮（进气）；10—松弛侧链条导轨；11—正时链条张紧器（主）；12—曲轴链轮；13—后正时链条箱；
14—张紧侧链条导轨；18—前正时链条箱；19—气门正时控制盖衬垫（气缸侧体 1）；20—气门正时控制盖（气缸侧体 1）；
21—进气风门正时控制电磁阀（气缸侧体 1）；22—密封圈；23—水泵盖；24—前油封；25—曲轴皮带；
26—曲轴皮带轮螺栓；27—进气风门正时控制电磁阀（气缸侧体 2）；28—气门正时控制盖（气缸侧体 2）；
29—气门正时控制盖衬垫（气缸侧体 2）；A，B—拧紧时遵守组装步骤

VQ35ED发动机正时链条的拆卸和安装如下。

(一) 拆卸程序

(1) 排放发动机机油。
(2) 排出发动机中的冷却液。
(3) 拆下进气歧管总管。
(4) 拆下摇臂盖（气缸侧体1和2）。
(5) 拆下油底壳（上和下）和机油集滤器。
(6) 拆下驱动皮带、惰轮皮带轮和支架。
(7) 拆下动力转向油泵，无须断开管路，并暂时将其固定在一边。
(8) 从前正时链条箱上拆卸它们的支架来分离发动机线束。
(9) 拆下气门正时控制盖。

按如图5-281所示的相反顺序松开装配螺栓。

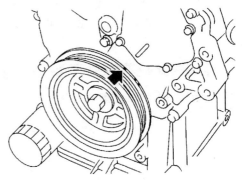

图5-282 使1号气缸位于压缩冲程上止点

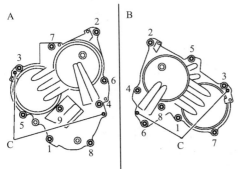

图5-281 松开装配螺栓
A—气缸侧体1；B—气缸侧体2；C—定位销孔

> **注意**
> 轴在内部与凸轮轴链轮（进气）中心孔相连。拆卸时，请保持其水平直至完全断开。

(10) 如图5-282所示使1号气缸位于压缩冲程上止点。

① 顺时针旋转曲轴皮带轮将正时标记（无色槽沟线）（←）对准正时指示器。

② 确认1号气缸（气缸侧体1发动机前端）上的进气和排气凸轮前端在图5-283所示位置上。

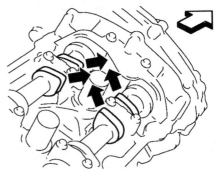

图5-283 确认1号气缸上的进气和排气凸轮前端位置正确

(11) 如下所示拆下曲轴皮带轮。

① 用皮带轮夹具（通用维修工具）A固定曲轴，如图5-284所示。

② 松开曲轴皮带轮螺栓，并确定离开螺栓原位10mm的螺栓座表面。

> **注意**
> 切勿拆卸曲轴皮带轮螺栓，因为它还能用于支撑合适的拔具。

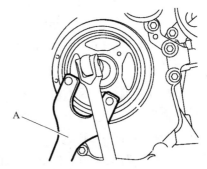

图5-284 用皮带轮夹具（通用维修工具）A固定曲轴

③ 在曲轴皮带轮孔上放置合适的拔具凸起,并拉出曲轴皮带轮,如图 5-285 所示。

注意

切勿将合适的拔具凸起放置在曲轴皮带轮上,否则会损坏内缓冲器。

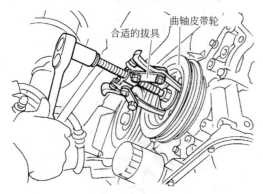

图 5-285 拉出曲轴皮带轮

(12) 如下所示拆卸前正时链条箱。

① 按与安装相反的顺序松开装配螺栓。

② 如图 5-286 所示将合适的工具 A 插入前正时链条箱顶部的槽口。

如图 5-286 所示,移动工具撬开链条箱。

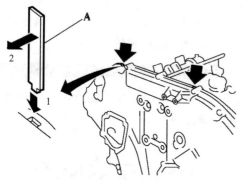

图 5-286 将合适的工具 A 插入前正时链条箱顶部的槽口

(13) 从前正时链条箱上拆下水泵盖。

(14) 使用合适的工具从前正时链条箱上拆下前油封,如图 5-287 所示。

(15) 从后正时链条箱上拆下 O 形圈 1,如图 5-288 所示。

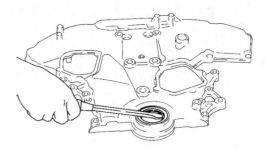

图 5-287 拆下前油封

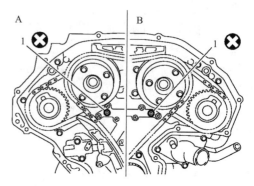

图 5-288 从后正时链条箱上拆下 O 形圈 1

(16) 如下所示拆卸正时链条张紧器(主)。

① 拆下下装配螺栓 1(图 5-289)。

② 慢慢松开上装配螺栓 2,然后转动装配螺栓上的正时链条张紧器(主)3,使柱塞 4 完全伸长(图 5-289)。

注:即使柱塞完全伸出,它也不会从正时链条张紧器(主)上掉下。

③ 拆卸上装配螺栓,然后拆卸正时链条张紧器(主),如图 5-289 所示。

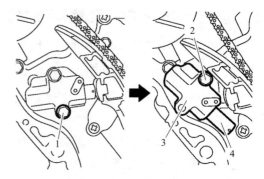

图 5-289 拆卸正时链条张紧器(主)

(17) 拆下内链条导轨 1、张紧导板 3

和松紧导杆2，如图5-290所示。

注：拆卸正时链条（主）后可以拆卸张紧导板。

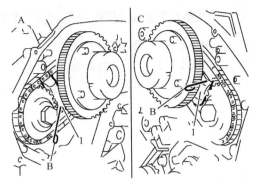

图5-291 拆下正时链条（副）和凸轮轴链轮

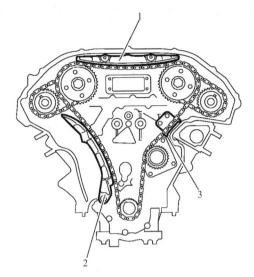

图5-290 拆下内链条导轨1、张紧导板3和松紧导杆2

（18）拆卸正时链条（主）和曲轴链轮。

⚠ **注意**

拆卸正时链条张紧器（主）后，不要分别旋转曲轴和凸轮轴，否则气门会碰撞活塞盖。

（19）如图5-291所示拆下正时链条（副）和凸轮轴链轮。

① 在气缸侧体1（A）和气缸侧体2（C）正时链条张紧器（副）1上安装合适的定位销B。

注：使用直径大约0.5mm（0.02in）的硬金属销作为限位销。

② 拆下凸轮轴链轮（进气和排气）装配螺栓。

使用扳手固定凸轮轴的六边形部分来松开装配螺栓，如图5-292所示。

⚠ **注意**

切勿松开装配螺栓，而固定凸轮轴六边形以外的其他部分或张紧正时链条。

③ 将正时链条（副）与凸轮轴链轮一起拆卸。

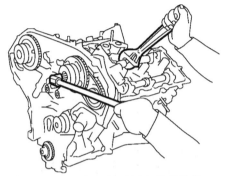

图5-292 使用扳手固定凸轮轴的
六边形部分来松开装配螺栓

a. 稍微转动凸轮轴固定正时链条张紧器（副）侧的正时链条松紧度。

b. 将0.5mm（0.020in）厚的金属或树脂板插入正时链条和正时链条张紧器柱塞（导板）E之间。从导管槽沟松开正时链条，将正时链条（副）2与凸轮轴链轮一起拆卸，如图5-293所示。

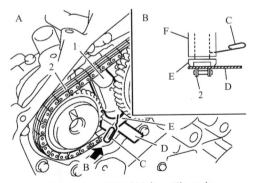

图5-293 将正时链条（副）2与
凸轮轴链轮一起拆卸

1—正时链条张紧器（副）；A—气缸侧体1；B—视图B；C—限位器销；D—板；F—正时链条张紧器（主体）

第五章 日产车系发动机正时校对维修 301

注意

拆卸正时链条（副）时小心柱塞不要脱落。因为正时链条张紧器（副）的柱塞会在操作时移动，导致固定限位器销脱落。

注：

① 凸轮轴链轮（进气）是用于正时链条（主）和正时链条（副）的二合一结构链轮。

② 当处理凸轮轴链轮（进气）时，切勿如图 5-294 所示松开螺栓 A。

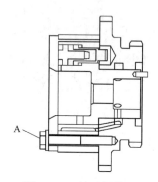

图 5-294　松开螺栓 A

(20) 如有必要，从缸盖上拆下已装好限位销的正时链条张紧器（副）。

(21) 使用刮刀从前正时链条箱和对面的配合面上清除所有旧密封胶遗留痕迹，如图 5-295 所示。

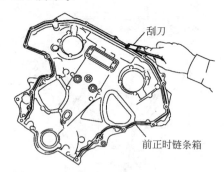

图 5-295　清除所有旧密封胶遗留痕迹

(22) 使用刮刀除去油泵盖上的所有旧密封胶。

（二）安装程序

图 5-296 显示了每个正时链条上的匹配标记和相应地安装了部件的链轮上的匹配标记之间的关系。

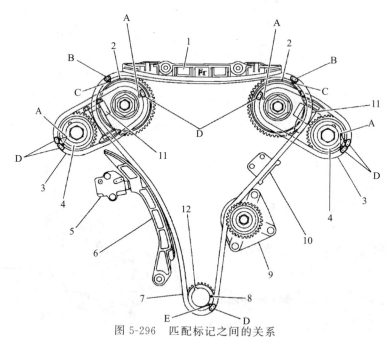

图 5-296　匹配标记之间的关系

1—内链条导轨；2—凸轮轴链轮（进气）；3—正时链条（副）；4—凸轮轴链轮（排气）；
5—正时链条张紧器（主）；6—松弛侧链条导轨；7—正时链条（主）；8—曲轴链轮；9—水泵；
10—张紧侧链条导轨；11—正时链条张紧器（副）；12—曲轴键；A—匹配标记；B—匹配标记（粉色链节）；
C—匹配标记（冲孔）；D—匹配标记（橙色链节）；E—匹配标记（有缺口）

（1）安装已装有限位器销和新O形圈的正时链条张紧器（副）（如已拆卸）。

（2）确认定位销A和曲轴键1已定位（1号气缸处于压缩上止点），如图5-297所示。

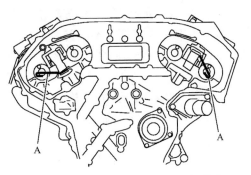

图5-298 用限位器销A保持按下状态

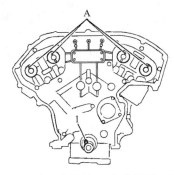

图5-297 确认定位销A和曲轴键1已定位

注：如果凸轮轴没有停在如图5-297所示的位置，对于凸轮前端的放置，通常是将凸轮轴按图5-297中相同的方向放置。

凸轮轴定位销：在每个气缸侧体的缸盖面朝上侧。

曲轴键：在气缸侧体1的缸盖侧。

 注意

小直径侧的孔必须用作进气侧定位销孔，不要识别错（忽略大直径侧）。

（3）如下所述安装正时链条（副）和凸轮轴链轮（进气和排气）。

 注意

正时链条和链轮之间的匹配标记容易错位，安装时重复确认所有匹配标记位置。

① 如图5-298所示，按下正时链条张紧器（副）的柱塞，并用限位器销（A）保持按下状态。

② 安装正时链条（副）1和凸轮轴链轮（进气和排气），如图5-299所示。

注：
- 将正时链条（副）（橙色链节）上的匹配标记对准凸轮轴链轮（进气和排气）（冲孔）上的标记，并进行安装。
- 凸轮轴链轮（进气）的匹配标记位

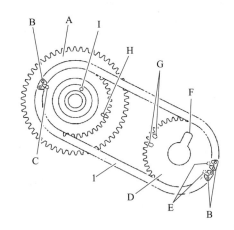

图5-299 安装正时链条（副）1和
凸轮轴链轮（进气和排气）
A—凸轮轴链轮（进气）背面；
B—橙色链节；C—匹配标记（圆圈）；
D—凸轮轴链轮（排气）背面；
E—匹配标记（前面上的2个圆圈）；
F—定位销槽；G—匹配标记（前面上的2个椭圆）；
H—匹配标记（椭圆）；I—定位销孔

于凸轮轴链轮（副）的背面。

- 有两种类型的匹配标记，圆形和椭圆形。它们应分别用于气缸侧体1和气缸侧体2。
- 对齐凸轮轴上定位销与链轮上的槽或孔，并安装。
- 在进气侧，将凸轮轴前端的定位销对准凸轮轴链轮背面的定位销孔，并进行安装。
- 在排气侧，将凸轮轴前端的定位销对准凸轮轴链轮上的定位销孔，并进行安装。

- 如果每个配合标记的位置和每个定位销的位置在配合零件上不匹配，请用扳手或同等工具握住凸轮轴的六边形部位进行微调。
- 凸轮轴链轮的装配螺栓必须在下一步中拧紧。用手拧紧它们足以避免定位销错位。
- 安装时和安装后很难通过目视检查匹配标记是否错位。要使匹配更容易，请提前用油漆在链轮齿的顶部和延伸管路上做配合标记 A，如图 5-300 所示。

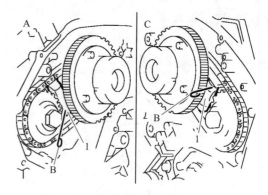

图 5-302　从正时链条张紧器（副）1
上拉出限位器销 B
A—气缸侧体 1；C—气缸侧体 2

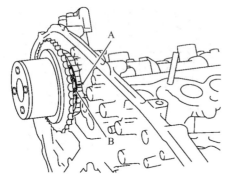

图 5-300　做配合标记 A

③ 确认配合标记已对齐后，用扳手固定凸轮轴的六角部分，以拧紧凸轮轴链轮装配螺栓，如图 5-301 所示。

确认曲轴链轮上的配合标记朝向发动机前端，如图 5-303 所示。

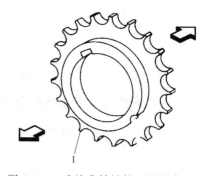

图 5-303　确认曲轴链轮上的配合标记
朝向发动机前端

② 安装正时链条（主）。

a. 如图 5-304 所示安装正时链条（主）时，使凸轮轴链轮（进气）1 上的配合标记（凹点）B 对准正时链条的粉红链节 A，同时曲轴链轮 2 上的配合标记（槽口）C 对准正时链条的橙色标记 D。

b. 当很难将正时链条（主）的配合标记对准每个链轮时，请使用扳手握住六边形部分慢慢转动凸轮轴使其与配合标记对齐。

c. 定位时，小心避免正时链条（副）的配合标记定位发生错位。

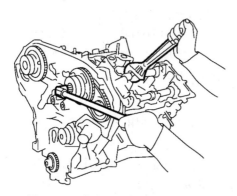

图 5-301　拧紧凸轮轴链轮装配螺栓

④ 从正时链条张紧器（副）1 上拉出限位器销 B，如图 5-302 所示。

（4）安装张紧导板。

（5）如下所述安装正时链条（主）。

① 安装曲轴链轮 1。

（6）安装内链条导轨 1 和松紧导杆 2，如图 5-305 所示。

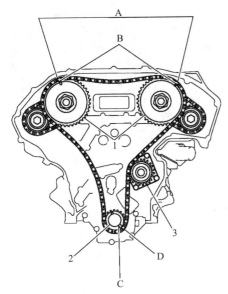

图 5-304 使凸轮轴链轮（进气）1 上的配合标记
（凹点）B 对准正时链条的粉红链节 A
3—水泵

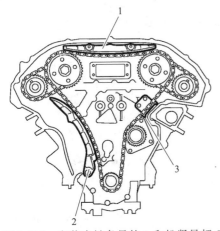

图 5-305 安装内链条导轨 1 和松紧导杆 2
3—张紧侧链条导轨

> ✖ **注意**
>
> 切勿过度拧紧松弛侧链条导轨装配螺栓 2。把装配螺栓拧紧到规定转矩时，螺栓座下面出现缝隙 A 是正常的，如图 5-306 所示。

（7）按照以下步骤安装正时链条张紧器（主）。

① 向上拉出柱塞限位器凸耳 A（或向下转动杆）以拆卸柱塞棘齿 D 上的限位器凸耳（图 5-307）。

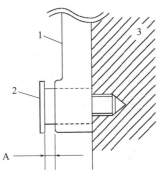

图 5-306 螺栓座下面出现缝隙 A
1—松弛侧链条导轨；3—缸体

注：柱塞限位器凸耳和杆 C 是同步的。

② 向张紧器中压入柱塞。

③ 使柱塞限位器凸耳与棘齿端啮合，在完全压紧的位置按住柱塞。

④ 从杆孔中将销 E 插入张紧器孔 B 中以固定杆体，如图 5-307 所示。

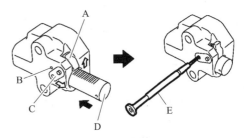

图 5-307 从杆孔中将销 E 插入张紧器孔 B 中
以固定杆体

杆体和限位器是同步的。因此，在这种情况下可固定柱塞。

注：图 5-307 中使用直径为 1.2mm（0.047in）的细改锥作为限位销。

⑤ 安装正时链条张紧器（主）1（图 5-308）。

彻底清除正时链条张紧器（主）背面和安装表面上的污垢及异物。

⑥ 安装后将限位销 A 拉出，如图 5-308 所示，然后松开柱塞。

（8）再次确认每个链轮和各正时链条上的配合标记都没有错位。

（9）将新 O 形圈 1 安装到后正时链条箱上，如图 5-309 所示。

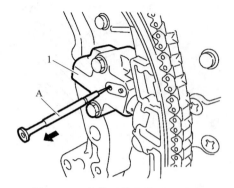

图 5-308 安装后将限位销 A 拉出

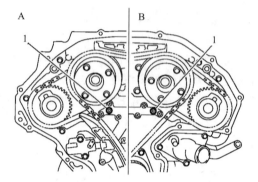

图 5-309 将新 O 形圈 1 安装到后正时链条箱上
A—气缸侧体 1；B—气缸侧体 2

(10) 将新的前油封安装到前正时链条箱上。

① 在油封唇和防尘封唇上涂抹新发动机机油。

② 安装时确定每个密封唇的方向。

③ 使用适当的冲头压下固定油封，直至与前正时链条箱端面齐平。

④ 确认箍簧到位，密封唇还未翻转。

(11) 在前正时链条箱上安装水泵盖。

用管压缩器（通用维修工具）将密封胶连续地涂抹到水泵盖上。

(12) 安装前正时链条箱。

① 如图 5-310 所示，用管路压缩机（通用维修工具）在前正时链条箱背面涂抹连续的密封胶。

注：请使用正品密封胶或同等产品。

② 安装前正时链条箱，使它的定位销孔适合后正时链条箱上的定位销。

③ 按照图 5-311 所示的数字顺序拧紧

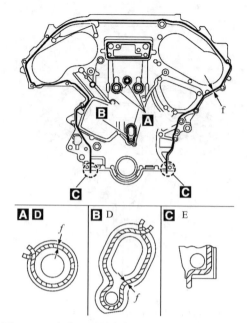

图 5-310 在前正时链条箱背面涂抹连续的密封胶
D—螺栓孔；E—凸起部分；
f—$\phi 2.6 \sim 3.6$mm（$0.102 \sim 0.142$in）

装配螺栓到规定转矩。

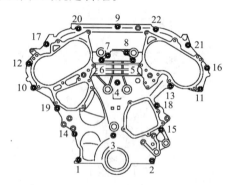

图 5-311 拧紧装配螺栓到规定转矩

⚠ 注意

务必清除油底壳（上）配合面上泄漏出的多余的密封胶。

④ 安装前正时链条箱后，检查油底壳（上）安装表面以下零件之间的表面高度差。

(13) 如下所述安装进气门正时控制盖。

① 如图 5-312 所示，将新密封圈安装到轴槽沟中。

② 小心不要将密封圈从安装槽沟中移开，将前正时链条箱上的定位销对准孔来安

装进气阀正时控制盖。

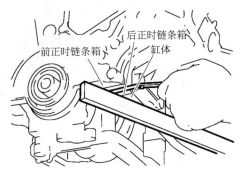

图 5-312　将新密封圈安装到轴槽沟中

③ 按照图 5-313 所示的数字顺序拧紧装配螺栓。

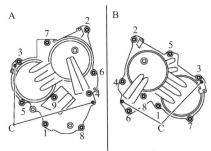

图 5-313　拧紧装配螺栓

A—气缸侧体 1；B—气缸侧体 2；C—定位销孔

（14）如下所述安装曲轴皮带轮。

① 安装曲轴皮带轮，小心不要损坏前油封。

使用塑料锤敲下固定曲轴皮带轮时，请敲击其中央位置（非边缘位置）。

② 用皮带轮夹具（通用维修工具）固定曲轴。

③ 拧紧曲轴皮带轮螺栓。

④ 在曲轴皮带轮 1 上做一个油漆标记 A，它与曲轴皮带轮螺栓 2 的角标记 B 对齐。拧紧螺栓 90°（角度拧紧），如图 5-314 所示。

（15）沿正常方向旋转曲轴皮带轮（从发动机前端查看时是顺时针方向）确认其转动灵活。

（16）此步骤之后按照与拆卸相反的顺序安装。

① 按照以下步骤检查是否有燃油泄漏。

a.转动发动机开关到"ON"位置（发

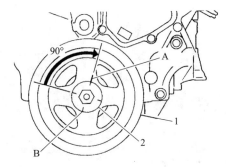

图 5-314　与曲轴皮带轮螺栓 2 的角标记 B 对齐

动机停止时）。当油压作用于油管时，检查连接处有无燃油泄漏。

b.启动发动机。发动机加速时，再次检查连接处有无漏油。

② 运转发动机检查是否有异常噪声和振动。

注：如果拆卸/安装后链条张紧器内的液压降低，在发动机启动时或刚刚启动完松弛侧链条导轨会产生非常大的噪声。但是，这并不表示异常，液压升高后噪声会停止。

③ 彻底暖机后确认没有任何燃油/油液（包括发动机机油和发动机冷却液）泄漏。

④ 从适用的管路（如冷却系统中的管道和软管）中放气。

⑤ 发动机冷却下来后，重新检查油/液面高度（包括发动机机油和发动机冷却液）。如有必要，请重新加注到规定液面高度。

检查项目如表 5-1 所示。

表 5-1　检查项目

项目		启动发动机前	发动机运转	发动机停止后
发动机冷却液		液面高度	泄漏	液面高度
发动机机油		液面高度	泄漏	液面高度
变速器/变速驱动桥液	AT 和 CVT 车型	泄漏	液位/泄漏	泄漏
	MT 车型	泄漏	泄漏	液位/泄漏
其他油液		液面高度	泄漏	液面高度
燃油		泄漏	泄漏	泄漏
排气		—	泄漏	—

第六章 上海通用雪佛兰车系发动机正时校对维修

第一节

上海通用雪佛兰科鲁兹车系1.6L（LXV、LDE）和1.8L（2HO）发动机正时校对维修

1.6L（LXV、LDE）和1.8L（2HO）发动机正时调整方法基本相同。现以1.6L（LXV）发动机正时调整为例加以说明。

一、正时皮带的更换

（一）正时皮带的拆卸程序

(1) 打开发动机舱盖。
(2) 拆下空气滤清器壳体。
(3) 拆下正时皮带前上盖。
(4) 完全举升车辆。
(5) 拆下前舱防溅罩。
(6) 拆下传动皮带张紧器。
(7) 拆下正时皮带前下盖。
(8) 将发动机设置到上止点。
(9) 将发动机旋转至"燃烧行程的气缸1上止点"，在1的方向设置曲轴平衡器，如图6-1所示。
(10) 拆下螺栓1，如图6-2所示。
(11) 安装 EN6625 锁止装置1以挡住曲轴，如图6-3所示。
(12) 完全降下车辆。

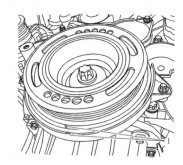

图 6-1 在1的方向设置曲轴平衡器

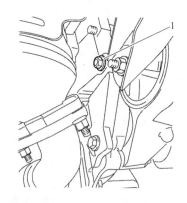

图 6-2 拆下螺栓1

(13) 如图6-4所示，将左侧锁止工具1安装到凸轮轴位置执行器调节器内。

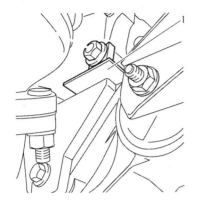

图 6-3　安装 EN6625 锁止装置 1 以挡住曲轴

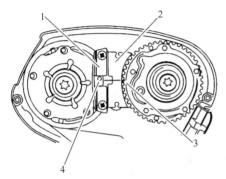

图 6-4　将左侧锁止工具 1 安装到凸轮轴位置执行器调节器内

> **注意**
>
> 进气凸轮轴调节器上的点形标记 **4**（**图 6-4**）和 **EN6340** 左侧的凹槽在此过程中不对应，但是必须与图 6-4 所示的情况接近。

将 EN6340 左侧锁止工具 1（图 6-4）安装到凸轮轴位置执行器调节器内。

> **注意**
>
> 排气凸轮轴调节器上的点形标记 **3**（**图 6-4**）必须与 **EN6340** 右侧的凹槽相对应。

将 EN6340 右侧锁止工具 2（图 6-4）安装到凸轮轴位置执行器调节器内。

(14) 拆下 EN6340 锁止工具。

(15) 完全举升车辆。

(16) 松开正时皮带张紧器螺栓。

(17) 使用 Allen 钥匙 1，沿箭头所指方向向正时皮带张紧器 2 施加张紧力（图 6-5）。

(18) 安装 EN6333 锁销 3，如图 6-5 所示。

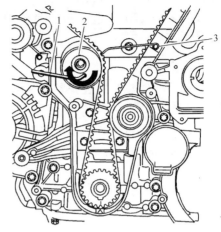

图 6-5　安装 EN6333 锁销 3

(19) 完全降下车辆。

> **注意**
>
> 记下皮带的方向。

(20) 拆下正时皮带。

（二）安装程序

> **注意**
>
> 如果已经使用牙轮皮带，则观察旋转方向。

(1) 将正时皮带 1 安装到闭合装配工具 2 上，如图 6-6 所示。

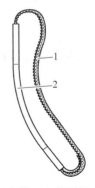

图 6-6　将正时皮带 1 安装到闭合装配工具 2 上

(2) 用总成工具引导正时皮带穿过发动机支座托架。

(3) 拆下总成工具。

> **注意**
>
> 仅允许使用新正时皮带提供的装配工具,将正时皮带穿过发动机支座托架,否则可能在此阶段由于扭结而损坏牙轮皮带。

(4) 安装正时皮带。

(5) 引导正时皮带穿过张紧器并将其放置到曲轴链轮上。

(6) 将正时皮带放置到排气和进气凸轮轴位置执行器调节器上。

(7) 完全举升车辆。

(8) 使用 Allen 钥匙 1,沿箭头所指方向向正时皮带张紧器 2 施加张紧力,如图 6-7 所示。

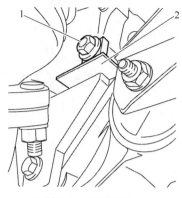

图 6-8　拆下螺栓 1

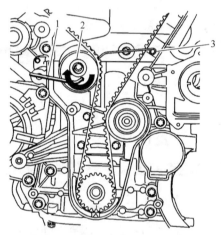

图 6-7　沿箭头所指方向向正时皮带张紧器 2 施加张紧力

(9) 拆下 EN6333 锁销 3。

> **注意**
>
> 正时皮带张紧器自动移至正确位置。

(10) 释放正时皮带张紧器的张紧力。

(11) 将正时皮带张紧器螺栓紧固至 20N·m(15lbf·ft)。

(12) 拆下螺栓 1,如图 6-8 所示。

(13) 拆下挡住曲轴的 EN6625 锁止装置 2。

(14) 安装螺栓 1 并紧固至 75N·m(56lbf·ft),如图 6-9 所示。

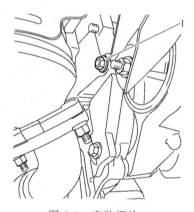

图 6-9　安装螺栓 1

(15) 完全降下车辆。

(16) 正时检查。

> **注意**
>
> 记录凸轮轴链轮上的标记。
> 沿发动机旋转方向,用曲轴平衡器上的螺栓转动曲轴 720°。

> **注意**
>
> 进气凸轮轴位置执行器上的点形标记 4 和 EN6340 左侧的凹槽在此过程中不对应,但是必须与图 6-10 示的情况接近。

如图 6-10 所示,将左侧锁止工具 1 安装到凸轮轴位置执行器调节器内。

> **注意**
>
> 排气凸轮轴位置执行器上的点形标记 3 必须与 EN6340 右侧的凹槽相对应。

二、正时皮带张紧器的更换

（一）正时皮带张紧器的拆卸程序

（1）拆下空气滤清器壳体。

（2）拆下正时皮带前上盖。

（3）完全举升车辆。

（4）拆下前舱防溅罩。

（5）拆下传动皮带张紧器。

（6）完全降下车辆。

（7）在发动机旋转至"燃烧行程的气缸 1 上止点"1 的方向设置曲轴平衡器，如图 6-12 所示。

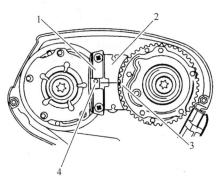

图 6-10　将左侧锁止工具 1 安装到凸轮轴位置执行器调节器内

将 EN6340 右侧锁止工具 2 安装到凸轮轴位置执行器调节器内。

（17）拆下 EN6340 锁止工具。

> **注意**
>
> 记录曲轴平衡器和盖上的标记。

（18）控制曲轴平衡器位置。

曲轴平衡器和下盖上的标记必须对准，如图 6-11 所示。

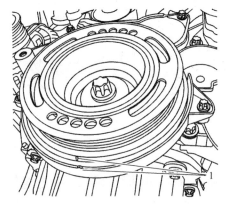

图 6-12　在发动机旋转至"燃烧行程的气缸 1 上止点"1 的方向设置曲轴平衡器

（8）准备 EN6340 锁止工具的右半部分，如图 6-13 所示。

① 拆下 2 个螺栓 2。

② 拆下前板 1。

（9）将 EN6340 锁止工具安装到凸轮轴调节器内。

> **注意**
>
> 进气凸轮轴调节器上的点形标记 4 和 EN6340 左侧的凹槽在此过程中不对应，但是必须与图 6-14 所示的情况接近。

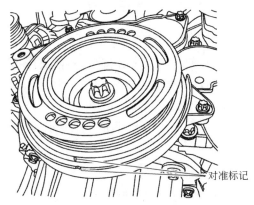

图 6-11　曲轴平衡器和下盖上的标记必须对准

（19）安装正时皮带前下盖。

（20）安装传动皮带张紧器。

（21）安装行李厢防溅罩。

（22）完全降下车辆。

（23）安装正时皮带前上盖。

（24）安装空气滤清器壳体。

如图 6-14 所示，将 EN6340 左侧锁止工具 1 安装到凸轮轴调节器内。

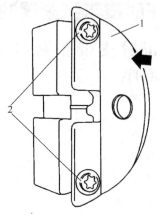

图 6-13 准备 EN6340 锁止工具的右半部分

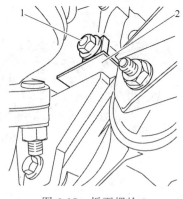

图 6-15 拆下螺栓 1

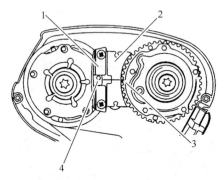

图 6-14 将左侧锁止工具 1 安装到凸轮轴调节器内

 注意

排气凸轮轴调节器上的点形标记 3 必须与 EN6340 右侧的凹槽相对应（图 6-14）。

如图 6-14 所示，将 EN6340 右侧锁止工具 2 安装到凸轮轴调节器内。

（10）拆下 EN6340 锁止工具。
（11）完全举升车辆。
（12）拆下螺栓 1，如图 6-15 所示。
（13）安装 EN6625 锁止装置 2 以挡住曲轴。
（14）拆下曲轴平衡器。
（15）拆下发动机支座托架。
（16）拆下正时皮带中部前盖。
（17）拆下正时皮带前下盖。
（18）松开正时皮带张紧器螺栓，如图 6-16 所示。

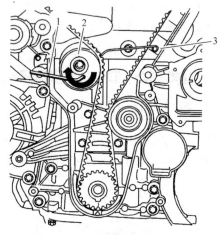

图 6-16 松开正时皮带张紧器螺栓

（19）使用 Allen 钥匙 1，沿箭头所指方向向传动皮带张紧器 2 施加张紧力。
（20）安装 EN6333 锁销 3。
（21）拆下正时皮带张紧器螺栓和正时皮带张紧器。

（二）安装程序

（1）清洁正时皮带张紧器螺纹。
（2）安装正时皮带张紧器。
（3）安装正时皮带张紧器螺栓。
（4）使用 Allen 钥匙 1，沿箭头所指方向向传动皮带张紧器 2 施加张紧力。
（5）拆下 EN6333 锁销 3。

 注意

正时皮带张紧器自动移至正确位置。

(6) 释放正时皮带张紧器的张紧力。

(7) 将正时皮带张紧器螺栓紧固至 20N·m (15lbf·ft)。

(8) 安装正时皮带前下盖。

(9) 安装正时皮带中部前盖(关闭)。

(10) 安装发动机支座托架。

(11) 安装曲轴平衡器。

(12) 拆下螺栓 1,如图 6-17 所示。

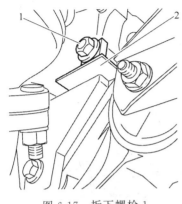

图 6-17 拆下螺栓 1

(13) 拆下挡住曲轴的 EN6625 锁止装置 2。

(14) 安装螺栓 1 并紧固至 75N·m (56lbf·ft),如图 6-18 所示。

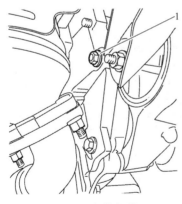

图 6-18 安装螺栓 1

(15) 完全降下车辆。

(16) 正时检查。

> **注意**
>
> 记录凸轮轴链轮上的标记。

① 沿发动机旋转方向,用曲轴平衡器上的螺栓转动曲轴 720°。

> **注意**
>
> 进气凸轮轴调节器上的点形标记 4 和 EN6340 左侧的凹槽在此过程中不对应,但是必须与图示的情况接近。

② 如图 6-19 所示,将 EN6340 左侧锁止工具 1 安装到凸轮轴调节器内。

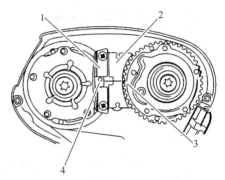

图 6-19 将 EN6340 左侧锁止工具 1 安装到凸轮轴调节器内

> **注意**
>
> 排气凸轮轴调节器上的点形标记 3 必须与 EN6340 右侧的凹槽相对应。

③ 如图 6-19 所示,将 EN6340 右侧锁止工具 2 安装到凸轮轴调节器。

④ 完全举升车辆。

(17) 拆下 EN6340 锁止工具。

> **注意**
>
> 记录曲轴平衡器和盖上的标记。

(18) 控制曲轴平衡器位置。

曲轴平衡器和下盖上的标记必须对准。

(19) 完全举升车辆。

(20) 安装传动皮带张紧器。

(21) 安装前舱防溅罩。

(22) 完全降下车辆。

(23) 安装正时皮带前上盖。

(24) 安装空气滤清器壳体。

第二节 上海通用雪佛兰科帕奇 C100 车系 2.4L 发动机正时校对维修

2007 款 2.4L 发动机正时调整技巧如下。

一、正时皮带的拆卸

（1）断开蓄电池负极电缆。

（2）断开进气温度（IAT）传感器连接器。

（3）拆下发动机盖，如图 6-20 所示。

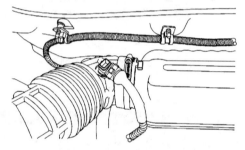

图 6-20　拆下发动机盖

（4）将通气软管和曲轴箱强制通风软管从气缸盖罩上断开。

（5）拆下空气滤清器总成，如图 6-21 所示。

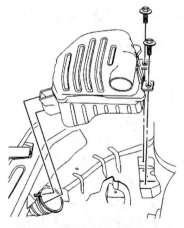

图 6-21　拆下空气滤清器总成

（6）拆下右前轮。

（7）拆下右前轮位置的发动机前罩。

（8）拆下附件传动皮带。

（9）拆下曲轴皮带轮，如图 6-22 所示。

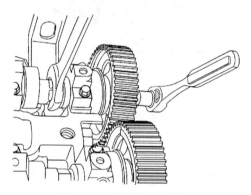

图 6-22　拆下曲轴皮带轮

（10）拆下发动机支座总成，如图 6-23 所示。

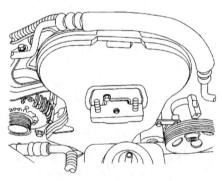

图 6-23　拆下发动机支座总成

（11）拆下前正时皮带罩。

（12）用曲轴齿轮螺栓，顺时针转动曲轴，直到曲轴齿轮上的正时标记对准后正时皮带罩底部的缺口，如图 6-24 所示。

（13）将凸轮轴齿轮对准气缸盖罩上的

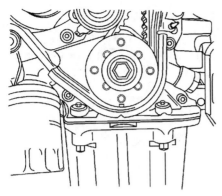

图 6-24 曲轴齿轮上的正时标记
对准后正时皮带罩底部的缺口

缺口，如图 6-25 所示。

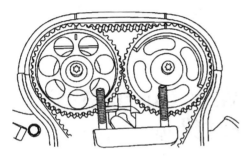

图 6-25 将凸轮轴齿轮对准气缸盖罩上的缺口

(14) 松开自动张紧器螺栓。转动六角形轴头，卸去皮带张紧力，如图 6-26 所示。

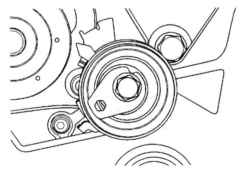

图 6-26 松开自动张紧器螺栓等

(15) 拆下正时皮带。

二、正时皮带的安装

(1) 将曲轴齿轮上的正时标记对准后正时皮带罩底部的缺口，如图 6-24 所示。

(2) 对准凸轮轴齿轮上的正时标记，将进气凸轮轴齿轮对准进气凸轮轴齿轮标记，排气凸轮轴齿轮对准排气凸轮轴齿轮标记，如图 6-25 所示。

(3) 安装正时皮带，如图 6-27 所示。

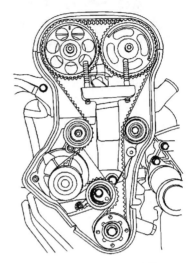

图 6-27 安装正时皮带

(4) 顺时针转动六角形轴头，以张紧皮带，直至指针对准缺口，如图 6-28 所示。

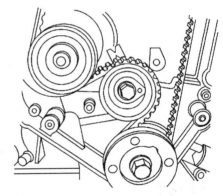

图 6-28 顺时针转动六角形轴头

(5) 安装自动张紧器。
(6) 用曲轴皮带轮螺栓顺时针转动曲轴两整圈。
(7) 重新检查自动张紧器指针。
(8) 安装前正时皮带罩，如图 6-23 所示。
(9) 安装发动机支座总成。
(10) 安装曲轴皮带轮，如图 6-22 所示。
(11) 安装附件传动皮带。
(12) 安装右前轮位置的发动机前罩，如图 6-21 所示。

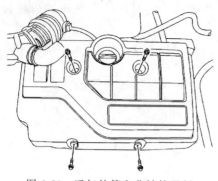

图 6-29 通气软管和曲轴箱强制通风软管连接至气缸盖罩

(13) 安装右前轮。
(14) 安装空气滤清器总成。
(15) 将通气软管和曲轴箱强制通风软管连接至气缸盖罩，如图 6-29 所示。
(16) 连接进气温度传感器连接器。
(17) 安装发动机盖。
(18) 连接蓄电池负极电缆。

第三节

上海通用雪佛兰景程 V-car 车系发动机正时校对维修

上海通用雪佛兰景程 V-car 发动机（2005 款）正时调整可参考雪佛兰景程 2007 款 2.0L 发动机的正时调整。

第四节

雪佛兰景程（V-250）车系 L34GMDAT 发动机正时校对维修

雪佛兰景程 2005 款 2.0L 发动机（L34GMDAT）与 2006～2009 款 2.0L 发动机基本相似。现以 2007 款发动机正时调整为例加以说明。

一、正时皮带的拆卸

(1) 断开蓄电池负极电缆。
(2) 从节气门体上断开进气管。
(3) 从节气门体上拆卸谐振器固定螺栓和谐振器。
(4) 从气门室盖上断开通气管，如图 6-30 所示。
(5) 拆卸右前轮。
(6) 拆卸右前轮防溅罩，如图 6-31 所示。
(7) 拆卸动力转向泵传动皮带。

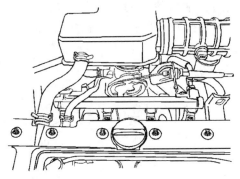

图 6-30　从气门室盖上断开通气管

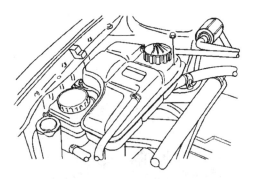

图 6-31　拆卸右前轮防溅罩

（8）拆卸曲轴皮带轮螺栓，如图 6-32 所示。

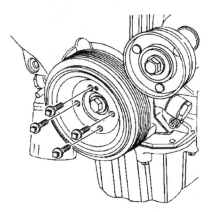

图 6-32　拆卸曲轴皮带轮螺栓

（9）拆卸曲轴皮带轮。
（10）拆卸右侧发动机支座托架。
（11）拆卸动力转向机软管卡箍螺栓并将软管从修理部位移开。
（12）拆卸前正时皮带罩螺栓，如图 6-33 所示。
（13）拆卸前正时皮带罩。

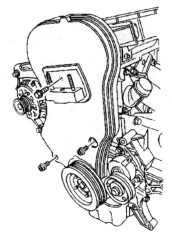

图 6-33　拆卸前正时皮带罩螺栓

（14）用曲轴齿轮螺栓顺时针转动曲轴，直到曲轴齿轮上的正时标记对准后正时皮带罩底部的缺口，如图 6-34 所示。

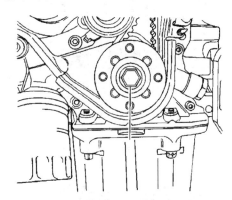

图 6-34　正时标记对准后缺口

> ✖ 注意
>
> 曲轴齿轮必须对准气门室盖上的缺口，否则会损坏发动机。

> ✖ 注意
>
> 进气凸轮轴齿轮 1 对准进气凸轮轴齿轮标记，排气凸轮轴齿轮 2 对准排气凸轮轴齿轮标记（图 6-35）。

（15）将凸轮轴齿轮对准气门室盖上的缺口，如图 6-35 所示。
（16）松开自动张紧器螺栓。转动六角形轴头，释放皮带张紧力。

第六章　上海通用雪佛兰车系发动机正时校对维修

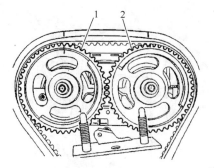

图 6-35 凸轮轴齿轮对准气门室盖上的缺口

(17) 拆卸正时皮带,如图 6-36 所示。

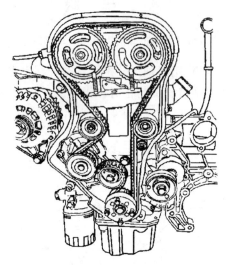

图 6-36 拆卸正时皮带

二、正时皮带的安装

(1) 将曲轴齿轮上的正时标记对准后正时皮带罩底部的缺口,如图 6-37 所示。

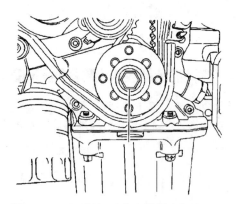

图 6-37 正时标记对准皮带罩底部的缺口

(2) 对准凸轮轴齿轮上的正时标记,用进气凸轮轴齿轮 1 对准进气凸轮轴齿轮标记,排气凸轮轴齿轮 2 对准排气凸轮轴齿轮标记,如图 6-38 所示。

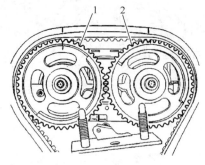

图 6-38 对准标记

(3) 安装正时皮带,如图 6-39 所示。

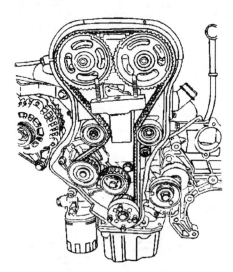

图 6-39 安装正时皮带

(4) 逆时针转动六角形轴头,张紧皮带,直至指针对准缺口。

(5) 紧固自动张紧器螺栓,如图 6-40 所示。紧固自动张紧器螺栓至 20N·m(18lbf·ft)。

(6) 用曲轴齿轮螺栓顺时针转动曲轴两整圈。

(7) 检查自动张紧器指针。

(8) 安装前正时皮带罩,如图 6-41 所示。

(9) 安装前正时皮带罩螺栓。紧固前正时皮带罩螺栓至 8N·m(71lbf·in)。

(10) 安装右发动机支座托架。

图 6-40 紧固自动张紧器螺栓

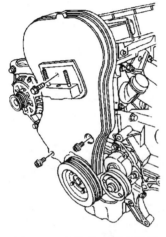

图 6-41 安装前正时皮带罩

(11) 放好动力转向系统软管并安装卡箍螺栓。紧固动力转向软管卡箍螺栓至 8N·m（71lbf·in）。

(12) 安装曲轴皮带轮，如图 6-42 所示。

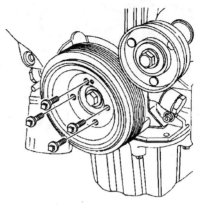

图 6-42 安装曲轴皮带轮

(13) 安装曲轴皮带轮螺栓。紧固曲轴皮带轮螺栓至 20N·m（15lbf·ft）。
(14) 安装动力转向泵传动皮带。
(15) 安装右前轮防溅罩。
(16) 安装右前轮。
(17) 安装空气滤清器壳体。
(18) 安装空气滤清器壳体螺栓。紧固空气滤清器壳体螺栓至 6N·m（53lbf·in）。
(19) 安装谐振器和固定螺栓。紧固谐振器固定螺栓至 3N·m（27lbf·in）。
(20) 将进气管连接至节气门体。
(21) 将通气管连接至气门室盖。
(22) 连接蓄电池负极电缆。

第五节
上海通用雪佛兰乐风车系发动机正时校对维修

乐风发动机正时调整如下。
(1) 断开蓄电池负极电缆。
(2) 断开进气温度（IAT）传感器连接器。
(3) 从节气门体上拆卸进气管。
(4) 从气门室盖上拆卸通气管，如图 6-43 所示。
(5) 拆卸空气滤清器外壳螺栓。
(6) 拆卸空气滤清器外壳。
(7) 拆卸右前轮。
(8) 拆卸右前轮防溅罩，如图 6-44 所示。
(9) 拆卸附件传动皮带。

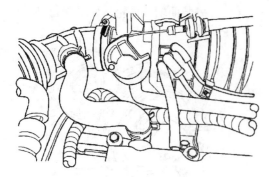

图 6-43 从气门室盖上拆卸通气管

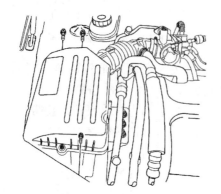

图 6-44 拆卸右前轮防溅罩

（10）拆卸曲轴皮带轮螺栓。

（11）拆卸曲轴皮带轮，如图 6-45 所示。

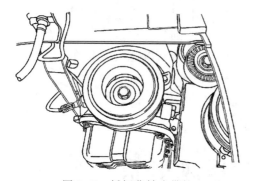

图 6-45 拆卸曲轴皮带轮

（12）拆卸前上正时皮带罩螺栓。
（13）拆卸前上正时皮带罩。
（14）拆卸前下正时皮带罩螺栓。
（15）拆卸前下正时皮带罩。
（16）拆卸动力转向泵安装螺栓（如装备）。
（17）安装曲轴皮带轮螺栓，如图 6-46 所示。

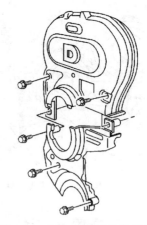

图 6-46 安装曲轴皮带轮螺栓

（18）用曲轴皮带轮螺栓顺时针转动曲轴至少一整圈。

（19）将曲轴齿轮上的标记对准后正时皮带罩底部的缺口，如图 6-47 所示。

图 6-47 标记对准后正时皮带罩底部的缺口

（20）对准凸轮轴齿轮正时标记，如图 6-48 所示。

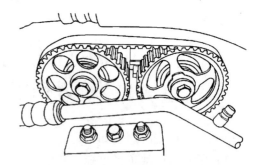

图 6-48 对准凸轮轴齿轮正时标记

（21）稍微松开冷却液泵固定螺栓。
（22）用 J42492-A 工具顺时针转动冷却液泵，如图 6-49 所示。

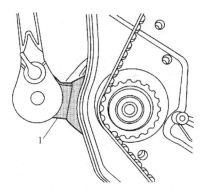

图 6-49 转动冷却液泵

(23) 顺时针转动冷却液泵,直到正时皮带自动张紧器调节臂上的指针对准正时皮带自动张紧器托架上的缺口,如图 6-50 所示。

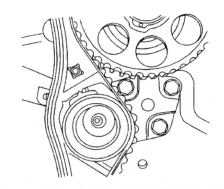

图 6-50 对准正时皮带自动张紧器托架上的缺口

(24) 紧固冷却液泵固定螺栓。
(25) 用曲轴皮带轮顺时针旋转曲轴两整圈。
(26) 松开冷却液泵固定螺栓,如图 6-51 所示。

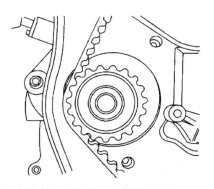

图 6-51 松开冷却液泵固定螺栓

(27) 用 J42492-A 工具转动冷却液泵,直到正时皮带自动张紧器调节臂上的指针对准正时皮带自动张紧器托架上的指针,如图 6-52 所示。

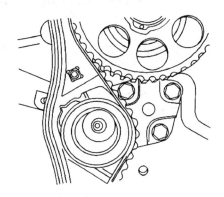

图 6-52 对准正时皮带自动张紧器托架上的指针

(28) 紧固冷却液泵固定螺栓。
(29) 拆卸曲轴皮带轮螺栓。
(30) 安装前上、前下正时皮带罩。
(31) 安装前上、前下正时皮带罩螺栓。
(32) 安装曲轴皮带轮。
(33) 安装曲轴皮带轮螺栓。
(34) 安装附件传动皮带。
(35) 安装右前轮。
(36) 安装空气滤清器外壳。
(37) 安装空气滤清器外壳螺栓。
(38) 将进气管连接至节气门体。
(39) 将通气管连接至气门盖。
(40) 连接进气温度传感器连接器。
(41) 连接蓄电池负极电缆。

第六节
上海通用雪佛兰乐骋 L95 车系

1.4L 发动机（L95）正时调整技巧如下。

一、正时皮带的拆卸

（1）断开蓄电池负极电缆。

（2）断开进气温度（IAT）传感器连接器。

（3）从节气门体上断开进气管。

（4）从气门室盖上断开通气管，如图 6-53 所示。

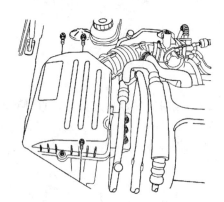

图 6-54 拆卸右前轮防溅罩

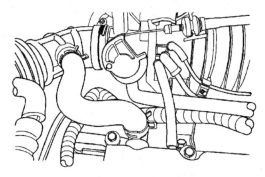

图 6-53 从气门室盖上断开通气管

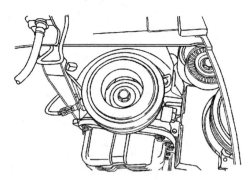

图 6-55 拆卸曲轴皮带轮

（5）拆卸空气滤清器外壳螺栓。

（6）拆卸空气滤清器外壳。

（7）拆卸右前轮。

（8）拆卸右前轮防溅罩，如图 6-54 所示。

（9）拆卸附件传动皮带。

（10）拆卸曲轴皮带轮螺栓。

（11）拆卸曲轴皮带轮，如图 6-55 所示。

（12）拆卸前上正时皮带罩螺栓。

（13）拆卸前上正时皮带罩。

（14）拆卸前下正时皮带罩螺栓。

（15）拆卸前下正时皮带罩。

（16）拆卸动力转向泵安装螺栓（如装备）。

（17）安装曲轴皮带轮螺栓，如图 6-56 所示。

（18）用曲轴皮带轮螺栓顺时针转动曲轴，直到曲轴齿轮上的正时标记对准后正时皮带罩底部的缺口，如图 6-57 所示。

（19）稍微松开冷却液泵固定螺栓。

（20）用正时皮带调节器 J42492-A 工具 1（如图 6-58 所示），逆时针转动冷却液泵，以释放正时皮带上的张紧力。

 注意

从动力转向泵后部拆卸正时皮带。

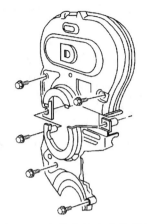

图 6-56 安装曲轴皮带轮螺栓

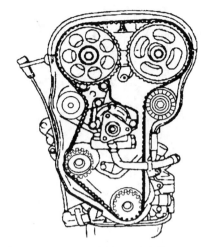

图 6-59 拆卸正时皮带

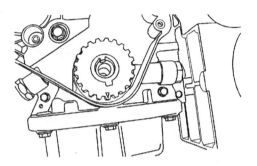

图 6-57 标记对准正时皮带罩底部的缺口

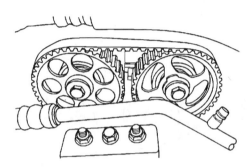

图 6-60 安装正时皮带

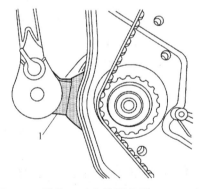

图 6-58 操作正时皮带调节器 J42492-A 1

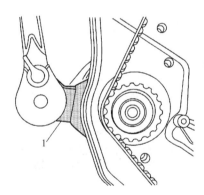

图 6-61 转动冷却液泵

(21) 拆卸正时皮带,如图 6-59 所示。

二、正时皮带的安装

(1) 将曲轴齿轮上的正时标记对准后正时皮带罩底部的缺口。

(2) 对准凸轮轴齿轮上的正时标记。

(3) 安装正时皮带,如图 6-60 所示。

(4) 用 J42492-A 工具 1 顺时针转动冷却液泵,如图 6-61 所示。

(5) 顺时针转动冷却液泵,直到正时皮带自动张紧器调节臂上的指针对准正时皮带自动张紧器托架上的缺口,如图 6-62 所示。

(6) 紧固冷却液泵固定螺栓。

(7) 用曲轴皮带轮螺栓顺时针转动曲轴两整圈。

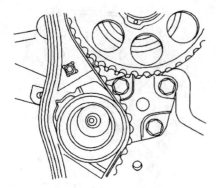

图 6-62 对准正时皮带自动张紧器托架上的缺口

(8) 松开冷却液泵固定螺栓, 如图 6-63 所示。

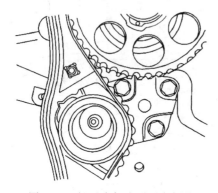

图 6-63 松开冷却液泵固定螺栓

(9) 转动冷却液泵, 直到正时皮带自动张紧器调节臂上的指针对准正时皮带自动张紧器托架上的指针。

(10) 紧固冷却液泵固定螺栓, 如图 6-64 所示。

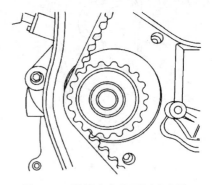

图 6-64 紧固冷却液泵固定螺栓

(11) 拆卸曲轴皮带轮螺栓。
(12) 安装前上、前下正时皮带罩。
(13) 安装前上、前下正时皮带罩螺栓。
(14) 安装曲轴皮带轮。
(15) 安装曲轴皮带轮螺栓。
(16) 安装附件传动皮带（若装备）。
(17) 安装右前轮防溅罩。
(18) 安装右前轮。
(19) 安装空气滤清器外壳。
(20) 安装空气滤清器外壳螺栓。
(21) 将进气管连接至节气门体。
(22) 将通气管连接至节气门体。
(23) 连接进气温度传感器连接器。
(24) 连接蓄电池负极电缆。

第七节 雪佛兰迈锐宝车系发动机正时校对维修

一、1.6L（LDE、LED、LFJ、LGE、LLU、LXV）或 1.8L（2HO、LFH、LUW、LWE）发动机

（一）拆卸程序

(1) 拆下空气滤清器总成。
(2) 拆下正时皮带前上盖。
(3) 举升并支撑车辆。
(4) 拆下前轮罩衬板。
(5) 拆下传动皮带张紧器。
(6) 沿发动机转动方向将曲轴平衡器设置至燃烧行程（1）1号气缸的上止点, 如图 6-65 所示。
(7) 拆下曲轴平衡器螺栓 1, 如图 6-66

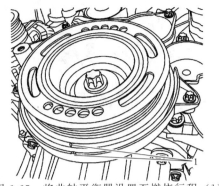

图 6-65 将曲轴平衡器设置至燃烧行程（1）
1 号气缸的上止点

所示。

（8）拆下曲轴平衡器 2。

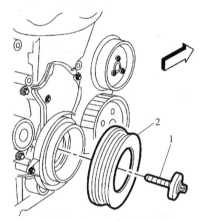

图 6-66 拆下曲轴平衡器及螺栓

（9）拆下 4 个正时皮带下盖螺栓 2，如图 6-67 所示。

（10）拆下正时皮带下盖 1，如图 6-67 所示。

（11）准备好 EN-6340 锁止工具的右半部分。

① 拆下 2 个螺栓 2，如图 6-68 所示。

② 将前板 1 从 EN-6340-右侧锁止工具上拆下，如图 6-68 所示。

（12）将 EN-6340 锁止工具安装在凸轮轴位置执行器调节器内，如图 6-69 所示。

 注意

进气凸轮轴调节器上的点状标记 **4** 不与 EN-6340 左侧的凹槽对应，但必须如图 6-69 所示稍微位于上方。

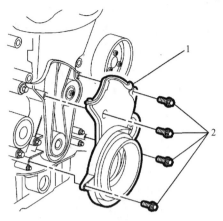

图 6-67 拆下正时皮带下盖 1 及螺栓 2

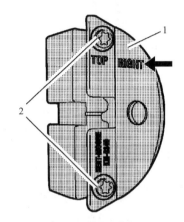

图 6-68 拆下前板 1

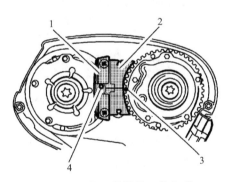

图 6-69 在凸轮轴位置执行器
调节器内安装锁止工具

① 将 EN-6340 左侧锁止工具 1 安装在如图 6-69 所示的凸轮轴位置执行器调节器内。

 注意

排气凸轮轴调节器上的点状标记 **3** 必须与 EN-6340 右侧上的凹槽对应。

② 将 EN-6340 右侧锁止工具 2 安装在如图 6-69 所示的凸轮轴位置执行器调节器内。

（13）使用内六角扳手 1 按箭头所示方向在正时皮带张紧器 2 上施加张力，如图 6-70 所示。

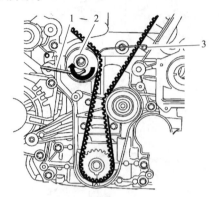

图 6-70 使用内六角扳手按箭头方向施加张力

（14）安装 EN-6333 锁销 3。

（15）拆下正时皮带。

（二）安装程序

> ⚠ **注意**
>
> 仅允许使用新正时皮带提供的装配工具，将正时皮带穿过发动机支座托架，否则，在本操作中，有可能使皮带扭结而损坏牙轮皮带。

（1）将正时皮带越过张紧器放置在曲轴链轮上。

（2）将正时皮带定位在排气和进气凸轮轴位置执行器调节器上。

（3）使用内六角扳手 1 按箭头所示方向在正时皮带张紧器 2 上施加张力，如图 6-71 所示。

（4）拆下 EN-6333 锁销 3，如图 6-71 所示。

（5）检查正时。

> ⚠ **注意**
>
> 在凸轮轴链轮上标注标记。

① 通过曲轴平衡器上的螺栓，沿发动

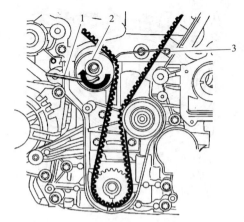

图 6-71 使用内六角扳手 1 按箭头方向施加张力并拆下锁销 3

机运转方向将曲轴转动 720°。

> ⚠ **注意**
>
> 进气凸轮轴位置执行器调节器上的点状标记 4 不与 EN-6340 左侧的凹槽对应，但必须与图 6-72 所示的情况接近。

② 将 EN-6340 左侧锁止工具 1 安装在如图 6-72 所示的凸轮轴位置执行器调节器内。

> ⚠ **注意**
>
> 排气凸轮轴位置执行器调节器上的点状标记 3 必须与 EN-6340 右侧上的凹槽对应。

③ 将 EN-6340 右侧锁止工具 2 安装在如图 6-72 所示的凸轮轴位置执行器调节器内。

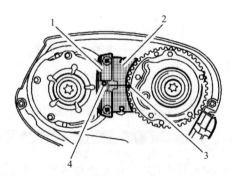

图 6-72 将锁止工具 2 安装在凸轮轴位置执行器调节器内

> ⚠ **注意**
>
> 正时皮带张紧器会自动移至正确位置。

（6）拆下 EN-6340 锁止工具。

> ⚠ **注意**
>
> 正时皮带主动齿轮与机油泵壳体必须对准。

（7）控制曲轴平衡器的位置，如图 6-73 所示。

图 6-73 控制曲轴平衡器的位置

（8）安装正时皮带下盖 1，如图 6-74 所示。

（9）安装 4 个正时皮带下盖螺栓 2 并紧固至 6N·m（53lbf·in），如图 6-74 所示。

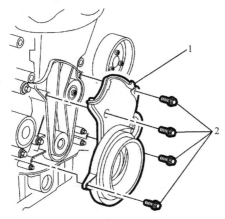

图 6-74 安装正时皮带下盖 1 及螺栓 2

（10）安装曲轴平衡器 2，如图 6-75 所示。

（11）安装曲轴平衡器螺栓 1 并紧固至 95N·m（70lbf·ft），再继续紧固 30°和 15°，如图 6-75 所示。

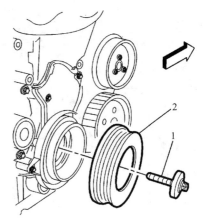

图 6-75 安装曲轴平衡器 2 及螺栓 1

（12）安装传动皮带张紧器。

（13）安装前车轮罩衬板。

（14）安装正时皮带前上盖。

（15）安装空气滤清器总成。

二、LTD（2.0L）发动机

（一）凸轮轴正时链条、链轮和张紧器的拆卸

（1）拆下正时链条上导板螺栓。

（2）拆下正时链条上导板 1 及螺栓，如图 6-76 所示。

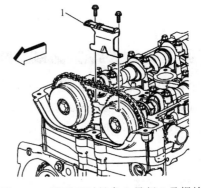

图 6-76 拆下正时链条上导板 1 及螺栓

（3）拆下正时链条张紧器柱塞 1，如图 6-77 所示。

> ⚠ **注意**
>
> 拆下正时链条之前，必须拆下正时链条张紧器以使链条张紧器卸荷。

图 6-77 拆下正时链条张紧器柱塞 1

（4）旋转进气凸轮轴执行器以安装 EN-48953 锁止工具 1，如图 6-78 所示。

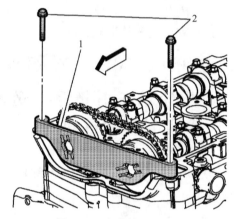

图 6-78 安装锁止工具 1

> **注意**
>
> 在操作程序中，标记链条和执行器十分重要。在标记执行器和链条前，必须清除凸轮轴执行器和正时链条表面的油液。

（5）将 EN-48953 锁止工具安装至气缸盖并紧固至 10N·m（89lbf·in）。如果进气凸轮轴执行器独立于凸轮移动且未锁紧，则逆时针转动进气凸轮轴，锁止工具将固定执行器，将执行器锁紧在凸轮上。

（6）松开进气凸轮轴执行器螺栓。

（7）松开排气凸轮轴执行器螺栓。

（8）拆下 EN-48953 锁止工具。

（9）将六角头定位在排气凸轮轴上并用扳手 2 固定，如图 6-79 所示。

（10）拆下排气凸轮轴螺栓和排气凸轮轴执行器 1，报废螺栓，如图 6-79 所示。

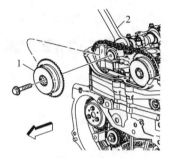

图 6-79 拆下排气凸轮轴执行器 1

（11）拆下可调正时链条导板螺栓。

（12）拆下可调正时链条导板 1，如图 6-80 所示。

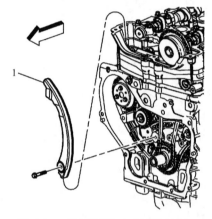

图 6-80 拆下可调正时链条导板 1

（13）拆下螺塞 1 以接近固定正时链条导板螺栓，如图 6-81 所示。

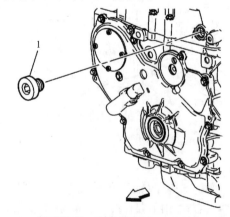

图 6-81 拆下螺塞 1 以接近固定正时链条导板螺栓

（14）拆下固定正时链条导板螺栓。

（15）拆下固定正时链条导板1，如图6-82所示。

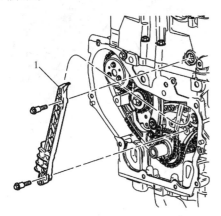

图6-82 拆下固定正时链条导板1

（16）将六角头定位在进气凸轮轴上并用扳手固定。

（17）通过气缸盖顶部，拆下进气凸轮轴执行器螺栓、进气凸轮轴执行器1和正时链条2，报废螺栓，如图6-83所示。

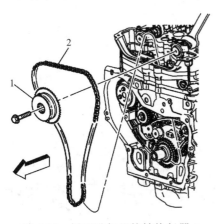

图6-83 拆下进气凸轮轴执行器1

> ⚠ 注意
>
> 3号排气门打开。

> ⚠ 注意
>
> 拆卸前，记录凸轮轴的位置和方向。拆卸部件前，标记气缸盖相对于锁紧槽的位置。

（18）在排气凸轮轴执行器锁紧槽1和进气凸轮轴锁紧槽2与气缸盖对齐处做标记，如图6-84所示。

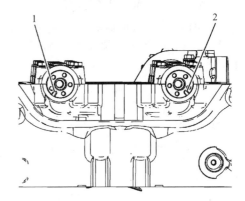

图6-84 在锁紧槽2和气缸盖对齐处做标记

（19）拆下曲轴链轮2和摩擦垫圈1（如装备），如图6-85所示。

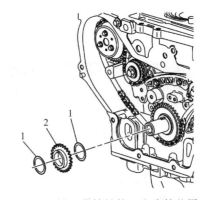

图6-85 拆下曲轴链轮2和摩擦垫圈1

（20）拆下正时链条机油喷嘴螺栓。

（21）拆下正时链条机油喷嘴1，如图6-86所示。

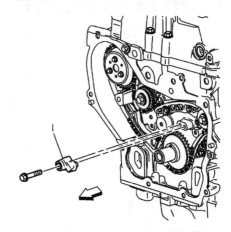

图6-86 拆下正时链条机油喷嘴1

第六章 上海通用雪佛兰车系发动机正时校对维修

（二）凸轮轴正时链条、链轮和张紧器的安装

（1）确保进气凸轮轴槽口位于5点钟位置2且排气凸轮轴槽口位于7点钟位置1。1号活塞应位于上止点（TDC）位置，曲轴键位于12点钟位置，如图6-87所示。

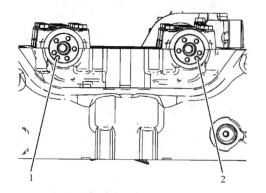

图6-87 确保发动机已定时上止点排气行程

> **注意**
> 发动机已定时上止点排气行程。

（2）安装摩擦垫圈1（如装备），如图6-88所示。

（3）将正时链条传动链轮3安装至曲轴上，正时标记2在5点钟位置，且链轮前部朝外，如图6-88所示。

（4）安装第二个摩擦垫圈1（如装备），如图6-88所示。

> **注意**
> 正时链条上有3节彩色链节。2节链节是一样的颜色，1节链节是特殊颜色。执行以下程序以将链节对准执行器。定位链条，使彩色链节可见。

（5）正时标记对准有特殊颜色的链节1，将进气凸轮轴执行器装配到正时链条上，如图6-89所示。

（6）降下正时链条，穿过气缸盖的开口。小心并确保链条围绕在气缸体凸台1、2的两侧，如图6-90所示。

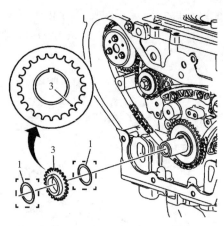

图6-88 安装正时链条传动链轮3

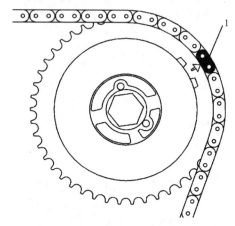

图6-89 对准正时标记并安装进气凸轮轴执行器

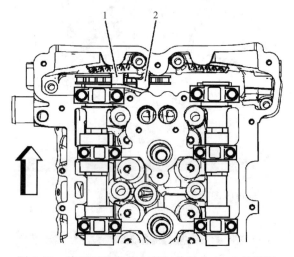

图6-90 将正时链条绕在气缸体凸台1、2的两侧

（7）定位销对准凸轮轴槽，同时将进气凸轮轴执行器安装在进气凸轮轴上。

注意

务必使用新的执行器螺栓。

（8）用手拧紧新的进气凸轮轴执行器螺栓。

（9）将正时链条包绕在曲轴链轮上，将第一节相同颜色的链节对准曲轴链轮上的正时标记，大约在5点钟位置。

（10）顺时针转动曲轴以消除所有链条间隙。切勿转动进气凸轮轴。

（11）向下方穿过气缸盖的开口，安装可调正时链条导板1，然后安装可调正时链条螺栓并紧固至10N·m（89lbf·in），如图6-91所示。

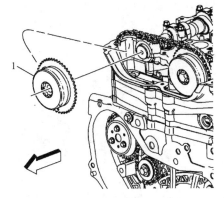

图6-92 将排气凸轮轴执行器1安装至正时链条上

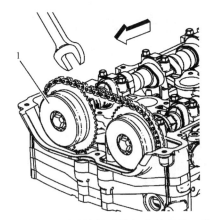

图6-93 顺时针转动排气凸轮轴约45°并用手拧紧螺栓

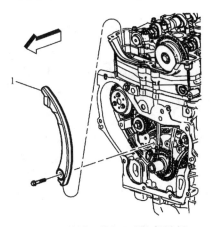

图6-91 安装可调正时链条导板1

（12）正时标记对准第二节相同颜色的链节，将排气凸轮轴执行器1安装至正时链条上，如图6-92所示。

 注意

务必安装新的执行器螺栓。

（13）用23mm的开口扳手顺时针转动排气凸轮轴约45°，直至凸轮轴执行器中的定位销进入凸轮轴槽。

（14）执行器就位于凸轮上时，用手拧紧新的排气凸轮轴执行器1上的螺栓，如图6-93所示。

（15）确认所有彩色链节与相应的正时标记仍对准。否则，重复该部分程序以对准正时标记。

（16）安装固定正时链条导板1和螺栓，并将其紧固至12N·m（106lbf·in），如图6-94所示。

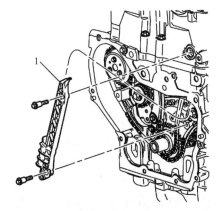

图6-94 安装固定正时链条导板1和螺栓

(17) 安装正时链条上导板1和螺栓，并将其紧固至10N·m（89lbf·in），如图6-95所示。

⑦ 安装卡环。

(19) 检查正时链条张紧器密封件是否损坏。如有损坏，则更换密封件。

(20) 检查并确保所有的污物和碎屑已从气缸盖的正时链条张紧器螺纹孔中清除。

注意

在整个拧紧过程中，确保正时链条张紧器密封件居中，以避免机油泄漏。

注意

必须安装曲轴平衡器以便释放张紧器。

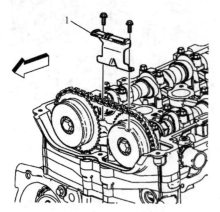

图6-95 安装正时链条上导板1和螺栓

(18) 执行以下步骤，重置正时链条张紧器。

① 拆下卡环。

② 将活塞总成从正时链条张紧器主体上拆下。

③ 安装EN-45027-2张紧器2至台钳中，如图6-96所示。

④ 将活塞总成的缺口端安装至EN-45027-2张紧器2中。

⑤ 用EN-45027-1张紧器1将棘爪气缸转入活塞内，如图6-96所示。

(21) 安装正时链条张紧器总成1并紧固至75N·m（55lbf·ft），如图6-97所示。

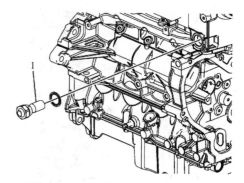

图6-97 检查并安装正时链条张紧器

(22) 将EN-48953锁止工具1安装至气缸盖内并将螺栓紧固至10N·m（89lbf·in），如图6-98所示。

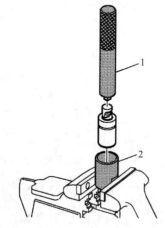

图6-96 安装活塞总成并转入活塞内

⑥ 将活塞总成重新安装至张紧器主体内。

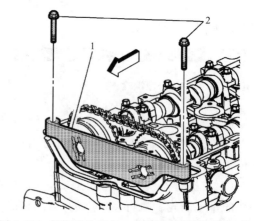

图6-98 安装锁止工具1并将螺栓紧固至气缸盖内

(23) 使用转矩扳手,将凸轮轴执行器螺栓紧固至 30N·m (22lbf·ft),再使用 EN-45059 测量仪继续紧固 100°。

(24) 使用转矩扳手,将凸轮轴执行器螺栓紧固至 30N·m (22lbf·ft),再使用 EN-45059 测量仪继续紧固 100°。

(25) 拆下 EN-48953 锁止工具。

(26) 安装正时链条机油喷嘴 1 并将螺栓紧固至 10N·m (89lbf·in),如图 6-99 所示。

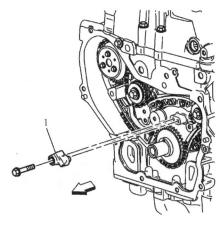

图 6-99　安装正时链条机油喷嘴 1

(27) 将密封胶涂抹在正时链条导板螺栓检修孔塞 1 的螺纹上,如图 6-100 所示。

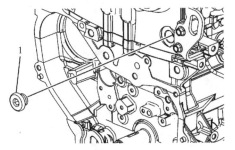

图 6-100　在正时链条导板螺栓检修孔塞 1 的螺纹上涂抹密封胶

三、LAF、LEA(2.2L)或 LUK (2.4L)发动机

(一)凸轮轴正时链条、链轮和张紧器的拆卸

(1) 旋转曲轴以安装 EN-48953 锁止工具 1,如图 6-101 所示。

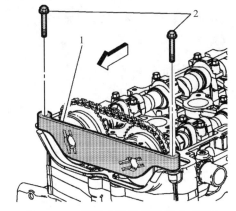

图 6-101　旋转曲轴并安装锁止工具 1
2—螺栓

> **注意**
> 在操作程序中,标记链条和执行器十分重要。在标记执行器和链条前,必须清除凸轮轴执行器和正时链条表面的油液。

(2) 将 EN-48953 锁止工具安装至气缸盖内并紧固至 10N·m (89lbf·in)。如果进气凸轮轴执行器独立于凸轮移动且未锁紧,逆时针转动进气凸轮轴,锁止工具将固定执行器,将执行器锁紧在凸轮上。

(3) 松开进气凸轮轴执行器螺栓。

(4) 松开排气凸轮轴执行器螺栓。

(5) 拆下 EN-48953 锁止工具。

(6) 拆下正时链条上导板螺栓。

(7) 拆下正时链条上导板 1,如图 6-102 所示。

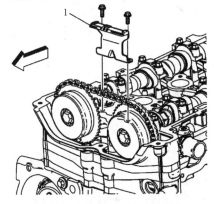

图 6-102　拆下正时链条上导板 1

> **注意**
>
> 拆下正时链条之前，必须拆下正时链条张紧器以使链条张紧器卸荷。

（8）拆下正时链条张紧器柱塞1，如图6-103所示。

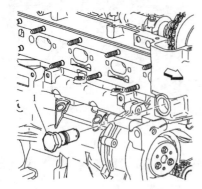

图6-103 拆下正时链条张紧器柱塞1

（9）将六角头定位在排气凸轮轴上并用扳手2固定，如图6-104所示。

（10）拆下排气凸轮轴螺栓和排气凸轮轴执行器1，报废螺栓，如图6-104所示。

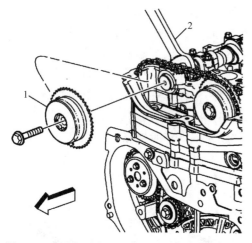

图6-104 固定六角头并拆下排气凸轮轴执行器

（11）拆下可调正时链条导板螺栓。

（12）拆下可调正时链条导板1，如图6-105所示。

（13）拆下螺塞1以接近固定正时链条导板螺栓，如图6-106所示。

（14）拆下固定正时链条导板螺栓。

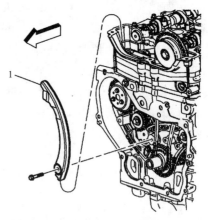

图6-105 拆下可调正时链条导板1

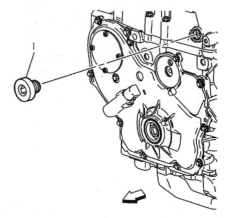

图6-106 拆下螺栓1以接近固定正时链条导板螺栓

（15）拆下固定正时链条导板1，如图6-107所示。

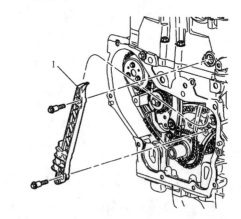

图6-107 拆下固定正时链条导板1及螺栓

（16）将六角头定位在进气凸轮轴上并用扳手固定。

(17) 通过气缸盖顶部，拆下进气凸轮轴执行器螺栓、进气凸轮轴执行器 1 和正时链条 2，报废螺栓，如图 6-108 所示。

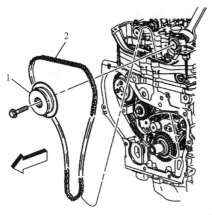

图 6-108　固定六角头并拆下进气凸轮轴执行器 1 和正时链条 2

(18) 在排气凸轮轴执行器锁紧槽 1 和进气凸轮轴锁紧槽 2 与气缸盖对齐处做标记，如图 6-109 所示。

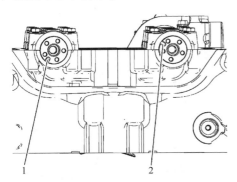

图 6-109　在锁紧槽和气缸盖对齐处做标记

> **注意**
> ① 3 号排气门打开。
> ② 拆卸前，记录凸轮轴的位置和方向。拆卸部件前，标记气缸盖相对于锁紧槽的位置。

(19) 拆下曲轴链轮 2 和摩擦垫圈 1（如装备），如图 6-110 所示。

(20) 拆下正时链条机油喷嘴螺栓。

(21) 拆下正时链条机油喷嘴 1，如图 6-111 所示。

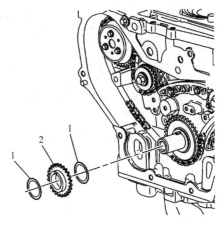

图 6-110　拆下曲轴链轮 2 和摩擦垫圈 1

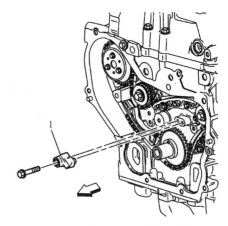

图 6-111　拆下正时链条机油喷嘴 1

（二）凸轮轴正时链条、链轮和张紧器的安装

(1) 安装摩擦垫圈 1（如装备），如图 6-112 所示。

(2) 将正时链条传动链轮 3 安装至曲轴上，正时标记 2 在 5 点钟位置，且链轮前部朝外，如图 6-112 所示。

> **注意**
> 拆卸皮带轮时，外隔圈/垫圈在曲轴/平衡器皮带轮中间，下正时齿轮可能仍在原位。隔圈/垫圈的表面上的点/标记可能被误认为是下部正时标记，并从视线上妨碍齿轮上正确的正时标记。当正时发动机时，必须拆下外隔圈/垫圈以查看曲轴下部齿轮正确的正时标记。

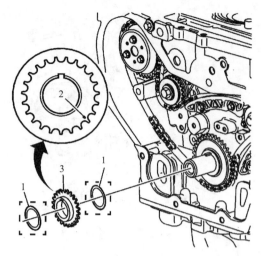

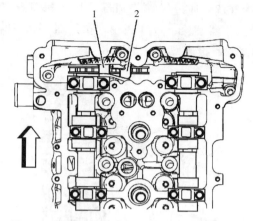

图6-114 确保链条围绕在气缸体凸台的两侧

图6-112 安装正时链条传动链轮3和摩擦垫圈1

(3) 安装第二个摩擦垫圈1(如装备),如图6-112所示。

> **注意**
>
> 正时链条上有三节彩色链节。两节链节是一样的颜色,一节链节是特殊颜色。执行以下程序以将链节对准执行器。定位链条,使彩色链节可见。

(4) 正时标记对准有特殊颜色的链节1,将进气凸轮轴执行器装配到正时链条上,如图6-113所示。

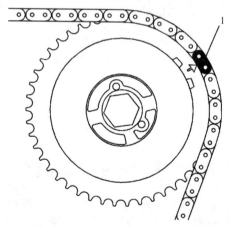

图6-113 将进气凸轮轴执行器装配到正时链条上

(5) 降下正时链条,穿过气缸盖的开口。小心并确保链条围绕在气缸体凸台1、2的两侧,如图6-114所示。

(6) 定位销对准凸轮轴槽,同时将进气凸轮轴执行器安装在进气凸轮轴上。

> **注意**
>
> 务必使用新的执行器螺栓。

(7) 用手拧紧新的进气凸轮轴执行器螺栓。

(8) 将正时链条包绕在曲轴链轮上,将第一节相同颜色的链节1对准曲轴链轮上的正时标记,大约在5点钟位置,如图6-115所示。

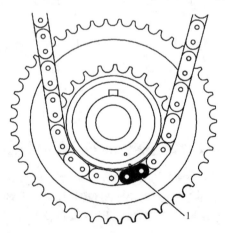

图6-115 对准曲轴链轮上的正时标记

(9) 顺时针转动曲轴以消除所有链条间隙。切勿转动进气凸轮轴。

(10) 向下方穿过气缸盖的开口,安装可调正时链条导板1,然后安装可调正时链条螺栓并紧固至10N·m(89lbf·in),如

图 6-116 所示。

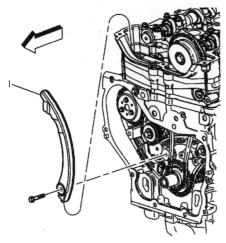

图 6-116 安装可调正时链条导板 1 并紧固螺栓

（11）正时标记对准第二节相同颜色的链节，将排气凸轮轴执行器 1 安装至正时链条上，如图 6-117 所示。

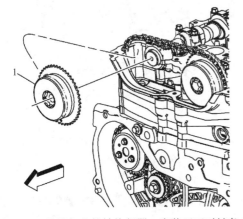

图 6-117 将排气凸轮轴执行器 1 安装至正时链条上

⚙ **注意**

务必安装新的执行器螺栓。

（12）定位销对准凸轮轴槽，同时将排气凸轮轴执行器 1 安装到排气凸轮轴上，如图 6-118 所示。

（13）用 23～24mm 的开口扳手顺时针转动排气凸轮轴，直至凸轮轴执行器中的定位销进入凸轮轴槽。

（14）执行器 1 就位于凸轮轴上时，用

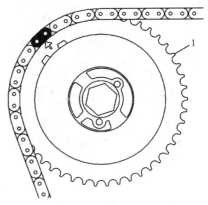

图 6-118 对准标记并将排气凸轮轴执行器 1 安装到排气凸轮轴上

手拧紧新的排气凸轮轴执行器螺栓，如图 6-119 所示。

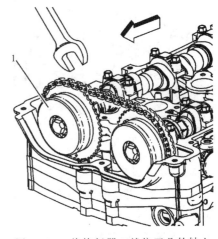

图 6-119 将执行器 1 就位于凸轮轴上

（15）确认所有彩色链节与相应的正时标记仍对准。否则，重复该部分程序以对准正时标记。

（16）安装正时链条固定导板 1 和螺栓，并将其紧固至 12N·m（106lbf·in），如图 6-120 所示。

（17）安装正时链条上导板 1 和螺栓，并将其紧固至 10N·m（89lbf·in），如图 6-121 所示。

（18）执行以下步骤，重置正时链条张紧器。

① 拆下卡环。

② 将活塞总成从正时链条张紧器主体

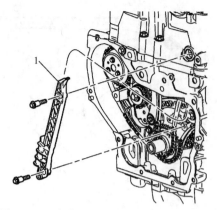

图 6-120　安装正时链条固定导板 1 和螺栓

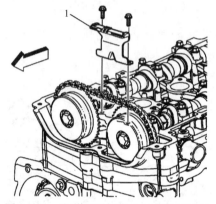

图 6-121　安装正时链条上导板 1 和螺栓

上拆下。

③ 将 EN-45027-2 张紧器 2 安装至台钳中，如图 6-122 所示。

④ 将活塞总成的缺口端安装至 EN-45027-2 张紧器 2 内。

⑤ 用 EN-45027-1 张紧器 1 将棘爪气缸转入活塞内，如图 6-122 所示。

⑥ 将活塞总成重新安装至张紧器主体内。

⑦ 安装卡环。

（19）检查正时链条张紧器密封件是否损坏。如有损坏，则更换密封件。

（20）检查并确保所有的污物和碎屑已从气缸盖的正时链条张紧器螺纹孔中清除。

> **注意**
>
> 在整个拧紧过程中，确保正时链条张紧器密封件居中，以避免机油泄漏。

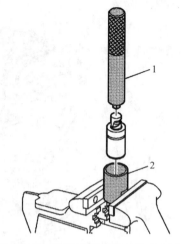

图 6-122　安装活塞总成并转入活塞内

（21）安装正时链条张紧器总成 1 并紧固至 75N·m（55lbf·ft），如图 6-123 所示。

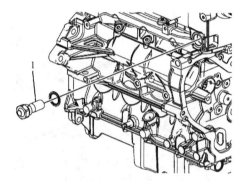

图 6-123　检查并安装正时链条张紧器总成 1

> **注意**
>
> 压缩 2mm（0.079in）以松开正时链条张紧器，这将释放棘爪中的锁紧机构。

（22）必须安装曲轴平衡器以便释放张紧器。

（23）将 EN-48953 锁止工具安装至气缸盖内并将螺栓紧固至 10N·m（89lbf·in）。

（24）使用转矩扳手，将进气凸轮轴执行器螺栓紧固至 30N·m（22lbf·ft），并使用 EN-45059 测量仪继续紧固 100°。

（25）使用扭矩扳手，将排气凸轮轴执行器螺栓紧固至 30N·m（22lbf·ft），并使用 EN-45059 测量仪继续紧固 100°。

(26) 拆下 EN-48953 锁止工具。

(27) 安装正时链条机油喷嘴 1 并将螺栓紧固至 10N·m（89lbf·in），如图 6-124 所示。

(28) 将密封胶涂抹在正时链条导板螺栓检修孔塞的螺纹上。

(29) 安装正时链条导板螺栓检修孔塞 1 并紧固至 90N·m（66lbf·ft），如图 6-125 所示。

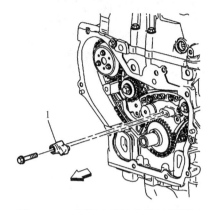

图 6-124　安装正时链条机油喷嘴 1

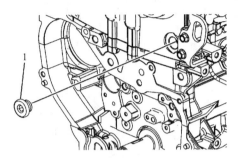

图 6-125　在正时链条导板螺栓检修孔塞 1 的螺纹上涂抹密封胶并紧固

第八节

雪佛兰景程(V-250)车系 L34GMDAT 发动机正时校对维修

雪佛兰景程 05 款 2.0 升发动机（L34GMDAT）与 06～09 款 2.0 升发动机基本相似。现以 07 款发动机正时调整为例加以说明。

一、正时皮带的拆卸

(1) 断开蓄电池负极电缆。

(2) 从节气门体上断开进气管。

(3) 从节气门体上拆卸谐振器固定螺栓和谐振器。

(4) 从气门室盖上断开通气管，如图 6-126 所示。

(5) 拆卸右前轮。

(6) 拆卸右前轮罩防溅罩，如图 6-127 所示。

(7) 拆卸动力转向泵传动皮带。

(8) 拆卸曲轴皮带轮螺栓，如图 6-128 所示。

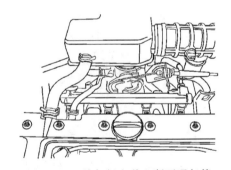

图 6-126　从气门室盖上断开通气管

所示。

(9) 拆卸曲轴皮带轮。

(10) 拆卸右侧发动机支座托架。

(11) 拆卸动力转向机软管卡箍螺栓并将软管从修理部位移开。

(12) 拆卸前正时皮带罩螺栓，如图 6-129 所示。

(13) 拆卸前正时皮带罩。

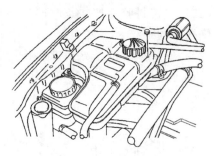

图 6-127 拆卸右前轮罩防溅罩

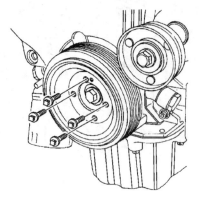

图 6-128 拆卸曲轴皮带轮螺栓

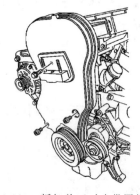

图 6-129 拆卸前正时皮带罩螺栓

(14) 用曲轴齿轮螺栓顺时针转动曲轴，直到曲轴齿轮上的正时标记对准后正时皮带罩底部的缺口，如图 6-130 所示。

注意

曲轴齿轮必须对准气门室盖上的缺口，否则会损坏发动机。

(15) 将凸轮轴齿轮对准气门室盖上的缺口，如图 6-131 所示。

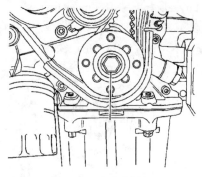

图 6-130 对准标记

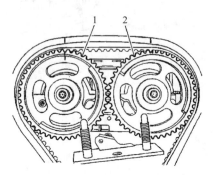

图 6-131 对准标记

注意

进气凸轮轴齿轮 1 对准进气凸轮轴齿轮标记，排气凸轮轴齿轮 2 对准排气凸轮轴齿轮标记，因为二者可以互换。

(16) 松开自动张紧器螺栓。转动六角形轴头，释放皮带张紧力。

(17) 拆卸正时皮带，如图 6-132 所示。

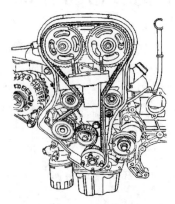

图 6-132 拆卸正时皮带

二、正时皮带的安装

(1) 将曲轴齿轮上的正时标记对准后正时皮带罩底部的缺口,如图 6-133 所示。

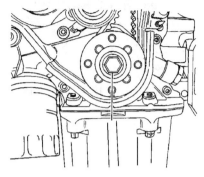

图 6-133 对准标记

(2) 对准凸轮轴齿轮上的正时标记,用进气凸轮轴齿轮 1 对准进气凸轮轴齿轮标记,排气凸轮轴齿轮 2 对准排气凸轮轴齿轮标记,如图 6-134 所示。

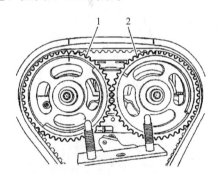

图 6-134 对准标记

(3) 安装正时皮带,如图 6-135 所示。

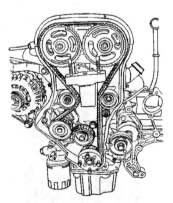

图 6-135 安装正时皮带

(4) 逆时针转动六角形轴头,张紧皮带。直至指针对准缺口为止。

(5) 紧固自动张紧器螺栓,如图 6-136 所示。紧固自动张紧器螺栓至 20N·m (15lbf·ft)。

图 6-136 紧固自动张紧器螺栓

(6) 用曲轴齿轮螺栓顺时针转动曲轴两整圈。

(7) 检查自动张紧器指针。

(8) 安装前正时皮带罩,如图 6-137 所示。

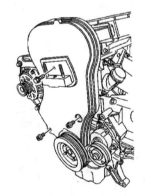

图 6-137 安装前正时皮带罩

(9) 安装前正时皮带罩螺栓。紧固前正时皮带罩螺栓至 8N·m (71lbf·in)。

(10) 安装右发动机支座托架。

(11) 放好动力转向系统软管并安装卡箍螺栓。紧固动力转向软管卡箍螺栓至 8N·m (71lbf·in)。

(12) 安装曲轴皮带轮,如图 6-138 所示。

(13) 安装曲轴皮带轮螺栓。紧固曲轴皮带轮螺栓至 20N·m (15lbf·ft)。

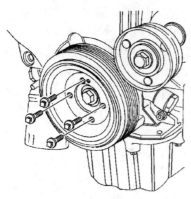

图 6-138　安装曲轴皮带轮

(14) 安装动力转向泵传动皮带。
(15) 安装右前轮罩防溅罩。
(16) 安装右前轮。
(17) 安装空气滤清器壳体。
(18) 安装空气滤清器壳体螺栓。紧固空气滤清器壳体螺栓至 6N·m（53lbf·in）。
(19) 安装谐振器和固定螺栓。紧固谐振器固定螺栓至 3N·m（27lbf·in）。
(20) 将进气管连接至节气门体。
(21) 将通气管连接至气门室盖。
(22) 连接蓄电池负极电缆。

第九节 雪佛兰爱唯欧车系正时校对维修

一、1.4L（LCU）发动机

(一) 凸轮轴正时链条的拆卸

(1) 拆下发动机前盖。
(2) 拆下正时链条张紧器螺栓 1 和张紧器 2，如图 6-139 所示。

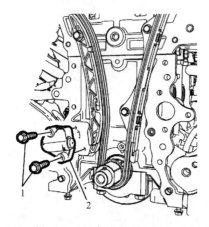

图 6-139　拆下正时链条张紧器螺栓 1 和张紧器 2

(3) 拆下正时链条张紧器支撑板螺栓 1 和张紧器支撑板 2，如图 6-140 所示。
(4) 拆下两个正时链条导板螺栓 1，如图 6-141 所示。

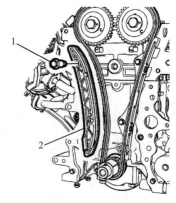

图 6-140　拆下正时链条张紧器支撑板螺栓 1 和张紧器支撑板 2

(5) 拆下正时链条导板 2，如图 6-141 所示。

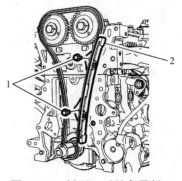

图 6-141　拆下正时链条导板 2

(6) 拆下正时链条1,如图6-142所示。

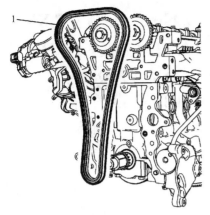

图6-142 拆下正时链条1

(二) 凸轮轴正时链条的安装

 注意

如需要,使用一个开口扳手转动凸轮轴。

(1) 将凸轮轴凸角1定位在图6-143所示位置。

(2) 确保凸轮轴链轮正时标记2定位正确,如图6-143所示。

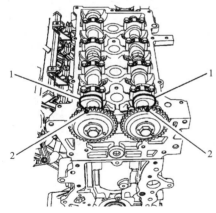

图6-143 定位凸轮轴凸角1并确保凸轮轴正时标记2定位正确

(3) 如图6-144所示,将曲轴正时标记1对准6点钟位置。

(4) 如图6-145所示,将正时链条安装在进气和排气凸轮轴链轮和曲轴链轮上。

(5) 确保凸轮轴正时标记和以颜色编码的正时链节1对齐,如图6-145所示。

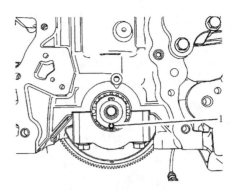

图6-144 将曲轴正时标记1对准6点钟位置

(6) 确保曲轴正时标记和以颜色编码的正时链节2对齐,如图6-145所示。

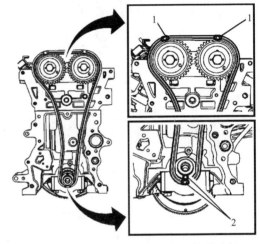

图6-145 安装凸轮轴和曲轴链轮并确保正时标记对齐

(7) 安装正时链条导板支撑板2,如图6-146所示。

(8) 安装正时链条导板支撑板螺栓1,并紧固至10N·m(89lbf·in),如图6-146所示。

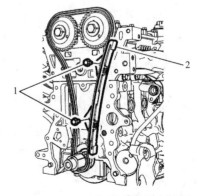

图6-146 安装正时链条导板支撑板2

(9) 安装正时链条张紧器支撑板2,如图6-147所示。

(10) 安装正时链条张紧器支撑板侧螺栓1,并紧固至10N·m (89lbf·in),如图6-147所示。

二、1.6L (LDE、LED、LFJ、LGE、LLU、LXV) 或1.8L (2HO、LFH、LUW、LWE) 发动机

(一) 正时皮带的拆卸

(1) 拆下空气滤清器总成。

(2) 拆下正时皮带前上盖。

(3) 举升并支撑车辆。

(4) 拆下前轮罩衬板内侧前加长件。

(5) 拆下传动皮带张紧器。

(6) 在发动机旋转至燃烧行程的气缸1上止点1的方向设置曲轴平衡器,如图6-149所示。

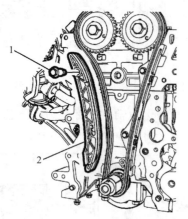

图6-147 安装正时链条张紧器支撑板2并紧固螺栓1

(11) 压住正时链条张紧器1并安装EN-50534销3以固定压住的张紧器,如图6-148所示。

(12) 安装正时链条张紧器1,如图6-148所示。

(13) 安装正时链条张紧器螺栓2并紧固至10N·m (89lbf·in),如图6-148所示。

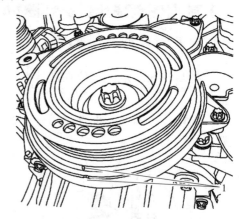

图6-149 在图中位置设置曲轴平衡器

(7) 拆下曲轴平衡器螺栓1,如图6-150所示。

(8) 拆下曲轴平衡器2,如图6-150所示。

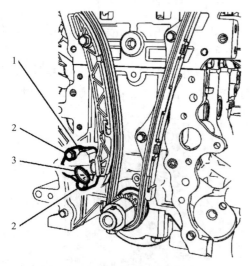

图6-148 安装正时链条张紧器1

(14) 拆下EN-50534销3。

图6-150 拆下曲轴平衡器2

(9) 拆下4个正时皮带下盖螺栓2，如图6-151所示。

(10) 拆下正时皮带下盖1，如图6-151所示。

> ⚠ **注意**
>
> 进气凸轮轴调节器上的点形标记4和EN-6340左侧的凹槽在此过程中不对应，而是必须略高，如图6-153所示。

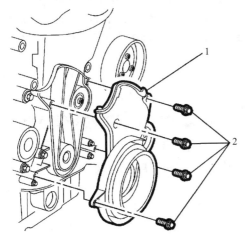

图6-151 拆下正时皮带下盖螺栓2及下盖1

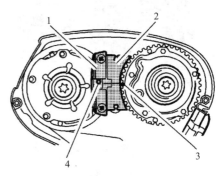

图6-153 将锁止工具安装至凸轮轴位置执行器调节器

① EN-6340左侧锁止工具1按图6-153装至凸轮轴位置执行器调节器内。

(11) 准备EN-6340锁止工具的右半部分，如图6-152所示。

> ⚠ **注意**
>
> 排气凸轮轴调节器上的点形标记3必须与EN-6340右侧的凹槽相对应。

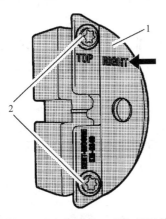

图6-152 从右侧锁止工具上拆下前板

② 将EN-6340右侧锁止工具2按图6-153安装至凸轮轴位置执行器调节器。

(13) 使用内六角扳手1，沿箭头所指方向向正时皮带张紧器2施加张紧力，如图6-154所示。

(14) 安装EN-6333锁销3，如图6-154所示。

> ⚠ **注意**
>
> EN-6340锁止工具的右半部分可通过工具上（箭头处）的字母"RIGHT"（右）识别。

① 拆下2个螺栓2。

② 从EN-6340右侧锁止工具上拆下前板1。

(12) 将EN-6340锁止工具安装至凸轮轴位置执行器调节器。

图6-154 安装锁销3

第六章 上海通用雪佛兰车系发动机正时校对维修

> **注意**
>
> 记录皮带的方向。

（15）拆下正时皮带 1，如图 6-155 所示。

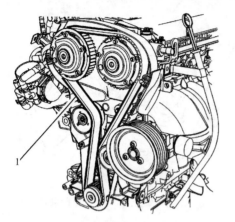

图 6-155 拆下正时皮带 1

（二）正时皮带的安装

> **注意**
>
> 仅允许使用随新正时皮带提供的装配工具，将正时皮带穿过发动机支座托架，否则可能在此阶段由于扭结而损坏牙轮皮带。

（1）安装正时皮带 1，如图 6-155 所示。

（2）引导正时皮带穿过张紧器并将其放置到曲轴链轮上。

（3）将正时皮带放置到排气和进气凸轮轴位置执行器调节器上。

（4）使用内六角扳手 1，沿箭头所指方向向正时皮带张紧器 2 施加张紧力，如图 6-154 所示。

（5）拆下 EN-6333 锁销 3，如图 6-154 所示。

> **注意**
>
> 正时皮带张紧器自动移至正确位置。

（6）检查正时。

> **注意**
>
> 记录凸轮轴链轮上的标记。

① 沿发动机旋转方向，用曲轴平衡器上的螺栓转动曲轴 720°。

> **注意**
>
> 进气凸轮轴位置执行器调节器上的点形标记 4 和 EN-6340 左侧的凹槽在此过程中不对应，但是必须略高，如图 6-153 所示。

② 将 EN-6340 左侧锁止工具 1 按图 6-153 装至凸轮轴位置执行器调节器。

> **注意**
>
> 排气凸轮轴位置执行器调节器上的点形标记 3 必须与 EN-6340 右侧的凹槽相对应。

③ 将 EN-6340 右侧锁止工具 2 按图 6-153 装至凸轮轴位置执行器调节器。

（7）拆下 EN-6340 锁止工具。

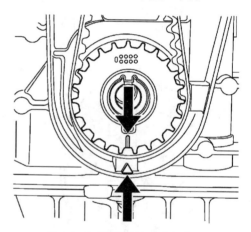

图 6-156 控制曲轴平衡器位置

> **注意**
>
> 正时皮带主动齿轮与机油泵壳体必须对准。

（8）控制曲轴平衡器位置，如图 6-156 所示。

（9）安装正时皮带下盖 1，如图 6-151 所示。

（10）安装 4 个正时皮带下盖螺栓 2，并紧固至 6N·m（53lbf·in）如图 6-151 所示。

（11）安装曲轴平衡器 2，如图 6-150 所示。

（12）安装曲轴平衡器螺栓 1（图 6-150），

并紧固至 95N·m（70lbf·ft），再继续紧固 30°和 15°。

（13）安装传动皮带张紧器。

（14）安装前轮罩衬板内侧前加长件。

（15）安装正时皮带前上盖。

（16）安装空气滤清器总成。

第十节

上海通用凯迪拉克 CTS 车系 LY7/LP1/LLT 发动机正时校对维修

LY7/LP1/LLT 发动机凸轮轴传动链条的安装方法如下。

一、左侧次级凸轮轴传动链条的安装（第四次设计 LY7/LP1/LLT）

（1）将 EN46105-1 工具安装到左侧凸轮轴的后部，如图 6-157 所示。

> **注意**
> 在安装任何凸轮轴传动链条前，所有的凸轮轴都必须锁定到位。

（2）确保 EN46105-1 工具完全就位于凸轮轴上。

（3）使用 EN-48589 工具，确保曲轴在第一阶段正时位置时，曲轴链轮正时标记 1 对准机油泵盖 2 上的第一阶段正时标记，如图 6-158 所示。

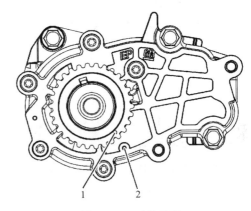

图 6-158　对准标记

（4）安装左侧次级凸轮轴传动链条，如图 6-159 所示。

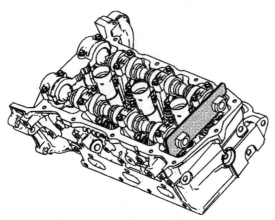

图 6-157　将 EN46105-1 工具安装到左侧凸轮轴的后部

图 6-159　安装左侧次级凸轮轴传动链条

（5）将左侧次级凸轮轴传动链条套在左凸轮轴中间传动链条惰轮的内侧链轮上，使凸轮轴传动链条的正时链节 1 对准左凸轮轴中间传动链条惰轮外侧链轮上的检修孔 2，如图 6-160 所示。

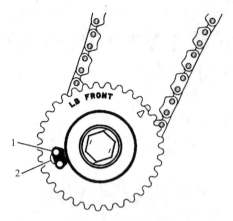

图 6-160　对准标记

（6）将次级凸轮轴传动链条套在两个左执行器传动链轮上。

（7）确保凸轮轴位置执行器链轮上的凸轮轴传动链条的正时链节之间有 10 个链节 1，如图 6-161 所示。

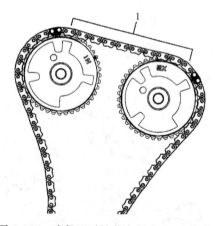

图 6-161　确保正时链节之间有 10 个链节 1

（8）将左排气凸轮轴位置执行器链轮圆形定位标记 2 对准凸轮轴传动链条正时链节 1，如图 6-162 所示。

（9）将左侧进气凸轮轴位置执行器链轮圆形定位标记 1 对准凸轮轴传动链条正时链节 2，如图 6-163 所示。

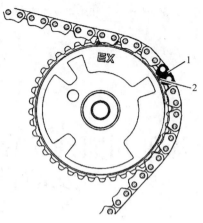

图 6-162　对准正时链节 1

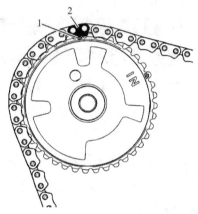

图 6-163　对准标记

（10）在左侧凸轮轴中间传动链条惰轮上的次级凸轮轴传动链条正时链节与各个左侧凸轮轴位置执行器链轮上的次级凸轮轴传动链条正时链节之间应有 22 个链节 1，如图 6-164 所示。

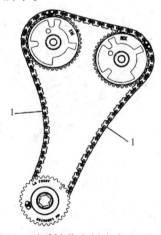

图 6-164　正时链节之间应有 22 个链节 1

二、初级凸轮轴传动链条的安装(第四次设计)

(1) 安装初级凸轮轴传动链条,如图 6-165 所示。

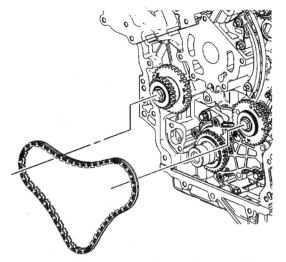

图 6-165 安装初级凸轮轴传动链条

(2) 将初级凸轮轴传动链条套在各凸轮轴中间传动链条惰轮的大链轮和曲轴链轮上,如图 6-166 所示。

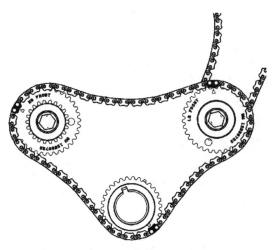

图 6-166 初级凸轮轴传动链条

(3) 左侧凸轮轴中间传动链条惰轮正时标记 1 应对准凸轮轴传动链条正时链节 2,如图 6-167 所示。

(4) 右侧凸轮轴中间传动链条惰轮正时

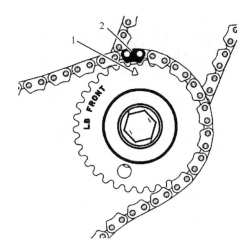

图 6-167 惰轮正时标记 1 应对准正时链节 2

标记 2 应对准凸轮轴传动链条正时链节 1,如图 6-168 所示。

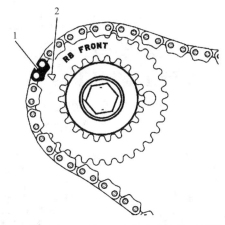

图 6-168 惰轮正时标记 2 应对准链条正时链节 1

(5) 曲轴链轮正时标记 2 应对准凸轮轴传动链条正时链节 1,如图 6-169 所示。

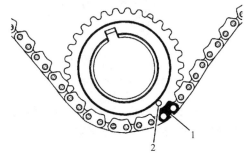

图 6-169 曲轴链轮正时标记 2 应对准凸轮轴传动链条正时链节 1

(6) 确保全部正时标记（2、3、6）都正确对准凸轮轴传动链条正时链节（1、4、5），如图6-170所示。

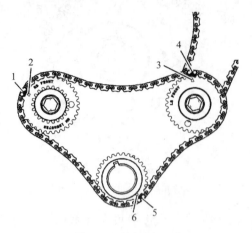

图6-170 对准标记

三、初级凸轮轴传动链条张紧器的安装（第四次设计LY7/LP1）

(1) 确保正在安装的是初级凸轮轴传动链条张紧器3，如图6-171所示。

图6-171 确保正在安装的是初级凸轮轴传动链条张紧器3

(2) 使用J45027工具，重新设置初级凸轮轴传动链条张紧器的柱塞，如图6-172所示。

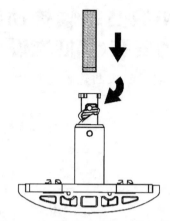

图6-172 重新设置初级凸轮轴传动链条张紧器的柱塞

(3) 将柱塞安装到初级凸轮轴传动链条张紧器体上，如图6-173所示。

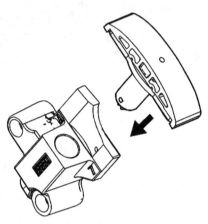

图6-173 将柱塞安装到初级凸轮轴传动链条张紧器体上

(4) 将柱塞压进张紧器体，然后将EN46112工具插入初级凸轮轴传动链条张紧器体侧面的检修孔，以锁止初级凸轮轴传动链条张紧器，如图6-174所示。

(5) 缓慢地松开初级凸轮轴传动链条张紧器。初级凸轮轴传动链条张紧器应保持压缩状态。

(6) 将新的初级凸轮轴传动链条张紧器衬垫安装到初级凸轮轴传动链条张紧器上，如图6-175所示。

(7) 穿过初级凸轮轴传动链条张紧器和衬垫安装初级凸轮轴传动链条张紧器螺栓。

(8) 确保发动机气缸体上的初级凸轮轴传动链条张紧器安装面上没有毛刺或瑕疵，

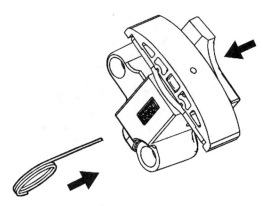

图 6-174　将柱塞压进张紧器体

否则可能会降低新的初级凸轮轴传动链条张紧器衬垫的密封性能。

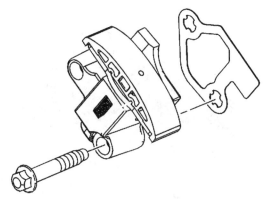

图 6-175　将新的张紧器衬垫安装到传动链条张紧器上

(9) 将初级凸轮轴传动链条张紧器放置到位，然后松弛地将螺栓安装至气缸体，如图 6-176 所示。

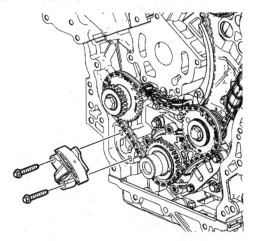

图 6-176　将初级凸轮轴传动链条张紧器放置到位

(10) 检查并确认初级凸轮轴传动链条张紧器衬垫的凸舌 1 位置正确，如图 6-177 所示。

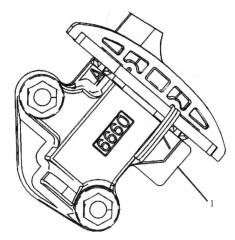

图 6-177　凸舌 1 位置正确

(11) 拉出 EN46112 工具，松开张紧器柱塞，然后松开初级凸轮轴传动链条张紧器，如图 6-178 所示。

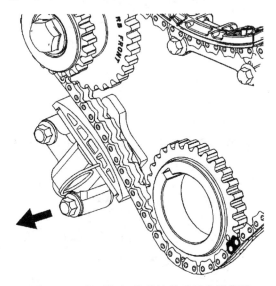

图 6-178　松开初级凸轮轴传动链条张紧器

(12) 检查并确认初级和左侧次级凸轮轴传动链条正时标记 1～12 已对准，如图 6-179 所示。

(13) 将 EN46105-1 工具从左侧凸轮轴的后部拆下，如图 6-180 所示。

(14) 使用 EN-48589，将曲轴和曲轴链

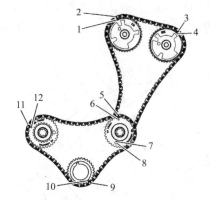

图 6-179 检查并确认初级和左侧次级凸轮轴
传动链条正时标记 1~12 已对准

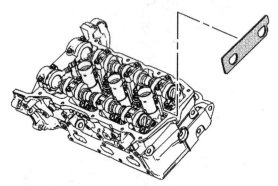

图 6-180 将 EN46105-1 工具从左侧
凸轮轴的后部拆下

轮旋转 115°曲轴转角，从第一阶段定位位置 1 到第二阶段定位位置 2，以便安装右侧次级凸轮轴传动链条部件，如图 6-181 所示。

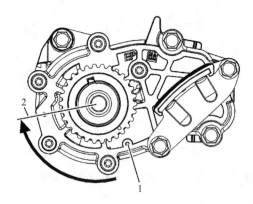

图 6-181 将曲轴和曲轴链轮旋转 115°曲轴转角

（15）将 EN46105-2 工具安装到左侧凸轮轴的后部，如图 6-182 所示。

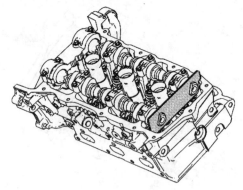

图 6-182 将 EN46105-2 工具安装到左侧
凸轮轴的后部

（16）将 EN48383-3 工具安装到右侧凸轮轴的后部，如图 6-183 所示。

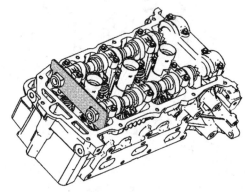

图 6-183 将 EN48383-3 工具安装到右侧
凸轮轴的后部

四、右侧次级凸轮轴传动链条的安装（第四次设计）

（1）确保曲轴在第二阶段正时传动装配位置 1，如图 6-184 所示。

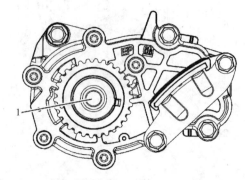

图 6-184 确保曲轴在第二阶段正时传动装配位置 1

（2）安装右侧次级凸轮轴传动链条，如图 6-185 所示。

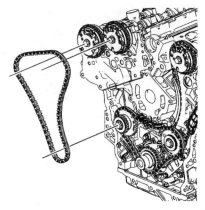

图 6-185　安装右侧次级凸轮轴传动链条

（3）将次级凸轮轴传动链条套在右凸轮轴中间传动链条惰轮的外侧链轮上，使凸轮轴传动链条正时链节 1 对准右凸轮轴中间传动链条惰轮内侧链轮上的检修孔 2，如图 6-186 所示。

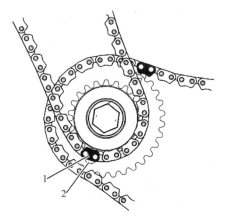

图 6-186　使凸轮轴传动链条正时链节 1 对准检修孔 2

（4）将次级凸轮轴传动链条套在两个右执行器传动链轮上。

（5）确保凸轮轴位置执行器链轮上的凸轮轴传动链条的正时链节之间有 10 个链节 1，如图 6-187 所示。

（6）将右侧排气凸轮轴位置执行器链轮的三角形定位标记 1 对准凸轮轴传动链条正时链节 2，如图 6-188 所示。

（7）将右侧进气凸轮轴位置执行器链轮

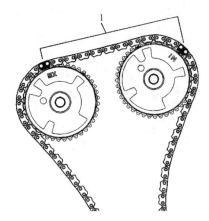

图 6-187　确保正时链节之间有 10 个链节 1

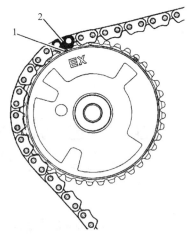

图 6-188　三角形定位标记 1 对准正时链节 2

的三角形定位标记 2 对准凸轮轴传动链条正时链节 1，如图 6-189 所示。

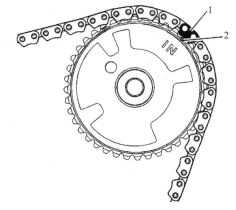

图 6-189　三角形定位标记 2 对准正时链节 1

（8）在右凸轮轴中间传动链条惰轮上的凸轮轴传动链条正时链节与各个右凸轮轴位

置执行器链轮上的凸轮轴传动链条正时链节之间应有22个链节1，如图6-190所示。

（9）安装次级凸轮轴传动链条支撑板螺栓，如图6-191所示。

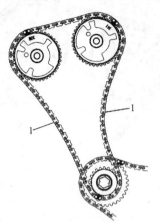

图6-190 确保正时链节之间应有22个链节1

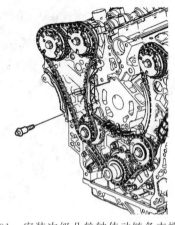

图6-191 安装次级凸轮轴传动链条支撑板螺栓

第十一节 上海通用凯迪拉克SGM980车系发动机正时校对维修

一、2.8L（LP1）发动机

（一）凸轮轴正时传动链条定位图

凸轮轴正时传动链条定位图如图6-192～图6-194所示。

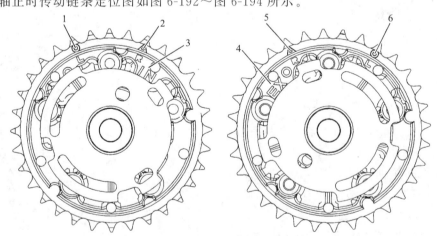

图6-192 凸轮轴正时传动链条定位图（带主逆齿链条）（凸轮轴位置执行器正时标记）

1—进气凸轮轴位置执行器左侧正时标记-圆形；2—进气凸轮轴位置执行器右侧正时标记-三角形；
3—进气凸轮轴位置执行器标识；4—排气凸轮轴位置执行器标识；5—排气凸轮轴位置执行器右侧正时标记-三角形；
6—排气凸轮轴位置执行器左侧正时标记-圆形

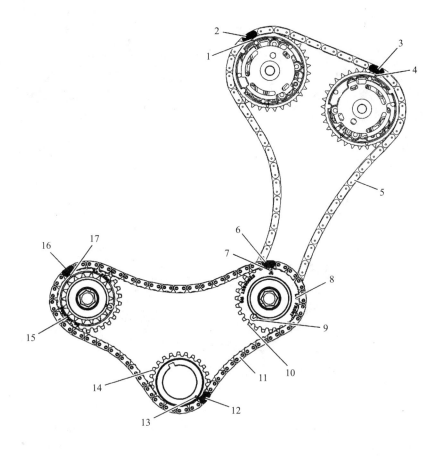

图 6-193 凸轮轴正时传动链条定位图（带主逆齿链条）（第一阶段）
1—左侧进气凸轮轴位置（CMP）执行器正时标记；2—左侧进气次凸轮轴正时传动链条正时链节；
3—左侧排气次凸轮轴正时传动链条正时链节；4—左侧排气凸轮轴位置（CMP）执行器正时标记；
5—左侧次凸轮轴正时传动链条；6—左侧主凸轮轴中间传动链条链轮的主凸轮轴传动链条正时链节；
7—主凸轮轴传动链条的左侧主凸轮轴中间传动链条链轮正时标记；8—左侧主凸轮轴中间传动链条链轮；
9—左侧主凸轮轴中间传动链条链轮的左侧次凸轮轴正时传动链条正时链节；
10—左侧次凸轮轴正时传动链条正时链节的左侧主凸轮轴中间传动链条链轮正时窗；11—主凸轮轴传动链条；
12—曲轴链轮的主凸轮轴传动链条正时链节；13—曲轴链轮正时标记；14—曲轴链轮；
15—右侧主凸轮轴中间传动链条链轮；16—右侧主凸轮轴中间传动链条链轮的主凸轮轴传动链条正时链节；
17—右侧主凸轮轴中间传动链条链轮正时标记

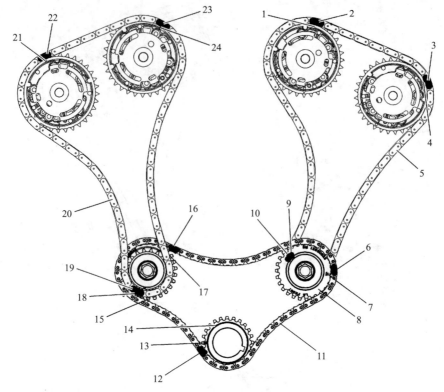

图 6-194　凸轮轴正时传动链条定位图（带主逆齿链条）（第二阶段）

1—左侧进气凸轮轴位置（CMP）执行器正时标记；2—左侧进气次凸轮轴正时传动链条正时链节；
3—左侧排气次凸轮轴正时传动链条正时链节；4—左侧排气凸轮轴位置（CMP）执行器正时标记；
5—左侧次凸轮轴正时传动链条；6—左侧主凸轮轴中间传动链条链轮的主凸轮轴传动链条正时链节；
7—主凸轮轴传动链条的左侧主凸轮轴中间传动链条链轮正时标记；8—左侧主凸轮轴中间传动链条链轮；
9—左侧主凸轮轴中间传动链条链轮的左侧次凸轮轴正时传动链条正时链节；
10—左侧主凸轮轴中间传动链条链轮正时窗；11—主凸轮轴传动链条；
12—曲轴链轮的主凸轮轴传动链条正时链节；13—曲轴链轮正时标记；
14—曲轴链轮；15—右侧主凸轮轴中间传动链条链轮；
16—右侧主凸轮轴中间传动链条链轮的主凸轮轴传动链条正时链节；
17—主凸轮轴传动链条的右侧主凸轮轴中间传动链条链轮正时标记；
18—右侧次凸轮轴正时传动链条的右侧主凸轮轴中间传动链条链轮正时标记/窗；
19—右侧主凸轮轴中间传动链条链轮的右侧次凸轮轴正时传动链条正时链节；
20—右侧次凸轮轴正时传动链条；21—右侧排气凸轮轴位置（CMP）执行器正时标记；
22—右侧排气次凸轮轴正时传动链条正时链节；23—右侧进气凸轮轴位置（CMP）执行器正时标记；
24—右侧进气凸轮轴位置（CMP）执行器正时标记

（二）次凸轮轴传动链条张紧器的安装（左）

（1）确保正在安装的是左侧次凸轮轴传动链条张紧器2，如图6-195所示。

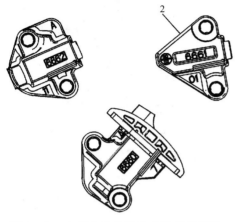

图6-195 左侧次凸轮轴传动链条张紧器2

（2）使用J45027工具，重新设置左侧次凸轮轴传动链条张紧器的柱塞，如图6-196所示。

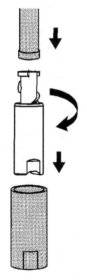

图6-196 重新设置张紧器的柱塞

（3）将柱塞安装到左侧次凸轮轴传动链条张紧器体上，如图6-197所示。

（4）将柱塞压进张紧器体，然后将EN46112工具插入左侧次凸轮轴传动链条张紧器体侧面的检修孔，以锁定左侧次凸轮轴传动链条张紧器，如图6-198所示。

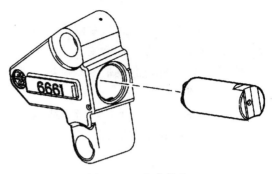

图6-197 安装柱塞

图6-198 将柱塞压进张紧器体

（5）缓慢释放左侧次凸轮轴传动链条张紧器上的压力。左侧次凸轮轴传动链条张紧器应保持压缩状态。

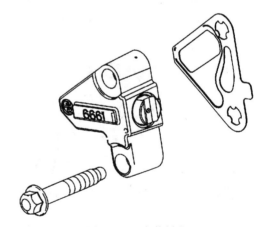

图6-199 安装衬垫

（6）将新的左侧次凸轮轴传动链条张紧器衬垫安装到左侧次凸轮轴传动链条张紧器上，如图6-199所示。

（7）通过左侧次凸轮轴传动链条张紧器和衬垫安装左侧次凸轮轴传动链条张紧器

螺栓。

(8) 确保左气缸盖上的左侧次凸轮轴传动链条张紧器安装面没有毛刺或任何会使新的左侧次凸轮轴传动链条张紧器衬垫密封性能下降的缺陷。

(9) 将左侧次凸轮轴传动链条张紧器安置到位，然后将螺栓松弛地安装至缸体，如图 6-200 所示。

图 6-200　将螺栓松弛地安装至缸体

(10) 确认左侧次凸轮轴传动链条张紧器衬垫的凸舌 1 位置正确，如图 6-201 所示。

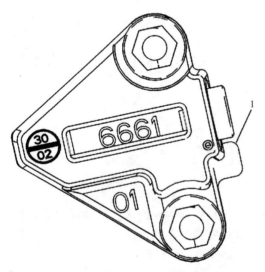

图 6-201　确认衬垫的凸舌 1 位置正确

(11) 拉出 EN46112 工具，松开张紧器柱塞，以释放左侧次凸轮轴传动链条张紧器，如图 6-202 所示。

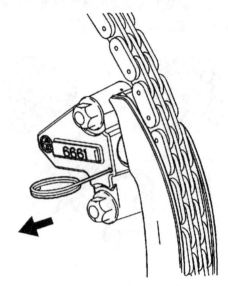

图 6-202　松开张紧器柱塞

(12) 检查左侧次凸轮轴传动链条张紧器正时标记 1~6，如图 6-203 所示。

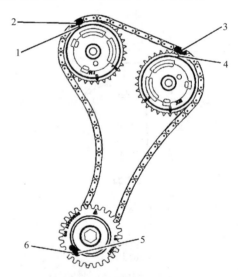

图 6-203　检查标记 1~6

（三）凸轮轴中间传动链条惰轮的安装（右）

(1) 确保正在安装的是右凸轮轴中间传动链条惰轮 1。右凸轮轴中间传动链条惰轮的凹陷轮毂 4 及直径较小的链轮应向外安装。右凸轮轴中间传动链条惰轮凸起轮毂及直径较大的链轮应面向缸体安装，如图6-204所示。

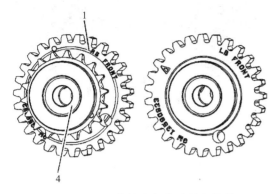

图6-204 右凸轮轴中间传动链条惰轮1

（2）安装右凸轮轴中间传动链条惰轮，如图6-205所示。

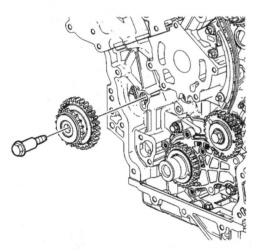

图6-205 安装右凸轮轴中间传动链条惰轮

（3）安装凸轮轴中间传动链条惰轮螺栓。

（四）主凸轮轴传动链条的安装

（1）安装主凸轮轴传动链条，如图6-206所示。

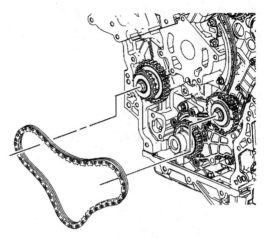

图6-206 安装主凸轮轴传动链条

（2）将主凸轮轴传动链条套在各凸轮轴中间传动链条惰轮的大链轮和曲轴链轮上，如图6-207所示。

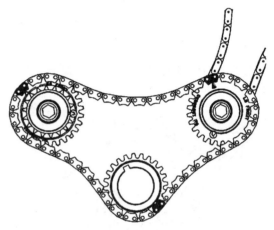

图6-207 主凸轮轴传动链条套

（3）左凸轮轴中间传动链条惰轮正时标记1应对准凸轮轴传动链条正时链节2，如图6-208所示。

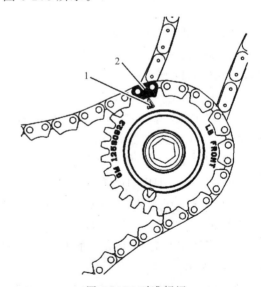

图6-208 对准标记

(4) 右凸轮轴中间传动链条惰轮正时标记 2 应对准凸轮轴传动链条正时链节 1，如图 6-209 所示。

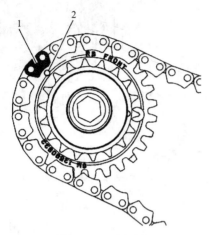

图 6-209 对准标记

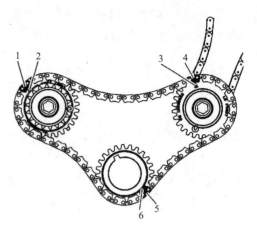

图 6-211 对准标记

(5) 曲轴链轮正时标记 2 应对准凸轮轴传动链条正时链节 1，如图 6-210 所示。

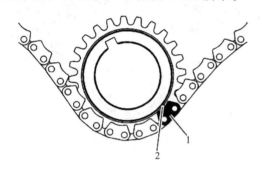

图 6-210 对准标记

(6) 确保全部正时标记（2、3、6）都正确对准凸轮轴传动链条正时链节（1、4、5），如图 6-211 所示。

(7) 主凸轮轴传动链条导板的安装-下。

① 将主凸轮轴传动链条下导板安置到机油泵上，如图 6-212 所示。

② 安装主凸轮轴传动链条下导板螺栓。

(8) 主凸轮轴传动链条导板的安装-上。

① 确保正在安装的是主凸轮轴传动链条上导板 3，如图 6-213 所示。

② 安装主凸轮轴传动链条上导板，如图 6-214 所示。

③ 安装主凸轮轴传动链条上导板螺栓。

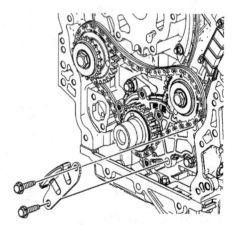

图 6-212 将主凸轮轴传动链条下导板安置到机油泵上

图 6-213 凸轮轴传动链条上导板 3

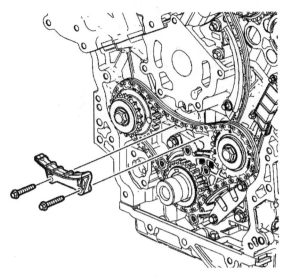

图 6-214 安装主凸轮轴传动链条上导板

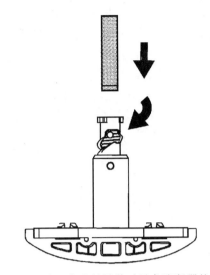

图 6-216 设置主凸轮轴传动链条张紧器的柱塞

（五）主凸轮轴传动链条张紧器的安装

（1）确保正在安装的是主凸轮轴传动链条张紧器3，如图 6-215 所示。

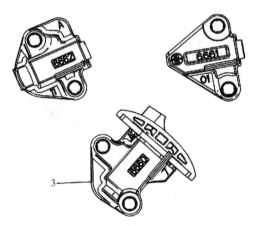

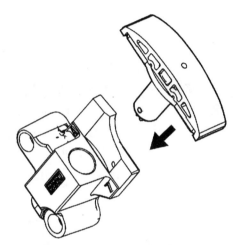

图 6-217 安装柱塞

条张紧器，如图 6-218 所示。

图 6-215 主凸轮轴传动链条张紧器3

（2）使用 J45027 工具，重新设置主凸轮轴传动链条张紧器的柱塞，如图 6-216 所示。

（3）将柱塞安装到主凸轮轴传动链条张紧器体上，如图 6-217 所示。

（4）将柱塞压进张紧器体，然后将 EN46112 工具插入主凸轮轴传动链条张紧器体侧面的检修孔，以锁定主凸轮轴传动链

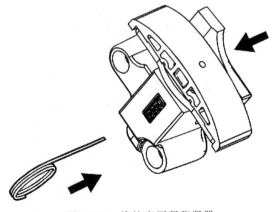

图 6-218 将柱塞压紧张紧器

(5) 缓慢释放主凸轮轴传动链条张紧器上的压力。主凸轮轴传动链条张紧器应保持压缩状态，如图 6-219 所示。

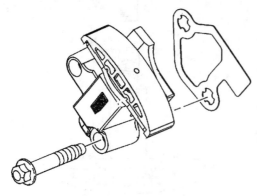

图 6-219 安装衬垫

(6) 将新的主凸轮轴传动链条张紧器衬垫安装到主凸轮轴传动链条张紧器上。

(7) 通过主凸轮轴传动链条张紧器和衬垫安装主凸轮轴传动链条张紧器螺栓。

(8) 确保发动机体上的主凸轮轴传动链条张紧器没有毛刺或任何会使新的主凸轮轴传动链条张紧器衬垫密封性能下降的缺陷。

(9) 将主凸轮轴传动链条张紧器安置到位，然后将螺栓松弛地安装至缸体，如图 6-220 所示。

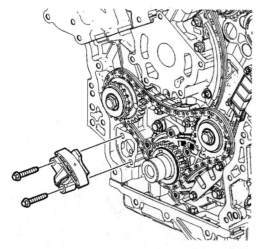

图 6-220 将主凸轮轴传动链条张紧器安置到位

(10) 确认主凸轮轴传动链条张紧器衬垫的凸舌 1 位置正确，如图 6-221 所示。

(11) 拉出 EN46112 工具，松开张紧器

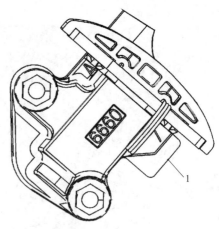

图 6-221 确认衬垫凸舌 1 位置正确

柱塞，以释放主凸轮轴传动链条张紧器，如图 6-222 所示。

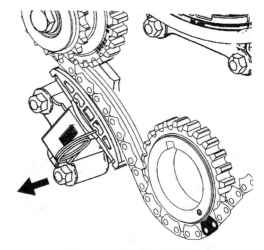

图 6-222 松开张紧器柱塞

(12) 检查主凸轮轴传动链条张紧器和左侧次凸轮轴传动链条张紧器的正时标记 1~12，如图 6-223 所示。

(13) 从左凸轮轴的后部拆卸 EN46105-1 工具，如图 6-224 所示。

(14) 使用 EN46111 工具，将曲轴和曲轴链轮从第一阶段定位位置 1 旋转到第二阶段定位位置 2，即旋转 115°曲轴转角，以能安装右侧次凸轮轴传动链条部件，如图 6-225 所示。

(15) 将 EN46105-2 工具安装到左凸轮轴的后部，如图 6-226 所示。

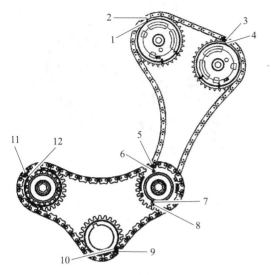

图 6-223 检查标记 1~12

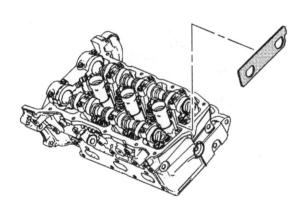

图 6-224 拆卸 EN46105-1 工具

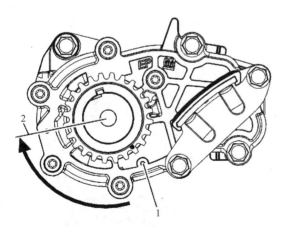

图 6-225 旋转曲轴和曲轴链轮

(16) 将 EN46105-1 工具安装到右凸轮轴的后部，如图 6-227 所示。

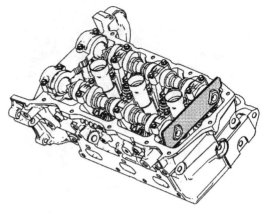

图 6-226 将 EN46105-2 工具安装到左凸轮轴的后部

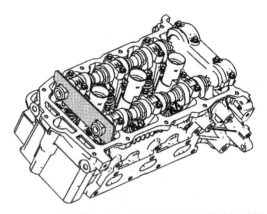

图 6-227 将 EN46105-1 工具安装到右凸轮轴的后部

（六）次凸轮轴传动链条的安装（右）

(1) 确保曲轴处于传动总成第二阶段正时位置 1，如图 6-228 所示。

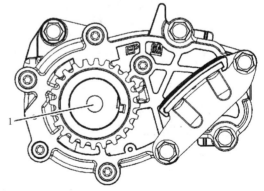

图 6-228 确保曲轴处于位置 1

(2) 安装右侧次凸轮轴传动链条，如图 6-229 所示。

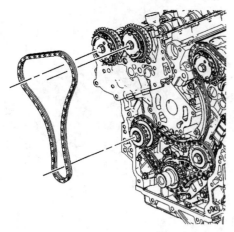

图 6-229 安装右侧次凸轮轴传动链条

(3) 将次凸轮轴传动链条套在右凸轮轴中间传动链条惰轮的外侧链轮上,使凸轮轴传动链条正时链节 1 对准右凸轮轴中间传动链条惰轮内侧链轮上的定位检查孔 2,如图 6-230 所示。

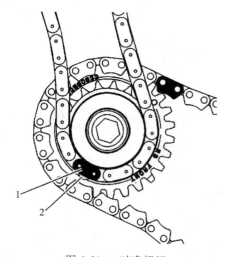

图 6-230 对准标记

(4) 将次凸轮轴传动链条套在两个右执行器传动链轮上,如图 6-231 所示。

(5) 确保凸轮轴位置执行器链轮上的凸轮轴传动链条的正时链节之间有 7 个链节 1,如图 6-231 所示。

(6) 将右排气凸轮轴位置执行器链轮的三角形定位标记 1 对准凸轮轴传动链条正时链节 2,如图 6-232 所示。

(7) 将右进气凸轮轴位置执行器链轮的

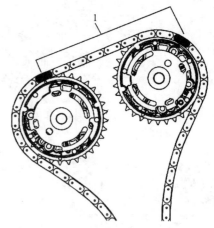

图 6-231 将次凸轮轴传动链条套在两个右执行器传动链轮上

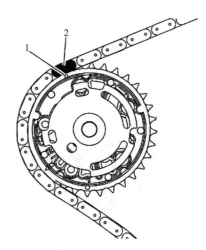

图 6-232 对准标记

三角形定位标记 2 对准凸轮轴传动链条的正时链节 1,如图 6-233 所示。

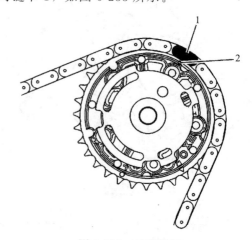

图 6-233 对准标记

二、3.6L（LY7）发动机

（一）凸轮轴正时传动链条定位图

凸轮轴正时传动链条定位图如图6-234～图6-236所示。

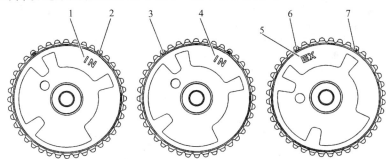

图6-234 凸轮轴正时传动链条定位图（第四次设计）（凸轮轴位置执行器正时标记）

1—右侧进气凸轮轴位置执行器识别符；2—右侧进气凸轮轴位置执行器右侧正时标记（三角形）；3—左侧进气凸轮轴位置执行器左侧正时标记（圆形）；4—左进气凸轮轴位置执行器识别符；5—排气凸轮轴位置执行器识别符；6—排气凸轮轴位置执行器右侧正时标记（三角形）；7—排气凸轮轴位置执行器左侧正时标记（圆形）

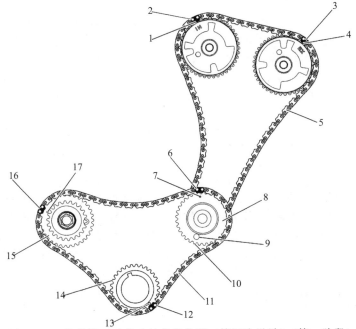

图6-235 凸轮轴正时传动链条定位图（第四次设计）（第一阶段）

1—左侧进气凸轮轴位置（CMP）执行器正时标记（圆形）；2—左侧进气凸轮轴次级正时传动链条正时链节；3—左侧排气凸轮轴次级正时传动链条正时链节；4—左侧排气凸轮轴位置（CMP）执行器正时标记（圆形）；5—左侧凸轮轴次级正时传动链条；6—左侧初级凸轮轴中间传动链条链轮的凸轮轴初级传动链条正时链节；7—凸轮轴初级传动链条的左侧初级凸轮轴中间传动链条链轮正时标记；8—左侧初级凸轮轴中间传动链条链轮；9—左侧初级凸轮轴中间传动链条链轮的左侧次级凸轮轴正时传动链条正时链节；10—左侧凸轮轴次级正时传动链条正时链节的左侧初级凸轮轴中间传动链条链轮正时窗；11—凸轮轴初级传动链条；12—曲轴链轮的初级凸轮轴传动链条正时链节；13—曲轴链轮正时标记；14—曲轴链轮；15—右侧初级凸轮轴中间传动链条链轮；16—右侧初级凸轮轴中间传动链条链轮的凸轮轴初级传动链条正时链节；17—右侧初级凸轮轴中间传动链条链轮正时标记

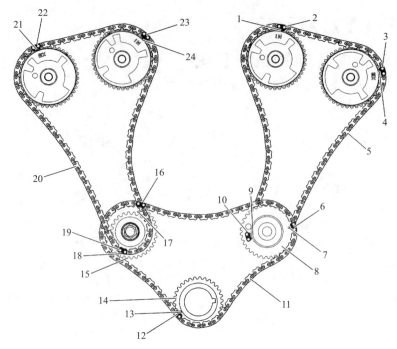

图 6-236 凸轮轴正时传动链条定位图（第四次设计）（第二阶段）

1—左侧进气凸轮轴位置（CMP）执行器正时标记（圆形）；2—左侧进气凸轮轴次级正时传动链条正时链节；
3—左侧排气凸轮轴次级正时传动链条正时链节；4—左侧排气凸轮轴位置（CMP）执行器正时标记（圆形）；
5—左侧凸轮轴次级正时传动链条；6—左侧初级凸轮轴中间传动链条链轮的凸轮轴初级传动链条正时链节；
7—凸轮轴初级传动链条的左侧初级凸轮轴中间传动链条链轮正时标记；8—左侧初级凸轮轴中间传动链条链轮；
9—左侧初级凸轮轴中间传动链条链轮的左侧次级凸轮轴正时传动链条正时链节；
10—左侧初级凸轮轴中间传动链条链轮正时窗；11—凸轮轴初级正时传动链条；
12—曲轴链轮的初级凸轮轴传动链条正时链节；13—曲轴链轮正时标记；14—曲轴链轮；
15—右侧初级凸轮轴中间传动链条链轮；16—右侧初级凸轮轴中间传动链条链轮的凸轮轴初级传动链条正时链节；
17—初级凸轮轴传动链条的右侧初级凸轮轴中间传动链条链轮正时标记；
18—右侧次级凸轮轴正时传动链条的右侧初级凸轮轴中间传动链条链轮正时标记/窗；
19—右侧初级凸轮轴中间传动链条链轮的右侧次级凸轮轴正时传动链条正时链节；
20—右侧次级凸轮轴正时传动链条；21—右侧排气凸轮轴位置（CMP）执行器正时标记（三角形）；
22—右侧排气次级凸轮轴正时传动链条正时链节；23—右侧进气次级正时传动链条正时链节；
24—右侧进气凸轮轴位置（CMP）执行器正时标记（三角形）

（二）凸轮轴的更换(左侧)

1. 拆卸程序

（1）连同下进气歧管一起拆下上进气歧管。

（2）拆下左缸组凸轮轴盖。

（3）拆下凸轮轴传感器。更换缸组 2（左侧）"排气"和缸组 2（左侧）"进气"。

（4）拆下凸轮轴位置执行器电磁阀。

（5）拆下曲轴平衡器。

（6）使用 EN46111 工具转动曲轴直到凸轮轴处在中间（低张紧力）位置。凸轮轴凸台应与凸轮轴盖轨平行，如图 6-237 所示。

（7）松开凸轮轴位置执行器螺栓，如图 6-238 所示。

> **注意**
>
> 确保 EN46108 工具的端头完全卡住正时链条 3 和 4，如图 6-239 所示。

（8）安装 EN46108 工具 1 和 2 以便固

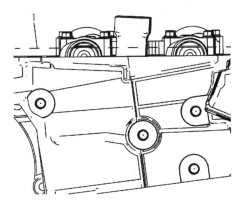

图 6-237 凸轮轴凸台应与凸轮轴盖轨平行

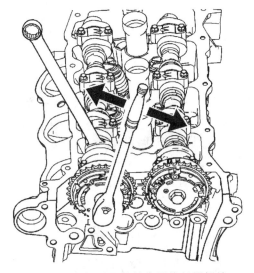

图 6-238 松开凸轮轴位置执行器螺栓

定正时链条。牢固地紧固 EN46108 工具螺母，如图 6-239 所示。

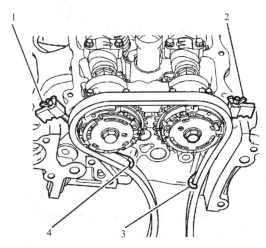

图 6-239 固定正时链条

> **注意**
> 确保在凸轮轴正时链条和凸轮轴位置执行器上做好标记，以便正确装配。

（9）在正时链条和凸轮轴位置执行器 1～4 相应的位置上做好标记，如图 6-240 所示。

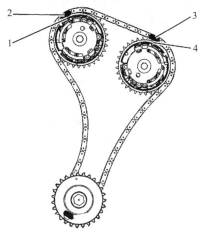

图 6-240 做标记

（10）拆下凸轮轴位置执行器螺栓。
（11）拆下凸轮轴。

2. 安装程序

> **注意**
> ① 确保凸轮轴位置执行器和正时链条 1～4 上的标记已对准，如图 6-241 所示。
> ② 此时切勿紧固凸轮轴位置执行器螺栓。

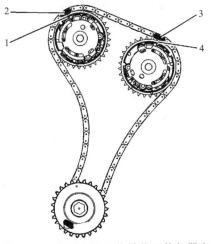

图 6-241 标记对准凸轮轴位置执行器和正时链条 1～4

第六章　上海通用雪佛兰车系发动机正时校对维修

(1) 将凸轮轴定位在气缸盖上，并将凸轮执行器装配到凸轮轴上。

(2) 安装凸轮轴和凸轮轴轴承盖。

(3) 拆下 EN46108 工具。

> **注意**
>
> 用开口扳手固定住凸轮轴六角头，防止凸轮轴/发动机旋转，如图 **6-242** 所示。

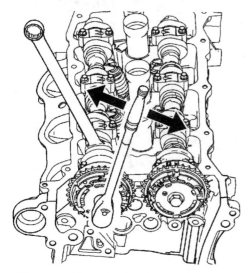

图 6-242　用开口扳手固定住凸轮轴六角头

(4) 安装并紧固凸轮轴位置执行器。

(5) 安装进气凸轮轴位置执行器电磁阀。

(6) 安装凸轮轴传感器。

(7) 安装曲轴平衡器。

(8) 安装凸轮轴盖。

(9) 连同下进气歧管一起安装上进气歧管。

（三）凸轮轴的更换（右侧）

1. 拆卸程序

(1) 连同下进气歧管一起拆下上进气歧管。

(2) 拆下凸轮轴盖。

(3) 拆下凸轮轴传感器。

(4) 拆下进气凸轮轴位置执行器电磁阀。

(5) 拆下曲轴平衡器。

(6) 使用 EN46111 工具转动曲轴直到凸轮轴处在中间（低张紧力）位置。凸轮轴凸台应与凸轮轴盖轨 1 平行，如图 6-243 所示。

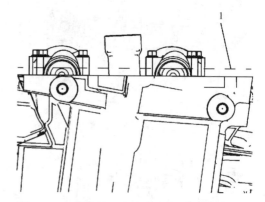

图 6-243　凸轮轴凸台应与凸轮轴盖轨 1 平行

> **注意**
>
> 用开口扳手固定住凸轮轴六角头，防止凸轮轴/发动机旋转，如图 **6-244** 所示。

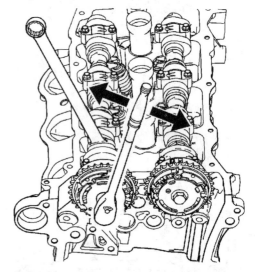

图 6-244　用开口扳手固定住凸轮轴六角头

此时切勿拆下凸轮轴位置执行器螺栓。

(7) 松开凸轮轴位置执行器螺栓。

> **注意**
>
> 确保 EN46108 工具的端头完全卡住正时链条 3 和 4，如图 **6-245** 所示。

(8) 安装 EN46108 工具 1 和 2 以便固定正时链条。牢固地紧固 EN46108 工具螺母，如图 6-245 所示。

> ⚠ 注意
>
> 确保凸轮轴位置执行器和正时链条 15~18 上的标记已对准，如图 6-247 所示。

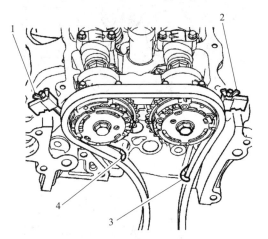

图 6-245 固定正时链条 3 和 4

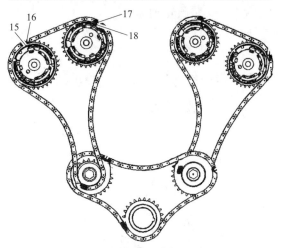

图 6-247 对准标记

> ⚠ 注意
>
> 确保在凸轮轴正时链条和凸轮轴位置执行器上做好标记，以便正确装配。

(9) 在正时链条和凸轮轴位置执行器 15~18 相应的位置上做好标记，如图 6-246 所示。

此时切勿紧固凸轮轴位置执行器螺栓。

2. 安装程序

(1) 将凸轮轴定位在气缸盖上，并将凸轮执行器装配到凸轮轴上。

(2) 安装凸轮轴和凸轮轴轴承盖。

(3) 拆下 EN46108 工具。

(4) 安装曲轴平衡器。

> ⚠ 注意
>
> 用开口扳手固定住凸轮轴六角头，防止凸轮轴/发动机旋转，如图 6-248 所示。

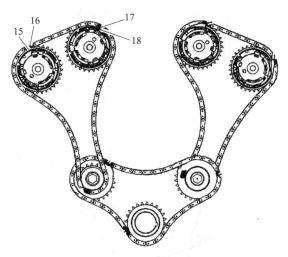

图 6-246 对正标记

(10) 拆下凸轮轴位置执行器螺栓。

(11) 拆下凸轮轴轴承盖和凸轮轴。

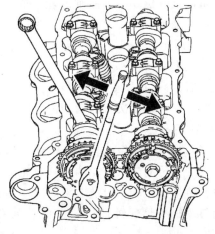

图 6-248 用开口扳手固定住凸轮轴六角头

（5）安装并紧固凸轮轴位置执行器。

（6）安装进气凸轮轴位置执行器电磁阀。

（7）安装凸轮轴传感器。

（8）安装凸轮轴盖。

（9）连同下进气歧管一起安装上进气歧管。

（四）次级凸轮轴传动链条的安装（左侧）

（1）将 EN46105-1 工具安装到左凸轮轴的后部，如图 6-249 所示。

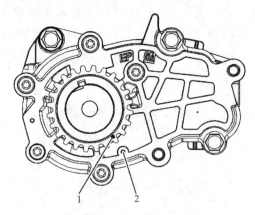

图 6-250 对准标记

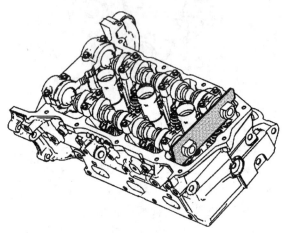

图 6-249 将 EN46105-1 工具安装到左凸轮轴的后部

（2）确保 EN46105-1 工具完全就位于凸轮轴上。

（3）使用 EN46111 工具，确保曲轴在第一阶段正时位置时，曲轴链轮正时标记 1 对准机油泵盖 2 上的第一阶段正时标记，如图 6-250 所示。参见"第一阶段"中的"凸轮轴正时传动链条定位图（第四次设计）（凸轮轴位置执行器正时标记）"。

（4）安装左侧次级凸轮轴传动链条，如图 6-251 所示。

（5）将左侧次级凸轮轴传动链条套在左凸轮轴中间传动链条惰轮的内侧链轮上，使凸轮轴传动链条的正时链节 1 对准左凸轮轴中间传动链条惰轮外侧链轮上的检修孔 2，如图 6-252 所示。

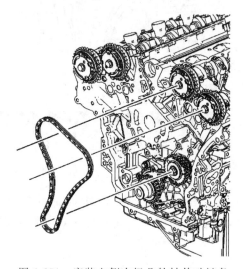

图 6-251 安装左侧次级凸轮轴传动链条

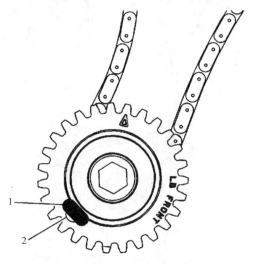

图 6-252 对准标记

(6) 将次级凸轮轴传动链条套在两个左执行器传动链轮上,如图 6-253 所示。

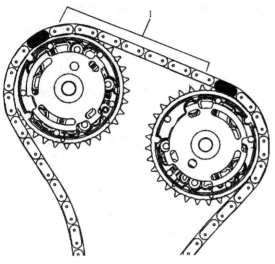

图 6-253 将次级凸轮轴传动链条套在两个左执行器传动链轮上

(7) 确保凸轮轴位置执行器链轮上的凸轮轴传动链条的正时链节之间有 7 个链节 1 (图 6-253)。

(8) 将左排气凸轮轴位置执行器链轮圆形定位标记 2 对准凸轮轴传动链条正时链节 1,如图 6-254 所示。

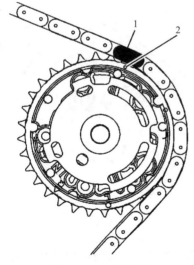

图 6-254 对准标记

(9) 将左进气凸轮轴位置执行器链轮圆形定位标记 1 对准凸轮轴传动链条正时链节 2,如图 6-255 所示。

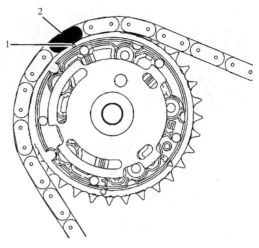

图 6-255 对准标记

(10) 在左凸轮轴中间传动链条惰轮上的次级凸轮轴传动链条正时链节与各个左凸轮轴位置执行器链轮上的次级凸轮轴传动链条正时链节之间应有 18 个链节 1,如图 6-256 所示。

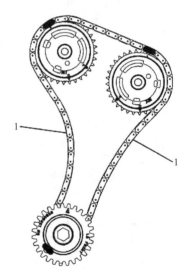

图 6-256 对准标记

(五) 次级凸轮轴传动链条张紧器的安装 (左侧)

(1) 确保正在安装的是左侧次级凸轮轴传动链条张紧器 2,如图 6-257 所示。

(2) 使用 J45027 工具,重新设置左侧次级凸轮轴传动链条张紧器的柱塞,如图 6-258 所示。

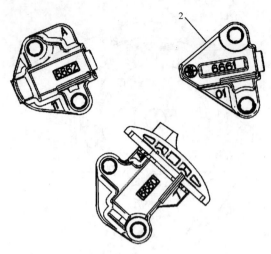

图 6-257 左侧次级凸轮轴传动链条张紧器 2

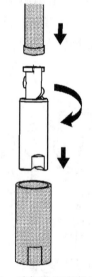

图 6-258 重新设置张紧器的柱塞

（3）将柱塞安装到左侧次级凸轮轴传动链条张紧器体上，如图 6-259 所示。

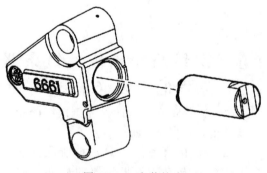

图 6-259 安装柱塞

（4）将柱塞压入张紧器体，然后将 EN46112 工具插入左侧次级凸轮轴传动链条张紧器体侧面的检修孔，以锁紧左侧次级凸轮轴传动链条张紧器，如图 6-260 所示。

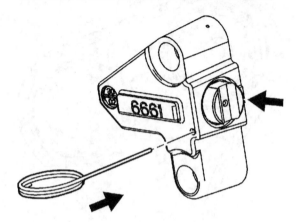

图 6-260 将柱塞压入张紧器体

（5）缓慢卸去左侧次级凸轮轴传动链条张紧器的压力。左侧次级凸轮轴传动链条张紧器应保持压缩状态。

（6）将新的左侧次级凸轮轴传动链条张紧器衬垫安装到左侧次级凸轮轴传动链条张紧器上，如图 6-261 所示。

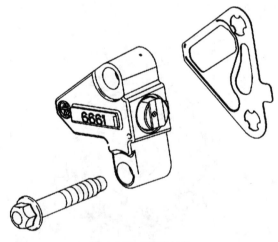

图 6-261 安装衬垫

（7）通过左侧次级凸轮轴传动链条张紧器和衬垫安装左侧次级凸轮轴传动链条张紧器螺栓。

（8）确保左气缸盖上的左侧次级凸轮轴传动链条张紧器安装面上没有毛刺或瑕疵，

否则会降低新的左侧次级凸轮轴传动链条张紧器衬垫的密封性能。

（9）将左侧次级凸轮轴传动链条张紧器放置到位，然后松弛地将螺栓安装至气缸体上，如图6-262所示。

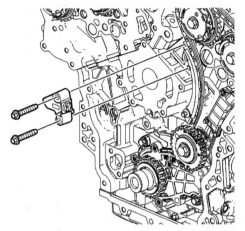

图6-262　将左侧次级凸轮轴传动链条张紧器放置到位

（10）确认左侧次级凸轮轴传动链条张紧器衬垫的凸舌1位置正确，如图6-263所示。

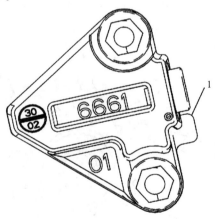

图6-263　确认衬垫的凸舌1位置正确

（11）拉出EN46112工具，解锁张紧器柱塞，松开左侧次级凸轮轴传动链条张紧器，如图6-264所示。

（12）确认左侧次级凸轮轴传动链条正时标记1～6已对准。也可参见"第一阶段"中的"凸轮轴正时传动链条定位图（第四次设计）（凸轮轴位置执行器正时标记）"，如

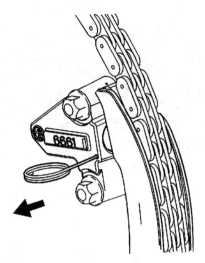

图6-264　解锁张紧器柱塞

图6-265所示。

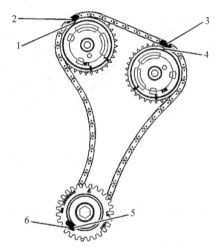

图6-265　对准标记

（六）凸轮轴中间传动链条惰轮的安装（右侧）

（1）确保正在安装的是右凸轮轴中间传动链条惰轮1。右凸轮轴中间传动链条惰轮中，轮毂4凹进且直径较小的链轮应向外安装。右凸轮轴中间传动链条惰轮中，轮毂凸起且直径较大的链轮应面向气缸体安装，如图6-266所示。

（2）安装右凸轮轴中间传动链条惰轮，如图6-267所示。

（3）安装凸轮轴中间传动链条惰轮

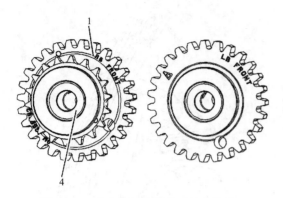

图 6-266　右凸轮轴中间传动链条惰轮 1

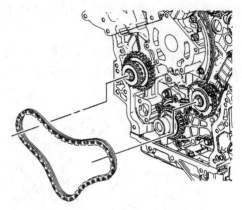

图 6-268　安装初级凸轮轴传动链条

图 6-267　安装右凸轮轴中间传动链条惰轮

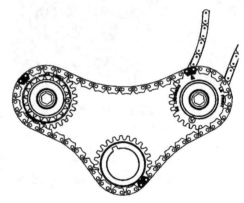

图 6-269　凸轮轴传动链条套在大链轮和曲轴链轮

螺栓。

（七）初级凸轮轴传动链条的安装

(1) 安装初级凸轮轴传动链条，如图 6-268 所示。

(2) 将初级凸轮轴传动链条套在各凸轮轴中间传动链条惰轮的大链轮和曲轴链轮上，如图 6-269 所示。

(3) 左凸轮轴中间传动链条惰轮正时标记 1 应对准凸轮轴传动链条正时链节 2，如图 6-270 所示。

(4) 右凸轮轴中间传动链条惰轮正时标记 2 应对准凸轮轴传动链条正时链节 1，如图 6-271 所示。

(5) 曲轴链轮正时标记 2 应对准凸轮轴传动链条正时链节 1，如图 6-272 所示。

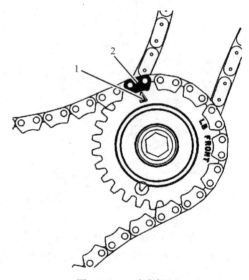

图 6-270　对准标记

(6) 确保全部正时标记（2、3、6）都正确对准凸轮轴传动链条正时链节（1、4、5），如图 6-273 所示。

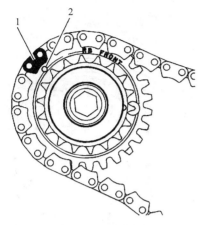

图 6-271 对准标记

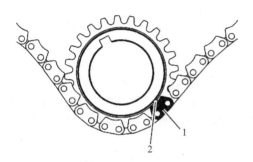

图 6-272 对准标记

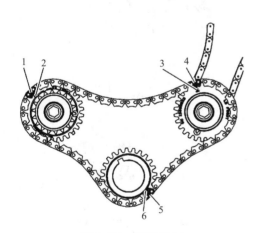

图 6-273 对准标记

（八）次级凸轮轴传动链条的安装（右侧）

（1）确保曲轴在第二阶段正时传动装配位置 1，如图 6-274 所示。

（2）安装右侧次级凸轮轴传动链条，如图 6-275 所示。

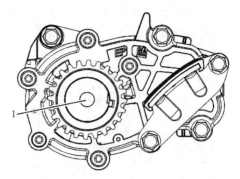

图 6-274 确保曲轴在第二阶段正时传动装配位置 1

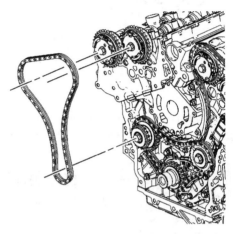

图 6-275 安装右侧次级凸轮轴传动链条

（3）将次级凸轮轴传动链条套在右凸轮轴中间传动链条惰轮的外侧链轮上，使凸轮轴传动链条正时链节 1 对准右凸轮轴中间传动链条惰轮内侧链轮上的检修孔 2，如图 6-276 所示。

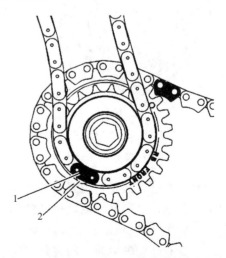

图 6-276 次级凸轮轴传动链条

第六章 上海通用雪佛兰车系发动机正时校对维修

（4）将次级凸轮轴传动链条套在两个右执行器传动链轮上，如图6-277所示。

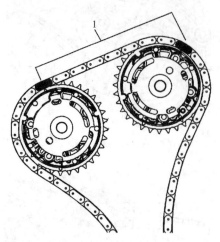

图6-277 对准标记

（5）确保凸轮轴位置执行器链轮上的凸轮轴传动链条的正时链节之间有7个链节1，如图6-277所示。

（6）将右排气凸轮轴位置执行器链轮的三角形定位标记1对准凸轮轴传动链条正时链节2，如图6-278所示。

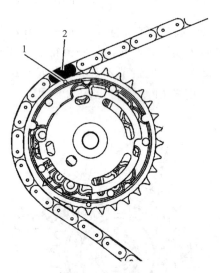

图6-278 对准标记

（7）将右进气凸轮轴位置执行器链轮的三角形定位标记2对准凸轮轴传动链条正时链节1，如图6-279所示。

（8）在右凸轮轴中间传动链条惰轮上的

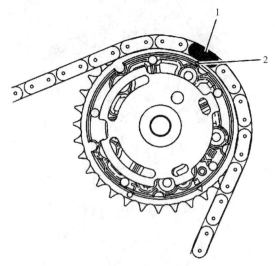

图6-279 对准标记

凸轮轴传动链条正时链节与各个右凸轮轴位置执行器链轮上的凸轮轴传动链条正时链节之间应有18个链节1，如图6-280所示。

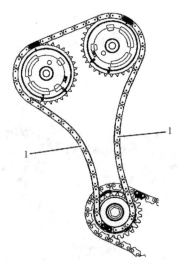

图6-280 应有18个链节1

三、4.6L（LH2）发动机

（一）凸轮轴正时传动链条定位图

凸轮轴正时传动链条定位图如图6-281所示。

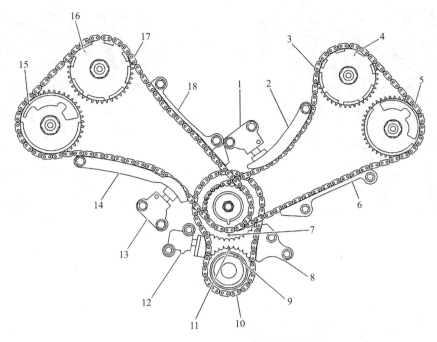

图 6-281 凸轮轴正时传动链条定位图

1—左侧次级正时链条张紧器；2—左侧次级正时链条支撑板；3—左侧次级正时链条；4—左进气凸轮轴位置执行器正时标记；5—左排气凸轮轴位置执行器正时标记；6—左侧次级正时链条导板；7—中间位置执行器正时标记；8—初级正时链条导板；9—曲轴位置执行器销定位槽；10—初级正时链条；11—曲轴位置执行器正时标记；12—初级正时链条张紧器；13—右侧次级正时链条张紧器；14—右侧次级正时链条支撑板；15—右排气凸轮轴位置执行器正时标记；16—右进气凸轮轴位置执行器正时标记；17—右侧次级正时链条；18—右侧次级正时链条导板

（二）初级凸轮轴传动链条的安装

（1）将初级凸轮轴传动链条安装到凸轮轴中间传动轴链轮和曲轴链轮上。

（2）对准凸轮轴中间传动轴链轮和曲轴链轮上的正时标记1。确保标记垂直对准，如图6-282所示。

（3）用J39946工具确保1号活塞处于上止点位置（TDC），且凸轮轴销1大约处于1点钟的位置，如图6-283所示。

（4）将初级凸轮轴传动链条、凸轮轴中间传动轴链轮和曲轴链轮作为一个总成3安装至凸轮轴中间传动轴4和曲轴2上，如图6-283所示。

（5）安装凸轮轴中间传动轴链轮螺栓，如图6-284所示。

（6）安装初级凸轮轴传动链条导板，如

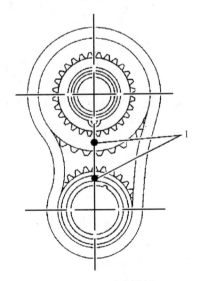

图 6-282 对准标记

图6-285所示。

（7）安装初级凸轮轴传动链条导板螺栓。

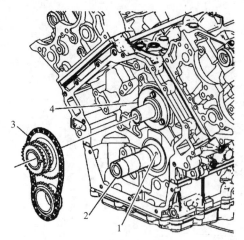

图 6-283 初级凸轮轴传动链条、凸轮轴中间传动轴链轮和曲轴链轮

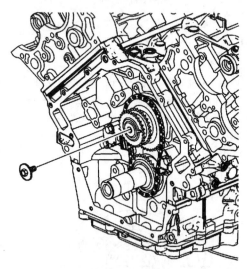

图 6-284 安装凸轮轴中间传动轴链轮螺栓

（8）按以下程序，收缩初级凸轮轴传动链条张紧器，如图 6-286 所示。

① 逆时针旋转棘爪分离杆并将其固定住。

② 收缩初级凸轮轴传动链条张紧器支撑板并将其固定住。

③ 松开棘爪分离杆，并缓慢释放支撑板上的压力。

（9）当棘爪分离杆移动到第一个止动点时，应能听到并感觉到"咔嗒"声。在分离杆上的孔中插入一个销，以将初级凸轮轴传动链条张紧器支撑板锁定在收缩位置。

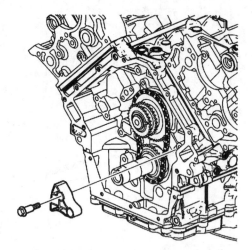

图 6-285 安装初级凸轮轴传动链条导板

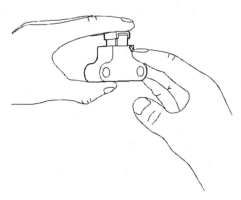

图 6-286 收缩初级凸轮轴传动链条张紧器

（10）安装初级凸轮轴传动链条张紧器，如图 6-287 所示。

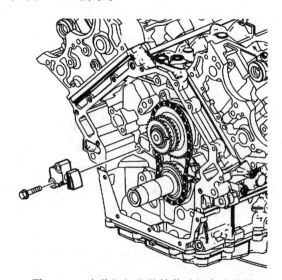

图 6-287 安装初级凸轮轴传动链条张紧器

(11) 安装初级凸轮轴传动链条张紧器螺栓。

(12) 拆下分离杆上锁定初级凸轮轴传动链条张紧器所使用的销。

(13) 确保正时标记 1 垂直对准，如图 6-288 所示。

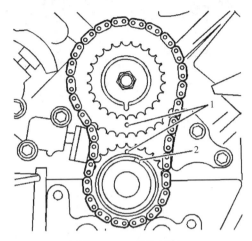

图 6-288　对准标记

（三）次级凸轮轴传动链条的安装（左侧）

(1) 安装左侧次级凸轮轴传动链条导板，如图 6-289 所示。

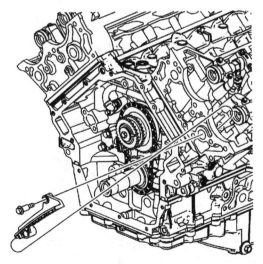

图 6-289　安装左侧次级凸轮轴传动链条导板

(2) 松弛地安装左侧次级凸轮轴传动链条导板螺栓。

(3) 安装左侧次级凸轮轴传动链条支撑板，如图 6-290 所示。

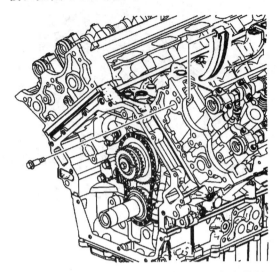

图 6-290　安装左侧次级凸轮轴传动链条支撑板

(4) 安装左侧次级凸轮轴传动链条支撑板螺栓。

(5) 通过将链条从左气缸盖上滑下并将其放在凸轮轴端部，安装左侧次级凸轮轴传动链条，如图 6-291 所示。

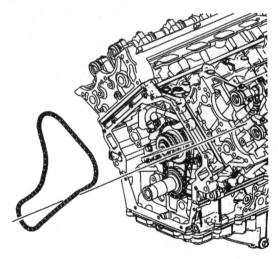

图 6-291　安装左侧次级凸轮轴传动链条

(6) 将左侧次级凸轮轴传动链条绕在中间传动链条链轮内排齿上。

(7) 将左侧进气和排气凸轮轴位置执行器装入左侧次级凸轮轴传动链条内，如图 6-292 所示。

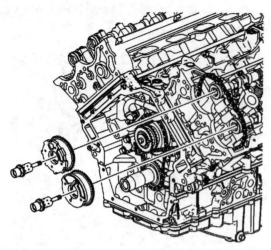

图 6-292 安装凸轮轴位置执行器

图 6-294 用开口扳手卡住每个凸轮轴前部的六角铸件

(8) 将左侧进气和排气凸轮轴链轮安装到凸轮轴上。标有"LI"(左进气)的凸轮轴链轮槽口与进气凸轮轴销接合,标有"LE"(左排气)的凸轮轴链轮槽口与排气凸轮轴销接合,如图 6-293 所示。

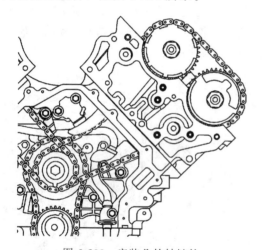

图 6-293 安装凸轮轴链轮

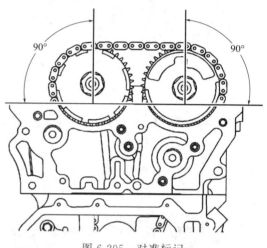

图 6-295 对准标记

(9) 必要时,用开口扳手卡住每个凸轮轴前部的六角铸件,以使链轮槽口对准凸轮轴销,如图 6-294 所示。

(10) 松弛地安装左侧进气和排气凸轮轴位置执行器机油控制阀。

(11) 确保左侧进气、排气凸轮轴链轮槽口和凸轮轴销与气缸盖垂直对准,如图 6-295 所示。

(12) 将 EN46328 工具安装到左气缸盖凸轮轴上,如图 6-296 所示。

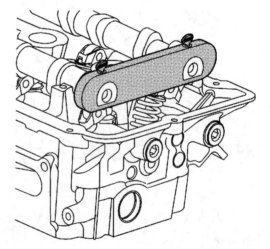

图 6-296 将 EN46328 工具安装到左气缸盖凸轮轴上

(13) 安装左上方次级凸轮轴传动链条导板螺栓,如图6-297所示。

图6-297 安装左上方次级凸轮轴传动链条导板螺栓

(14) 按以下程序,收缩左侧次级凸轮轴传动链条张紧器,如图6-298所示。

① 逆时针旋转棘爪分离杆并将其固定住。

② 收缩左侧次级凸轮轴传动链条张紧器支撑板并将其固定住。

③ 松开棘爪分离杆,并缓慢释放支撑板上的压力。

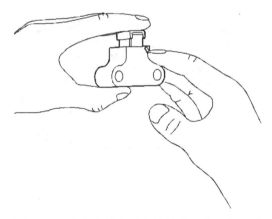

图6-298 收缩左侧次级凸轮轴传动链条张紧器

(15) 当棘爪分离杆移动到第一个止动点时,应能听到并感觉到"咔嗒"声。在分离杆上的孔中插入一个销,以将左侧次级凸轮轴传动链条张紧器支撑板锁定在收缩位置。

(16) 安装左侧次级凸轮轴传动链条张紧器,如图6-299所示。

图6-299 安装左侧次级凸轮轴传动链条张紧器

(17) 安装左侧次级凸轮轴传动链条张紧器螺栓。

(18) 从左侧次级凸轮轴传动链条张紧器分离杆上拆下销。

(四)次级凸轮轴传动链条的安装(右侧)

(1) 安装右侧次级凸轮轴传动链条导板,如图6-300所示。

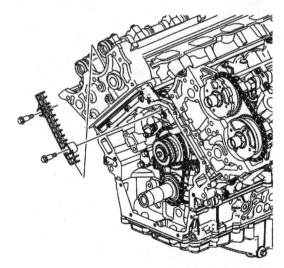

图6-300 安装右侧次级凸轮轴传动链条导板

(2) 松弛地安装右侧次级凸轮轴传动链条导板螺栓。

(3) 安装右侧次级凸轮轴传动链条支撑板，如图 6-301 所示。

图 6-301　安装右侧次级凸轮轴传动链条支撑板

(4) 安装右侧次级凸轮轴传动链条支撑板螺栓。

(5) 通过将链条从右气缸盖上滑下并将链条放在凸轮轴端部，安装右侧次级凸轮轴传动链条，如图 6-302 所示。

图 6-302　安装右侧次级凸轮轴传动链条

(6) 将右侧次级凸轮轴传动链条绕在中间传动链条链轮外排齿上。

(7) 将右侧进气和排气凸轮轴位置执行器装入右侧次级凸轮轴传动链条内，如图 6-303 所示。

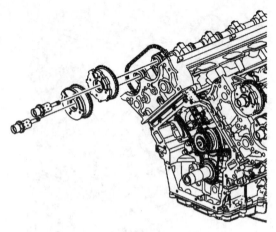

图 6-303　安装凸轮轴位置执行器

(8) 将右侧进气和排气凸轮轴链轮安装到凸轮轴上，如图 6-304 所示。标有"RI"（右进气）的凸轮轴链轮槽口与进气凸轮轴销接合，标有"RE"（右排气）的凸轮轴链轮槽口与排气凸轮轴销接合。

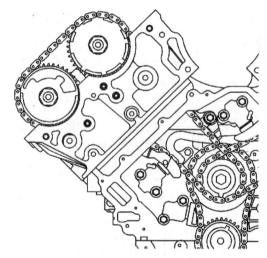

图 6-304　安装凸轮轴链轮

(9) 必要时，用开口扳手卡住每个凸轮轴前部的六角铸件，以使链轮槽口对准凸轮轴销，如图 6-305 所示。

(10) 松弛地安装右侧进气和排气凸轮轴位置执行器机油控制阀。

(11) 确保右侧进气、排气凸轮轴链轮槽口和凸轮轴销与气缸盖垂直对准，如图

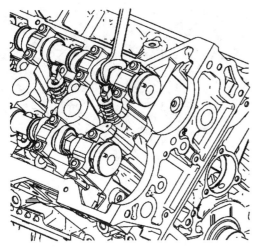

图 6-305 用开口扳手卡住每个凸轮轴前部的六角铸件

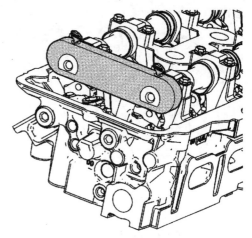

图 6-307 将 EN46328 工具安装到右气缸盖凸轮轴上

6-306 所示。

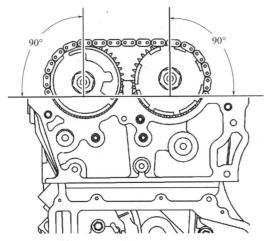

图 6-306 对准标记

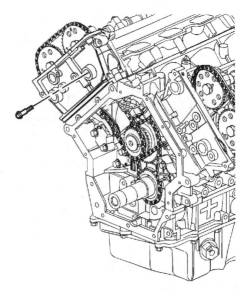

图 6-308 安装右侧次级凸轮轴传动链条导板螺栓

（12）将 EN46328 工具安装到右气缸盖凸轮轴上，如图 6-307 所示。

（13）安装右侧次级凸轮轴传动链条导板螺栓，如图 6-308 所示。

（14）按以下程序，收缩右侧次级凸轮轴传动链条张紧器，如图 6-309 所示。

① 逆时针旋转棘爪分离杆并将其固定住。

② 收缩右侧次级凸轮轴传动链条张紧器支撑板并将其固定住。

③ 松开棘爪分离杆，并缓慢释放支撑板上的压力。

（15）当棘爪分离杆移动到第一个止动点时，应能听到并感觉到"咔嗒"声。在分离杆上的孔中插入一个销，以将右侧次级凸轮轴传动链条张紧器支撑板锁定在收缩位置。

（16）安装右侧次级凸轮轴传动链条张紧器，如图 6-310 所示。

（17）安装右侧次级凸轮轴传动链条张紧器螺栓。

（18）从右侧次级凸轮轴传动链条张紧器分离杆上拆下销。

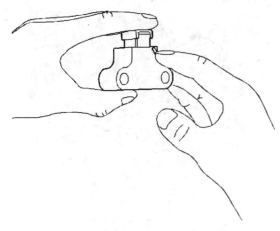

图 6-309 收缩右侧次级凸轮轴传动链条张紧器

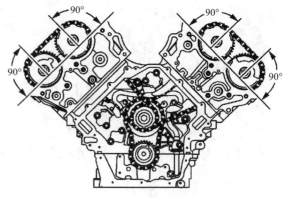

图 6-311 对准标记

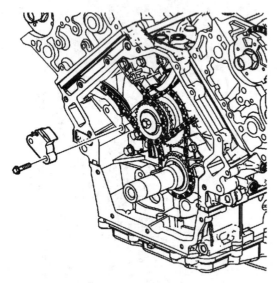

图 6-310 安装右侧次级凸轮轴传动链条张紧器

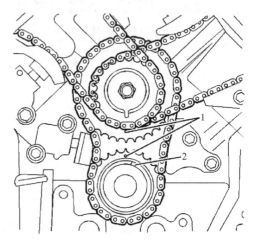

图 6-312 确保所有初级正时零部件（1、2）正确对准

(19) 确保所有次级正时零部件正确对准，如图 6-311 所示。

(20) 确保所有初级正时零部件（1、2）正确对准，如图 6-312 所示。

(21) 用开口扳手卡住左进气凸轮轴的六角铸件，以防止紧固左进气凸轮轴上的凸轮轴位置执行器机油控制阀时凸轮轴转动，如图 6-313 所示。

(22) 紧固左进气凸轮轴上的凸轮轴位置执行器机油控制阀。

(23) 用开口扳手卡住左排气凸轮轴的六角铸件，以防止紧固左排气凸轮轴上的凸轮轴位置执行器机油控制阀时凸轮轴转动，

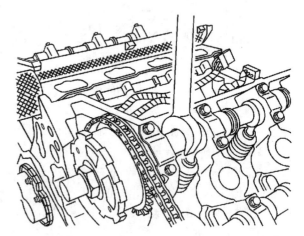

图 6-313 用开口扳手卡住左进气凸轮轴的六角铸件

如图 6-314 所示。

(24) 紧固左排气凸轮轴上的凸轮轴位置执行器机油控制阀。

图 6-314 用开口扳手卡住左排气凸轮轴的六角铸件

（25）用开口扳手卡住右进气凸轮轴的六角铸件，以防止紧固右进气凸轮轴上的凸轮轴位置执行器机油控制阀时凸轮轴转动，如图 6-315 所示。

（26）紧固右进气凸轮轴上的凸轮轴位置执行器机油控制阀。

（27）用开口扳手卡住右排气凸轮轴的六角铸件，以防止紧固右排气凸轮轴上的凸轮轴位置执行器机油控制阀时凸轮轴转动，如图 6-316 所示。

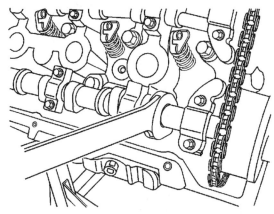

图 6-316 用开口扳手卡住右排气凸轮轴的六角铸件

（28）紧固右排气凸轮轴上的凸轮轴位置执行器机油控制阀。

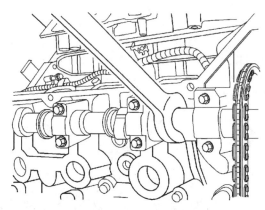

图 6-315 用开口扳手卡住右进气凸轮轴的六角铸件

第十二节　上海通用凯迪拉克 XLR 车系 4.6L（LH2）发动机正时校对维修

一、4.6L（LH2）发动机凸轮轴正时传动链条定位

4.6L（LH2）发动机凸轮轴正时传动链条定位如图 6-317 所示。

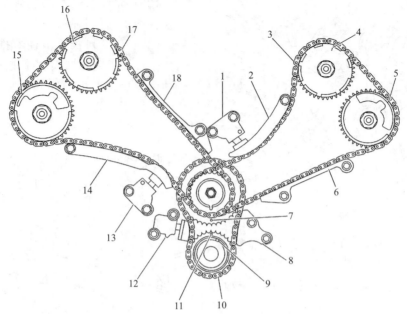

图 6-317　4.6L（LH2）发动机凸轮轴正时传动链条定位

1—左侧次正时链条张紧器；2—左侧次正时链条蹄片；3—左侧次正时链条；4—左侧进气凸轮轴位置执行器正时标记；
5—左侧排气凸轮轴位置执行器正时标记；6—左侧次正时链条导板；7—中间位置执行器正时标记；8—主正时链条导板；
9—曲轴位置执行器销定位槽；10—主正时链条；11—曲轴位置执行器正时标记；12—主正时链条张紧器；
13—右侧次正时链条张紧器；14—右侧次正时链条蹄片；15—右侧排气凸轮轴位置执行器正时标记；
16—右侧进气凸轮轴位置执行器正时标记；17—右侧次正时链条；18—右侧次正时链条导板

二、4.6L（LH2）次凸轮轴传动链条的更换（左侧）

（一）拆卸程序

（1）拆下右侧次正时链条，如图 6-318 所示。

（2）使用 J39946 工具转动曲轴，直到各主正时齿轮定位标记 1 彼此相应对准，如图 6-318 所示。

（3）拆下左侧凸轮轴位置执行器壳体。不要从壳体上拆下执行器电磁阀。

（4）将 EN46328 工具 1 安装到缸组 2（左）凸轮轴 2 上，如图 6-319 所示。

（5）松开并拆卸左侧次正时链条张紧器螺栓和张紧器，如图 6-320 所示。

（6）用开口扳手卡住凸轮轴上铸入的六角头，防止拆卸凸轮轴机油控制阀时凸轮轴转动，如图 6-321 所示。

（7）松开并拆下缸组 2（左）排气凸轮

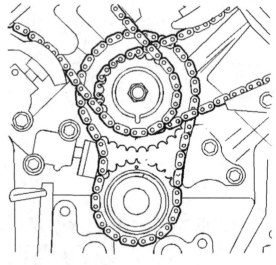

图 6-318　拆下右侧次正时链条

轴位置机油控制阀。

（8）从凸轮轴上滑下左侧排气凸轮轴位置执行器，并从凸轮轴执行器轮齿上拆下次正时链条。

（9）用开口扳手卡住凸轮轴上铸入的六

图 6-319　安装 EN46328 工具 1

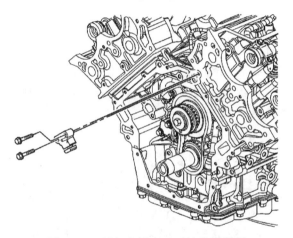

图 6-320　拆卸左侧次正时链条张紧器

图 6-321　用开口扳手卡住凸轮轴上铸入的六角头

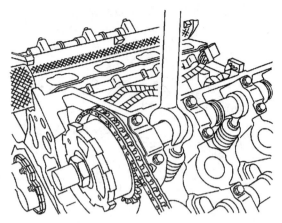

图 6-322　用开口扳手卡住凸轮轴上铸入的六角头

（11）从凸轮轴上滑下左侧进气凸轮轴位置执行器，并从凸轮轴执行器轮齿上拆下次正时链条。

（12）从发动机上拆下左侧次正时链条。

（13）清洁并检查凸轮轴正时传动部件。

（二）安装程序

（1）次正时链条 2 上有 3 个黑色链节，用于使凸轮轴位置执行器与中间链轮正时，如图 6-323 所示。

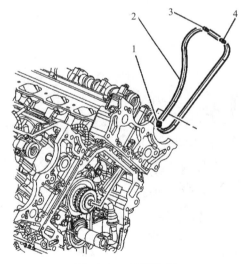

图 6-323　对准标记

（2）黑色链节 4 应对准缸组 2 排气执行器正时标记。黑色链节 3 应对准缸组 2 进气执行器正时标记。

（3）黑色链节 1 应与中间链轮对准。

角头，防止拆卸凸轮轴机油控制阀时凸轮轴转动，如图 6-322 所示。

（10）松开并拆下缸组 2（左）进气凸轮轴位置机油控制阀。

(4) 中间链轮左缸组正时标记为 LB，如图 6-324 所示。

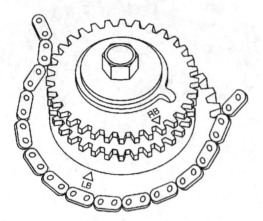

图 6-324　对准标记

(5) 使链轮正时标记 LB 对准正时链条黑色链节后，将次正时链条装配到中间链轮上。

(6) 将左缸组进气凸轮轴位置执行器正时标记 5 与正时链条黑色链节 3 对准，将执行器安装到凸轮轴上，使执行器正时标记在其旋转顶部位置垂直（90°）于气缸盖顶面，如图 6-325 所示。

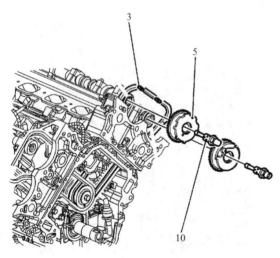

图 6-325　对准标记

(7) 松弛地安装机油控制阀 10（图 6-325），以固定进气执行器。

(8) 用开口扳手卡住凸轮轴上铸入的六角头，防止紧固机油控制阀时凸轮轴转动，如图 6-326 所示。

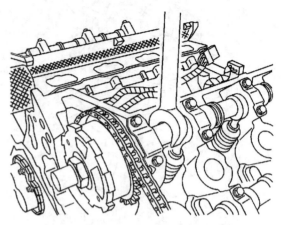

图 6-326　卡住凸轮轴上铸入的六角头

(9) 将左缸组排气凸轮轴位置执行器正时标记 7 与正时链条黑色链节 4 对准，将执行器安装到凸轮轴上，使执行器正时标记在其旋转顶部位置垂直（90°）于气缸盖顶面，如图 6-327 所示。

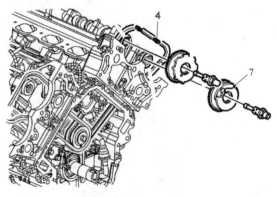

图 6-327　对准标记

(10) 松弛地安装机油控制阀 8（图 6-328），以固定排气执行器。

(11) 用开口扳手卡住凸轮轴上铸入的六角头，防止紧固机油控制阀时凸轮轴转动，如图 6-328 所示。

(12) 安装左侧次正时链条张紧器，如图 6-329 所示。

(13) 安装右侧次正时链条。

(14) 拆下 EN46328 工具。

(15) 安装左侧凸轮轴位置执行器壳体。

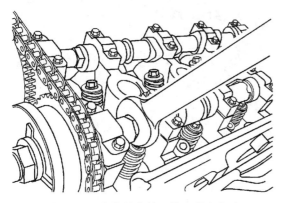

图 6-328　卡住凸轮轴上铸入的六角头

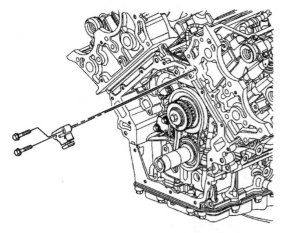

图 6-329　安装左侧次正时链条张紧器

三、4.6L（LH2）次凸轮轴传动链条的更换（右侧）

（一）拆卸程序

（1）拆下机油泵。

（2）用 J39946 工具转动曲轴，直到各主正时齿轮标记彼此相应对准，如图 6-330 所示。

（3）拆下右侧凸轮轴位置执行器壳体。不要从壳体上拆下执行器电磁阀。

（4）将 EN46328 工具 1 安装到缸组 1（右）凸轮轴 2 上，如图 6-331 所示。

（5）松开并拆下右侧次正时链条张紧器螺栓和张紧器，如图 6-332 所示。

（6）用开口扳手卡住凸轮轴上铸入的六角头，防止拆卸凸轮轴机油控制阀时凸轮轴

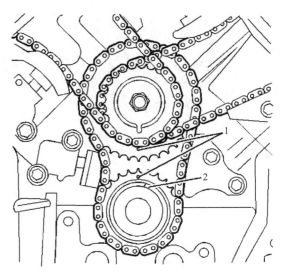

图 6-330　对准标记

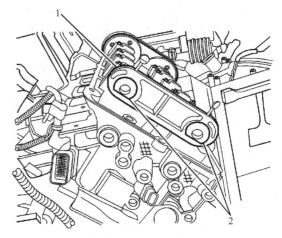

图 6-331　安装 EN46328 工具 1

转动，如图 6-333 所示。

（7）松开并拆下缸组 1（右）排气凸轮轴位置机油控制阀。

（8）从凸轮轴上滑下右侧进气凸轮轴位置执行器，并从凸轮轴执行器轮齿上拆下次正时链条。

（9）用开口扳手卡住凸轮轴上铸入的六角头，防止拆卸凸轮轴机油控制阀时凸轮轴转动，如图 6-334 所示。

（10）松开并拆下缸组 1（右）进气凸轮轴位置机油控制阀。

（11）从凸轮轴上滑下右侧排气凸轮轴位置执行器，并从凸轮轴执行器轮齿上拆下

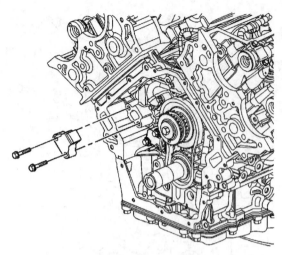

图 6-332 拆下右侧次正时链条张紧器

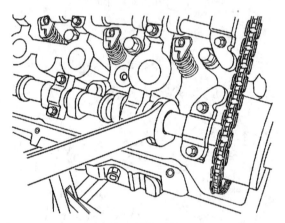

图 6-333 卡住凸轮轴上铸入的六角头

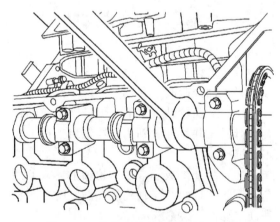

图 6-334 卡住凸轮轴上铸入的六角头

次正时链条。

(12) 从发动机上拆下右侧次正时链条。

(13) 清洁并检查凸轮轴正时传动部件。

(二) 安装程序

(1) 次正时链条 4 上有 3 个黑色链节，用于使凸轮轴位置执行器与中间链轮正时，如图 6-335 所示。

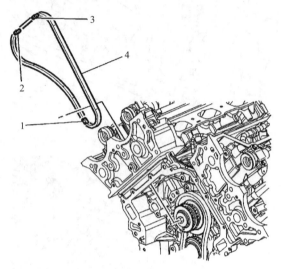

图 6-335 对准标记

(2) 黑色链节 2 应对准缸组 1 排气执行器正时标记。黑色链节 3 应对准缸组 1 进气执行器正时标记。

(3) 黑色链节 1 应与中间链轮对准。

(4) 中间链轮右缸组正时标记为 RB，如图 6-336 所示。

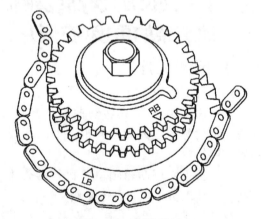

图 6-336 对准标记

(5) 使链轮正时标记 RB 对准正时链条黑色链节后，将次正时链条装配到中间链轮上。

(6) 将右缸组进气凸轮轴位置执行器正

时标记 5 与正时链条黑色链节 8 对准,将执行器安装到凸轮轴上,使执行器正时标记在其旋转顶部位置附近垂直(90°)于气缸盖顶面,如图 6-337 所示。

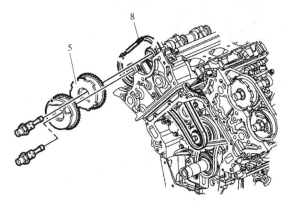

图 6-337 对准标记

(7) 松弛地安装机油控制阀 2,以固定进气执行器。

(8) 用开口扳手卡住凸轮轴上铸入的六角头,防止紧固机油控制阀时凸轮轴转动,如图 6-338 所示。

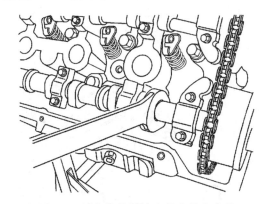

图 6-338 卡住凸轮轴上铸入的六角头

(9) 将右缸组排气凸轮轴位置执行器正时标记 3 与正时链条黑色链节对准,将执行器安装到凸轮轴上,使执行器正时标记在其旋转顶部位置附近垂直(90°)于气缸盖顶面,如图 6-339 所示。

(10) 松弛地安装机油控制阀 1,以固定排气执行器。

(11) 用开口扳手卡住凸轮轴上铸入的六角头,防止紧固机油控制阀时凸轮轴转

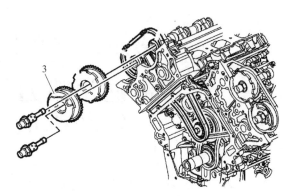

图 6-339 对准标记

动,如图 6-340 所示。

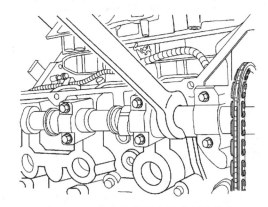

图 6-340 卡住凸轮轴上铸入的六角头

(12) 安装右侧次正时链条张紧器,如图 6-341 所示。

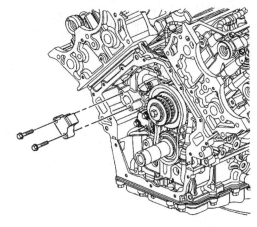

图 6-341 安装右侧次正时链条张紧器

(13) 拆下 EN46328 工具。
(14) 安装右侧凸轮轴位置执行器壳体。
(15) 安装机油泵。

第六章　上海通用雪佛兰车系发动机正时校对维修

第十三节

上海通用凯迪拉克凯雷德车系发动机正时校对维修

一、LC9/LMG/LY2/LY5 发动机

（一）正时链条和链轮的更换

1. 拆卸程序

（1）拆下机油泵。

（2）拆下起动机电机。

（3）安装 J42386-A 工具 1 和螺栓。正确操作工具，使用 M10-1.5mm×120mm 螺栓和一个 M10-1.5mm×45mm 螺栓，如图 6-342 所示。

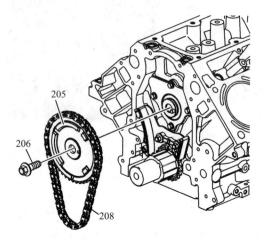

图 6-343　拆卸凸轮轴链轮螺栓 206

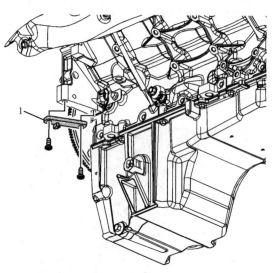

图 6-342　安装 J42386-A 工具 1 和螺栓

（4）转动曲轴直到曲轴上的正时标记与曲轴链轮对准。

（5）拆卸凸轮轴链轮螺栓 206，如图 6-343 所示。

（6）拆卸凸轮轴链轮 205 和正时链条 208。

（7）拆卸正时链张紧器螺栓 231 和张紧器 232，如图 6-344 所示。

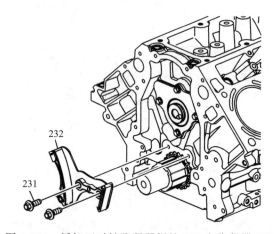

图 6-344　拆卸正时链张紧器螺栓 231 和张紧器 232

（8）用 J41816-2 工具 1、J41558 工具 2、螺栓 3 和 J8433 工具 4 拆卸曲轴链轮，如图 6-345 所示。

（9）拆卸曲轴链轮 207。

（10）必要时，拆卸曲轴链轮键，如图 6-346 所示。

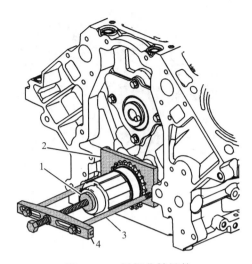

图 6-345 拆卸曲轴链轮

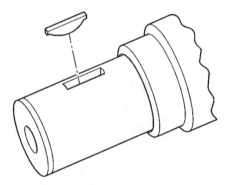

图 6-346 拆卸曲轴链轮键

2. 安装程序

(1) 将键销(如果已拆卸)安装到曲轴键槽中。

(2) 将键销 122 敲入键槽中,直至键销底部的两端到曲轴上,如图 6-347 所示。

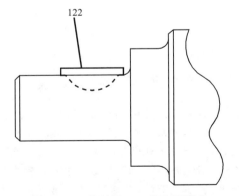

图 6-347 将键销 122 敲入键槽中

(3) 将曲轴链轮 207 安装到曲轴的前端。将曲轴键销与曲轴链轮键槽对齐,如图 6-348 所示。

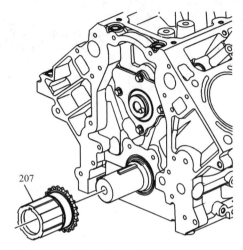

图 6-348 曲轴链轮 207 安装到曲轴的前端

(4) 用 J41478 工具 1 和 J41665 工具 2 安装曲轴链轮。将链轮安装到曲轴上,直至完全靠在曲轴凸缘上,如图 6-349 所示。

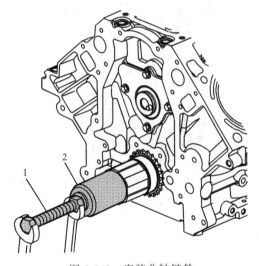

图 6-349 安装曲轴链轮

(5) 压缩正时链张紧器导轨,并安装 EN46330 工具,如图 6-350 所示。

(6) 安装正时链条张紧器 232 和螺栓 231,如图 6-344 所示。

(7) 定位凸轮轴链轮 205,使正时标记处于 6 点钟位置,如图 6-343 所示。

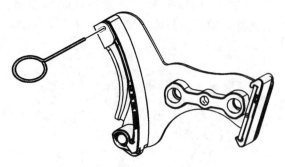

图 6-350 压缩正时链张紧器导轨

(8) 安装凸轮轴链轮 205、正时链 208 和新螺栓 206。

(9) 检查链轮定位是否准确。凸轮轴位置执行器链轮 1 上的标记应该位于 6 点钟位置，曲轴链轮 2 上的标记应位于 12 点钟位置，如图 6-351 所示。

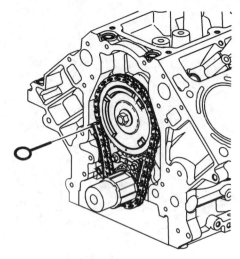

图 6-352 拆卸 EN46330 工具

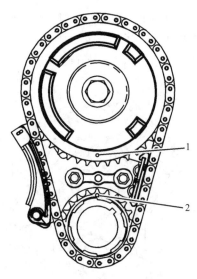

图 6-351 检查链轮定位是否准确

(10) 拆卸 EN46330 工具，如图 6-352 所示。

(11) 紧固凸轮轴链轮螺栓，如图 6-353 所示。

(12) 安装 J42386-A 工具和螺栓。

(13) 安装起动机电机。

(14) 安装机油泵。

（二）凸轮轴位置执行器的更换

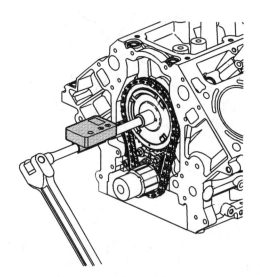

图 6-353 紧固凸轮轴链轮螺栓

1. 拆卸程序

(1) 拆下机油泵。

(2) 拆卸并废弃凸轮轴位置（CMP）执行器电磁阀 234，如图 6-354 所示。

> **注意**
>
> 拆卸或安装过程中切勿推拉凸轮轴位置（CMP）执行器的磁阻轮。磁阻轮由 3 个空心定位销固定在 CMP 执行器的正面。推拉轮子会使磁阻轮从执行器正面脱开。执行器回位弹簧处于张紧之下，会旋转脱开的磁阻轮，导致人员受伤。

(4) 拆卸凸轮轴位置（CMP）执行器 235 和正时链条 208，如图 6-356 所示。

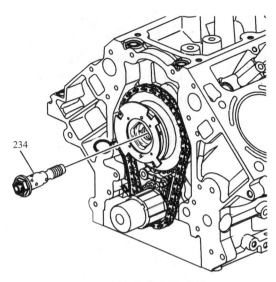

图 6-354　拆卸执行器电磁阀 234

（3）从凸轮轴上松开并分离凸轮轴位置（CMP）执行器和正时链条。将手指放在执行器链轮的后面，从凸轮轴的前面将执行器拉出，如图 6-355 所示。切勿在尝试拆卸执行器时，拉动变磁阻轮。

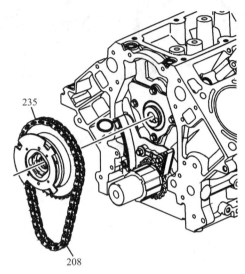

图 6-356　拆卸凸轮轴位置（CMP）执行器 235 和正时链条 208

（5）将扎带 1 穿过执行器的中心，固定在磁阻轮之上，如图 6-357 所示。

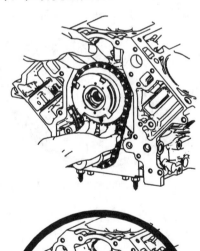

图 6-355　松开并分离凸轮轴位置（CMP）执行器和正时链条

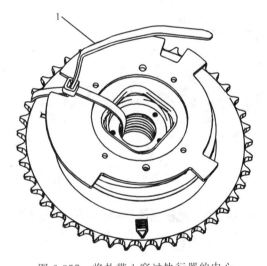

图 6-357　将扎带 1 穿过执行器的中心

2. 安装程序

（1）压缩正时链张紧器导轨，并安装 EN46330 工具，如图 6-358 所示。

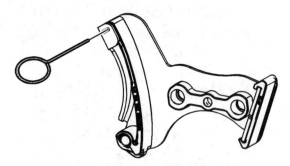

图 6-358　压缩正时链张紧器导轨

> **注意**
> ① 正确定位凸轮轴定位销上的凸轮轴位置执行器。
> ② 链轮轮齿和正时链条必须啮合。
> ③ 凸轮轴和凸轮轴链轮定位标记必须正确对准。
> ④ 切勿再次使用凸轮轴位置执行器电磁阀。在装配过程中安装新的阀门。

（2）识别凸轮轴位置执行器后面的定位孔 1 和凸轮轴正面的定位销 2，如图 6-359 所示。

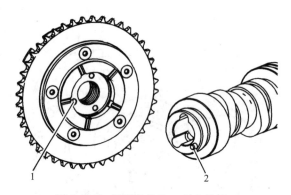

图 6-359　识别定位孔 1 和定位销 2

> **注意**
> 拆卸或安装过程中切勿推拉凸轮轴位置（CMP）执行器的磁阻轮。磁阻轮由 3 个空心定位销固定在 CMP 执行器的正面。推拉轮子会使磁阻轮从执行器正面脱开。执行器回位弹簧处于张紧之下，会旋转脱开的磁阻轮，导致人员受伤。

（3）安装凸轮轴执行器和正时链条，如图 6-360 所示。用凸轮轴前端表面上的定位销定位凸轮轴执行器后表面中的销孔。如有必要，转动凸轮轴或凸轮轴链轮来校准正时标记。小心将执行器完全安装到凸轮轴的前端。将手指放在执行器链轮的表面上，将执行器推向凸轮轴的前端。切勿在尝试安装执行器时，推动磁阻轮。

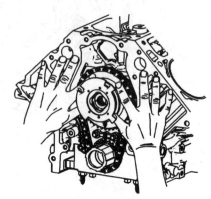

图 6-360　安装凸轮轴执行器和正时链条

（4）将一直尺放在发动机缸体的正面上，检查凸轮轴位置执行器和正时链条是否正确安装。当凸轮轴位置执行器正确并完全安装在凸轮轴的前端时，正时链条就不会凸出发动机缸体的正面，如图 6-361 所示。

（5）安装新的凸轮轴位置执行器电磁阀 234，如图 6-354 所示。当凸轮轴位置执行器正确就位在凸轮轴上时，可以用手轻压，将凸轮轴位置执行器电磁阀完全拧入凸轮轴中。用手拧紧直至密合。

（6）检查链轮定位是否准确，如图

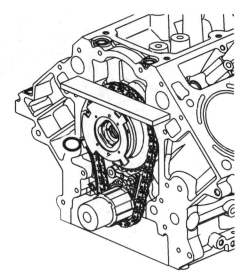

图 6-361 检查凸轮轴位置执行器和正时链条

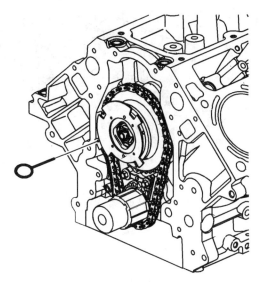

图 6-363 拆卸 EN46330 工具

6-362 所示。凸轮轴位置执行器链轮 1 上的标记应该位于 6 点钟位置，曲轴链轮 2 上的标记应位于 12 点钟位置。

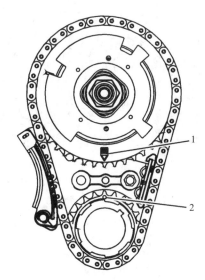

图 6-362 检查链轮定位是否准确

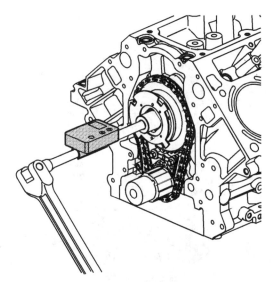

图 6-364 紧固凸轮轴位置（CMP）执行器电磁阀

(7) 拆卸 EN46330 工具，如图 6-363 所示。

(8) 紧固凸轮轴位置（CMP）执行器电磁阀，如图 6-364 所示。

(9) 安装机油泵。

二、LY6/L76/L92 发动机

（一）正时链条和链轮的拆卸

(1) 拆下机油泵。

(2) 拆下起动机电机。

(3) 安装 J42386-A 工具 1 和螺栓。正确操作工具，使用 M10-1.5mm×120mm 螺栓和一个 M10-1.5mm×45mm 螺栓，如图 6-365 所示。

(4) 转动曲轴链轮直至凸轮轴位置

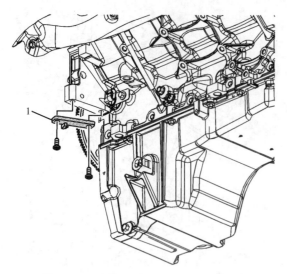

图 6-365　安装 J42386-A 工具 1 和螺栓

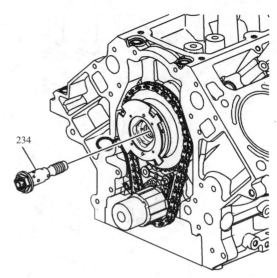

图 6-367　拆卸并废弃凸轮轴位置
执行器电磁阀 234

（CMP）执行器定位标识 1 与曲轴链轮定位标识 2 对齐，如图 6-366 所示。

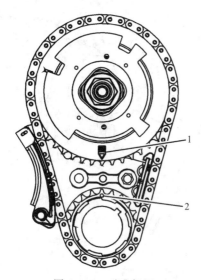

图 6-366　对准标记

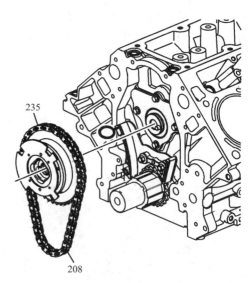

图 6-368　拆卸凸轮轴位置（CMP）执行器 235
和正时链条 208

（5）拆卸并废弃凸轮轴位置执行器电磁阀 234，如图 6-367 所示。

（6）拆卸凸轮轴位置（CMP）执行器 235 和正时链条 208，如图 6-368 所示。

（7）从凸轮轴上松开并分离凸轮轴位置（CMP）执行器和正时链条。将手指放在执行器链轮的后面，从凸轮轴的前面将执行器拉出。切勿在尝试拆卸执行器时，拉动变磁阻轮，如图 6-369 所示。

（8）将扎带 1 穿过执行器的中心，固定在磁阻轮之上，如图 6-370 所示。

（9）拆卸正时链张紧器螺栓 231 和张紧器 232，如图 6-371 所示。

（10）用 J41816-2 工具 1，J41558 工具 2、螺栓 3 和 J8433 工具 4 拆卸曲轴链轮，如图 6-372 所示。

（11）拆卸曲轴链轮 207，如图 6-373 所示。

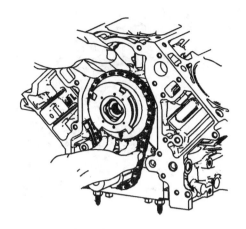

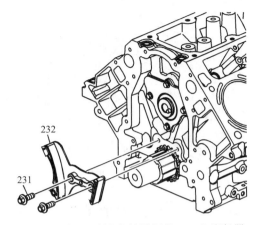

图 6-371 拆卸正时链张紧器螺栓 231 和张紧器 232

图 6-369 从凸轮轴上松开并分离凸轮轴位置（CMP）执行器和正时链条

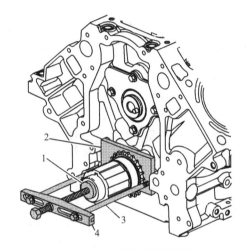

图 6-372 拆卸曲轴链轮

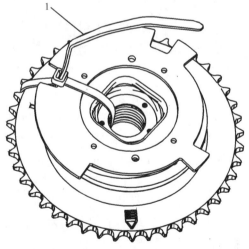

图 6-370 将扎带 1 穿过执行器的中心，固定在磁阻轮之上

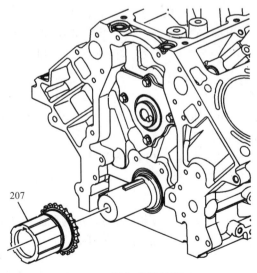

图 6-373 拆卸曲轴链轮 207

（12）必要时，拆卸曲轴链轮键，如图 6-374 所示。

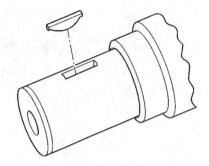

图 6-374 拆卸曲轴链轮键

（二）正时链条和链轮的安装

（1）将键销（如果已拆卸）安装到曲轴键槽中。

（2）将键销 122 敲入键槽中，直至键销底部的两端到曲轴上，如图 6-375 所示。

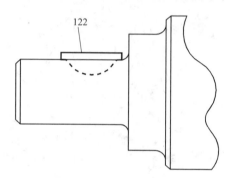

图 6-375 键销 122 敲入键槽中

（3）将曲轴链轮 207 安装到曲轴的前端。将曲轴键销与曲轴链轮键槽对齐。

（4）使用 J41478 工具 1 和 J41665 工具 2，以安装曲轴链轮。将链轮安装到曲轴上，直至完全靠在曲轴凸缘上，如图 6-376 所示。

（5）压缩正时链张紧器导轨，并安装 EN46330 工具，如图 6-377 所示。

（6）安装正时链条张紧器 232 和螺栓 231，如图 6-371 所示。紧固螺栓至 25N·m（18lbf·ft）。

（7）识别凸轮轴位置执行器后面的定位孔 1 和凸轮轴正面的定位销 2，如图 6-378 所示。

（8）定位凸轮轴位置执行器，使正时标记处于 6 点钟位置，如图 6-368 所示。

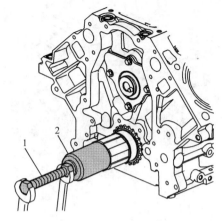

图 6-376 安装曲轴链轮

图 6-377 压缩正时链张紧器导轨

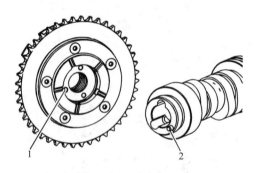

图 6-378 对准标记

（9）安装凸轮轴位置（CMP）执行器 235 和正时链条 208。将凸轮轴位置执行器正面的定位孔对准凸轮轴正面的定位销。

（10）小心将执行器完全安装到凸轮轴的前端。将手指放在执行器链轮的表面上，将执行器推向凸轮轴的前端。切勿在尝试安装执行器时，推动磁阻轮，如图 6-379 所示。

（11）将一直尺放在发动机缸体的正面上，检查凸轮轴位置执行器和正时链条是否正确安装。当凸轮轴位置执行器正确并完全

至密合，如图6-367所示。

（13）检查链轮定位是否准确。凸轮轴位置执行器链轮1上的标记应该位于6点钟位置，曲轴链轮2上的标记应位于12点钟位置，如图6-366所示。

（14）拆卸EN46330工具，如图6-381所示。

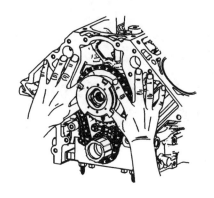

图6-379 安装执行器

安装在凸轮轴的前端时，正时链条就不会凸出发动机缸体的正面，如图6-380所示。

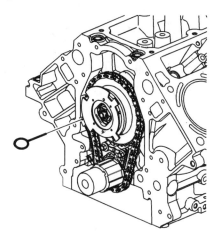

图6-381 拆卸EN46330工具

（15）紧固凸轮轴位置（CMP）执行器电磁阀，如图6-382所示。

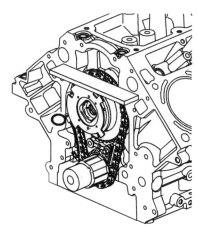

图6-380 检查凸轮轴位置执行器和正时链条是否正确安装

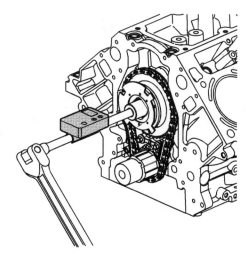

图6-382 紧固凸轮轴位置（CMP）执行器电磁阀

（12）安装新的凸轮轴位置执行器电磁阀234。当凸轮轴位置执行器正确就位在凸轮轴上时，可以用手轻压，将凸轮轴位置执行器电磁阀完全拧入凸轮轴中。用手拧紧直

（16）拆卸J42386-A工具1和螺栓，如图6-365所示。

（17）安装起动机电机。

（18）安装机油泵。

第六章 上海通用雪佛兰车系发动机正时校对维修

第十四节

上海通用凯迪拉克 SRX 车系发动机正时校对维修

一、3.6L（LY7）发动机

（一）凸轮轴正时传动链条定位图

凸轮轴正时传动链条定位图（第一阶段）如图 6-383 所示。

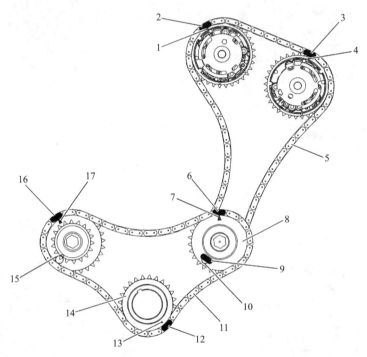

图 6-383 凸轮轴正时传动链条定位图（第一阶段）

1—左侧进气凸轮轴位置（CMP）执行器正时标记；2—左侧进气次凸轮轴正时传动链条光亮电镀链节；
3—左侧排气次凸轮轴正时传动链条光亮电镀链节；4—左侧排气凸轮轴位置（CMP）执行器正时标记；
5—左侧次凸轮轴正时传动链条；6—左侧主凸轮轴中间传动链条链轮的主凸轮轴传动链条光亮电镀链节；
7—主凸轮轴传动链条的左侧主凸轮轴中间传动链条链轮正时标记；8—左侧主凸轮轴中间传动链条链轮；
9—左侧主凸轮轴中间传动链条链轮的左侧次凸轮轴正时传动链条光亮电镀链节；
10—左侧次凸轮轴正时传动链条光亮电镀链节的左侧主凸轮轴中间传动链条链轮正时窗；
11—主凸轮轴传动链条；12—曲轴链轮的主凸轮轴传动链条光亮电镀链节；13—曲轴链轮正时标记；
14—曲轴链轮；15—右侧主凸轮轴中间传动链条链轮；
16—右侧主凸轮轴中间传动链条链轮的主凸轮轴传动链条光亮电镀链节；
17—右侧主凸轮轴中间传动链条链轮正时标记

凸轮轴正时传动链条定位图（第二阶段）如图 6-384 所示。

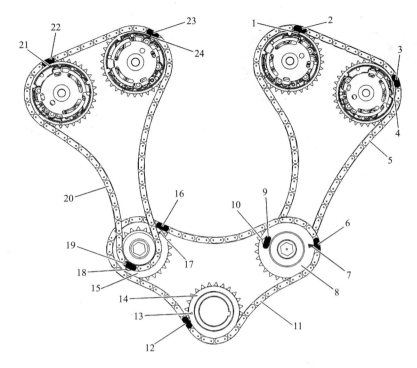

图 6-384 凸轮轴正时传动链条定位图（第二阶段）

1—左侧进气凸轮轴位置（CMP）执行器正时标记；2—左侧进气次凸轮轴正时传动链条光亮电镀链节；3—左侧排气次凸轮轴正时传动链条光亮电镀链节；4—左侧排气凸轮轴位置（CMP）执行器正时标记；5—左侧次凸轮轴正时传动链条；6—左侧主凸轮轴中间传动链条链轮的主凸轮轴传动链条光亮电镀链节；7—主凸轮轴传动链条的左侧主凸轮轴中间传动链条链轮正时标记；8—左侧主凸轮轴中间传动链条链轮；9—左侧主凸轮轴中间传动链条链轮的左侧次凸轮轴正时传动链条光亮电镀链节；10—左侧主凸轮轴中间传动链条链轮正时窗；11—主凸轮轴传动链条；12—曲轴链轮的主凸轮轴传动链条光亮电镀链节；13—曲轴链轮正时标记；14—曲轴链轮；15—右侧主凸轮轴中间传动链条链轮；16—右侧主凸轮轴中间传动链条链轮的主凸轮轴传动链条光亮电镀链节；17—主凸轮轴传动链条的右侧主凸轮轴中间传动链条链轮正时标记；18—右侧次凸轮轴正时传动链条的右侧主凸轮轴中间传动链条链轮正时标记/窗；19—右侧主凸轮轴中间传动链条链轮的右侧次凸轮轴正时传动链条光亮电镀链节；20—右侧次凸轮轴正时传动链条；21—右侧排气凸轮轴位置（CMP）执行器正时标记；22—右侧排气次凸轮轴正时传动链条光亮电镀链节；23—右侧进气凸轮轴位置（CMP）执行器正时标记；24—右侧进气凸轮轴位置（CMP）执行器正时标记

（二）凸轮轴的更换（左）

1. 拆卸程序

（1）连同下进气歧管一起拆卸上进气歧管。

（2）拆卸左侧缸组凸轮轴盖。

（3）拆卸凸轮轴传感器。

（4）拆卸凸轮轴位置执行器电磁阀。

（5）拆卸曲轴平衡器。

（6）使用 EN46111 工具转动曲轴直到凸轮轴处在中间（低张紧力）位置。凸轮轴凸台应与凸轮轴盖凸缘 1 平行，如图 6-385 所示。

（7）松开凸轮轴位置执行器螺栓，如图 6-386 所示。

（8）安装 EN46108 工具 1 和 2 以便固定正时链条，如图 6-387 所示。牢牢紧固 EN46108 螺母。

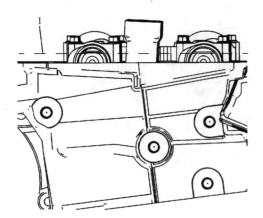

图 6-385 凸轮轴凸台应与凸轮轴盖凸缘 1 平行

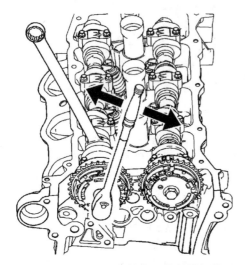

图 6-386 松开凸轮轴位置执行器螺栓

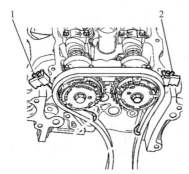

图 6-387 安装 EN46108 工具 1 和 2 以便固定正时链条

> **注意**
> 确保在凸轮轴正时链条和凸轮轴位置执行器上做好了标记,以便正确装配。

(9) 在正时链条和凸轮轴位置执行器 1~4 相应的位置上做好标记,如图 6-388 所示。

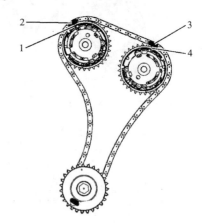

图 6-388 做好标记

(10) 拆卸凸轮轴位置执行器螺栓。
(11) 拆卸凸轮轴。

2. 安装程序

(1) 将凸轮轴定位在气缸盖上并将凸轮轴执行器安装到凸轮轴上。
(2) 安装凸轮轴和凸轮轴轴承盖。
(3) 拆卸 EN46108 工具。
(4) 安装并紧固凸轮轴位置执行器。
(5) 安装进气凸轮轴位置执行器电磁阀。
(6) 安装凸轮轴传感器。
(7) 安装曲轴平衡器。
(8) 安装凸轮轴盖。
(9) 连同下进气歧管一起安装上进气歧管。

(三) 凸轮轴的更换(右)

1. 拆卸程序

(1) 连同下进气歧管一起拆卸上进气歧管。
(2) 拆卸凸轮轴盖。
(3) 拆卸凸轮轴传感器。
(4) 拆卸进气凸轮轴位置执行器电磁阀。
(5) 拆卸曲轴平衡器。

（6）使用 EN46111 工具转动曲轴直到凸轮轴凸轮处在中间（低张紧力）位置。凸轮轴凸台应与凸轮轴盖凸缘 1 平行，如图 6-389 所示。

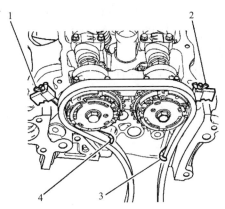

图 6-391　安装 EN46108 工具 1 和 2 以便固定正时链条

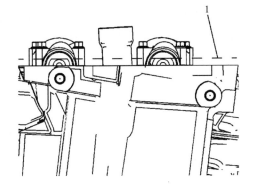

图 6-389　凸轮轴凸台应与凸轮轴盖凸缘 1 平行

（7）松开凸轮轴位置执行器螺栓，如图 6-390 所示。

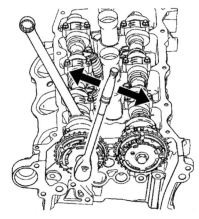

图 6-390　松开凸轮轴位置执行器螺栓

（8）安装 EN46108 工具 1 和 2 以便固定正时链条。牢牢紧固 EN46108 螺母，如图 6-391 所示。

> **注意**
> 确保 EN46108 工具的端头完全卡住正时链条 3 和 4，如图 6-392 所示。

> **注意**
> 确保在凸轮轴正时链条和凸轮轴位置执行器上做好了标记，以便正确装配。

（9）在正时链条和凸轮轴位置执行器 15～18 相应的位置上做好标记，如图 6-392 所示。

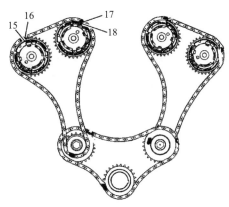

图 6-392　在正时链条和凸轮轴位置执行器 15～18 相应的位置上做好标记

（10）拆卸凸轮轴位置执行器螺栓。
（11）拆卸凸轮轴轴承盖和凸轮轴。

2. 安装程序

（1）将凸轮轴定位在气缸盖上并将凸轮轴执行器安装到凸轮轴上。
（2）安装凸轮轴和凸轮轴轴承盖。
（3）拆卸 EN46108 工具。
（4）安装曲轴平衡器。

> **注意**
> 用开口扳手固定住凸轮轴六角头，防止转动凸轮轴/发动机。

(5) 安装并紧固凸轮轴位置执行器。

(6) 安装进气凸轮轴位置执行器电磁阀。

(7) 安装凸轮轴传感器。

(8) 安装凸轮轴盖。

(9) 连同下进气歧管一起安装上进气歧管。

二、4.6L（LH2）发动机

（一）凸轮轴正时传动链条定位图

凸轮轴正时传动链条定位图（凸轮轴传动系统设为基本发动机正时）如图6-393所示。

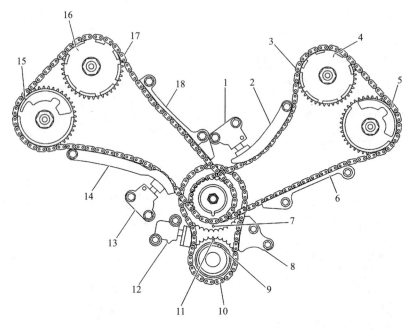

图 6-393　凸轮轴正时传动链条定位图

1—左侧次正时链条张紧器；2—左侧次正时链条蹄片；3—左侧次正时链条；4—左侧进气凸轮轴位置执行器正时标记；5—左侧排气凸轮轴位置执行器正时标记；6—左侧次正时链条导板；7—中间位置执行器正时标记；8—主正时链条导板；9—曲轴位置执行器销定位槽；10—主正时链条；11—曲轴位置执行器正时标记；12—主正时链条张紧器；13—右侧次正时链条张紧器；14—右侧次正时链条蹄片；15—右侧排气凸轮轴位置执行器正时标记；16—右侧进气凸轮轴位置执行器正时标记；17—右侧次正时链条；18—右侧次正时链条导板

（二）次凸轮轴传动链条的更换（左）

1. 拆卸程序

(1) 拆卸右侧次正时链条。

(2) 用工具J39946转动曲轴，直到各主正时齿轮定位标记1彼此相应对准，如图6-394所示。

(3) 拆卸左凸轮轴位置执行器壳体。不要从壳体上拆卸执行器电磁阀。

(4) 将EN46328工具1安装到缸组2（左）凸轮轴2上，如图6-395所示。

(5) 松开并拆卸左侧次正时链条张紧器螺栓和张紧器，如图6-396所示。

(6) 用开口扳手卡住凸轮轴上铸入的六角头，如图6-397所示，防止拆卸凸轮轴机油控制阀时凸轮轴转动。

(7) 松开并拆卸缸组2（左）排气凸轮轴位置机油控制阀。

(8) 从凸轮轴上滑下左排气凸轮轴位置

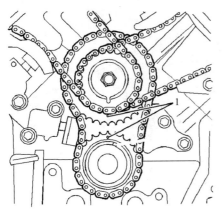

图 6-394 对准标记

图 6-397 开口扳手卡住凸轮轴上
铸入的六角头

图 6-395 将 EN46328 工具 1 安装到凸轮轴 2 上

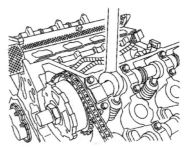

图 6-398 用开口扳手卡住凸轮轴上
铸入的六角头

(10) 松开并拆卸缸组 2（左）进气凸轮轴位置机油控制阀。

(11) 从凸轮轴上滑下左进气凸轮轴位置执行器并从凸轮轴执行器齿上拆卸次正时链条。

(12) 从发动机上拆卸左侧次正时链条。

(13) 清洁并检查凸轮轴正时传动部件。

2. 安装程序

(1) 正时链条 2 上有 3 个黑色链节，用于使凸轮轴位置执行器与中间链轮正时，如图 6-399 所示。

(2) 黑色链节 4 应对准缸组 2 排气执行器正时标记。黑色链节 3 应对准缸组 2 进气执行器正时标记。

(3) 黑色链节 1 应对准中间链轮。

(4) 中间链轮左缸组正时标记为 LB，如图 6-400 所示。

(5) 使链轮正时标记 LB 对准正时链条黑色链节后，将次正时链条装配到中间链

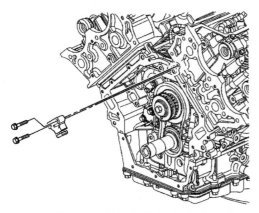

图 6-396 拆卸左侧次正时链条
张紧器螺栓和张紧器

执行器并从凸轮轴执行器齿上拆卸次正时链条。

(9) 用开口扳手卡住凸轮轴上铸入的六角头，如图 6-398 所示，防止拆卸凸轮轴机油控制阀时凸轮轴转动。

第六章 上海通用雪佛兰车系发动机正时校对维修 | 407

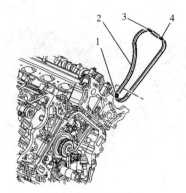

图 6-399 黑色链节使凸轮轴位置执行器与中间链轮正时

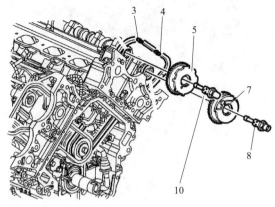

图 6-401 正时标记 5 与正时链条黑色链节 3 对准

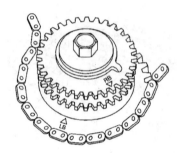

图 6-400 中间链轮左缸组正时标记为 LB

轮上。

（6）将左缸组进气凸轮轴位置执行器正时标记 5 与正时链条黑色链节 3 对准，如图 6-401 所示，将执行器安装到凸轮轴上，使执行器正时标记在其旋转顶部位置垂直（90°）于气缸盖顶面。

（7）松弛地安装机油控制阀 10，以固定进气执行器。

（8）用开口扳手卡住凸轮轴上铸入的六角头，防止紧固机油控制阀时凸轮轴转动。

（9）将左缸组排气凸轮轴位置执行器正时标记 7 与正时链条黑色链节 4 对准，将执行器安装到凸轮轴上，使执行器正时标记在其旋转顶部位置垂直（90°）于气缸盖顶面，如图 6-401 所示。

（10）松弛地安装机油控制阀 8，以固定排气执行器。

（11）用开口扳手卡住凸轮轴上铸入的六角头，防止紧固机油控制阀时凸轮轴转动。

（12）安装左侧次正时链条张紧器。

（13）安装右侧次正时链条。

（14）拆卸 EN46328 工具。

（15）安装左凸轮轴位置执行器壳体。

第七章 别克车系发动机正时校对维修

第一节 上海通用别克君威车系发动机正时校对维修

一、2.5L（LB8）和 3.0L（LW9）发动机

（一）正时链条和链轮的拆卸

（1）拆卸发动机前盖。

（2）旋转曲轴，使正时标记对准图 7-1 中的位置。

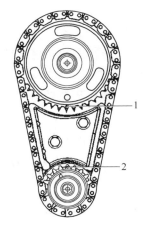

图 7-1 对准标记

① 曲轴链轮 2 与正时链条减震器对准。
② 凸轮轴链轮定位孔 1 与正时链条减震器对准。

（3）拆卸凸轮轴链轮螺栓，如图 7-2 所示。

（4）拆卸凸轮轴链轮，如图 7-3 所示。

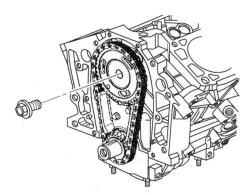

图 7-2 拆卸凸轮轴链轮螺栓

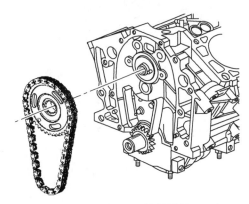

图 7-3 拆卸凸轮轴链轮

（5）拆卸正时链条，如图 7-4 所示。

（6）用 J5825-A 工具拆卸曲轴链轮，如图 7-5 所示。

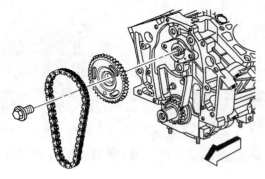

图 7-4 拆卸正时链条

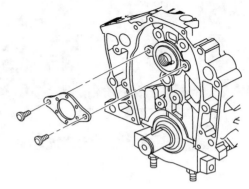

图 7-7 拆卸凸轮轴止推片

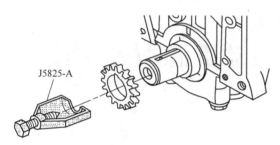

图 7-5 用 J5825-A 工具拆卸曲轴链轮

(7) 拆卸正时链条减震器螺栓,如图 7-6 所示。

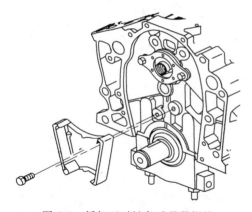

图 7-6 拆卸正时链条减震器螺栓

(8) 拆卸正时链条减震器。
(9) 必要时,拆卸凸轮轴止推片螺栓。
(10) 拆卸凸轮轴止推片,如图 7-7 所示。
(11) 清理和检查正时链条和正时齿轮。

(二) 正时链条和链轮的安装

(1) 安装凸轮轴止推板(如果已拆除)。
(2) 安装凸轮轴止推板螺栓。
(3) 用 J38612 工具安装曲轴链轮。
(4) 拆卸 J38612 工具。
(5) 将发动机机油添加剂或等效品涂在链轮止推面上。
(6) 将正时链条减震器安装到缸体上。
(7) 将正时链条安装到凸轮轴齿轮上。
(8) 当链条下垂时,固定住凸轮轴链轮,将链条安装到曲轴齿轮上。
(9) 将凸轮轴正时标记与正时链条减震器底部的正时标记对准。
(10) 将凸轮轴正时标记与正时链条减震器的顶部正时标记对准。
(11) 安装凸轮轴链轮螺栓。
(12) 采用安装螺栓,将凸轮轴链轮拉到凸轮轴上。
(13) 将曲轴和凸轮轴链轮涂上发动机机油。
(14) 安装发动机前盖。

二、2.0L (L34) 发动机

(一) 正时皮带的更换

1. 拆卸程序

(1) 断开蓄电池接地(负极)拉线。
(2) 用扳手将传动皮带张紧轮移至松的一侧,然后拆除传动皮带,如图 7-8 所示。
(3) 拆除发动机配线盖并断开连接器。
(4) 拆除四个螺栓并拆除曲轴上的皮带轮,如图 7-9 所示。

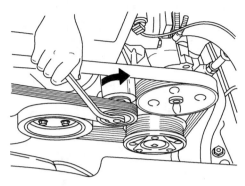

图 7-8　拆除传动皮带

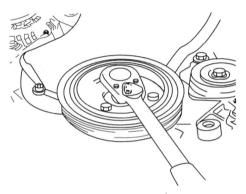

图 7-9　拆除曲轴上的皮带轮

（5）将发动机配线连接器与底盘配线断开。

（6）从发动机前端拆除螺母并拆除发动机配线盖。

（7）拆除两个螺栓，然后拆除正时皮带前盖。

（8）拆除正时皮带张紧轮的固定螺栓，然后拆除正时皮带张紧轮1，如图7-10所示。

（9）拆除正时皮带。

2. 安装程序

（1）安装正时皮带张紧轮并暂时紧固直至调整正时皮带。

（2）安装正时皮带并执行正时皮带设置程序。

（3）调整正时皮带张力。

（4）安装正时皮带前盖。

（5）安装发动机配线盖。

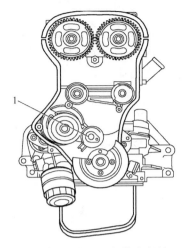

图 7-10　拆除正时皮带张紧轮1

（6）安装曲轴上的皮带轮和紧固螺栓。

（7）用扳手将传动皮带张紧轮移至松的一侧，然后将传动皮带安装到正常位置。

（8）连接发动机配线连接器至底盘配线。

（9）连接蓄电池接地（负极）拉线。

（二）正时皮带的设置

（1）顺发动机正常运转方向转动发动机使其到达气缸压缩冲程的1号上止点。当凸轮轴滑轮上的刻痕与气缸端盖1上的标记对齐时，检查曲轴上的皮带轮正时标记是否对齐2，如图7-11所示。

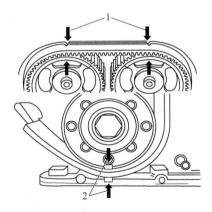

图 7-11　检查皮带轮正时标记

（2）将J43037工具放置在凸轮轴转动齿轮的进口与出口，以防止转动齿轮在正时皮带设置时滑动。

(3) 设置图 7-12 所示的正时皮带，确保正时皮带张紧一侧已经张紧，并顺时针方向转动正时皮带张力调节杠杆，直到张紧轮指示器能自由摆动。

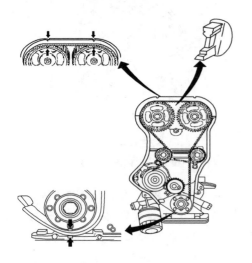

图 7-12　设置正时皮带

（三）正时皮带张力的调节（新正时皮带）

(1) 正时皮带的调节。

稍微放松正时皮带张力辊的紧固螺栓，按不同类型顺时针旋转调节凸轮。

① 类型 1：正时皮带张力辊指示器 1 与刻痕 2 对齐，如图 7-13 所示。

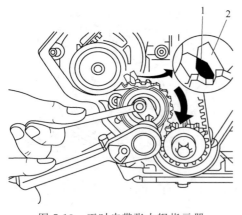

图 7-13　正时皮带张力辊指示器
1 与刻痕 2 对齐

② 类型 2：正时皮带张力辊指示器 1 与"新"刻痕 2 对齐，如图 7-14 所示。

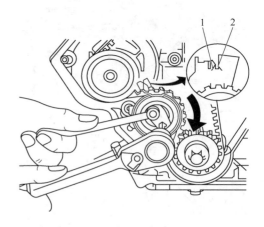

图 7-14　正时皮带张力辊指示器
1 与"新"刻痕 2 对齐

(2) 紧固正时皮带张力辊的紧固螺栓 1，如图 7-15 所示。

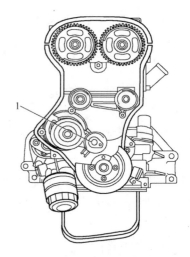

图 7-15　紧固正时皮带张力辊的紧固螺栓 1

(3) 拆除 J43037 工具。

(4) 再将曲轴顺发动机运转方向旋转两圈（720°）至标记 1 号气缸 TDC，并检查正时皮带张力辊的调节。如果标记不重合，重复调节程序。

三、2.0L(LDK)、2.4L(LE5)发动机

(一) 正时链条、链轮和张紧器的拆卸 (LDK)

(1) 拆下上正时链条导杆螺栓，如图7-16所示。

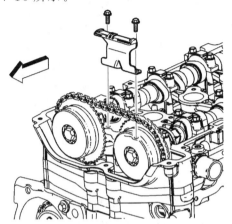

图7-16 拆下上正时链条导杆螺栓

(2) 拆下上正时链条导杆，如图7-17所示。

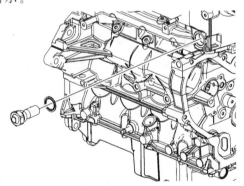

图7-17 拆下上正时链条导杆

(3) 拆下正时链条张紧器，如图7-18所示。

(4) 旋转进气凸轮轴执行器以安装EN48953锁止工具。

 注意

标记链条和执行器对程序操作非常关键。凸轮轴执行器和正时链条表面的机油必须在标记执行器和链条之前清除。

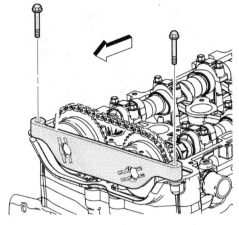

图7-18 拆下正时链条张紧器

(5) 安装EN48953锁止工具到气缸盖并紧固至10N·m。如果进气凸轮轴执行器是独立于凸轮移动且不会锁止，逆时针转动进气凸轮轴且工具将会支撑执行器，锁止执行器到凸轮。

(6) 松开进气凸轮轴执行器螺栓。

(7) 松开排气凸轮轴执行器螺栓。

(8) 拆下EN48953锁止工具。

(9) 定位排气凸轮轴的六角头部位并用扳手2保持，如图7-19所示。

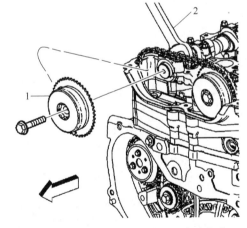

图7-19 定位排气凸轮轴的六角头部位

(10) 拆下排气凸轮螺栓和排气凸轮执行器1(图7-19)，报废螺栓。

(11) 拆下可调整正时链条导杆螺栓，如图7-20所示。

(12) 拆下可调整正时链条导杆1(图

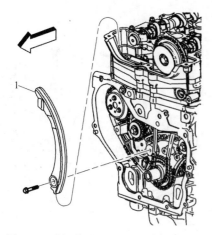

图 7-20 拆下可调整正时链条导杆螺栓

7-20)。

(13) 拆下螺塞 1 以接近固定正时链条导杆螺栓,如图 7-21 所示。

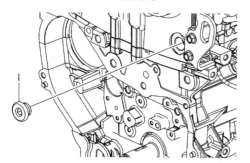

图 7-21 拆下螺塞 1

(14) 拆下固定正时链条导杆螺栓,如图 7-22 所示。

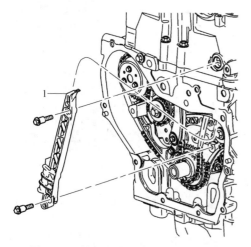

图 7-22 拆下固定正时链条导杆螺栓

(15) 拆下固定正时链条导杆 1(图 7-22)。

(16) 定位进气凸轮轴的六角头部位并用扳手保持,如图 7-23 所示。

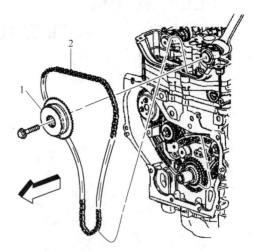

图 7-23 定位进气凸轮轴的六角头部位

(17) 拆下进气凸轮链轮螺栓,进气凸轮链轮 1 和正时链条 2(图 7-23)通过气缸盖的顶部,报废螺栓。

> **注意**
>
> 3 号排气门是打开的。

> **注意**
>
> 拆卸之前要注意凸轮轴的位置和方向。部件拆卸之前要标记气缸盖以及与其相关的锁紧槽口。

(18) 标记排气凸轮轴执行器锁止槽口 1 中的气缸盖且进气凸轮轴锁止槽口 2 与气缸盖对齐,如图 7-24 所示。

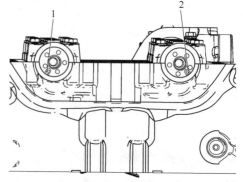

图 7-24 标记排气凸轮轴执行器锁止槽口 1 中的气缸盖且进气凸轮轴锁止槽口 2 与气缸盖对齐

(19) 若装配，拆下摩擦垫圈 1，如图 7-25 所示。

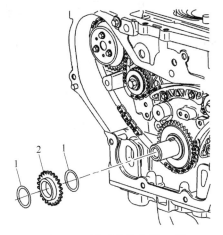

图 7-25　拆下摩擦垫圈 1 等

(20) 拆下曲轴链轮 2（图 7-25）。

(21) 拆下正时链条机油喷嘴螺栓。

(22) 拆下正时链条机油喷嘴 1，如图 7-26 所示。

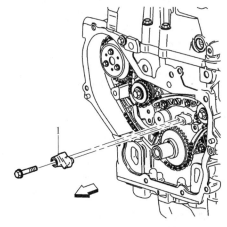

图 7-26　拆下正时链条机油喷嘴 1

（二）正时链条、链轮和张紧器的拆卸(LTD)

(1) 拆下上正时链条导杆螺栓。

(2) 拆下上正时链条导杆 1，如图 7-27 所示。

(3) 拆下正时链条张紧器柱塞 1，如图 7-28 所示。

(4) 旋转进气凸轮轴执行器以安装 EN48953 锁止工具 1，如图 7-29 所示。

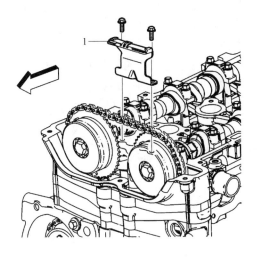

图 7-27　拆下上正时链条导杆 1

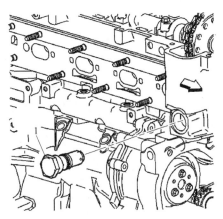

图 7-28　拆下正时链条张紧器柱塞 1

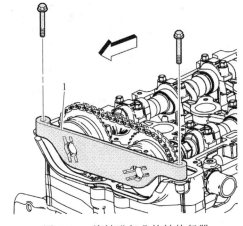

图 7-29　旋转进气凸轮轴执行器

(5) 安装 EN48953 锁止工具到气缸盖并紧固至 10N·m。如果进气凸轮轴执行器是独立于凸轮移动且不会锁止，逆时针转动进气凸轮轴且工具将会支撑执行器，锁止执行器到凸轮。

（6）松开进气凸轮轴执行器螺栓。

（7）松开排气凸轮轴执行器螺栓。

（8）拆下 EN48953 锁止工具。

（9）定位排气凸轮轴的六角头部位并用扳手 2 保持，如图 7-30 所示。

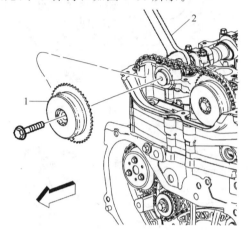

图 7-30　定位排气凸轮轴的六角头部位

（10）拆下排气凸轮轴螺栓和排气凸轮轴执行器 1（图 7-30），报废螺栓。

（11）拆下可调整正时链条导杆螺栓。

（12）拆下可调整正时链条导杆 1，如图 7-31 所示。

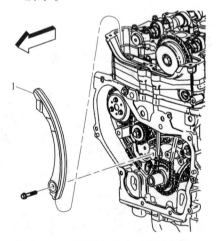

图 7-31　拆下可调整正时链条导杆 1

（13）拆下螺塞 1 以接近固定正时链条导杆螺栓，如图 7-32 所示。

（14）拆下固定正时链条导杆螺栓。

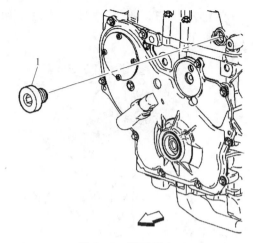

图 7-32　拆下螺塞 1

（15）拆下固定正时链条导杆 1，如图 7-33 所示。

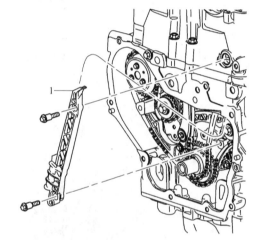

图 7-33　拆下固定正时链条导杆 1

（16）定位进气凸轮轴的六角头部位并用扳手保持。

（17）通过气缸盖的顶部拆下进气凸轮轴执行器螺栓、进气凸轮轴执行器和正时链条，报废螺栓，如图 7-34 所示。

3 号排气门是打开的。

拆卸之前要注意凸轮轴的位置和方向。部件拆卸之前要标记气缸盖以及与其相关的锁紧槽口。

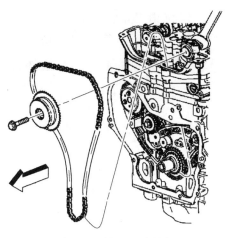

图 7-34 拆下正时链条

(18) 标记排气凸轮轴执行器锁止槽口 1 中的气缸盖且进气凸轮轴锁止槽口 2 与气缸盖对齐，如图 7-35 所示。

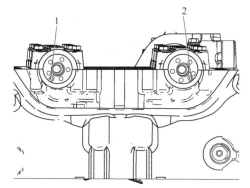

图 7-35 凸轮轴锁止槽口 2 与气缸盖对齐

(19) 若装配，拆下曲轴链轮 2 和摩擦垫圈 1，如图 7-36 所示。

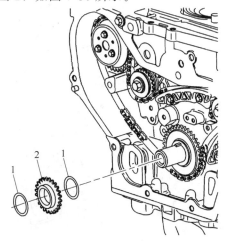

图 7-36 拆下曲轴链轮 2 和摩擦垫圈 1

(20) 拆下正时链条机油喷嘴螺栓。

(21) 拆下正时链条机油喷嘴 1，如图 7-37 所示。

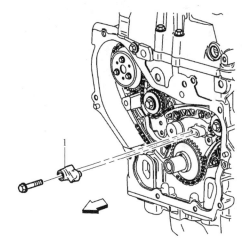

图 7-37 拆下正时链条机油喷嘴 1

（三）凸轮轴正时链条、链轮和张紧器的安装

(1) 确保进气凸轮轴槽口位于 5 点钟位置 2 且排气凸轮轴槽口位于 7 点钟位置 1。1 号活塞应位于上止点（TDC）位置，曲轴键位于 12 点钟位置，如图 7-38 所示。

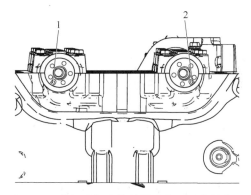

图 7-38 确保进气凸轮轴槽口位于 5 点钟位置 2 且排气凸轮轴槽口位于 7 点钟位置 1

(2) 安装摩擦垫圈 1（若装备），如图 7-39 所示。

(3) 将正时链条传动链轮 2 安装至曲轴上，正时标记在 5 点钟位置，且链轮前部朝外。

第七章 别克车系发动机正时校对维修

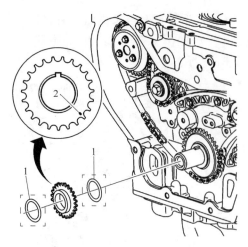

图 7-39 安装摩擦垫圈 1

（4）安装第二个摩擦垫圈 1（若装备）。

（5）正时标记对准有特殊颜色的链节 1，将进气凸轮轴执行器装配到正时链条上，如图 7-40 所示。

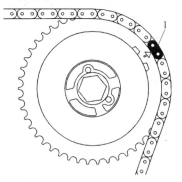

图 7-40 正时标记对准有特殊颜色的链节 1

（6）降下正时链条，穿过气缸盖的开口。小心并确保链条围绕在气缸体凸台 1、2 的两侧，如图 7-41 所示。

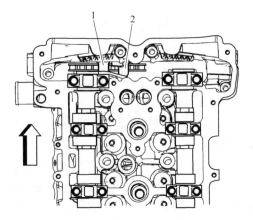

图 7-41 链条围绕在气缸体凸台 1、2 的两侧

（7）定位销对准凸轮轴槽，同时将进气凸轮轴执行器安装在进气凸轮轴上。

> **注意**
>
> 始终使用新的执行器螺栓。

（8）用手拧紧新的进气凸轮轴执行器螺栓。

（9）将正时链条包绕在曲轴链轮上，将第一节相同颜色的链节 1 对准曲轴链轮上的正时标记，大约在 5 点钟位置，如图 7-42 所示。

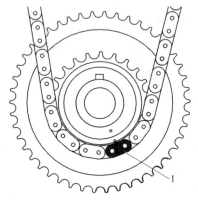

图 7-42 链节 1 对准曲轴链轮上的正时标记

（10）顺时针转动曲轴以消除所有链条间隙。切勿转动进气凸轮轴。

（11）将可调正时链条导板 1 向下穿过气缸盖的开口以便安装，如图 7-43 所示，并安装可调正时链条螺栓并紧固至 10N·m。

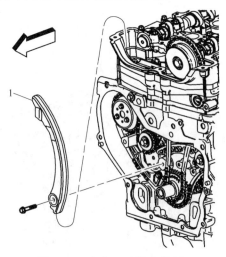

图 7-43 安装正时链条导板 1

(12) 正时标记对准第二节相同颜色的链节，将排气凸轮轴执行器 1 安装至正时链条上，如图 7-44 所示。

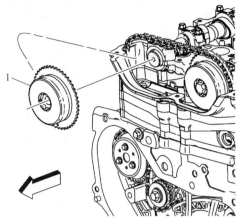

图 7-44　将排气凸轮轴执行器
1 安装至正时链条上

(13) 定位销对准凸轮轴槽，同时将排气凸轮轴执行器 1 安装到排气凸轮轴上，如图 7-45 所示。

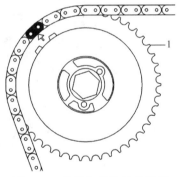

图 7-45　将排气凸轮轴执行器
1 安装到排气凸轮轴上

(14) 用 23mm 或 24mm 的开口扳手顺时针转动排气凸轮轴，直至凸轮轴执行器中的定位销进入凸轮轴槽。

(15) 执行器 1 就位于凸轮上时，用手拧紧新的排气凸轮轴执行器螺栓，如图 7-46 所示。

(16) 检查并确认所有彩色链节与相应的正时标记仍对准。否则，重复该部分程序以对准正时标记。

(17) 安装固定正时链条导板 1 和螺栓，如图 7-47 所示，并将其紧固至 12N·m。

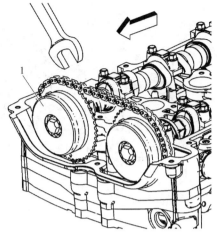

图 7-46　拧紧排气凸轮轴执行器螺栓

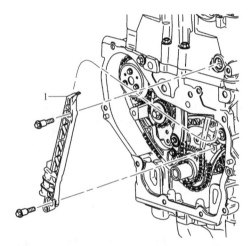

图 7-47　安装固定正时链条导板 1 和螺栓

(18) 安装上正时链条导板 1 和螺栓，并将其紧固至 10N·m（89lbf·in），如图 7-48 所示。

(19) 重置正时链条张紧器。

(20) 检查正时链条张紧器密封件是否损坏。如有损坏，则更换密封件。

(21) 检查并确保所有的污物和碎屑已从气缸盖的正时链条张紧器螺纹孔中清除。

　注意

在整个拧紧过程中，确保正时链条张紧器密封件居中，以避免机油泄漏。

(22) 安装正时链条张紧器总成 1 并紧固至 75 N·m，如图 7-49 所示。

第七章　别克车系发动机正时校对维修

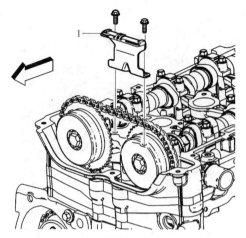

图 7-48 安装固定正时链条导板 1 和螺栓

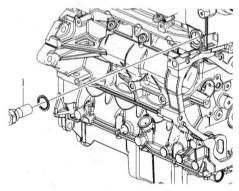

图 7-49 安装正时链条张紧器总成 1 并紧固至 75N·m

 注意

压缩 2mm 以松开正时链条张紧器,这将释放棘爪中的锁紧机构。

(23) 必须安装曲轴平衡器以便释放张紧器。

(24) 安装 EN48953 锁止工具 1 并将气缸盖中的螺栓紧固至 10N·m,如图 7-50 所示。

(25) 使用转矩扳手,将凸轮轴执行器螺栓紧固至 30N·m,用 J45059 测量仪再紧固 100°。

(26) 使用转矩扳手,将凸轮轴执行器螺栓紧固至 30N·m,用 J45059 测量仪再紧固 100°。

(27) 拆下 EN48953 锁止工具。

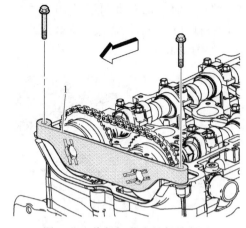

图 7-50 将气缸盖中的螺栓紧固

(28) 安装正时链条机油喷嘴 1 并将螺栓紧固至 10N·m,如图 7-51 所示。

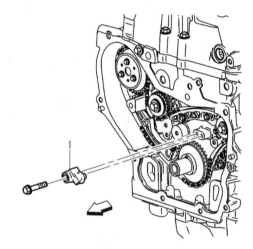

图 7-51 安装正时链条机油喷嘴 1

(29) 将密封胶涂抹在正时链条导板螺栓检修孔塞的螺纹上。

(30) 安装正时链条导板螺栓检修孔塞 1 并紧固至 90N·m,如图 7-52 所示。

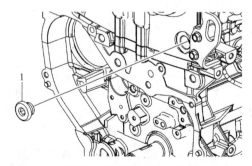

图 7-52 安装正时链条导板螺栓检修孔塞 1

第二节 上海通用别克君越混合动力车系发动机正时校对维修

一、2.4L（LAT、LE5）发动机

(一) 凸轮轴正时链条、链轮和张紧器的拆卸

（1）拆下1号气缸火花塞。

（2）按发动机顺时针旋转方向转动曲轴，直至1号活塞位于压缩行程的上止点。

（3）拆下凸轮轴盖。

（4）拆下发动机前盖。

（5）拆下上正时链条导板螺栓和导板，如图7-53所示。

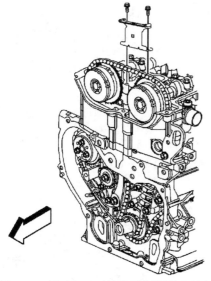

图7-53 拆下上正时链条导板螺栓和导板

> **注意**
> 在拆下正时链条前，正时链条张紧器必须拆下以卸载链条张力。否则，正时链条将竖起，并且难以拆下。

（6）拆下正时链条张紧器。

（7）将一个24mm扳手安装在排气凸轮轴的六角部位，以固定凸轮轴。

（8）拆下并报废排气凸轮轴执行器螺栓2，如图7-54所示。

（9）将排气凸轮轴执行器1、3从凸轮轴和正时链条上拆下，如图7-54所示。

（10）拆下正时链条张紧器导板螺栓和导板。

（11）拆下固定正时链条导板的检修孔塞。

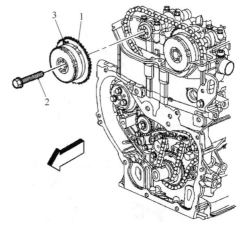

图7-54 拆下排气凸轮轴执行器1、3

（12）拆下正时链条张紧器导板螺栓和导板，如图7-55所示。

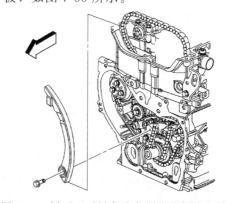

图7-55 拆下正时链条张紧器导板螺栓和导板

(13) 拆下固定正时链条导板的检修孔塞，如图 7-56 所示。

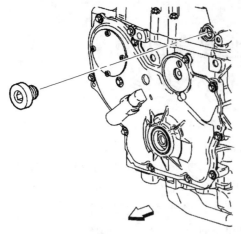

图 7-56 拆下固定正时链条导板的检修孔塞

(14) 拆下固定正时链条导板螺栓和导板，如图 7-57 所示。

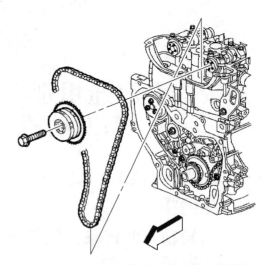

图 7-58 拆下并报废进气凸轮轴执行器螺栓

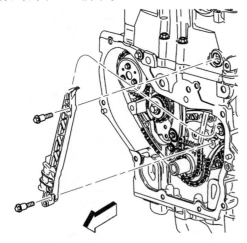

图 7-57 拆下固定正时链条导板螺栓和导板

(15) 将一个 24mm 扳手安装在进气凸轮轴的六角部位，以固定凸轮轴。

(16) 拆下并报废进气凸轮轴执行器螺栓，如图 7-58 所示。

(17) 通过气缸盖顶部，拆下进气凸轮轴执行器和正时链条。

(18) 拆下正时链条曲轴链轮，如图 7-59 所示。

(19) 在更换平衡轴正时链条和链轮时，如果不转至安装程序中的步骤（10），则执行以下步骤。

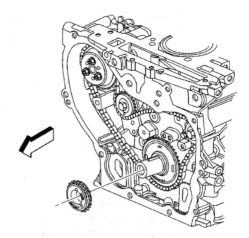

图 7-59 拆下正时链条曲轴链轮

(20) 拆下平衡轴传动链条张紧器螺栓和张紧器，如图 7-60 所示。

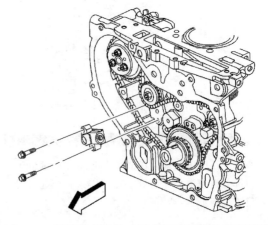

图 7-60 拆下平衡轴传动链条张紧器螺栓和张紧器

(21) 拆下可调平衡轴链条导板螺栓和导板。

(22) 拆下小平衡轴传动链条导板螺栓和导板。

(23) 拆下可调平衡轴链条导板螺栓和导板，如图 7-61 所示。

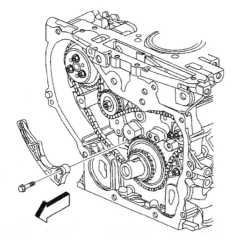

图 7-61 拆下可调平衡轴链条导板螺栓和导板

(24) 拆下小平衡轴传动链条导板螺栓和导板，如图 7-62 所示。

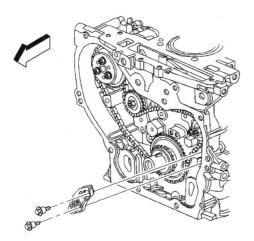

图 7-62 拆下小平衡轴传动链条导板螺栓和导板

(25) 拆下上平衡轴传动链条导板螺栓和导板，如图 7-63 所示。

(26) 拆下平衡轴传动链条 1，如图 7-64 所示。

(27) 拆下平衡轴传动链轮。

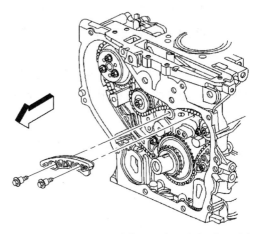

图 7-63 拆下上平衡轴传动链条导板螺栓和导板

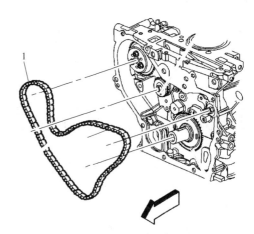

图 7-64 拆下平衡轴传动链条 1

（二）凸轮轴正时链条、链轮和张紧器的安装

(1) 在更换平衡轴正时链条时，如果不转至步骤（10），则执行以下步骤。

(2) 安装平衡轴传动链轮。

> ⚠ 注意
>
> 如果平衡轴没有与发动机正确调整正时，则发动机可能振动或发出噪声。

(3) 安装平衡轴传动链条，使有色链节与平衡轴链轮和平衡轴传动链轮上的标记对齐。

(4) 链条上有三个有色的链节。两个是铬色的，一个是铜色的。使用以下步骤，以对齐链节和链轮。

① 将铜色链条与进气侧平衡轴链轮上的正时标记对齐。

② 顺时针环绕链条，使铬色链条与平衡轴传动链轮上的正时标记对齐（约为链轮上的6点钟位置）。

③ 将链条置于水泵驱动链轮上。定位并不重要。

④ 将最后一个铬色链节与排气侧平衡轴传动链轮上的正时标记对准。

（5）安装上平衡轴传动链条导板和螺栓。

（6）安装小平衡轴传动链条导板和螺栓。

（7）安装可调平衡轴链条导板和螺栓。

（8）执行以下步骤，重新设置正时链条张紧器。

① 在孔中旋转张紧器柱塞90°并压缩柱塞。

② 旋转张紧器回到初始的12点钟位置，并插入回形针，穿过柱塞体中的孔进入张紧器柱塞中的软管。

（9）安装平衡轴传动链条张紧器和螺栓。

（10）将回形针从平衡轴传动链条张紧器上拆下。

（11）确保进气凸轮轴切口位于5点钟位置2，排气凸轮轴切口位于7点钟位置1。1号活塞应位于上止点（TDC），曲轴键位于12点钟位置，如图7-65所示。

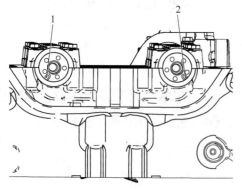

图7-65　对准标记

（12）将正时链条驱动链轮安装至曲轴，使正时标记处于5点钟位置，并使链轮的前部朝外，如图7-66所示。

图7-66　对准标记

> **注意**
>
> 正时链条上有3个有色的链节。两个链节颜色匹配，一个链节颜色独特。使用以下程序，以对齐链节和执行器。定位链条使有色链节可见。

> **注意**
>
> 始终使用新的执行器螺栓。

（13）将进气凸轮轴执行器装配至正时链条中，使正时标记与独特的有色链节1对齐，如图7-67所示。

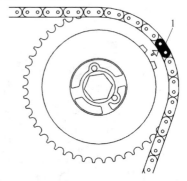

图7-67　正时标记与独特的有色链节1对准

（14）穿过气缸盖中的开口，降下正时链条。要小心确保链条环绕着气缸体凸台1、2（图7-68）的两侧。

（15）在对准凸轮轴槽中的定位销时，将进气凸轮轴执行器安装至进气凸轮轴上。

（16）用手紧固新的进气凸轮轴执行器螺栓。

安装进气凸轮轴执行器,如图7-68所示。

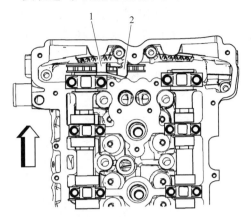

图 7-68 安装进气凸轮轴执行器

(17)将正时链条环绕曲轴链轮,并在约5点钟位置,使第一个匹配的有色链节与曲轴链轮上的正时标记对齐,如图7-69所示。

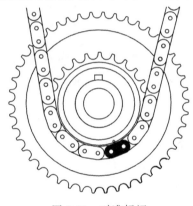

图 7-69 对准标记

(18)顺时针旋转曲轴,以消除所有链条的松弛。切勿转动进气凸轮轴。

(19)向下穿过气缸盖中的开口,安装可调正时链条导板,并安装可调正时链条螺栓。

(20)将排气凸轮轴执行器安装至正时链条中,使正时标记与第二个匹配的有色链节对齐。

(21)对准凸轮轴槽中的定位销,将排气凸轮轴执行器安装至排气凸轮轴上。

(22)用一个23mm的开口扳手,旋转排气凸轮轴约45°,直至凸轮轴执行器中的定位销进入凸轮轴槽中,如图7-70所示。

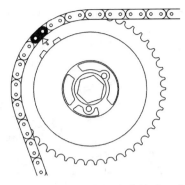

图 7-70 凸轮轴执行器中的定位销进入凸轮槽中

(23)在执行器位于凸轮轴上时,用扳手紧固新的排气凸轮轴执行器螺栓。

用扳手紧固排气凸轮轴执行器螺栓,如图7-71所示。

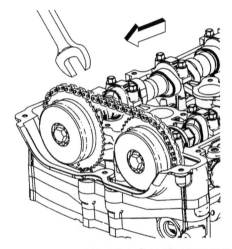

图 7-71 用扳手紧固排气凸轮轴执行器螺栓

(24)确认所有的有色链节仍然与相应的正时标记对准。如果不对准,重复程序的必要部分以对准正时标记,如图7-72所示。

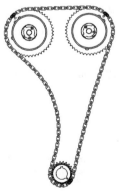

图 7-72 对准正时标记

第七章 别克车系发动机正时校对维修 425

（25）安装固定正时链条导板和螺栓，如图7-73所示。

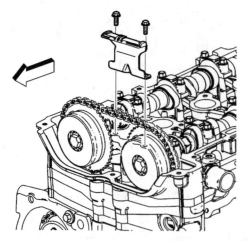

图7-73 安装固定正时链条导板和螺栓

（26）执行以下步骤，重新设置正时链条张紧器，如图7-74所示。

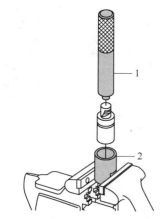

图7-74 重新设置正时链条张紧器

① 拆下卡环。
② 将活塞总成从正时链条张紧器体上拆下。
③ 将J45027-2工具（件2）安装到台钳内。
④ 将活塞总成的切口端安装到J45027-2（件2）中。
⑤ 用J45027-1工具（件1）将棘齿气缸旋转到活塞中。
⑥ 将活塞总成重新安装到张紧器体内。
⑦ 安装卡环。

（27）检查正时链条张紧器密封件是否损坏。如果损坏，更换密封件。

（28）检查并确保气缸盖中正时链条张紧器螺纹孔中的所有的尘土和碎屑已被清除。

（29）安装正时链条张紧器总成，如图7-75所示。

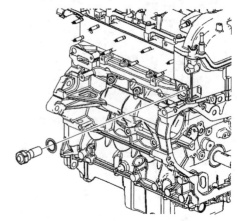

图7-75 安装正时链条张紧器总成

（30）压缩正时链条张紧器2mm（0.079in），使棘齿中的锁止机构松开，从而释放正时链条张紧器。使用端部带有橡胶头的合适工具，以释放正时链条张紧器。将工具向下穿过凸轮轴传动箱，以作用在凸轮轴链条上。然后对角地向下摇晃一下，以释放张紧器。

（31）用一个23mm扳手，嵌入进气凸轮轴的六角部位，并用一个转矩扳手紧固凸轮轴执行器螺栓，如图7-76所示。

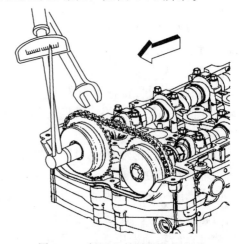

图7-76 紧固凸轮轴执行器螺栓

(32) 用一个 23mm 扳手，嵌入排气凸轮轴的六角部位，并用一个转矩扳手紧固凸轮轴执行器螺栓。

(33) 安装正时链条机油喷嘴，如图 7-77 所示。

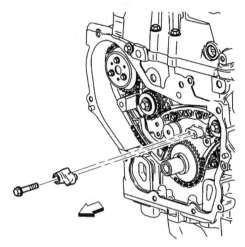

图 7-77　安装正时链条机油喷嘴

(34) 在正时链条导板螺栓检修孔塞的螺纹上，涂抹密封胶。

(35) 安装正时链条导板螺栓检修孔塞，如图 7-78 所示。

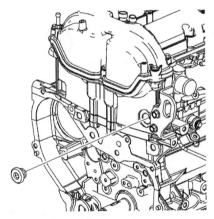

图 7-78　安装正时链条导板螺栓检修孔塞

(36) 安装发动机前盖。
(37) 安装凸轮轴盖。
(38) 安装 1 号气缸火花塞。

二、3.0L（LZD）发动机

（一）正时链条和链轮的拆卸程序

(1) 拆卸发动机前盖。
(2) 旋转曲轴，使正时标记对准图 7-79 中的位置。
① 曲轴链轮与正时链条减震器对准。
② 凸轮轴链轮定位孔与正时链条减震器对准。

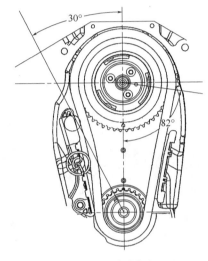

图 7-79　对准标记

(3) 拆卸凸轮轴相位执行器螺栓，如图 7-80 所示。

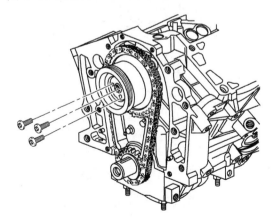

图 7-80　拆卸凸轮轴相位执行器螺栓

(4) 拆卸凸轮轴相位执行器，如图

7-81所示。

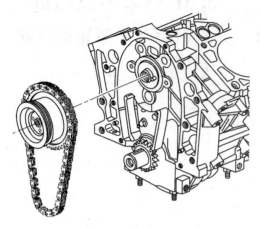

图7-81 拆卸凸轮轴相位执行器

(5) 拆卸正时链条,如图7-82所示。

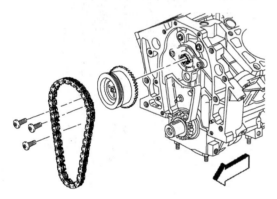

图7-82 拆卸正时链条

(6) 拆卸曲轴链轮,如图7-83所示。

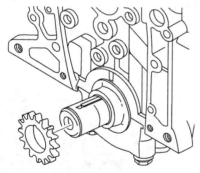

图7-83 拆卸曲轴链轮

(7) 拆卸正时链条减震器螺栓,如图7-84所示。

(8) 拆卸正时链条减震器。

(9) 必要时,拆卸凸轮轴止推片螺栓。

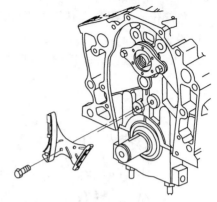

图7-84 拆卸正时链条减震器螺栓

(10) 拆卸凸轮轴止推片。

(11) 清理和检查正时链条和正时齿轮。

(二) 正时链条和链轮的安装程序

(1) 安装凸轮轴止推板(如果已拆除),如图7-85所示。

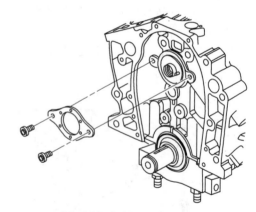

图7-85 安装凸轮轴止推板

(2) 安装曲轴链轮。

(3) 将发动机机油或等效品涂在链轮止推面上。

(4) 将正时链条安装到凸轮轴相位执行器和曲轴链轮上。

(5) 将EN48025工具(3根)插入凸轮轴相位执行器上起导向作用。

(6) 当链条下垂时,固定住凸轮轴链轮,将链条安装到曲轴齿轮上。

（7）将曲轴正时标记与正时链条减震器底部的正时标记对准。

（8）将凸轮轴正时标记与正时链条减震器的顶部正时标记对准。

（9）安装凸轮轴链轮螺栓。

（10）安装凸轮轴相位执行器。

（11）将曲轴和凸轮轴链轮涂上发动机机油。

（12）安装发动机前盖。

第三节

上海通用别克陆尊车系 3.0L（LW9）发动机正时校对维修

3.0L 款（LW9）发动机正时校对维修如下。

一、正时链条和链轮的拆卸

（1）拆卸发动机前盖。

（2）旋转曲轴，使正时标记对准图 7-86 所示的位置。

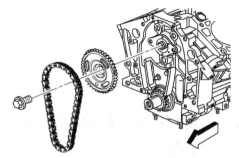

图 7-87 拆卸凸轮轴链轮和正时链条

（5）拆卸曲轴链轮，如图 7-88 所示。

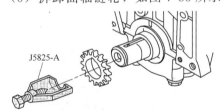

图 7-88 拆卸曲轴链轮

（6）拆卸正时链条减震器螺栓，如图 7-89 所示。

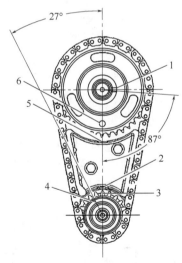

图 7-86 对准正时记号
1—凸轮轴定位销；2—正时链条减震器；
3—曲轴链轮；4—曲轴键；
5—正时链条减震器；6—凸轮轴链轮定位孔

（3）拆卸凸轮轴链轮螺栓。

（4）拆卸凸轮轴链轮和正时链条，如图 7-87 所示。

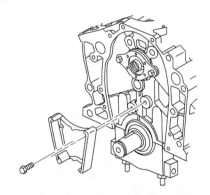

图 7-89 拆卸正时链条减震器螺栓

(7) 拆卸正时链条减震器。
(8) 清理和检查正时链条和齿轮。
① 检查正时链条和链轮的轮齿是否磨损，如图7-90所示。

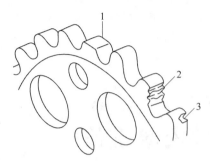

图 7-90　1 断裂，2、3 开裂

② 检查正时链条是否卡滞或张紧。
③ 检查正时链条减震器是否过度磨损或断裂。
④ 必要时，更换正时链条和链轮。

二、正时链条和链轮的安装

（1）用 J38612 工具安装曲轴链轮，如图 7-91 所示。

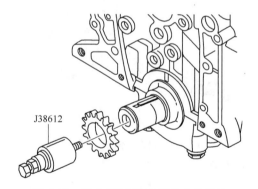

图 7-91　用 J38612 工具安装曲轴链轮

（2）将润滑剂或等效品涂在曲轴链轮止推面上。
（3）安装正时链条减震器，如图 7-92 所示。
（4）安装正时链条减震器螺栓。
（5）将曲轴正时标记 2 对准正时链条减震器 1 底部的正时标记，如图 7-93 所示。
（6）固定住吊上正时链条的凸轮轴链轮，并将正时链条安装到曲轴齿轮上。

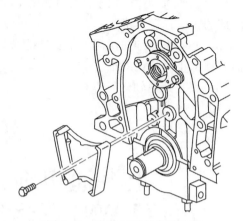

图 7-92　安装正时链条减震器

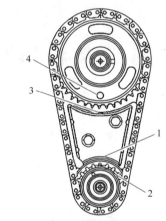

图 7-93　对准底部的正时标记
1，3—正时链条减震器；2—曲轴正时标记；
4—凸轮轴齿轮

（7）将凸轮轴齿轮 4 上的正时标记对准正时链条减震器 3 顶部的正时标记。
（8）将凸轮轴中的定位销对准凸轮轴链轮中的定位销孔，如图 7-94 所示。

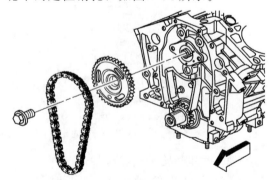

图 7-94　凸轮轴中的定位销对准
凸轮轴链轮中心定位孔

(9) 采用安装螺栓,将凸轮轴链轮拉到凸轮轴上。

(10) 将曲轴和凸轮轴链轮涂上发动机机油。
(11) 安装发动机前盖。

第四节 上海通用别克凯越车系发动机正时校对维修

一、1.6L(L91)发动机

(一) 正时皮带的拆卸

拆卸曲轴箱强制通风新鲜空气管。
(1) 断开蓄电池负极电缆。
(2) 从空气滤清器出口软管上拆卸曲轴箱强制通风新鲜空气管,如图7-95所示。

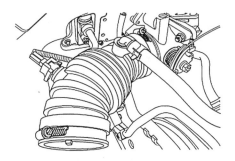

图7-95 拆卸曲轴箱强制通风新鲜空气管

(3) 从空气滤清器出口软管上断开进气温度传感器电气接头。
(4) 从节气门体上拆卸空气滤清器出口软管。
(5) 拆卸空气滤清器壳体螺栓,如图7-96所示。
(6) 拆卸空气滤清器壳体。
(7) 拆卸右前轮。
(8) 拆卸右前轮防溅罩。
(9) 拆卸蛇形附件传动皮带。
(10) 拆卸曲轴皮带轮螺栓,如图7-97所示。
(11) 拆卸曲轴皮带轮。
(12) 拆卸前上正时皮带罩螺栓,如图7-98所示。

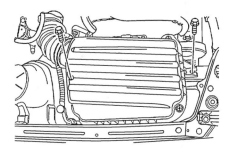

图7-96 拆卸空气滤清器壳体螺栓

图7-97 拆卸曲轴皮带轮螺栓

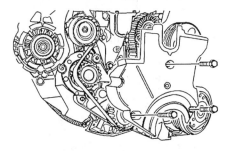

图7-98 拆卸前上正时皮带罩螺栓

(13) 拆卸前上正时皮带罩。
(14) 拆卸前下正时皮带罩螺栓。
(15) 拆卸前下正时皮带罩。
(16) 安装曲轴皮带轮螺栓。
(17) 用曲轴皮带轮螺栓顺时针转动曲

轴至少一整圈,将曲轴正时齿轮上的标记对准后正时皮带罩底部的缺口,对准凸轮轴正时齿轮正时标记,如图7-99所示。

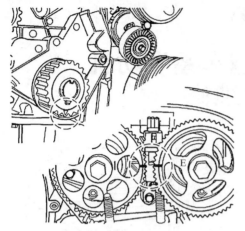

图 7-99 对准凸轮轴正时齿轮正时标记

(18) 稍微松开水泵固定螺栓,如图7-100所示。

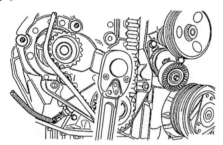

图 7-100 松开水泵固定螺栓

(19) 使用 J42492-A 工具顺时针转动水泵。

(20) 拆卸右发动机支座。

(21) 拆卸正时皮带,如图7-101所示。

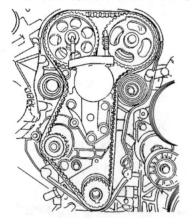

图 7-101 拆卸正时皮带

(二) 正时皮带的安装

(1) 将曲轴正时齿轮上的正时标记对准后正时皮带罩底部的缺口,如图7-99所示。

(2) 对准凸轮轴正时齿轮上的正时标记。

(3) 安装正时皮带,如图7-102所示。

图 7-102 安装正时皮带

(4) 安装右发动机支座托架。

(5) 使用 J42492-A 工具顺时针转动水泵,如图7-103所示。

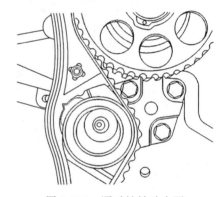

图 7-103 顺时针转动水泵

(6) 顺时针转动水泵,直到正时皮带自动张紧器调节臂上的指针对准正时皮带自动张紧器托架上的缺口。

(7) 紧固水泵固定螺栓。

(8) 用曲轴皮带轮顺时针转动曲轴两整圈。

(9) 松开水泵固定螺栓。

(10) 使用 J42492-A 工具转动水泵,直到正时皮带自动张紧器调节臂上的指针对准正时皮带自动张紧器托架上的指针。

(11) 紧固水泵固定螺栓。

(12) 拆卸曲轴皮带轮螺栓，如图 7-104 所示。

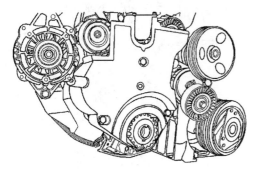

图 7-104　拆卸曲轴皮带轮螺栓

(13) 安装前上和前下正时皮带罩。
(14) 安装前上和前下正时皮带罩螺栓。
(15) 安装曲轴皮带轮，如图 7-105 所示。

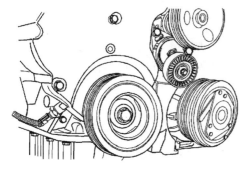

图 7-105　安装曲轴皮带轮

(16) 安装曲轴皮带轮螺栓。
(17) 安装蛇形附件传动皮带。
(18) 安装右前轮防溅罩。
(19) 安装右前轮。
(20) 安装空气滤清器壳体。
(21) 安装空气滤清器壳体螺栓。

二、1.8L（L79）发动机

（一）正时皮带的拆卸

(1) 断开蓄电池负极电缆，如图 7-106 所示。
(2) 断开进气温度（IAT）传感器连接器。
(3) 从节气门体上断开空气滤清器出口

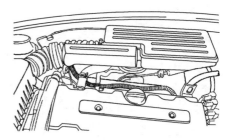

图 7-106　断开蓄电池负极电缆等

软管，如图 7-107 所示。

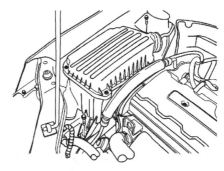

图 7-107　拆卸空气滤清器壳体螺栓等

(4) 从凸轮轴罩上断开通气管。
(5) 拆卸空气滤清器壳体螺栓。
(6) 拆卸空气滤清器壳体。
(7) 拆卸右前轮。
(8) 拆卸右前轮防溅罩。
(9) 拆卸蛇形附件传动皮带。
(10) 拆卸曲轴皮带轮螺栓，如图 7-108 所示。

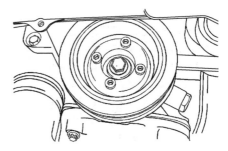

图 7-108　拆卸曲轴皮带轮螺栓

(11) 拆卸曲轴皮带轮。
(12) 拆卸发动机右支座托架。
(13) 拆卸前正时皮带罩螺栓，如图 7-109 所示。

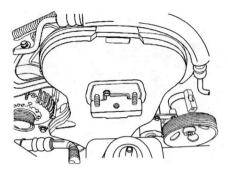

图 7-109 拆卸前正时皮带罩螺栓等

(14) 拆卸前正时皮带罩。

(15) 用曲轴齿轮螺栓,顺时针转动曲轴,直到曲轴齿轮上的正时标记对准后正时皮带罩底部的缺口,如图 7-110 所示。

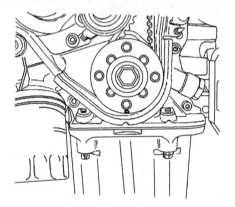

图 7-110 标记对准后正时皮带罩底部的缺口

(16) 将凸轮轴齿轮缺口 1、2 对准凸轮轴罩上的缺口,如图 7-111 所示。

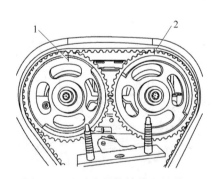

图 7-111 对准凸轮轴罩上的缺口

(17) 松开自动张紧器螺栓。拧六角轴头,释放皮带张力。松开自动张紧器螺栓,如图 7-112 所示。

(18) 拆卸正时皮带。

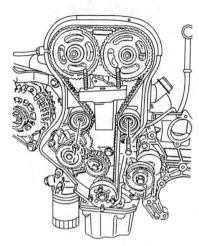

图 7-112 松开自动张紧器螺栓等

(二) 正时皮带的安装

(1) 将曲轴齿轮上的正时标记对准后正时皮带罩底部的缺口,如图 7-110 所示。

(2) 对准凸轮轴齿轮上的正时标记,如图 7-111 所示。

(3) 安装正时皮带,如图 7-112 所示。

(4) 顺时针拧六角轴头,张紧皮带,使指针对准缺口。

(5) 安装自动张紧器螺栓,如图 7-113 所示。

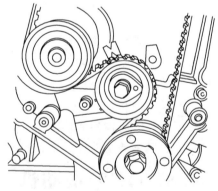

图 7-113 安装自动张紧器螺栓

(6) 用曲轴皮带轮螺栓顺时针转动曲轴两整圈。

(7) 重新检查自动张紧器指针。

(8) 安装前正时皮带罩,如图 7-109 所示。

(9) 安装前正时皮带罩螺栓。

(10) 安装右发动机支座托架。
(11) 安装曲轴皮带轮,如图 7-108 所示。
(12) 安装曲轴皮带轮螺栓。
(13) 安装蛇形附件传动皮带。
(14) 安装右前轮防溅罩。
(15) 安装右前轮。
(16) 安装空气滤清器壳体。
(17) 安装空气滤清器壳体螺栓。
(18) 将空气滤清器出口软管连接到节气门体上,如图 7-106 所示。
(19) 将通气管连接到凸轮轴罩上。
(20) 连接进气温度传感器连接器。
(21) 连接蓄电池负极电缆。

第五节 上海通用别克林荫大道车系 3.0L (LF1) 发动机正时校对维修

3.0L (LF1) 发动机正时校对维修如下。

一、发动机正时标记

(1) 凸轮轴位置执行器正时标记如图 7-114 所示。

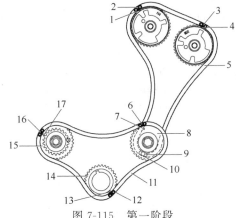

图 7-115 第一阶段

1—左侧进气凸轮轴位置(CMP)执行器正时标记(圆形);2—左侧进气凸轮轴次级正时传动链条正时链节;3—左侧排气凸轮轴次级正时传动链条正时链节;4—左侧排气凸轮轴位置(CMP)执行器正时标记(圆形);5—左侧次级凸轮轴正时传动链条;6—左侧初级凸轮轴中间传动链条链轮的初级凸轮轴传动链条正时链节;7—初级凸轮轴传动链条的左侧初级凸轮轴中间传动链条链轮正时标记;8—左侧初级凸轮轴中间传动链条链轮;9—位于链轮中的孔后方,左侧初级凸轮轴中间传动链条链轮的左侧次级凸轮轴正时传动链条正时链节;10—左侧次级凸轮轴正时传动链条正时链节的左侧初级凸轮轴中间传动链条链轮正时窗;11—初级凸轮轴传动链条;12—曲轴链轮的初级凸轮轴传动链条正时链节;13—曲轴链轮正时标记;14—曲轴链轮;15—初级凸轮轴中间传动链条链轮;16—右侧初级凸轮轴中间传动链条链轮的初级凸轮轴传动链条正时链节;17—右侧初级凸轮轴中间传动链条链轮正时标记

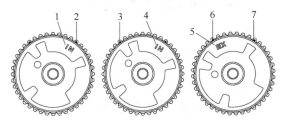

图 7-114 凸轮轴位置执行器正时标记

1—右侧进气凸轮轴位置执行器识别符;2—进气凸轮轴位置执行器右侧正时标记(三角形);3—进气凸轮轴位置执行器左侧正时标记(圆形);4—左侧进气凸轮轴位置执行器识别符;5—排气凸轮轴位置执行器识别符;6—排气凸轮轴位置执行器右侧正时标记(三角形);7—排气凸轮轴位置执行器左侧正时标记(圆形)

(2) 第一阶段如图 7-115 所示。

(3) 第二阶段如图 7-116 所示。

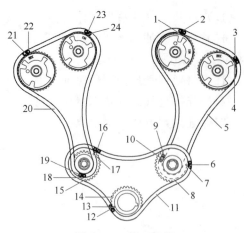

图 7-116 第二阶段

1—左侧进气凸轮轴位置（CMP）执行器正时标记（圆形）；2—左侧进气凸轮轴次级正时传动链条正时链节；3—左侧排气凸轮轴次级正时传动链条正时链节；4—左侧排气凸轮轴位置（CMP）执行器正时标记（圆形）；5—左侧次级凸轮轴正时传动链条；6—左侧初级凸轮轴中间传动链条链轮的初级凸轮轴传动链条正时链节；7—初级凸轮轴传动链条的左侧初级凸轮轴中间传动链条链轮正时标记；8—左侧初级凸轮轴中间传动链条链轮；9—位于链轮中的孔后方，左侧初级凸轮轴中间传动链条链轮的左侧次级凸轮轴正时传动链条正时链节；10—左侧初级凸轮轴中间传动链条链轮正时窗；11—初级凸轮轴传动链条；12—曲轴链轮的初级凸轮轴传动链条正时链节；13—曲轴链轮正时标记；14—曲轴链轮；15—右侧初级凸轮轴中间传动链条链轮；16—右侧初级凸轮轴中间传动链条链轮的初级凸轮轴传动链条正时标记；17—初级凸轮轴传动链条的右侧初级凸轮轴中间传动链条链轮正时标记；18—右侧次级凸轮轴正时传动链条的右侧初级凸轮轴中间传动链条链轮正时标记；19—右侧初级凸轮轴中间传动链条链轮的右侧次级凸轮轴正时传动链条正时链节；20—右侧次级凸轮轴正时传动链条；21—右侧排气凸轮轴位置（CMP）执行器正时标记（三角形）；22—右侧进气次级凸轮轴正时传动链条正时链节；23—右侧进气次级凸轮轴正时传动链条正时链节；24—右侧进气凸轮轴位置（CMP）执行器正时标记（三角形）

二、排气凸轮轴位置执行器的更换-缸组 2（左侧）

（一）拆卸程序

（1）拆下进气歧管。

（2）拆下左侧凸轮轴盖。

（3）拆下左侧进气和排气凸轮轴位置传感器。

（4）拆下左进气和排气凸轮轴位置执行器电磁阀。

顺时针旋转曲轴平衡器螺栓。

（5）使用平衡器螺栓转动曲轴直到凸轮轴处于中立（低张紧力）位置。凸轮轴应与凸轮轴盖轨 1 平行，如图 7-117 所示。

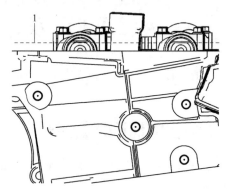

图 7-117 凸轮轴与凸轮轴盖轨 1 平行

确保在凸轮轴正时链条和凸轮轴位置执行器上做好标记，以便正确装配。

（6）用油漆棒在排气凸轮轴位置执行器 1 旁边的正时链条链节上做上定位标记 2，如图 7-118 所示。

（7）用油漆棒在进气凸轮轴位置执行器 4 旁边的正时链条链节上做上定位标记 3，如图 7-118 所示。

（8）用开口扳手卡住左进气和排气凸轮轴的六角头，并朝各个方向转动凸轮轴，为了使在执行器间的链条中有松弛度。

（9）拧下 EN48313 工具以使工具的撑脚收缩。

（10）将 EN48313 工具插入到凸轮轴执行器中，向后到正时链条，直到工具体 2 底线，靠近气缸盖 1 顶部表面。此时即为大约

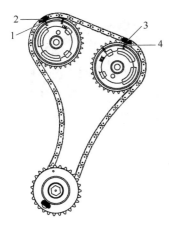

图 7-118 做标记

安装位置，如图 7-119 所示。

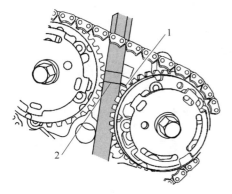

图 7-119 将 EN48313 工具插入到凸轮轴执行器中

(11) 确保工具的撑脚 4 面向发动机前部，如图 7-120 所示。

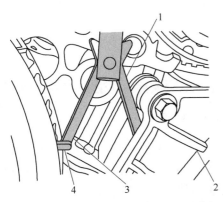

图 7-120 工具的撑脚 4 面向发动机前部

(12) 逆时针转动 T 形把手，部分扩张 EN48313 工具的撑脚 1、3。

(13) 将工具的撑脚 1 插入正时链条导板后部 2。

(14) 继续扩张 EN48313 工具直至撑脚 1、3 接触到正时链条。此时不要紧固。

> **注意**
>
> 确保 EN48313 工具撑脚 1 卡住其中一个链凹槽，如图 7-121 所示。

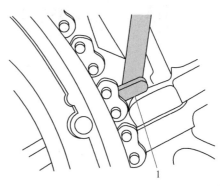

图 7-121 撑脚 1 卡住其中一个链凹槽

(15) 用手上紧 EN48313 工具。

(16) 用开口扳手卡住左进气和排气凸轮轴的六角头，并朝各个方向转动凸轮轴，使在执行器间的链条有松弛度。

(17) 正确安装 EN48313 工具以固定正时链条位置，如图 7-122 所示。

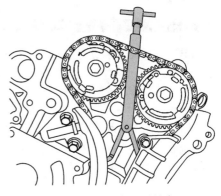

图 7-122 固定正时链条

(18) 将开口扳手置于凸轮轴的六角头上，以防止在松开凸轮轴位置执行器螺栓时发动机转动。

(19) 拆下左排气凸轮轴位置执行器螺

栓，如图7-123所示。

图7-123 拆下左排气凸轮轴位置执行器螺栓

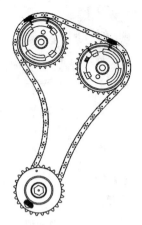

图7-124 对准定位标记

（20）拆下左排气凸轮轴位置执行器。当执行器移动，将防滑链放置于执行器的发动机侧盖。

（21）转动执行器，使执行器变磁阻转子上的开口对准前盖的凸轮轴传感器凸台，用来拆下执行器。

（22）如果同时拆下进气和排气凸轮轴执行器，一旦执行器拆下，EN48313工具将覆盖正时链条。

（二）安装程序

 注意

确保在凸轮轴正时链条和凸轮轴位置执行器上做好标记，以便正确装配。

（1）拆解过程中，排气凸轮轴执行器定位标记应对准正时链条定位标记。

（2）确保对准进气凸轮轴执行器定位标记和正时链条定位标记，如图7-124所示。

（3）将排气凸轮轴执行器置于凸轮轴位置，安装执行器螺栓并用手上紧。

（4）拆下EN48313工具。

（5）紧固排气凸轮轴位置执行器螺栓至58N·m（43lbf·ft）。

（6）安装左进气和排气凸轮轴位置执行器电磁阀。

（7）安装左侧进气和排气凸轮轴位置传感器。

（8）安装左侧凸轮轴盖。

（9）安装进气歧管。

三、排气凸轮轴位置执行器的更换-缸组1（右侧）

（一）拆卸程序

（1）拆下进气歧管。

（2）拆下右侧凸轮轴盖。

（3）拆下右侧进气和排气凸轮轴位置传感器。

（4）拆下右侧进气和排气凸轮轴位置执行器电磁阀。

 注意

顺时针旋转曲轴平衡器螺栓。

（5）使用平衡器螺栓转动曲轴直到凸轮轴处于中立（低张紧力）位置。凸轮轴应与凸轮轴盖轨平行。

 注意

确保在凸轮轴正时链条和凸轮轴位置执行器上做好标记，以便正确装配。

(6) 用油漆棒在排气凸轮轴位置执行器旁边的正时链条链节上做上定位标记。

(7) 用油漆棒在进气凸轮轴位置执行器旁边的正时链条链节上做上定位标记，如图 7-125 所示。

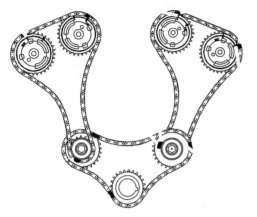

图 7-125　对正标记

(8) 用开口扳手卡住左进气和排气凸轮轴的六角头，并朝各个方向转动凸轮轴，使在执行器间的链条有松弛度。

(9) 拧下 EN48313 工具以使工具的撑脚收缩，如图 7-126 所示。

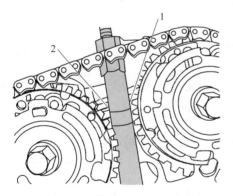

图 7-126　拧下 EN48313 工具

(10) 将 EN48313 工具插入凸轮轴执行器中，向后到正时链条，直到工具体 2 顶线，靠近气缸盖 1 顶部表面（图 7-126）。此时即为大约安装位置。

(11) 确保工具的撑脚 2 面向发动机前部，如图 7-127 所示。

(12) 逆时针转动 T 形把手，部分扩张 EN48313 工具撑脚 1，如图 7-127 所示。

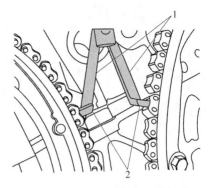

图 7-127　逆时针转动 T 形把手

(13) 继续扩张 EN48313 工具直至撑脚 1 接触到正时链条。此时不要紧固。

(14) 用手上紧 EN48313 工具，如图 7-128 所示。

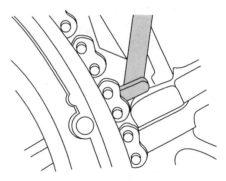

图 7-128　用手上紧 EN48313 工具

(15) 用开口扳手卡住 EN48313 工具上铸入的六角头，并用手拧紧 T 形把手。

(16) 用开口扳手卡住右进气和排气凸轮轴的铸入六角头，并朝各个方向转动凸轮轴，使在执行器间的链条有松弛度。

(17) 正确安装 EN48313 工具以固定正时链条位置，如图 7-129 所示。

(18) 将开口扳手置于凸轮轴的六角头上，以防止在松开凸轮轴位置执行器螺栓时发动机转动。

(19) 拆下右排气凸轮轴位置执行器螺栓，如图 7-130 所示。

(20) 拆下右排气凸轮轴位置执行器。

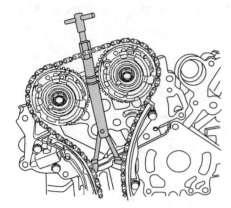

图 7-129 固定正时链条位置

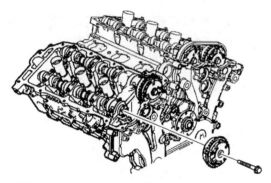

图 7-130 拆下右排气凸轮轴位置执行器螺栓

当执行器移动时,将防滑链放置于执行器的发动机气缸体侧。

(21) 转动执行器,使执行器变磁阻转子上的开口对准前盖的凸轮轴传感器凸台,用来拆下执行器。

(22) 如果同时拆下进气和排气凸轮轴执行器,一旦执行器拆下,EN48313 工具将覆盖正时链条。

(二) 安装程序

 注意

确保在凸轮轴正时链条和凸轮轴位置执行器上做好标记,以便正确装配。

(1) 拆解过程中,排气凸轮轴执行器定位标记应对准正时链条定位标记。

(2) 确保对准进气凸轮轴执行器定位标记和正时链条定位标记,如图 7-131 所示。

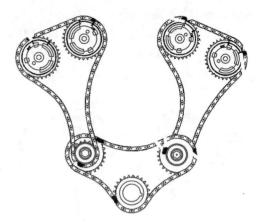

图 7-131 对准标记

(3) 将排气凸轮轴执行器置于凸轮轴位置,安装执行器螺栓并用手上紧。

(4) 拆下 EN48313 工具。

(5) 紧固右侧排气凸轮轴位置执行器螺栓至 58N·m (43lbf·ft)。

(6) 安装右侧进气和排气凸轮轴位置执行器电磁阀。

(7) 安装右侧进气和排气凸轮轴位置传感器。

(8) 安装右侧凸轮轴盖。

(9) 安装进气歧管。

四、进气凸轮轴位置执行器的更换-缸组 2(左侧)

(一) 拆卸程序

(1) 拆下左侧排气凸轮轴执行器。

(2) 拆下进气凸轮轴位置执行器螺栓,如图 7-132 所示。

(3) 拆下左进气凸轮轴位置执行器。

(二) 安装程序

(1) 确保安装正确的凸轮轴位置执行器。观察凸轮轴位置执行器体是否有标记"IN",如图 7-133 所示。

此标记用于进气凸轮轴位置执行器。

(2) 变磁阻转子右进气凸轮轴位置执行

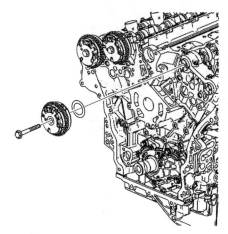

图 7-132 拆下进气凸轮轴位置执行器螺栓

图 7-133 观察凸轮轴位置执行器体是否有标记"IN"

器 1 指示在不同位置时与左进气凸轮轴位置执行器 2 进行比较，如图 7-134 所示。

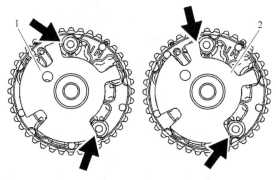

图 7-134 比较标记位置

（3）左侧进气凸轮轴执行器边缘变磁阻转子与链条链节的顶点对齐。

（4）确保使用正确的正时标记。观察凸轮轴位置执行器外圈是否有基圆标记 1。此基圆标记用于对准发动机左侧高亮的正时链条链节，如图 7-135 所示。

图 7-135 基圆标记 1

（5）用开口扳手卡住凸轮轴上铸入的六角头，以防止在紧固凸轮轴位置执行器螺栓时凸轮轴转动。

（6）定位进气凸轮轴位置执行器至凸轮轴并松弛地安装螺栓，如图 7-136 所示。

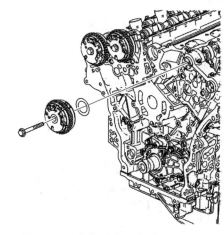

图 7-136 定位进气凸轮轴位置执行器

> **注意**
>
> 用开口扳手固定住凸轮轴六角头，防止凸轮轴/发动机旋转。

（7）紧固凸轮轴位置执行器螺栓。

（8）安装左排气凸轮轴执行器。

第六节

别克 GL8 豪华商务车 2.4L（LE5）发动机正时校对维修

凸轮轴正时链条、链轮和张紧器的更换如下。

一、拆卸程序

（1）拆下 1 号气缸火花塞。

（2）沿发动机旋转方向顺时针旋转曲轴，直至 1 号活塞在排气行程上止点（TDC）。

（3）拆下凸轮轴盖。

（4）拆下发动机前盖。

（5）拆下正时链条上导板螺栓和导板。

（6）拆下正时链条张紧器。

（7）在排气凸轮轴上安装一个六角头 24mm 扳手，以固定凸轮轴。

（8）拆下并报废排气凸轮轴执行器螺栓 2，如图 7-137 所示。

（9）将排气凸轮轴执行器 1、3 从凸轮轴和正时链条上拆下，如图 7-137 所示。

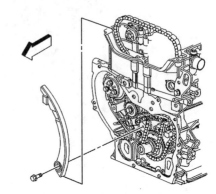

图 7-138　拆下正时链条张紧器导板螺栓和导板

（11）拆下固定正时链条导板检修孔塞，如图 7-139 所示。

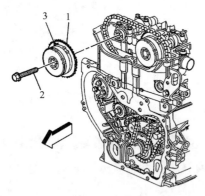

图 7-137　将排气凸轮轴执行器拆下

（10）拆下正时链条张紧器导板螺栓和导板，如图 7-138 所示。

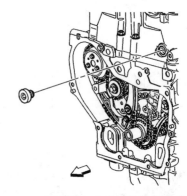

图 7-139　拆下固定正时链条导板检修孔塞

（12）拆下固定正时链条导板螺栓和导板，如图 7-140 所示。

（13）在进气凸轮轴上安装一个六角头 24mm 扳手，以固定凸轮轴。

（14）拆下并报废进气凸轮轴执行器螺栓 2，如图 7-141 所示。

（15）通过气缸盖顶部，拆下进气凸轮轴执行器 3、4 和正时链条 1，如图 7-141 所示。

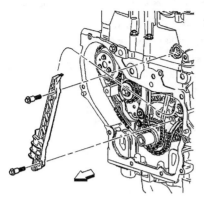

图 7-140 拆下固定正时链条导板螺栓和导板

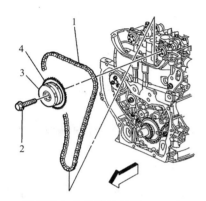

图 7-141 拆下进气凸轮轴执行器 3、4 和正时链条 1

（16）拆下正时链条曲轴链轮，如图 7-142 所示。

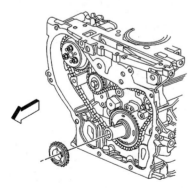

图 7-142 拆下正时链条曲轴链轮

（17）如果更换平衡轴正时链条和链轮，执行以下步骤，如果不是，转至安装程序中步骤（10）。

（18）拆下平衡轴传动链条张紧器螺栓和张紧器，如图 7-143 所示。

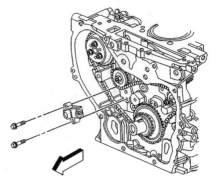

图 7-143 拆下平衡轴传动链条张紧器螺栓和张紧器

（19）拆下可调节平衡轴链条导板螺栓和导板，如图 7-144 所示。

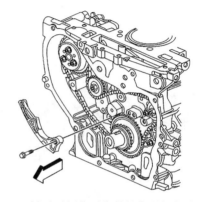

图 7-144 拆下可调节平衡轴链条导板螺栓和导板

（20）拆下平衡轴传动链条小导板螺栓和导板，如图 7-145 所示。

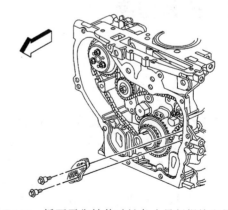

图 7-145 拆下平衡轴传动链条小导板螺栓和导板

（21）拆下平衡轴传动链条上导板螺栓和导板，如图 7-146 所示。

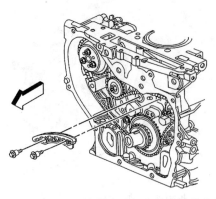

图 7-146 拆下平衡轴传动链条上导板螺栓和导板

（22）拆下平衡轴传动链条 7，如图 7-147 所示。

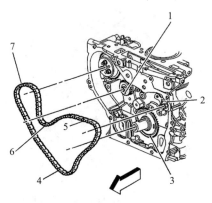

图 7-147 拆下平衡轴传动链条 7

（23）拆下平衡轴传动链轮。

二、安装程序

（1）如果更换平衡轴正时链条，执行以下步骤，如果不是，转至步骤（10）。

（2）安装平衡轴传动链轮。

> **注意**
> 如果平衡轴不能与发动机正确正时，发动机可能会振动或产生噪声。

（3）安装平衡轴传动链条 1，使彩色链节对准平衡轴传动链轮和平衡轴链轮上的标记。链条上有 3 节彩色链节。2 个镀铬和 1 个铜制。使用以下步骤以将链节对准链轮，参见图 7-147。

① 放好铜制链节 5，使其对准进气侧平衡轴链轮的正时标记 2。

② 顺时针包绕链条，将镀铬链节 4 对准平衡轴链轮上的正时标记 3（大约在链轮 6 点钟位置）。

③ 将链条 7 放置在水泵传动链轮上。对准并不严格。

④ 将镀铬链节 6 对准排气侧平衡轴传动链轮的正时标记 1。

（4）安装平衡轴传动链条上导板和螺栓并紧固至 15N·m，如图 7-146 所示。

（5）安装平衡轴传动链条小导板和螺栓并紧固至 15N·m，如图 7-145 所示。

（6）安装可调平衡轴链条导板和螺栓并紧固至 10N·m，如图 7-144 所示。

（7）执行以下步骤，重置正时链条张紧器，如图 7-143 所示。

① 在孔中将张紧器柱塞旋转 90°，并压缩柱塞。

② 将张紧器旋转回初始的 12 点钟位置，并将回形针通过柱塞体中的孔插入张紧器柱塞中的孔内。

（8）安装平衡轴传动链条张紧器和螺栓并紧固至 10N·m。

（9）将回形针从平衡轴传动链条张紧器上拆下。

（10）确保进气凸轮轴槽口位于 5 点钟位置 2 且排气凸轮轴槽口位于 7 点钟位置 1。1 号活塞应位于上止点位置，曲轴键位于 12 点钟位置，如图 7-148 所示。

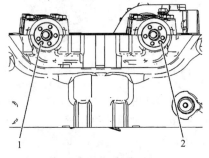

图 7-148 确保进气凸轮轴槽口位于 5 点钟位置 2 且排气凸轮轴槽口位于 7 点钟位置 1

(11) 将正时链条传动链轮安装至曲轴上，正时标记在 5 点钟位置，且链轮前部朝外。

> ⚠ **注意**
>
> 正时链条上有 3 节彩色链节。2 节链节是一样的颜色，1 节链节是特殊颜色。执行以下程序以将链节对准执行器。定位链条，使彩色链节可见。
> 务必使用新的执行器螺栓。

(12) 正时标记对准有特殊颜色的链节 1，将进气凸轮轴执行器装配到正时链条上。

(13) 通过气缸盖的开口，降下正时链条。小心并确保链条围绕在气缸体凸台 1、2 的两侧，如图 7-149 所示。

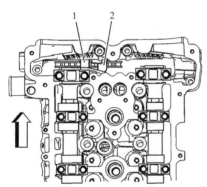

图 7-149 小心并确保链条围绕在气缸体凸台 1、2 的两侧

(14) 定位销对准凸轮轴槽，同时将进气凸轮轴执行器安装在进气凸轮轴上。

(15) 用手拧紧新的进气凸轮轴执行器螺栓。

(16) 将正时链条包绕在曲轴链轮上，将第一节相同颜色的链节对准曲轴链轮上的正时标记，大约在 5 点钟位置，如图 7-150 所示。

(17) 顺时针转动曲轴以消除所有链条间隙。切勿转动进气凸轮轴。

(18) 将可调正时链条导板向下安装穿过气缸盖的开口，并安装可调正时链条螺栓。紧固可调节正时链条导板螺栓至 10N·m。

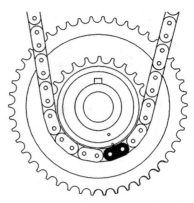

图 7-150 将正时链条包绕在曲轴链轮上正时标记，大约在 5 点钟位置

> **注意**
>
> 务必安装新的执行器螺栓。

(19) 正时标记对准第二节相同颜色的链节，将排气凸轮轴执行器安装至正时链条上，如图 7-137 所示。

(20) 定位销对准凸轮轴槽，同时将排气凸轮轴执行器安装到排气凸轮轴上，如图 7-151 所示。

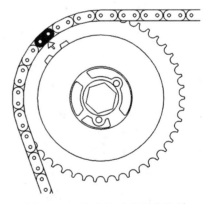

图 7-151 定位销对准凸轮轴槽

(21) 用 23mm 的开口扳手转动排气凸轮轴约 45°，直至凸轮轴执行器中的定位销进入凸轮轴槽，如图 7-152 所示。

(22) 执行器就位于凸轮上时，用手拧紧新的排气凸轮轴执行器螺栓。

(23) 检查并确认所有彩色链节与相应的正时标记仍对准，如图 7-153 所示。否

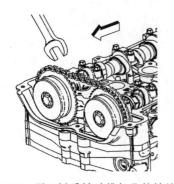

图 7-152 开口扳手转动排气凸轮轴约 45°

则,重复该部分程序以对准正时标记。

图 7-153 检查并确认所有彩色链节
与相应的正时标记仍对准

(24)安装固定正时链条导板和螺栓。紧固固定正时链条导板螺栓至 12N·m,如图 7-154 所示。

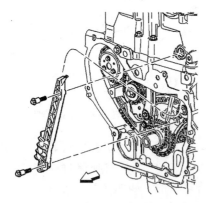

图 7-154 安装固定正时链条导板和螺栓

(25)安装正时链条上导板和螺栓。紧固正时链条上导板螺栓至 10N·m,如图 7-155 所示。

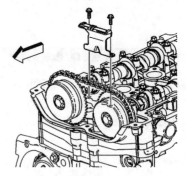

图 7-155 安装正时链条上导板和螺栓

(26)执行以下步骤,重置正时链条张紧器,如图 7-156 所示。

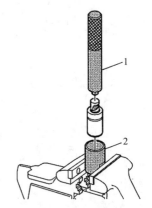

图 7-156 重置正时链条张紧器

① 拆下卡环。

② 将活塞总成从正时链条张紧器主体上拆下。

③ 将 J45027-2 工具 2 安装到台钳中。

④ 将活塞总成的切口端安装至 J45027-2 工具 2。

⑤ 使用 J45027-1 工具 1,将棘爪气缸转入活塞内。

⑥ 将活塞总成重新安装至张紧器主体内。

⑦ 安装卡环。

(27)检查正时链条张紧器密封件是否损坏,如图 7-157 所示。如有损坏,则更换密封件。

(28)检查并确保所有的污物和碎屑已

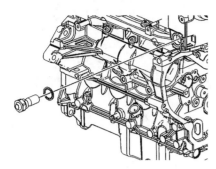

图 7-157　检查正时链条张紧器密封件

从气缸盖的正时链条张紧器螺纹孔中清除。

（29）安装正时链条张紧器总成。紧固正时链条张紧器至 75N·m。

（30）压缩 2mm 以松开正时链条张紧器，这将释放棘爪中的锁紧机构。使用端部带有橡胶的合适工具，松开正时链条张紧器。将工具向下穿入凸轮传动腔并置于凸轮链条上。然后对角向下剧烈晃动，以松开张紧器。

（31）使用一个 23mm 的扳手，接合进气凸轮轴上的六角头，紧固凸轮轴执行器螺栓。使用 J45059 工具，将进气凸轮轴位置执行器螺栓紧固至 30 N·m（22lbf·ft），再继续紧固 100°，如图 7-158 所示。

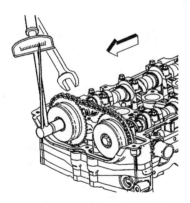

图 7-158　使用扳手紧固凸轮轴执行器螺栓

（32）使用一个 23mm 的扳手，接合排气凸轮轴上的六角头，紧固凸轮轴执行器螺栓。使用 J45059 工具将排气凸轮轴位置执行器螺栓紧固至 30N·m（22lbf·ft），再继续紧固 100°。

（33）安装正时链条机油喷嘴。紧固正时链条机油喷嘴螺栓至 10N·m，如图 7-159 所示。

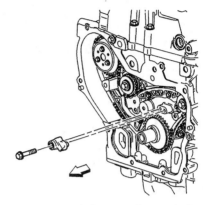

图 7-159　安装正时链条机油喷嘴

（34）涂抹 SGM 零件号的复合密封胶。

（35）安装正时链条导板螺栓检修孔塞。紧固检修孔塞至 75N·m，如图 7-160 所示。

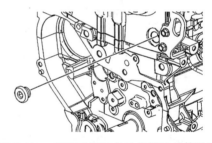

图 7-160　安装正时链条导板螺栓检修孔塞

（36）安装发动机前盖。

（37）安装凸轮轴盖。

（38）安装 1 号气缸火花塞。

第七节

别克英朗车系发动机正时校对维修（12款）

一、1.6L（LDE、LXV）和 1.8L（2H0）发动机正时皮带的更换

（一）拆卸程序

(1) 打开发动机舱盖。
(2) 拆下空气滤清器总成。
(3) 拆下正时皮带前上盖。
(4) 举升并支撑车辆。
(5) 拆下前舱防溅罩。
(6) 拆下传动皮带张紧器。
(7) 沿发动机旋转方向设置曲轴平衡器，直至标记1在上止点处对准气缸1，如图7-161所示。

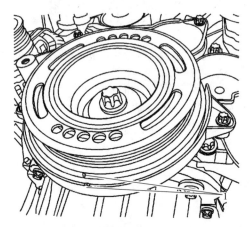

图7-161 沿发送机旋转方向设置曲轴平衡器

(8) 拆下曲轴平衡器。
(9) 拆下4个正时皮带下盖螺栓2，如图7-162所示。
(10) 拆下正时皮带下盖1，如图7-162所示。

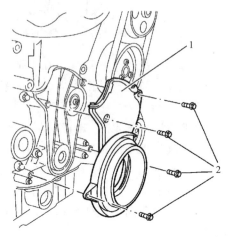

图7-162 拆下正时皮带下盖螺栓2及下盖1

(11) 降下车辆。
(12) 准备好EN-6340锁止工具。

① 拆下2个螺栓2，如图7-163所示。

> **注意**
>
> EN-6340锁止工具的右半部分可通过工具上的"RIGHT"字母识别。

② 将前侧板（1）从EN-6340锁止工具右侧拆下，如图7-163所示。

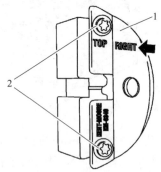

图7-163 从锁止工具上拆下螺栓和前侧板

(13) 将EN-6340锁止工具安装到凸轮轴位置执行器调节器内，如图7-164所示。

> **注意**
>
> 进气凸轮轴调节器上的点形标记 **4** 和 EN-6340 左侧的凹槽在此过程中不对应，但是必须与图 **7-164** 所示的情况接近。

① 将 EN-6340-左侧锁止工具 1 按图 7-164 安装到凸轮轴位置执行器调节器内。

> **注意**
>
> 排气凸轮轴调节器上的点形标记 **3** 必须与 EN-6340 右侧的凹槽相对应。

② 将 EN-6340 锁止工具 2 按图 7-164 安装到凸轮轴位置执行器调节器内。

（14）举升车辆。

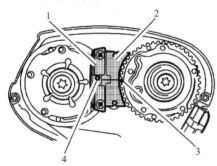

图 7-164　将锁止工具安装到凸轮轴位置执行器调节器内

（15）使用内六角扳手 1，沿箭头所指方向向正时皮带张紧器 2 施加张紧力，如图 7-165 所示。

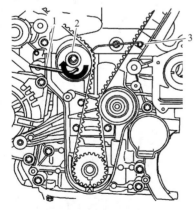

图 7-165　使用六扳手向正时皮带转动

（16）安装 EN-6333 锁销 3（图 7-165）。

（17）降下车辆。

（18）拆下正时皮带 1，如图 7-166 所示。

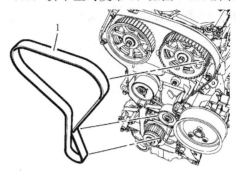

图 7-166　拆下正时皮带 1

（二）安装程序

（1）将正时皮带 1 安装到闭合装配工具 2 上，如图 7-167 所示。

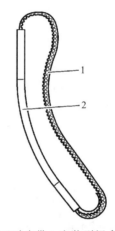

图 7-167　将正时皮带 1 安装到闭合装配工具 2 上

（2）用总成工具引导正时皮带穿过发动机支座托架。

（3）拆下总成工具。

（4）安装正时皮带 1，如图 7-166 所示。

（5）引导正时皮带穿过张紧器并将其放置到曲轴链轮上。

（6）将正时皮带放置到排气和进气凸轮轴位置执行器调节器上。

（7）举升车辆。

（8）使用内六角扳手 1，沿箭头所指方向向正时皮带张紧器 2 施加张紧力，如图 7-165 所示。

（9）拆下 EN-6333 锁销 3。

第七章　别克车系发动机正时校对维修

> **注意**
>
> 正时皮带张紧器自动移至正确位置。

（10）释放正时皮带张紧器的张紧力。

（11）拆下紧固件1，如图7-168所示。

（12）拆下EN-6625锁止装置2，如图7-168所示。

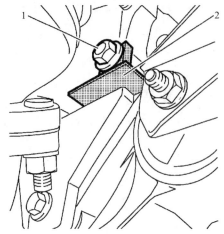

图7-168 拆下紧固件1和锁止装置2

（13）降下车辆。

（14）拆下EN-6340锁止工具。

（15）检查正时，如图7-164所示。

> **注意**
>
> 记录凸轮轴链轮上的标记。

① 沿发动机旋转方向，用曲轴平衡器上的螺栓转动曲轴720°。

> **注意**
>
> 进气凸轮轴位置执行器调节器上的点形标记4和EM-6340左侧的凹槽在此过程中不对应，但是必须与上图所示的情况接近。

② 将EN-6340锁止工具左侧1按图7-164安装至凸轮轴位置执行器调节器。

> **注意**
>
> 排气凸轮轴位置执行器调节器上的点形标记3必须与EN-6340右侧的凹槽相对应。

③ 将EN-6340锁止工具右侧2按图7-164安装至凸轮轴位置执行器调节器。

（16）举升车辆。

> **注意**
>
> 曲轴链轮和机油泵壳体必须对准。

（17）检查曲轴位置，如图7-169所示。

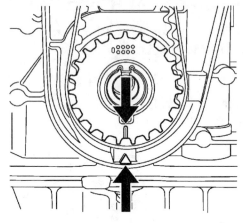

图7-169 检查曲轴位置

（18）降下车辆。

（19）拆下EN-6340锁止工具。

（20）举升车辆。

（21）安装正时皮带下盖1，如图7-162所示。

（22）安装曲轴平衡器。

（23）安装传动皮带张紧器。

（24）安装发动机舱防溅罩。

（25）降下车辆。

（26）安装正时皮带前上盖。

（27）安装空气滤清器总成。

二、1.6L（LLU）发动机

（一）拆卸程序

（1）打开发动机舱盖。

（2）拆下空气滤清器总成。

（3）拆下正时皮带前上盖。

（4）完全举升车辆。

（5）拆下前舱防溅罩。

(6) 拆下传动皮带张紧器。

(7) 将发动机设置到"上止点"。

在发动机旋转至"燃烧行程的气缸 1 上止点"1 的方向设置曲轴平衡器,如图 7-170 所示。

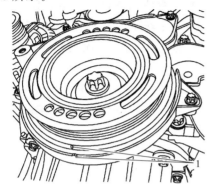

图 7-170　将发动机设置到"上止点"

(8) 拆下曲轴平衡器。

(9) 拆下 4 个正时皮带下盖螺栓 2,如图 7-171 所示。

(10) 拆下正时皮带下盖 1,如图 7-171 所示。

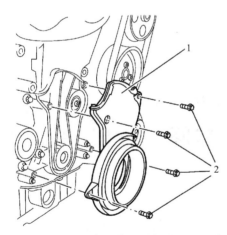

图 7-171　拆下正时皮带下盖螺栓 2 和下盖 1

(11) 降下车辆。

(12) 准备好 EN-6340 锁止工具的右半部分。

① 拆下 2 个螺栓 2。

② 拆下前板 1。

> **注意**
> EN-6340 锁止工具 1、2 上的标记 3 必须对准。

(13) 将 EN-6340 锁止工具 1、2 插入凸轮轴链轮,如图 7-172 所示。

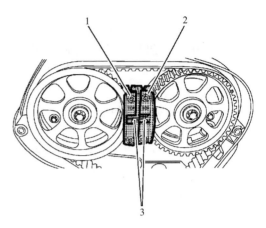

图 7-172　将锁止工具插入凸轮轴链轮

(14) 举升车辆。

(15) 使用内六角扳手 1,沿箭头所指方向向正时皮带张紧器 2 施加张紧力,如图 7-165 所示。

(16) 安装 EN-6333 锁销 3(图 7-165)。

(17) 降下车辆。

> **注意**
> 如果需要重复使用正时皮带,则记录皮带方向。

(18) 拆下正时皮带 1,如图 7-166 所示。

(二) 安装程序

> **注意**
> 仅允许使用新正时皮带提供的装配工具,将正时皮带穿过发动机支座托架,否则可能在此阶段由于扭结而损坏牙轮皮带。
> 如果已经使用牙轮皮带,则观察旋转方向。

(1) 将正时皮带 1 安装到闭合装配工具 2 上,如图 7-167 所示。

(2) 用总成工具引导正时皮带穿过发动机支座托架。

(3) 拆下总成工具。

(4) 安装正时皮带 1,如图 7-166 所示。

(5) 引导正时皮带穿过张紧器并将其放

置到曲轴链轮上。

（6）将正时皮带放置到排气和进气凸轮轴链轮上。

（7）举升车辆。

（8）使用内六角扳手1，沿箭头所指方向向正时皮带张紧器2施加张紧力，如图7-165所示。

（9）拆下EN-6333锁销3（图7-165）。

> **注意**
>
> 正时皮带张紧器自动移至正确位置。

（10）释放正时皮带张紧器的张紧力。

（11）拆下紧固件1，如图7-168所示。

（12）拆下EN-6625锁止装置2，如图7-168所示。

（13）降下车辆。

（14）拆下EN-6340锁止工具。

（15）检查凸轮轴链轮位置。

① 沿发动机旋转方向，用曲轴平衡器螺栓转动曲轴720°。

② 将EN-6340锁止工具插入凸轮轴链轮。

> **注意**
>
> 曲轴链轮和机油泵壳体必须对准。

（16）检查曲轴位置，如图7-169所示。

（17）降下车辆。

（18）拆下EN-6340锁止工具。

（19）举升车辆。

（20）安装正时皮带下盖1。

（21）安装4个正时皮带下盖螺栓2并紧固至6N·m（53lbf·in），如图7-162所示。

（22）安装曲轴平衡器。

（23）安装传动皮带张紧器。

（24）安装发动机舱防溅罩。

（25）降下车辆。

（26）安装正时皮带前上盖。

（27）安装空气滤清器总成。

（28）关闭发动机舱盖。

第八节 别克君越车系发动机正时校对维修

一、2.0L 发动机

凸轮轴正时链条、链轮和张紧器的更换如下。

（一）拆卸程序

（1）拆下1号气缸火花塞，如图7-173所示。

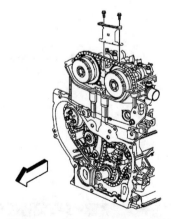

图7-173 拆下1号气缸火花塞

（2）发动机旋转方向顺时针旋转曲轴，直至1号活塞位于排气行程上止点（TDC）。

（3）拆下凸轮轴盖。

（4）拆下发动机前盖。

（5）拆下正时链条上导板螺栓和导板。

（6）拆下正时链条张紧器，如图7-174所示。

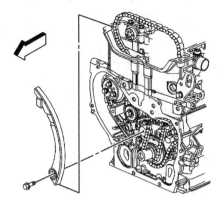

图7-176　拆下正时链条张紧器导板螺栓和导板

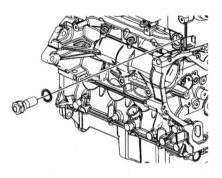

图7-174　拆下正时链条张紧器

（7）在排气凸轮轴六角头处安装一个24mm扳手，以固定凸轮轴。

（8）拆下并报废排气凸轮轴执行器螺栓2，如图7-175所示。

（9）将排气凸轮轴执行器1、3从凸轮轴和正时链条上拆下，如图7-175所示。

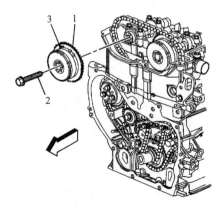

图7-175　拆下排气凸轮轴执行器

（10）拆下正时链条张紧器导板螺栓和导板，如图7-176所示。

（11）拆下固定正时链条导板检修孔塞，如图7-177所示。

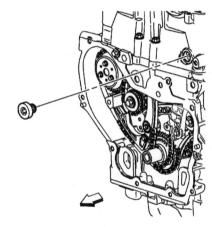

图7-177　拆下固定正时链条导板检修孔塞

（12）拆下固定正时链条导板螺栓和导板，如图7-178所示。

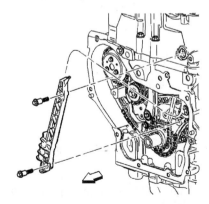

图7-178　拆下固定正时链条导板螺栓和导板

第七章　别克车系发动机正时校对维修 | 453

(13) 在进气凸轮轴六角头处安装一个24mm扳手,以固定凸轮轴。

(14) 拆下并报废进气凸轮轴执行器螺栓1,如图7-179所示。

(15) 通过气缸盖顶部,拆下进气凸轮轴执行器2、3和正时链条,如图7-179所示。

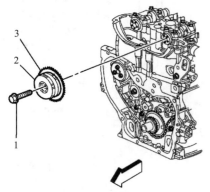

图7-179 拆下进气凸轮轴执行器螺栓1及进气凸轮轴执行器2、3和正时链条

(16) 拆下正时链条曲轴链轮,如图7-180所示。

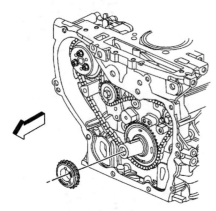

图7-180 拆下正时链条曲轴链轮

(17) 如果更换平衡轴正时链条和链轮,执行以下步骤,如果不是,转至安装程序中步骤(10)。

(18) 拆下平衡轴传动链条张紧器螺栓和张紧器。

(19) 拆下可调节平衡轴链条导板螺栓和导板,如图7-181所示。

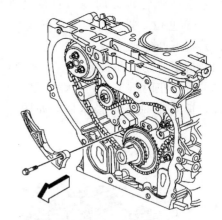

图7-181 拆下可调节平衡轴链条导板螺栓和导板

(20) 拆下平衡轴传动链条小导板螺栓和导板,如图7-182所示。

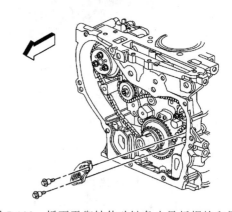

图7-182 拆下平衡轴传动链条小导板螺栓和导板

(21) 拆下平衡轴传动链条上导板螺栓和导板,如图7-183所示。

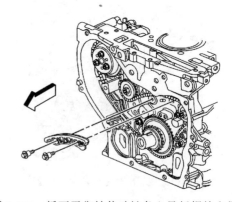

图7-183 拆下平衡轴传动链条上导板螺栓和导板

(22) 拆下平衡轴传动链条7,如图

7-184 所示。

> **注意**
> 可以方便地拆下平衡轴传动链条，以便曲轴和水泵链轮之间的链条尽可能松弛。

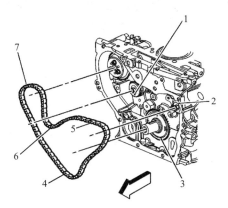

图 7-184 拆下平衡轴传动链条 7

(23) 拆下平衡轴传动链轮。

(二) 安装程序

(1) 如果更换平衡轴正时链条，执行以下步骤，如果不是，转至步骤（10）。

(2) 安装平衡轴传动链轮。

(3) 安装平衡轴传动链条 1，使彩色链节对准平衡轴传动链轮和平衡轴传动链轮上的标记。链条上有 3 节彩色链节。2 个镀铬和 1 个铜制。使用以下步骤以将链节对准链轮，参见图 7-184。

> **注意**
> 如果平衡轴不能与发动机正确正时，发动机可能会振动或产生噪声。

① 放好铜制链节 5，使其对准进气侧平衡轴链轮的正时标记 2。

② 顺时针包绕链条，将镀铬链节 4 对准平衡轴传动链轮上的正时标记 3。（大约在链轮上 6 点钟位置）。

③ 将链条 7 放置在水泵传动链轮上。对准并不严格。

④ 将镀铬链节 6 对准排气侧平衡轴传动链轮的正时标记 1。

(4) 安装平衡轴传动链条上导板和螺栓并紧固至 15N·m（11lbf·ft），如图 7-183 所示。

(5) 安装平衡轴传动链条小导板和螺栓并紧固至 15N·m（11lbf·ft），如图 7-182 所示。

(6) 安装可调平衡轴传动链条导板螺栓并紧固至 10N·m（89lbf·in），如图 7-181 所示。

(7) 执行以下步骤，重置正时链条张紧器。

① 在孔中将张紧器柱塞旋转 90°，并压缩柱塞。

② 将张紧器旋转回初始的 12 点钟位置，并将回形针通过柱塞体中的孔插入张紧器柱塞中的孔内。

(8) 安装平衡轴传动链条张紧器和螺栓并紧固至 10N·m（89lbf·in）。

(9) 将回形针从平衡轴传动链条张紧器上拆下。

(10) 对于 2.2L 发动机，确保进气凸轮轴槽口位于 10 点钟位置 2 且排气凸轮轴槽口位于 7 点钟位置 1。1 号活塞应位于上止点位置，曲轴键位于 12 点钟位置，如图 7-185 所示。

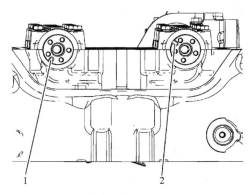

图 7-185 确保凸轮轴槽口位于正确位置

(11) 对于 2.4L 发动机，确保进气凸轮轴槽口位于 5 点钟位置 2 且排气凸轮轴槽口位于 7 点钟位置 1。1 号活塞应位于上止点位置，曲轴键位于12点钟位置，如图7-186所示。

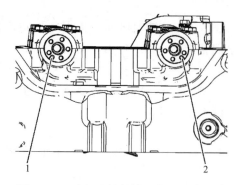

图7-186 确保凸轮轴槽口位于正确位置

（12）将正时链条传动链轮安装至曲轴上，正时标记在5点钟位置，且链轮前部朝外，如图7-187所示。

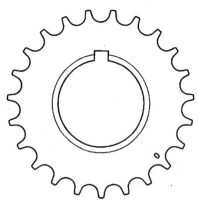

图7-187 将正时链条传动链轮安装至曲轴正确位置

（13）正时标记对准有特殊颜色的链节1，将进气凸轮轴执行器装配到正时链条上，如图7-188所示。

 注意

正时链条上有3节彩色链节。两节链节是一样的颜色，1节链节是特殊颜色。执行以下程序以将链节对准执行器。定位链条，使彩色链节可见。

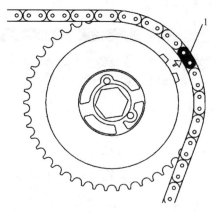

图7-188 正时标记对准有特殊颜色的链节1

（14）降下正时链条，穿过气缸盖的开口。小心并确保链条围绕在气缸体凸台1、2的两侧，如图7-189所示。

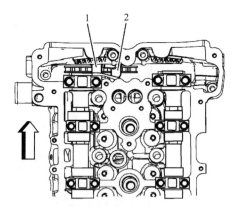

图7-189 确保链条围绕在气缸体凸台两侧

（15）定位销对准凸轮轴槽，同时将进气凸轮轴执行器安装在进气凸轮轴上。

（16）用手拧紧新的进气凸轮轴执行器螺栓。

（17）将正时链条包绕在曲轴链轮上，将第一节相同颜色的链节对准曲轴链轮上的正时标记，大约在5点钟位置。

（18）顺时针转动曲轴以消除所有链条间隙。切勿转动进气凸轮轴。

（19）将可调正时链条导板向下安装穿过气缸盖的开口，并安装可调正时链条螺栓。紧固可调节正时链条导板螺栓至10N·m（89lbf·in）。

（20）正时标记对准第二节相同颜色的链节，将排气凸轮轴执行器安装到正时链条上，如图 7-190 所示。

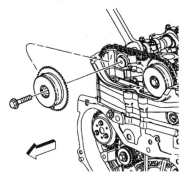

图 7-190　将排气凸轮轴执行器安装到正时链条上

（21）定位销对准凸轮轴槽，同时将排气凸轮轴执行器安装到排气凸轮轴上，如图 7-191 所示。

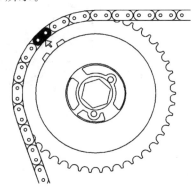

图 7-191　定位销对准凸轮轴槽

（22）用 23mm 的开口扳手转动排气凸轮轴约 45°，直至凸轮轴执行器中的定位销进入凸轮轴槽，如图 7-192 所示。

图 7-192　用 23mm 的开口扳手转动排气凸轮轴约 45°

（23）执行器就位于凸轮上时，用手拧紧新的排气凸轮轴执行器螺栓。

（24）检查并确认所有彩色链节与相应的正时标记仍对准。否则，重复该部分程序以对准正时标记，如图 7-193 所示。

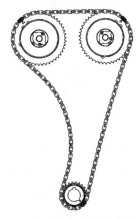

图 7-193　检查并确认所有彩色链节与相应的正时标记仍对准

（25）安装固定的正时链条导板和螺栓。紧固固定正时链条导板螺栓至 12N·m（106lbf·in），如图 7-194 所示。

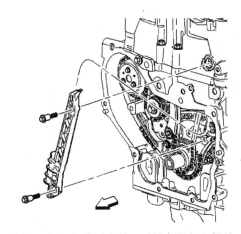

图 7-194　安装固定的正时链条导板和螺栓

（26）安装正时链条上导板和螺栓。紧固上正时链条导板螺栓至 10N·m（89lbf·in）。

（27）执行以下步骤，重置正时链条张紧器，如图 7-195 所示。

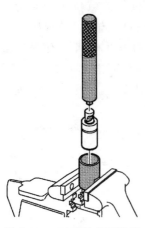

图 7-195 正时链条张紧器

(28) 检查正时链条张紧器密封件是否损坏。如有损坏，则更换密封件。

(29) 查并确保所有的污物和碎屑已从气缸盖的正时链条张紧器螺纹孔中清除。

(30) 安装正时链条张紧器总成。紧固正时链条张紧器至 75 N·m（55lbf·ft）。

(31) 压缩 2mm（0.079in）以松开正时链条张紧器，这将释放棘爪中的锁紧机构。使用端部带有橡胶的合适工具，松开正时链条张紧器。将工具向下穿入凸轮传动腔并置于凸轮链条上。然后对角向下剧烈晃动，以松开张紧器。

(32) 使用一个 23mm 的扳手，接合进气凸轮轴上的六角头，紧固凸轮轴执行器螺栓。紧固进气凸轮轴位置执行器螺栓至 30 N·m（22lbf·ft），再继续紧固 100°（使用 EN-45059 角度测量仪组件），如图 7-196 所示。

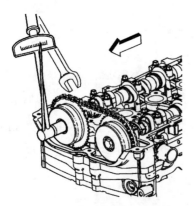

图 7-196 紧固凸轮轴执行器螺栓

(33) 使用一个 23mm 的扳手，接合排气凸轮轴上的六角头，紧固凸轮轴执行器螺栓。紧固排气凸轮轴位置执行器螺栓至 30 N·m（22lbf·ft），再继续紧固 100°（使用 EN-45059 角度测量仪组件）。

(34) 安装正时链条机油喷嘴。紧固正时链条机油喷嘴螺栓至 10N·m（89 lbf·in），如图 7-197 所示。

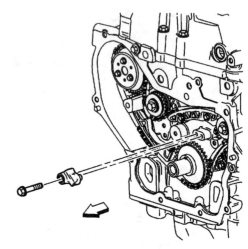

图 7-197 安装正时链条机油喷嘴

(35) 将密封胶涂抹在正时链条导板螺栓检修孔塞的螺纹上，如图 7-198 所示。

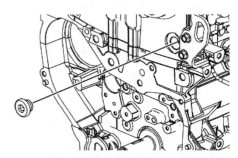

图 7-198 将密封胶涂抹在正时链条导板螺栓检修孔塞的螺纹上

(36) 安装正时链条导板螺栓检修孔塞。
(37) 安装发动机前盖。
(38) 安装凸轮轴盖。
(39) 安装 1 号气缸火花塞。

二、2.2L 或 2.4L 发动机（LE5、LAF）

拆装程序参见 2.0L 发动机。

三、2.8L、3.0L、3.2L 或 3.6L 发动机（LF1 或 LFW）

凸轮轴位置执行器的更换-缸组 1（LF1 或 LFW）如下。

（一）拆卸程序

（1）拆下凸轮轴盖。

（2）拆下进气凸轮轴位置执行器电磁阀。

（3）拆下进气凸轮轴位置传感器。

（4）拆下排气凸轮轴位置传感器。

（5）拆下排气凸轮轴位置执行器电磁阀。

（6）使用曲轴阻尼器顺时针旋转发动机固定螺栓直至曲轴后端的平面朝上。这使凸轮轴位于"基圆"上并会在拆下凸轮轴位置执行器/传动链时减小由气门弹簧压力引起旋转的可能性。

（7）根据需要维修的凸轮轴位置执行器和/或凸轮轴，松开进气和/或排气凸轮轴位置执行器固定螺栓。如果维修两个凸轮轴位置执行器和/或凸轮轴，松开两个螺栓。

（8）标记链条安装至进气凸轮轴位置执行器的位置，如图 7-199 所示。

图 7-199 标记链条安装至进气凸轮轴位置执行器的位置

（9）标记链条安装至排气凸轮轴位置执行器的位置，如图 7-200 所示。

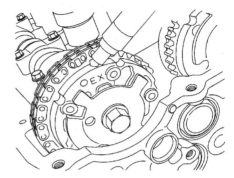

图 7-200 标记链条安装至排气凸轮轴位置执行器的位置

（10）拆下凸轮轴前盖螺栓 1，如图 7-201 所示。

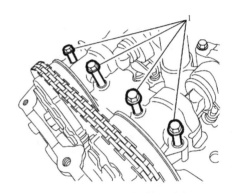

图 7-201 拆下凸轮轴前盖螺栓 1

（11）拆下凸轮轴前盖 1，如图 7-202 所示。

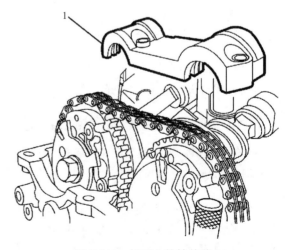

图 7-202 拆下凸轮轴前盖 1

（12）松开蝶形螺母4以打开EN49982-1固定件的卡箍部位，如图7-203所示。

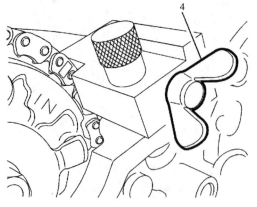

图7-203　松开蝶形螺母4

（13）将EN49982-1固定件的进气侧链条固定工具通过用手把EN49982-1固定件的翼形螺钉2拧紧来安装至前盖，如图7-204所示。

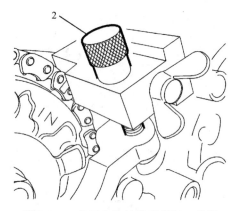

图7-204　将固定件的翼形螺钉2拧紧

（14）将蝶形螺母4紧固以使EN49982-1固定件闭合并紧握正时链条。

> ⚠ **注意**
>
> 不要使用任何种类的工具紧固蝶形螺母。用手紧固已经足够。

（15）EN49982-2固定件1按以下步骤安装，使其嵌入铸在前盖（图7-205中虚线所示）的内棱2和正时链条与有弹力的张紧器撑板3之间，将链条固定就位。楔片在进行凸轮轴位置执行器和/或凸轮轴维修时会留在该位置，如图7-205所示。

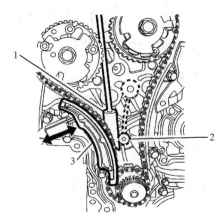

图7-205　固定件1的安装

（16）安装EN49982-2固定件，使用EN49982-2固定件上的"齿"插入两个凸轮轴位置执行器之间使其面对前盖，如图7-206所示。

图7-206　使用固定件上的"齿"插入两个凸轮轴位置执行器之间使其面对前盖

（17）一旦EN49982-2固定件的楔片部分低于凸轮轴位置执行器，旋转EN49982-2固定件直到把手平面朝向进气凸轮轴位置执行器。使"齿"朝向链条，如图7-207所示。

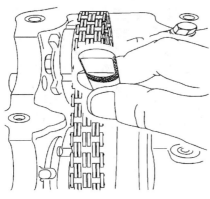

图 7-207 使"齿"朝向链条

(18) 将楔片放低直到它开始接合正时链条和皮带铸件 2，如图 7-208 所示。

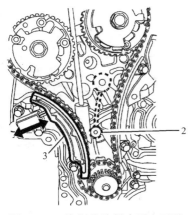

图 7-208 将楔片放低直到它开始
接合正时链条和皮带铸件 2

(19) 如果可以，从上方在凸轮轴位置执行器之前打下一束强光，查看楔片是否在图 7-209 中所示的位置。

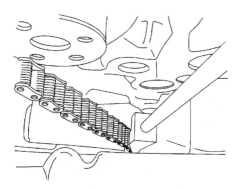

图 7-209 用强光照射的方法查看楔片

(20) 在排气凸轮轴的六角形铸件上使用 20mm 的扳手，向进气凸轮轴方向旋转凸轮轴同时推下 EN49982-2 固定件的把手，如图 7-210 所示。

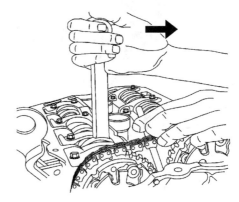

图 7-210 使用扳手向进气凸轮轴方向旋转凸轮轴

(21) 这样旋转凸轮轴会将张紧器撑板 3 顶住张紧器弹簧力，在链条和前盖的内棱之间打开空隙。楔片会掉进空隙。在齿接合链条时会听到明显的咔嗒声，如图 7-208 所示。

(22) 释放扳手压力，使弹簧张力关闭靠在 EN49982-2 固定件的张紧器撑板上。这时轻轻拖拽 EN49982-2 固定件并且它应留在原位。如果需要重新插入 EN49982-2 固定件，重复步骤（20）和（21）直到确定它就位并留在该位置，如图 7-211 所示。

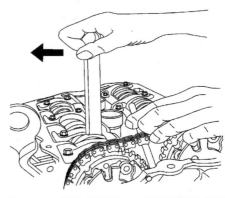

图 7-211 释放扳手压力，使弹簧张力关闭
靠在固定件的张紧器撑板上

(23) 当 EN49982-2 固定件就位并拆下

20mm 扳手时，正时传动链条应该有如图 7-212 所示的一些缝隙。

图 7-212 正时传动链条的缝隙

（24）不要撬开凸轮轴位置执行器表面或位置执行器固定螺栓。

（25）将一把螺丝刀或一个小撬杆放在凸轮轴盖和凸轮轴凸角之间。尽可能地朝发动机的后/飞轮端小心地移动/撬开凸轮轴，如图 7-213 所示。

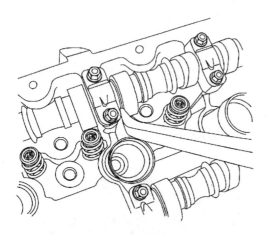

图 7-213 将一把螺丝刀或一个小撬杆放在凸轮轴盖和凸轮轴凸角之间

（26）固定件 EN49982-1 和固定件 EN49982-2 应位于图 7-214 所示位置，它们在维修凸轮轴位置执行器和/或凸轮轴时过程中必须留在原位。

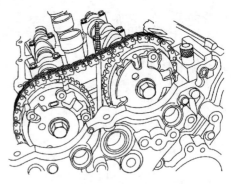

图 7-214 固定件正确位置

（27）按如下步骤拆下并收集塑料止推垫圈 1。确保塑料止推垫圈不会落入前盖部位，如图 7-215 所示。

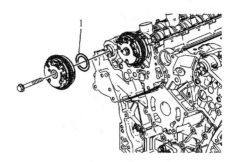

图 7-215 拆下塑料止推垫圈 1

（28）拆下松动的螺栓以拆下进气凸轮轴位置执行器。只拆下排气凸轮轴位置执行器，跳过拆下进气凸轮轴位置执行器的步骤。然而，固定件 EN49982-1 必须如前文所述方式安装，即使进气侧不会被维修或凸轮轴链条的正时会丢失，如图 7-216 所示。

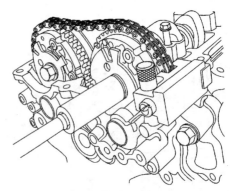

图 7-216 拆下松动的螺栓以拆下进气凸轮轴位置执行器

(29) 朝前滑动凸轮轴位置执行器直至进气凸轮轴端。EN49982-1 固定件的槽使工具可以移动至足以和凸轮轴前部的凸轮轴位置执行器脱开。当将凸轮轴位置执行器从凸轮轴端拆下时，拆下塑料止推垫圈，如图 7-217 所示。

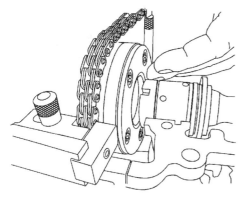

图 7-217 朝前滑动凸轮轴位置执行器直至进气凸轮轴端

(30) 向前倾斜凸轮轴位置执行器使其离开发动机，如图 7-218 所示。

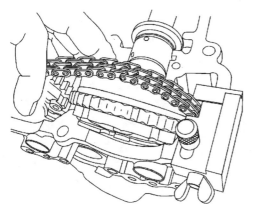

图 7-218 向前倾斜凸轮轴位置执行器使其离开发动机

(31) 维修时，使链条位于 EN49982-1 固定件上和 EN49982-2 固定件上。

（二）安装程序

(1) 将塑料凸轮轴位置执行器止推垫圈 1 安装在气缸盖表面和总成上的凸轮轴位置执行器之间，如图 7-219 所示。

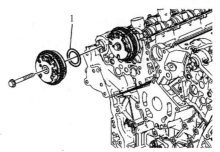

图 7-219 将塑料凸轮轴位置执行器止推垫圈 1 安装在气缸盖表面和总成上的凸轮轴位置执行器之间

(2) 小心地向前撬开凸轮轴并沿着槽倒着拆下 EN49982-1 固定件，以重新将位置执行器接合至凸轮轴。凸轮轴位置执行器上的定位销必须与凸轮轴的槽对正以便装配，参见图 7-213。

(3) 首先通过在正时链条和前盖之间插入执行器以安装进气凸轮轴位置执行器。当对准在链条和位置执行器上做的标记时，倾斜执行器并接合链条，参见图 7-218。

(4) 确保凸轮轴位置执行器与凸轮轴端部贴合，如图 7-220 所示。

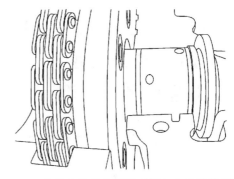

图 7-220 确保凸轮轴位置执行器与凸轮轴端部贴合

(5) 安装进气凸轮轴位置执行器固定螺栓，轻轻地紧固螺栓以将凸轮轴执行器就位。此时不考虑转矩。

(6) 安装排气凸轮轴位置执行器固定螺栓，轻轻地紧固螺栓以将凸轮轴执行器就位。此时不考虑转矩。

(7) 两次检查在进气和排气凸轮轴位置执行器上的标记已确认它们与链条上的期望

标记对准。

(8) 在排气凸轮轴的六角形铸件上使用 20mm 的扳手，顺时针旋转凸轮轴同时推上 EN49982-2 固定件，参见图 7-210。

(9) 拆下 EN49982-2 固定件。

(10) 释放扳手压力。正时链条此时应紧固，并失去楔片造成的空隙。

(11) 将一个或两个凸轮轴位置执行器固定螺栓紧固至 58N·m（43lbf·ft）。

注意

两次检查凸轮轴位置执行器和链条的标记已确认它们正确无误。

(12) 拧下 EN49982-1 固定件的蝶形螺母以拆下正时链条，然后通过拧下翼形螺钉 2 从前盖拆下 EN49982-1 固定件，参见图 7-204。

(13) 拆下凸轮轴前盖螺栓 1，参见图 7-201。

(14) 紧固凸轮轴前盖外螺栓至 10N·m（89lbf·in）。

(15) 紧固凸轮轴前盖内螺栓至 10N·m（89lbf·in）。

(16) 安装排气凸轮轴位置执行器电磁阀。

(17) 安装进气凸轮轴位置执行器电磁阀。

(18) 安装进气凸轮轴位置传感器。

(19) 安装排气凸轮轴位置传感器。

第九节

别克昂科雷车系 2.8L、3.0L、3.2L 或 3.6L 发动机正时校对维修

一、初级凸轮轴传动链条和链轮的更换

(一) 拆卸程序

(1) 拆下发动机前盖。

(2) 拆下火花塞以便于曲轴/发动机旋转。

(3) 拆下右缸组次级凸轮轴传动链条张紧器。

(4) 拆下右缸组次级凸轮轴传动链条撑板。

(5) 拆下右缸组次级凸轮轴传动链条导板。

(6) 拆下右缸组次级凸轮轴传动链条。

(7) 拆下初级凸轮轴传动链条张紧器。

(8) 拆下初级凸轮轴传动链条上导板。

(9) 拆下初级凸轮轴正时链条，如图 7-221 所示。

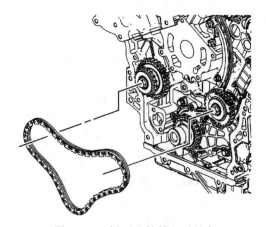

图 7-221 拆下凸轮轴正时链条

(10) 将曲轴链轮从曲轴前端拆下，如图 7-222 所示。

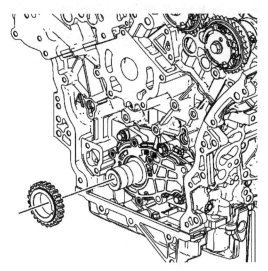

图 7-222　拆下曲轴链轮

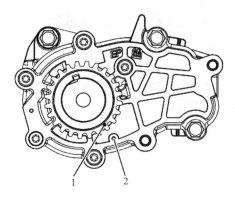

图 7-224　曲轴链轮正时标记对准机油泵盖标记

（二）安装程序

（1）确保安装带有可见正时标记 1 的曲轴链轮，如图 7-223 所示。

图 7-223　安装带有正时标记的曲轴链轮

（2）将曲轴链轮安装至曲轴前端。

（3）将曲轴链轮上的槽口对准曲轴上的销。

（4）将曲轴链轮滑至曲轴端部，直至曲轴链轮接触曲轴上的台阶。

（5）使用工具 EN46111，确保曲轴在第一阶段正时位置时，曲轴链轮正时标记 1 对准机油泵盖 2 上的第一阶段正时标记，如图 7-224 所示。

（6）安装初级凸轮轴正时链条，参见图 7-221。

（7）安装初级凸轮轴传动链条上导板。

（8）安装初级凸轮轴传动链条张紧器。

（9）安装右缸组次级凸轮轴传动链条。

（10）安装右缸组次级凸轮轴传动链条导板。

（11）安装右缸组次级凸轮轴传动链条撑板。

（12）安装右缸组次级凸轮轴传动链条张紧器。

（13）安装火花塞。

（14）安装发动机前盖。

二、凸轮轴位置执行器的更换（缸组 1）

（一）拆卸程序

（1）拆下凸轮轴盖。

（2）拆下进气凸轮轴位置执行器电磁阀。

（3）拆下进气凸轮轴位置传感器。

（4）拆下排气凸轮轴位置传感器。

（5）拆下排气凸轮轴位置执行器电磁阀。

（6）用曲轴阻尼器固定螺栓顺时针转动发动机，直到凸轮轴后端的台面朝上。这使凸轮轴处于"基圆"位置并减小当凸轮轴位置执行器/传动链条拆下时，凸轮轴因气门弹簧压力转动的可能性。

> **注意**
>
> 切勿拆下或过多退出凸轮轴位置执行器螺栓，仅将其从最大扭力位置松开即可。位置执行器必须连接紧固直到固定工具就位，但当链条仍紧固且就位时，应松开执行器。

（7）根据需要维修的凸轮轴位置执行器和/或凸轮轴，松开进气和/或排气凸轮轴位置执行器固定螺栓。如果维修两个凸轮轴位置执行器和/或凸轮轴，则松开两个螺栓。

> **注意**
>
> 保证清楚地记下链条至凸轮轴位置执行器的位置。尽管开始步骤前发动机不需要设置特定正时标记，但链条与执行器的相对位置至关重要，且必须在总成上重新建立。

（8）标记链条至进气凸轮轴位置执行器的位置，如图7-225所示。

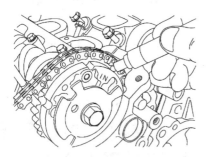

图7-225 标记链条至进气凸轮轴位置执行器的位置

（9）标记链条至排气凸轮轴位置执行器的位置。

（10）拆下凸轮轴前盖螺栓1，如图7-226所示。

图7-226 拆下凸轮轴前盖螺栓1

> **注意**
>
> 此时请勿拆下或松开其他凸轮轴轴承盖，即使最终将拆下凸轮轴。

（11）拆下凸轮轴前盖1，如图7-227所示。

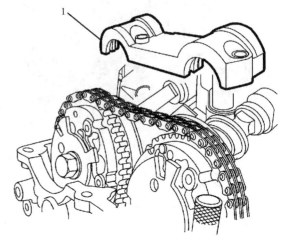

图7-227 拆下凸轮轴前盖1

（12）松开蝶形螺母4以展开EN49982-1固定件的夹紧部位，如图7-228所示。

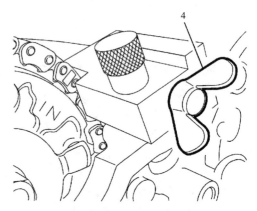

图7-228 松开蝶形螺母4

（13）将EN49982-1固定件进气侧链条固定工具安装至前盖，安装方法是用手将翼形螺钉拧紧在固定件EN49982-1上。

（14）紧固蝶形螺母4以使固定件EN49982-1闭合并紧握正时链条。

（15）固定件EN49982-21将按以下步骤

安装，从而确保其夹在前盖内侧（如图7-229中虚线所示）的内棱2和正时链条与有弹力的张紧器撑板3之间，使链条就位。在维修凸轮位置执行器和/或凸轮轴时，该楔片留在原处，如图7-229所示。

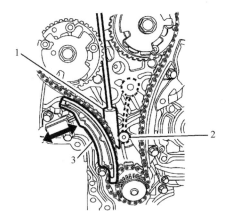

图7-229 固定件1的安装

（16）将EN49982-2固定件插入两凸轮轴位置执行器之间，使EN49982-2固定件上的"齿"面向前盖，如图7-230所示。

图7-230 将固定件插入两凸轮轴位置执行器之间

（17）一旦EN49982-2固定件的楔片部分低于凸轮轴位置执行器，转动EN49982-2固定件直到把手平面朝向进气凸轮轴位置执行器。此操作使"齿"转向链条，如图7-231所示。

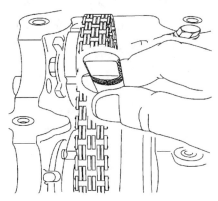

图7-231 使"齿"转向链条

（18）降下楔片直到楔片开始与正时链条和皮带铸件2接合，如图7-232所示。

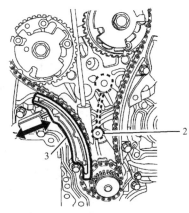

图7-232 降下楔片直到楔片开始与正时链条和皮带铸件2接合

（19）可能时，在凸轮轴位置执行器中间从上至下照射强光，并观察楔片是否如图7-233所示整体就位。

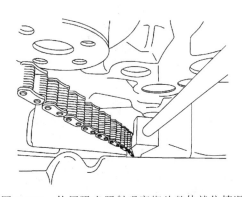

图7-233 使用强光照射观察楔片整体就位情况

(20) 在排气凸轮轴的六角形铸件上使用 20mm 的扳手，向进气凸轮轴方向旋转凸轮轴，同时推下 EN49982-2 固定件的把手，如图 7-234 所示。

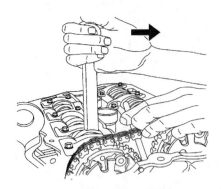

图 7-234 旋转凸轮轴

(21) 凸轮轴的转动会因张紧器弹力而压缩张紧器撑板 3，从而增大链条和内棱间的空隙。然后将楔片放进空隙中。当齿与链条接合时，可感受到明显的咔嗒声，参见图 7-232。

(22) 释放扳手压力，使弹簧张力闭合靠在 EN49982-2 固定件楔片部分上的张紧器撑板上。应能够轻轻拖拽 EN49982-2 固定件并且其应保持原位。请重复步骤（20）和（21），如果需要重新插入 EN49982-2 固定件直到确定其就位并安装牢固。

(23) 使 EN49982-2 固定件就位并拆下 20mm 扳手时，正时传动链条应有如图 7-235 所示的一些缝隙。

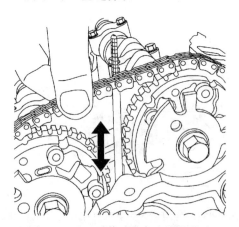

图 7-235 正时传动链条应有的缝隙

(24) 切勿在凸轮轴位置执行器表面或位置执行器固定螺栓处使用撬动工具。

(25) 在凸轮轴盖和凸轮轴凸角中间放置一个螺丝刀或小撬杆。尽可能向发动机的后/飞轮端小心地移动/撬动凸轮轴，如图 7-236 所示。

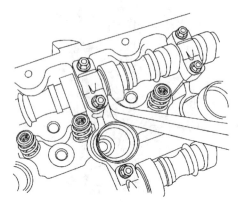

图 7-236 用螺丝刀或小撬杆移动凸轮轴盖

(26) EN49982-1 固定件和 EN49982-2 固定件应位于图 7-237 所示位置，且其在维修凸轮轴位置执行器和/或凸轮轴过程中必须留在原位。

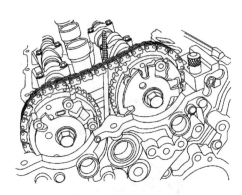

图 7-237 两固定件应为原位

(27) 按以下步骤拆下并抓住塑料止推垫圈 1，确保塑料止推垫圈不掉进前盖区域，如图 7-238 所示。

(28) 拆下松开的固定螺栓以拆下进气凸轮轴位置执行器。只拆下排气凸轮轴位置执行器时，可以跳过进气凸轮轴位置执行器的拆卸步骤。但是，EN49982-1 固定件必须如前文所述方式安装，即使进气侧不会被维

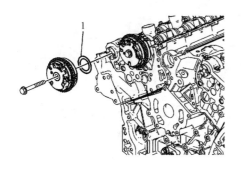

图 7-238 拆下塑料止推垫圈

修或凸轮轴链条的正时会丢失,如图 7-239 所示。

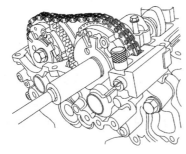

图 7-239 拆下进气凸轮轴位置执行器

(29) 向前滑动凸轮轴位置执行器并将其从进气凸轮轴端滑下。EN49982-1 固定件的槽允许工具向前移动至足以使凸轮轴位置执行器从凸轮轴前部分离。在将凸轮轴位置执行器从凸轮轴端拆下时,拆下塑料止推垫圈,如图 7-240 所示。

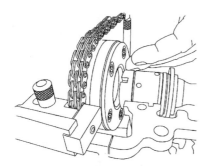

图 7-240 向前滑动凸轮轴位置执行器并将其从进气凸轮轴端滑下

(30) 将凸轮轴位置执行器前倾并脱离发动机,如图 7-241 所示。

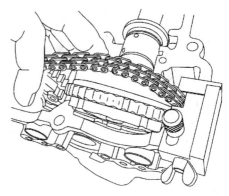

图 7-241 将凸轮轴位置执行器前倾并脱离发动机

> **注意**
>
> 请勿拆下 EN49982 固定件。其用来固定凸轮轴链条以保持其正确的正时位置。

(31) 维修时,使链条位于 EN49982-1 固定件和 EN49982-2 固定件上适当的位置。

(二)安装程序

(1) 将塑料凸轮轴位置执行器止推垫圈 1 安装至气缸盖表面与总成凸轮轴位置执行器之间,参见图 7-238。

(2) 小心地向前撬开凸轮轴,并穿过槽向后移动 EN49982-1 固定件以重新将位置执行器接合至凸轮轴。凸轮轴位置执行器的定位销须与凸轮轴凸出部位的正时槽对准,以进行重新装配,参见图 7-236。

(3) 在正时链条和前盖中间插入执行器以安装进气凸轮轴位置执行器。在将链条和位置执行器上的标记对准时,向内倾斜执行器并使链条接合,参见图 7-241。

(4) 确保凸轮轴位置执行器与凸轮轴端接合平整,如图 7-242 所示。

(5) 安装进气凸轮轴位置执行器固定螺栓,并渐渐紧固螺栓使凸轮轴执行器固定到位。此时切勿施加扭力进行紧固。

(6) 安装排气凸轮轴位置执行器固定螺栓,并轻轻紧固螺栓使凸轮轴执行器固定到位。此时切勿施加扭力进行紧固。

(7) 对进气和排气凸轮轴位置执行器的标记进行复查,以确保其对准各自链条上的

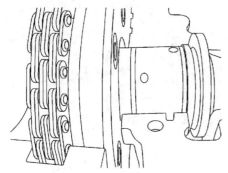

图 7-242　确保凸轮轴位置执行
器与凸轮轴端接合平整

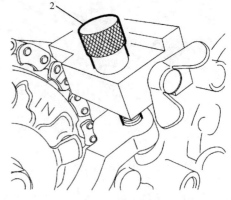

图 7-243　拧松固定件上的蝶形螺母以松开正时链条

油漆标记。

（8）在排气凸轮轴的六角形铸件上使用 20mm 的扳手，顺时针旋转凸轮轴同时推上 EN49982-2 固定件的把手，参见图 7-234。

（9）拆下 EN49982-2 固定件。

（10）松开扳手上的压力。现在正时链条应处在绷紧状态，并应排除楔片提供的松弛部分。

（11）将一个或两个凸轮轴位置执行器固定螺栓紧固至 58 N·m（43 lbf·ft）。

> 🛠 注意
>
> 对凸轮轴位置执行器和链条上的标记进行复查，以确保其正确。

（12）拧松 EN49982-1 固定件上的蝶形螺母以松开正时链条，然后通过拧下翼形螺钉 2 从前盖上拆下 EN49982-1 固定件，如图 7-243 所示。

（13）安装凸轮轴前盖和螺栓 1，参见图 7-226。

（14）将凸轮轴前盖外侧螺栓紧固至 10 N·m（89 lbf·in）。

（15）将凸轮轴前盖内侧螺栓紧固至 10 N·m（89 lbf·in）。

（16）安装排气凸轮轴位置执行器电磁阀。

（17）安装进气凸轮轴位置执行器电磁阀。

（18）安装进气凸轮轴位置传感器。

（19）安装排气凸轮轴位置传感器。

（20）安装凸轮轴盖。

第八章 三菱车系发动机正时校对维修

第一节 三菱欧蓝德车系发动机正时校对维修

一、6B3 发动机

6B3 发动机正时部件如图 8-1 所示。

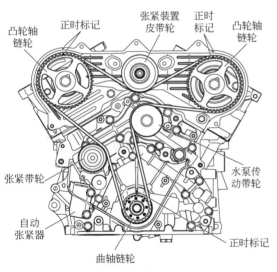

图 8-1　6B3 发动机正时部件

二、4B1 发动机

4B1 发动机正时部件如图 8-2 所示。

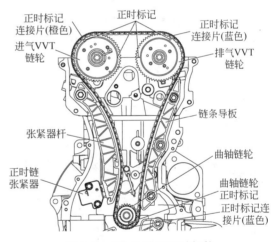

图 8-2　4B1 发动机正时部件

第二节 三菱帕杰罗 V87、V97、V93 车系发动机正时校对维修

一、6G72 发动机

6G72 发动机正时部件如图 8-3 所示。

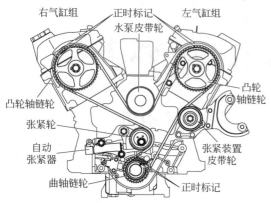

图 8-3　6G72 发动机正时部件

二、6G75 发动机

6G75 发动机正时部件如图 8-4 所示。

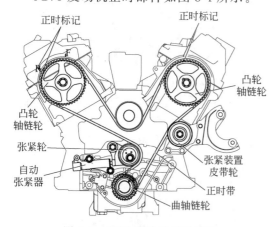

图 8-4　6G75 发动机正时部件

三、4M40 发动机

4M40 发动机正时部件如图 8-5 所示。

正时齿轮上具有装配标记"1""3""5""6"和"O",以便当安装齿轮时,可将其接

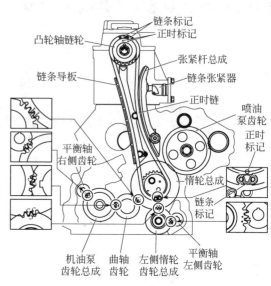

图 8-5　4M40 发动机正时部件

合在正确的位置。正时链为包括 98 个链节的循环链,安装在凸轮轴链轮和导轮上。

四、4M41 发动机

4M41 发动机正时部件如图 8-6 所示。

正时齿轮上有装配标记"1""3""5""6"和"O",使齿轮可以在安装时接入正

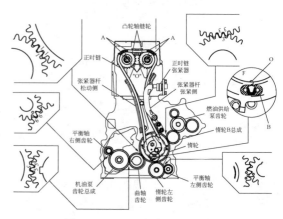

图 8-6　4M41 发动机正时部件

确位置。

正时链是一个由110个链节组成的链条，链节安装在导轮的凸轮轴链轮上。

正时链含有3个标记连接片（亮黄色），用于确保曲轴和凸轮轴安装到正确的正时位置。其中两个连接片安装到位置A处，1个安装到位置B处。为进行正确安装，位置A处的2个连接片应该与凸轮轴链轮上的标记"O"对齐，位置B处的1个连接片应与导轮上的标记"O"对齐。

正时链的张力由张紧器控制。张紧器包括一个柱塞，其中内置有一个柱塞弹簧。

安装张紧器后，柱塞直接压在张紧杆上，正时链的张力由柱塞弹簧的拉力和液压力自动确定。

为防止正时链在驱动时发生任何偏摆，安装之后，使用凸轮将柱塞锁止到位。如果安装张紧器后发动机逆时针（相反方向）转动，则一定要小心，因为这可能使施加到柱塞上的力过大，从而导致凸轮滑移之类的故障。

第三节

三菱蓝瑟、翼豪、陆神车系4B11、4B12发动机正时校对维修

4B11、4B12发动机正时部件如图8-7所示。

两个凸轮轴由正时链通过凸轮轴链轮驱动。

正时链为无噪声的循环式正时链，由180个链节组成，并围绕VVT链轮和曲轴链轮安装。

正时链上安装有3个标记连接片，以定位链轮。

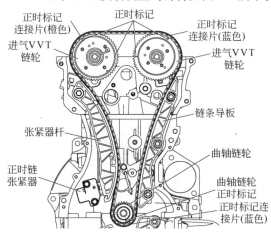

图8-7　4B11、4B12发动机正时部件

第四节

三菱伊柯丽斯车系发动机正时校对维修

一、2.4L发动机

2.4L发动机正时系统的拆装方法如下。

（一）正时系统部件的拆卸

（1）顺时针转动曲轴，对齐各正时标记，如图8-8所示，以将1号缸调节至其压缩冲程的上止点。

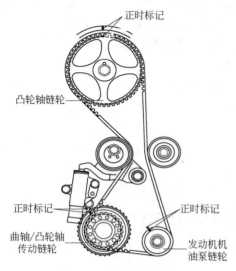

图8-8 对齐各正时标记

（2）拆下正时带底盖橡胶塞，如图8-9所示，然后装上专用工具MD998738。

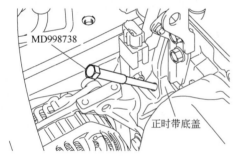

图8-9 拆下正时带底盖橡胶塞

（3）用手拧入专用工具MD998738，如图8-10所示，直至其接触到正时带张紧器臂。

> **注意**
> 专用工具MD998738必须以每秒30°的速度逐步安装。如果突然将其拧入，则正时带张紧器调节器杆将不容易缩回，专用工具MD998738可能弯曲。

（4）逐渐拧入专用工具MD998738，然

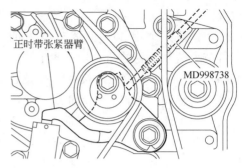

图8-10 用手拧入专用工具

后将正时带张紧器调节器杆定位孔A与正时带张紧器调节器圆柱体的定位孔B对齐，如图8-11所示。

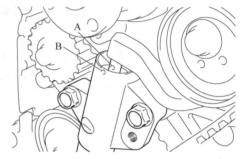

图8-11 将正时带张紧器调节器杆定位孔A与正时带张紧器调节器圆柱体的定位孔B对齐

（5）在对齐的定位孔里插入钢丝或销，如图8-12所示。

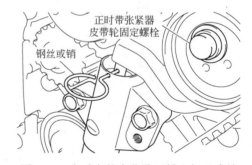

图8-12 在对齐的定位孔里插入钢丝或销

> **注意**
> 为重新使用气门正时皮带，用粉笔等在皮带的背面画一个指示转动方向（顺时针）的箭头。

（6）拆下专用工具MD998738后，松开正时带张紧轮的固定螺栓，然后拆下气门正时皮带。

(二) 曲轴皮带轮中央螺栓/曲轴皮带轮垫圈/曲轴凸轮轴传动机构链轮的拆卸

(1) 用专用工具 MB991367 和 MB991385 固定曲轴凸轮轴驱动链轮,如图 8-13 所示。

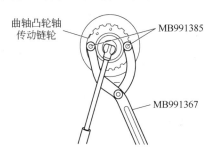

图 8-13 固定曲轴凸轮轴驱动链轮

(2) 松开曲轴皮带轮中央螺栓,然后拆下曲轴皮带轮垫圈和曲轴凸轮轴传动机构链轮。

(三) 平衡器正时带的拆卸

 注意

为重新使用平衡器正时带,用粉笔等在皮带的背面画一个指示转动方向(顺时针)的箭头。

(四) 正时系统的安装

1. 平衡器正时带/平衡器正时带张紧器的安装

(1) 确保曲轴平衡轴驱动链轮正时标记与平衡轴链轮正时标记对齐,如图 8-14 所示。

(2) 将平衡器正时带安装到曲轴平衡轴驱动链轮和平衡轴链轮上。在张力侧应无松弛。

(3) 装配并暂时固定平衡器正时带张紧轮的中心,如图 8-15 所示,以使其位于装配螺栓中心的左上部,皮带轮法兰位于发动机前侧。

(4) 调整平衡器正时带张力。

2. 平衡器正时带张力的调节

(1) 按箭头方向用手指升起平衡器正时

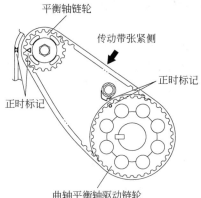

图 8-14 确保曲轴平衡轴驱动链轮正时标记与平衡轴链轮正时标记对齐

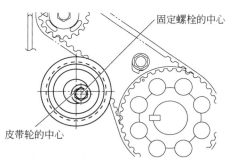

图 8-15 装配并暂时固定平衡器正时带张紧轮的中心

带张紧器,如图 8-16 所示。给平衡器正时带施加 3.0 N·m±0.4 N·m(26 lbf·in ±4lbf·in)的张力矩,以使皮带无松弛地张紧。在此状态拧紧装配螺栓至规定力矩。然后安装平衡器正时带张紧器。

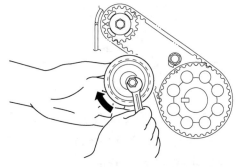

图 8-16 用手指升起平衡器正时带张紧器

(2) 顺时针转动曲轴两圈以将 1 号缸调节至其压缩冲程的上止点,检查确认链轮正时标记是对齐的,如图 8-14 所示。

（3）按照以下步骤检查平衡器正时带张力。

① 按图8-17中箭头所指示的位置用指尖轻轻敲击链轮间平衡器正时带的中心，然后检查皮带振动频率是否处于标准值范围内。

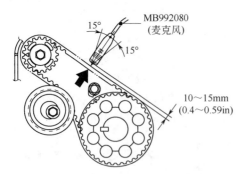

图8-17 用指尖轻轻敲击链轮间
平衡器正时带的中心

注：对于P.11A-8用专用工具MB992080测量振动频率的相关信息。

标准值：70～100 Hz。

② 如图8-18所示，在链轮间的中心（箭头区域）施加59 N（13lbf）的压力，然后检查皮带挠度是否处于标准值范围内。

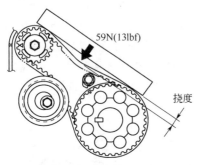

图8-18 在链轮间的中心（箭头区域）
施加59N（13lbf）的压力

3. 曲轴转角感应盘/曲轴凸轮轴传动机构链轮/曲轴皮带轮垫圈/曲轴皮带轮中央螺栓的安装

（1）如图8-19所示，对曲轴、曲轴转角感应盘、曲轴凸轮轴传动机构链轮和曲轴皮带轮垫圈进行清洁或去除油污。

注：同时清洁已去除油污的表面。

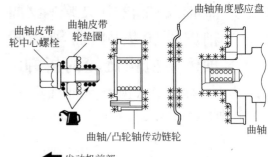

图8-19 清洁并去除油污
○—清洁；●—清洁并去除油污；
＊—涂抹发动机机油

（2）按图8-19所示方向安装曲轴转角感应盘和曲轴/凸轮轴传动机构链轮。

（3）沿图8-19所示方向放置曲轴皮带轮垫圈较大倒角侧，然后装配曲轴皮带轮中央螺栓。

（4）在曲轴皮带轮中央螺栓的支承表面和螺钉上涂抹少量发动机机油。

（5）按照与拆卸相同的方式，用专用工具MB991367和MB991385固定曲轴凸轮轴传动机构链。

（6）将曲轴皮带轮中央螺栓拧紧至规定力矩，如图8-20所示。

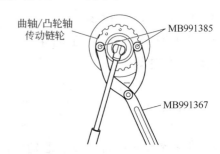

图8-20 将曲轴皮带轮中央螺栓拧紧

4. 正时带张紧器调节器的安装

（1）在正时带张紧器调节器杆完全伸出的情况下，根据以下步骤安装。

① 用压力机或虎钳慢慢压缩正时带张紧器调节器杆，如图8-21所示。然后将杆的定位孔A与正时带张紧器调节器圆柱体的定位孔B对齐。

② 在对齐的定位孔里插入钢丝或销，如

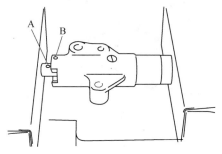

图 8-21 用压力机或虎钳慢慢压缩
正时带张紧器调节器杆

图 8-22 所示。

注：用新件更换正时带张紧器调节器时，用一个销安装正时带张紧器调节器。

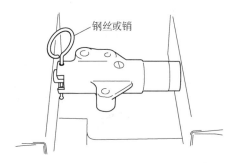

图 8-22 对齐的定位孔里插入钢丝或销

（2）安装正时带张紧器调节器到发动机上，然后将固定螺栓拧紧至规定力矩。直到气门正时皮带调整好，才可拆下钢丝或销。

5. 正时带张紧轮的安装

如图 8-23 所示，暂时拧紧正时带张紧轮。

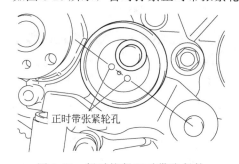

图 8-23 暂时拧紧正时带张紧轮

6. 气门正时皮带的安装

（1）对齐凸轮轴链轮、曲轴凸轮轴传动机构链轮和机油泵链轮上的正时标记，如图 8-24 所示。

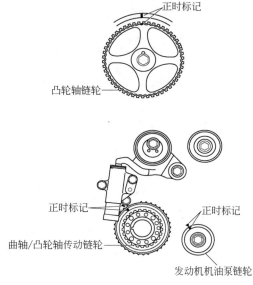

图 8-24 对齐正时标记

（2）调整机油泵链轮的正时标记。拔出气缸体塞，如图 8-25 所示。将螺栓（M6，剖面宽度 10mm，标称长度 45mm）插入到塞孔中。如果该螺栓接触到平衡轴，则将机油链轮转一圈。重新调整正时标记，然后检查螺栓的配合度。气门正时皮带装配前不要拆下该螺栓。

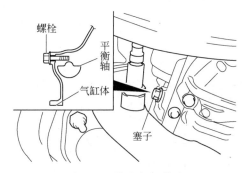

图 8-25 拔出气缸体塞

（3）按以下方式安装气门正时皮带，如图 8-26 所示，以使皮带的张力不松弛。

① 将气门正时皮带放在正时带张紧轮和曲轴/凸轮轴传动机构链轮上，然后用左手支撑以使其不滑动。

② 将气门正时皮带放到发动机机油泵链轮上，同时用右手拉动。

③ 将气门正时皮带放在正时带张紧装置

第八章 三菱车系发动机正时校对维修 477

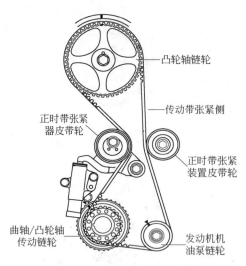

图 8-26 安装气门正时皮带

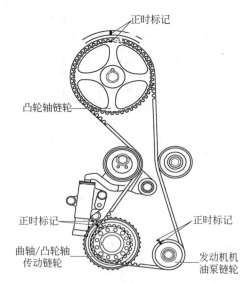

图 8-28 检查确认正时标记对齐

皮带轮上。

> **注意**
> 安装气门正时皮带。然后对凸轮轴链轮施加反转（逆时针转动）压力。重新检查确认皮带张力侧正确时，各正时标记对齐。

④ 将气门正时皮带放在凸轮轴链轮上。

（4）沿图 8-27 中箭头方向用专用工具 MD998767 转动正时带张紧轮，以对气门正时皮带施加张力。然后暂时拧紧并安装正时带张紧轮固定螺栓。

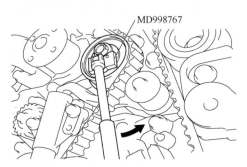

图 8-27 用专用工具转动正时带张紧轮

（5）检查确认正时标记对齐，如图 8-28 所示。

（6）拆下以上步骤（2）中插入的螺栓，然后装配气缸体火花塞。

（7）将气缸体塞拧紧至规定力矩，如图 8-29 所示。

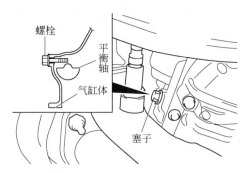

图 8-29 将气缸体塞拧紧

（8）调整气门正时皮带张力。

7. 气门正时皮带张力的调整

（1）装上拆卸气门正时皮带时所使用的专用工具 MD998738，如图 8-30 所示。

> **注意**
> 由于使用扳手或其他工具可能会损坏插在正时带张紧器调节器中的钢丝或销，因此一定要用手拧入专用工具 **MD998738**。

（2）逐渐拧入专用工具 MD998738，直至插在正时带张紧器调节器中的钢丝和销轻微移动。

（3）逆时针转动曲轴 1/4 圈。

（4）顺时针转动曲轴，对齐各正时标记，如图 8-28 所示，以将 1 号缸调节至其压缩冲程的上止点。

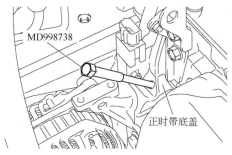

图 8-30 装上拆卸气门正时皮带时所使用的专用工具

(5) 松开正时带张紧轮的固定螺栓。

> ⚠ **注意**
> 拧紧固定螺栓时,确保正时带张紧轮没有随螺栓一起转动。如果它与螺栓一起转动,会导致皮带张力不足。

(6) 用专用工具 MD998767 和转矩扳手在气门正时皮带上施加 3.5N·m(31lbf·in)的张力矩,如图 8-31 所示。然后将正时带张紧轮的固定螺栓拧紧至规定力矩。

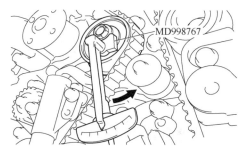

图 8-31 用专用工具 MD998767 和转矩扳手在气门正时皮带上施加张力矩

(7) 拆下插在正时带张紧器调节器中的钢丝或销,如图 8-32 所示。

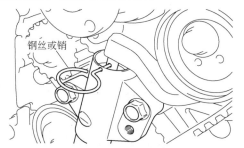

图 8-32 拆下插在正时带张紧器调节器中的钢丝或销

(8) 拆下专用工具 MD998738,如图 8-33 所示。安装橡胶塞到正时带底盖上。

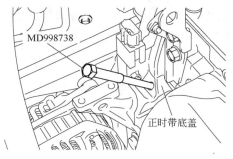

图 8-33 拆下专用工具

(9) 顺时针转动曲轴两圈,然后让其处于自由状态 15min。

(10) 再次插入步骤(7)中拆下的钢丝或销,如图 8-34 所示,并确保其能轻松拉出。当钢丝或销能轻松拆下时,正时带上已加载合适的张力。在这种情况下,拆下钢丝或销。

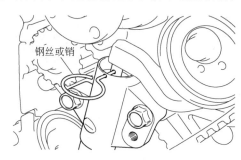

图 8-34 拆下的钢丝或销

此外,当正时带张紧器调节器的杆 A 的伸出部分处于标准值范围内时,说明施加的张力适当,如图 8-35 所示。

标准值 A:3.8~4.5mm。

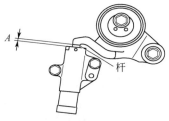

图 8-35 正时带张紧器调节器的杆 A 的伸出部分处于标准值范围内

(11) 如果不能轻松拉出钢丝或销,则重复步骤(1)~(9),以达到正确的气门正时皮带张力。

 注意

逆时针转动曲轴皮带轮中央螺栓时，一定要检查曲轴皮带轮中央螺栓的拧紧转矩。如果螺栓松开，则重新拧紧。

（12）再次检查确认链轮上的正时标记已对齐，如图8-28所示。

二、3.8L 发动机

3.8L 发动机正时系统部件如图8-36所示。

（一）正时系统部件的拆卸要点

（1）曲轴皮带轮的拆卸。只能使用规定

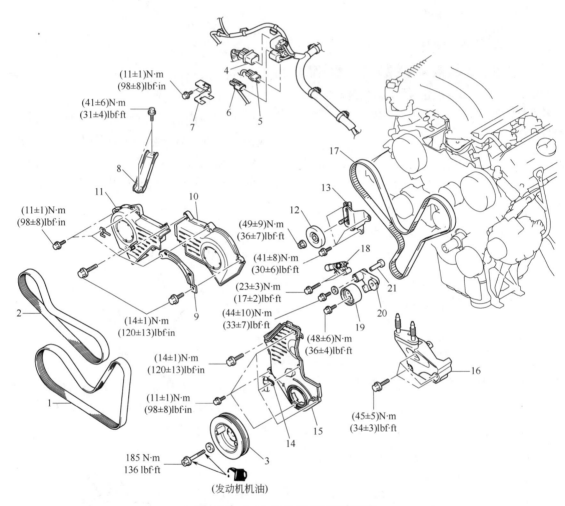

图 8-36　3.8L 发动机正时系统部件

1—发电机驱动皮带；2—动力转向油泵驱动皮带；3—曲轴皮带轮；4—控制线束和喷油器线束组合插接；5—爆震传感器插接器；6—曲轴位置传感器插接器；7，9—插接器支架；8，16—发动机支架托架；10—左侧正时带前上盖；11—右侧正时带前上盖；12—张紧轮；13—张紧器支架；14—曲轴位置传感器线束夹；15—正时带下盖，发动机前固定支架；17—正时带；18—自动张紧器；19—张紧轮；20—张紧器臂；21—轴

的专用工具，否则会损坏皮带轮减震器。

用专用工具 MB991800 和 MB991802 从曲轴上拆下曲轴皮带轮，如图 8-37 所示。

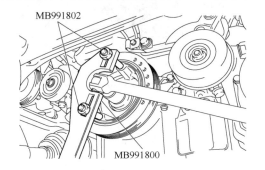

图 8-37　用专用工具从曲轴上拆下曲轴皮带轮

(2) 正时带的拆卸。

① 顺时针转动曲轴，对齐各正时标记，如图 8-38 所示，以将 1 号缸调节至其压缩冲程的上止点。

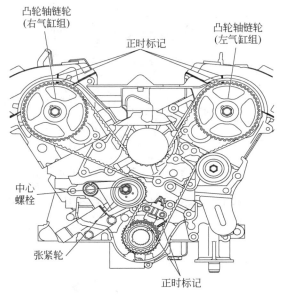

图 8-38　对齐各正时标记

② 如果正时带准备重新使用，则在皮带的平面侧用粉笔画一个指示顺时针方向的箭头。

③ 松开张紧轮的中央螺栓，然后拆下正时带。

(二) 正时部件的安装要点

1. 自动张紧器的安装

如果定位销已插入，杆的凸出量为 5mm。

如果自动张紧器杆保持全部伸出，则根据以下步骤调整。

① 如图 8-39 所示，在虎钳里放置两个垫块，然后将自动张紧器放在虎钳里。

图 8-39　在虎钳里放置两个垫块

② 慢慢压缩自动张紧器的推杆，直至推杆的销孔 A 与气缸中的销孔 B 对齐，如图 8-40 所示。

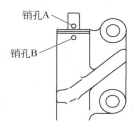

图 8-40　推杆的销孔 A 与气缸中的销孔 B 对齐

③ 一旦对齐，将定位销插入销孔。

注：如果更换自动张紧器，则定位销插入新件的销孔。

2. 自动张紧器的安装

(1) 如图 8-41 所示，将自动张紧器安装到纵向式压力机上。

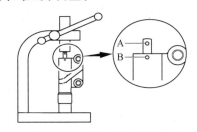

图 8-41　将自动张紧器安装到纵向式压力机上

(2) 用纵向式压力机逐渐地压入杆，直至杆上的定位孔 A 与圆柱体上的定位孔 B 对齐。

(3) 将定位销插入定位孔。该自动张紧器定位销将在正时带的校正中用到。

第八章　三菱车系发动机正时校对维修

3. 正时带的安装

如果定位销已插入，杆的凸出量为5mm。

（1）如图8-38所示，对齐凸轮轴链轮上的正时标记与气门室盖上的正时标记，以及曲轴链轮上的正时标记与缸体上的正时标记。

（2）按下面的步骤安装正时带，以使各链轮和皮带轮之间的正时带没有偏斜。

① 曲轴链轮。
② 张紧装置皮带轮。
③ 凸轮轴链轮（左气缸组）。
④ 水泵皮带轮。
⑤ 凸轮轴链轮（右气缸组）。
⑥ 张紧轮。

（3）逆时针转动凸轮轴链轮（右气缸组）直至正时带的张力侧稳固地伸展开。再次检查所有的正时标记。

（4）用专用工具MD998767将张紧轮推入正时带，然后暂时拧紧中央螺栓，如图8-42所示。

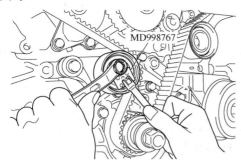

图8-42 用专用工具将张紧轮推入正时带

（5）用专用工具MD998769逆时针转动曲轴1/4圈，然后再顺时针转动直至对齐正时标记，如图8-43所示。

（6）松开张紧轮中央螺栓。用专用工具MD998767和转矩扳手对正时带施加张力矩，如图8-44所示。然后将中央螺栓拧紧至规定力矩。

（7）拆下插在自动张紧器中的定位销，如图8-45所示。

（8）顺时针转动曲轴两次，以对齐正时标记。

（9）等待至少5min，然后检查确认自动

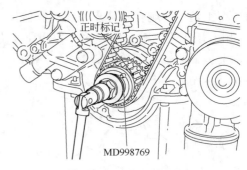

图8-43 对齐正时标记

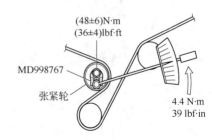

图8-44 用专用工具对正时带施加张力矩

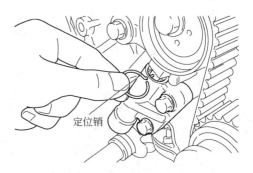

图8-45 拆下插在自动张紧器中的定位销

张紧器推杆伸出量处于标准值范围内，如图8-46所示。

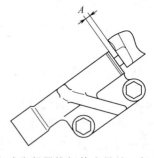

图8-46 自动张紧器推杆伸出量处于标准值范围内

（10）否则，重复之前的步骤（1）~（8）。

（11）再次检查确认链轮上的正时标记已对齐。

第五节

三菱格蓝迪车系 4G69(2.4L) 发动机正时校对维修

一、正时系统的结构

正时系统的结构如图 8-47 所示。

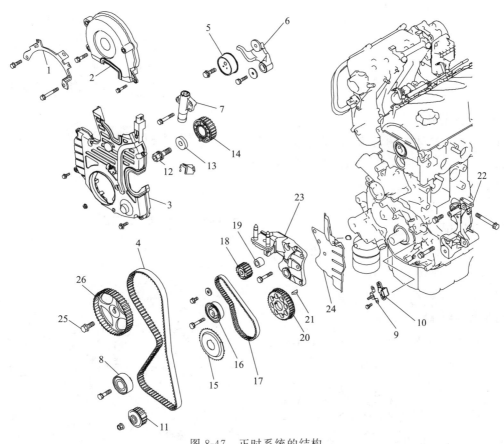

图 8-47 正时系统的结构

1—连接器托架；2—正时皮带前上护罩；3—正时皮带前下护罩；4—正时皮带；5—张紧器皮带轮；6—张紧器臂；7—自动张紧器；8—张紧装置皮带轮；9—托架；10—曲轴角度传感器；11—机油泵链轮；12—曲轴螺栓；13—曲轴带轮垫圈；14—曲轴链轮；15—曲轴位置传感叶片；16—张紧器"B"；17—正时皮带"B"；18—平衡轴链轮；19—隔套；20—曲轴链轮"B"；21—曲轴销；22—交流发电机支承托架；23—发动机支承托架；24—正时皮带后覆盖罩；25—凸轮轴链轮螺栓；26—凸轮轴链轮

二、拆卸维修要点

1. 拆卸正时皮带

（1）标记传动带运转方向以便于重新安装，如图8-48所示。

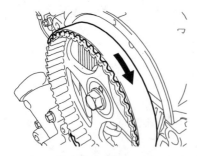

图8-48　标记传动带运转方向以便于重新安装

（2）松开张紧器带轮螺栓，然后卸下正时皮带。

2. 拆卸油泵链轮

（1）拆卸气缸体左侧的塞子。

（2）将一个十字形螺丝刀（柄部直径8mm）插入塞孔以防止左平衡轴转动。

（3）松开螺母，然后卸下油泵链轮。

3. 拧松曲轴螺栓

（1）使用专用工具飞轮止动器MD998781使驱动盘固定，如图8-49所示。

（2）拆卸曲轴螺栓与垫圈。

4. 拆卸曲轴链轮

（1）如图8-50所示，将专用工具曲轴链轮拔出器MD998778安装到位。

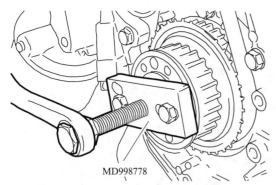

图8-50　将专用工具安装到位

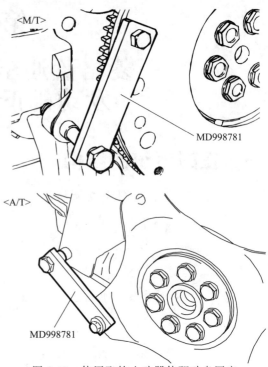

图8-49　使用飞轮止动器使驱动盘固定
M/T—手动变速；A/T—自动变速

（2）旋入专用工具上的中心螺栓以拆卸曲轴链轮。

5. 拆卸正时皮带"B"

（1）标记传动带运转方向以便于重新安装，如图8-51所示。

图8-51　标记传动带运转方向以便于重新安装

（2）松开张紧器"B"螺栓，然后卸下正时皮带"B"。

6. 拆卸平衡轴链轮

（1）按图8-52安装专用工具链轮止动器MD998785以防止平衡轴链轮一起旋转。

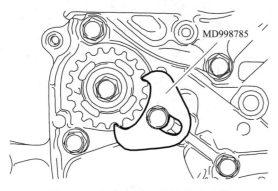

图 8-52 安装专用工具链轮止动器

（2）松开螺栓并拆卸链轮。

7. 拆卸曲轴链轮"B"

（1）如图 8-53 所示，将专用工具曲轴链轮拔出器 MD998778 安装到位。

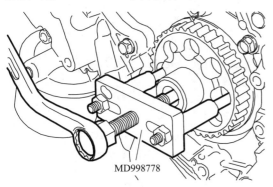

图 8-53 将专用工具安装到位

（2）旋入专用工具上的中心螺栓以拆卸曲轴链轮"B"。

8. 拆卸凸轮轴链轮

（1）使用以下专用工具以防止凸轮轴链轮旋转，如图 8-54 所示。

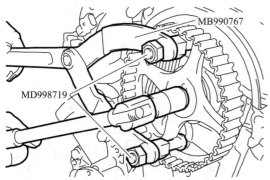

图 8-54 使用专用工具以防止凸轮轴链轮旋转

a. 端部叉形固定架。
b. 链轮保持架销。

（2）拆卸凸轮轴链轮。

三、安装维修要点

1. 安装凸轮轴链轮

（1）使用以下专用工具以防止凸轮轴链轮旋转。

a. 端部叉形固定架。
b. 链轮保持架销。

（2）按规定力矩拧紧凸轮轴链轮螺栓。

拧紧力矩：88N·m±10N·m。

2. 安装发动机支承托架

（1）彻底清除如图 8-55 所示螺栓及其对应螺纹孔上残留的旧密封剂。

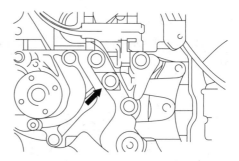

图 8-55 清除残留的旧密封剂

（2）在螺栓上涂抹密封剂，然后将其旋入并拧紧。

3. 安装曲轴链轮"B"

清洁并脱去曲轴链轮"B"前端管壳及曲轴链轮"B"在曲轴上的安装连接表面上的油脂，如图 8-56 所示。

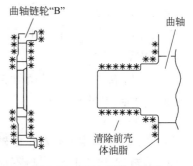

图 8-56 清洁并脱去油脂

注：脱脂是防止接触表面上磨损的必要措施。

4. 安装隔套

（1）在油封的唇部区域薄薄地涂抹一层洁净的发动机机油，如图8-57所示。

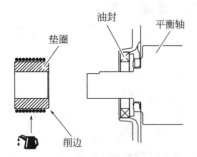

图8-57 涂抹发动机机油

（2）安装隔套，使其倒角一端朝向油封。

5. 安装平衡轴链轮

（1）安装平衡轴链轮并拧上螺栓，如图8-58所示。

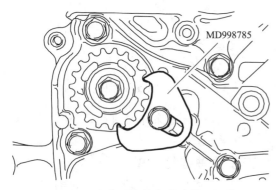

图8-58 安装平衡轴链轮并拧上螺栓

（2）如图8-58所示，使用专用工具链轮止动器MD998785以锁定平衡轴。

（3）拧紧螺栓，然后卸下专用工具。

6. 安装正时皮带"B"

（1）将曲轴链轮"B"及平衡轴链轮上的正时标记与前壳上的标记对齐，如图8-59所示。

（2）将正时皮带"B"安装在曲轴链轮"B"和平衡轴链轮上。张紧一侧不应出现

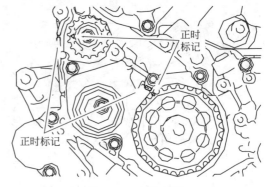

图8-59 对准标记

松弛情况。

（3）确保张紧轮中心和螺栓中心的定位与图8-60所示定位一致。

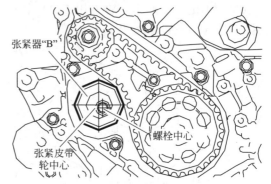

图8-60 确保张紧轮中心和螺栓中心的定位

（4）用手指按箭头所指方向移动张紧器"B"（如图8-61所示），以使正时皮带张紧侧有足够的预紧力。在此状态下拧紧螺栓以固定张紧器"B"。在螺栓被拧紧后，注意防止张紧皮带轮轴与螺栓共同旋转。如果张紧皮带轮轴与螺栓共同旋转，则皮带将被过量张紧。

图8-61 用手指按箭头所指方向移动张紧器"B"

（5）检查曲轴链轮上的正时标记与前壳上的正时标记对齐，如图8-62所示。

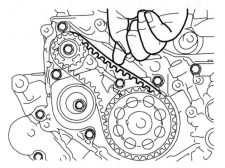

图8-62 检查链轮上的正时标记与前壳上的正时标记对齐

（6）请用食指在半轮距处挤压正时皮带"B"的张紧侧。螺栓必须偏转5～7mm。

7. 安装曲轴传感叶片/曲轴链轮/曲轴带轮衬垫/曲轴螺栓

（1）清洁并脱去曲轴链轮与传感叶片及曲轴的接触表面上的油脂，如图8-63所示。

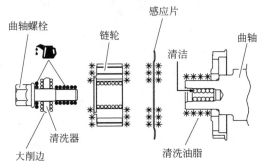

图8-63 清洁并脱油脂

注：脱脂是防止接触表面上磨损的必要措施。

（2）清洁曲轴上的螺栓孔、曲轴与曲轴链轮的接触表面及衬垫。

（3）将传感叶片及曲轴链轮安装于曲轴上。

（4）在螺纹及曲轴螺栓的支持面上涂抹少量机油。

（5）将垫圈安装于曲轴螺栓上，并使倒角较大一侧朝向螺栓头部。

（6）使用专用工具飞轮止动器MD998781使驱动盘固定，如图8-64所示。

（7）按规定力矩拧紧曲轴螺栓。

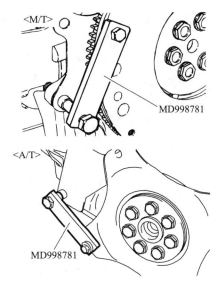

图8-64 使用专用工具飞轮止动器使驱动盘固定

8. 安装正时皮带

（1）将凸轮轴链轮上的正时标记与摇臂壳上的正时标记对齐，如图8-65所示。

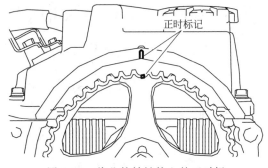

图8-65 将凸轮轴链轮上的正时标记与摇臂壳上的正时标记对齐

（2）将曲轴链轮上的正时标记与前壳盖上的正时标记对齐，如图8-66所示。

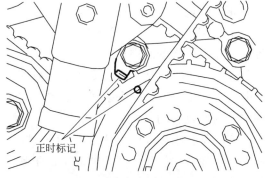

图8-66 将曲轴链轮上的正时标记与前壳盖上的正时标记对齐

(3) 将机油泵链轮上的正时标记与其配合标记对齐，如图 8-67 所示。

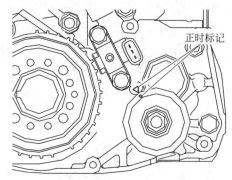

图 8-67 将机油泵链轮上的正时标记与其配合标记对齐

(4) 将气缸体上塞子卸下并用一个十字形螺丝刀（柄部直径 8mm）插入塞孔中，如图 8-68 所示。

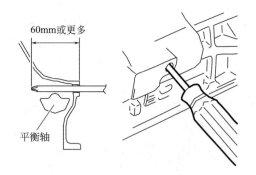

图 8-68 将气缸体上塞子卸下

如果螺丝刀可被插入 60mm 或更多，则正时标记已被对齐校准。如果只能插入 20~25mm，请转动机油泵链轮一圈并重新对齐正时标记。然后尝试确认螺丝刀可被插入 60mm 或更多。使螺丝刀保持在插入位置直到正时皮带安装完毕。

(5) 如图 8-69 所示安装专用工具螺栓并将其拧入自动张紧器中安装线的位置，其可在安装时轻微移动。

(6) 将正时皮带依次安装在曲轴链轮、机油泵链轮、空转轮、凸轮轴链轮、张紧器带轮上。

(7) 按箭头方向抬起张紧器带轮并拧紧

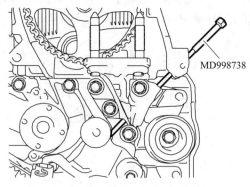

图 8-69 安装专用工具螺栓

中心螺栓，如图 8-70 所示。

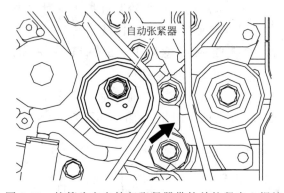

图 8-70 按箭头方向抬起张紧器带轮并拧紧中心螺栓

(8) 检查所有正时标记已被对齐。

(9) 卸下步骤（4）中插入的螺丝刀并装上塞子。

(10) 将曲轴逆时针转动 1/4 圈，然后顺时针转动曲轴直到正时标记再次对齐。

(11) 将专用工具张紧器带轮套筒扳手和转矩扳手安装到张紧器带轮上，并将张紧器带轮中心螺栓拧松，如图 8-71 所示。

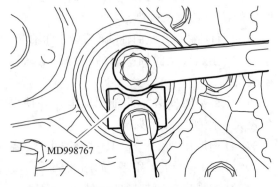

图 8-71 将张紧器带轮中心螺栓拧松

注：使用可度量 0～5.0N·m 的转矩扳手。

（12）用转矩扳手以 3.5N·m 力矩拧紧。

（13）用专用工具张紧器带轮套筒扳手和转矩扳手撑住张紧皮带轮，按规定值拧紧中心螺栓。

（14）用手卸下安装自动张紧器时插入的钢针，然后同样用手卸下专用工具螺栓，如图 8-72 所示。

（15）顺时针将曲轴拧两转。等待 15min，然后执行下面的检查步骤。

（16）检查以确定是否能将钢针（安装自动张紧器时插入）无阻力地卸下，如图 8-73 所示。如果钢针可被无阻力地卸下，则说明皮带的张紧度恰好合适，因此可卸下钢针。

图 8-73 检查以确定是否能将钢针无阻力地卸下

在此状态下检查自动张紧器推杆的伸出量是否在标准值范围之内。

（17）如果在移除钢针时受到阻力，请重复前述步骤（10）～（15），直到自动张紧器推杆的伸出量处于标准值范围之内。

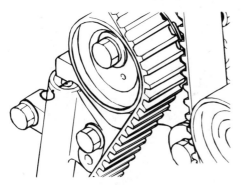

图 8-72 安装自动张紧器时插入的钢针

第六节 三菱帕杰罗车系发动机正时校对维修

一、6G72 发动机

1. 正时系统的结构

正时系统的结构如图 8-74 所示。

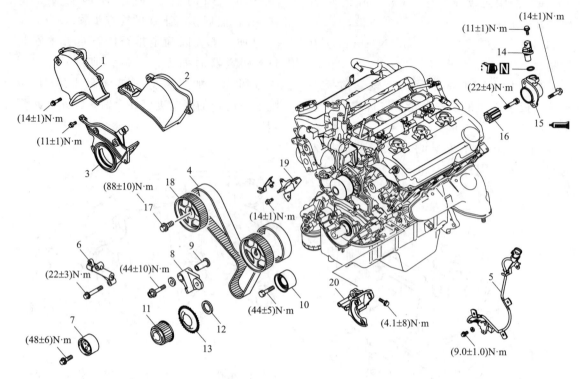

图 8-74 正时系统的结构

1—正时带前部上盖（右侧）；2—正时带前部上盖（左侧）；3—正时带前盖下部；4—正时带；5—曲轴位置传感器；6—自动张紧器；7—张紧器驱动皮带轮；8—张紧器臂；9—轴；10—张紧装置皮带轮；11—曲轴链轮；12—曲轴隔圈；13—曲轴感应盘；14—凸轮轴位置传感器；15—凸轮轴位置传感器支架；16—凸轮轴位置感应筒；17—凸轮轴链轮螺栓；18—凸轮轴链轮；19—正时带后盖；20—动力转向油泵支架

2. 拆卸辅助要点

（1）正时带的拆卸如下。

① 使用专用工具曲轴皮带轮隔圈 MD998769，如图 8-75 所示，转动曲轴使第一缸的活塞运动至压缩冲程上死点。

> **注意**
>
> 水或机油会大大缩短正时带的寿命，因此要使拆下的正时带和链轮避免沾上机油和水。不要将零件浸入到清洗剂中。

② 将正时带的运动方向做上标记，如图 8-76 所示，以便重新安装时参考。

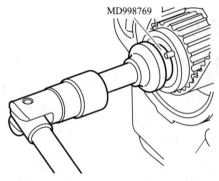

图 8-75 使用专用工具曲轴皮带轮隔圈

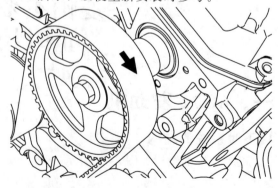

图 8-76 将正时带的运动方向做上标记

注：如果任何零部件上有油或水，则检查前壳体油封、凸轮轴油封和水泵是否泄漏。

（2）凸轮轴位置传感器支架的拆卸如下。

① 使用专用工具叉头固定器 MD998719 和皮带轮固定器销 MB990767 防止凸轮轴链轮转动，如图 8-77 所示，然后松开凸轮轴链轮螺栓。

② 拆下凸轮轴位置传感器支架。

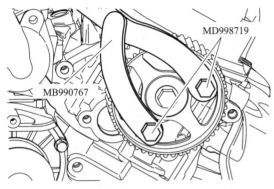

图 8-77 使用专用工具防止凸轮轴链轮转动

（3）凸轮轴传感器支架的拆卸

① 使用专用工具叉头固定器 MD998719 和皮带轮固定器销 MB990767 防止凸轮轴链轮转动，然后松开凸轮轴链轮螺栓，如图 8-78 所示。

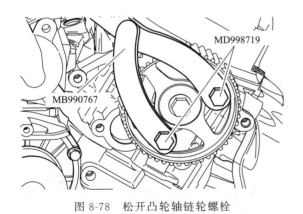

图 8-78 松开凸轮轴链轮螺栓

② 拆下凸轮轴链轮螺栓。

3. 正时带的安装

> **注意**
>
> 如果凸轮轴链轮随第 1 缸的在压缩冲程上死点的活塞转动，则气门和活塞可能出现干涉。

（1）将曲轴链轮的正时标记移动 3 个齿，以将活塞稍稍降至第 1 缸压缩冲程上死点以下，如图 8-79 所示。

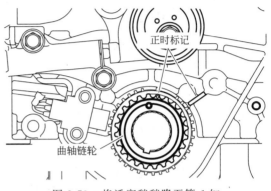

图 8-79 将活塞稍稍降至第 1 缸压缩冲程上死点以下

（2）将左气缸组凸轮轴链轮的正时标记对齐，如图 8-80 所示。

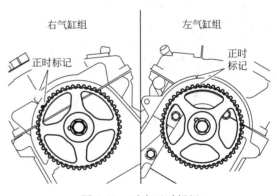

图 8-80 对齐正时标记

（3）将右气缸组凸轮轴链轮的正时标记对齐，如图 8-80 所示。

（4）将曲轴链轮的正时标记对齐，如图 8-81 所示。

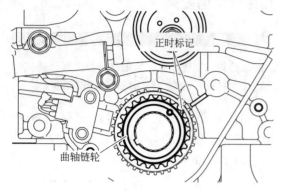

图8-81 将曲轴链轮的正时标记对齐

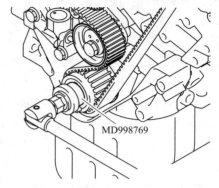

图8-83 查看所有链轮的正时标记是否对齐

(5) 按以下顺序安装每个链轮上的正时带。

① 先后安装曲轴链轮和张紧装置皮带轮的正时带,同时要将其绷紧以避免松弛。

② 将左气缸组凸轮轴链轮的正时标记对齐,如图8-82所示。

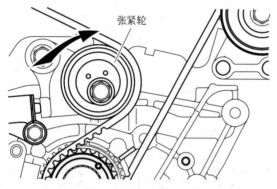

图8-82 将左气缸组凸轮轴链轮的正时标记对齐

③ 安装水泵皮带轮正时带,同时将其绷紧避免松弛。

④ 将正时带安装到右气缸组的凸轮轴链轮上。

⑤ 将正时带安装到张紧器驱动皮带轮上。

(6) 将张紧轮稍稍压在皮带上并暂时拧上中心螺栓。

(7) 查看所有链轮的正时标记是否对齐,如图8-83所示。

(8) 使用专用工具曲轴皮带轮垫圈将曲轴逆时针转动1/4圈。然后再顺时针转回来以验证所有的正时标记已对齐,如图8-84所示。

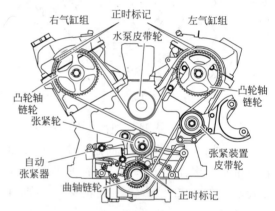

图8-84 再顺时针转回来以验证所有的正时标记已对齐

(9) 将专用工具张紧轮套筒扳手MD998767和转矩扳手安装在张紧轮上,如图8-85所示。

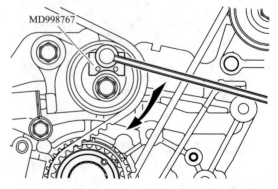

图8-85 套筒扳手和套筒扳手安装在张紧轮上

(10) 用转矩扳手将其拧至 4.4N·m。

(11) 固定住张紧轮,同时将中心螺栓拧紧至规定转矩 48N·m±6N·m。

(12) 顺时针转动曲轴两圈,并保持不动约 5min。

(13) 当已安装自动张紧器时,检查是否可无阻力地拆下插入的金属线,如图 8-86 所示。如果能够无阻力地拆下金属线,表明皮带的张力适中,因此可拆下金属线。在此情况下,检查自动张紧器杆的伸出部分是否在标准值范围以内。

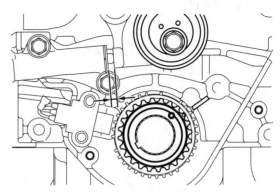

图 8-86 检查是否可无阻力地拆下插入的金属线

二、6G74 发动机

1. 正时系统的结构

正时系统的结构如图 8-87 所示。

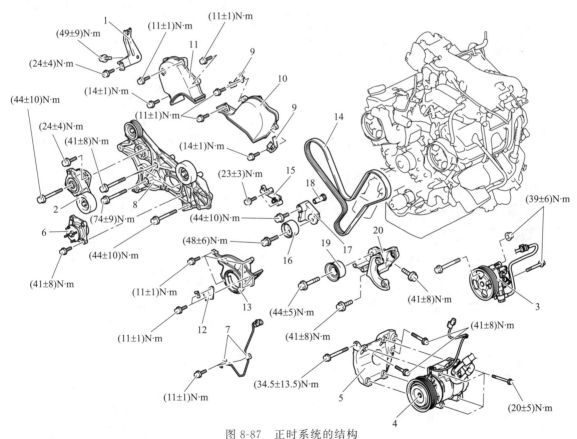

图 8-87 正时系统的结构

1—附件支座支架;2—驱动皮带自动张紧器;3—动力转向油泵总成;4—A/C 压缩机和离合器总成;5—A/C 压缩机支架;6—冷却风扇支架;7—曲轴角度传感器夹子连接;8—附件支座总成;9—线束支架;10—正时带前上盖(左侧);11—正时带前上盖(右侧);12—正时带指示器支架;13—正时带前盖下部;14—正时带;15—正时带张紧器调节器;16—正时带张紧轮;17—正时带张紧器臂;18—正时带张紧器臂轴;19—正时带张紧装置皮带轮;20—动力转向油泵支架

2. 正时带的拆卸

(1) 使用专用工具曲轴链轮垫圈 MD998769 顺时针转动曲轴以使各正时标记对准，并将第 1 缸设置到压缩上死点，如图 8-88 所示。

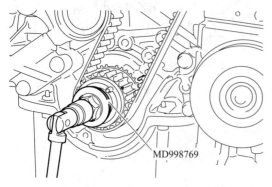

图 8-88　将第 1 缸设置到压缩上死点

(2) 如果要重复使用正时带，则在皮带的平坦侧用粉笔画一个箭头，指明顺时针方向，如图 8-89 所示。

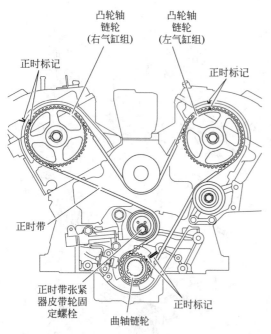

图 8-89　用粉笔画一个箭头，指明顺时针方向

(3) 松开正时带张紧器皮带轮固定螺栓，然后拆下正时带。

3. 正时带的安装

> **注意**
>
> 将右气缸组凸轮轴链轮正时标记与气缸盖"R"标记一侧的正时标记对齐。

(1) 如图 8-90 所示，将凸轮轴链轮上的正时标记与气门室盖上的正时标记对正，以及将曲轴、凸轮轴传动链轮上的正时标记与缸体上的正时标记对齐。

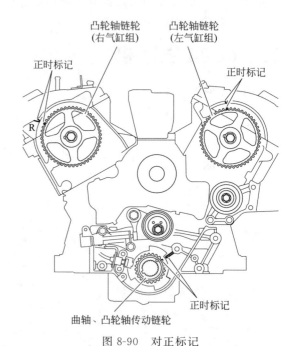

图 8-90　对正标记

(2) 按照下列步骤安装正时带，如图 8-91 所示，以使正时带中各个链轮和皮带轮之间没有挠度。

① 曲轴、凸轮轴传动链轮。
② 正时带张紧装置皮带轮。
③ 凸轮轴链轮（左气缸组）。
④ 水泵皮带轮。
⑤ 凸轮轴链轮（右气缸组）。
⑥ 正时带张紧器皮带轮。

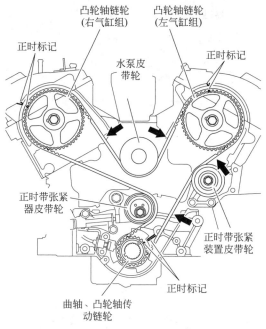

图 8-91 安装正时带

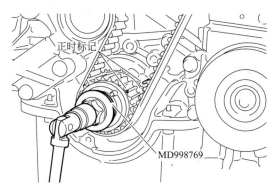

图 8-93 顺时针转动，直到对齐正时标记

(3) 逆时针转动凸轮轴链轮（右气缸组），直到张紧侧的正时带被拉紧。再次检查所有正时标记。

(4) 使用专用工具张紧轮套筒扳手 MD998767，如图 8-92 所示，将正时带张紧器皮带轮推入正时带，然后临时拧紧固定螺栓。

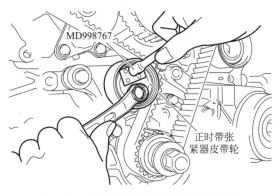

图 8-92 使用专用工具张紧轮套筒扳手

(5) 使用专用工具曲轴链轮隔圈 MD998769 先逆时针转动曲轴 1/4 圈，然后再顺时针转动，直到对齐正时标记，如图 8-93 所示。

(6) 松开正时带张紧器皮带轮的固定螺栓。如图 8-94 所示，使用专用工具 MD998767 和转矩扳手向正时带施加张紧力矩。然后将固定螺栓拧紧至规定转矩。

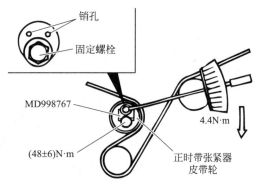

图 8-94 用专用工具和转矩扳手向正时带施加张紧力矩

(7) 拆下插入正时带张紧器调节器的定位销，如图 8-95 所示。

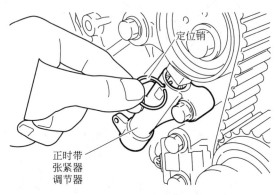

图 8-95 拆下插入正时带张紧器调节器的定位销

第八章 三菱车系发动机正时校对维修　495

（8）顺时针转动曲轴两次以对齐正时标记。

（9）至少等待5min，然后检查确认正时带张紧器调节器推杆的伸出量处于标准值范围内，如图8-96所示。

（10）如果未处于标准值范围内，则重复步骤（1）～（8）中的操作。

（11）再次检查链轮的正时标记是否对齐。

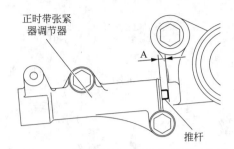

图8-96 检查确认正时带张紧器调节器推杆的伸出量

三、6G75 发动机

1. 正时系统的结构

正时系统的结构如图8-97所示。

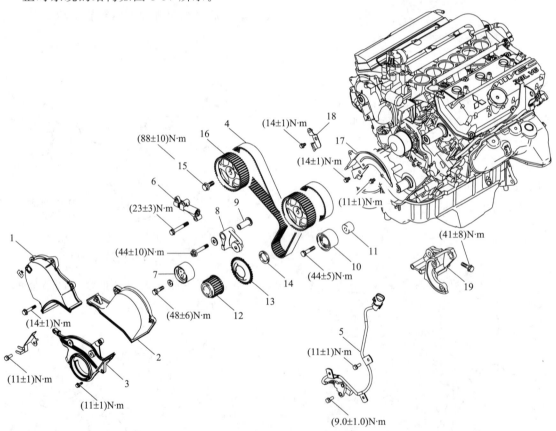

图8-97 正时系统的结构

1—正时带前部上盖（右侧）；2—正时带前部上盖（左侧）；3—正时带前盖下部；4—正时带；5—曲轴位置传感器；6—自动张紧器；7—张紧器驱动皮带轮；8—张紧器臂；9—轴；10—张紧装置皮带轮；11—张紧装置皮带轮隔圈；12—曲轴链轮；13—曲轴感应盘；14—曲轴隔圈；15—凸轮轴链轮螺栓；16—凸轮轴链轮；17—正时带后盖（左侧）；18—正时带后盖（右侧）；19—动力转向油泵支架

2. 正时带的拆卸

（1）使用专用工具曲轴皮带轮隔圈 MD998769，如图 8-98 所示，转动曲轴使第 1 缸的活塞运动至压缩冲程上死点。

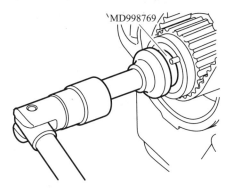

图 8-98　使用专用工具曲轴皮带轮隔圈

（2）将正时带的运动方向做上标记，如图 8-99 所示，以便重新安装时参考。

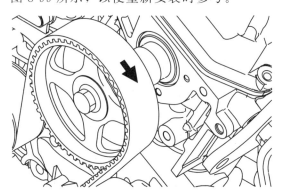

图 8-99　将正时带的运动方向做上标记

注：如果任何零部件上有油或水，则检查前壳体油封、凸轮轴油封和水泵是否泄漏。

3. 正时带的安装

> **注意**
>
> 如果凸轮轴链轮随第 1 缸的在压缩冲程上死点的活塞转动，则气门和活塞可能出现干涉。

（1）将曲轴链轮正时标记移三个齿，使活塞稍稍降低到第 1 缸压缩冲程上死点以下，如图 8-100 所示。

（2）将左气缸组凸轮轴链轮的正时标记对齐，如图 8-101 所示。

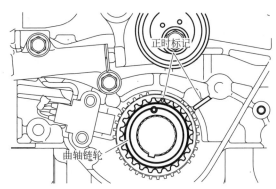

图 8-100　使活塞稍稍降低到第 1 缸压缩冲程上死点以下

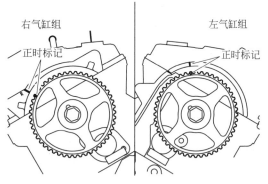

图 8-101　对齐正时标记

（3）将右气缸组凸轮轴链轮的正时标记对齐，如图 8-101 所示。

（4）将曲轴链轮的正时标记对齐，如图 8-102 所示。

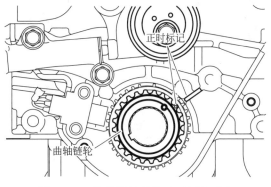

图 8-102　将曲轴链轮的正时标记对齐

（5）按以下顺序安装每个链轮上的正时带。

① 先后安装曲轴链轮和张紧装置皮带轮的正时带，同时要将其绷紧以避免松弛。

第八章　三菱车系发动机正时校对维修

② 将左气缸组凸轮轴链轮的正时标记对齐。

③ 安装水泵皮带轮正时带，同时将其绷紧避免松弛。

④ 将正时带安装到右气缸组的凸轮轴链轮上。

⑤ 将正时带安装到张紧器驱动皮带轮上，如图 8-103 所示。

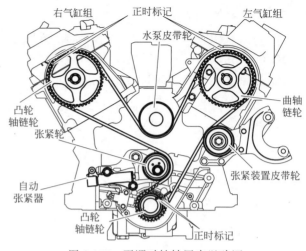

图 8-105　再顺时针转回来以验证所有的正时标记已对齐

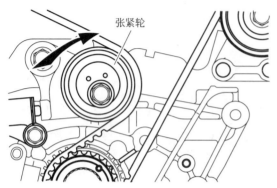

图 8-103　将正时带安装到张紧器驱动皮带轮上

（6）将张紧轮稍稍压在皮带上并暂时拧上中心螺栓。

（7）查看所有链轮的正时标记是否对齐。

（8）使用专用工具曲轴皮带轮隔圈 MD998769，如图 8-104 所示，将曲轴沿逆时针方向转动 1/4 圈，然后再顺时针转回来以验证所有的正时标记已对齐，如图 8-105 所示。

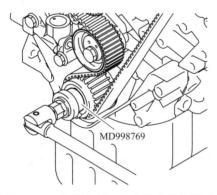

图 8-104　使用专用工具曲轴皮带轮隔圈

（9）将专用工具张紧轮套筒扳手 MD998767 和转矩扳手安装到张紧轮上，如图 8-106 所示。

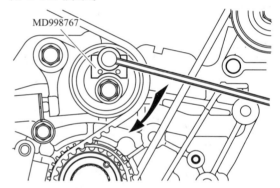

图 8-106　将专用工具张紧轮套筒扳手和转矩扳手安装到张紧轮上

（10）用转矩扳手将其拧至 4.4N·m。

（11）固定住张紧轮，同时将中心螺栓拧紧至规定转矩。

（12）顺时针转动曲轴两圈，并保持它不动大约 5min。

（13）当已安装自动张紧器时，检查是否可无阻力地拆下插入的金属线，如图 8-107 所示。如果能够无阻力地拆下金属线，表明皮带的张力适中，因此可拆下金属线。在此情况下，检查自动张紧器杆的伸出部分是否在标准值范围以内。

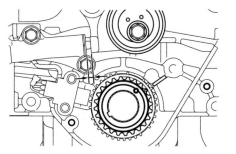

图 8-107　检查是否可无阻力地拆下插入的金属线

（14）如果拆下金属线时存在阻力，则重复上述步骤（9）～（12），直至达到合适的传动带张力。

四、4M40 发动机

1. 正时系统的结构

正时系统的结构如图 8-108 所示。

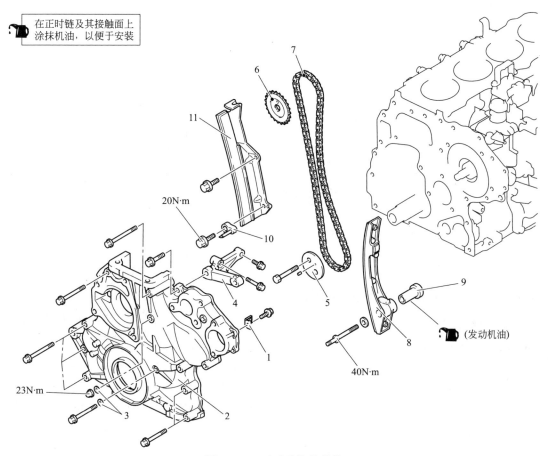

图 8-108　正时系统的结构

1—线束支架；2—正时齿轮箱总成；3—垫圈；4—正时齿轮箱加强件；5—惰轮垫片；6—凸轮轴链轮；7—正时链；8—张紧杆总成；9—张紧杆轴；10—发动机油喷嘴；11—正时链导向件

2. 正时链/凸轮轴链轮/惰轮垫片的安装

（1）使用凸轮轴链轮固定器组件支撑凸轮轴链轮，如图 8-109 所示。

（2）检查确认惰轮和链轮总成上的装配标记"1"与曲轴齿轮上的装配标记已对齐，如图 8-110 所示。

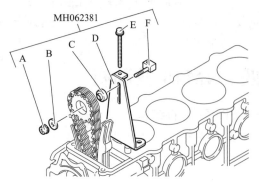

图 8-109 凸轮轴链轮

A、F—螺母；B—垫片；C—垫圈；
D—调节板；E—螺栓

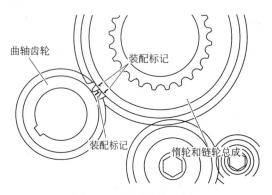

图 8-110 装配标记对齐

> **注意**
>
> 正时链的惰轮和链轮总成侧有一个标记板，凸轮轴链轮侧有两个标记板。

（3）将惰轮和链轮总成上的装配标记与正时链上的标记链环片对齐，如图 8-111 所示。

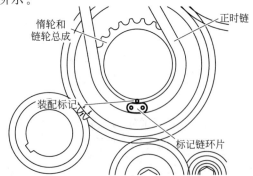

图 8-111 装配标记与正时链上的标记链环片对齐

（4）将标记链环片与凸轮轴链轮装配标记对齐，如图 8-112 所示。

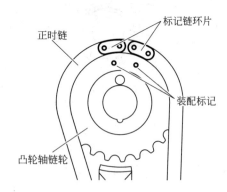

图 8-112 将标记链环片与凸轮轴链轮装配标记对齐

（5）用绳绑住正时链和凸轮轴链轮，以防止装配标记对正不当。

（6）安装惰轮垫片。惰轮垫片前部标记"F"必须朝向发动机前部，如图 8-113 所示。

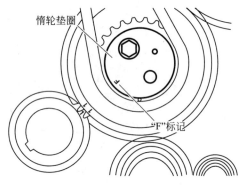

图 8-113 惰轮垫片前部标记"F"必须朝向发动机前部

五、4M41 发动机

1. 正时系统的结构

正时系统的结构如图 8-114 所示。

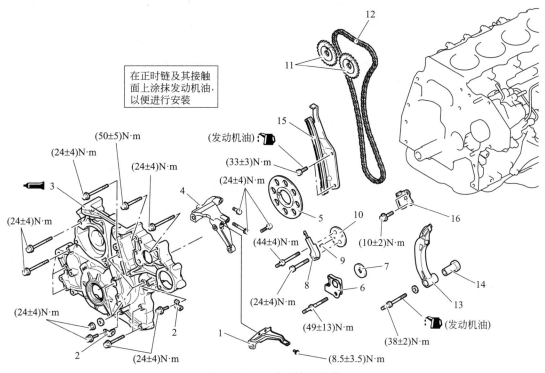

图 8-114 正时系统的结构

1—线束支架；2—线束夹；3—正时齿轮箱总成；4—正时齿轮箱加强件；5—曲轴感应盘；6—链条支架；7—惰轮 A 垫片；8—机油喷嘴总成；9—弹簧销；10—惰轮垫片；11—凸轮轴链轮；12—正时链；13—张紧杆总成；14—张紧杆轴；15—导向板；16—导向件下部板

2. 正时链/凸轮轴链轮/惰轮垫片/弹簧销/机油喷嘴总成的安装

（1）使用专用工具凸轮轴链轮固定器组件支撑凸轮轴链轮，如图 8-115 所示。

（2）检查确认惰轮和链轮总成上的装配标记"1"与曲轴齿轮上的装配标记已对齐，如图 8-116 所示。

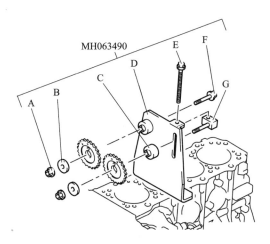

图 8-115 支撑凸轮轴链轮
A, G—螺母；B—垫片；C—垫圈；D—调节板；E, F—法兰螺栓

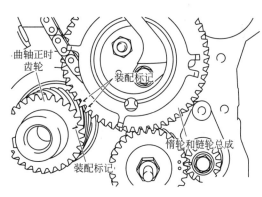

图 8-116 装配标记已对齐

> ⚙ **注意**
>
> 正时链的惰轮和链轮总成侧有一个标记板，每个凸轮轴链轮侧有两个标记板。

第八章　三菱车系发动机正时校对维修　501

（3）将惰轮和链轮总成上的装配标记与正时链上的黄色标记环板对齐，如图8-117所示。

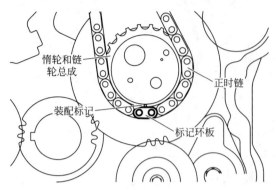

图8-117 将惰轮和链轮标记环板对齐

（4）将标记环板与凸轮轴链轮装配标记对齐，如图8-118所示。

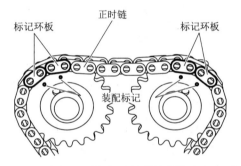

图8-118 将标记环板与凸轮轴链轮装配标记对齐

（5）用绳绑住正时链和凸轮轴链轮，以防止装配标记对正不当。

（6）安装惰轮垫片、弹簧销和机油喷嘴。惰轮垫片前部标记"F"必须朝向发动机前部，如图8-119所示。

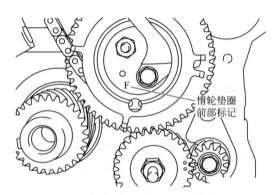

图8-119 惰轮垫片前部标记"F"必须朝向发动机前部

第九章 铃木车系发动机正时校对维修

第一节

长安铃木雨燕、CM8 和志翔车系 JL474Q-A 发动机正时校对维修

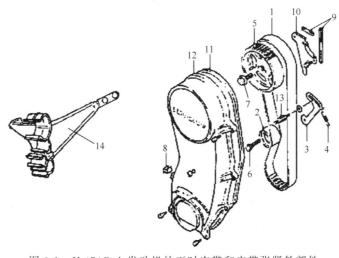

图 9-1 JL474Q-A 发动机的正时皮带和皮带张紧轮部件

1—正时皮带；2—张紧轮；3—张紧轮板；4—张紧轮弹簧；5—凸轮轴正时皮带轮；6,13—张紧轮螺栓；7—皮带轮螺栓；8—密封件；9—后罩壳胶垫；10—后罩壳；11—前罩壳胶垫；12—前罩壳；14—水管支架

JL474Q-A 发动机的正时皮带和皮带张紧轮部件如图 9-1 所示。

一、正时皮带和张紧轮的拆卸

（1）脱开蓄电池负极电线。

（2）放出发动机冷却液并从水管支架上拆下水管和制动助力器软管。

（3）取下发电机/水泵皮带和空调压缩机皮带，如图 9-2 所示。

（4）取下水泵皮带轮。

（5）取下 5 个皮带轮螺栓，取下曲轴皮带轮，如图 9-3 所示。

（6）取下水管支架及卡夹，然后取下正时皮带前罩壳，如图 9-4 所示。

（7）为了安装正时皮带，通过转动曲轴来对准图 9-5 所示四个正时标记 1～4。

（8）拆下正时皮带张紧轮、张紧轮板、

张紧轮簧和正时皮带，如图9-6所示。

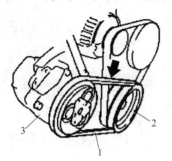

图9-2 取下发电机/水泵皮带和空调压缩机皮带
1—驱动皮带；2—曲轴皮带轮；3—空调压缩机

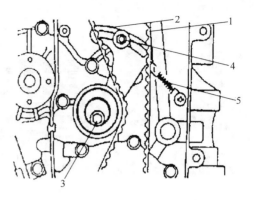

图9-6 拆下正时皮带张紧轮
1—正时皮带；2—张紧轮板；3—张紧轮螺栓；
4—张紧轮螺柱；5—弹簧

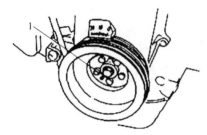

图9-3 取下5个皮带轮螺栓
1—皮带轮螺栓

> **注意**
>
> ① 拆下正时皮带后，绝不能转动凸轮轴和曲轴超过如图9-7所示的范围。如果转动，活塞和气门之间会产生干涉，可能损坏活塞和气门的有关零件。
>
>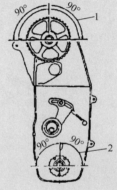
>
> 图9-7 凸轮轴和曲轴
> 1—凸轮轴允许转动范围，按正时标记，以气缸盖罩上的"V"形缺口为准可向左、右各转动90°范围；2—曲轴允许转动范围，按冲印标记，以油泵壳体上的箭头标记为准可向左、右各转动90°范围
>
> ② 绝不能弯折正时皮带。

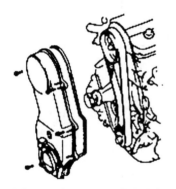

图9-4 取下正时皮带前罩壳

二、正时皮带和张紧轮的检查

（1）检查正时皮带，如图9-8所示。看有无磨损和裂纹，需要时应进行更换。

（2）检查张紧轮，看转动是否灵活，如图9-9所示。

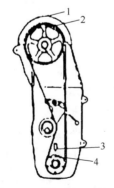

图9-5 对准四个正时标记

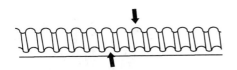

图 9-8 检查正时皮带

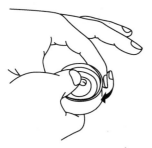

图 9-9 检查张紧轮

三、正时皮带和张紧轮的安装

(1) 将张紧轮板装在张紧轮上。将张紧轮板的凸齿插入到张紧轮的孔中,如图 9-10 所示。

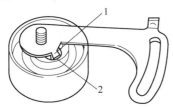

图 9-10 将张紧轮板的凸齿插入到张紧轮的孔中
1—凸齿;2—孔

(2) 安装张紧轮和张紧轮板。

此时,不要用扳手拧紧张紧轮螺栓,只用手拧紧即可。检查张紧轮板,如图 9-11 所示,按箭头方向运动会使张紧轮按同样的方向运动。如果没有发生轮板和张紧轮之间的有关运动,应拆下张紧轮和轮板,将轮板凸齿重新插入张紧轮的孔中。

(3) 检查凸轮轴正时皮带轮上的正时标记,如图 9-12 所示。该标记应对准气缸盖罩上的"V"形缺口。如果没有对准,可通过转动凸轮轴的方法使两个标记对准,但必须注意,转动不能超过其允许范围。

(4) 检查曲轴皮带轮上的冲印标记,如图 9-13 所示。该标记应与油泵壳上的箭头对准。如果没有对准,可通过转动曲轴的方法使两个标记对准,但必须注意转动不能超过其允许范围。

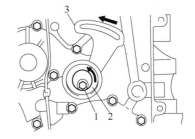

图 9-11 检查张紧轮板
1—张紧轮螺栓;2—张紧轮;3—张紧轮板

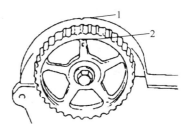

图 9-12 检查凸轮轴正时皮带轮上的正时标记
1—"V"形缺口标记;2—正时标记"E"

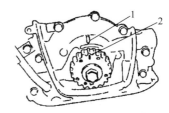

图 9-13 检查曲轴皮带轮上的冲印标记
1—箭头标记;2—冲印标记

(5) 安装正时皮带和张紧轮弹簧。

使两组标记对准,张紧轮板向上推,在两个皮带轮上安装正时皮带,使皮带的驱动侧(端)无松弛现象。然后(如图 9-14 所示)装上张紧轮簧,并用手拧紧张紧轮螺栓。

> **注意**
> ① 装正时皮带时,应使皮带上的箭头标记与曲轴的旋转方向一致。
> ② 在这种情况下,4 号活塞位于压缩行程的上止点。

(6) 安装后,为了张紧松弛的正时皮带,可顺时针方向转动曲轴两圈。当确认皮带无松

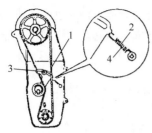

图 9-14　安装正时皮带和张紧轮弹簧
1—皮带的驱动侧；2—张紧轮弹簧；
3—张紧轮螺栓；4—缓冲器

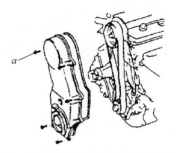

图 9-16　安装正时皮带前罩壳和水管支架
拧紧转矩：a 为 11N·m（1.1kgf·m，8.0lbf·ft）。

弛后，首先拧紧张紧轮螺栓，然后按规定的转矩拧紧张紧轮螺栓，如图 9-15 所示。

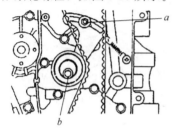

图 9-15　拧紧张紧轮螺栓
拧紧转矩：a 为 11N·m（1.1kgf·m，8.0lbf·ft）。
b 为 25N·m（2.5kgf·m，18.0lbf·ft）。

（7）安装正时皮带前罩壳和水管支架，如图 9-16 所示。安装前，应确认密封件位于水泵和油泵壳之间。

（8）安装曲轴皮带轮，如图 9-17 所示。
将曲轴正时皮带轮上的销钉装入孔中，然后按规定的转矩拧紧皮带轮螺栓。

（9）装上水泵皮带轮和发电机/水泵驱动皮带。调整发电机/水泵驱动皮带的松紧程度。

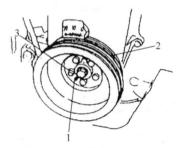

图 9-17　安装曲轴皮带轮
1—销钉；2—曲轴皮带轮；3—皮带轮螺母
拧紧转矩：16N·m（1.6kgf·m，11.5lbf·ft）。

（10）安装空调压缩机皮带。调整皮带的松紧程度。

（11）将制动助力器软管和水管连接到进气歧管、恒温管盖和水管上，并固定好。

（12）向冷却系统加注冷却液，排出系统中的空气。

（13）装上蓄电池，并接好负极电线。

（14）确定软管连接处应无冷却液泄漏。

第二节　长安铃木新奥拓 YC5 车系 K10B 发动机正时调整

一、正时链条的拆装

（1）正时链条的拆卸如图 9-18、图 9-19 所示。

（2）正时链条的安装如图 9-20、图 9-21 所示。

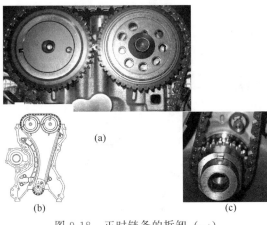

图 9-18　正时链条的拆卸（一）

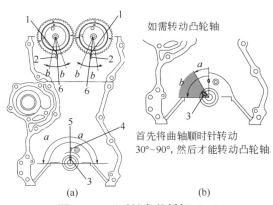

图 9-19　正时链条的拆卸（二）

1—凸轮轴链轮上的标记；2—气缸盖上的凸起标记；
3—曲轴皮带轮；4—气缸体上的凹槽标记；
5—允许的曲轴转角 $a=90°$；
6—允许的凸轮轴转角 $b=15°$

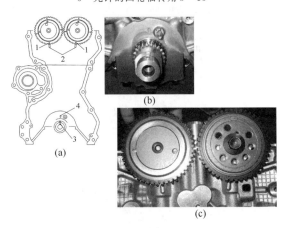

图 9-20　正时链条的安装（一）

1—凸轮轴链轮点标记；2—气缸盖凸起；3—曲轴键槽；
4—气缸体凹槽

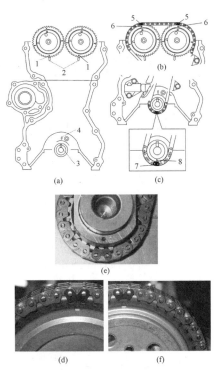

图 9-21　正时链条的安装（二）

1—凸轮轴链轮点标记；2—气缸盖凸起；3—曲
轴链槽；4—气缸体凹槽；5—深蓝色链板；
6—凸轮轴链轮三角标记；7—黄色链板；
8—曲轴链轮点标记

二、链条导向/张紧装置

链条导向/张紧装置如图 9-22 所示。

图 9-22　链条导向/张紧装置

第九章　铃木车系发动机正时校对维修

第三节 超级维特拉车系发动机正时校对维修

一、装配 VVT 的 M16A 发动机正时调整

(1) 发动机结构说明。

本发动机是水冷、直列式 4 缸、4 冲程汽油发动机。由于其 "V" 形气门结构和 16 气门（每个气缸 4 个气门）而采用 DOHC 顶置双凸轮轴配气机构。顶置双凸轮轴安装在气缸盖的上面；它由曲轴通过正时链条驱动。气门传动组系统中不包括气门推杆。发动机结构如图 9-23 所示。

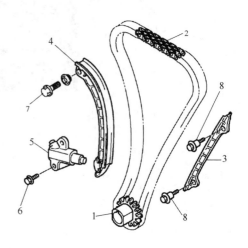

图 9-24　正时链条和链条张紧装置部件
1—曲轴正时链轮；2—正时链条，涂抹机油；
3—正时链条 1 号导板，在滑动面涂上机油；
4—正时链条张紧装置，在滑动面涂上机油；
5—正时链条张紧调节器总成；6—链条张紧调节器安装螺栓；7—正时链条张紧装置螺栓；
8—正时链条 1 号导向装置螺栓

① 拆卸正时链条室盖。
② 通过转动曲轴，将进气和排气凸轮轴正时链轮标记 1 分别与气缸盖的切口 2 对准，并将曲轴链轮键 3 与缸体 4 的切口对准。
③ 拆下正时链条张紧装置调节器总成 5。
④ 拆下正时链条张紧装置 6。
⑤ 拆下正时链条 1 号导向装置 7。
⑥ 拆下正时链条 8 及曲轴正时链轮 9。

(4) 正时链条和链条张紧装置的安装。

拆下正时链条后，切勿独立转动曲轴和凸轮轴至超出规定范围（a、b），如图 9-26 所示。否则，活塞和气门之间以及气门本身可能会受到影响，并且可能会损坏与活塞和气门有关的零部件。

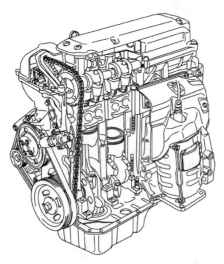

图 9-23　发动机结构

(2) 正时链条和链条张紧装置部件如图 9-24 所示。

(3) 正时链条和链条张紧装置的拆卸，如图 9-25 所示。

拆下正时链条后，切勿将曲轴和凸轮轴独立地转动至超过 "安装" 中所述的允许转动范围。否则，活塞和气门之间以及气门本身可能会受到影响，并且可能会损坏与活塞和气门有关的零部件。

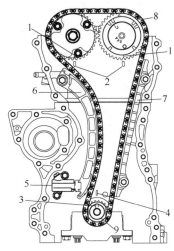

图 9-25　正时链条和链条张紧装置的拆卸

① 确认进气和排气凸轮轴正时链轮上的配合标记 1 与气缸盖上的切口 2 对准，如图 9-26 所示。

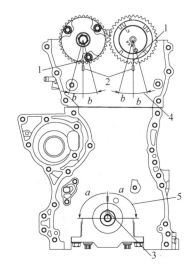

图 9-26　正时链条和链条张紧装置的安装
a—90°；b—15°；4—凸轮轴（IN 和 EX）
允许的旋转范围，通过凸轮轴正时链轮上
的标记，距气缸盖左右切口 15°之内；
5—曲轴允许旋转的范围，通过曲轴
上的键，距左右顶部 90°之内

② 安装曲轴键 3 并转动曲轴以将曲轴键定位在曲轴的上部，如图 9-26 所示。

③ 对准正时链条深蓝色板 1 与凸轮轴正时链轮上的三角标记 2，安装正时链条，如图 9-27 所示。

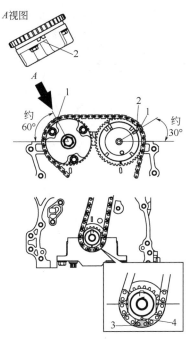

图 9-27　对准标记

④ 对准正时链条的金属板 3 与曲轴正时链轮上的圆形标记 4，将曲轴正时链轮装到正时链条上。然后将装配有正时链的曲轴正时链轮安装到曲轴上，如图 9-27 所示。

⑤ 在正时链条 1 号导向装置 1 的滑动表面上涂机油，并按图 9-28 进行安装。将导向装置螺栓拧紧至规定转矩。

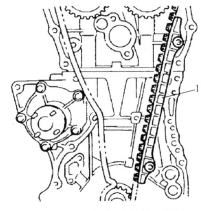

图 9-28　拧紧导向装置螺栓

⑥ 在正时链张紧装置 1 的滑动面上涂抹机油，如图 9-29 所示，并安装正时链张紧装置和垫片。将张紧装置螺栓拧紧至规定转矩。

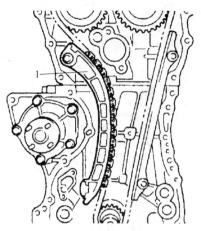

图 9-29 在正时链张紧装置 1
的滑动面上涂抹机油

⑦ 检查进气和排气凸轮轴正时链轮上的匹配标记 1 是否与正时链的黑蓝色链板 2 相匹配，以及曲轴正时链轮上的匹配标记 3 是否与正时链的金色链板 4 相匹配，如图 9-30 所示。

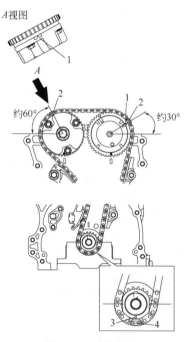

图 9-30 对准标记

⑧ 转动本体 2 拧入柱塞 1，如图 9-31 所示，安装固定器（导线）使柱塞固定到位。

⑨ 安装带有保持架的正时链张紧调节

器总成。将调节器螺栓拧紧至规定转矩，然后从链条张紧装置调节器总成上拆下固定器。

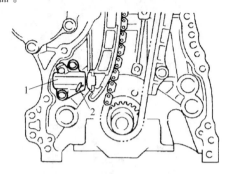

图 9-31 转动本体 2
拧入柱塞 1

⑩ 向正时链条上涂机油，然后顺时针转动曲轴 2 圈，检查进气和排气凸轮轴正时链轮上的配合标记 1 是否与气缸盖上的切口 2 对准，键 3 是否与缸体上的切口 4 对准，如图 9-32 所示。如果链条上的标记与各配合标记没有对准，则调节各链轮和正时链条。

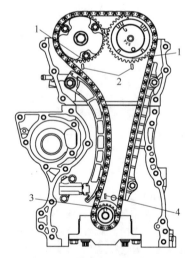

图 9-32 检查标记是否对准

⑪ 安装正时链罩。
⑫ "安装"中的步骤③～⑧。

(5) 正时链条和链条张紧装置检查。
① 正时链条 1 号导向装置。

检查蹄片 1 有无磨损，如图 9-33 所示。
② 正时链条张紧装置。

图 9-33 检查蹄片 1 有无磨损

检查蹄片 1 有无磨损,如图 9-34 所示。

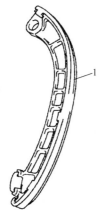

图 9-34 检查蹄片 1 有无磨损

③ 曲轴正时链轮。

检查链轮齿有无磨损,如图 9-35 所示。

④ 正时链条。

检查正时链条有无磨损,如图 9-36 所示。

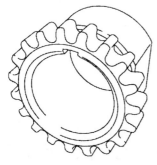

图 9-35 检查链轮齿有无磨损

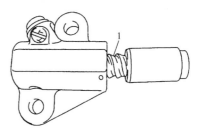

图 9-36 检查正时链有无磨损

⑤ 正时链条张紧装置调节器。

检查齿面 1 有无受损,如图 9-37 所示。

图 9-37 检查齿面 1 有无受损

二、J20 发动机正时调整

1. 发动机结构说明

该发动机为水冷、4 缸直列式、4 冲程汽油发动机,带有 DOHC(双顶置凸轮轴)气门机构,"V"形气门配置,16 气门(每个气缸 4 气门)。双顶置凸轮轴安装在气缸盖上方,由曲轴通过正时链条驱动,气门机构中没有配备推杆。

2. 第二正时链条和链条张紧装置组件

第二正时链条和链条张紧装置组件如图 9-38 所示。

3. 第二正时链条和链条张紧装置的拆卸和安装

拆下第二正时链条之后,切勿使进气凸轮轴、排气凸轮轴和曲轴各自转动至超出图 9-39 中的范围。否则,活塞和气门之间以及气门本身可能会受到影响,并且可能会损坏与活塞和气门有关的零部件。

(1)拆卸方法如下。

① 卸下汽车发动机总成。

② 拆下油底壳。

③ 拆卸气缸盖罩。

④ 拆下正时链罩。

⑤ 顺时针转动曲轴至符合下列条件,如图 9-40 所示。

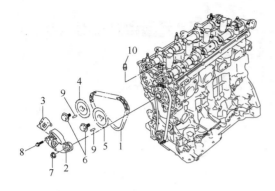

图 9-38 第二正时链条和链条张紧装置组件

1—第二正时链条，涂机油；
2—正时链条张紧装置调节器（2号），在滑动面涂上机油；
3—张紧装置调节器（2号）密封垫；
4—进气凸轮轴正时链轮；5—排气凸轮轴正时链轮；
6—凸轮轴正时链轮螺栓；
7—正时链条张紧装置调节器（2号）螺母；
8—正时链条张紧装置调节器（2号）螺栓；
9—销；10—机油溢流阀

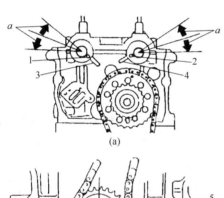

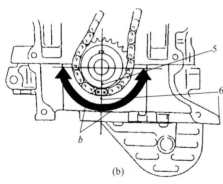

图 9-39 调整范围

1—进气凸轮轴定位销；2—排气凸轮轴定位销；3—进气侧正时标记；4—排气侧正时标记；5—曲轴正时链轮上的配合标记；6—下曲轴箱上的正时标记；a—凸轮轴（进气和排气）允许转动范围，左右20°以内；b—曲轴允许转动范围，左右90°以内

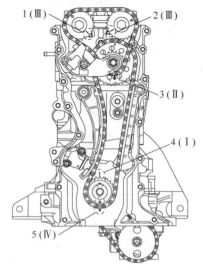

图 9-40 对准标记

1—进气凸轮轴正时链轮的正时标记；2—排气凸轮轴正时链轮的正时标记；3—张紧轮上的箭头标记；4—曲轴上的键；5—曲轴正时链轮的正时标记

- 曲轴上的键与缸体（Ⅰ）上的标记匹配。
- 张紧轮上的箭头标记指向上方（Ⅱ）。
- 凸轮轴链轮上的标记与气缸盖上的标记匹配（Ⅲ）。
- 曲轴链轮上的标记与下曲轴箱上的标记匹配（Ⅳ）。

⑥ 拆下正时链条张紧装置调节器（2号）1 和密封垫，如图 9-41 所示。为将其拆下，可沿逆时针方向稍稍转动进气凸轮轴使第二正时链条松弛，同时向后推动垫块。

⑦ 拆下进气和排气凸轮轴正时链轮螺栓 1。为将其拆下，可将扳手 4 装在凸轮轴中央的六角部位 3 使之固定，如图 9-42 所示。

⑧ 拆下凸轮轴正时链轮和第二正时链条 2，如图 9-42 所示。

（2）安装方法如下。

① 确认曲轴正时链轮上的配合标记 1 与下曲轴箱上的正时标记 2 相匹配，如图 9-43 所示。

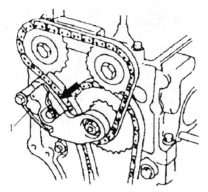

图 9-41 拆下正时链条张紧装置调节器（2 号）1 和密封垫

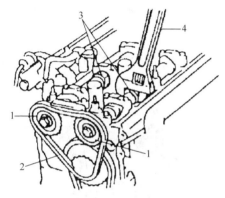

图 9-42 拆下凸轮轴正时链轮和第二正时链条 2

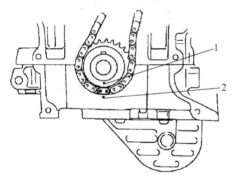

图 9-43 对准标记

② 确认张紧轮上的箭头标记 1 朝上，如图 9-44 所示。

③ 确认进气 2 和排气 3 凸轮轴的定位销与气缸盖上的正时标记对准，如图 9-44 所示。

④ 对准第二正时链条黄色板 1 与张紧轮上的配合标记，安装第二正时链条，如图 9-45 所示。

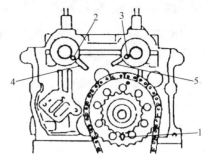

图 9-44 确认张紧轮上的箭头标记 1 朝上
4—进气侧正时标记；5—排气侧正时标记

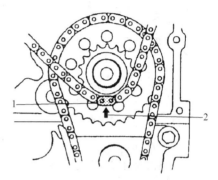

图 9-45 安装第二正时链条
2—第二正时链条配合标记（箭头标记）

⑤ 分别对准第二正时链条上的蓝色板、进气链轮和排气链轮上的配合标记，如图 9-46 所示，将链轮装到进气和排气凸轮轴上。

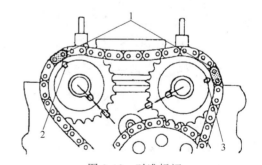

图 9-46 对准标记
1—蓝色板；2—进气凸轮轴正时链轮上的箭头标记；
3—排气凸轮轴正时链轮上的箭头标记

⚠ **注意**

转动时请勿超出允许范围。如果转动过度，则可能损坏气门和活塞。

第九章 铃木车系发动机正时校对维修

> **注意**
> 由于两侧都有箭头标记，所以凸轮轴正时链轮没有特定的安装方向。

⑥ 将进气和排气凸轮轴正时链轮螺栓 1 拧紧至规定转矩。为将其拧紧，可将扳手 2 装在凸轮轴中央的六角部位 3 使之固定，如图 9-47 所示。

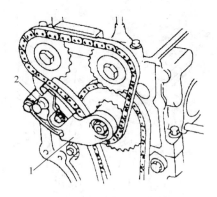

图 9-49　从正时链条张紧装置调节器（2 号）中拉出止动器 2

张紧轮上的箭头标记 9 朝上，如图 9-50 所示。

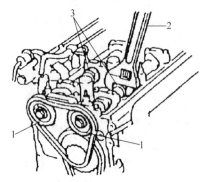

图 9-47　将扳手 2 装在凸轮轴中央的六角部位 3 使之固定

⑦ 将柱塞 1 推回张紧装置本体 2，如图 9-48 所示，并将止动器 3 插入本体，使柱塞固定到位。

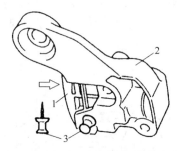

图 9-48　将柱塞 1 推回张紧装置本体 2

⑧ 安装正时链条张紧装置调节器（2号）1 和密封垫，如图 9-49 所示。

⑨ 从正时链条张紧装置调节器（2 号）中拉出止动器 2，如图 9-49 所示。

⑩ 顺时针转动曲轴两圈，使曲轴上的正时标记 1 与缸体上的正时标记 2 对准，如图 9-50 所示。此时，检查链轮上的正时标记 3、5 和 7 是否与气缸盖、缸体和下曲轴箱上的正时标记 4、6 和 8 匹配。同时，确认

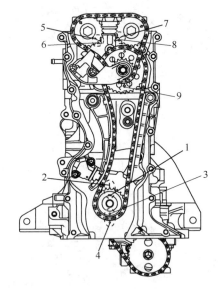

图 9-50　确认张紧轮上的箭头标记 9 朝上
1、2—正时标记；3—曲轴正时链轮上的正时标记；
4—下曲轴箱上的正时标记；5—进气凸轮轴正时链
轮上的正时标记；6—进气凸轮轴正时链轮的
正时标记；7—排气凸轮轴正时链轮上的
正时标记；8—排气凸轮轴正时链轮的正时标记；
9—张紧轮上的箭头标记，指向上方

⑪ 往正时链条、张紧装置、张紧装置调节器、链轮和导向装置上涂机油。

⑫ 安装正时链条室盖。

⑬ 安装气缸盖罩。

⑭ 安装油底壳。

4. 第二正时链条和链条张紧装置检查

（1）检查正时链条导向装置（2号）。

检查滑轨2是否磨损或损坏，如图9-51所示。

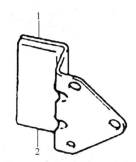

图9-51 检查滑轨2是否磨损或损坏
1—正时链条导向装置（2号）

（2）检查凸轮轴链轮。

检查链轮齿有无磨损，如图9-52所示。

图9-52 检查链轮齿有无磨损

（3）检查正时链条。

检查正时链有无磨损，如图9-53所示。

图9-53 检查正时链有无磨损

（4）检查张紧装置调节器（2号）。

检查滑轨1是否磨损或损坏，止动销是否工作正常，如图9-54所示。

5. 第一正时链条和链条张紧装置组件

第一正时链条和链条张紧装置组件如图9-55所示。

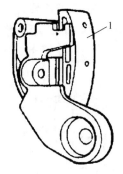

图9-54 检查滑轨1是否磨损或损坏

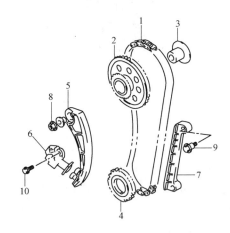

图9-55 第一正时链条和链条张紧装置组件
1—第一正时链条；2—张紧轮；3—张紧轮轴；
4—曲轴正时链轮；5—正时链条张紧装置；
6—正时链条张紧装置调节器（1号）；
7—正时链条导向装置（1号）；
8—正时链条张紧装置螺母；
9—正时链条导向装置（1号）螺栓；
10—正时链条张紧装置调节器（1号）螺栓

6. 第一正时链条和链条张紧装置的拆卸和安装

拆下正时链条后，请勿将曲轴和凸轮轴单独转动超过所允许的转动范围。否则，活塞和气门之间以及气门本身可能会受到影响，并且可能会损坏与活塞和气门有关的零部件。

（1）拆卸方法如下。

① 拆卸第二正时链条。

② 拆下正时链条导向装置（1号）1。

③ 拆下正时链条张紧装置调节器（1号）2。

④ 拆下正时链条张紧装置3。
⑤ 拆下张紧轮4和第一正时链条5。
⑥ 拆下曲轴正时链轮6，如图9-56所示。

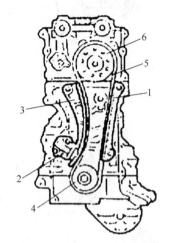

图9-56 拆下曲轴正时链轮6

（2）安装方法如下。
① 安装曲轴正时链轮2，如图9-57所示。

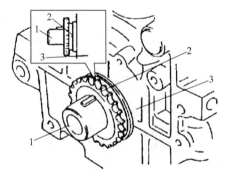

图9-57 安装曲轴正时链轮2
1—曲轴；3—气缸体

② 确认曲轴正时链轮上的配合标记1与下曲轴箱上的正时标记2相匹配，如图9-58所示。
③ 往张紧轮1（图9-59）的衬套上涂机油。
④ 安装张紧轮和链轮轴。
⑤ 对准第一正时链轮3的深蓝色板4和张紧轮1上的配合标记2，安装第一正时链轮，如图9-59所示。

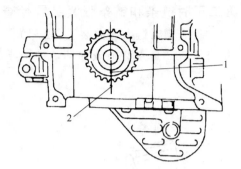

图9-58 对准标记

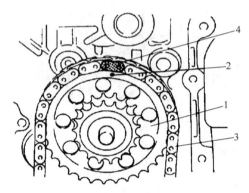

图9-59 安装第一正时链轮

⑥ 使第一正时链条3的金色板4与曲轴正时链轮1上的配合标记2相匹配，如图9-60所示。

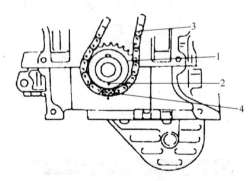

图9-60 配合标记相匹配

⑦ 往正时链条张紧装置1的滑动表面上涂机油，如图9-61所示，并按图示进行安装。
⑧ 在张紧装置调节器（1号）的止动销收回且柱塞1被推入本体的状态下，将止动器4插入止动销2和本体3，如图9-62所示。插入之后，检查以确保柱塞不

会掉出。

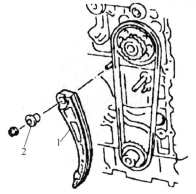

图 9-61 往正时链条张紧装置 1 的
滑动表面上涂机油
2—垫片

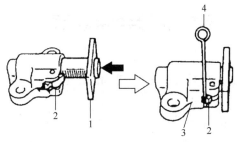

图 9-62 将止动器 4 插入止
动销 2 和本体 3

⑨ 安装正时链条张紧装置 2 调节器（1号）1，如图 9-63 所示。

⑩ 从 1 号调节器中拉出止动器 3，如图 9-63 所示。

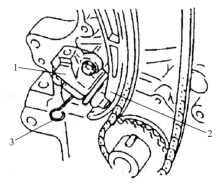

图 9-63 从 1 号调节器中拉出止动器 3

⑪ 往正时链条 1 号导向装置 1 的滑动表面上涂机油，如图 9-64 所示，并进行安装。

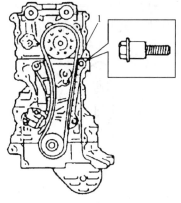

图 9-64 往正时链条 1 号导向装置 1
的滑动表面上涂机油

⑫ 检查第一正时链条的深蓝色和黄色板是否分别与链轮上的配合标记相匹配，如图 9-65 所示。

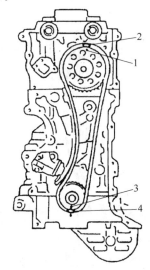

图 9-65 检查第一正时链条的
深蓝色和黄色板是否分别
与链轮上的配合标记相匹配
1—张紧轮上的配合标记；2—深蓝色板；
3—曲轴正时链轮上的配合标记；
4—黄色板

⑬ 安装第二正时链条。
⑭ 安装正时链罩。
⑮ 安装气缸盖罩。
⑯ 安装油底壳。
⑰ 安装发动机总成。

7. 第一正时链条和链条张紧器检查

（1）检查正时链条导向装置（1号）。

检查滑轨的磨损或损坏情况，如图9-66所示。

图9-66　检查滑轨的磨损或损坏情况
1—正时链条导向装置（1号）

（2）检查正时链条张紧装置。

检查蹄片1有无磨损，如图9-67所示。

图9-67　检查蹄片1有无磨损

（3）检查曲轴正时链轮。

检查链轮齿有无磨损或受损，如图9-68所示。

（4）检查张紧轮。

图9-68　检查链轮齿有无磨损或受损

检查链轮轮齿和衬套1是否磨损或损坏，如图9-69所示。

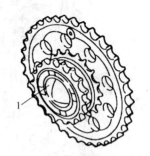

图9-69　检查链轮轮齿和衬套
1是否磨损或损坏

（5）检查第一正时链条。

检查正时链有无磨损，如图9-70所示。

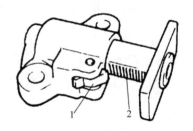

图9-70　检查正时链有无磨损

（6）检查正时链条张紧装置调节器（1号）。

检查止动销1和轮齿表面2有无损坏，如图9-71所示，以及止动销是否工作正常。

图9-71　检查止动销1和轮齿表面2有无损坏

三、F9Q发动机正时调整

1. 同步皮带和皮带张紧装置的拆卸

（1）拆下辅助传动皮带。

（2）卸下1号同步皮带罩1和2号同步皮带罩2，如图9-72所示。

（3）顺时针转动曲轴皮带轮，然后停止转动。在此之前，凸轮轴皮带轮3的标识2与皮带内罩的标识1正好对齐，如图9-73

所示。

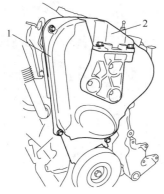

图 9-72 卸下 1 号同步皮带罩 1 和 2 号同步皮带罩 2

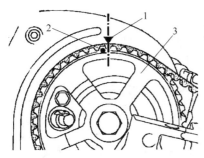

图 9-73 凸轮轴皮带轮 3 的标识 2 与皮带内罩的标识 1 正好对齐

（4）卸下 TDC 销子帽，并如图 9-74 所示将专用工具 A 塞入 TDC 销子孔中。

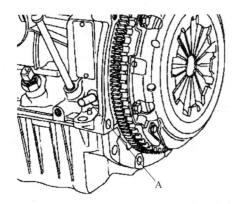

图 9-74 将专用工具 A 塞入 TDC 销子孔中

（5）顺时针转动曲轴皮带轮直至曲轴接触到专用工具 A。

（6）按以下方法卸下曲轴皮带轮。

① 将平头螺丝刀 1 等工具塞进离合器壳体的孔中，从而锁住飞轮的环形齿轮 2，如图 9-75 所示。

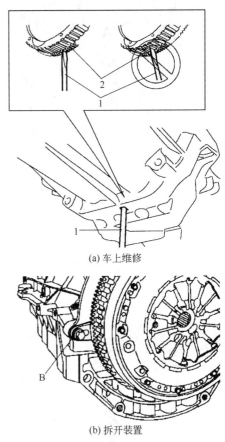

(a) 车上维修

(b) 拆开装置

图 9-75 锁住飞轮的环形齿轮 2

② 拆下 TDC 销子孔上的专用工具 A。

③ 拧松曲轴皮带轮螺栓并卸下曲轴皮带轮。

④ 将专用工具 A 塞进 TDC 销子孔中。

⑤ 拆下专用工具 B 或螺丝刀等。

（7）卸下张紧装置皮带轮 1 和同步皮带 2，如图 9-76 所示。

（8）如有必要，卸下同步皮带张紧板 1，

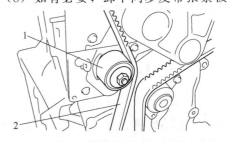

图 9-76 卸下张紧装置皮带轮 1 和同步皮带 2

如图 9-77 所示。

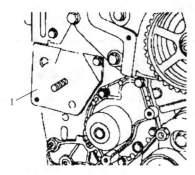

图 9-77 卸下同步皮带张紧板 1

（9）如有必要，如图 9-78 所示，使用专用工具卸下曲轴同步皮带轮 1。

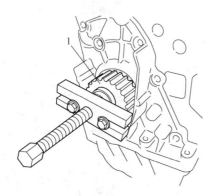

图 9-78 卸下曲轴同步皮带轮 1

2. 同步皮带和皮带张紧装置的安装

（1）确认专用工具 A 已塞进 TDC 销子孔中，如图 9-79 所示。

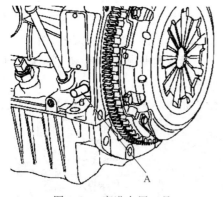

图 9-79 塞进专用工具

（2）检查曲轴槽 1 是否位于垫圈支架板的两条凸缘 2 的中间，如图 9-80 所示。

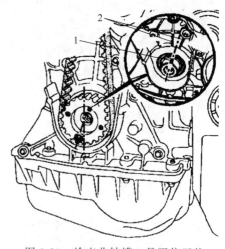

图 9-80 检查曲轴槽 1 是否位于垫圈支架板的两条凸缘 2 的中间

（3）检查凸轮轴皮带轮 2 标识 1 是否与同步皮带内罩标识相对齐，如图 9-81 所示。

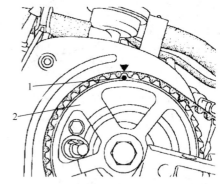

图 9-81 检查凸轮轴皮带轮 2 标识 1 是否与同步皮带内罩标识相对齐

（4）如果卸下了曲轴同步皮带轮 1（图 9-82），则重新安装。

（5）如果卸下了同步皮带张紧板 2，则重新安装。

（6）安装同步皮带张紧装置皮带轮 3，如图 9-82 所示，将孔 4 对准同步皮带张紧板的销子 5，然后用手暂时拧紧同步皮带张紧装置皮带轮螺母。

（7）安装同步皮带 1 时，使凸轮轴皮带轮 4 和喷射泵皮带轮 5 以及曲轴同步皮带轮 6 的配合标记 3 与配合线 2 对齐，如图 9-83 所示。

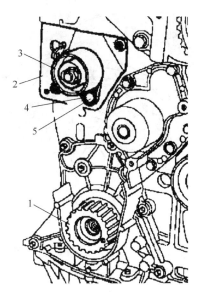

图 9-82 安装同步皮带张紧装置皮带轮 3

 注意

务必按照图 9-83 所示将同步皮带的箭头标记 7 朝向顺时针方向。

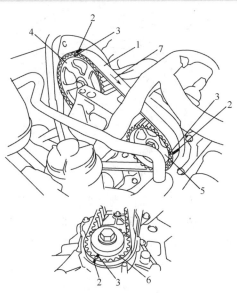

图 9-83 标记与配合线对齐

（8）拆下 TDC 销子孔上的专用工具。

（9）调整正时皮带张紧度，方法如下。

① 暂时用手将曲轴皮带轮螺栓拧到曲轴上。

② 将调整螺栓 1 安装到同步皮带张紧板上，并用手拧紧调整螺栓和同步皮带张紧装

置皮带轮螺母 2，如图 9-84 所示。

 注意

务必使用 M6 调整螺栓 1 以及 1.0mm（0.039in）螺距轮。

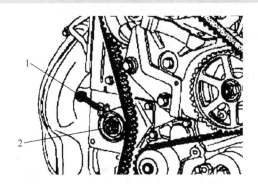

图 9-84 将调整螺栓 1 安装到同步皮带张紧板上

③ 预张紧同步皮带，方法如下。

a. 使用转矩扳手和专用工具固定曲轴皮带轮螺栓。

b. 如图 9-85 所示，使用转矩扳手 1 顺时针转动专用工具至 11N·m 来预张紧同步皮带。

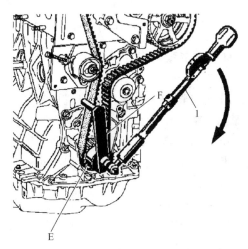

图 9-85 使用转矩扳手 1 顺时针转动专用工具至 11N·m 来预张紧同步皮带

c. 拆下专用工具 E 和 F。

④ 使用专用工具测量同步皮带张紧度，方法如下。

a. 将专用工具 G 的传感器 2（图 9-86）放置在曲轴皮带轮和同步皮带张紧装置皮带

轮的中央。

> ⚠️ **注意**
>
> 务必使同步皮带与传感器 2 间隔规定的距离 a。同步皮带和传感器之间的距离 a 为 2～10mm。

b. 如图 9-86 所示，用手轻弹同步皮带来测量同步皮带张紧度。如果同步皮带张紧度超出了以下规定的范围，则通过拧紧或拧松调整螺栓来调节同步皮带张紧度并回到步骤③。

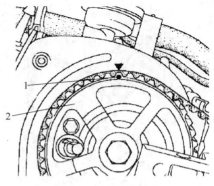

图 9-87　标识对准

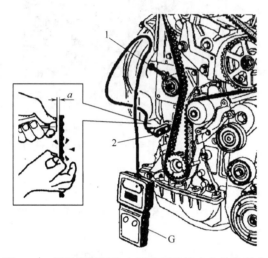

图 9-86　用手轻弹同步皮带来测量同步皮带张紧度

同步皮带张紧度（显示在专用工具上的频率）为 87～93Hz。

⑤ 暂时将同步皮带张紧装置皮带轮螺母拧紧至 10N·m。

⑥ 顺时针转动曲轴两圈直至凸轮轴皮带轮 2 标识 1 与同步皮带内罩标识相对齐，如图 9-87 所示。

⑦ 检查专用工具 A 能否顺利地塞进 TDC 销子孔中。

⑧ 拆下专用工具 A。

⑨ 按照步骤③中同样的方式预张紧同步皮带。

⑩ 按照步骤④中同样的方式测量同步皮带张紧度。如果同步皮带张紧度超出了以下规定的范围，则卸下同步皮带并回到步骤①。

同步皮带张紧度（显示在专用工具上的频率）为 75～85Hz。

⑪ 拧紧同步皮带张紧装置皮带轮螺母至规定转矩。

⑫ 卸下调整螺栓。

⑬ 顺时针转动曲轴四圈直至凸轮轴皮带轮 2 标识 1 与同步皮带内罩标识相对齐，如图 9-88 所示。

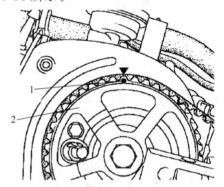

图 9-88　凸轮轴皮带轮 2 标识 1 与
同步皮带内罩标识相对齐

⑭ 确认凸轮轴皮带轮 2 标识 1 与喷射泵皮带轮 4 标识 3 之间的同步皮带齿轮数是否是 29 个，如图 9-89 所示。否则，卸下正时皮带并返回到步骤①。

（10）按以下方法安装曲轴皮带轮。

① 按照"拆卸"步骤（6）中的①同样的方式锁定环形齿轮。

② 将曲轴皮带轮 1 安装到曲轴上，如图 9-90 所示。

③ 按如下方法拧紧新的曲轴皮带轮螺栓 2。

a. 将曲轴皮带轮螺栓拧紧至 40N·m。

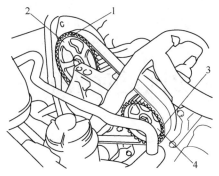

图 9-89 确认凸轮轴皮带轮 2 标识 1 与喷射泵皮带轮 4 标识 3 之间的同步皮带齿轮数是否是 29 个

b. 重新拧紧曲轴皮带轮螺栓至 110°。

曲轴皮带轮螺栓 2 按照规定的步骤拧紧至 40N·m+110°。

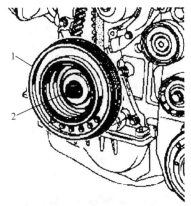

图 9-90 将曲轴皮带轮 1 安装到曲轴上

c. 拆下专用工具或螺丝刀等。

(11) 将密封剂涂抹到 TDC 1 的销子帽螺纹上,如图 9-91 所示,并将其拧紧至规定转矩。

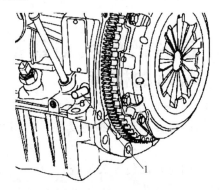

图 9-91 将密封剂涂抹到 TDC 1 的销子帽螺纹上

(12) 安装 1 号同步皮带罩 1 和 2 号同步皮带罩 2,如图 9-92 所示。

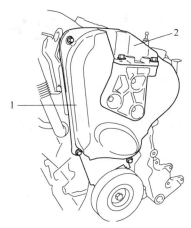

图 9-92 安装 1 号同步皮带罩 1 和 2 号同步皮带罩 2

(13) 安装辅助传动皮带。

3. 同步皮带和皮带张紧装置检查

(1) 同步皮带检查。

检查同步皮带有无磨损或裂缝,如图 9-93 所示。必要的话,请予以更换。

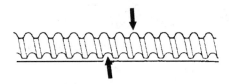

图 9-93 检查同步皮带有无磨损或裂缝

(2) 同步皮带张紧装置检查。

检查正时皮带张紧装置皮带轮能否平稳转动,如图 9-94 所示。必要时予以更换。

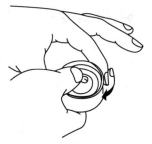

图 9-94 检查正时皮带张紧装置皮带轮能否平稳转动

第九章 铃木车系发动机正时校对维修

第四节
铃木吉姆尼车系 M13 发动机正时调整

M13 发动机正时调整如下。

一、正时链条和链条张紧装置

正时链条和链条张紧装置如图 9-95 所示。

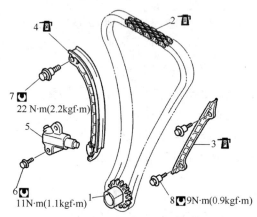

图 9-95 正时链条和链条张紧装置
1—曲轴正时链轮；2—正时链条；3—正时链条 1 号导板；4—正时链条张紧装置；5—正时链条张紧调节器总成；6—链条张紧调节器安装螺栓；7—链条张紧装置安装螺栓；8—链条导管安装螺栓；■—拧紧转矩；◆—在滑动面涂上机油

二、正时链条和链条张紧装置的拆卸

（1）拆卸正时链条罩。

（2）通过转动曲轴将进气和排气凸轮轴正时链轮标记 1 分别与气缸盖 2 槽口对齐。

（3）拆卸正时链张紧调节器总成 3，如图 9-96 所示。

（4）拆下正时链张紧装置 4。

（5）拆下正时链 1 号导板 5。

（6）卸下正时链 6 以及曲轴正时链轮 7。

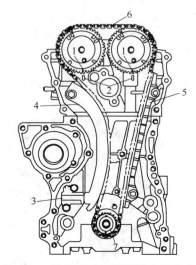

图 9-96 拆卸正时链张紧调节器总成 3

> **注意**
>
> 拆下正时链后，切勿转动曲轴和凸轮轴超过"安装"部分描述的所允许的各自转动范围。否则，活塞和气门之间以及气门本身可能会受到影响，并且可能会损坏与活塞和气门有关的零部件。

三、正时链条和链条张紧装置的检查

（1）正时链条张紧装置的检查。

检查蹄片 1 有无磨损或受损，如图 9-97 所示。

（2）曲轴正时链轮的检查。

检查链轮齿有无磨损，如图 9-98 所示。

图 9-97 检查蹄片 1 有无磨损或受损

图 9-98 检查链轮齿有无磨损

（3）正时链条的检查。

检查正时链有无磨损，如图 9-99 所示。

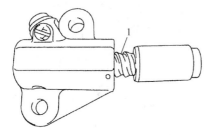

图 9-99 检查正时链有无磨损

（4）正时链条张紧调节器的检查。

检查齿面 1 有无受损，如图 9-100 所示。

图 9-100 检查齿面 1 有无受损

（5）正时链条 1 号导板的检查。

检查蹄片 1 有无磨损，如图 9-101 所示。

图 9-101 检查蹄片 1 有无磨损

四、正时链条和链条张紧装置的安装

> **注意**
>
> 卸下正时链后，切勿转动曲轴和凸轮轴超过如图 9-102 所示的 a、b 程度。否则，活塞和气门之间以及气门本身可能会受到影响，并且可能会损坏与活塞和气门有关的零部件。

（1）如图 9-102 所示，检查进气和排气凸轮轴正时链轮上的匹配标记 1 是否与气缸盖上的槽口 2 相匹配。

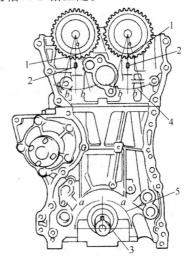

图 9-102 检查进气和排气凸轮轴正时链轮上的匹配标记

a—90°；b—15°；4—凸轮轴（IN 和 EX）允许的旋转范围，以气缸盖上槽口左右 15°以内凸轮轴正时链轮上的标记为限；5—曲轴允许旋转的范围，以曲轴键为中心，从顶部 90°以内左右旋转

第九章 铃木车系发动机正时校对维修 525

(2) 安装曲轴键 3（图 9-102）并转动曲轴以将曲轴键定位在曲轴的上部。

(3) 如图 9-103 所示，将正时链的黑蓝色链板 1 与凸轮轴正时链轮上的标记 2 对齐，然后将黑蓝色链板 3 与三角标记 4 对齐，由此安装正时链。

(4) 将正时链的金色链板 5 与曲轴正时链轮上的标记 6 对齐，从而将曲轴正时链轮安装到正时链上。然后将装配有正时链的曲轴正时链轮安装到曲轴上。

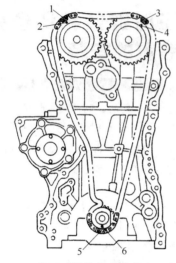

图 9-103 将正时链的黑蓝色链板 1 与凸轮轴正时链轮上的标记 2 对齐

(5) 在正时链 1 号导板 1 的滑动面上涂抹机油并进行安装，如图 9-104 所示。

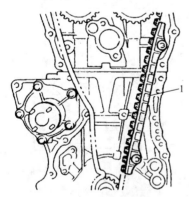

图 9-104 在正时链 1 号导板 1 的滑动面上涂抹机油

(6) 在正时链张紧装置 1 的滑动面上涂抹机油（如图 9-105 所示），并安装正时链张紧装置和垫片。

按照规定的转矩拧紧张紧装置螺栓。

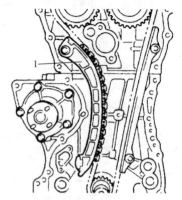

图 9-105 在正时链张紧装置 1 的滑动面上涂抹机油

(7) 检查进气和排气凸轮轴正时链轮上的匹配标记 1 是否与正时链的黑蓝色链板 2 相匹配，以及曲轴正时链轮上的匹配标记 3 是否与正时链的金色链板 4 相匹配，如图 9-106 所示。

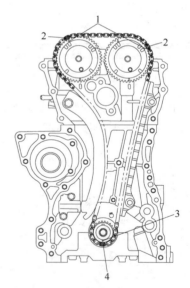

图 9-106 检查标记是否相匹配

(8) 以箭头方向旋转正时链张紧调节器 2 而拧入柱塞 1（如图 9-107 所示），并安装保持架 3（导线）使柱塞固定到位。

(9) 安装带有保持架 2 的正时链张紧调

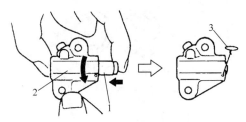

图 9-107 以箭头方向旋转正时链张紧调节器 2 而拧入柱塞 1

节器总成 1,如图 9-108 所示。

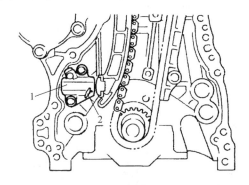

图 9-108 安装带有保持架 2 的正时链张紧调节器总成 1

按规定转矩拧紧调节器螺栓,然后从正时链张紧调节器总成上卸下保持架。

(10) 如图 9-109 所示,将发动机机油涂在正时链上,然后顺时针转动曲轴 2 圈,并检查进气和排气凸轮轴正时链轮上匹配标记 1 是否与气缸盖上的槽口 2 相匹配,以及曲轴键 3 是否处在曲轴的上部。

如果正时链上标记不匹配,则调整每一链轮和正时链。

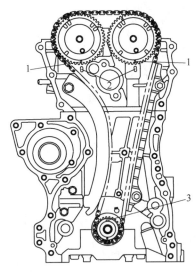

图 9-109 将发动机机油涂在正时链上

(11) 安装正时链条罩。

第五节

昌河铃木浪迪车系 K14B 发动机正时校对维修

一、发动机的构造（K14B 型）

发动机为水冷类型,具有直线形的 4 个气缸,带有 V 形气门配置 DOHC（双顶置凸轮轴）气门机构的 4 冲程集成装置和 16 个气门（每个气缸 4 个气门）。双顶置凸轮轴安装在气缸盖上；通过正时链条由凸轮轴驱动,在气门机构系统中不提供推杆。发动机的结构如图 9-110 所示。

二、正时链条和链条张紧器组件

正时链条和链条张紧器组件如图 9-111 所示。

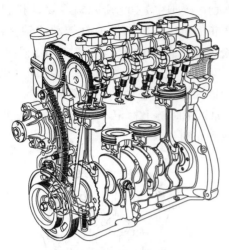

图 9-110 发动机的结构

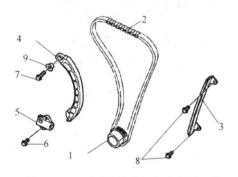

图 9-111 正时链条和链条张紧器组件

1—曲轴正时链轮；2—正时链条组件；3—正时链条导板；4—正时链条张紧器组件；5—张紧器调节器总成；6—张紧器调节器螺栓；7—张紧器螺栓；8—正时链条导板螺栓；9—正时链条张紧器隔套

三、拆卸正时链条和链条张紧器

拆卸正时链条后，切勿以高于图 9-112 中 a、b 程度转动曲轴和凸轮轴。如果转动，那么活塞和气门以及气门之间会产生干扰，并且与活塞和气门相关的零件也会损坏。

注：如果要在正时链条拆除的情况下转动凸轮轴，则在将曲轴顺时针转动 30°～90° 后按照图 9-112 旋转凸轮轴。

（一）拆卸

（1）拆卸正时链盖。

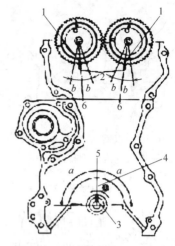

图 9-112 转动曲轴和凸轮轴

a—90°；b—15°；1—凸轮轴上的配合标记；2—气缸盖上的缺口；3—键；4—气缸体上的缺口；5—曲轴允许的转动范围，通过曲轴上的键，在从顶部到左右两侧 90° 的范围内转动；6—凸轮轴（IN 和 EX）允许的转动范围，通过凸轮轴正时链轮上的标记，从气缸盖上的缺口到左右两侧 15° 的范围内转动

（2）通过转动曲轴分别将进气和排气凸轮轴正时链轮标记 1 与气缸盖的缺口 2 对准，并将曲轴链轮键 3 与气缸体 4 的缺口对准。

（3）拆卸正时链条张紧器调节器 5，如图 9-113 所示。

（4）拆卸正时链条张紧器 6。

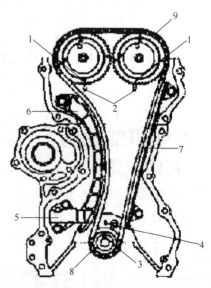

图 9-113 拆卸正时链条张紧器调节器 5 等

(5) 拆卸正时链条导向器 7。

(6) 拆卸带曲轴正时链轮 9 的正时链条 8。

（二）安装

(1) 如图 9-114 所示，检查进气和排气凸轮轴正时链条上的配合标记 1 是否与气缸盖上的缺口 2 匹配。

体 2 来拧入柱塞 1 并安装固定器 3（电线）将柱塞固定到位。

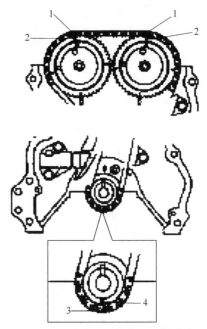

图 9-115　通过对准正时链条的深蓝色板 1 和凸轮轴正时链轮的三角标记 2 来安装正时链条

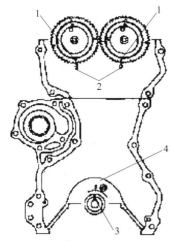

图 9-114　检查进气和排气凸轮轴正时链条上的配合标记 1

(2) 设置键 3 并转动曲轴使键与气缸体上的缺口 4 对准。

(3) 如图 9-115 所示，通过对准正时链条的深蓝色板 1 和凸轮轴正时链轮的三角标记 2 来安装正时链条。

(4) 通过将正时链条的镀金层 3 与曲轴正时链轮上的圆形标记 4 对准来将曲轴正时链轮安装到正时链条上。然后将装备有链条的曲轴正时链轮安装到曲轴上。

(5) 将发动机机油涂抹到正时链条导向器的滑动表面并按照图 9-115 进行安装。

(6) 将发动机机油涂抹到链条张紧器的滑动表面上，并安装链条张紧器和隔圈。

(7) 检查进气和排气凸轮轴正时链轮上的三角标记 1 是否与正时链条 2 上的标记相匹配，并且曲轴正时链轮上的配合标记 3 与正时链条 4 的标记相匹配，如图 9-116 所示。

(8) 按照图 9-117 中箭头方向转动气缸

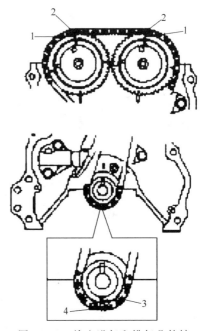

图 9-116　检查进气和排气凸轮轴正时链轮上的三角标记 1

(9) 使用固定器 2 安装正时链条调节器

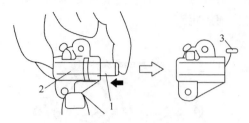

图 9-117 转动气缸体 2 来拧入柱塞 1

1，如图 9-118 所示。拧紧调节器螺栓，然后将固定器从链条张紧器调节器上拆除。

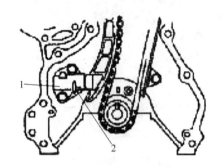

图 9-118 使用固定器 2 安装正时链条调节器 1

（10）如图 9-119 所示，将发动机机油涂抹到正时链条上，然后将曲轴顺时针旋转 2 圈，检查进气和排气凸轮轴正时链轮上的配合标记 1 是否与气缸盖上的缺口 2 匹配，并且键 3 是否与气缸体上的缺口 4 匹配。如果各个标记链条和配合标记没有匹配，则调节各个链轮和正时链条。安装正时链盖和曲轴皮带轮。

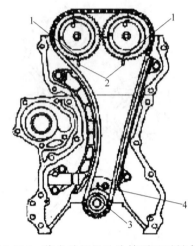

图 9-119 将发动机机油涂抹到正时链条上

第十章 长安福特车系发动机正时校对维修

第一节 长安福特翼虎车系 5.4L 发动机正时校对维修

5.4L 发动机正时驱动部件的拆装如下。

一、正时驱动部件的拆卸

（1）拆下发动机前盖。

（2）从曲轴上拆下曲轴传感器脉冲轮，如图 10-1 所示。

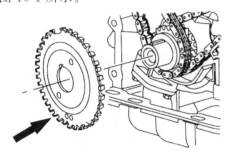

图 10-1　从曲轴上拆下曲轴传感器脉冲轮

（3）使曲轴键槽处于 12 点钟位置，如图 10-2 所示。

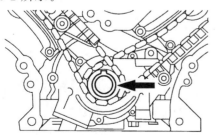

图 10-2　使曲轴键槽处于 12 点钟位置

注意

如果凸轮轴凸轮没有如图 10-3 所示正确定位，再转动曲轴一圈到 12 点钟位置。

图 10-3　转动曲轴

（4）1 号气缸凸轮轴排气凸轮必须处于排气冲程。通过标记 2 号进气凸轮轴凸轮和排气凸轮在 1 号气缸上的位置进行验证。

注意

重新安装部件时，必须安装在相同的位置。标记部件位置，以便安装在原来的位置。

（5）仅从右气缸盖上拆下如图 10-4 所示的 3 个滚子挺杆。

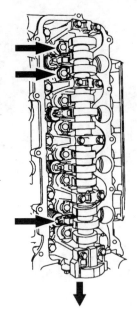

图 10-4　拆下 3 个滚子挺杆

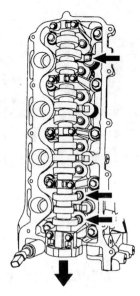

图 10-6　拆下 3 个滚子挺杆

> **注意**
> 不要使气门锁片从气门上掉落，否则气门可能掉入气缸中。压缩弹簧的同时可能有必要向下推气门。

（6）使用专用工具 303-1039 从右侧气缸盖上拆下上一步中指定的 3 个滚子挺杆，如图 10-5 所示。

> **注意**
> 不要使气门锁片从气门上掉落，否则气门可能掉入气缸中。压缩弹簧的同时可能有必要向下推气门。

（8）使用专用工具 303-1039 从左侧气缸盖上拆下上一步中指定的 3 个滚子挺杆，如图 10-7 所示。

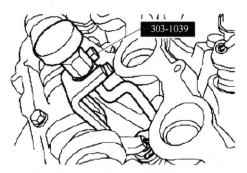

图 10-5　使用专用工具拆下 3 个滚子挺杆

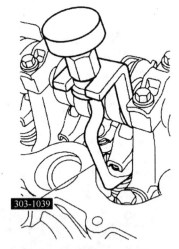

图 10-7　拆下指定的 3 个滚子挺杆

> **注意**
> 重新安装部件时，必须安装在相同的位置。标记部件位置，以便安装在原来的位置。

（7）仅从左气缸盖上拆下图 10-6 中的 3 个滚子挺杆。

> **注意**
> 曲轴一旦固定后，不能移动到超过 6 点钟的位置。

（9）顺时针转动曲轴并将曲轴键槽置于6点钟位置，如图10-8所示。

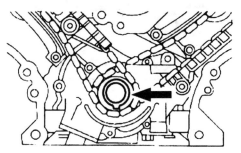

图10-8　顺时针转动曲轴并将曲轴键槽置于6点钟位置

（10）拆下螺栓、左侧正时链张紧器和张紧器臂，如图10-9所示。

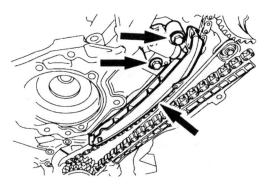

图10-9　拆下螺栓、左侧正时链张紧器和张紧器臂

（11）拆下螺栓、右侧正时链张紧器和张紧器臂，如图10-10所示。

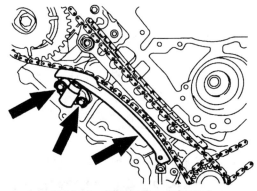

图10-10　拆下螺栓、右侧正时链张紧器和张紧器臂

（12）拆下右侧与左侧正时链和曲轴链轮，如图10-11所示。

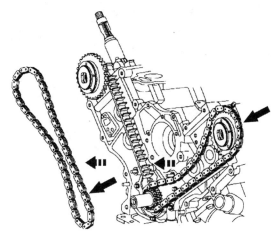

图10-11　拆下正时链和曲轴链轮

① 从凸轮轴链轮上拆下右侧正时链。
② 从曲轴链轮上拆下右侧正时链。
③ 从凸轮轴链轮上拆下左侧正时链。
④ 拆下左侧正时链和曲轴链轮。

注意

图10-11所示为右侧，左侧类似。

（13）拆下左侧和右侧正时链导向装置，如图10-12所示。

① 拆下螺栓。
② 拆下两个正时链导向装置。

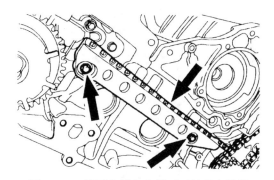

图10-12　拆下左侧和右侧正时链导向装置

注意

只能使用手动工具拆下凸轮轴相位器链轮总成，否则会损坏凸轮轴或凸轮轴相位器单元。如果错误操作或作为提升或杠杆机构使用，会导致凸轮轴相位器链轮总成损坏。

（14）使用专用工具 303-1046 拆下螺栓和右侧凸轮轴相位器链轮总成，丢弃凸轮轴相位器链轮螺栓，如图 10-13 所示。

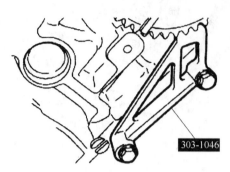

图 10-13　使用专用工具拆下螺栓和右侧凸轮轴相位器链轮总成

> **注意**
>
> 拆下前凸轮轴止推轴承盖时，小心操作，因为当从距离轴承支柱高度不等的位置拆卸轴承盖时，轴承盖会被侧面载荷损坏。凸轮轴轴承盖必须安装在原来位置。记录凸轮轴轴承盖位置。

（15）按照图 10-14 中的顺序拆下螺栓，并拆下右侧气缸盖前凸轮轴轴承盖，然后拆下其余轴承盖。

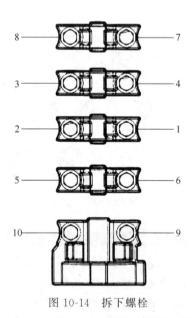

图 10-14　拆下螺栓

（16）清洁和检查右侧凸轮轴轴承盖，如图 10-15 所示。

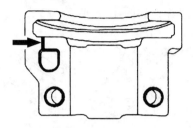

图 10-15　清洁和检查右侧凸轮轴轴承盖

凸轮轴前止推轴承盖包含机油计量槽。确保沟槽中没有异物。

（17）拆下右侧凸轮轴。

（18）按照图 10-14 所示顺序拆下螺栓，并拆下左侧气缸盖前凸轮轴轴承盖，然后拆下其余轴承盖。

（19）清洁和检查左侧凸轮轴轴承盖。凸轮轴前止推轴承盖包含机油计量槽。确保沟槽中没有异物。

（20）拆下左侧凸轮轴。

> **注意**
>
> 重新安装部件时，必须安装在相同的位置。标记部件位置，以便安装在原来的位置。从气缸上拆下其他所有滚子挺杆。

二、正时驱动部件的安装

（1）安装左侧和右侧凸轮轴。

安装前用清洁的发动机机油润滑凸轮轴和凸轮轴轴颈。

（2）将左侧和右侧凸轮轴轴承盖安装在原来位置。

① 用清洁的机油润滑凸轮轴轴承盖。

② 放好前凸轮轴轴承盖。

③ 放好其余凸轮轴轴承盖。

④ 松装螺栓。

⑤ 按照顺序紧固到 10N·m（89lbf·in）。

> **注意**
>
> 如果错误操作或作为提升或杠杆机构使用，会导致凸轮轴相位器链轮总成损坏。

（3）安装凸轮轴相位器链轮和新凸轮

轴相位器螺栓,并用手拧紧,如图10-16所示。

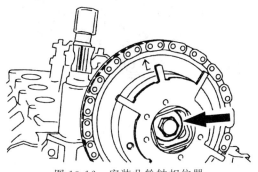

图10-16 安装凸轮轴相位器链轮和新凸轮轴相位器螺栓

> **注意**
> ① 如果错误操作或作为提升或杠杆机构使用,会导致凸轮轴相位器链轮总成损坏。
> ② 只能使用手动工具拆下凸轮轴相位器链轮总成,否则会损坏凸轮轴或凸轮轴相位器单元。

> **注意**
> 图10-16所示为左侧,右侧类似。

(4) 使用专用工具303-1046分两步拧紧左侧和右侧凸轮轴相位器链轮螺栓,如图10-17所示。

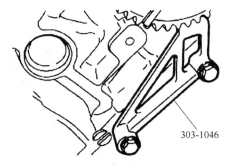

图10-17 拧紧左侧和右侧凸轮轴相位器链轮螺栓

步骤1:紧固到40N·m(30lbf·ft)。
步骤2:再拧紧90°。

(5) 将曲轴键槽放在11点钟位置,如图10-18所示。

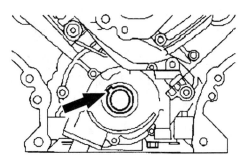

图10-18 将曲轴键槽放在11点钟位置

> **注意**
> 必须严格遵循正时链程序,否则会损坏气门和活塞。

(6) 用台钳压缩张紧器柱塞,如图10-19所示。

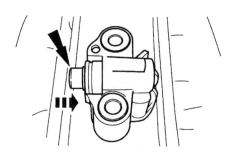

图10-19 用台钳压缩张紧器柱塞

(7) 在张紧器上安装一个固定夹以便在安装过程中固定柱塞,如图10-20所示。

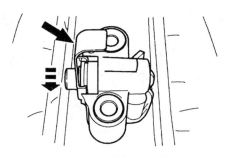

图10-20 安装一个固定夹

(8) 从台钳上拆下张紧器。
(9) 如果铜链节不可见,在一端标记两个链节,另一端标记一个链节,作为正时标记,如图10-21所示。

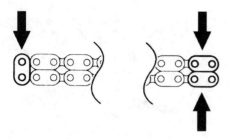

图 10-21 做正时标记

(10) 安装曲轴链轮，确保凸缘朝前，如图 10-22 所示。

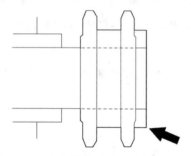

图 10-22 安装曲轴链轮，确保凸缘朝前

(11) 安装 4 个螺栓和左侧、右侧正时链导向装置，如图 10-23 所示。

(12) 将左侧（内侧）正时链下端放置在曲轴链轮上，使曲轴链轮外侧法兰上的正时标记与链条上的单个铜链节对准，如图 10-24 所示。

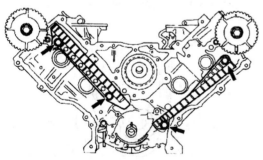

图 10-23 安装 4 个螺栓和左侧、右侧正时链导向装置

> ⚠ 注意
> 确保正时链的上半部低于张紧器臂定位销。

(13) 将正时链放置在凸轮轴链轮上，

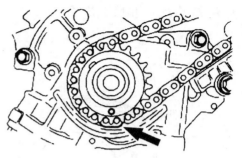

图 10-24 将左侧（内侧）正时链下端放置在曲轴链轮上

凸轮轴链轮正时标记位于两个铜链节标记之间，如图 10-25 所示。

> ⚠ 注意
> 为便于识别，左侧正时链张紧器臂定位销旁有一个突起。

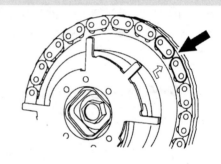

图 10-25 将正时链放置在凸轮轴链轮上

(14) 将左侧正时链张紧器臂放置在定位销上并安装左侧正时链张紧器和螺栓，如图 10-26 所示。

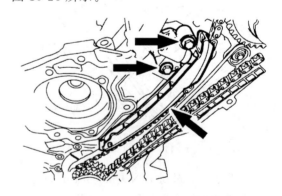

图 10-26 安装左侧正时链张紧器和螺栓

(15) 从左侧正时链张紧器上拆下固定夹，如图 10-27 所示。

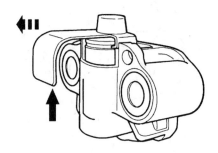

图 10-27 从左侧正时链张紧器上拆下固定夹

（16）将右侧（外侧）正时链下端放置在曲轴链轮上，链轮上的正时标记与单个链节（标记）对准，如图 10-28 所示。

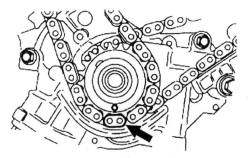

图 10-28 将右侧（外侧）正时链下端放置在曲轴链轮上

> **注意**
>
> 正时链的下半部分必须放置在张紧器臂定位销的上方。

（17）将右侧正时链放置在凸轮轴链轮上。确保凸轮轴链轮正时标记位于两个铜链节（标记）之间。

（18）将右侧正时链张紧器臂放置在定位销上并安装右侧正时链张紧器和螺栓，如图 10-29 所示。

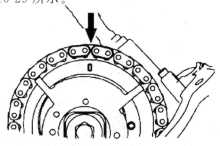

图 10-29 将右侧正时链张紧器臂放置在定位销上

（19）从右侧正时链张紧器上拆下固定夹，如图 10-30 所示。

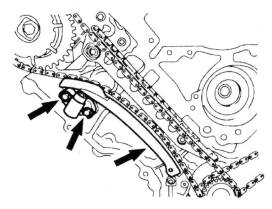

图 10-30 从右侧正时链张紧器上拆下固定夹

（20）作为操作后的检查，确认所有正时标记正确定位，如图 10-31 所示。

（21）将曲轴传感器脉冲轮安装到曲轴上，如图 10-32 所示。

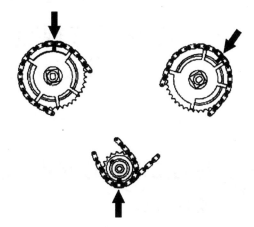

图 10-31 确认所有正时标记正确定位

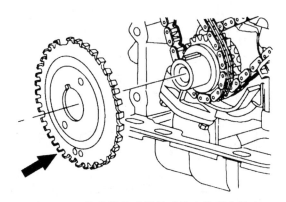

图 10-32 将曲轴传感器脉冲轮安装到曲轴上

(22) 使用专用工具 303-1039 安装所有凸轮轴滚子挺杆，如图 10-33 所示。

安装前用清洁的发动机油润滑滚子挺杆。

(23) 安装发动机前盖。

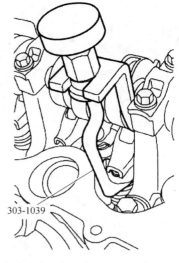

图 10-33　使用专用工具安装所有凸轮轴滚子挺杆

第二节　长安福特福克斯车系 1.8L/2.0L 发动机正时校对维修

1.8L/2.0L 发动机正时系统部件的拆装如下。

一、曲轴皮带轮的拆装

（一）拆卸方法

(1) 拆卸发动机盖，如图 10-34 所示。

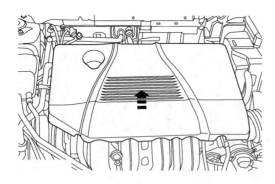

图 10-34　拆卸发动机盖

(2) 拆开蓄电池接地电缆。

(3) 断开凸轮轴位置传感器（CMP）电气接头，如图 10-35 所示。

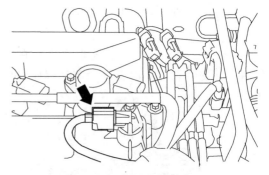

图 10-35　断开凸轮轴位置传感器（CMP）电气接头

(4) 从气缸盖罩上卸下曲轴箱强制通风（PCV）软管，如图 10-36 所示。

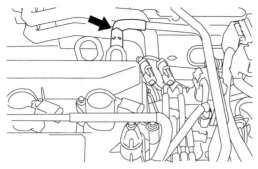

图 10-36 从气缸盖罩上卸下曲轴箱强制通风（PCV）软管

（5）拆卸点火线圈，如图 10-37 所示。

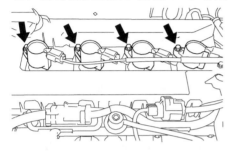

图 10-37 拆卸点火线圈

（6）使用专用工具 303-499 拆卸火花塞，如图 10-38 所示。

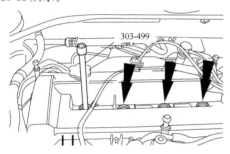

图 10-38 拆卸火花塞

（7）拆卸发动机罩支架，如图 10-39 所示。

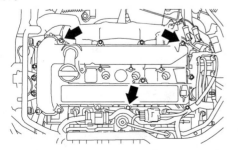

图 10-39 拆卸发动机罩支架

（8）拆卸气缸盖罩，如图 10-40 所示。

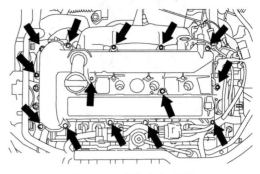

图 10-40 拆卸气缸盖罩

（9）拆卸驱动皮带。

（10）卸下右前轮。

（11）卸下右轮拱形盖，如图 10-41 所示（为清晰可见，已省略车轮拱盖图）。

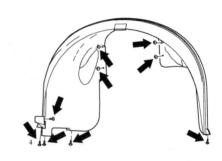

图 10-41 卸下右轮拱形盖

（12）注意：只能按照正常转向转动曲轴，如图 10-42 所示，直至 1 号活塞大致处于上止点前 45°。

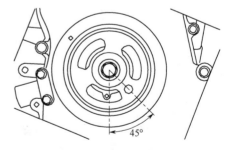

图 10-42 转动曲轴

（13）使用专用工具 205-072-02 反向握住曲轴皮带轮，拆卸皮带轮，如图 10-43 所示。

（14）拆卸曲轴前油封。

第十章　长安福特车系发动机正时校对维修　539

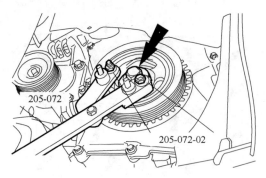

图 10-43 拆卸皮带轮

(15) 拆卸前摩擦垫圈,如图 10-44 所示(为清晰可见,已省略发动机图示)。

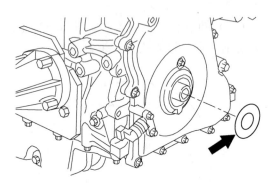

图 10-44 拆卸前摩擦垫圈

(二)安装方法

(1) 注意:安装新的前摩擦垫圈,如图 10-45 所示(为清晰可见,已省略发动机图示)。

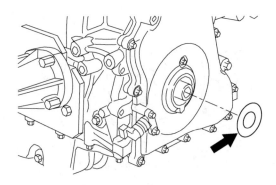

图 10-45 安装新的前摩擦垫圈

(2) 安装曲轴前油封。

(3) 降低车辆。

(4) 只能按正常转向转动凸轮轴。

(5) 安上专用工具 303-376A,如图 10-46 所示。

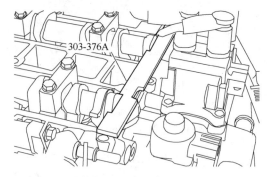

图 10-46 安上专用工具

(6) 提升车辆。

(7) 拆卸气缸体下部堵头并安装专用工具 303-507,如图 10-47 所示。

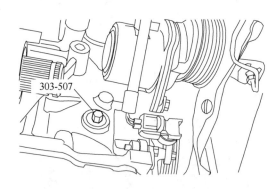

图 10-47 拆卸气缸体下部堵头并安装专用工具

(8) 在曲轴皮带轮螺栓上转动发动机直至曲轴接触到专用工具,如图 10-48 所示。

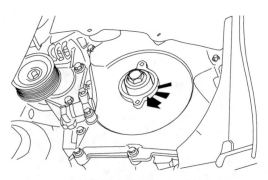

图 10-48 在曲轴皮带轮螺栓上转动发动机

（9）拆卸曲轴皮带轮螺栓。

（10）安装曲轴皮带轮并用 M6mm×18mm 螺栓固定到正时齿轮盖上，如图 10-49 所示。

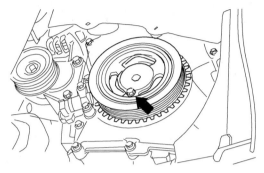

图 10-49　安装曲轴皮带轮

（11）注意：安装新的曲轴皮带轮螺栓。

用专用工具 205-072-02 反向握住曲轴皮带轮并拧紧曲轴皮带轮螺栓，如图 10-50 所示。

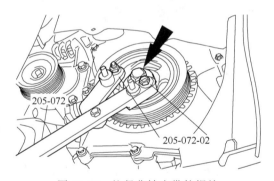

图 10-50　拧紧曲轴皮带轮螺栓

（12）拆卸 M6mm×18mm 螺栓，如图 10-51 所示。

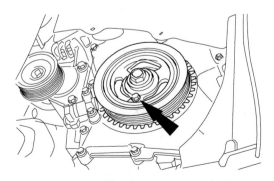

图 10-51　拆卸 M6mm×18mm 螺栓

（13）降低车辆。

（14）拆卸专用工具 303-376A，如图 10-52 所示。

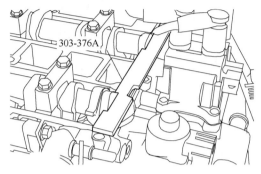

图 10-52　拆卸专用工具

（15）举高车辆。

（16）拆卸专用工具 303-507，如图 10-53 所示。

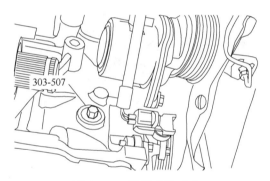

图 10-53　拆卸专用工具

（17）转动曲轴 1/4～3/4 转直至 1 号活塞大致处于上止点前 45°，如图 10-54 所示。

（18）安上专用工具 303-507，如图 10-55 所示。

（19）注意：只能按正常转向转动曲轴。

转动曲轴，直至 1 号活塞位于上止点。

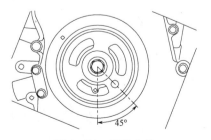

图 10-54　转动曲轴

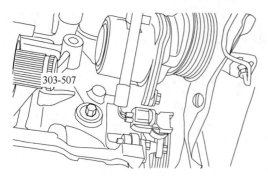

图 10-55 安上专用工具

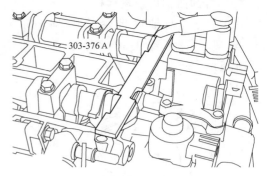

图 10-58 拆卸专用工具

(20) 如果 M6mm×18mm 螺栓不能安装，则校正正时。用 M6mm×18mm 螺栓检查曲轴皮带轮的位置，如图 10-56 所示。

(24) 升高车辆。

(25) 拆卸 M6mm×18mm 螺栓，如图 10-59 所示。

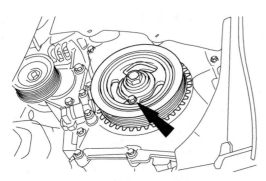

图 10-56 检查曲轴皮带轮的位置

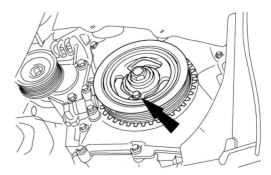

图 10-59 拆卸 M6mm×18mm 螺栓

(21) 降低车辆。

(22) 用专用工具 303-376A 检查凸轮轴位置，如图 10-57 所示。

(26) 拆卸专用工具 303-507，如图 10-60 所示。

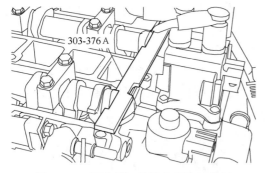

图 10-57 用专用工具检查凸轮轴位置

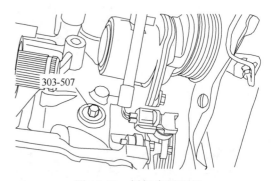

图 10-60 拆卸专用工具

(23) 拆卸专用工具 303-376A，如图 10-58 所示。

(27) 拧上气缸体下部堵头螺钉，如图 10-61 所示。

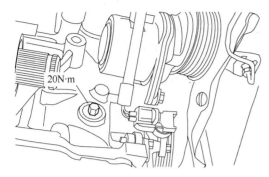

图 10-61 拧上气缸体下部堵头螺钉

(28) 注意：安装新的正时齿轮盖时，必须用提供的工具调整曲轴位置传感器（CKP传感器）。

① 松开 CKP 传感器螺栓，如图 10-62 所示。

② 插入配套工具以使之与曲轴皮带轮齿咬合。

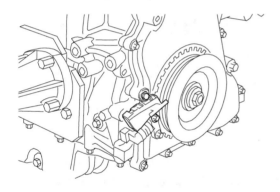

图 10-62 松开 CKP 传感器螺栓

(29) 安装 CKP 传感器，如图 10-63 所示（为清晰可见，已省略发动机图示）。

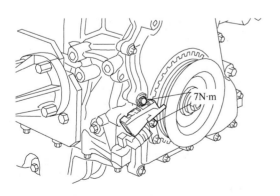

图 10-63 安装 CKP 传感器

① 安装 CKP 传感器螺栓。

② 拆卸工具。

(30) 安上右轮拱形盖，如图 10-64 所示（为清晰可见，已省略车轮拱形盖图示）。

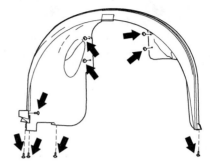

图 10-64 安上右轮拱形盖

(31) 安上右前轮。

(32) 安装驱动皮带。

(33) 在指示区涂上一层薄的密封胶，如图 10-65 所示。

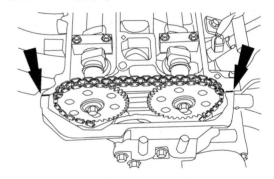

图 10-65 在指示区涂上一层薄的密封胶

(34) 注意：视需要安装新的气缸盖罩垫圈。

安装气缸盖罩垫圈，按图示顺序拧紧螺栓，如图 10-66 所示。

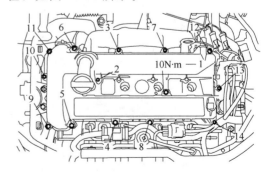

图 10-66 按图示顺序拧紧螺栓

第十章 长安福特车系发动机正时校对维修 | 543

(35) 安装发动机盖支架, 如图10-67所示。

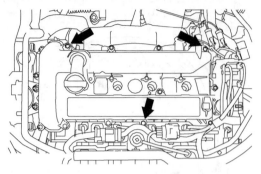

图10-67 安装发动机盖支架

(36) 使用专用工具303-499安装火花塞, 如图10-68所示。

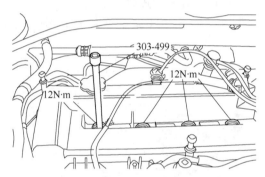

图10-68 使用专用工具安装火花塞

(37) 安装点火线圈, 如图10-69所示。

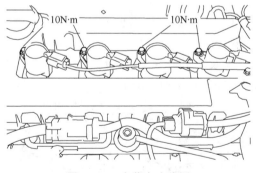

图10-69 安装点火线圈

(38) 将曲轴箱强制通风 (PCV) 软管安装到气缸盖罩上, 如图10-70所示。

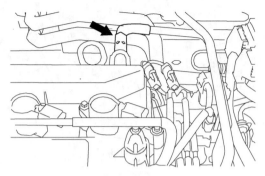

图10-70 将曲轴箱强制通风 (PCV) 软管安装到气缸盖罩上

(39) 连接凸轮轴位置传感器 (CMP) 的电气接头, 如图10-71所示 (如配备)。

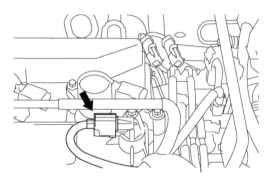

图10-71 连接凸轮轴位置传感器 (CMP) 的电气接头

(40) 连接蓄电池的接地电缆。

(41) 安装发动机盖, 如图10-72所示。

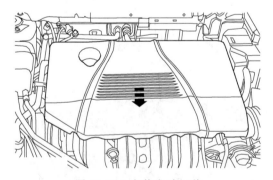

图10-72 安装发动机盖

(42) 初始化车窗升降马达。

二、凸轮轴的拆装

（一）拆卸方法

(1) 拆卸发动机盖，如图 10-73 所示。

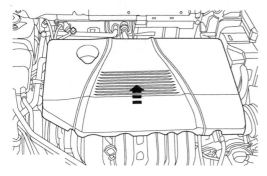

图 10-73　拆卸发动机盖

(2) 拆开蓄电池接地电缆。

(3) 拆开凸轮轴位置传感器（CMP）电气接头，如图 10-74 所示（如安装）。

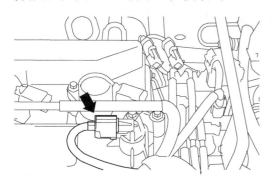

图 10-74　拆开凸轮轴位置传感器（CMP）电气接头

(4) 从阀门盖上拆开曲轴箱强制通风（PCV）软管，如图 10-75 所示。

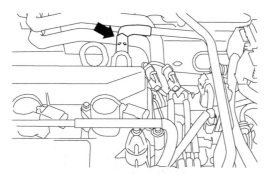

图 10-75　从阀门盖上拆开曲轴箱强制通风（PCV）软管

(5) 拆卸线圈集成式火花塞，如图 10-76 所示。

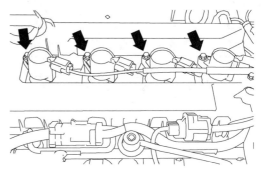

图 10-76　拆卸线圈集成式火花塞

(6) 用专用工具 303-499 拆卸火花塞，如图 10-77 所示。

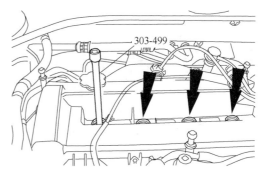

图 10-77　用专用工具拆卸火花塞

(7) 拆卸发动机罩托架，如图 10-78 所示。

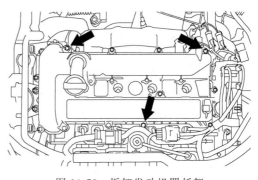

图 10-78　拆卸发动机罩托架

(8) 取下阀门盖，如图 10-79 所示。

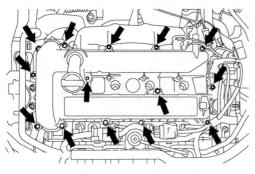

图 10-79　取下阀门盖

（9）顶起并支撑车辆。

（10）注意：只能以正常旋转的方向转动曲轴。

转动曲轴，直到 1 号活塞大致处于上止点（TDC）前 45°，如图 10-80 所示。

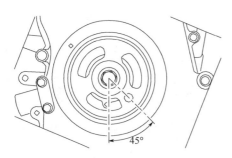

图 10-80　转动曲轴

（11）拆卸发动机前罩下堵头，如图 10-81 所示。

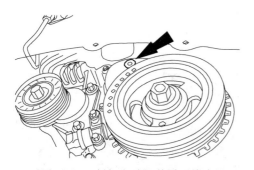

图 10-81　拆卸发动机前罩下堵头

（12）拆卸气缸体下堵头并安装专用工具 303-507，如图 10-82 所示。

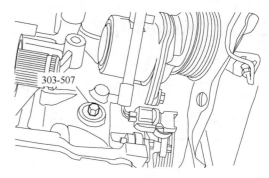

图 10-82　拆卸气缸体下堵头并安装专用工具

（13）降低车辆。

（14）拆卸发动机前罩上堵头，如图 10-83 所示。

（15）小心：松开正时链条，确保正时链张紧器棘轮处于松开状态。松开正时链条。

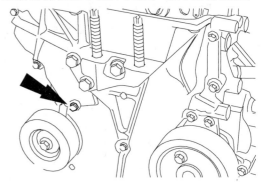

图 10-83　拆卸发动机前罩上堵头

① 使用合适的螺丝刀打开正时链张紧器棘轮，如图 10-84 所示。

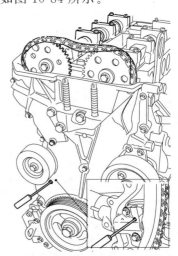

图 10-84　使用合适的螺丝刀打开正时链张紧器棘轮

② 通过六角头以正常旋转方向小心旋转排气门凸轮轴张紧器。

③ 通过堵头安装合适的 M6mm×25mm 螺栓，将正时链导板固定在松开状态。

(16) 小心：用张开的扳手通过六角头稳住凸轮轴，防止凸轮轴旋转。

> **注意**
> 用一段合适的线拴住正时链和链齿轮，防止其落入正时箱中。

松开凸轮轴链轮固定螺栓。把排气门凸轮轴链轮和正时链条与排气门凸轮分隔开，如图 10-85 所示。

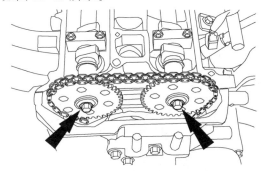

图 10-85　把凸轮分隔开

(17) 按顺序拆卸凸轮轴承盖螺钉，如图 10-86 所示。

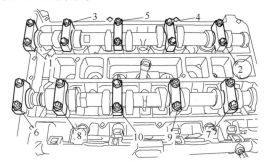

图 10-86　按顺序拆卸凸轮轴承盖螺钉

(18) 注意：用合适长度的线拴住正时链和链轮防止落入气缸体中。

请将进口边凸轮轴链轮与进口边凸轮轴分开。

（二）凸轮轴的安装

(1) 注意：在这一步不要紧固凸轮轴链轮固定螺钉。

将凸轮轴链轮和正时链与进口边凸轮轴套在一起并插入安装。

(2) 安装凸轮轴，如图 10-87 所示。

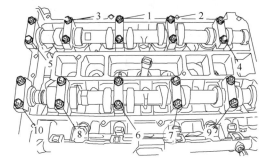

图 10-87　安装凸轮轴

(3) 注意：在安装新凸轮轴时只执行以下步骤。调节阀门间隙。

(4) 注意：此步骤不要紧固排气门凸轮轴链轮固定螺栓。

将排气门凸轮轴链轮和正时链安装到排气门凸轮轴上，如图 10-88 所示。

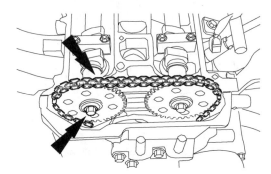

图 10-88　将排气门凸轮轴链轮和正时链安装到排气门凸轮轴

(5) 安装专用工具 303-376A，如图 10-89 所示。

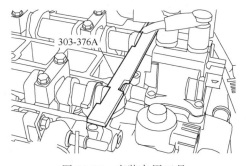

图 10-89　安装专用工具

(6) 给发动机前罩上堵头涂上胶黏剂。

(7) 拆卸 M6mm×25mm 螺栓,并紧绷正时链。安装发动机前罩上堵头,如图 10-90 所示。

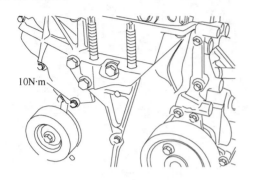

图 10-90　安装发动机前罩上堵头

(8) 注意:只能按正常旋转方向旋转凸轮轴,直至 1 号活塞位于 TDC 上止点。

(9) 紧固凸轮轴链轮螺栓,如图 10-91 所示。

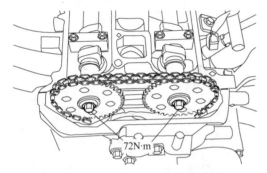

图 10-91　紧固凸轮轴链轮螺栓

(10) 拆卸专用工具 303-376A,如图 10-92 所示。

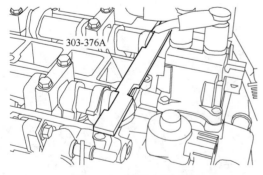

图 10-92　拆卸专用工具

(11) 顶起并支撑车辆。

(12) 拆卸专用工具 303-507,如图 10-93 所示。

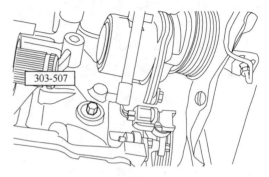

图 10-93　拆卸专用工具

(13) 注意:只能按正常旋转方向旋转凸轮轴。

旋转凸轮轴大约 7/4 转,直到 1 号活塞位于 TDC 之前 45°,如图 10-94 所示。

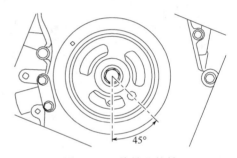

图 10-94　旋转凸轮轴

(14) 安装专用工具 303-507,如图 10-95 所示。

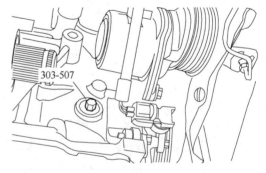

图 10-95　安装专用工具

(15) 注意:只能按正常旋转方向旋转凸轮轴。

旋转凸轮轴,直至 1 号活塞位于 TDC 上止点。

(16) 小心:只能用手拧紧凸轮轴皮带轮固定螺栓。

> **注意**
>
> 如果不能安装凸轮轴皮带轮固定螺栓,则调节正时。

使用 M6mm×8mm 螺栓检查凸轮轴皮带轮的位置,如图 10-96 所示。

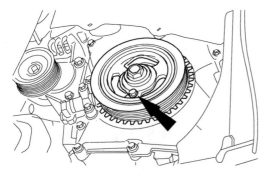

图 10-96 检查凸轮轴皮带轮的位置

(17) 降低车辆。

(18) 注意:如果不能安装专用工具,则调节正时。

使用专用工具 303-376A 检查凸轮轴的位置,如图 10-97 所示。

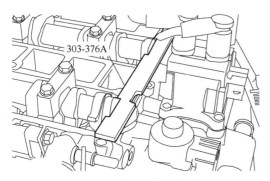

图 10-97 检查凸轮轴的位置

(19) 拆卸专用工具 303-376A,如图 10-98 所示。

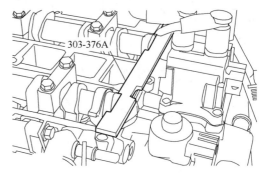

图 10-98 拆卸专用工具

(20) 顶起并支撑车辆。

(21) 拆卸凸轮轴皮带轮固定螺栓,如图 10-99 所示。

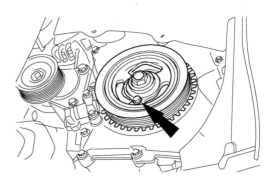

图 10-99 拆卸凸轮轴皮带轮固定螺栓

(22) 拆卸专用工具 303-507,如图 10-100 所示。

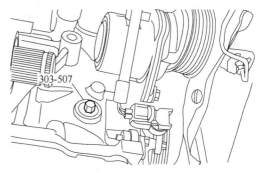

图 10-100 拆卸专用工具

(23) 安装气缸体下堵头,如图 10-101 所示。

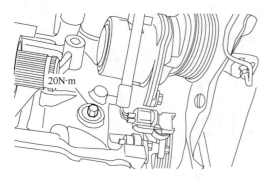

图 10-101 安装气缸体下堵头

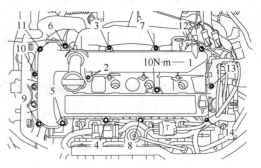

图 10-104 按顺序拧紧螺栓

(24) 给发动机前罩下堵头涂上胶黏剂。

(25) 安装发动机前罩下堵头,如图 10-102 所示。

(28) 安装发动机盖托架,如图 10-105 所示。

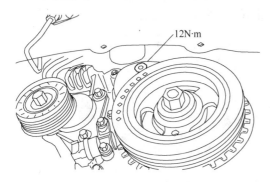

图 10-102 安装发动机前罩下堵头

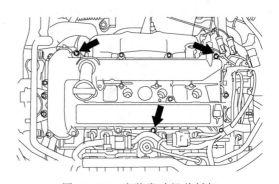

图 10-105 安装发动机盖托架

(26) 在图 10-103 所示的地方滴上密封胶。

(29) 使用专用工具 303-499 安装火花塞,如图 10-106 所示。

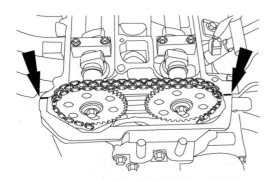

图 10-103 在箭头所示位置滴上密封胶

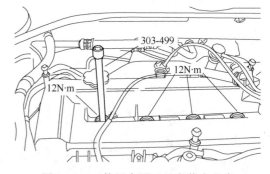

图 10-106 使用专用工具安装火花塞

(27) 注意:如果需要,请另加一个阀门盖垫圈,安装阀门盖。

按顺序拧紧螺栓,如图 10-104 所示。

(30) 安装线圈集成式火花塞,如图 10-107 所示。

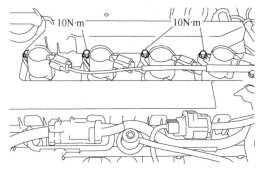

图 10-107 安装线圈集成式火花塞

（31）连接曲轴箱强制通风（PCV）软管与阀门盖，如图 10-108 所示。

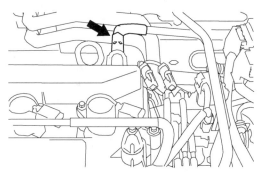

图 10-108 连接曲轴箱强制通风（PCV）软管与阀门盖

（32）连接凸轮轴位置传感器（CMP）电气接头（如安装）。

（33）连接蓄电池。

（34）安装发动机罩，如图 10-109 所示。

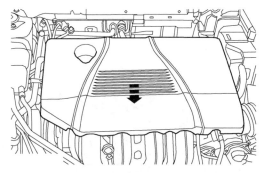

图 10-109 安装发动机罩

三、油泵的拆装

（一）拆卸方法

（1）拆卸正时链条。

（2）拆卸油底壳。

（3）拆卸油泵链板（如果已安装），如图 10-110 所示。

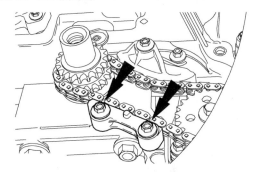

图 10-110 拆卸油泵链板

（4）拆卸油泵链张紧装置，如图 10-111 所示。

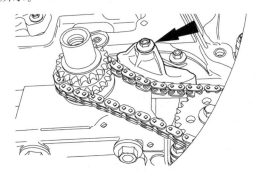

图 10-111 拆卸油泵链张紧装置

（5）使用专用工具 205-072 与 205-072-01，松开油泵链轮固定螺栓，如图 10-112 所示。

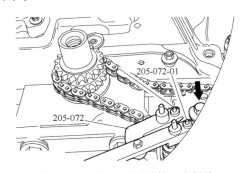

图 10-112 松开油泵链轮固定螺栓

第十章　长安福特车系发动机正时校对维修 | 551

(6) 拆卸油泵链，如图 10-113 所示。

① 松开油泵链轮固定螺栓。

② 拆卸油泵链和油泵链轮。

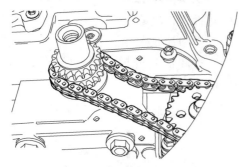

图 10-113 拆卸油泵链

(7) 拆卸油泵，如图 10-114 所示。

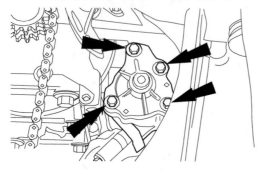

图 10-114 拆卸油泵

（二）安装方法

(1) 安装油泵。

按顺序紧固固定螺栓，如图 10-115 所示。

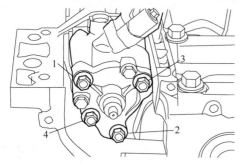

图 10-115 安装油泵

(2) 安装油泵链，如图 10-116 所示。

① 安装油泵链和油泵链轮。

② 安装油泵链轮固定螺栓。

(3) 使用专用工具 205-072 与 205-072-01 紧固油泵链轮固定螺栓，如图 10-117 所示。

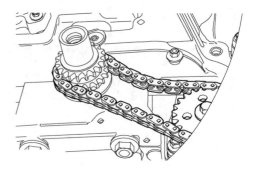

图 10-116 安装油泵链

(4) 安装油泵链张紧装置，如图 10-118 所示。

(5) 安装油泵链板，如图 10-119 所示。

(6) 安装正时链条。

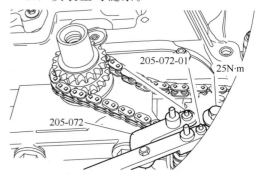

图 10-117 使用专用工具紧固油泵链轮固定螺栓

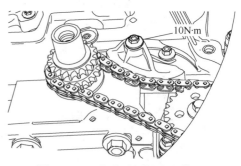

图 10-118 安装油泵链张紧装置

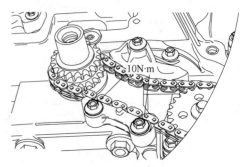

图 10-119 安装油泵链板

第三节

长安福特 S-MAX 车系 2.3L 发动机正时校对维修

一、正时链条的拆卸

(1) 拆卸发动机前盖。

(2) 使用专用工具 100-010 和通用设备 (2mm 打孔器) 松开正时链条,如图 10-120 所示 (图中数字表示顺序)。

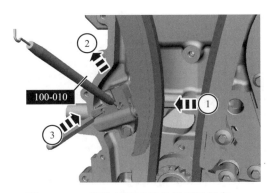

图 10-120　使用专用工具松开正时链条

(3) 松开凸轮轴链轮固定螺栓 (在六角头上用扳手反向支撑住凸轮轴,以防止凸轮轴转动)。

(4) 拆卸正时链条导轨螺栓和正时链条导轨,如图 10-121 所示。

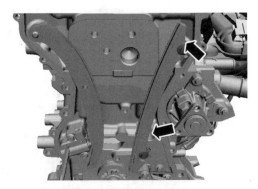

图 10-121　拆卸正时链条导轨螺栓和正时链条导轨

(5) 拆卸正时链条张紧器,如图 10-122 所示。

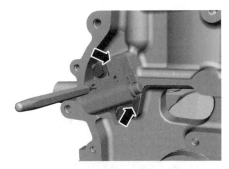

图 10-122　拆卸正时链条张紧器

二、正时链条的安装

(1) 安装正时链条张紧器,参见图 10-122。

(2) 安装正时链条导轨,参见图 10-121。

(3) 安装正时链条和链轮,插入凸轮轴链轮固定螺栓 (用开口扳手固定凸轮轴防止旋转),如图 10-123 所示。

图 10-123　安装正时链条和链轮

(4) 拆下正时链条张紧器固定销,安装张紧器,参见图 10-120。

(5) 转动凸轮轴至第 4 缸气门重叠位置,如图 10-124 所示。

小心：只允许顺时针转动凸轮轴。

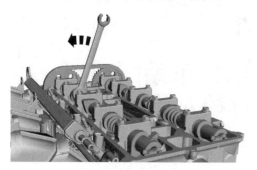

图 10-124　转动凸轮轴至第 4 缸气门重叠位置

（6）安上专用工具 303-376B，如图 10-125 所示。

图 10-125　安上专用工具

（7）紧固凸轮轴链轮达到规定转矩，如图 10-126 所示。

转矩：72N·m。

图 10-126　紧固凸轮轴链轮

（8）安装发动机前盖。

第四节　长安福特蒙迪欧致胜车系发动机正时校对维修

一、2.3L 发动机

（一）正时链条的拆卸

（1）拆卸发动机前盖。

（2）使用专用工具 100-010 和通用设备（2mm 打孔器）松开正时链条，如图 10-127 所示（图中数字表示顺序）。

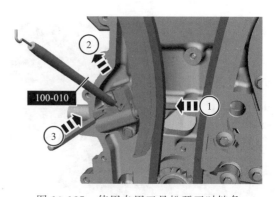

图 10-127　使用专用工具松开正时链条

(3）松开凸轮轴链轮固定螺栓（用开口扳手固定），如图 10-128 所示。

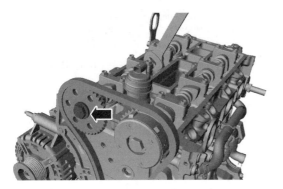

图 10-128　松开凸轮轴链轮固定螺栓

（4）拆卸正时链条导轨螺栓和正时链条导轨，如图 10-129 所示。

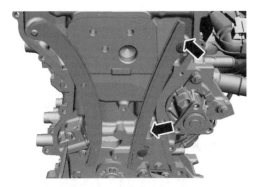

图 10-129　拆卸正时链条导轨螺栓和正时链条导轨

（5）拆卸正时链条张紧器，如图 10-130 所示。

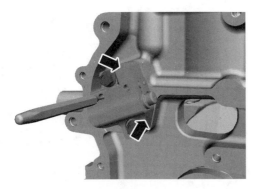

图 10-130　拆卸正时链条张紧器

（二）正时链条的安装

（1）安装正时链条张紧器，参见图 10-130。

（2）安装正时链条导轨，参见图 10-129。

（3）安装正时链条和链轮并固定凸轮轴链轮固定螺栓（用开口扳手固定凸轮轴防止旋转），参见图 10-128。

（4）拆下正时链条张紧器固定销，安装张紧器，参见图 10-127。

（5）转动凸轮轴到第 4 缸气门重叠位置，如图 10-131 所示。

小心：仅顺时针旋转凸轮轴。

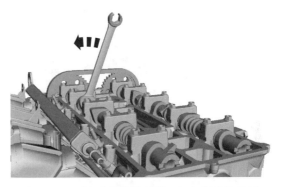

图 10-131　转动凸轮轴到第 4 缸气门重叠位置

（6）连接专用工具 303-376B 如图 10-132 所示。

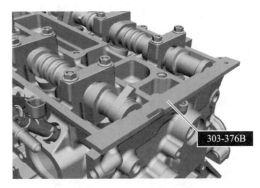

图 10-132　连接专用工具

（7）紧固凸轮轴链轮达到规定转矩（用扳手固定住凸轮轴的六角头以防止凸轮轴旋转），参见图 10-128。

（8）安装发动机前盖。

二、2.0L 发动机

（一）正时链条的拆卸

（1）拆卸发动机前盖。

（2）使用专用工具 100-010 和通用设备（2mm 打孔器）松开正时链条，参见图 10-127。

（3）松开凸轮轴链轮固定螺栓（为了避免凸轮轴的转动，凸轮轴需要用扳手套住其六角边反向固定），如图 10-133 所示。

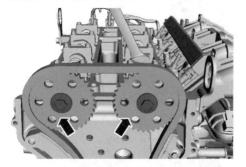

图 10-133　松开凸轮轴链轮固定螺栓

（4）拆卸正时链条导轨螺栓和正时链条导轨，参见图 10-129。

（5）采用通用设备（2mm 打孔器）拆卸正时链条张紧器，参见图 10-130。

（二）正时链条的安装

（1）拆下通用设备（2mm 打孔器），安装正时链条张紧器，参见图 10-130。

（2）安装正时链条导轨，参见图 10-129。

（3）安装正时链条和链轮并拧紧所有螺钉，参见图 10-133。

（4）拆下正时链条张紧器固定销，参见图 10-127。

（5）再次紧固凸轮轴正时链轮达到规定转矩（为了避免凸轮轴的转动，凸轮轴需要用扳手套住其六角边反向固定），参见图 10-133。

（6）安装发动机前盖。

第五节　长安福特嘉年华车系 1.3L(Z6)/1.5L(Z6)发动机正时校对维修

一、正时链条的拆卸

正时链条的拆卸如图 10-134～图 10-142 所示（图中数字表示顺序）。

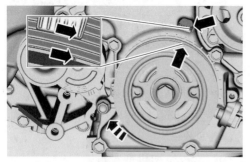

图 10-134　正时链条的拆卸（1）

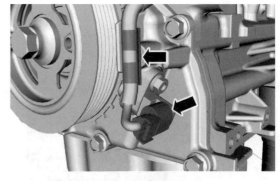

图 10-135　正时链条的拆卸（2）

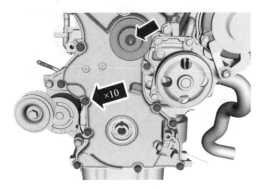

图 10-136　正时链条的拆卸（3）

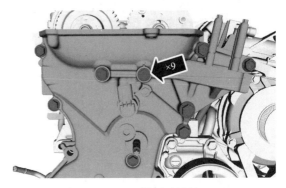

图 10-140　正时链条的拆卸（7）

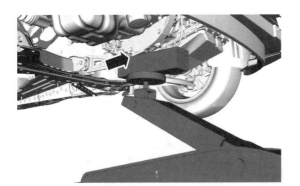

图 10-137　正时链条的拆卸（4）

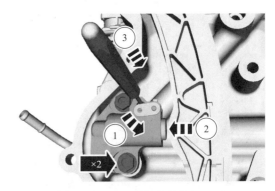

图 10-141　正时链条的拆卸（8）

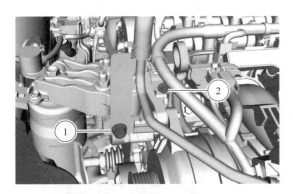

图 10-138　正时链条的拆卸（5）

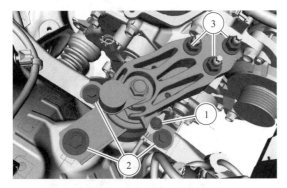

图 10-139　正时链条的拆卸（6）

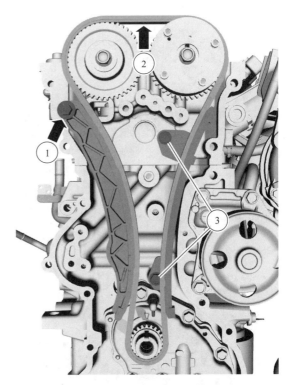

图 10-142　正时链条的拆卸（9）

二、正时链条的安装

正时链条的安装如图 10-143～图 10-152 所示。

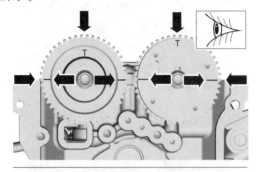

图 10-143　正时链条的安装（1）

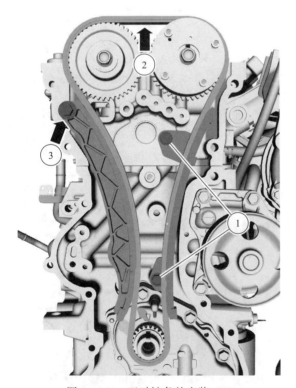

图 10-144　正时链条的安装（2）

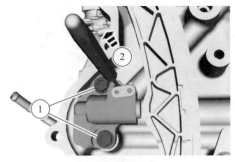

图 10-145　正时链条的安装（3）

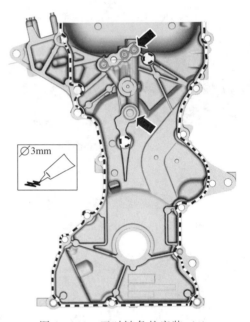

图 10-146　正时链条的安装（4）

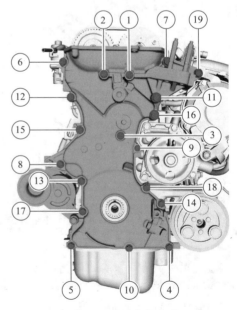

图 10-147　正时链条的安装（5）

图 10-148　正时链条的安装（6）

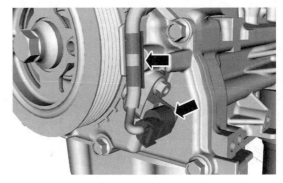

图 10-151　正时链条的安装（9）

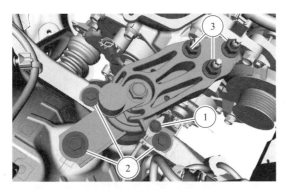

图 10-149　正时链条的安装（7）

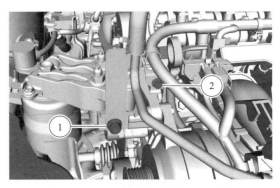

图 10-152　正时链条的安装（10）

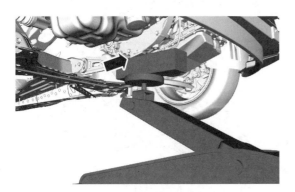

图 10-150　正时链条的安装（8）

第十一章 大众车系发动机正时校对维修

第一节 上海大众途观车系 1.8L/2.0L 发动机正时校对维修

1.8L/2.0L 4缸4气门TSI涡轮增压发动机正时调整如下。凸轮轴正时链的结构如图11-1所示。

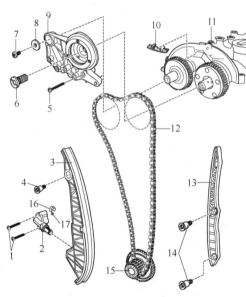

图 11-1 凸轮轴正时链结构

1、5、7—螺栓；2—链条张紧器；3—凸轮轴正时链导向夹板；4、14—导向螺栓；6—控制阀；8—垫圈；9—轴承座；10—凸轮轴正时链的导轨；11—气缸盖罩；12—凸轮轴正时链；13—凸轮轴正时链导向夹板；15—曲轴链轮；16—锁定片；17—锁块

一、凸轮轴正时链的拆卸

（1）从车上拆下发动机。

（2）旋出螺栓（如图11-2中箭头所示），取下发动机支撑件。

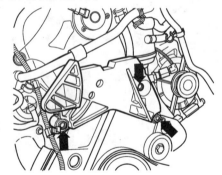

图 11-2 旋出螺栓

（3）拆下正时链上部盖板。

（4）用拆卸工具沿图11-3中箭头方向拆下控制阀。

（5）用止动工具将减震盘/皮带轮旋转到"上止点"位置（图11-4中的箭头）。

① 减震盘/皮带轮上的切口必须与正时链下部盖板的箭头标记相对。

② 凸轮轴上的标记1必须指向上方。

（6）拆下正时链下部盖板。

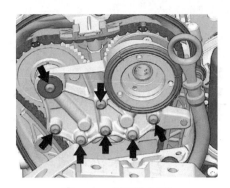

图 11-3　拆下控制阀

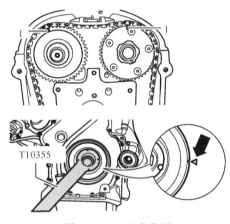

图 11-4　上止点位置

（7）沿图 11-5 所示箭头方向按压机油泵链条张紧器上的张紧弹簧，并用定位销 T40011 锁定，拆卸机油泵链条张紧器。

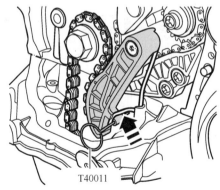

图 11-5　按压机油泵链条张紧器上的张紧弹簧

（8）从曲轴链轮上取下机油泵链条 1，如图 11-6 所示。

（9）使用定位销（T40011）插入链条张紧器 1 上锁定片 2 的孔中，沿箭头 A 方向稍稍撬开链轮张紧器的锁块，同时沿箭头 B

方向如图 11-7 所示压凸轮轴链条导向夹板，并用定位销（T40011）锁定。

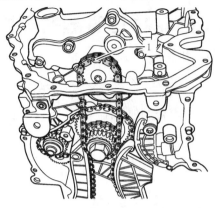

图 11-6　从曲轴链轮上取下机油泵链条 1

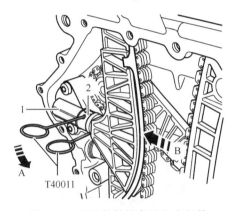

图 11-7　压凸轮轴链条导向夹板等

（10）旋出链条张紧器固定螺栓 3，取下链条张紧器，如图 11-8 所示。

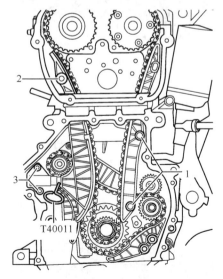

图 11-8　旋出链条张紧器固定螺栓 3 等

（11）旋出导向螺栓1和2，取下凸轮轴正时链导向夹板。

二、凸轮轴正时链的安装

（1）拔下插头2，如图11-9所示。

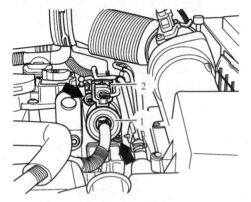

图11-9　拔下插头2

（2）旋出螺栓（箭头方向）。

（3）取下机械式单活塞高压泵1(图11-9)。

（4）旋出螺栓（箭头），取下真空泵，如图11-10所示。

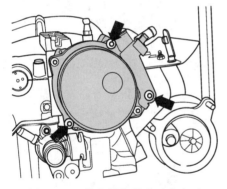

图11-10　旋出螺栓并取下真空泵

（5）沿箭头方向撬出凸轮轴密封盖1，如图11-11所示。

（6）安装TSI发动机进气凸轮轴调整工具SVW9002和TSI发动机排气凸轮轴调整工具SVW9001，如图11-12所示，用螺栓（箭头）固定TSI发动机排气凸轮轴调整工具SVW9001。

（7）将凸轮轴正时链放到排气凸轮轴上，使凸轮轴正时链上的有色链节对准排气凸轮轴链轮上的标记，如图11-13所示。

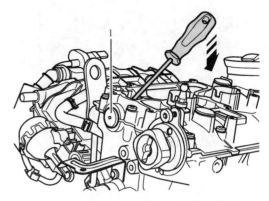

图11-11　沿箭头方向撬出凸轮轴密封盖1

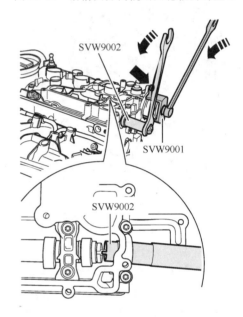

图11-12　安装TSI发动机进气凸轮轴调整工具

（8）沿箭头方向转动TSI发动机进气凸轮轴调整工具SVW9002，如图11-14所示，使凸轮轴正时链上的有色链节对准进气凸轮轴链轮上的标记。

（9）沿箭头方向同时转动TSI发动机排气凸轮轴调整工具SVW 9001和TSI发动机进气凸轮轴调整工具SVW9002，如图11-15所示，使正时链上的有色链节对准曲轴链轮上的标记。

> **注意**
>
> 凸轮轴正时链上的有色链节对准曲轴链轮上的标记后，将TSI发动机排气凸轮轴调整工具SVW9001和TSI发动机进气凸轮轴调整工具SVW9002把持住再进行下一步操作。

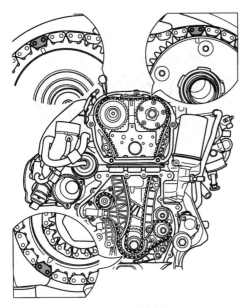

图 11-13 对准标记

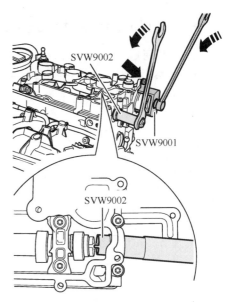

图 11-15 沿箭头方向同时转动 TSI 发动机排气凸轮轴调整工具

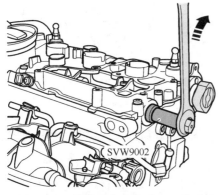

图 11-14 沿箭头方向转动 TSI 发动机进气凸轮轴调整工具

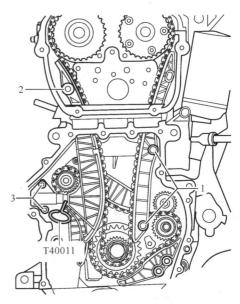

图 11-16 安装凸轮轴正时链的导向夹板等

（10）安装凸轮轴正时链的导向夹板，拧紧导向螺栓 1 和 2，安装链条张紧器的固定螺栓 3，取下定位销 T40011，如图 11-16 所示。

（11）松开并取下 TSI 发动机排气凸轮轴调整工具 SVW9001 和 TSI 发动机进气凸轮轴调整工具 SVW9002。

（12）安装轴承座，并用螺栓（箭头方向）固定，如图 11-17 所示。

（13）接下来的安装以拆卸的相反顺序进行。

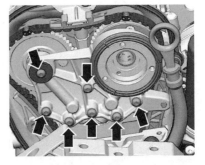

图 11-17 安装轴承座并用螺栓固定

三、平衡轴正时链的安装

（1）旋转中间链轮/进气凸轮轴的平衡轴，使进气凸轮轴的平衡轴上的标记位于中间链轮上的标记之间（箭头方向），如图 11-18 所示。

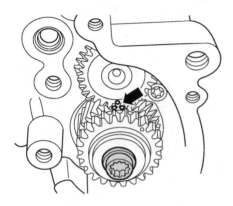

图 11-18　对准标记

（2）安装平衡轴正时链，使平衡轴正时链上的有色链节分别对准曲轴链轮上的标记和进/排气凸轮轴的平衡轴链轮上的标记（箭头方向），如图 11-19 所示。

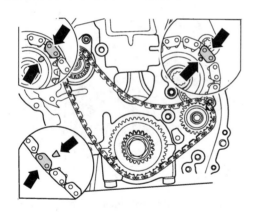

图 11-19　标记

（3）安装平衡轴正时链的导向夹板，旋入导向螺栓 4、3 和 2 固定，如图 11-20 所示。

（4）安装链条张紧器 1。

（5）再次检查中间链轮/进气凸轮轴的平衡轴上的标记（箭头方向），如图 11-21 所示。

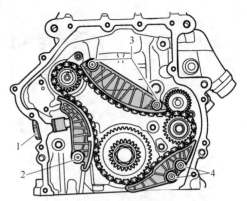

图 11-20　旋入导向螺栓

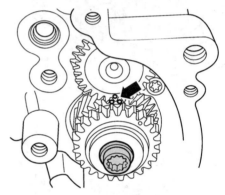

图 11-21　检查中间链轮/进气凸轮轴的平衡轴上的标记

> **注意**
>
> 为了清晰地显示中间链轮/进气凸轮轴的平衡轴上的标记（箭头方向），图 11-21 中未画出平衡轴正时链。

（6）再次检查平衡轴正时链的标记（箭头方向），如图 11-22 所示。

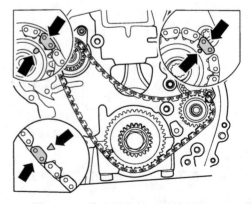

图 11-22　检查平衡轴正时链的标记

第二节
一汽大众 CC 车系 2.0L CGMA 发动机正时校对维修

2.0L 4 缸 4 气门阀涡轮增压直喷发动机（CGMA）凸轮轴正时链的结构如图 11-23 所示。

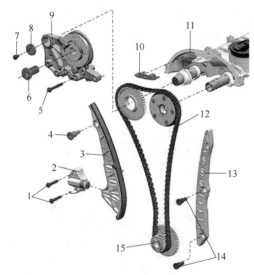

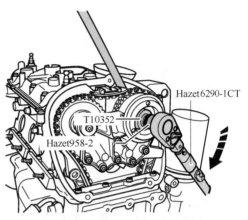

图 11-24　拆下调节阀

图 11-23　凸轮轴正时链结构

1，5，7—螺栓；2—链条张紧器；3—正时链张紧轨；
4，14—导向螺栓；6—调节阀；8—垫圈；9—轴承桥；
10—凸轮轴正时链的滑轨；11—气缸盖罩；
12—凸轮轴正时链；13—凸轮轴正
时链的滑轨；15—曲轴链轮

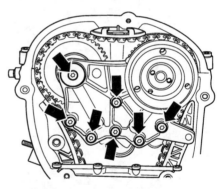

图 11-25　取下轴承桥

一、凸轮轴正时链的拆卸

（1）拆卸正时链上部盖板。

（2）用拆卸工具 T10352、转换接头 Hazet958-2 和转矩扳手 Hazet6290-1CT 沿箭头方向拆下调节阀，如图 11-24 所示。

（3）旋出螺栓（箭头方向），取下轴承桥，如图 11-25 所示。

（4）用对角式支架 T10355 将带减震器的多楔皮带轮旋转至"上止点"（箭头）位置。

① 带减震器的多楔皮带轮上的切口必须与正时链下部盖板上的箭头标记相对。

② 凸轮轴的标记 1 必须朝上，如图 11-26 所示。

（5）拆卸正时链下部盖板。

（6）拆卸机油泵。

（7）用合适的螺丝刀沿箭头 1 方向抬起链条张紧器的簧片，再沿箭头 2 的方向按压正时链张紧轨，并用定位销 T40011 固定，如图 11-27 所示。

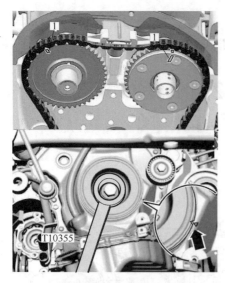

图 11-26　凸轮轴的标记 1 必须朝上

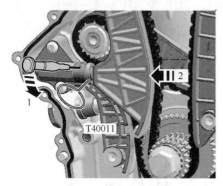

图 11-27　用合适的螺丝刀沿箭头 1 方向抬起链条张紧器的簧片

（8）拆卸正时链张紧器螺栓 3，并取出正时链张紧器，如图 11-28 所示。

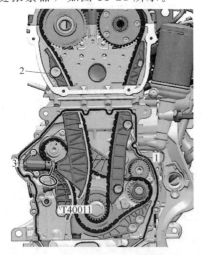

图 11-28　拆卸正时链张紧器螺栓 3

（9）拆下螺栓 2，取下正时链张紧轨。

（10）拆卸螺栓 1，取下正时链滑轨。

（11）拆下凸轮轴正时链。

二、凸轮轴正时链的安装

> **注意**
> ① 下列的工作步骤必须在一个工序里进行，所以需要两名机械师。
> ② 正时链有颜色的链节必须定位在链轮标记上。
> ③ 调整凸轮轴正时调整工具 FVNST9143-A 和正时调整工具 FVNST9143-B，直至张紧轨被安装上。

（1）拆卸油雾分离器。

（2）拆卸真空泵。

（3）沿箭头方向撬出凸轮轴密封盖 1，如图 11-29 所示。

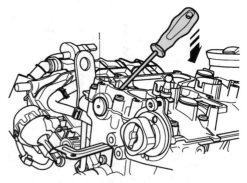

图 11-29　沿箭头方向撬出凸轮轴密封盖 1

（4）安装凸轮轴正时调整工具 FVNST9143-A 和正时调整工具 FVNST9143-B，并在箭头 A 位置用螺栓固定，如图 11-30 所示。

（5）将正时链装到排气凸轮轴链轮上。

（6）将正时链装到曲轴链轮上。

（7）安装凸轮轴正时链时，驱动链/链轮的标记必须重合，如图 11-31 所示。

（8）沿箭头 B 和箭头 C 方向旋转调整工具，并将正时链安装到进气凸轮轴的链轮上，如图 11-32 所示。

（9）安装正时链的滑轨，拧紧螺栓 1，

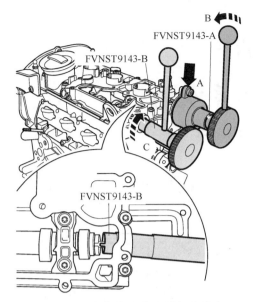

图 11-30 在箭头 A 位置用螺栓固定

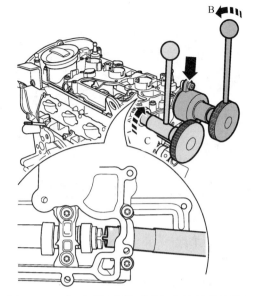

图 11-32 将正时链安装到进气凸轮轴的链轮上

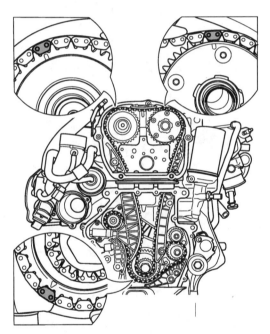

图 11-31 安装凸轮轴正时链

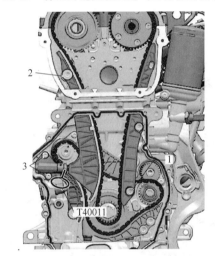

图 11-33 安装正时链的滑轨并拧紧螺栓 1 等

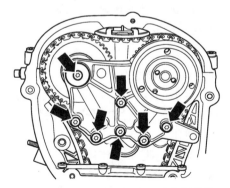

图 11-34 插上轴承桥并用手拧紧螺栓

如图 11-33 所示。

（10）安装正时链的张紧轨，拧紧螺栓 2。

（11）安装正时链张紧器，拧紧螺栓 3。

（12）插上轴承桥并用手拧紧螺栓（箭头），如图 11-34 所示。

（13）拆下正时链张紧器上的定位销 T40011。

（14）拧紧轴承桥的螺栓。

（15）拧紧调节阀。

其余安装工作大体以拆卸的倒序进行。

第三节 一汽大众宝来车系发动机正时校对维修

一、1.4L（CFBA）发动机

1.4L(CFBA)发动机配气相位的调整如下。

（1）关闭点火开关及所有用电器，拔出点火钥匙。

（2）排放冷却液。

（3）拆下发动机罩。

（4）松开弹簧卡箍3，将进气软管2从废气涡轮增压器的管接头1上拔下，如图11-35所示。

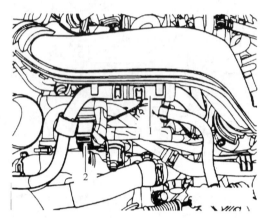

图11-36 脱开压力管上的软管1

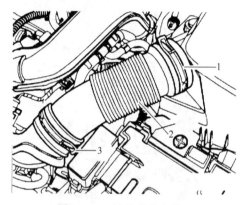

图11-35 松开弹簧卡箍3

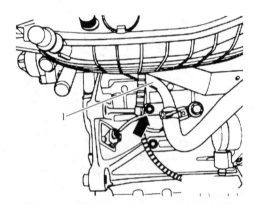

图11-37 拔出冷却液管1上的冷却液管

（5）拆卸空气滤清器，将进气软管和空气滤清器一起拆下。

（6）脱开压力管上的软管1，并打开线束固定夹2，如图11-36所示。

（7）从下部拔出冷却液管1上的冷却液管并松开气缸体上冷却液管1的固定螺栓（箭头），如图11-37所示。

（8）从上部脱开冷却液管1上的软管连接并从凸轮轴箱上拧下冷却液管1的固定螺栓，拆下冷却液管（图11-38）。

（9）旋出凸轮轴后部端盖2的固定螺栓，并取下端盖，如图11-38所示。

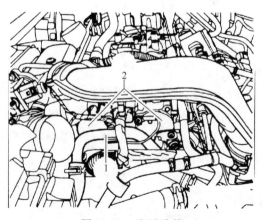

图11-38 取下端盖

(10) 拆卸正时齿轮箱罩。

(11) 为了转动曲轴，装上轴套、曲轴皮带轮1和曲轴螺栓2并拧紧曲轴螺栓（使用固定支架3415），如图11-39所示。

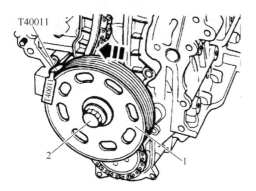

图 11-39　拧紧曲轴螺栓

(12) 拆下1号气缸的火花塞。为此要使用起拔器T10094A和火花塞扳手3122B。

(13) 将千分表适配接头T10170拧入火花塞螺纹孔至极限位置，如图11-40所示。

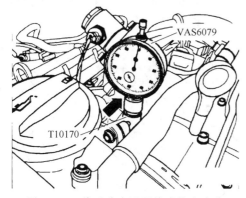

图 11-40　将千分表适配接头拧入火花塞螺纹孔至极限位置

(14) 将带加长件T10170/1的千分表VAS6079插入到千分表适配接头中至极限位置并拧紧螺母（箭头）。

(15) 将曲轴朝发动机运转方向转到1号气缸的上止点。记下千分表指针的位置。

(16) 接着将曲轴逆着发动机运转方向转回45°。

(17) 用记号笔标记正时链2（图11-41）的运转方向。

> **注意**
> 凸轮轴调节器的中央螺栓1为左旋螺纹。

(18) 用固定支架T10172固定凸轮轴正时齿轮4，松开螺栓1和3，如图11-41所示。

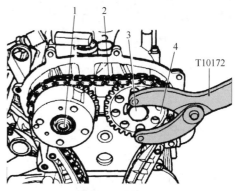

图 11-41　用固定支架T10172固定凸轮轴正时齿轮4等

(19) 沿箭头方向压张紧轨1并用定位销T40011固定张紧器的活塞，如图11-42所示。

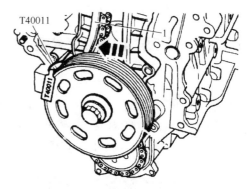

图 11-42　沿箭头方向压张紧轨1

(20) 将凸轮轴调节器1和正时链3一起取下，如图11-43所示。

(21) 再次插入凸轮轴调节器1。

(22) 更换螺栓2和4并用40N·m的力矩拧紧螺栓2，用50N·m的力矩拧紧螺栓4（使用固定支架T10172）。

(23) 旋转进气和排气凸轮轴，直到凸轮轴固定件T10171A插入到凸轮轴开口中至极限位置，如图11-44所示。

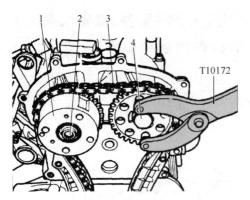

图 11-43 将凸轮轴调节器 1 和正时链 3 一起取下

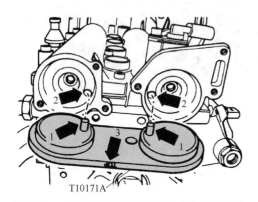

图 11-44 凸轮轴固定件插入到凸轮轴开口中

> **注意**
>
> 在转动时不允许轴向移动凸轮轴。

（24）在相应的孔（箭头）中用手拧入一个螺栓 M6，以便固定凸轮轴固定件 T10171A（不要拧紧），如图 11-45 所示。

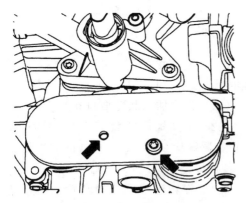

图 11-45 固定凸轮轴固定件 T10171A

> **注意**
>
> 凸轮轴固定件 T10171A 有不同的固定点。

（25）松开凸轮轴正时齿轮的螺栓。

> **注意**
>
> ① 必须使用固定支架 T10172 固定。
> ② 凸轮轴固定件 T10171A 不能作为固定支架使用。

（26）取下凸轮轴正时齿轮。

（27）将正时链放到凸轮轴调节器上，注意运转方向，并将拆下的凸轮轴正时齿轮再次装上。

（28）拧入凸轮轴螺栓，但不要拧紧，使凸轮轴正时齿轮还可以在凸轮轴上旋转。

（29）拔出定位销 T40011，张紧正时链。

（30）将曲轴朝发动机运转方向转到气缸 1 的上止点，如图 11-46 所示。与气缸 1 上止点允许的偏差：±0.01mm。

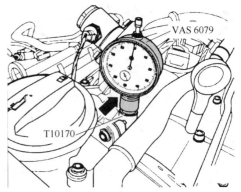

图 11-46 将曲轴朝发动机运转方向转到 1 号气缸的上止点

> **注意**
>
> 如果曲轴转动超过上止点 0.01mm，则将曲轴逆着发动机运转方向再转动约 45°。接着将曲轴朝发动机运转方向转到 1 号气缸的上止点位置。

（31）旋出曲轴箱上的螺旋塞（箭头方向），如图 11-47 所示。

（32）将固定螺栓 T10340 拧到曲轴箱中

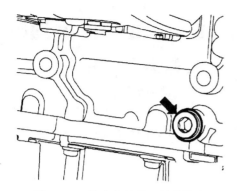

图 11-47 旋出曲轴箱上的螺旋塞

至极限位置,如图 11-48 所示。

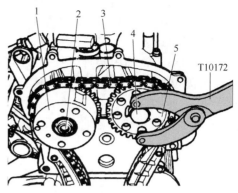

图 11-49 用固定支架 T10172 将凸轮轴正时齿轮 1 和 5 固定

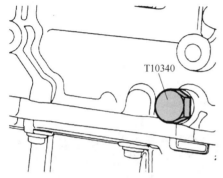

图 11-48 将固定螺栓 T10340 拧到曲轴箱中至极限位置

(33) 将固定螺栓 T10340 用 30N·m 的力矩拧紧。

> **注意**
> 用固定螺栓 **T10340** 将曲轴朝发动机运转方向卡止不能转动。

(34) 用固定支架 T10172 将凸轮轴正时齿轮 1 和 5 固定,如图 11-49 所示,并用 40N·m 的力矩拧紧螺栓 2(左旋螺纹),用 50N·m 的力矩拧紧螺栓 4。

> **注意**
> 在拧紧凸轮轴螺栓时曲轴不允许转动,正时链 **3**(**图 11-49**)两侧必须保持张紧。

(35) 拆下凸轮轴固定件 T10171A。

(36) 从曲轴箱上拧出固定螺栓 T10340,如图 11-50 所示。

(37) 将曲轴朝发动机运转方向转动 2

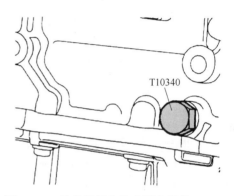

图 11-50 从曲轴箱上拧出固定螺栓 T10340

圈到达 1 号气缸的上止点。与 1 号气缸上止点允许的偏差:±0.01mm。

(38) 将凸轮轴固定件 T10171A 插入凸轮轴开口中,直到极限位置,如图 11-51 所示(图中数字表示顺序)。

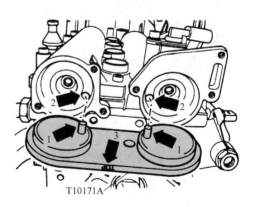

图 11-51 将凸轮轴固定件 T10171A 插入凸轮轴开口中

(39) 如果凸轮轴固定件 T10171A 无法插入，重新调整，直至凸轮轴固定件 T10171A 可以插入。

(40) 如果凸轮轴固定件 T10171A 可以插入，将固定螺栓 T10340 拧到曲轴箱中至极限位置，如图 11-52 所示。将固定螺栓 T10340 用 30N·m 的力矩拧紧。

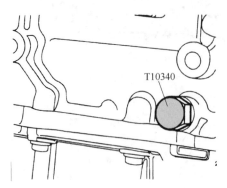

图 11-52　将固定螺栓 T10340 拧到曲轴箱中至极限位置

(41) 取出凸轮轴固定件 T10171A，用固定支架 T10172 固定凸轮轴正时齿轮并用扳手将螺栓 1（左旋螺纹）和 2 继续转动 1/4 圈（90°），如图 11-53 所示。

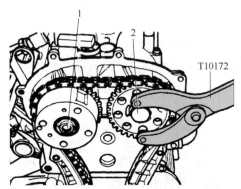

图 11-53　用固定支架 T10172 固定凸轮轴正时齿轮

⚠ 注意
① 凸轮轴调节器的中央螺栓为左旋螺纹。
② 在拧紧螺栓时凸轮轴正时齿轮不允许转动。其他安装步骤以倒序进行。

二、1.6L（BWH）发动机

（一）拆卸齿形皮带

(1) 拆下发动机罩。
(2) 拆下多楔带并取出定位芯棒 NST9190。
(3) 拆下转向助力油储液罐，并保持管路连接。
(4) 拆下冷却液补偿罐放置一旁，并保持管路连接。
(5) 拆下多楔皮带张紧轮。
(6) 拆下齿形皮带上部护罩。
(7) 用支撑工Z装 10-222A 在安装位置支撑住发动机，如图 11-54 所示。

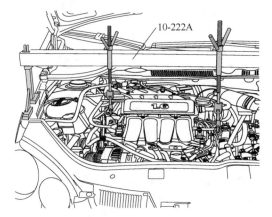

图 11-54　用支撑工装 10-222A 在安装位置支撑住发动机

(8) 拆下曲轴多楔皮带轮，如图 11-55 所示。

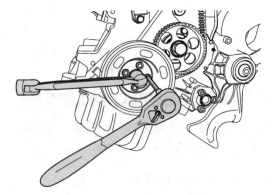

图 11-55　拆下曲轴多楔皮带轮

(9) 将发动机支架下部螺栓 1 旋出, 如图 11-56 所示。

图 11-56　将发动机支架下部螺栓 1 旋出

(10) 旋出总成支承/发动机支架的紧固螺栓（箭头方向）并将总成支承拆下, 如图 11-57 所示。

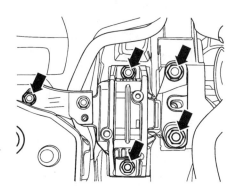

图 11-57　将总成支承拆下

(11) 用支撑工装 10222A 将发动机吊起, 如图 11-58 所示, 直到能将发动机支架上部的两个螺栓 1 和 2 松开并旋出为止。

图 11-58　用支撑工装 10222A 将发动机吊起

(12) 向上取出发动机支架。

(13) 拆下齿形皮带护罩中段和下段。

(14) 转动曲轴带动凸轮轴正时齿轮转至 1 缸上止点处 [凸轮轴正时齿轮的标记必须与齿形皮带后护罩的标记平齐（箭头方向）], 如图 11-59 所示。

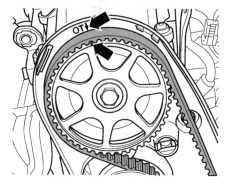

图 11-59　对齐标记

(15) 标记齿形皮带的传动方向。

(16) 松开张紧轮并取下齿形皮带。

(17) 然后将曲轴略微向反方向旋转。

（二）安装齿形皮带

> **注意**
> ① 如果曲轴停在 1 号缸上止点处, 在转动凸轮轴时会损坏气门/活塞头。
> ② 发动机最高只允许有手温的温度。

(1) 将齿形皮带安装到曲轴正时齿轮和冷却液泵上（注意转动方向）。

(2) 安装齿形皮带护罩的中部和下部。

(3) 用新螺栓安装曲轴多楔皮带轮。

拧紧力矩: 10 N·m+90°（1/4 圈）。

(4) 将曲轴置于 1 号缸上止点处, 标记必须对准箭头方向, 如图 11-60 所示。

(5) 将齿形皮带安装到张紧轮和凸轮轴正时齿轮上 [凸轮轴正时齿轮的标记必须与齿形皮带后护罩的标记平齐（箭头方向）], 如图 11-61 所示。

(6) 张紧齿形皮带（沿箭头方向逆时针转动双孔螺母扳手 T10020 直至指针 2 位于切口 1 上）, 如图 11-62 所示。

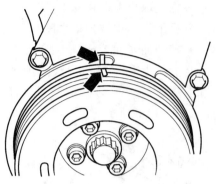

图 11-60　标记必须对准箭头方向

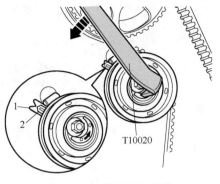

图 11-62　张紧齿形皮带

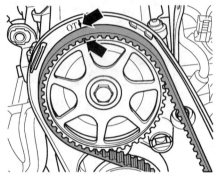

图 11-61　将齿形皮带安装到张紧轮和凸轮轴正时齿轮上

 注意

重复这个步骤（拉紧齿形皮带）5 次，直到齿形皮带到位。

(7) 用 20N·m 的力矩拧紧固定螺母。

(8) 将曲轴沿发动机旋转方向继续转动两圈，直至发动机再次停到 1 号缸上止点处。

 注意

曲轴旋转过程中的最后 45°（1/8 圈）不能中断。

(9) 再次检查齿形皮带是否张紧。

标准：指针和切口对准。

(10) 再次检查曲轴和凸轮轴是否在 1 号缸上止点处。

如果标记无法对齐，则重复以上工作步骤以张紧齿形皮带。

第四节 一汽大众高尔夫 A6 车系发动机正时校对维修

一、1.4L（CFBA）发动机

（一）正时链和机油泵驱动链的拆卸

(1) 排放冷却液。

(2) 拆下发动机罩。

(3) 取下压力管上的软管 1，并打开线束固定夹 2，如图 11-63 所示。

(4) 从下部拔出冷却液管 1 上的冷却液软管并松开气缸体上冷却液管 1 的固定螺栓（箭头），如图 11-64 所示。

(5) 从上部拔出冷却液管 1 上的冷却液软管并从凸轮轴箱上拧下冷却液管 1 的固定螺栓，拆下冷却液管 1（图 11-65）。

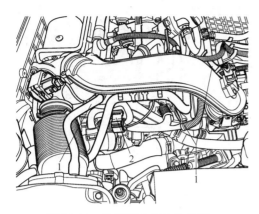

图 11-63　取下压力管上的软管 1

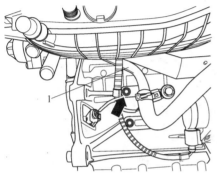

图 11-64　松开气缸体上冷却液管 1 的固定螺栓

（6）旋出凸轮轴后部端盖 2 的固定螺栓，并取下端盖，如图 11-65 所示。

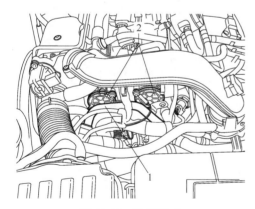

图 11-65　取下端盖

（7）拆下气缸 1 的火花塞。为此使用起拔器 T10094A 和火花塞扳手 3122B。

（8）将千分表适配接头 T10170 拧入火花塞螺纹孔至极限位置。

（9）将带加长件 T10170/1 的千分表 VAS6079 安装到千分表适配接头中至极限位置，并拧紧夹紧螺母（箭头），如图 11-66 所示。

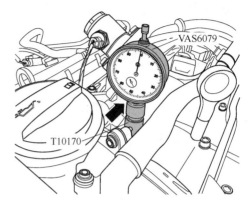

图 11-66　将带加长件的千分表安装到千分表适配接头中

（10）将曲轴朝发动机运转方向转到 1 号气缸的上止点。记下千分表指针的位置。

凸轮轴上的孔（箭头）必须处于图 11-67 中所示的位置。必要时，将曲轴再旋转一圈（360°）。

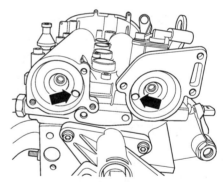

图 11-67　凸轮轴上的孔（箭头）必须处于图中所示的位置

注意

① 如果曲轴转动超过上止点 0.01mm，则将曲轴逆着发动机运转方向再转动约 45°。接着将曲轴朝发动机运转方向转到 1 号气缸上止点位置。

② 与气缸上止点允许的偏差为 ±0.01mm。

(11) 将凸轮轴固定件 T10171A 插入凸轮轴开口中,直到极限位置。

定位销(箭头 1)必须嵌入孔(箭头 2)中,如图 11-68 所示,必须可以从上方看到标记"TOP"(箭头 3)。

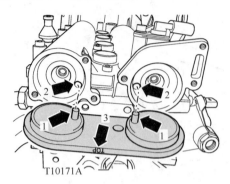

图 11-68 定位销(箭头 1)必须嵌入孔(箭头 2)中

(12) 在相应的孔(箭头)中用手拧入一个螺栓 M6,固定凸轮轴固定件 T10171A,不要拧紧,如图 11-69 所示。

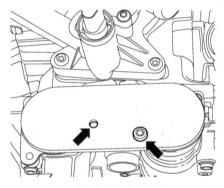

图 11-69 固定凸轮轴固定件 T10171A

(13) 拆卸正时齿轮箱罩。

(14) 从机油泵上拔出盖板 1,如图 11-70 所示。

 注意

凸轮轴调节器的紧固螺栓为左旋螺纹。

(15) 用固定支架 T10172 固定凸轮轴正时齿轮 1,松开螺栓 2 和 3,如图 11-71 所示。

(16) 沿箭头方向压张紧轨并用定位销 T40011 固定链条张紧器的活塞,如图 11-72 所示。

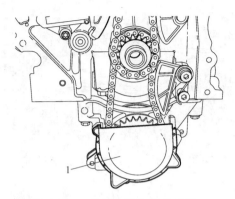

图 11-70 从机油泵上拔出盖板 1

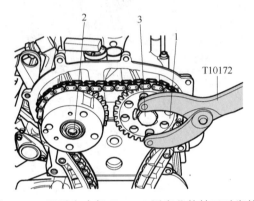

图 11-71 用固定支架 T10172 固定凸轮轴正时齿轮 1

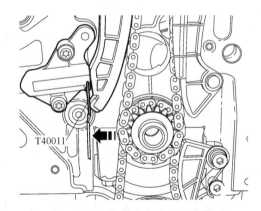

图 11-72 沿箭头方向压张紧轨

(17) 将凸轮轴调节器 1 和正时链 2 一起取下,如图 11-73 所示。

(18) 用固定支架 T10172 固定机油泵的链轮并松开紧固螺栓 1,如图 11-74 所示。

(19) 将固定销 2 上的张紧弹簧 1 用一把螺丝刀撬出并取出(图 11-75)。

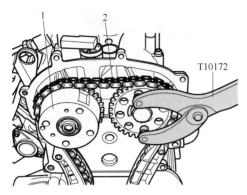

图 11-73　将凸轮轴调节器 1 和正时链 2 一起取下

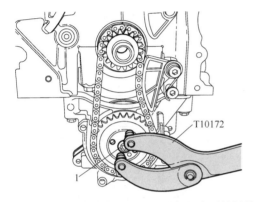

图 11-74　用固定支架 T10172 固定机油泵的链轮

(20) 旋出紧固螺栓 3 并取下链条张紧器，如图 11-75 所示。

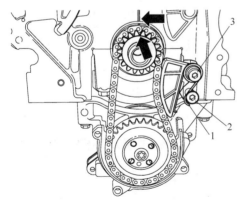

图 11-75　旋出紧固螺栓 3 并取下链条张紧器

(21) 用记号笔标记机油泵驱动链 2（图 11-76）的运转方向。

(22) 拧下链轮 1 的紧固螺栓并将链轮 1 和 3 连同机油泵驱动链 2 一起取下，如图 11-76 所示。

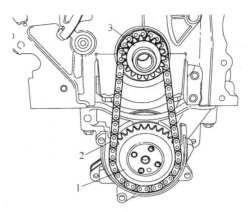

图 11-76　拧下链轮 1 的紧固螺栓等

（二）正时链和机油泵驱动链的安装

曲轴必须位于 1 号气缸的上止点位置。

(1) 沿箭头方向推链轮 1 直到曲轴轴颈的极限位置，如图 11-77 所示。

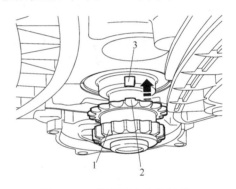

图 11-77　沿箭头方向推链轮 1

与链轮 1 铸在一起的凸缘 2 必须插入曲轴轴颈的凹槽 3 中。

(2) 用记号笔标记链轮和气缸体、曲轴的位置，如图 11-78 所示。

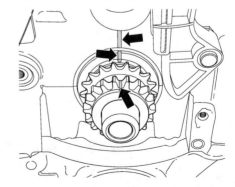

图 11-78　用记号笔标记链轮和气缸体、曲轴的位置

第十一章　大众车系发动机正时校对维修 | 577

（3）将机油泵驱动链 3 放到链轮 1 上并同时将链轮 2 放到机油泵的驱动轴上，如图 11-79 所示。

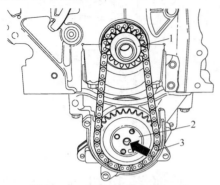

图 11-79　将机油泵驱动链 3 放到链轮 1 上

 注意

① 注意机油泵驱动链上的运转方向标记。
② 机油泵驱动轮只在一个位置与机油泵驱动轴（箭头）匹配。

（4）将机油泵驱动轴用固定支架 T10172 固定，如图 11-80 所示。

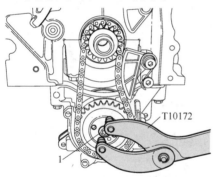

图 11-80　将机油泵驱动轴用固定支架 T10172 固定

（5）将新的固定螺栓 1（图 11-80）用 20N·m 的力矩拧紧并继续转动 1/4 圈（90°）。

（6）将链条张紧器安装到机油泵驱动链上并用 15N·m 的力矩拧紧紧固螺栓 3（图 11-81）。

（7）将张紧弹簧 1 用一把螺丝刀安装到固定销 2 上，如图 11-81 所示。

 注意

① 注意标记（箭头）。
② 曲轴不允许转动。

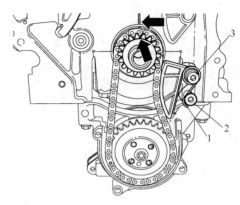

图 11-81　将张紧弹簧 1 用一把螺丝刀安装到固定销 2 上

（8）用手给链轮 3 拧上一个新的紧固螺栓，如图 11-82 所示。

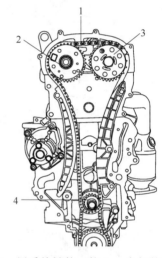

图 11-82　用手给链轮 3 拧上一个新的紧固螺栓

（9）将正时链 1 装到曲轴链轮 4、排气凸轮轴链轮 3 和凸轮轴调节器 2 上，并用手给凸轮轴调节器 2 拧上一个新的紧固螺栓。

 注意

① 注意正时链 1 上的运转方向标记。
② 导向套安装在进气凸轮轴和凸轮轴调节器之间。
③ 凸轮轴调节器的紧固螺栓为左旋螺纹。
④ 正时链必须贴紧滑轨 1 和曲轴链轮（箭头），如图 11-83 所示。

（10）安装链条张紧器 1 并用 9N·m 的力矩拧紧紧固螺栓 2（图 11-84）。

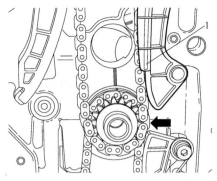

图 11-83 正时链必须贴紧滑轨 1 和曲轴链轮（箭头）

（11）从链条张紧器中拔出定位销 T40011，张紧正时链，如图 11-84 所示。

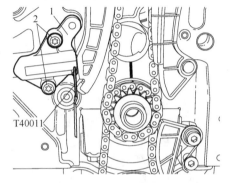

图 11-84 从链条张紧器中拔出定位销 T40011

（12）检查曲轴链轮和气缸体上的标记，它们必须相互重叠。

（13）用 40N·m 的力矩拧紧紧固螺栓 1，并用 50N·m 的力矩拧紧螺栓 2（使用固定支架 T10172），如图 11-85 所示。

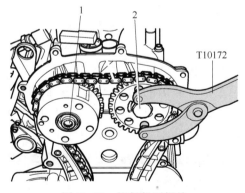

图 11-85 拧紧紧固螺栓

> **注意**
> ① 检查过配气相位后，继续转动 90°拧紧紧固螺栓。
> ② 凸轮轴调节器的紧固螺栓为左旋螺纹。

（14）拧下螺栓（箭头）并将凸轮轴固定件 T10171A 从凸轮轴箱上取下，如图 11-86 所示。

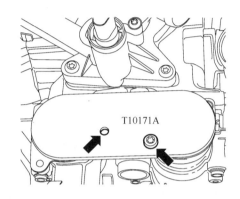

图 11-86 拧下螺栓（箭头）并将凸轮轴固定件从凸轮轴箱上取下

（15）检查配气相位。

（16）如果配气相位正常，将凸轮轴正时齿轮用固定支架 T10172 固定，并用一把刚性扳手拧紧，如图 11-87 所示。

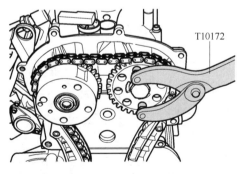

图 11-87 将凸轮轴正时齿轮用固定支架 T10172 固定

> **注意**
> ① 凸轮轴调节器的紧固螺栓为左旋螺纹。
> ② 在拧紧螺栓时,凸轮轴正时齿轮不允许转动。

(17) 安装机油泵齿轮盖板 1, 如图 11-88 所示。

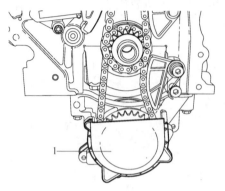

图 11-88 安装机油泵齿轮盖板 1

(18) 安装正时齿轮箱罩。
(19) 安装油底壳。
(20) 安装曲轴皮带轮。
(21) 安装多楔皮带。
其他的安装步骤以拆卸的倒序进行。

二、1.6L(CDFA)发动机

(一) 正时链条和机油泵驱动链条的拆卸

(1) 旋出发动机盖罩 1 的固定螺栓(箭头),取下盖罩,如图 11-89 所示。

图 11-89 旋出发动机盖罩 1 的固定螺栓

(2) 按压卡口(箭头),从进气导管上脱开进气软管,如图 11-90 所示。

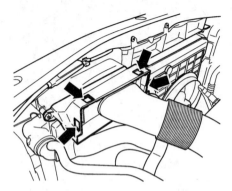

图 11-90 按压卡口(箭头)

(3) 拆卸弹簧夹箍并拔下进气软管。
(4) 旋出凸轮轴后部密封盖罩 1 的固定螺栓(箭头),取下密封盖罩,如图 11-91 所示。

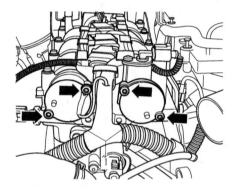

图 11-91 旋出凸轮轴后部密封盖罩 1 的固定螺栓

(5) 拆卸 1 号气缸的带功率输出级的点火线圈。
(6) 拆卸 1 号气缸的火花塞。
(7) 将千分表适配接头 T10170 旋到火花塞螺纹孔极限位置,如图 11-92 所示。
(8) 将带加长件 T10170/1 的千分表 VAS6079 安装到千分表适配接头中至极限位置,并拧紧夹紧螺母(箭头)。

> **注意**
> 千分表 1 的凸台(箭头 A)和千分表适配接头 T10170 的第一个螺纹(箭头 B)对齐,这样才能保证千分表的量程足够大,如图 11-93 所示。

(9) 沿发动机转动方向将曲轴转到 1 号

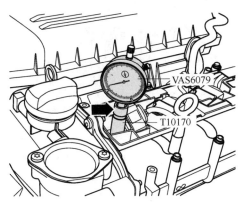

图 11-92 将千分表适配接头 T10170 旋到火花塞螺纹孔极限位置

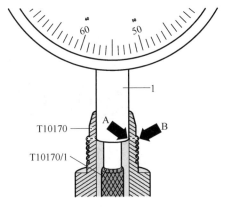

图 11-93 千分表 1 的凸台

气缸的上止点。记住千分表指针的位置。

凸轮轴上的孔（箭头）必须在如图 11-94 所示位置，否则将曲轴再旋转一圈（360°）。

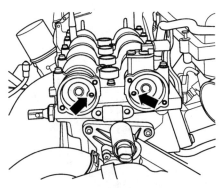

图 11-94 凸轮轴上的孔

> **注意**
> ① 如果曲轴转动的位置超过了上止点 0.01mm，应当沿发动机转动的相反方向把曲轴转回 45°。接着沿发动机转动方向将曲轴转到 1 号气缸的上止点。
> ② 与 1 号气缸上止点允许偏差：±0.01mm。

（10）把凸轮轴固定装置 T10171A 装入凸轮轴开口中至极限位置，如图 11-95 所示。

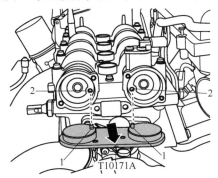

图 11-95 把凸轮轴固定装置 T10171A 装入凸轮轴开口中至极限位置

防松销 1 必须嵌入孔 2 中。必须能够从上方看到标记"TOP"（箭头）。

（11）用手装入 1 个 M6 螺栓（箭头）（不要拧紧）来固定凸轮轴固定装置 T10171A，如图 11-96 所示。

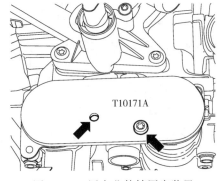

图 11-96 固定凸轮轴固定装置

（12）拆卸正时齿轮箱罩。

（13）拆下机油泵链轮罩盖 1，如图 11-97 所示。

（14）用手沿箭头方向按压张紧轨，如图 11-98 所示。并用定位销 T40011 固定链条张紧器的活塞。

第十一章 大众车系发动机正时校对维修 581

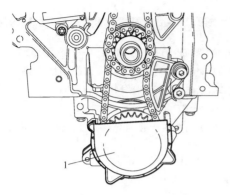

图 11-97 拆下机油泵链轮罩盖 1

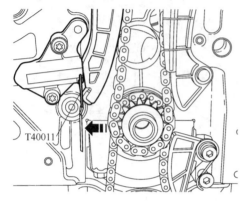

图 11-98 用手沿箭头方向按压张紧轨

（15）用彩色记号笔标出正时链条 3 的转动方向，如图 11-99 所示。

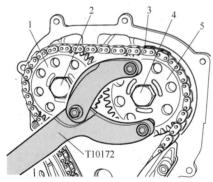

图 11-99 用彩色记号笔标出正时链条 3 的转动方向

（16）用固定支架 T10172 固定凸轮轴正时链轮 5。

（17）松开螺栓 2 和 4。取下凸轮轴链轮 1 和正时链条 3。

（18）用固定支架 T10172 固定住机油泵的链轮，同时松开紧固螺栓 1，如图 11-100 所示。

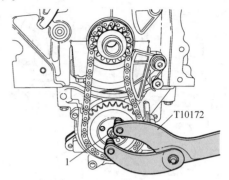

图 11-100 用固定支架 T10172 固定住机油泵的链轮

（19）用螺丝刀在螺栓 2 处拨开张紧弹簧 1，如图 11-101 所示。

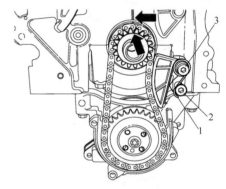

图 11-101 用螺丝刀在螺栓 2 处拨开张紧弹簧 1

（20）旋出紧固螺栓 3 并取下链条张紧器。

（21）用彩色笔标明机油泵驱动链 2 的转动方向，如图 11-102 所示。

（22）旋出链轮 1 的紧固螺栓并取下链轮 1 和 3 以及机油泵驱动链 2。

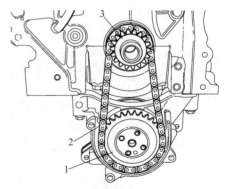

图 11-102 用彩色笔标明机油泵驱动链 2 的转动方向

(二) 正时链条和机油泵驱动链条的安装

曲轴必须位于1号缸上止点。

(1) 将链轮1沿箭头方向推到曲轴轴颈上,如图11-103所示。

链轮1上的凸起2必须插入曲轴轴颈的键槽3中。

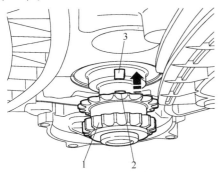

图11-103 将链轮1沿箭头方向推到曲轴轴颈上

(2) 用彩笔标明链轮、曲轴和气缸体的相对位置,如图11-104所示。

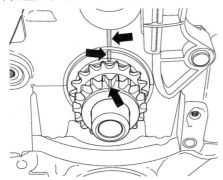

图11-104 用彩笔标明链轮、曲轴和气缸体的相对位置

(3) 将机油泵的驱动链3装到链轮1上,如图11-105所示。同时将机油泵链轮2装到机油泵的驱动轴上。

> **注意**
> ① 注意机油泵驱动链的转动方向标记。
> ② 机油泵链轮在机油泵驱动轴上的安装位置只有一个(箭头)。

(4) 用固定支架T10172固定住机油泵链轮,如图11-106所示。

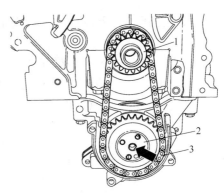

图11-105 将机油泵的驱动链3装到链轮1上

(5) 安装新的固定螺栓1(图11-106)。

(6) 将链条张紧器安装到机油泵驱动链上,并安装固定螺栓3(图11-107)。

(7) 用螺丝刀将张紧弹簧1卡入螺栓2(图11-107)。

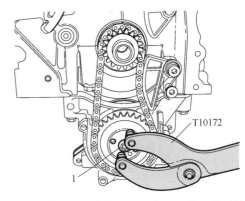

图11-106 用固定支架T10172固定住机油泵链轮

> ① 注意标记(箭头),如图11-107所示。
> ② 禁止旋转曲轴。

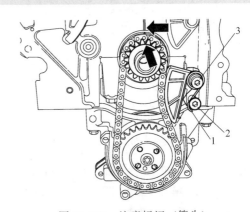

图11-107 注意标记(箭头)

(8) 用手将新的固定螺栓拧紧，固定链轮 2 和 3（图 11-108）。

(9) 将正时链条 1 放到曲轴链轮 4、凸轮轴链轮 2 和 3 上，并用新的固定螺栓固定，用手拧紧，如图 11-108 所示。

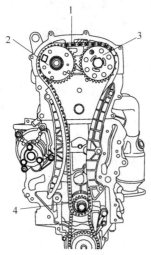

图 11-108　将正时链条 1 放到曲轴链轮 4、凸轮轴链轮 2 和 3 上

> **注意**
> ① 注意正时链条 1（图 11-108）的转动标记。
> ② 正时链条必须放在导轨 1 和曲轴链轮（箭头）上，如图 11-109 所示。

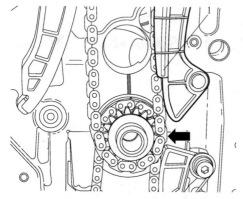

图 11-109　正时链条必须放在导轨 1 和曲轴链轮（箭头）上

(10) 安装链条张紧器 1 并将固定螺栓 2 用 9N·m 的力矩拧紧，如图 11-110 所示。

(11) 从链条张紧器中拔出防松销 T40011，从而张紧正时链条。

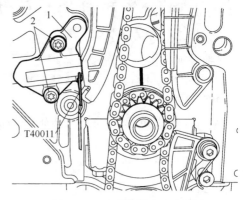

图 11-110　安装链条张紧器

(12) 注意曲轴链轮和气缸体上的标记，它们必须对齐。

(13) 用固定支架 T10172 将凸轮轴链轮 1 和 4 固定在此位置上，如图 11-111 所示。接着用 50N·m 的力矩拧紧螺栓 2 和螺栓 3。

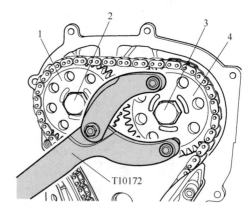

图 11-111　固定凸轮轴链轮 1 和 4

(14) 旋出螺栓（箭头），如图 11-112 所示，并取下凸轮轴固定装置 T10171A。

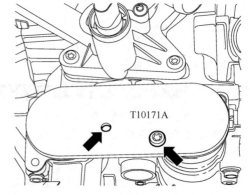

图 11-112　旋出螺栓（箭头）

(15) 检查配气相位。

正时正确：用固定支架 T10172 把持住凸轮轴链轮，将固定螺栓 1 和 2 继续旋转 1/4 圈（90°），如图 11-113 所示。

(16) 安装机油泵轮的盖罩 1，如图 11-114 所示。

(17) 安装正时齿轮箱罩。

(18) 其他的安装大体以拆卸的倒序进行。

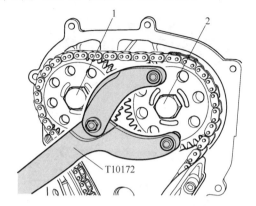

图 11-113　将固定螺栓 1 和 2 继续旋转 1/4 圈

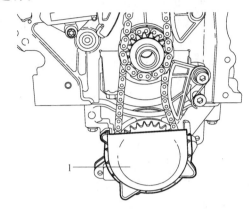

图 11-114　安装机油泵轮的盖罩 1

三、2.0L（CGMA）发动机

凸轮轴正时链的结构如图 11-115 所示。

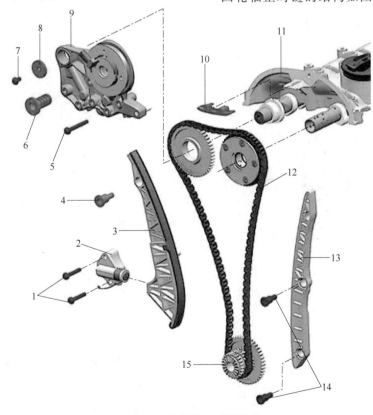

图 11-115　凸轮轴正时链结构

1、5、7—螺栓；2—链条张紧器；3—正时链张紧轨；4、14—导向螺栓；6—调节阀；8—垫圈；9—轴承桥；10—凸轮轴正时链的滑轨；11—气缸盖罩；12—凸轮轴正时链；13—凸轮轴正时链的滑轨；15—曲轴链轮

（一）凸轮轴正时链的拆卸

（1）拆卸正时链上部盖板。

（2）用拆卸工具 T10352、转换接头 Hazet958-2 和转矩扳手 Hazet6290-1CT 沿箭头方向拆下调节阀，如图 11-116 所示。

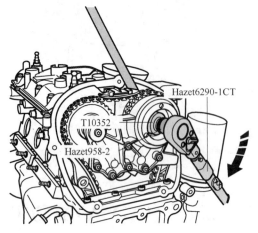

图 11-116　沿箭头方向拆下调节阀

（3）将螺栓（箭头）旋出，并将轴承桥取下，如图 11-117 所示。

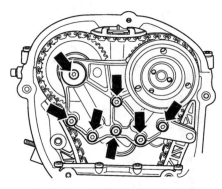

图 11-117　将螺栓（箭头）旋出

（4）用对角式支架 T10355 将带减震器的多楔皮带轮旋转至"上止点"（箭头）位置。

① 带减震器的多楔皮带轮上的切口必须与正时链下部盖板上的箭头标记相对。

② 凸轮轴的标记 1 必须朝上，如图 11-118 所示。

（5）拆卸正时链下部盖板。

（6）拆卸机油泵。

（7）用合适的螺丝刀沿箭头 1 方向抬起链条张紧器的簧片，如图 11-119 所示，再沿箭头 2 的方向按压正时链张紧轨，并用定位销 T40011 固定。

图 11-118　凸轮轴的标记 1

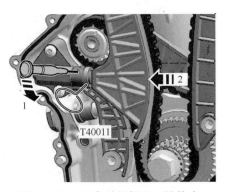

图 11-119　用合适的螺丝刀沿箭头 1 方向抬起链条张紧器的簧片

（8）拆卸正时链张紧器螺栓 3，并取出正时链张紧器，如图 11-120 所示。

（9）拆下螺栓 2，取下正时链张紧轨。

（10）拆卸螺栓 1，取下正时链滑轨。

> **注意**
>
> 拆下正时链张紧轨时进气凸轮轴弹向发动机旋转方向。

（11）拆下凸轮轴正时链。

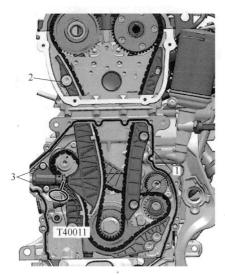

图 11-120　拆卸正时链张紧器螺栓

（二）凸轮轴正时链的安装

> **注意**
> ① 下列工作步骤必须在一个工序里进行，所以需要两名机械师。
> ② 正时链有颜色的链节必须定位在链轮标记上。
> ③ 调整凸轮轴正时调整工具 FVNST9143-A 和正时调整工具 FVNST9143-B，直至张紧轨被安装上。

（1）拆卸油雾分离器。

（2）拆卸真空泵。

（3）沿箭头方向撬出凸轮轴密封盖 1，如图 11-121 所示。

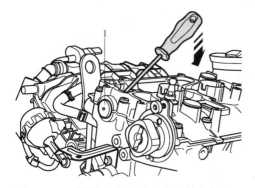

图 11-121　沿箭头方向撬出凸轮轴密封盖 1

（4）安装凸轮轴正时调整工具 FVNST9143-A 和正时调整工具 FVNST9143-B，并在箭头 A 位置用螺栓固定，如图 11-122 所示。

所示。

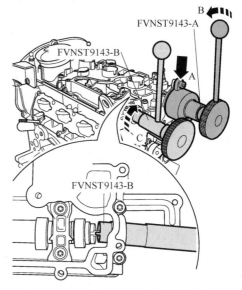

图 11-122　在箭头 A 位置用螺栓固定

> **注意**
> 无须注意箭头 B 和箭头 C。

（5）将正时链装到排气凸轮轴链轮上，如图 11-123 所示。

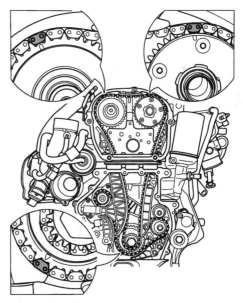

图 11-123　将正时链装到排气凸轮轴链轮上

（6）将正时链装到曲轴链轮上。

（7）安装凸轮轴正时链时，驱动链/链

第十一章　大众车系发动机正时校对维修

轮的标记（箭头）必须重合。

（8）沿箭头 B 和箭头 C 方向旋转调整工具，如图 11-124 所示，并将正时链安装到进气凸轮轴的链轮上。

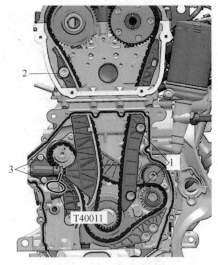

图 11-125 拧紧螺栓

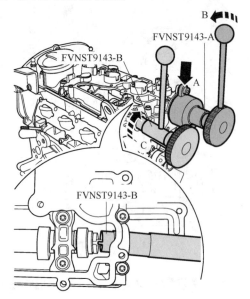

图 11-124 沿箭头 B 和箭头 C 方向旋转调整工具

（9）安装正时链的滑轨，拧紧螺栓 1，如图 11-125 所示。

（10）安装正时链的张紧轨，拧紧螺栓 2。

（11）安装正时链张紧器，并拧紧螺栓 3。

（12）插上轴承桥并用手拧紧螺栓（箭头）。

（13）拆下正时链张紧器上的定位销 T40011。

（14）拧紧轴承桥的螺栓（箭头），如图 11-126 所示。

（15）拧紧调节阀。

其余的安装工作大体以拆卸的倒序进行。

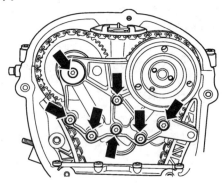

图 11-126 拧紧轴承桥的螺栓

第五节
一汽大众迈腾车系发动机正时校对维修

一、1.4L 4 缸涡轮增压发动机（CFBA）

正时链和机油泵驱动链的拆装方法如下。

（一）拆卸方法

（1）排放冷却液。

（2）拆下发动机罩。

（3）取下压力管上的软管 1，并打开线

束固定夹 2，如图 11-127 所示。

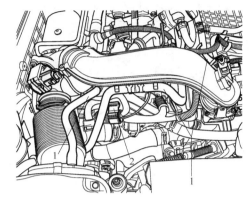

图 11-127 取下压力管上的软管 1

（4）从下部拔出冷却液管 1 上的冷却液软管并松开气缸体上冷却液管 1 的固定螺栓（箭头方向），如图 11-128 所示。

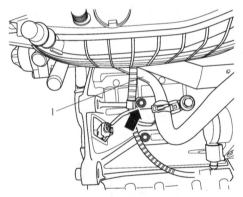

图 11-128 从下部拔出冷却液管
1 上的冷却液软管等

（5）从上部拔出冷却液管 1 上的冷却液软管并从凸轮轴箱上拧下冷却液管 1 的固定螺栓，拆下冷却液管 1（图 11-129）。

（6）旋出凸轮轴后部端盖 2 的固定螺栓，并取下端盖，如图 11-129 所示。

（7）拆下 1 号气缸的火花塞。为此使用起拨器 T10094A 和火花塞扳手 3122B。

（8）将千分表适配接头 T10170 拧入火花塞螺纹孔至极限位置，如图 11-130 所示。

（9）将带加长件 T10170/1 的千分表 VAS6079 安装到千分表适配接头中至极限

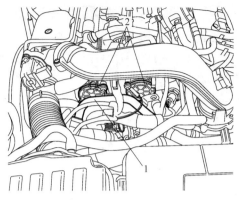

图 11-129 取下端盖

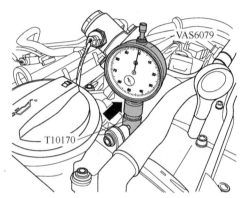

图 11-130 将千分表适配接头拧入
火花塞螺纹孔至极限位置

位置并拧紧夹紧螺母（箭头方向）。

（10）将曲轴朝发动机运转方向转到 1 号气缸的上止点。记下千分表指针的位置。

凸轮轴上的孔（箭头方向）必须处于图 11-131 所示的位置。必要时，将曲轴再旋转一圈（360°）。

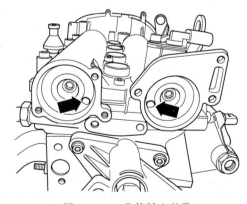

图 11-131 凸轮轴上的孔

第十一章 大众车系发动机正时校对维修

> **注意**
> ① 如果曲轴转动超过上止点 0.01mm，则将曲轴逆着发动机运转方向再转动约 45°。接着将曲轴朝发动机运转方向转动到 1 号气缸上止点位置。
> ② 与 1 号气缸上止点允许偏差：±0.01mm。

（11）将凸轮轴固定件 T10171A 插入凸轮轴开口中，直到极限位置，如图 11-132 所示。

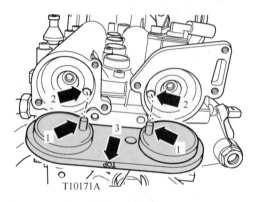

图 11-132　将凸轮轴固定件插入到凸轮轴开口中

定位销（箭头方向 1）必须嵌入孔（箭头方向 2）中。必须可以从上方看到标记"TOP"（箭头方向 3）。

（12）在相应的孔（箭头方向）中用手拧入一个螺栓 M6，如图 11-133 所示，固定凸轮轴固定件 T10171A，不要拧紧。

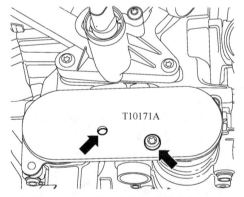

图 11-133　在相应的孔（箭头方向）中用手拧入一个螺栓 M6

（13）拆卸正时齿轮箱罩。

（14）从机油泵上拔出盖板 1，如图 11-134 所示。

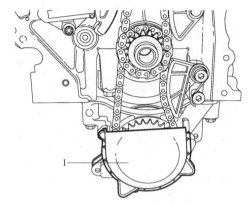

图 11-134　从机油泵上拔出盖板 1

（15）用记号笔标记正时链 2（图 11-135）的运转方向。

> **注意**
> 凸轮轴调节器的紧固螺栓为左旋螺纹。

（16）用固定支架 T10172 固定凸轮轴正时齿轮 4，如图 11-135 所示，松开螺栓 1 和 3。

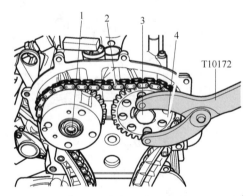

图 11-135　用固定支架固定凸轮轴正时齿轮 4

（17）沿箭头方向压张紧轨并用定位销 T40011 固定链条张紧器的活塞，如图 11-136 所示。

（18）将凸轮轴调节器和正时链一起取下。

（19）用固定支架 T10172 固定机油泵的链轮并松开紧固螺栓 1，如图 11-137 所示。

（20）将固定销 2 上的张紧弹簧 1 用一

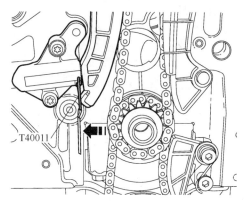

图 11-136 用定位销固定链条张紧器的活塞

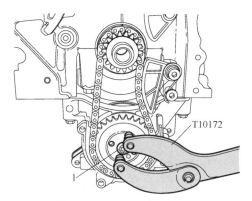

图 11-137 松开紧固螺栓 1

把螺丝刀撬出并取出（图 11-138）。

（21）旋出紧固螺栓 3 并取下链条张紧器，如图 11-138 所示。

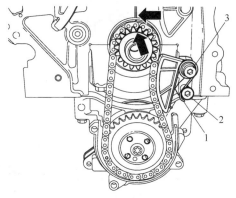

图 11-138 旋出紧固螺栓 3 并取下链条张紧器

（22）用记号笔标记机油泵驱动链 2（图 11-139）的运转方向。

（23）拧下链轮 1 的紧固螺栓并将链轮 1 和 3 连同机油泵驱动链 2 一起取下，如图 11-139 所示。

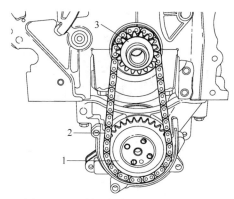

图 11-139 拧下链轮 1 的紧固螺栓等

（二）安装方法

曲轴必须位于 1 号气缸的上止点位置。

（1）沿箭头方向推链轮 1 直到曲轴轴颈的极限位置，如图 11-140 所示。

> **注意**
>
> 与链轮 1 铸在一起的凸缘 2 必须插入曲轴轴颈的凹槽 3 中。

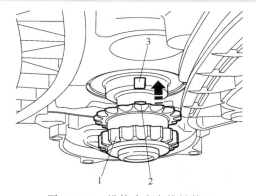

图 11-140 沿箭头方向推链轮 1

（2）用记号笔标记链轮和气缸体、曲轴的位置，如图 11-141 所示。

（3）将机油泵驱动链 3 放到链轮 1 上，同时将链轮 2 放到机油泵的驱动轴上，如图 11-142 所示。

> **注意**
>
> 机油泵驱动链上的运转方向标记。
> 机油泵驱动轮只在一个位置与机油泵驱动轴（箭头）匹配。

（4）将机油泵驱动轴用固定支架

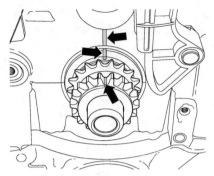

图 11-141 用记号笔标记链轮和气缸体、曲轴的位置

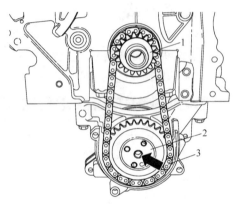

图 11-142 将机油泵驱动链 3 放到链轮 1 上

T10172 固定。

（5）将新的固定螺栓 1 用 20N·m 的力矩拧紧并继续转动 1/4 圈（90°），如图 11-143 所示。

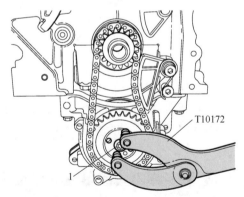

图 11-143 将新的固定螺栓 1 用 20N·m 的力矩拧紧

（6）将链条张紧器安装到机油泵驱动链上并用 15N·m 的力矩拧紧紧固螺栓 3，如图 11-144 所示。

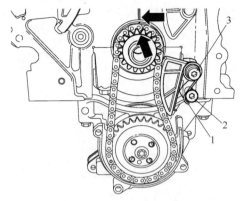

图 11-144 将链条张紧器安装到机油泵驱动链上

（7）将张紧弹簧 1 用一把螺丝刀安装到固定销 2 上。

（8）用手给链轮 3 拧上一个新的紧固螺栓，如图 11-145 所示。

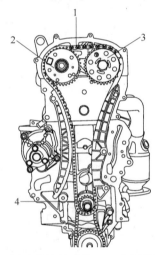

图 11-145 用手给链轮 3 拧上一个新的紧固螺栓等

（9）将正时链 1 装到曲轴链轮 4、排气凸轮轴链轮 3 和凸轮轴调节器上，并用手给凸轮轴调节器 2 拧上一个新的紧固螺栓。

注意

① 正时链 1 上的运转方向标记。
② 导向套安装在进气凸轮轴和凸轮轴调节器之间。
③ 凸轮轴调节器的紧固螺栓为左旋螺纹。

正时链必须贴紧滑轨 1 和曲轴链轮（箭头方向），如图 11-146 所示。

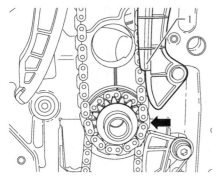

图 11-146 正时链必须贴紧滑轨 1 和曲轴链轮（箭头方向）

（10）安装链条张紧器 1 并用 9N·m 的力矩拧紧紧固螺栓 2（图 11-147）。

（11）从链条张紧器中拔出定位销 T40011，张紧正时链，如图 11-147 所示。

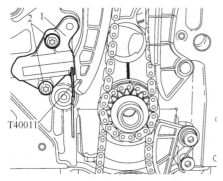

图 11-147 从链条张紧器中拔出定位销 T40011，张紧正时链

（12）检查曲轴链轮和气缸体上的标记，它们必须相互重叠。

（13）用 40N·m 的力矩拧紧紧固螺栓 1，并用 50N·m 的力矩拧紧螺栓 2（使用固定支架 T10172），如图 11-148 所示。

> **注意**
>
> 检查过配气相位后，继续转动 90°拧紧紧固螺栓。
> 凸轮轴调节器的紧固螺栓为左旋螺纹。

（14）拧下螺栓（箭头方向）并将凸轮轴固定件 T10171A 从凸轮轴箱上取下，如图 11-149 所示。

（15）检查配气相位。

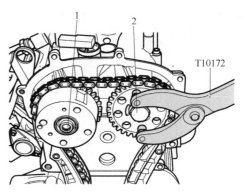

图 11-148 拧紧螺栓

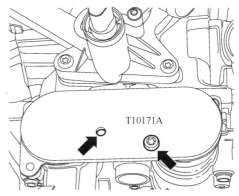

图 11-149 将凸轮轴固定件 T10171A 从凸轮轴箱上取下

（16）如果配气相位正常，将凸轮轴正时齿轮用固定支架 T10172 固定并用一把刚性扳手将紧固螺栓 1（左旋螺纹）和 2 继续转 1/4 圈（90°），如图 11-150 所示。

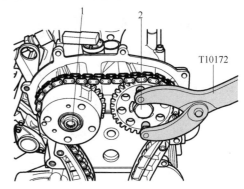

图 11-150 将凸轮轴正时齿轮用固定支架 T10172 固定

（17）安装机油泵齿轮盖板 1，如图 11-151 所示。

（18）安装正时齿轮箱罩。

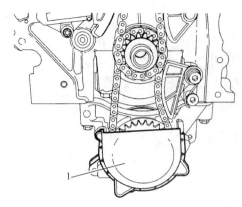

图 11-151　安装机油泵齿轮盖板 1

（19）安装油底壳。
（20）安装曲轴皮带轮。
（21）安装多楔皮带。
其他的安装步骤以拆卸的倒序进行。

二、1.8L 4 缸涡轮增压发动机（BYJ、BYE）

凸轮轴正时链的结构如图 11-152 所示。

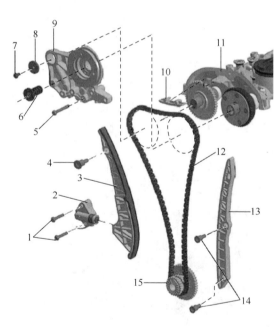

图 11-152　1.8L 4 缸涡轮增压发动机
（BYJ、BYE）凸轮轴正时链结构
1、5—螺栓；2—链条张紧器；3—正时链张紧轨；
4、14—导向螺栓；6—控制阀；7—螺栓（更换）；8—垫圈；
9—轴承桥；10—凸轮轴正时链的滑轨；11—凸轮轴壳罩；
12—凸轮轴正时链；13—凸轮轴正时链的滑轨；15—链轮

（一）正时链的拆卸

（1）拆卸正时链上部盖板。
（2）用拆卸工具 T10352 将控制阀沿箭头方向拆下，如图 11-153 所示。

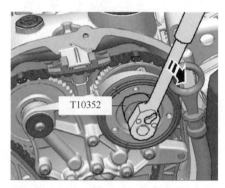

图 11-153　将控制阀沿箭头方向拆下

（3）将螺栓（箭头方向）拧出并将轴承桥取下，如图 11-154 所示。

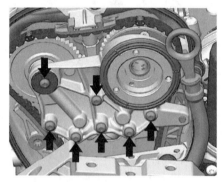

图 11-154　将螺栓（箭头方向）
拧出并将轴承桥取下

（4）用夹具 T10355 将减震器旋转至"上止点"（箭头方向）位置，如图 11-155 所示。

① 减震器上的切口必须与正时链下盖板上的箭头方向标记相对。
② 凸轮轴的标记 1 必须朝上。
（5）拆卸正时链下部盖板。
（6）朝箭头方向压机油泵的链条张紧器并用定位销 T40011 进行固定，如图 11-156 所示。
（7）拆卸机油泵的链条张紧器。
（8）取下机油泵的正时链。

图 11-155　用夹具 T10355 将减震器旋转至"上止点"（箭头方向）位置

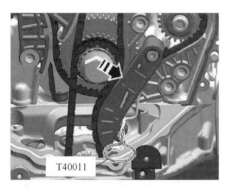

图 11-156　朝箭头方向压机油泵的链条张紧器

（9）用合适的螺丝刀沿箭头方向 1 抬起链条张紧器的止动楔，如图 11-157 所示；朝箭头方向 2 按压正时链的张紧轨并用定位销 T40011 固定，如图 11-158 所示。

（10）拆下正时链的张紧轨，进气凸轮

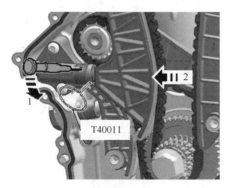

图 11-157　抬起链条张紧器的止动楔

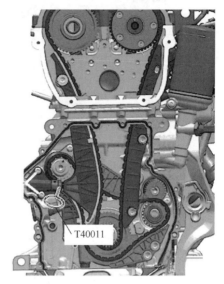

图 11-158　按压正时链的张紧轨等

轴弹向发动机旋转方向。

（11）拆下正时链。

（二）正时链的安装

注意

① 下列的工作步骤必须在一个工序里进行，所以需要两个机械师。
② 正时链有颜色的链节必须定位在链轮标记上。
③ 按住扳手直至张紧轨被安装上。

（1）将正时链装到排气凸轮轴上。

（2）将正时链装到曲轴上。

（3）用扳手沿箭头方向旋转进气凸轮轴并将正时链装上，如图 11-159 所示。

（4）安装正时链的张紧轨，拧紧螺栓 1，如图 11-160 所示。

（5）插上轴承桥并用手拧紧螺栓（箭头方向），如图 11-161 所示。

（6）拆下定位销 T4011。

（7）拧紧轴承桥的螺栓（箭头方向）。

其余的组装工作大体上与拆卸顺序相反。

第十一章　大众车系发动机正时校对维修　595

图 11-159　旋转进气凸轮轴并将正时链装上

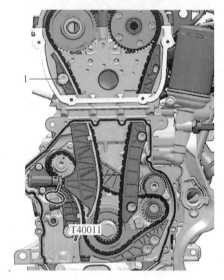

图 11-160　安装正时链的张紧轨，拧紧螺栓 1

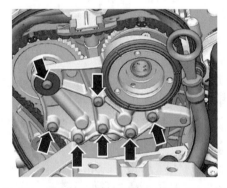

图 11-161　插上轴承桥并用手拧紧螺栓（箭头方向）

（三）平衡轴正时链的拆卸

平衡轴正时链的结构如图 11-162 所示。

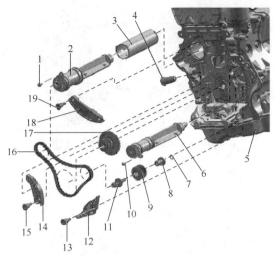

图 11-162　平衡轴正时链结构

1，10，11—螺栓；2，6—平衡轴；3—平衡轴管；
4—链条张紧器；5—气缸体；7—O 形环；
8—支承轴销；9，17—链轮；12，18—滑轨；
13，15，19—导向螺栓；14—张紧轨；16—正时链

拆卸步骤如下。

（1）拆卸正时链上部盖板。

（2）拆卸正时链下部盖板。

（3）拆卸凸轮轴正时链。

（4）拆卸凸轮轴正时链的滑轨 1，如图 11-163 所示。

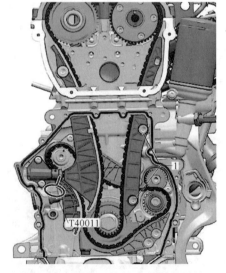

图 11-163　拆卸凸轮轴正时链的滑轨 1

（5）拆卸凸轮轴正时链的链条张紧器。

（6）拆卸平衡轴正时链的链条张紧器 1，如图 11-164 所示。

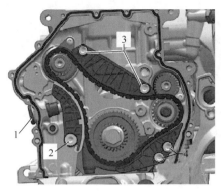

图 11-164 拆卸平衡轴正时链的链条张紧器 1

(7) 拆卸滑轨 2。
(8) 拆卸滑轨 3。
(9) 拆卸滑轨 4。
(10) 拆下正时链。

(四) 平衡轴正时链的安装

(1) 将中间轴轮/平衡轴转到标记处（箭头方向），如图 11-165 所示。

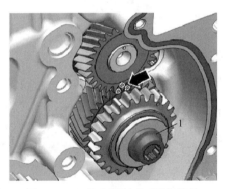

图 11-165 将中间轴轮/平衡轴转到标记处（箭头方向）

> **注意**
> 正时链有颜色的链节必须定位在链轮标记上。

(2) 安装正时链，正时链有颜色的链节必须定位在链轮标记上，如图 11-166 所示。

(3) 安装正时链的滑轨并拧紧螺栓 4，如图 11-167 所示。

(4) 安装正时链的滑轨并拧紧螺栓 3。

(5) 安装正时链的张紧轨，并拧紧螺栓 2。

(6) 安装正时链的链条张紧器 1。

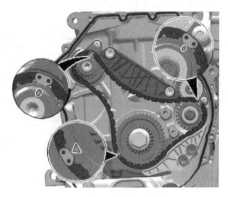

图 11-166 安装正时链

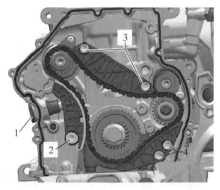

图 11-167 安装正时链的滑轨并拧紧螺栓 4 等

(7) 再次检查调整情况，如图 11-168 所示。

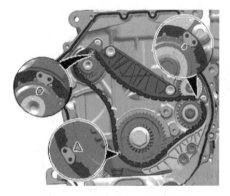

图 11-168 再次检查调整情况

(8) 检查中间轴轮/平衡轴的标记（箭头方向），如图 11-169 所示。

> **注意**
> 为了便于描述，图 11-169 中显示的是链条拆下时中间轴轮/平衡轴的标记。

第十一章 大众车系发动机正时校对维修

图 11-169　检查中间轴轮/平衡轴的标记（箭头方向）

第六节
上海大众朗逸车系 1.6L（CDE）发动机正时校对维修

一、发动机气门正时调整

操作步骤如下。

(1) 拆下气门正时壳体。

(2) 旋转曲轴，应重新装入轴承套、曲轴皮带轮 1、曲轴螺栓 2，用把持工具固定皮带轮，拧紧曲轴螺栓，如图 11-170 所示。

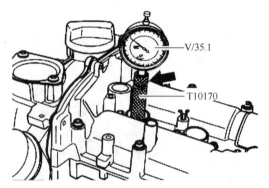

图 11-171　将千分表适配器旋入火花塞孔中

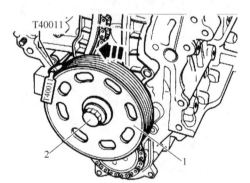

图 11-170　旋转曲轴

(3) 拆下 1 号气缸的火花塞。

(4) 将千分表适配器 T10170 旋入火花塞的孔中至极限位置，如图 11-171 所示。

百分表 1 的凸台（箭头 A）和千分表适配器 T10170 的第一个螺纹（箭头 B）对齐，这样才能保证千分表/百分表的量程足够大，如图 11-172 所示。

(5) 旋入千分表 V/35.1 和加长件 T10170/1 至极限位置，并用锁止螺母（箭头）锁定在该位置上。

(6) 沿发动机旋转方向将曲轴转到 1 号气缸的上止点。记住千分表/百分表上小指针的位置。

(7) 沿发动机旋转方向旋转曲轴 45°。

(8) 按箭头方向按压张紧导轨 1 并用防松销 T40011 锁定活塞，如图 11-173 所示。

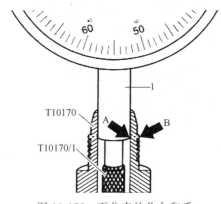

图 11-172 百分表的凸台和千分表适配器第一个螺纹对齐

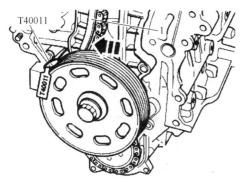

图 11-173 按箭头方向按压张紧导轨 1

(9) 用彩色记号笔标出正时链条的转动方向。

(10) 旋出螺栓 2 和 4,并拆下带正时链条 3 的正时齿轮。拆卸时用止动工具 T10172 固定链轮,如图 11-174 所示。

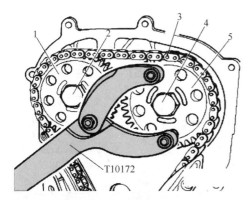

图 11-174 拆下带正时链条 3 的正时齿轮

(11) 重新安装正时齿轮 1 和 5。

(12) 重新装入螺栓 2 和 4,并拧紧至 50N·m。

(13) 旋转进气和排气凸轮轴直至能够将凸轮轴夹具 T10171A 推入凸轮轴孔中至极限位置,如图 11-175 所示。

图 11-175 将凸轮轴夹具推入凸轮轴孔极限位置

(14) 用手装入一个 M6 螺栓(箭头)(不要拧紧)来固定凸轮轴夹具 T10171A,如图 11-176 所示。

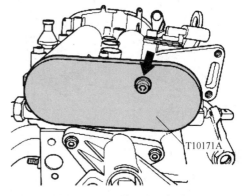

图 11-176 装入 M6 螺栓

(15) 拆下凸轮轴正时齿轮螺栓。拆卸时,必须使用止动工具 T10172。

(16) 拆下一个凸轮轴正时齿轮。

(17) 把正时链条放在正时齿轮上,注意链条的转动方向,并再一次安装凸轮轴正时齿轮。

(18) 安装新的凸轮轴螺栓,确保凸轮轴正时齿轮可相对于凸轮轴转动。

(19) 通过拆下防松销 T40011 张紧正时链条。

第十一章 大众车系发动机正时校对维修

(20) 沿发动机转动方向将曲轴转到 1 号气缸的上止点，与 1 号气缸上止点的允许偏差为±0.01mm，如图 11-177 所示。

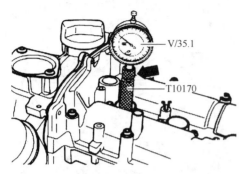

图 11-177 将曲轴转到 1 号气缸的上止点

(21) 用止动工具 T10172 将凸轮轴正时齿轮 1 和 4 固定在此位置上，接着拧紧螺栓 2 和螺栓 3 至 50N·m，如图 11-178 所示。

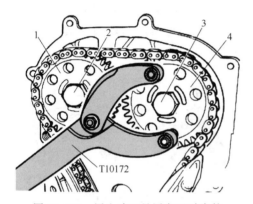

图 11-178 用止动工具固定正时齿轮

(22) 拆下凸轮轴夹具 T10171A。

(23) 沿发动机转动方向旋转曲轴两圈至 1 号气缸的上止点，与 1 号气缸的上止点的允许偏差为±0.01mm。

(24) 把凸轮轴夹具 T10171A 装入凸轮轴开口中至极限位置，如图 11-179 所示。

(25) 如果不能安装 T10171A 凸轮轴夹具，则重复调整操作。

(26) 如果能够安装 T10171A 凸轮轴夹具，则拆下凸轮轴夹具 T10171A，用止动工具 T10172 固定凸轮轴正时齿轮，并用一把坚硬的扳手继续拧紧螺栓 1 和 2 四分之一圈（90°），如图 11-180 所示。

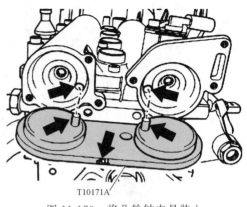

图 11-179 将凸轮轴夹具装入凸轮轴开口极限位置

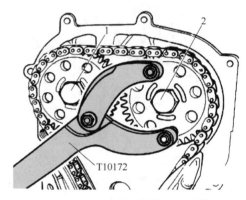

图 11-180 固定凸轮轴正时齿轮

(27) 再一次沿发动机转动方向旋转曲轴两圈至 1 号气缸的上止点，与 1 号气缸上止点的允许偏差为±0.01mm。

(28) 把凸轮轴夹具 T10171A 装入凸轮轴开口中至极限位置，如图 11-181 所示。

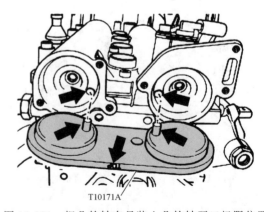

图 11-181 把凸轮轴夹具装入凸轮轴开口极限位置

(29) 如果不能安装凸轮轴夹具 T10171，则重复调整操作。其余的装配以分解的倒序进行。

二、拆装控制链条和机油泵的驱动链条

（一）拆卸步骤

(1) 旋出螺栓（箭头），拆卸发动机罩盖，如图 11-182 所示。

图 11-182　拆卸发动机罩盖

(2) 按压卡口（箭头），从导气盖上脱开进气管路，如图 11-183 所示。

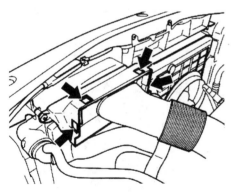

图 11-183　脱开进气管路

(3) 拆卸弹簧夹箍并拔下进气管路。

(4) 拆卸排气凸轮轴侧面罩盖和进气凸轮轴侧面罩盖的紧固螺栓，并取下侧面罩盖。

(5) 拆卸 1 号气缸的火花塞。使用拔出器 Hazet1849-7 或拔出器 T10094 和火花塞扳手 Hazet4766-1。

(6) 将千分表适配器 T10170 旋到火花塞螺纹的底部，如图 11-184 所示。

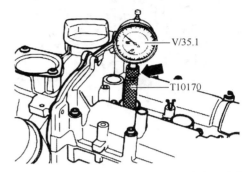

图 11-184　千分表适配器旋至火花塞螺纹底部

(7) 旋入百分表 V/35.1 和加长件 T10170/1 至极限位置，并用锁止螺母（箭头）锁定在该位置上，如图 11-185 所示。

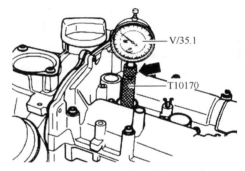

图 11-185　火花塞孔中旋入百分表和加长件至极限位置

(8) 沿发动机转动方向将曲轴转到 1 号气缸的上止点。记住千分表/百分表上小指针的位置。

(9) 把凸轮轴夹具 T10171A 装入凸轮轴开口中至极限位置，如图 11-186 所示。

(10) 用手装入一个 M6 螺栓（箭头）（不要拧紧）来固定凸轮轴夹具 T10171A，如图 11-187 所示。

(11) 拆卸正时壳体。

(12) 拆下机油泵链轮罩盖 1，如图 11-188 所示。

(13) 用手沿箭头方向按压张紧轨，并用防松销 T40011 固定链条张紧器的活塞，如图 11-189 所示。

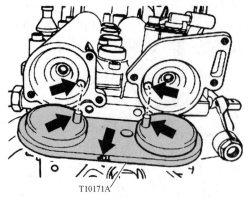

图 11-186 将凸轮轴夹具装入凸轮轴开口极限位置

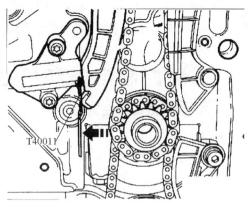

图 11-189 按压张紧轨

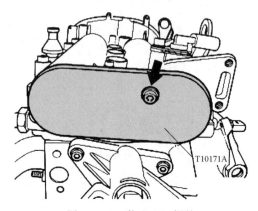

图 11-187 装入 M6 螺栓

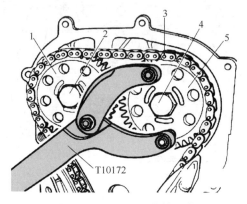

图 11-190 取下凸轮轴链轮

(16) 用止动工具 T10172 固定住机油泵的链轮，同时松开紧固螺栓 1，如图 11-191 所示。

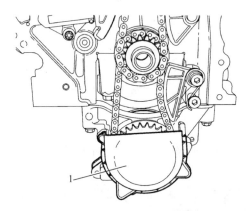

图 11-188 拆下机油泵链轮罩盖 1

(14) 用彩色记号笔标出正时链条 3（图 11-190）的转动方向。

(15) 旋出螺栓 2 和 4，并取下凸轮轴链轮 1、5 和正时链条 3。使用止动工具 T10172 固定，如图 11-190 所示。

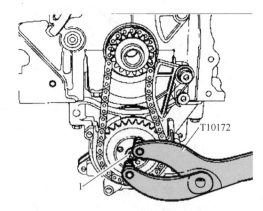

图 11-191 固定机油泵链轮

(17) 用螺丝刀拨开张紧弹簧。

(18) 旋出紧固螺栓并取下链条张紧器。

(19) 用彩色笔标明机油泵驱动链 2 的

转动方向，如图 11-192 所示。

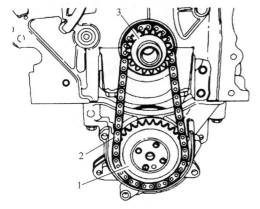

图 11-192　机油泵驱动链 2 及链轮 1 和 3

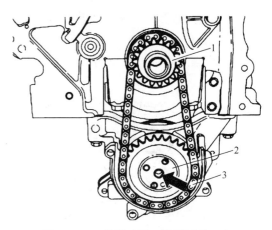

图 11-194　将驱动链 3 装到链轮 1 上

（20）旋出链轮 1 的紧固螺栓并取下链轮 1 和 3 以及机油泵驱动链 2。

（二）安装步骤

曲轴必须位于 1 号气缸上止点。

（1）将链轮 1 按照箭头方向推到曲轴轴颈上，如图 11-193 所示。

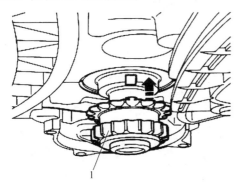

图 11-193　将链轮 1 推到曲轴轴颈上

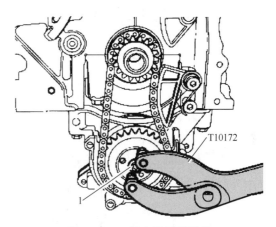

图 11-195　固定机油泵链轮

（2）用彩笔标明链轮、曲轴和气缸体的相对位置。

（3）将机油泵的驱动链 3 装到链轮 1 上，同时将链轮 2 装到机油泵的驱动轴上，如图 11-194 所示。

（4）用固定支架 T10172 固定住机油泵链轮，如图 11-195 所示。

（5）安装新的固定螺栓 1（图 11-195），拧紧力矩为 20N·m+1/4 圈（90°）。

（6）将链条张紧器安装到机油泵驱动链上，并安装固定螺栓 3。拧紧力矩为 15N·m，

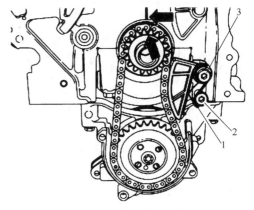

图 11-196　将链条张紧器安装到机油泵驱动链上

如图 11-196 所示。

（7）用螺丝刀将张紧弹簧 1 卡入螺栓 2（图 11-196）。

（8）用手将新的固定螺栓固定链轮 2 和 3（图 11-196）。

(9) 将控制链条 1 放到曲轴链轮 4、凸轮轴链轮 2 和 3 上,并用新的固定螺栓固定,用手拧紧,如图 11-197 所示。

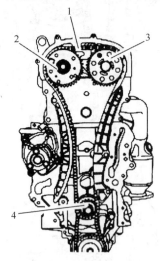

图 11-197　安装控制链条 1

(10) 控制链条必须放在导轨 1 和曲轴链轮(箭头)上,如图 11-198 所示。

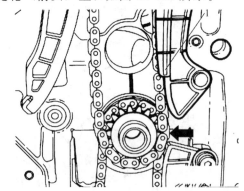

图 11-198　控制链条应放在导轨 1 和曲轴链轮上

(11) 安装链条张紧器 1 并将固定螺栓 2 用 9N·m 的转矩拧紧,如图 11-199 所示。

(12) 从链条张紧器中拔出锁止杆 T40011,从而张紧控制链条。

(13) 控制好曲轴链轮和气缸体上的标记,它们必须对齐。

(14) 用固定支架 T10172 将凸轮轴正时齿轮 1 和 4 固定在此位置上,接着拧紧螺栓 2 和螺栓 3 至 50N·m,如图 11-200 所示。

(15) 旋出螺栓(箭头),并取下凸轮轴固定装置 T10171A,如图 11-201 所示。

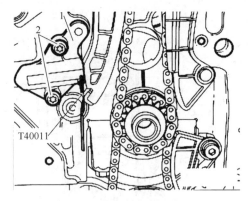

图 11-199　安装链条张紧器 1

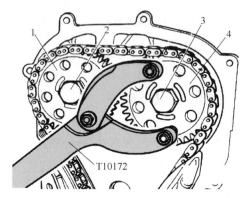

图 11-200　固定凸轮轴正时齿轮

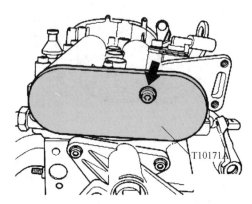

图 11-201　取下凸轮轴固定装置

(16) 检查控制正时。

(17) 正时正确,用固定支架 T10172 把持住凸轮轴链轮,将固定螺栓 1 和 2 继续旋转 1/4 圈(90°),如图 11-202 所示。

(18) 安装机油泵轮的盖罩 1,如图 11-203 所示。

(19) 安装正时壳体。安装过程按拆卸过程的倒序进行。

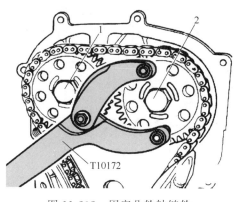

图 11-202　固定凸轮轴链轮

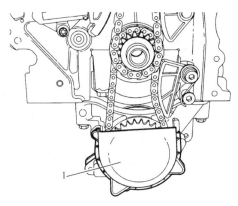

图 11-203　安装机油泵轮的盖罩 1

第七节

上海大众斯柯达昊锐车系 1.8TSI/2.0TSI 发动机正时校对维修

正时链条安装如下。

（1）将凸轮轴正时链放到排气凸轮轴上，使凸轮轴正时链上的有色链节对准排气凸轮轴链轮上的标记，如图 11-204 所示。

（2）沿箭头方向转动 FST 发动机进气凸轮轴调整工具 SVW9002，使凸轮轴正时链上的有色链节对准进气凸轮轴链轮上的标记，如图 11-205 所示。

图 11-204　凸轮轴正时链条标记对准

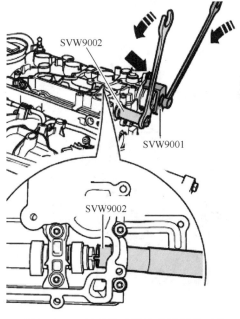

图 11-205　转动发动机凸轮轴调整工具

（3）沿箭头方向同时转动 FST 发动机

排气凸轮轴调整工具 SVW9001 和 FST 发动机进气凸轮轴调整工具 SVW9002，使正时链上的有色链块对准曲轴链轮上的标记。

第八节 上海大众波罗劲情车系 BMG、BMH 发动机正时校对维修

操作步骤如下。

(1) 拆下气门正时壳体。

(2) 旋转曲轴，应重新装入轴承套、曲轴皮带轮1、曲轴螺栓2，用把持工具固定皮带轮，拧紧曲轴螺栓，如图 11-206 所示。

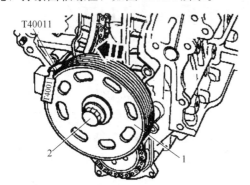

图 11-206　旋转曲轴

(3) 拆下1号气缸的火花塞。

(4) 将千分表适配器 T10170 旋入火花塞的孔中至极限位置，如图 11-207 所示。

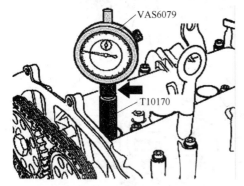

图 11-207　将千分表适配器旋入火花塞孔中

千分表/百分表 1 的凸台（箭头 A）和千分表适配器 T10170 的第一个螺纹（箭头

B）对齐，这样才能保证千分表/百分表的量程足够大，如图 11-208 所示。

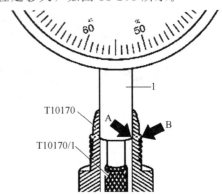

图 11-208　千分表的凸台和千分表适配器第一个螺纹对齐

(5) 旋入千分表 VAS6079 或百分表和加长件 T10170/1 至极限位置，并用锁止螺母（箭头）锁定在该位置上。

(6) 沿发动机旋转方向将曲轴转到1号气缸的上止点。记住千分表/百分表上小指针的位置。

(7) 沿发动机旋转方向旋转曲轴 45°。

(8) 按箭头方向按压张紧导轨 1 并用防松销 T40011 锁定活塞，如图 11-209 所示。

BMG 发动机正时链条拆卸如图 11-210 所示。

① 用彩色记号笔标出正时链条 3 的转动方向。

② 旋出螺栓 2 和 4，并拆下带正时链条 3 的正时齿轮。拆卸时用止动工具 T10172 固定链轮。

③ 重新安装正时齿轮 1 和 5。

④ 重新装入螺栓 2 和 4，并拧紧至 50N·m。

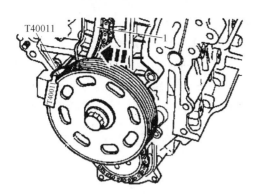

图 11-209　按压张紧导轨 1

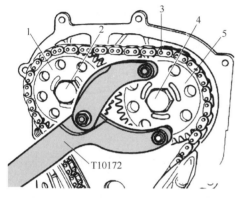

图 11-210　BMG 发动机正时链条拆卸

BMH 发动机正时链条拆卸如图 11-211 所示。

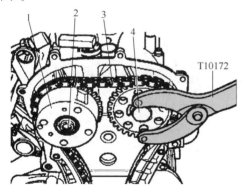

图 11-211　BMH 发动机正时链条拆卸

① 用彩色记号笔标出正时链条 3 的转动方向。

② 旋出螺栓 2 和 4，并拆下带正时链条 3 的凸轮轴调节器 1。用止动工具 T10172 固定链轮。

③ 重新插入凸轮轴调节器 1。

④ 更换螺栓 2 和 4，并将螺栓 2 拧紧到 40N·m，将螺栓 4 拧紧到 50N·m。

以下适用于任何发动机。

① 旋转进气和排气凸轮轴直至能够将凸轮轴夹具 T10171 推入凸轮轴孔中至极限位置，如图 11-212 所示。

图 11-212　将凸轮轴夹具推入凸轮轴孔极限位置

② 用手装入一个 M6 螺栓（箭头）（不要拧紧）来固定凸轮轴夹具 T10171，如图 11-213 所示。

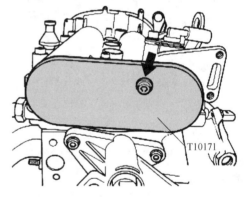

图 11-213　装入 M6 螺栓

③ 拆下凸轮轴正时齿轮螺栓。拆卸时，必须使用止动工具 T10172。

（9）拆下一个凸轮轴正时齿轮。

（10）把正时链条放在正时齿轮上，注意链条的转动方向，并再一次安装凸轮轴正时齿轮。

（11）拧紧新的凸轮轴螺栓直至凸轮轴正时齿轮仍然能够被凸轮轴转动。

（12）通过拆下防松销 T40011 张紧正时链条。

（13）沿发动机转动方向将曲轴转到 1

号气缸的上止点，与1号气缸上止点的允许偏差为±0.01mm，如图11-214所示。

BMG发动机正时链条安装如图11-215所示。

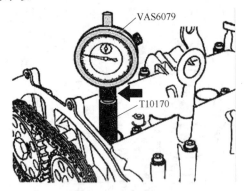

图11-214 将曲轴旋转到1号气缸上止点

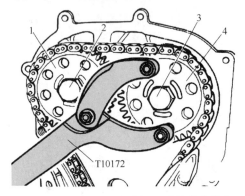

图11-215 BMG发动机正时链轮安装

用止动工具T10172将凸轮轴正时齿轮1和4固定在此位置上，接着拧紧螺栓2和螺栓3至50N·m。

BMH发动机正时链条安装如图11-216所示。

使用止动工具T10172固定凸轮轴链轮1。将螺栓2（左旋螺纹）拧紧到40N·m，将螺栓3拧紧到50N·m。

以下适用于所有发动机。

① 拆下凸轮轴夹具T10171。

② 沿发动机转动方向旋转曲轴两圈至1号气缸的上止点，与1号气缸的上止点的允许偏差为±0.01mm。

③ 把凸轮轴夹具T10171装入凸轮轴开口中至极限位置，如图11-217所示。

图11-217 将凸轮轴夹具装入凸轮轴开口中

④ 如果不能安装T10171凸轮轴夹具则重复调整操作。

⑤ 如果能够安装T10171凸轮轴夹具，则拆下凸轮轴夹具T10171，用止动工具T10172固定凸轮轴正时齿轮，并用一把坚硬的扳手继续拧紧螺栓1和2四分之一圈（90°），如图11-218所示。

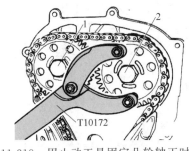

图11-218 用止动工具固定凸轮轴正时齿轮

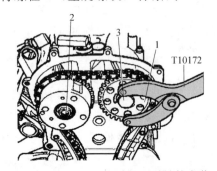

图11-216 BMH发动机正时链轮安装

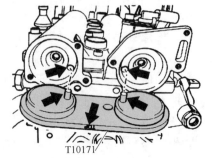

图11-219 凸轮轴夹具装入凸轮轴开口中

⑥ 再一次沿发动机转动方向旋转曲轴两圈至1号气缸的上止点，与1号气缸上止点的允许偏差为±0.01mm。

⑦ 把凸轮轴夹具T10171装入凸轮轴开口中至极限位置，如图11-219所示。

⑧ 如果不能安装凸轮轴夹具T10171，则重复调整操作。其余的装配以分解的倒序进行。

第九节 斯柯达车系1.8L发动机正时校对维修

一、正时系统结构

正时系统结构如图11-220所示。

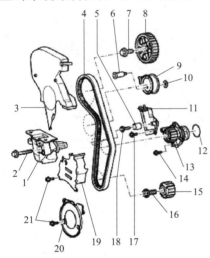

图11-220　正时系统结构

1—发动机支架；2，6，7，14，17，18，21—螺栓；
3—齿形皮带护罩的顶部零件；4—齿形皮带；
5—导向皮带轮；8—凸轮轴链轮；9—张紧皮带轮；
10—垫圈；11—齿形皮带张紧设备；12—O形圈；
13—冷却泵；15—曲轴齿形皮带链轮；
16—90N·m+再拧进四分之一圈（90°）；
19—齿形皮带护罩的中部零件；
20—齿形皮带护罩的底部零件

二、V形皮带的拆卸

(1) 拆卸发动机。

(2) 拆卸带有加强筋的V形皮带和张紧设备。

(3) 拉出位于AKF容器上的冷却液膨胀罐的插头。

(4) 拧下冷却液膨胀罐并给转向助力容器添加冷却液。软管仍保持连接。

(5) 从AKF容器和节气门活页阀支架上拉出真空管。

(6) 拆卸正时皮带外罩的上部零件。

(7) 使用发动机支撑设备MP9-200，如图11-221所示。

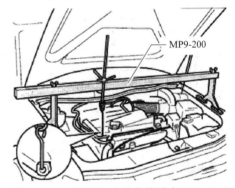

图11-221　使用发动机支撑设备MP9-200

(8) 在支撑设备MP9-200的轴上轻轻地升起发动机。

(9) 拆卸隔音板和右侧发动机外罩。

(10) 拆卸排气增压器和中冷器之间下部的兑换空气导向管路（箭头所示），如图11-222所示。

(11) 从发动机和车身支架上松开到液力泵的转向助力管路。

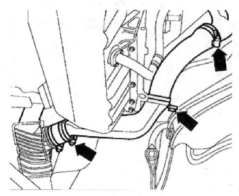

图 11-222　拆卸排气增压器和中冷器之间下部的兑换空气导向管路

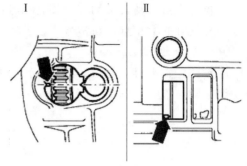

图 11-224　检查飞轮上的上止点标记和参考标记是否对齐
Ⅰ—手动变速箱；Ⅱ—自动变速箱

（12）将曲轴放置在发动机运转方向上的气缸 1 的上止点标记处（箭头所示），如图 11-223 所示。

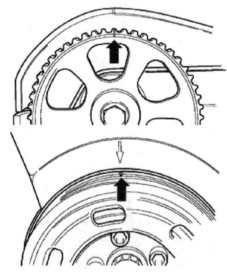

图 11-223　将曲轴放置在发动机运转方向上的气缸 1 的上止点标记处

（13）检查飞轮上的上止点标记和参考标记是否对齐（箭头所示），如图 11-224 所示。

（14）拆卸发动机固定架和发动机支撑托架。

（15）拆卸飞轮缓冲器，不改变上止点位置。

（16）拆卸正时皮带外罩的下部和中部零件。

（17）使用粉笔或标签笔标记正时皮带的旋转方向。

（18）把张紧螺钉 T10092 拧入正时皮带的张紧设备，如图 11-225 所示。

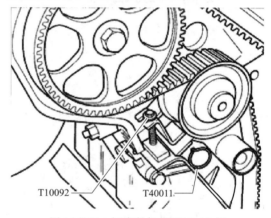

图 11-225　把张紧螺钉 T10092 拧入正时皮带的张紧设备

（19）充分地张紧设备的压力活塞，用锁销（例如 T40011）固定压力活塞。

（20）拆卸正时皮带。

三、正时皮带的安装

（1）校直凸轮轴链轮上的标记和气缸盖外罩上的标记（气缸 1 的上止点位置），如图 11-226 所示。

（2）把正时皮带放在皮带轮-曲轴上（查看运转方向）。

（3）安装正时皮带外罩的下部零件。

（4）安装减震器（查看安装位置，减震器的镗孔位于凸轮轴链轮的正上方）。

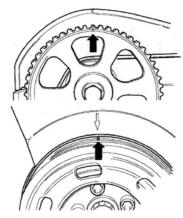

图 11-226 校直凸轮轴链轮上的标记和气缸盖外罩上的标记

(5) 校直减震器上的标记和正时皮带外罩下部零件上的标记(气缸 1 的上止点位置)。

(6) 检查飞轮上的上止点标记和参考标记是否对齐(箭头所示),如图 11-227 所示。

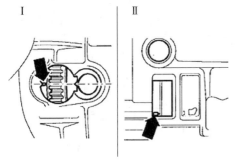

图 11-227 检查飞轮上的上止点标记和参考标记是否对齐
Ⅰ—手动变速箱;Ⅱ—自动变速箱

(7) 把正时皮带放在指定位置,顺序是冷却泵-张紧辊子-凸轮轴链轮。

(8) 拔出锁销并松开正时皮带张紧设备的压力活塞。固定螺钉 T10092,如图 11-228 所示。

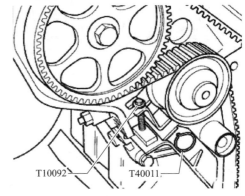

图 11-228 拔出锁销并松开正时皮带张紧设备的压力活塞

(9) 在发动机的旋转方向上旋转曲轴两圈直到再次达到上止点位置并检查设置。

(10) 安装正时皮带外罩的中部零件。

(11) 安装发动机支撑托架。

(12) 安装发动机固定架。

(13) 拆卸支撑设备 MP9-200。

(14) 安装齿形皮带护罩的顶部零件。

(15) 安装带有加强筋的 V 形皮带和张紧设备。

(16) 安装冷却液罐和转向助力储液罐。

第十节

一汽大众新速腾 1.4L 和 1.6L 发动机正时校对维修

一、多楔皮带的拆卸和安装

(一) 拆卸程序

(1) 拆下发动机下部隔音垫的固定螺栓(箭头所示),如图 11-229 所示,取下隔音垫。

(2) 标出多楔皮带的转动方向。

(3) 将扳手 SW 16 沿箭头方向转动,如图 11-230 所示,松开多楔皮带的张紧件。

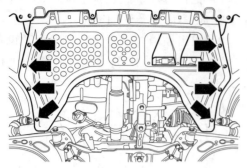

图 11-229 拆下发动机下部隔音垫的
固定螺栓（箭头所示）

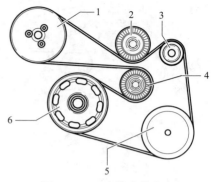

图 11-231 多楔皮带走向
1、3、5、6—皮带轮；2—导向；
4—张紧轮

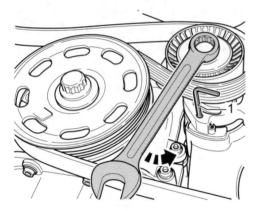

图 11-230 将扳手沿箭头方向转动

（4）用 4mm 内六角扳手 1 锁定张紧元件。
（5）取下多楔皮带。

（二）安装程序

将多楔皮带置于曲轴皮带轮上。然后将多楔皮带推动到张紧轮上，最后将多楔皮带装到空调压缩机上。

其他的安装步骤以倒序进行。

> **注意**
> ① 在安装多楔皮带前注意，全部机组（发电机、空调压缩机）应已安装固定。
> ② 在安装多楔皮带时注意转动方向和皮带轮中多楔皮带的正确位置。

完成工作后应启动发动机并检查多楔皮带的运转情况。

二、多楔皮带走向

多楔皮带走向如图 11-231 所示。

三、正时齿轮箱罩的拆卸和安装

（一）拆卸程序

（1）拆卸曲轴的皮带轮。
（2）用水泵扳手 V.A.G 1590N 固定皮带轮。
（3）拧下冷却液泵皮带轮的紧固螺栓（箭头所示），并取下皮带轮，如图 11-232 所示。

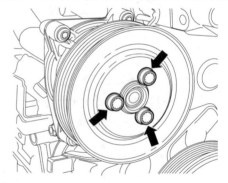

图 11-232 取下皮带轮

（4）从辅助机组支架上拆卸空调压缩机的暖风和空调系统。拆卸和安装空调压缩机。
（5）将空调压缩机固定到锁支架上。

> **注意**
> ① 不要打开空调器管路。
> ② 为了避免损坏冷凝器以及制冷剂管路/软管，必须注意不要过度拉伸、弯折或扭曲管路和软管。

（6）拆卸辅助机组支架。

（7）拆卸发电机 1.4LTSI 发动机（96kW）的三相交流发电机。

（8）拧出固定螺栓（箭头所示），取下导向辊1，如图 11-233 所示。

图 11-233　取下导向辊1

（9）拆卸油底壳。

（10）按压卡环，拔下排气管2，如图 11-234 所示。

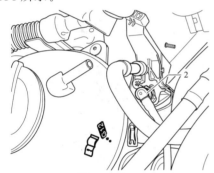

图 11-234　拔下排气管2

（11）拧出螺栓1，如图 11-235 所示，将曲轴箱通风管从正时齿轮箱上拔出后沿箭头方向拔下。

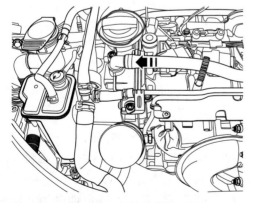

图 11-235　拧出螺栓1

（12）拧出冷却液管路支架固定螺栓2，如图 11-236 所示。

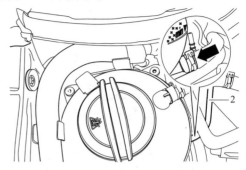

图 11-236　拧出冷却液管路支架固定螺栓2

> **注意**
> 必要时松开（不拧下）管路其他固定螺栓。

（13）拧出带孔螺栓3，如图 11-237 所示。

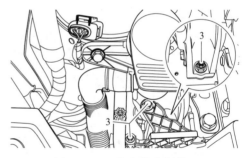

图 11-237　拧出带孔螺栓3

（14）松开弹簧卡箍4，拔出软管6，取出活性炭罐5。

（15）脱开管路支架，将软管放置一旁。

（16）拧出活性炭罐支架固定螺栓，取下活性炭罐支架。

（17）拧出清洗液罐注水管接头的紧固螺栓，移开清洗液罐注水管接头。

（18）拔下冷却液不足指示灯传感器 G32 的连接插头。

（19）脱开弹簧卡箍，拔出冷却液软管。

（20）拧出膨胀罐的螺栓，脱开膨胀罐上的导线束，并连同所连接的软管放置在发动机上，必要时固定。

（21）安装排水槽盖板。

(22) 如图 11-238 所示安装吊架 10-222A，并吊住发动机且略微张紧。

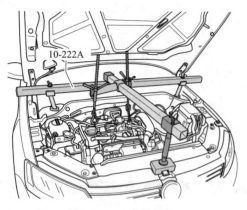

图 11-238 安装吊架

(23) 拧出螺栓 1 和 2，如图 11-239 所示，取出支承件。

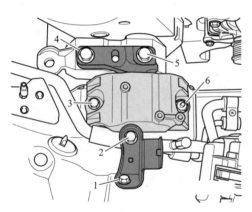

图 11-239 拧出螺栓 1 和 2

(24) 先拧出螺栓 4 和 5，然后拧出螺栓 3 和 6，取出发动机支承。

(25) 旋出正时齿轮箱罩的紧固螺栓，以及用箭头标出的六角螺栓，如图 11-240 所示。

(26) 取下正时齿轮箱罩。

> **注意**
>
> 曲轴轴套留在密封圈上。

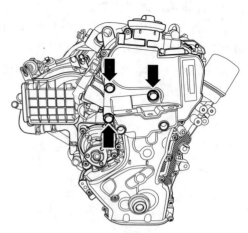

图 11-240 用箭头标出的六角螺栓

（二）安装程序

(1) 将新密封环装入正时齿轮箱罩上（箭头所示），如图 11-241 所示。

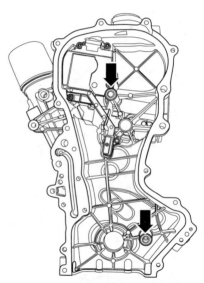

图 11-241 将新密封环装入正时
齿轮箱罩上（箭头所示）

(2) 将密封剂涂到凸轮轴箱/气缸盖和气缸盖/气缸体的分隔缝 1 和 2 上，如图 11-242 所示。

(3) 将新密封件安装到固定销上。

(4) 为了更好地导向，在气缸盖和气缸体上拧入两个无头螺栓 M6mm×80mm。

(5) 将正时齿轮箱罩连同曲轴轴套同时

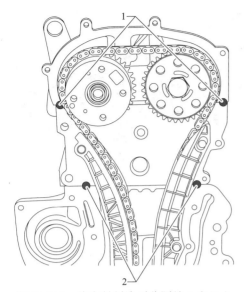

图 11-242 将密封剂涂到分隔缝 1 和 2 上

安装到无头螺栓、固定销和曲轴轴颈上。

(6) 将正时齿轮箱罩的紧固螺栓以交叉的方式拧紧。

(7) 将发动机支座按照以下方式进行校准：

① 发动机支座和右侧纵梁必须有至少 10mm 的间隔 a。

② 发动机支座 2 的铸造边必须和支撑臂 1 平行安装，尺寸 x 必须前后一致，如图 11-243 所示。

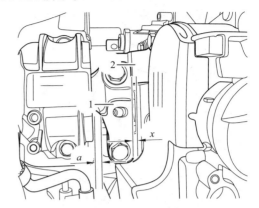

图 11-243 发动机支座 2 的铸造边和支撑臂 1 平行安装

注意

发动机支座与正时齿轮箱罩为一体零件。

(8) 发动机支座，拧紧力矩。

(9) 必要时更换皮带轮侧的曲轴密封圈。

其他的安装步骤以拆卸的倒序进行。

第十一节

大众甲壳虫车系 APH、AVC、AWP、AWU、AWV、BNU、BKF 发动机正时校对维修

一、齿形皮带的拆卸

(1) 拆下发动机罩。
(2) 拆卸右侧隔音垫。
(3) 拆下右下纵梁上增压空气冷却器的空气导向管。
(4) 拆下多楔带。
(5) 拆下多楔带的张紧元件。
(6) 将曲轴置于气缸 1 的上止点，如图 11-244 所示。

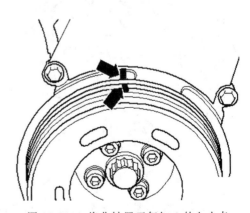

图 11-244 将曲轴置于气缸 1 的上止点

(7) 旋开冷却液补偿罐,放置在一边。

(8) 拔下节气门接头的真空管路。

(9) 拆下上部齿形皮带护罩。

(10) 安装支撑装置 10-222A 与底座 10-222A/8,如图 11-245 所示。

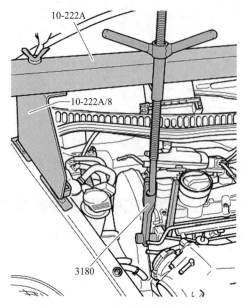

图 11-245 安装支撑装置与底座

(11) 将支架 3180 挂在右侧吊耳上,然后拧在气缸盖上并略微预紧发动机。

(12) 拧出总成支撑/发动机支架、总成支撑/车身和总成支撑支架/车身的紧固螺栓(箭头所示),并将总成支座整个拆下,如图 11-246 所示。

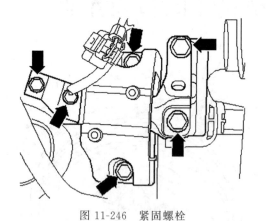

图 11-246 紧固螺栓

(13) 拆下减震器/皮带轮,如图 11-247 所示。

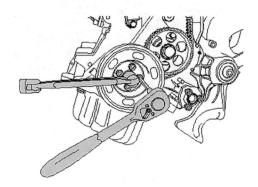

图 11-247 拆下减震器/皮带轮

(14) 拆下下部和中部齿形皮带护罩。

(15) 从气缸体上拧下发动机支架,如图 11-248 所示。

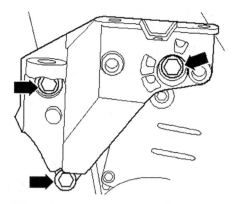

图 11-248 从气缸体上拧下发动机支架

(16) 标记齿形皮带的传动方向。

(17) 将夹紧螺栓 T10092 拧入齿形皮带的张紧装置内,如图 11-249 所示。

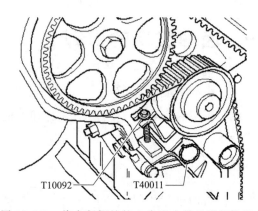

图 11-249 将夹紧螺栓拧入齿形皮带的张紧装置内

(18) 如有必要，张紧前用尖嘴钳或细金属丝校准高压活塞（高压活塞内的孔必须与壳体内的孔重叠）。

(19) 张紧张紧装置的高压活塞，直至高压活塞可以用定位销 T40011 固定住。

(20) 拆下齿形皮带。

(21) 然后将曲轴略微向反方向旋转。

二、齿形皮带的安装

注意

在转动凸轮轴时不允许将曲轴停在上死点。气门/活塞头有损坏危险。

(1) 齿形皮带已整个拆下。

只是将齿形皮带从凸轮轴正时轮上取下。

① 使凸轮轴正时齿轮上的标记对准气缸盖罩上的标记，如图 11-250 所示。

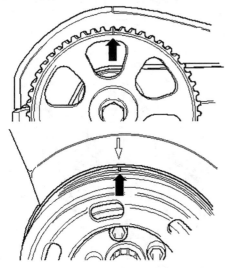

图 11-250　使凸轮轴正时齿轮上的标记对准气缸盖罩上的标记

② 将齿形皮带安装到曲轴齿轮上（注意转动方向）。

③ 将发动机支架安装到气缸体上。

④ 安装下部齿形皮带护罩（涂防松剂后装入紧固螺栓）。

⑤ 用一个螺栓固定扭转减震器/皮带轮（注意定位位置）。

⑥ 将曲轴置于气缸 1 的上止点，如图 11-251 所示。

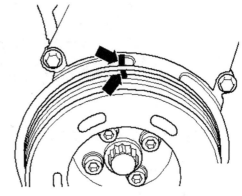

图 11-251　将曲轴置于气缸 1 的上止点

⑦ 将齿形皮带安装到冷却液泵、张紧轮和凸轮轴正时齿轮上。

⑧ 张紧齿形皮带。

(2) 只从凸轮轴正时齿轮上取下了齿形皮带。

① 使凸轮轴正时齿轮上的标记对准气缸盖罩上的标记。

② 将曲轴置于气缸 1 的上止点。

③ 将齿形皮带安装到凸轮轴正时齿轮上。

④ 张紧齿形皮带。

三、张紧齿形皮带的安装

(1) 拉出定位销 T40011 并拧出夹紧螺栓 T10092。

(2) 向发动机运转方向转动曲轴两圈并检查凸轮轴和曲轴的标记是否与其基准点重合。

(3) 安装扭转减震器/皮带轮。

(4) 安装中部齿形皮带护罩。

(5) 安装上部齿形皮带护罩。

(6) 安装动力总成支撑和发动机支座。

(7) 安装多楔带的张紧装置。

(8) 安装多楔带。

(9) 安装右下纵梁上增压空气冷却器的空气导向管。

(10) 安装右侧隔音垫。

第十二节
一汽大众开迪车系发动机正时校对维修

一、BDJ（2.0L）发动机

发动机多楔带的拆装如下。

（一）拆卸程序

（1）拆下发动机罩。为此将发动机罩前部（箭头 A）迅速向上拉，然后向前从后部固定处（箭头 B）拉出，如图 11-252 所示。

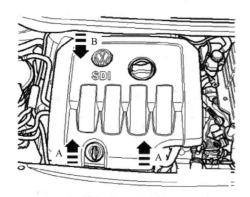

图 11-252　拆下发动机罩

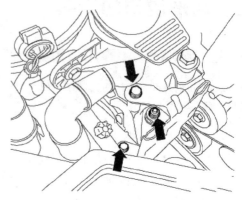

图 11-253　从发动机支座上拧下燃油滤清器支架

（2）拆下多楔带。
（3）拆下多楔带的张紧元件。
（4）拆下右侧前部轮罩外壳。
（5）拆下减震器／皮带轮。
（6）拆下下部和中部齿形皮带护罩。
（7）安装支撑装置 10-222A 与底座 10-222A/22，并将发动机支撑在安装位置。
（8）从固定支架中拉出燃油滤清器。
（9）拧下车窗玻璃清洗装置的加注口。
（10）从发动机支座上拧下燃油滤清器支架（箭头所示），如图 11-253 所示。
（11）拧下冷却液补偿罐并将其置于一侧（软管保持连接）。
（12）旋出机组支承／发动机支架、机组支承／车身的紧固螺栓（箭头所示），然后将机组支架整个拆下，如图 11-254 所示。

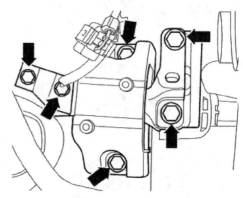

图 11-254　旋出机组支承/发动机支架、机组支承/车身的紧固螺栓

> **注意**
> ① 只有用支撑装置 10-222A 支撑好发动机后，才允许拆下机组支架。
> ② 只有拆下机组后才可松开发动机支架。

（13）用支撑装置 10-222A 略微提高发动机，以便松开发动机支架的两个上部螺栓。

（14）用支撑装置 10-222A 略微降低发动机，以便松开发动机支架的下部螺栓。

（15）从纵梁上松开冷却液管路的固定卡箍。

（16）向后取出发动机支架。

（17）将曲轴置于气缸 1 的上止点。

> **注意**
>
> 同时旋转曲轴，直到曲轴正时皮带轮上的标记和凸轮轴正时齿轮的轮齿部分位于上部。后部齿形皮带护罩上的标记必须与齿轮轴脉冲信号轮上的标记一致（箭头所示），如图 **11-255** 所示。

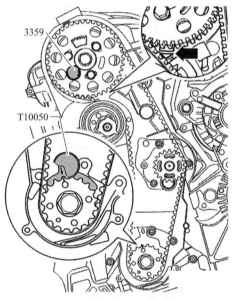

图 11-255　齿形皮带护罩上的标记必须与齿轮轴脉冲信号轮上的标记一致

（18）用锁止杆 3359 锁定轮毂。为此将锁止杆穿过左侧的长孔推入气缸盖的孔中。

（19）用曲轴止动块 T10050 锁定曲轴齿形皮带轮。为此应将曲轴止动块从齿形皮带轮正面推入轮齿内。

> **注意**
>
> 曲轴齿形皮带轮上的标记必须对准曲轴止动块上的标记。此时曲轴止动块的销轴必须卡入密封法兰的孔内。

（20）标出齿形皮带的转动方向。

（21）松开凸轮轴正时齿轮的紧固螺栓 1，直至凸轮轴正时齿轮能在长孔内转动，如图 11-256 所示。

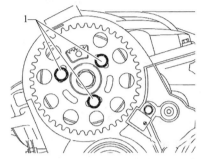

图 11-256　松开凸轮轴正时齿轮的紧固螺栓 1

（22）松开张紧轮的固定螺母。

（23）现在逆时针方向转动双孔螺母扳手 T10020，直到能够用锁止杆 T10115 锁定齿形皮带的张紧轮，如图 11-257 所示。

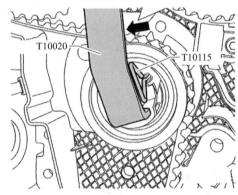

图 11-257　逆时针方向转动双孔螺母扳手

（24）现在沿顺时针方向转动双孔螺母扳手 T10020 到极限位置，并用手拧紧紧固螺母 1，如图 11-258 所示。

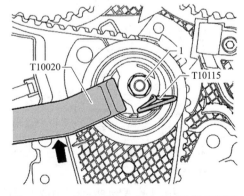

图 11-258　沿顺时针方向转动双孔螺母扳手

(25) 首先从冷却液泵上,然后从其余齿轮上取下齿形皮带。

(二) 安装程序

(1) 将凸轮轴正时齿轮在其长孔中转至中间位置(箭头方向),如图 11-259 所示。

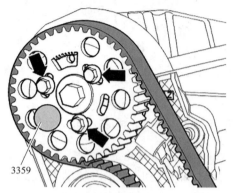

图 11-259　将凸轮轴正时齿轮在其长孔中转至中间位置

(2) 将齿形皮带安装到曲轴正时齿轮、张紧轮、凸轮轴正时齿轮和导向辊上。

(3) 最后把齿形皮带安放到冷却液泵的齿形皮带轮上。

 注意

张紧轮在后部齿形皮带护罩中的正确位置(箭头方向),如图 11-260 所示。

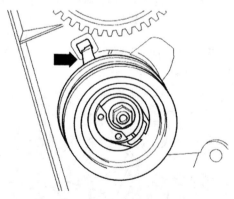

图 11-260　张紧轮在后部齿形皮带护罩中的正确位置

(4) 松开张紧轮的紧固螺母并拉出锁止杆 T10115。

(5) 现在用双孔螺母扳手 T10020 小心地顺时针转动张紧轮,直到指针处在底座间隙正中(箭头方向),如图 11-261 所示。

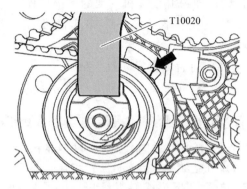

图 11-261　指针处在底座间隙正中

 注意

不要让紧固螺母跟着转动。

(6) 在这个位置下固定住张紧轮,然后按以下方式拧紧张紧轮的固定螺母:20N·m+继续转动 45°(1/8 圈)。

(7) 如图 11-262 所示安装夹具 T10172 与螺栓 1。沿箭头方向按压夹具 T10172 并保持凸轮轴正时齿轮的预应力。

(8) 在这个位置上用 25N·m 的力矩拧紧凸轮轴正时齿轮的紧固螺栓 1,如图 11-262 所示。

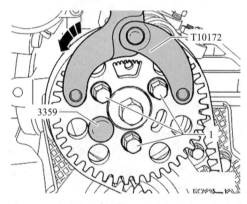

图 11-262　拧紧凸轮轴正时齿轮的紧固螺栓 1

(9) 取下锁止杆 3359 和曲轴止动块 T10050。

(10) 沿发动机转动方向将曲轴转动两

圈，直到曲轴处于紧靠气缸 1 上止点前的位置。

（11）沿发动机转动方向用锁止杆 3359 锁定轮毂，如图 11-255 所示。

（12）检查曲轴是否能用曲轴止动块 T10050 锁定。

如果曲轴无法锁定，则进行以下步骤。

① 松开凸轮轴正时齿轮的紧固螺栓 1，如图 11-263 所示。

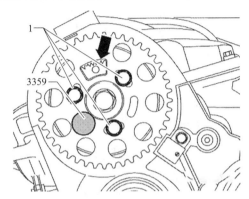

图 11-263　松开凸轮轴正时齿轮的紧固螺栓 1

② 逆着发动机转动方向略微转动曲轴，直至曲轴止动块的销轴位于密封法兰的孔前（图 11-264 中箭头方向）。

③ 现在向发动机旋转方向转动曲轴，直至曲轴止动块的销轴以转动方式卡入密封法兰内，如图 11-264 所示。

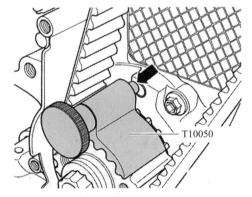

图 11-264　向发动机旋转方向转动曲轴

（13）如图 11-265 所示安装夹具 T10172 与螺栓 1。沿箭头方向按压夹具 T10172 并保持凸轮轴正时齿轮的预应力，如图 11-265 所示。

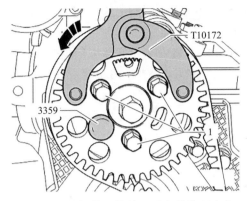

图 11-265　保持凸轮轴正时齿轮的预应力

（14）在这个位置上用 25N·m 的力矩拧紧凸轮轴正时齿轮的紧固螺栓 1。

（15）取下锁止杆 3359 和曲轴止动块 T10050。

（16）沿发动机转动方向将曲轴转动两圈，直到曲轴处于紧靠气缸 1 上止点前的位置。

（17）重复检查。

（18）将发动机支架安装到气缸体上，并将紧固螺栓（箭头方向）用 45N·m 的力矩拧紧，如图 11-266 所示。

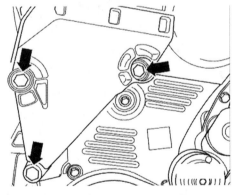

图 11-266　将紧固螺栓拧紧

> **注意**
>
> 在安装机组支座之前，必须以规定的拧紧力矩拧紧发动机支架的所有螺栓。

（19）安装发动机/车身的机组支承（更新紧固螺栓）。

(20) 将发动机机组支承拧到发动机支架上,为此用支撑装置 10-222A 支撑接触面。

(21) 安装中部和下部齿形皮带护罩。

(22) 安装减震器/皮带轮。

(23) 安装多楔带。

(24) 安装上部齿形皮带护罩。

(25) 安装右侧前部轮罩外壳。

(26) 安装冷却液补偿罐。

二、1.6L(4缸)发动机

多楔带的拆装如下。

(一) 拆卸程序

(1) 拆下隔音垫。

(2) 标出多楔带的转动方向。

(3) 松开多楔带时应沿箭头方向摇动张紧元件,如图 11-267 所示。

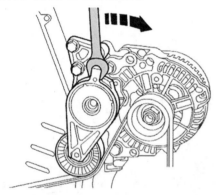

图 11-267　松开多楔带时应沿箭头方向摇动张紧元件

(4) 用定位芯棒 T10060A 锁住张紧元件,如图 11-268 所示。

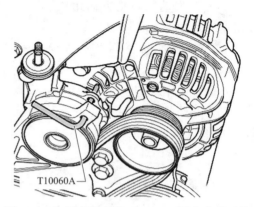

图 11-268　用定位芯棒 T10060A 锁住张紧元件

(5) 拆下多楔带。

(二) 安装程序

安装以拆卸的倒序进行,安装过程中要注意以下几点。

(1) 在安装多楔带时请注意传动方向和皮带盘中传动皮带的正确位置。

(2) 对于没配备空调器的汽车,应在最后把多楔带安装到三相交流发电机上。

(3) 对于配备了空调器的汽车,应在最后把多楔带安装到空调压缩机上,如图 11-267 所示。

完成工作后原则上应启动发动机并检查传动皮带的转动情况。

第十三节

斯柯达法比亚车系 ARV、AQV、AZE、AZF、ANC、ATC、AQW 发动机正时校对维修

一、正时系统部件

正时系统部件如图 11-269 所示。

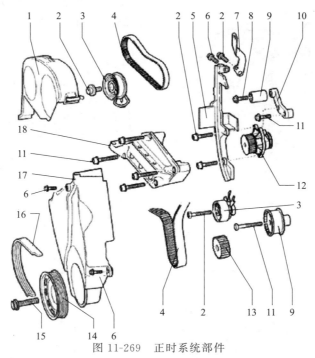

图 11-269 正时系统部件

1—正时皮带防护罩的顶部零件；2—20N·m；3—张紧皮带轮；4—正时皮带；5—后正时皮带防护罩；6,8,11,15—螺栓；7—吊耳；9—导向皮带轮；10—托架；12—冷却泵；13—正时皮带齿轮-曲轴；14—皮带轮；16—带有加强筋的 V 形皮带；17—正时皮带防护罩的底部零件；18—中控台

二、齿形皮带的拆卸

（1）拉下软管 1（用于 04、02 以后的发动机），并向上拆卸发动机防护罩 2 和空气过滤器（箭头所示），如图 11-270 所示。

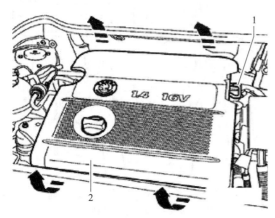

图 11-270 拆卸发动机防护罩

（2）拆卸带有加强筋的 V 形皮带。

（3）拆卸正时皮带防护罩顶部零件。

（4）部分拆卸右前侧车轮罩并放一边。

（5）定位曲轴到气缸 1 的上止点处，皮带轮的凹口必须和标记 A 的边缘对齐，如图 11-271 所示。

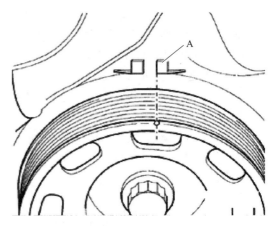

图 11-271 皮带轮的凹口必须和标记 A 的边缘对齐

（6）凸轮轴链轮的定位孔必须和凸轮轴壳体的安装孔对齐，如图 11-272 所示。

（7）如图 11-273 所示，插入支撑装置。

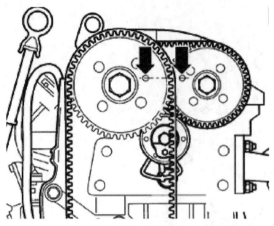

图 11-272 凸轮轴链轮的定位孔必须和凸轮轴壳体的安装孔对齐

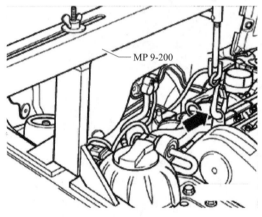

图 11-273 插入支撑装置

(8) 从发动机装配支架下面的底部齿形皮带防护罩上拆卸顶部安全螺钉。

(9) 松开冷却液储液罐并放在一边。

(10) 拿起发动机的平衡块并拆卸位于气缸盖支撑上的发动机中控台的固定螺钉 A, 如图 11-274 所示。

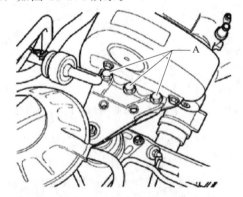

图 11-274 拆卸固定螺钉

(11) 拆卸位于车身上的发动机中控台的固定螺钉 B, 并拆卸中控台, 如图 11-275 所示。

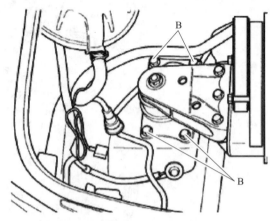

图 11-275 拆卸中控台的固定螺钉 B

(12) 拆卸气缸盖上的发动机装配支架。

(13) 降低发动机, 确保可以达到凸轮轴正时齿轮的固定螺钉。

按照如下方式使用装置 T10016 来加上两个凸轮轴链轮。

(14) 通过凸轮轴链轮的定位孔向上插入两个锁销直到凸轮轴衬套的装配孔的极限位置, 如图 11-276 所示。

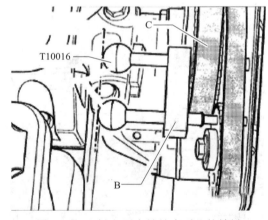

图 11-276 插入两个锁销直到凸轮轴衬套的装配孔的极限位置

(15) 向上滑动支撑 B 到凸轮轴正时齿轮 C 的极限位置。

(16) 使用带插入的可更换撑杆

T30004/1 的装置 T30004 来反向控制皮带轮，并松开皮带轮和齿形皮带齿轮的固定螺钉，如图 11-277 所示。

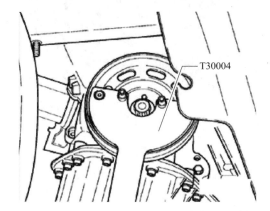

图 11-277　松开皮带轮和齿形皮带齿轮的固定螺钉

（17）拆卸皮带轮，拧入带两个垫圈的固定螺钉以固定齿形皮带齿轮。

（18）拆卸齿形皮带防护罩的底部零件。

（19）标记两个齿形皮带的旋转方向。

三、主传动-张紧皮带轮的检查

（1）标记张紧皮带轮的指示器位置（箭头所示）。使用手指强有力地压在齿形皮带上。指示器必须移动，如图 11-278 所示。

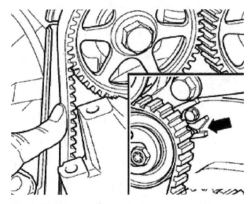

图 11-278　强有力地压在齿形皮带上

（2）再次松开齿形皮带。

（3）按照发动机的运行方向旋转曲轴两圈。

（4）检查指示器位置。指示器位置必须已经返回到它的初始位置。

如果指示器没有回到它的位置则更换张紧皮带轮。

四、联轴器驱动-张紧皮带轮的检查

（1）标记张紧皮带轮的指示器位置。使用手指强有力地压在齿形皮带上。指示器必须移动，如图 11-279 所示。

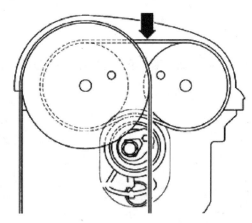

图 11-279　标记张紧皮带轮的指示器位置

（2）再次松开齿形皮带。

（3）按照发动机的运行方向旋转曲轴两圈。

（4）检查指示器位置。指示器位置必须已经返回到它的初始位置。

如果指示器没有回到它的位置，则更换张紧皮带轮。

五、主传动-齿形皮带的拆卸

（1）松开主传动-张紧皮带轮 1 的固定螺钉，并通过按照箭头所示方向旋转张紧皮带轮来松开齿形皮带，如图 11-280 所示。

（2）拆卸张紧皮带轮。

（3）拆卸锁定装置 T10016。

（4）拆卸正时皮带。

（5）使用装置 T1001 来固定两个凸轮轴链轮。

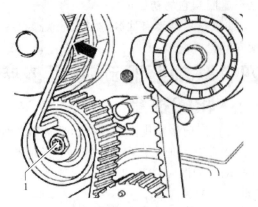

图 11-280 松开主传动张紧皮带轮

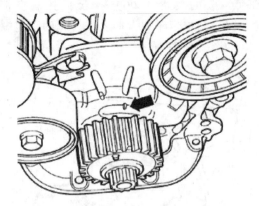

图 11-282 倒角齿必须和密封法兰上的标记相一致

六、联轴器驱动-齿形皮带的拆卸

(1) 松开联轴器驱动-张紧皮带轮 1 的固定螺钉，并通过按照箭头指示方向旋转张紧皮带轮来松开齿形皮带，如图 11-281 所示。

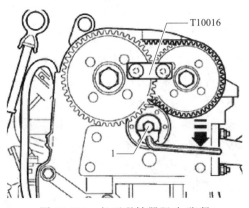

图 11-281 松开联轴器驱动-张紧皮带轮的固定螺钉

(2) 拆卸联轴器驱动-张紧皮带轮。

(3) 拆卸正时皮带。

七、安装

(1) 定位曲轴到气缸 1 的上止点。倒角齿必须和密封法兰上的标记相一致，如图 11-282 所示。

(2) 装配联轴器驱动-齿形皮带。如果齿形皮带已经用过了，要注意旋转方向。

按照如下步骤安装联轴器驱动-张紧皮带轮。

(3) 使用艾伦螺钉 1 把联轴器驱动-张紧皮带轮沿箭头方向宽松地装到标记窗口（张紧轮皮带轮位于松开位置），并用手拧紧固定螺钉，如图 11-283 所示。

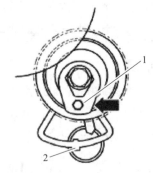

图 11-283 把联轴器驱动-张紧皮带轮装到标记窗口

(4) 使用张紧皮带轮向上推联轴器驱动-齿形皮带的底部零件。底座 2 的销钉必须插入气缸盖的镗孔。

(5) 通过使用一个艾伦螺钉 1 沿箭头 A 方向旋转张紧皮带轮来继续张紧齿形皮带，直到指示器 2 位置超过标记窗口的底座销钉（箭头所示），如图 11-284 所示。

(6) 使用 20N·m 的转矩来拧紧张紧皮带轮的固定螺钉。

(7) 拆卸锁定装置 T10016。

(8) 从上止点位置逆时针方向旋转曲轴或齿形皮带齿轮半个齿距离（大约

1.5mm)。

(9) 装配主传动-齿形皮带。

(10) 使用装置 T10016 固定两个凸轮轴链轮。

(11) 宽松地装配主传动-张紧皮带轮和固定螺钉，并使用艾伦螺钉沿箭头所示方向旋转，如图 11-285 所示。

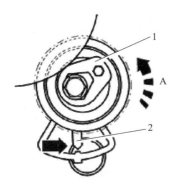

图 11-284 旋转张紧皮带轮来继续张紧齿形皮带

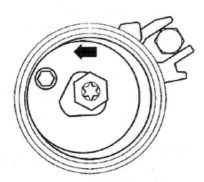

图 11-285 宽松地装配主传动-张紧皮带轮和固定螺钉

(12) 手动拧紧固定螺钉。气缸体 2 的螺钉必须锁在底座 1 的凹槽中，如图 11-286 所示。

(13) 通过沿箭头方向旋转张紧皮带轮来连续地张紧齿形皮带，直到指示器 3 的位置超过标记窗口的底座销钉（箭头所示），如图 11-286 所示。

(14) 使用 20N·m 的转矩来拧紧张紧皮带轮的固定螺钉。

(15) 拆卸装置 T10016。

(16) 现在沿发动机运行方向再旋转曲

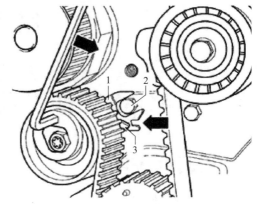

图 11-286 气缸体 2 的螺钉必须锁在底座 1 的凹槽中

轴两圈，直到凸轮轴再次达到气缸 1 的上止点。倒角齿必须和密封法兰上的标记一致，如图 11-282 所示。

在这个位置两个凸轮轴链轮必须用装置 T10016 来固定，如图 11-281 所示。

(17) 再次检查齿形皮带的设定和张紧皮带的设定，如果必要重复两个齿形皮带的张紧过程。

(18) 安装正时皮带防护罩。

(19) 安装曲轴皮带轮。注意以下几点。

① 皮带轮和齿形皮带齿轮的固定螺钉必须更换。

② 安装皮带轮时注意齿形皮带齿轮的附属装置。

③ 新的上过油的螺钉的拧紧程序：90N·m＋再拧进四分之一周（90°）。

(20) 安装发动机装配支架到气缸体上，拧紧转矩为 50N·m。

(21) 使用螺钉 B 把发动机中控台拧到车身上，如图 11-275 所示。

(22) 使用螺钉 A 把发动机中控台固定到气缸体的发动机装配支架上，如图 11-274 所示。

(23) 拧紧装配托架，如图 11-274 所示。

(24) 安装冷却液膨胀箱。

(25) 安装带有加强筋的 V 形皮带。

第十四节 一汽大众捷达车系 AQM 柴油发动机正时校对维修

一、正时系统部件

正时系统部件如图 11-287 所示。

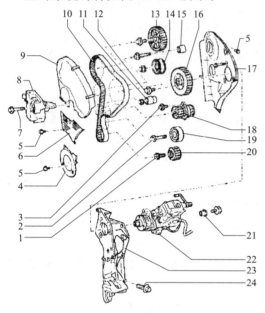

图 11-287 正时系统部件

1～3,5,7,24—螺栓;4—齿形皮带下护盖;6—齿形皮带中护盖;
8—发动机支架;9—齿形皮带上护盖;10—齿形皮带;
11,15,19—惰轮;12—喷油泵皮带轮固定螺栓;13—凸轮轴皮带轮;
14—张紧轮;16—喷油泵皮带轮;
17—后齿形皮带后盖;18—水泵;20—曲轴齿形皮带轮;
21—衬套;22—喷油泵;23—紧固支架

二、多楔皮带的拆装

（1）拆下右侧隔音罩。

（2）标记好皮带旋转方向,如图 11-288 所示。

（3）用开口扳手（16mm）按图 11-288 所示箭头方向旋转张紧轮。

（4）拆装多楔皮带。

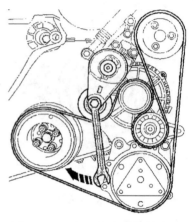

图 11-288 标记好皮带旋转方向

> **注意**
> ① 对于不带空调车型,先拆下发电机处皮带,安装时最后安装该处。
> ② 对于带空调车型,先拆下惰轮处理多楔皮带,安装时该处最后装。

三、皮带布置（带空调压缩机的结构）

皮带布置如图 11-289 所示。

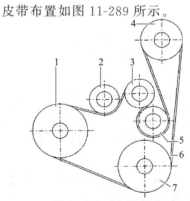

图 11-289 皮带布置

1—减震器/皮带轮;2—张紧轮;3—皮带轮-发电机;
4—皮带轮-动力转向泵;5—惰轮;
6—多楔皮带;7—皮带轮-空调压缩机

四、半自动齿形皮带张紧轮的检查

发动机（代码 AOM）正时标记如图 11-290 所示。

图 11-290 发动机（代码 AOM）正时标记

(1) 用拇指用力压齿形皮带（箭头方向），如图 11-291 所示。

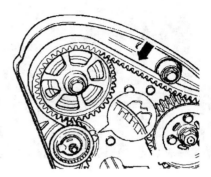

图 11-291 用拇指用力压齿形皮带（箭头方向）

指针和凹槽必须分开。

(2) 撤下齿形皮带上拇指压力，张紧轮必须随齿形皮带移动。

> **注意**
> 撤下齿形皮带上压力后，张紧轮不能回到初始位置。

第十二章 比亚迪车系发动机正时校对维修

第一节 比亚迪 F0 车系 BYD371QA 发动机正时校对维修

1.0L 发动机（BYD371QA）正时调整如下。

一、正时链条的拆卸

（1）拆下螺栓，如图 12-1 所示。卸下发电机，拆下多楔带。

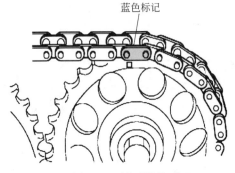

图 12-1 拆下螺栓

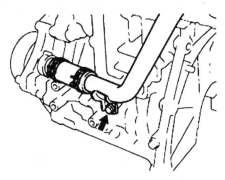

图 12-2 拆下水泵进水软管（一）

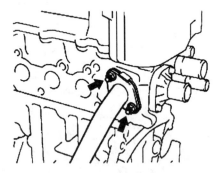

图 12-3 拆下水泵进水软管（二）

（2）按图 12-2、图 12-3 的顺序拆下水泵进水软管。

（3）拆下缸盖罩，如图 12-4 所示（图中数字表示顺序）。

（4）拆下曲轴位置传感器，如图 12-5 所示。

（5）拆下曲轴皮带轮，如图 12-6 所示。

（6）拆下油底壳。

（7）拆下机油收集器。

（8）拆下图 12-7 所示螺栓，卸下正时罩体，取下主油道上的密封圈。

（9）将锁片按顺时针方向拨动（如图

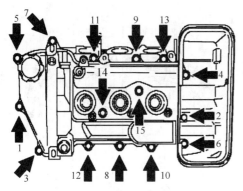

图 12-4　拆下缸盖罩

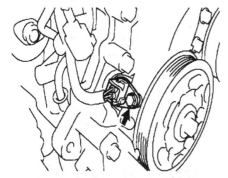

图 12-5　拆下曲轴位置传感器

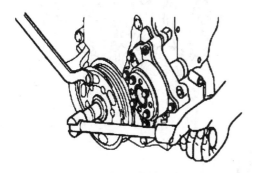

图 12-6　拆下曲轴皮带轮

12-8所示），同时按下柱塞，松开张紧板。

（10）按紧柱塞的同时，把专用工具插入锁片中的小孔，锁定柱塞，不让其弹出（如图12-9所示）。

（11）卸下张紧板的螺栓，取出张紧板，取下正时链条。

（12）卸下曲轴链轮，注意取下曲轴上的半圆键（如图12-10所示）。

二、正时链条的安装

按与拆卸相反的顺序安装，应注意以下

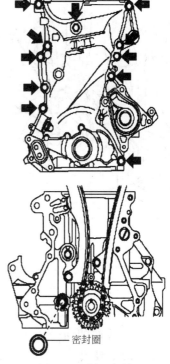

图 12-7　拆下螺栓

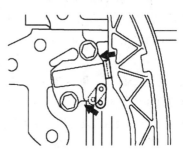

图 12-8　拨动锁片

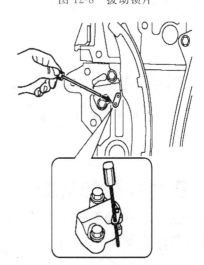

图 12-9　把专用工具插入锁片中的小孔

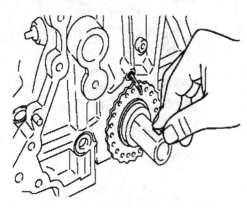

图 12-10 取下曲轴上的半圆键

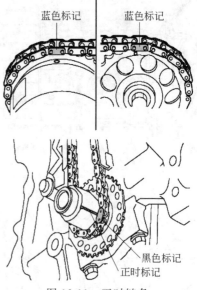

图 12-11 正时链条

几点。

（1）安装链条前，和拆卸一样，把专用工具插入张紧器锁片的小孔，锁定柱塞不让其弹出。

（2）如图 12-11 所示，安装正时链条，正时链条上着色链面朝向外侧，不得反装。把凸轮轴链轮的正时记号对着正上方，并且要把蓝色的链片分别对准进排气凸轮轴链轮的正时记号，还要将黑色的链片对准曲轴链轮上的正时记号。

（3）稍微转动进气凸轮轴（如图 12-12 所示），使右边链条张紧，确认链条两侧在导向板和张紧板安装位置，然后取下插入锁片小孔的专用工具；检查张紧器是否自动弹出，压紧张紧板。

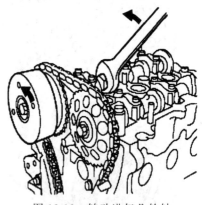

图 12-12 转动进气凸轮轴

第二节

比亚迪 F3(F3-R)车系 1.6L(DA4G18)/1.5L(DA4G15S)发动机正时校对维修

1.6L（DA4G18）/1.5L（DA4G15S）发动机正时调整如下。

一、正时皮带的拆卸

1. 正时皮带、张紧器弹簧、正时皮带张紧器的拆卸

（1）用钳子夹住张紧器弹簧伸长端，如图 12-13 所示，将它从机油泵壳体限位块上拆下，然后拆下张紧器弹簧。

（2）拆下正时皮带张紧器。

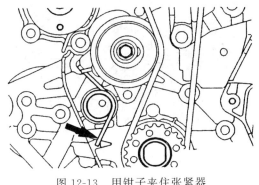

图 12-13　用钳子夹住张紧器
弹簧伸长端

（3）如果正时皮带还要重新使用，则应在皮带上用粉笔画上箭头来表示它拆下前的旋转方向。这在重新使用时可确保正时皮带正确安装。

2. 凸轮轴链轮螺栓的拆卸

（1）使用图 12-14 所示的专用工具将凸轮轴链轮锁定在相应的位置。

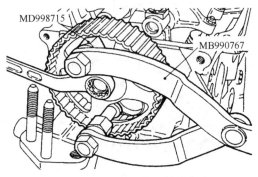

图 12-14　将凸轮轴链轮锁定在
相应的位置

（2）拧松凸轮轴链轮螺栓。

二、正时皮带的安装

1. 凸轮轴链轮螺栓的安装

（1）使用图 12-15 所示的专用工具将凸轮轴链轮锁定在相应的位置。

（2）拧松凸轮轴链轮到规定的力矩。

2. 正时皮带张紧器、张紧器弹簧的安装

（1）将正时皮带张紧器锁定在图 12-16

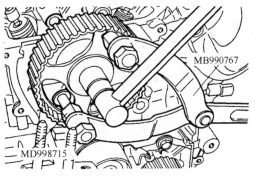

图 12-15　将凸轮轴链轮锁定在
相应的位置

所示位置。

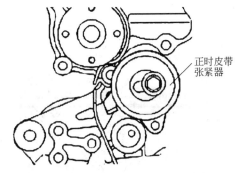

图 12-16　将正时皮带张紧器锁定

（2）如图 12-17 所示，将张紧器弹簧的一个伸长端钩在正时皮带张紧器的钩形部，并将张紧器装到机油泵壳体上。

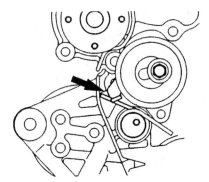

图 12-17　将张紧器弹簧的一个伸长端钩
在正时皮带张紧器的钩形部

（3）夹住张紧器弹簧的另一伸长端，并如图12-18所示将它钩到机油泵壳体凸耳上。

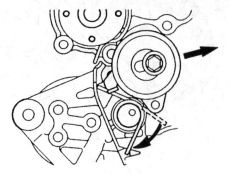

图12-18 钩到机油泵壳体凸耳上

（4）按图12-18所示方向移动正时皮带张紧器，临时张紧皮带。

3. 正时皮带的安装

（1）如图12-19所示，将凸轮轴正时记号与气缸盖的正时记号对准。

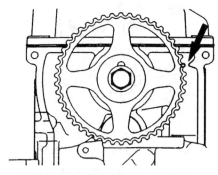

图12-19 将凸轮轴正时记号与气缸盖的正时记号对准

（2）将曲轴正时记号与前壳体上的正时记号对准，如图12-20所示。

（3）使正时皮带的张紧侧保持张紧，并将正时皮带依次装入曲轴正时齿轮、凸轮轴正时齿轮和张紧轮皮带轮，如图12-21所示。

（4）如图12-21所示，拧松张紧轮安装螺栓1/4～1/2圈，使张紧器弹簧的张力作用到正时皮带上。

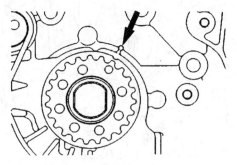

图12-20 将曲轴正时记号与前壳体上的正时记号对准

（5）以正常的旋转方向（顺时针）旋转曲轴2圈，检查正时记号是否正确对准。

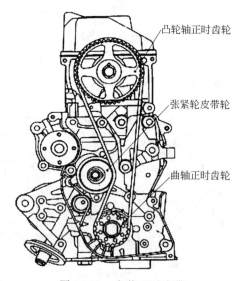

图12-21 安装正时皮带

（6）固定张紧器皮带轮安装螺栓。

> **注意**
>
> 这种方法利用凸轮轴驱动力矩均匀地将张紧力作用到正时皮带上。必须如上述方向旋转曲轴，不得反向旋转曲轴。

第三节 比亚迪 G3 车系发动机正时校对维修

一、1.5L（DA4G15S）发动机

DA4G15S 发动机正时部件如图 12-22 所示，其正时调整要点如下。

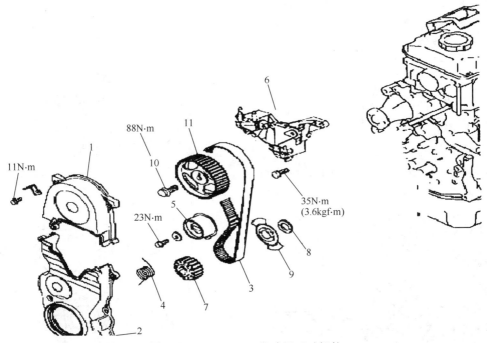

图 12-22　DA4G15S 发动机正时部件

1—正时皮带上罩；2—正时皮带下罩；3—正时皮带；4—张紧器弹簧；5—正时皮带张紧器；6—发动机右支架；7—曲轴正时齿轮；8—曲轴转角传感器齿形板；9—曲轴转角传感器齿形板压板；10—凸轮轴正时齿轮螺栓；11—凸轮轴正时齿轮

（一）正时系统部件的拆卸

（1）正时皮带、张紧器弹簧、正时皮带张紧器的拆卸。

① 用钳子夹住张紧器弹簧伸长端（如图 12-23 所示），将它从机油泵壳体限位块上拆下，然后拆下张紧器弹簧。

② 拆下正时皮带张紧器。

③ 如果正时皮带还要重新使用，则应在皮带上用粉笔画上箭头来表示它拆下前的旋

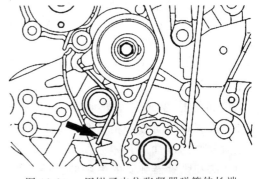

图 12-23　用钳子夹住张紧器弹簧伸长端

转方向。这在重新使用时可确保正时皮带正确安装。

(2) 凸轮轴链轮螺栓的拆卸。

① 使用图 12-24 所示的专用工具将凸轮轴链轮锁定在相应的位置。

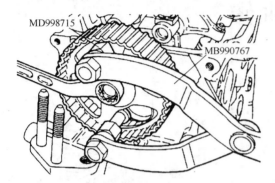

图 12-24　将凸轮轴链轮锁定在相应的位置

② 拧松凸轮轴链轮螺栓。

(二) 正时系统部件的安装

(1) 凸轮轴链轮螺栓的安装。

① 使用图 12-25 所示的专用工具将凸轮轴链轮锁定在相应的位置。

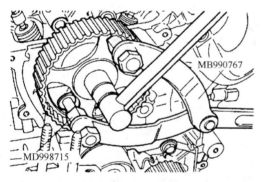

图 12-25　将凸轮轴链轮锁定在相应的位置

② 拧松凸轮轴链轮到规定的力矩。

(2) 正时皮带张紧器、张紧器弹簧的安装。

① 将正时皮带张紧器锁定在图 12-26 所示位置。

② 如图 12-27 所示,将张紧器弹簧的一个伸长端钩在正时皮带张紧器的钩形部,并将张紧器装到机油泵壳体上。

③ 夹住张紧器弹簧的另一伸长端,并如图 12-28 所示将它钩到机油泵壳体凸耳上。

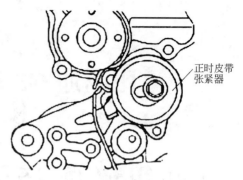

图 12-26　将正时皮带张紧器锁定

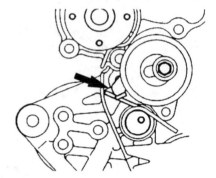

图 12-27　钩在正时皮带张紧器的钩形部

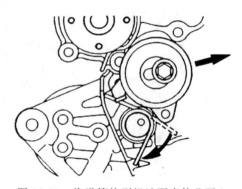

图 12-28　将弹簧钩到机油泵壳体凸耳上

④ 按图 12-28 所示方向移动正时皮带张紧器,临时张紧皮带。

(3) 正时皮带的安装。

① 如图 12-29 所示,将凸轮轴正时记号与气缸盖的正时记号对准。

② 将曲轴正时记号与前壳体上的正时记号对准(如图 12-30 所示)。

③ 使正时皮带的张紧侧保持张紧,并将正时皮带依次装入曲轴正时齿轮、凸轮轴正时齿轮和张紧器皮带轮,如图 12-31 所示。

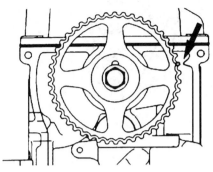

图 12-29　将凸轮轴正时记号与气缸盖的正时记号对准

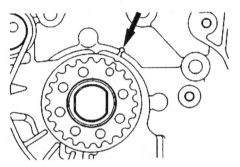

图 12-30　将曲轴正时记号与前壳体上的正时记号对准

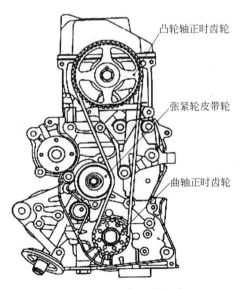

图 12-31　安装正时皮带

④ 如图 12-31 所示，拧松张紧轮安装螺栓 1/4～1/2 圈，使张紧器弹簧的张力作用到正时皮带上。

⑤ 以正常的旋转方向（顺时针）旋转曲轴 2 圈，检查正时记号是否正确对准。

⑥ 固定张紧器皮带轮安装螺栓。

 注意

这种方法利用凸轮轴驱动力矩均匀地将张紧力作用到正时皮带上。必须如上述方向旋转曲轴，不得反向旋转曲轴。

二、BYD483QA/QB 发动机

(一) 正时皮带的拆卸

（1）安装曲轴皮带轮螺栓。

（2）顺时针旋转曲轴并做好正时记号，如图 12-32 所示。

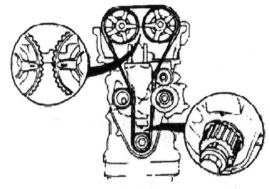

图 12-32　顺时针旋转曲轴并做好正时记号

（3）拆下张紧轮拉簧。

 注意

用力卷曲皮带，使机油或润滑脂沾上皮带，均会损坏皮带或缩短其寿命。

(二) 张紧轮、张紧轮拉簧的安装

测定张紧轮拉簧的自由长度，如图 12-33 所示。自由长度应≤36.2mm，若不在规定范围内，更换张紧轮拉簧。

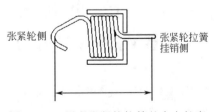

图 12-33　测定张紧轮拉簧的自由长度

(1) 安装张紧轮。

(2) 转动张紧轮,如果张紧轮没有阻力或不能旋转,要换张紧轮。

(三) 正时皮带的安装

(1) 确定正时皮带轮的标记和凸轮轴带轮的标记对准,如图12-34所示。

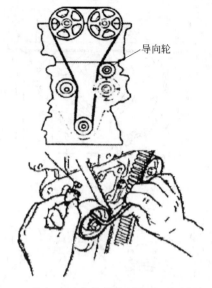

图12-35 确定正时皮带轮的标记和正时标记已对准

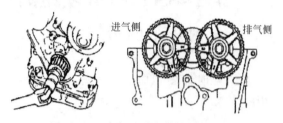

图12-34 确定正时皮带轮的标记和凸轮轴带轮的标记对准

(2) 安装正时带,并使之压紧张紧轮。

(3) 顺时针旋转正时皮带轮两周,对准正时标记,如图12-35所示。

(4) 将张紧轮拉簧挂好。如图12-35所示用扳手顺时针旋转张紧轮。

(5) 顺时针旋转曲轴两次,确认所有正时标记完全对准。如果没有对准,拆卸正时带,从第一步开始重新安装。

(6) 打紧或校核凸轮轴带轮螺栓、导向轮螺栓、张紧轮螺栓力矩,力矩为45~55N·m。

(四) 水泵皮带轮安装说明

装上水泵皮带轮,使"F"标记朝外,如图12-36所示。

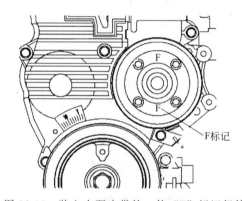

图12-36 装上水泵皮带轮,使"F"标记朝外

> **注意**
>
> 在安装完驱动皮带(发动机皮带)后拧紧水泵,皮带轮螺栓力矩为9~11N·m。

第四节

比亚迪S8(F8)车系2.0L(BYD483QB)发动机正时校对维修

2.0L(BYD483QB)发动机正时校对维修如下。

一、正时皮带的拆卸/安装概述

（1）断开蓄电池负极连接线。
（2）拆下凸轮轴相位传感器（CMP）。
（3）拆下点火线圈和火花塞。
（4）如图12-37所示拆卸各零部件。

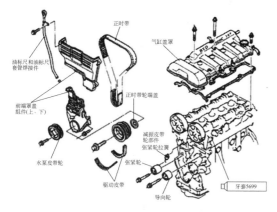

图12-37 发动机正时机构系统

（5）调整皮带变形量/张紧力。
（6）按与拆卸相反的顺序安装。
（7）启动汽油机检查张紧轮、导向轮和驱动皮带的连接情况。

二、正时皮带的拆卸

（1）安装曲轴皮带轮螺栓。
（2）顺时针旋转曲轴并做好正时记号，如图12-38所示。

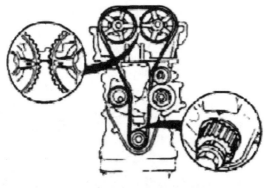

图12-38 正时标记

（3）拆下张紧轮拉簧。

> **注意**
> 用力卷曲皮带、使机油或润滑脂沾上皮带，均会损坏皮带或缩短其寿命。

三、正时皮带的安装

（1）确定正时皮带轮的标记和凸轮轴带轮的标记已对准，如图12-39、图12-40所示。

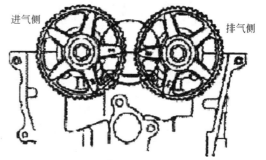

图12-39 确定正时皮带轮的标记和凸轮轴带轮的标记已对准

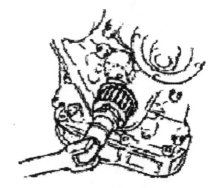

图12-40 转动皮带轮

（2）安装正时带，并使之压紧张紧轮。
（3）如图12-41所示用扳手顺时针旋转张紧轮，正时带位置如图12-41所示。

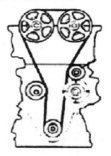

图12-41 正时带位置

(4)将张紧轮拉簧挂好，如图12-42所示。

(5)顺时针旋转正时带轮两周，对准正时标记。

(6)确认所有正时标记完全对准。如果没有对准，拆卸正时带，从第一步开始重新安装。

(7)打紧或校核凸轮轴带轮螺栓、导向轮螺栓、张紧轮螺栓力矩，力矩为45～55N·m。

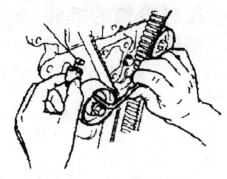

图12-42 挂好张紧轮拉簧

第十三章 奇瑞车系发动机正时校对维修

第一节 奇瑞 QQ 车系发动机正时校对维修

一、SQR372 发动机

SQR372 发动机正时组件如图 13-1 所示。

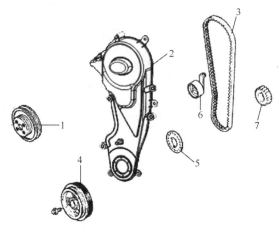

图 13-1 正时皮带的结构
1—水泵带轮；2—正时罩盖；3—正时皮带；
4—扭转减震器；5—齿带挡板；6—张
紧轮；7—曲轴正时带轮

图 13-2 拆卸水泵皮带轮（一）

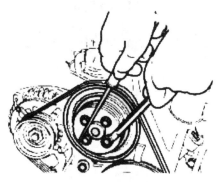

图 13-3 拆卸水泵皮带轮（二）

（一）正时皮带的拆卸

(1) 拆卸扭转减震器。

(2) 拆卸水泵带轮。

① 若有专用工具，则用专用工具拆卸。按图 13-2 所示方法拆下水泵皮带轮。

② 若无专用工具，则用起子及扳手按图 13-3 所示方法拆卸。

(3) 拆卸扭转减震器。

① 使用专用工具来防止齿圈旋转，如图 13-4 所示。

② 拆卸扭转减震器固定螺栓，并拆下扭转减震器，如图 13-5 所示。

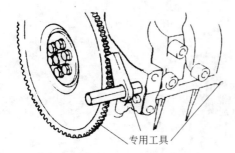

图 13-4 使用工具卡住齿圈

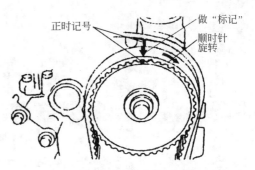

图 13-7 对准标记

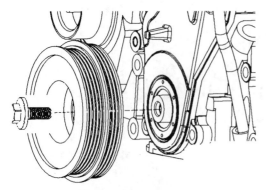

图 13-5 拆卸扭转减震器

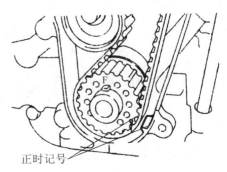

图 13-8 对准正时标记

（4）拆卸正时罩盖，如图 13-6 所示。

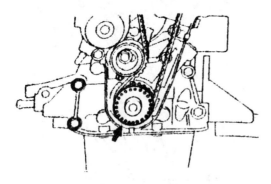

图 13-6 拆卸正时罩盖

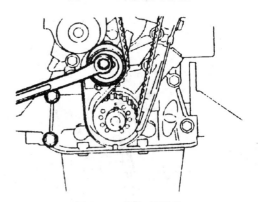

图 13-9 拆卸张紧轮

（5）拆卸张紧轮。

① 使 1 号气缸活塞处在压缩上止点。

② 卸下正时罩盖后，用扳手顺时针扳螺栓旋转正时齿轮，让凸轮轴正时齿轮上的正时记号与凸轮轴罩盖上凸起标记对齐，如图 13-7 所示。

③ 确认曲轴正时皮带轮的记号与机油泵上的正时标记相对照，如图 13-8 所示。

④ 卸下张紧轮螺栓，再卸下张紧轮，如图 13-9 所示。

（6）拆卸正时皮带。

> **注意**
>
> 卸下正时皮带时，绝对不能用螺丝刀等锐利工具。

> **注意**
>
> 使用正时皮带要注意以下几点。
> ① 不要在小角度内弯曲皮带，否则会导致皮带内的绳索折断。
> ② 因为皮带寿命较短，请不要沾上油脂和水。
> ③ 装上皮带后，只能顺时针旋转发动机。

（7）卸下曲轴正时齿轮，如图13-10所示。

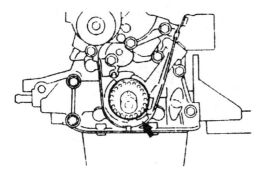

图13-10　卸下曲轴正时齿轮

（二）正时皮带的安装

（1）安装曲轴正时齿轮，如图13-11所示。

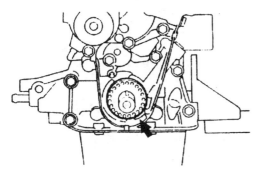

图13-11　安装曲轴正时齿轮

（2）正时皮带的安装。

① 确认在1号气缸压缩上止点位置。将凸轮轴正时齿轮套在排气凸轮轴前端，使齿轮上的定位槽与凸轮轴端面上的定位销对齐，如图13-12所示。用螺栓固定凸轮轴正时齿轮，螺栓拧紧力矩为100N·m±5N·m。

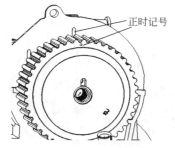

图13-12　定位槽与定位销对齐

② 确认曲轴正时皮带轮的冲印标记和油泵的标记已对齐，如图13-13所示。

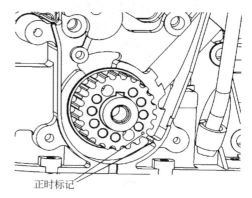

图13-13　冲印标记和油泵的标记对齐

（3）按拆卸的记号安装正时皮带，如图13-14所示。

（4）安装张紧轮。

① 调整正时皮带的张力。如图13-15所示，使用起子将张紧器向右摆动，使张紧轮边缘与水泵体圆弧距离为8mm左右。

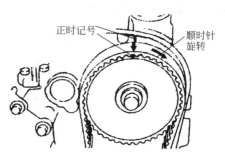

图13-14　安装正时皮带

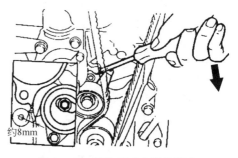

图13-15　调整正时皮带的张力

② 拧紧张紧轮螺栓，拧紧力矩为25N·m±3N·m。

③ 把曲轴向发动机转动方向转两周，凸轮轴正时齿轮和曲轴正时齿轮各自都吻合

第十三章　奇瑞车系发动机正时校对维修　643

正时标记。

在图 13-16 右侧中间压下 5mm 时，所需力为 20~30N。

图 13-16 对皮带施加压力

> **注意**
> 正时皮带的挠度达不到标准要求的时候，关键是调整上述张紧轮固定螺栓，按规定的转矩紧固张紧轮总成的螺栓，转矩为 25N·m±3N·m。

（5）安装正时齿带挡板。注意：按图 13-17 所示方向安装正时齿带挡板。

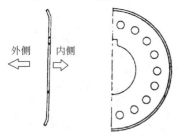

图 13-17 安装正时齿带挡板

（6）安装正时罩盖。

（7）安装扭转减震器（使用专用工具），如图 13-18、图 13-19 所示。

① 无飞轮时。

a. 用专用工具的齿带套住曲轴皮带轮的一部分。

b. 专用工具的手柄扳住不动（固定），注意不要使齿带转动，按规定的转矩扭紧螺栓。

② 有飞轮时。

a. 使用专用工具防止齿圈转动。

b. 然后拧紧扭转减震器螺栓。

（8）安装水泵带轮。

若有专用工具，则用专用工具拆卸。若无专用工具，则用起子及扳手拆卸。

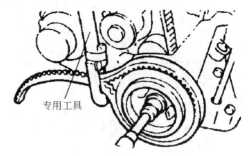

图 13-18 安装扭转减震器（一）

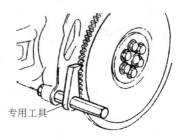

图 13-19 安装扭转减震器（二）

二、DA465Q 发动机

DA465Q 发动机正时调整要点如下。

（1）把张紧轮总成和扭簧联合安装在泵上（后罩壳前），拧紧螺栓和螺母，直至张紧轮总成能用手容易地移动为止。

（2）凸轮轴正时皮带还有一个圆点标记 3，它位于标记 1 的径线上。正时皮带后罩有一个凸出标记 4。旋转凸轮轴正时皮带轮，使标记 3 对着标记 4，如图 13-20 所示。

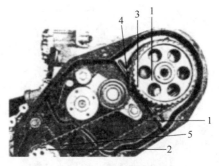

图 13-20 正时标记的位置（一）

（3）正时皮带后罩壳还有一个凸出标记

5。旋转曲轴使曲轴正时皮带轮的键槽 2 对准标记 5，如图 13-21 所示。

图 13-21 正时标记的位置（二）

（4）在两个正时皮带轮角度互相对准的情况下安装正时皮带。

（5）安装皮带后，将扭簧的一端挂在张紧轮托架上，另一端挂在水泵螺钉上。

（6）在凸轮轴和曲轴之间用手按压皮带，如图 13-22 所示，确认张力是否在规定范围内。

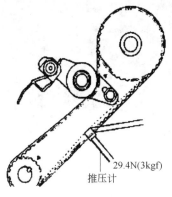

图 13-22 按压皮带

（7）把皮带张力调整至规定范围后，调整每个气门间隙至规定值。

第二节

奇瑞 QQ6 和瑞麒 2 车系 SQR473F 发动机正时校对维修

SQR473F 发动机正时校对维修如下。

一、正时皮带的拆卸

（1）按照助力转向泵和压缩机、发电机的拆卸方法拆卸发电机和压缩机皮带。

（2）用 5mm 内六角扳手拆卸正时上罩盖的固定螺栓，如图 13-23 所示。

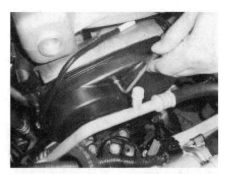

图 13-23 拆卸正时上罩盖的固定螺栓

正时上罩盖的固定螺栓位置如图 13-24 所示。

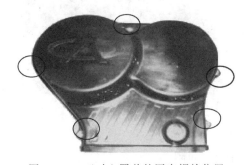

图 13-24 正时上罩盖的固定螺栓位置

（3）用 13 号套筒松开曲轴正时调整孔螺栓，如图 13-25 所示（调整螺栓在起动机的上方）。

（4）用专用工具 CH-20003 插入正时孔中并拧紧，用扳手转动曲轴皮带盘中的大螺母使曲轴旋转，同时慢慢拧入 CH-20003，直到曲轴前后转不动为止,如图13-26所示。

图13-25　松开曲轴正时调整孔螺栓

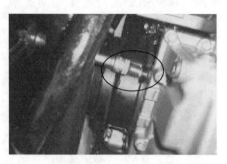

图13-28　拆下正时下罩盖的固定螺栓

图13-26　用专用工具插入正时孔中

图13-29　正时下罩盖上的固定螺栓

（5）用13号套筒拆下曲轴皮带轮的固定螺栓,如图13-27所示,取出曲轴皮带轮。

图13-27　拆下曲轴皮带轮的固定螺栓

（6）用10号套筒拆下正时下罩盖的固定螺栓,如图13-28所示。

正时下罩盖上的固定螺栓如图13-29所示。

（7）注意：正时下罩盖左上方的固定螺栓位置非常隐蔽,如图13-30所示,在拆卸时要注意用万向连接杆拆卸,或用13mm套筒扳手拆下悬置支架的三个螺栓并取下悬置支架。

图13-30　隐蔽螺栓

（8）用10号套筒松开张紧轮固定螺栓,取下正时皮带,如图13-31所示。

图13-31　取下正时皮带

取下正时皮带时要注意皮带的运转方向，以发动机曲轴运转方向和皮带箭头方向为参考。

二、正时皮带的安装

（1）松开张紧轮固定螺栓并转动到最小张紧位置。

（2）安装皮带。

（3）用 5mm 内六角扳手转动张紧轮，如图 13-32 所示，转动到调整内六角和固定螺栓大约在同一水平线时停止，并拧紧固定螺栓。

图 13-32　转动张紧轮

（4）安装正时下罩盖。
（5）安装曲轴皮带轮。
（6）安装相关的附件并检查皮带的挠度。
（7）安装正时上罩盖。
（8）安装后的正时皮带如图 13-33 所示。

图 13-33　安装后的正时皮带

> **注意**
>
> 在拆卸过程中千万不能转动曲轴/凸轮轴，不然需要重新校对点火正时。

三、调整发动机正时（大修）

（1）转动曲轴，使四个活塞在气缸内成一水平线，用专用工具在缸体左后部（曲轴最后一段）将其旋进曲轴正时调整孔，使曲轴左右不能转动（专用工具螺栓必须进入缸体螺栓孔平面）。

（2）安装好进排气凸轮轴，装上凸轮轴正时齿轮，把进排气凸轮轴尾部凹槽转动呈水平方向，用专用工具装在凹槽内并加以固定。

（3）曲轴、凸轮轴按要求固定后安装正时皮带，为了使正时皮带顺利安装，可把正时齿轮固定于凸轮轴的螺栓暂时不要拧紧，让其能自由转动，使张紧轮把正时皮带按规定值紧固好后再把正时齿轮螺栓固定。然后可以安装其他部件。

四、调整发动机正时（小修）

换气门弹簧，磨气门，换凸轮轴（不抬发动机）。

（1）拆下气门室罩盖。
（2）拆下正时齿轮罩盖。转动正时齿轮。
（3）使进排气凸轮轴后部凹槽呈水平方向，用专用工具凸出部分插入凹槽并固定。
（4）转动曲轴，用专用工具在缸体左后部（曲轴最后一段）将其旋进曲轴正时调整孔，使曲轴左右不能转动（如拆缸盖可以看到此时四个缸的活塞呈水平位置）。

第三节 奇瑞风云 2 车系 SQ477F 发动机正时校对维修

SQ477F 发动机正时调整要点如下。

一、曲轴正时齿轮的安装

先确认缸盖总成上凸轮轴半圆键方向朝下。将曲轴转至 1 号气缸上止点，此时曲轴半圆键在上部，把曲轴正时齿轮垫片套入曲轴上，套入时凸面朝前。然后将曲轴正时齿轮套入曲轴上，安装时有"FRONT"字样的朝前，齿轮上的上止点记号朝上，如图 13-34 所示。

图 13-35　安装凸轮轴正时齿轮

图 13-34　有"FRONT"字样的朝前

二、凸轮轴正时齿轮的安装

按图 13-35 所示方向安装凸轮轴正时齿轮，检查齿轮上的上止点位置，应与缸盖第一轴承盖上正时点记号对上（注：缸盖第一轴承盖上正时记号不在正上方位置）。安装齿轮垫和螺栓，用手拧入螺栓后拧紧至力矩 95N·m±5N·m。拧紧时须锁住凸轮轴，如图 13-35 所示。

三、正时皮带和张紧轮的安装

 注意

在正时皮带张紧之前不容许转动曲轴和凸轮轴。

正时轮系安装步骤如下。

（1）用扳手拧紧张紧轮固定螺栓，拧紧力矩为 16～20N·m。

（2）确认曲轴置于 1 号气缸上止点，确认凸轮轴正时齿轮上止点标记与缸盖前端面标记已对准。

（3）安装正时皮带，用 15 号开口扳手将张紧轮扳起，把正时皮带放入张紧轮下方，缓慢松开张紧轮。

注：该张紧轮为自动张紧。

（4）旋转曲轴两周，检查凸轮轴正时标记、曲轴正时标记。

第四节

奇瑞瑞麒 G5 车系 SQR484B 发动机正时校对维修

SQR484B 发动机正时校对技巧如下。

（1）拆下发动机正时皮带上罩盖，如图 13-36 所示。拧紧力矩：8N·m±3N·m。

图 13-36　拆下发动机正时皮带上罩盖

（2）拆下发动机正时皮带下罩盖，如图 13-37 所示。拧紧力矩：8N·m±3N·m。

图 13-37　拆下发动机正时皮带下罩盖

图 13-38　取下正时皮带

图 13-39　拔掉点火线圈和管路

图 13-40　取下气门室罩盖

（3）松开正时皮带张紧轮中心螺栓，取下正时皮带，如图 13-38 所示。拧紧力矩：27N·m±3N·m。

（4）拔掉点火线圈和管路，如图 13-39 所示。

（5）松开气门室罩盖螺栓，取下气门室罩盖，如图 13-40 所示。拧紧力矩：8N·m±3N·m。

（6）转动凸轮轴，将专用工具同时卡入进气和排气凸轮轴后端的卡槽内，如图 13-41 所示。

图 13-41 将专用工具卡入卡槽内

(7) 拧下图 13-42 所示位置的螺栓。边转动曲轴，边将专用工具旋入，直到曲轴正、反都不能转动为止。此时四个活塞将在同一高度。注意：此过程需耐心去做，并且旋转曲轴的动作要轻柔，以免弄伤曲轴或气门。此螺栓孔平时安装有螺栓，拆卸时应注意避免润滑油泄漏。

(8) 装上正时皮带，用内六角扳手转动张紧轮使皮带张紧，使张紧器上指针位于 U 形槽豁口中间位置。拧紧张紧轮螺栓。紧固进、排气凸轮轴带轮与凸轮轴的紧固螺栓，如图 13-43 所示。拧紧力矩：120N·m ± 5N·m。

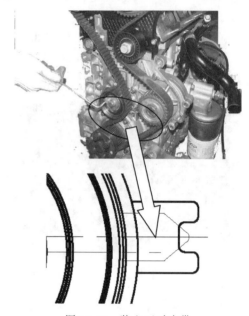

图 13-43 装上正时皮带

(9) 取下正时专用工具，装上气门室罩盖、点火线圈及正时皮带罩盖。

图 13-42 拧下螺栓

第五节

奇瑞瑞麒 G6 车系 SQR484B 发动机正时校对维修

SQR484B 发动机正时校对维修如下。

(1) 拆下发动机正时皮带上罩盖和下罩盖。

(2) 松开正时皮带张紧轮中心螺栓，取下正时皮带，如图 13-44 所示。

(3) 拔掉点火线圈和曲轴箱通风管路，如图 13-45 所示。

(4) 松开气门室罩盖螺栓，取下气门室罩盖，如图 13-46 所示。

(5) 转动凸轮轴，将专用工具同时卡入进气和排气凸轮轴后端的卡槽内，如图 13-47 所示。

图 13-44 拆卸正时皮带

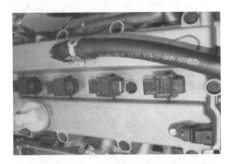

图 13-45 拔掉点火线圈和曲轴箱通风管路

图 13-46 取下气门室罩盖

图 13-47 转动凸轮轴

(6) 拧下图 13-48 所示位置的螺栓。边转动曲轴,边将专用工具旋入,直到曲轴正、反都不能转动为止。此时四个活塞将在同一高度。

> **注意**
> 此过程需耐心去做,并且旋转曲轴的动作要轻柔,以免弄伤曲轴或气门。此螺栓孔平时安装有螺栓,拆卸时应注意避免润滑油泄漏。

图 13-48 转动曲轴

(7) 装上正时皮带,用内六角扳手顺时针转动张紧轮使皮带张紧,使张紧器上指针位于 U 形槽豁口中间位置。拧紧张紧轮螺栓。紧固进、排气凸轮轴带轮与凸轮轴的紧固螺栓,如图 13-49 所示。

图 13-49 安装正时皮带及张紧轮

(8) 取下正时专用工具,装上气门室罩盖、点火线圈及正时皮带罩盖。

第六节
奇瑞威麟 V5 车系发动机正时校对维修

一、SQR484F 发动机

SQR484F 发动机正时调整如下。

（1）拆下发动机正时皮带上罩盖，如图 13-50 所示。

图 13-50　拆下发动机正时皮带上罩盖

（2）拆下发动机正时皮带下罩盖，如图 13-51 所示。

图 13-51　拆下发动机正时皮带下罩盖

图 13-52　松开正时皮带张紧轮中心螺栓

图 13-53　拔掉高压分缸线

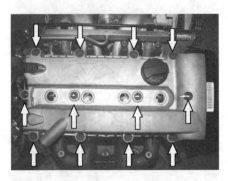

图 13-54　取下气门室罩盖

（3）松开正时皮带张紧轮中心螺栓，取下正时皮带，如图 13-52 所示。

（4）拔掉高压分缸线，如图 13-53 所示。

（5）松开气门室罩盖螺栓，取下气门室罩盖，如图 13-54 所示。

（6）转动凸轮轴，将专用工具卡入凸轮轴后端的卡槽内，如图 13-55 所示。

（7）用扭力扳手松开进、排气凸轮轴带轮螺栓，如图 13-56 所示。注意：松开即可，不要拆掉。

（8）边转动曲轴，边将专用工具旋入，直到曲轴正、反都不能转动为止，如图 13-57 所示。

图 13-55 转动凸轮轴

图 13-56 用扭力扳手松开进、
排气凸轮轴带轮螺栓

图 13-57 转动曲轴

> ⚠ **注意**
>
> 此过程需耐心去做，并且旋转曲轴的动作要轻柔，以免弄伤曲轴。

（9）装上正时皮带，用内六角扳手转动张紧轮使皮带张紧，使张紧器上指针位于U形槽豁口中间位置。拧紧张紧轮螺栓。紧固进、排气凸轮轴带轮与凸轮轴的紧固螺栓，如图13-58所示。力矩：120N·m±5N·m。

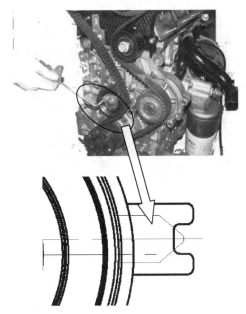

图 13-58 装上正时皮带

（10）取下正时专用工具，装上气门室罩盖、高压分缸线及正时皮带罩盖。

二、SQ481A 发动机

SQ481A 发动机正时调整如下。

（一）拆卸方法

（1）拆卸上、下前盖。

（2）用22号梅花扳手套在固定曲轴正时齿轮的螺栓上，转动曲轴，使得曲轴正时齿轮上的横线记号与缸体同下框架的接触右平面线对齐，如图13-59所示。

（3）把专用工具上的凸出部位卡在排气凸轮轴后端的槽口中，用1个螺栓（固定真空泵的3个螺栓中任意一个）把专用工具紧固在缸盖上；若专用工具上的凸出部位不能卡在排气凸轮轴后端的槽口中，则再转动曲轴一周后，再安装上专用工具，如图13-60、图13-61所示。

（4）用专用工具与飞轮的齿圈啮合，用发动机与离合器壳体连接的2个螺栓穿过专用工具的2个孔，与缸体连接；用15号套筒拧紧该2个螺栓，如图13-62所示。

(6) 用 15 号套筒拆卸惰轮上的螺栓，取下惰轮，如图 13-64 所示。

图 13-62　固定飞轮

图 13-59　对准标记

图 13-63　取下正时齿带

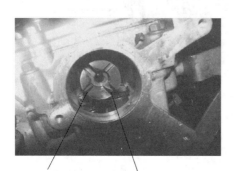

图 13-60　安装专用工具（一）

图 13-64　取下惰轮

图 13-61　安装专用工具（二）

(5) 用 10 号套筒稍许旋松张紧轮上的固定螺栓后，用 6mm 的内六角扳手转动张紧轮，使得正时齿带松弛，取下正时齿带；卸下张紧轮，如图 13-63 所示。

(7) 用 10 号套筒拆卸缸体与水泵相连的 6 个螺栓，取下水泵和垫片，如图 13-65 所示。

(8) 用 22 号套筒拆卸曲轴正时齿轮的固定螺栓后，取下螺栓和垫片，再取下曲轴正时齿轮和键，如图 13-66 所示。注：安装时，将半圆键装到位（只允许用铜棒或橡胶锤敲打）；最后装曲轴正时齿轮，用1个M14的六角头螺栓及垫片紧固，用22号套筒；第一步拧紧转矩为100N·m±10N·m，第二步旋转角度为120°±10°。

图 13-65 取下水泵和垫片

图 13-66 取下曲轴正时齿轮和键

（9）用8号内六角的套筒拆卸固定飞轮的6个螺栓，如图13-67所示。注：安装时，拧紧力矩35N·m±5N·m，再拧紧45°±5°。

图 13-67 拆卸固定飞轮的6个螺栓

（10）卸下专用工具，取下飞轮总成，如图13-68所示。

图 13-68 取下飞轮总成

（二）安装方法

（1）装配好缸盖。

① 进气凸轮轴和排气凸轮轴装配时，进气凸轮轴和排气凸轮轴的前端齿轮的记号要对齐，如图13-69所示。

图 13-69 对齐标记

② 在凸轮轴正时齿轮装配好后，用22号梅花扳手或套筒转动凸轮轴至合适位置，如图13-70所示。

③ 把专用工具安装到位，如图13-71、图13-72所示。

（2）把惰轮、水泵、凸轮轴正时齿轮、曲轴正时齿轮按规定力矩装配好。

（3）用22号梅花扳手套在固定曲轴正时齿轮的螺栓上，转动曲轴，使得曲轴正时齿轮上的横线记号与缸体同下框架的接触右平面线对齐，如图13-73所示。

第十三章 奇瑞车系发动机正时校对维修 655

图 13-70　用 22 号梅花扳手或套筒转动凸轮轴至合适位置

专用工具对准槽口　　真空泵对准槽口

图 13-71　把专用工具安装到位（一）

图 13-72　把专用工具安装到位（二）

曲轴正时齿轮上的记号　　缸盖与下框架的接触右平面线

图 13-73　对准记号

图 13-74　把螺塞从曲轴定位孔处卸下

图 13-75　顶住曲轴曲拐上的孔

（4）用 17 号套筒连同垫片把螺塞从曲轴定位孔处卸下，如图 13-74 所示。

（5）用专用工具插入靠近飞轮的缸体上的孔后，旋转该工具正好顶住曲轴曲拐上的孔后旋紧，如图 13-75 所示。

（6）用手稍许旋紧张紧器中心螺栓，但是不能固定死张紧器。

（7）装上正时带。

（8）用 10 号套筒固定住该中心螺栓，再用 6mm 的内六角扳手顺时针旋转张紧轮（这时要避免在顺时针旋转张紧轮时已经固定死张紧轮的中心螺栓），调节张紧器：首先使张紧轮的指针指向位置 A，再逆时针回到位置 C，最后旋转该指针到张紧轮 U 形缺口中（尽可能使指针位于张紧轮 U 形缺口的正中间），使得张紧轮上的指针位于 U 形槽豁口中间位置，此时内六角扳手固定不动，用力矩扳手以 27N·m±2.7N·m 的力矩拧紧张紧轮中心螺栓（这时要确保张紧轮指针没有位移）。

（9）卸下凸轮轴定位专用工具和曲轴定位专用工具，用 22 号梅花扳手套在固定曲轴正时齿轮的螺母上，顺时针转动曲轴，转动曲轴 4 圈左右，检查张紧轮上的指针是否位于 U 形槽豁口中间位置；若不位于 U 形槽豁口中间位置，则重新安装皮带张紧器总成和正时带；若位于 U 形槽豁口中间位置，则进行下一步，如图 13-76 所示。

（10）用 17 号套筒连同垫片把螺塞安装在曲轴定位孔内，如图 13-77 所示，力矩为 25N·m±3N·m。

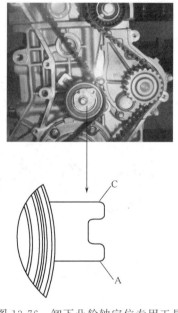

图 13-76　卸下凸轮轴定位专用工具

图 13-77　把螺塞安装在曲轴定位孔内

第七节　奇瑞旗云车系 Tritec 1.6L 发动机正时校对维修

奇瑞奇云（A15）汽车 Tritec 1.6L 发动机正时调整要点如下。

一、正时链轮和导板的拆卸

（1）脱开蓄电池负极桩头。

（2）拆卸气缸盖。

（3）拆卸凸轮轴位置传感器。

（4）拆卸正时链条盖。

（5）旋转曲轴，直至 1 号气缸到压缩行程上止点。

（6）使用专用工具固定凸轮轴链轮，拆卸链轮螺栓，如图 13-78 所示。

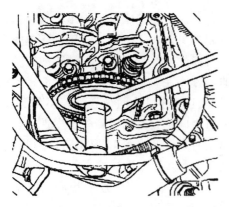

图 13-78 凸轮轴链轮专用工具

(7) 从气缸体上拆卸正时链条张紧器，取出机油腔。

(8) 拆卸发动机右支架座。

(9) 从凸轮轴上拆卸凸轮轴链轮，可将链条部分取出。

(10) 拆卸气缸盖塞，取出紧固件，拆卸导板。

二、凸轮轴链轮的拆卸

(1) 脱开蓄电池负极桩头。

(2) 拆卸气门室盖。

(3) 拆卸曲轴位置传感器。

(4) 拆卸凸轮轴位置传感器。

(5) 旋转凸轮轴，对正凸轮轴链轮上的三角形正时标记。

(6) 将正时链条标记与凸轮轴上的正时标记对准，如图13-79所示。

(7) 使用专用工具固定曲轴链轮，拆卸凸轮轴链轮螺栓。

(8) 从气缸体侧拆卸正时链条张紧器，拆卸机油腔和正时链条张紧器。

(9) 从凸轮轴上拆卸凸轮轴链轮。

三、曲轴链轮的拆卸与安装

（一）拆卸方法

(1) 拆卸正时链条。

(2) 拆卸曲轴减振器螺栓，拆卸曲轴链轮，使用专用工具，如图13-80所示。

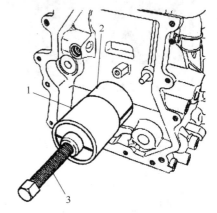

图 13-80 曲轴链轮的拆卸
1～3—专用工具

(3) 固定曲轴，拆卸链轮。

（二）安装方法

(1) 安装曲轴链轮，使用专用工具，如图13-81所示。

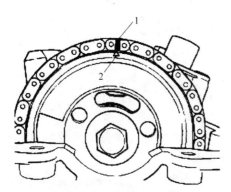

图 13-79 正时链条标记
1—正时标记；2—凸轮轴链轮正时标记

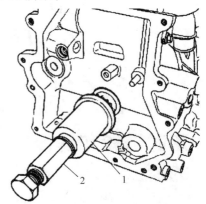

图 13-81 曲轴链轮的安装
1，2—专用工具

(2) 安装链轮,不能旋转曲轴。

四、凸轮轴链轮的安装

(1) 对准正时链轮标记,安装正时链条到凸轮轴链轮。

(2) 使用专用工具,安装凸轮轴链轮螺栓,力矩为115N·m。

(3) 重新设定正时链条张紧器。

① 从正时链条张紧器上取出机油腔,如图13-82所示。

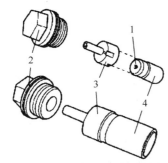

图13-82 正时链条张紧器
1—单向阀;2—张紧器塞;3—机油腔;
4—正时链条张紧器

② 张紧轮置于平坦的表面。

③ 用手压住张紧器,如图13-83所示。

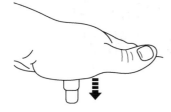

图13-83 重新设置正时链条张紧器

(4) 安装机油腔到正时链条张紧器,如图13-82所示。

(5) 安装正时链条张紧器,力矩为62N·m (46 lbf·ft)。

(6) 使用长螺丝刀,顶起右正时链条,如图13-84所示。

(7) 安装气门室盖。

(8) 安装凸轮轴位置传感器,紧固力矩为10N·m。

(9) 连接蓄电池负极桩头。

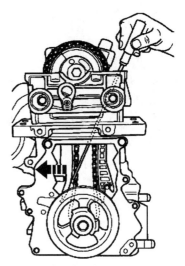

图13-84 安装正时链条张紧器

五、正时链轮和导板的安装

(1) 安装左正时链条导板,紧固力矩为28N·m。

(2) 安装右正时链条导板,紧固力矩为28 N·m,如图13-85所示。

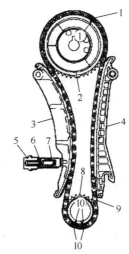

图13-85 正时驱动系统
1—凸轮轴正时对准单个标记; 2—凸轮轴链轮;
3—左正时链条导板(活动);4—右正时链条
导板(固定);5—活塞腔;6—机油储油腔;
7—正时链条张紧器;8—曲轴链轮;
9—正时链条;10—曲轴正时标记
应与双金属标记对准

(3) 拆卸气门室盖，让正时链条能自由移动。

(4) 安装正时链条曲轴链轮，对准正时标记，如图 13-85 所示。

(5) 安装凸轮轴链轮。

(6) 使用专用工具固定链轮，紧固力矩为 115 N·m。

(7) 重新调整正时链条张紧器，步骤如下。

① 从正时链条张紧器上取出机油腔。

② 置张紧器于平坦的表面。

③ 用手压张紧器，如图 13-83 所示。

④ 安装机油腔到正时链条张紧器，如图 13-82 所示。

(8) 安装正时链条张紧器的机油腔到张紧器。

(9) 安装正时链条张紧器，张紧器螺栓紧固力矩为 62 N·m。

(10) 压下左正时链条导板，让正时链条张紧器激活，如图 13-86 所示。

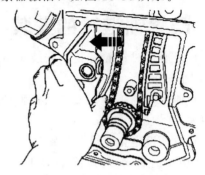

图 13-86 激活正时链条张紧器

(11) 安装气缸盖塞，紧固力矩为 18 N·m。

(12) 安装气门室盖。

(13) 安装凸轮轴位置传感器，紧固力矩为 10 N·m。

(14) 安装右发动机安装支座。

(15) 安装正时链条盖。

(16) 连接蓄电池负极桩头。

第八节 奇瑞东方之子车系 4G63 和 4G64 发动机正时校对维修

4G63 和 4G64 发动机基本相同，其正时调整方法也基本相同。

一、正时部件

1. 正时轮系

正时轮系如图 13-87、图 13-88 所示，左上平衡轴有一独立皮带传动，松动侧有一张紧轮，调整皮带松紧（人工），主动轮为 38mm，从动轮为 19mm。

2. 上平衡轴皮带安装标记

上平衡轴皮带安装标记如图 13-89 所示。安装时要注意对正曲轴 B 带轮和前盖上的标记、左上平衡轴齿带轮和前盖上的标记。

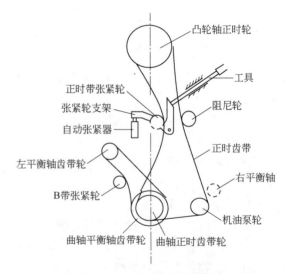

图 13-87 正时轮系示意图

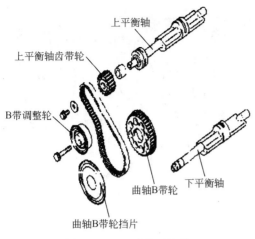

图 13-88 正时轮系结构

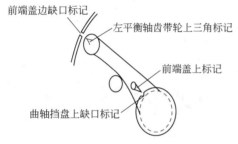

图 13-89 上平衡轴皮带安装标记

3. 正时皮带的安装标记

正时皮带的安装标记如图 13-90 所示。安装正时皮带时要注意对正凸轮轴齿带轮与气门罩盖上的标记、曲轴正时皮带轮与前端盖上的标记、机油泵带轮与前端盖上的标记。

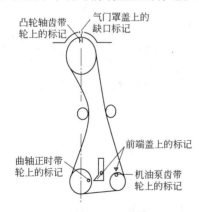

图 13-90 正时皮带的安装标记

4. 机油泵齿轮上的标记

机油泵齿轮上的标记如图 13-91 所示。安装机油泵齿轮时要对正主、从动轮上的标记。

5. 发动机正时皮带的结构

发动机正时皮带的结构如图 13-92 所示。

图 13-91 机油泵齿轮上的标记

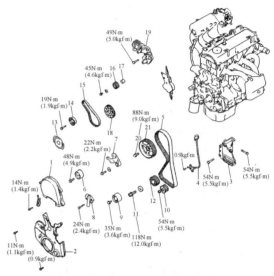

图 13-92 发动机正时皮带的结构

1—正时皮带上盖；2—正时皮带下盖；3—动力转向托架；4—曲轴位置传感器；5—正时皮带；6—张紧轮；7—张紧器臂；8—自动张紧器；9—惰轮；10—机油泵皮带轮；11—曲轴螺栓；12—曲轴正时皮带轮；13—法兰盘；14—张紧器 B；15—正时皮带 B；16—上平衡轴皮带轮；17—衬套；18—曲轴正时皮带轮 B；19—发动机支架组件；20—凸轮轴皮带轮螺栓；21—凸轮轴正时皮带轮

二、正时系统部件的拆卸要点

（1）正时皮带的拆卸。

记下皮带旋转方向以期装复时无误，如图 13-93 所示。

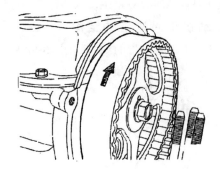

图 13-93 记下皮带旋转方向

① 皮带上沾有水或油脂会急剧减少皮带使用寿命。所以拆卸后,应十分注意不要让水或油脂黏着和污染皮带、皮带轮、张紧器等。不要清洗,若污染严重,应更换新件。

② 若有些部件上发现水或油脂,应检查前盖油封、凸轮轴油封以及水泵有无泄漏。

(2) 油泵皮带轮的拆卸。

① 拆卸气缸体侧的旋塞。

② 插入直径 8mm 的十字螺丝刀,用于固定左侧平衡轴。

③ 拆卸油泵皮带轮螺母。

④ 拆卸油泵皮带轮,如图 13-94 所示。

(3) 曲轴螺栓的拆卸(拆下飞轮)。

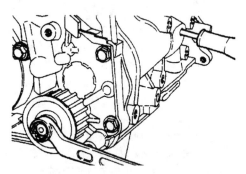

图 13-94 拆卸油泵皮带轮等

① 使用专用工具固定从动板。

② 拆卸曲轴螺栓,如图 13-95 所示。使用专用工具支撑从动轮或飞轮。

(4) 曲轴皮带轮的拆卸如图 13-96 所示。若因黏着不易拆卸,请使用专用工具。

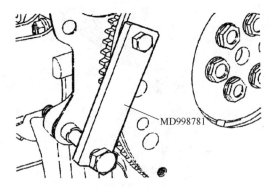

图 13-95 拆卸曲轴螺栓

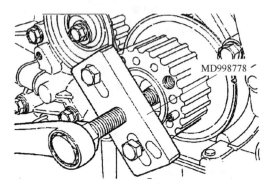

图 13-96 曲轴皮带轮的拆卸

(5) 拆卸正时皮带 B 时,记下皮带旋转方向以期装复时无误,如图 13-97 所示。

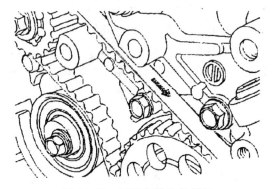

图 13-97 正时皮带 B 的拆卸

(6) 上平衡轴皮带轮的拆卸。

① 使用如图 13-98 所示工具固定平衡轴皮带轮。

② 拆卸上平衡轴皮带轮。

(7) 拆卸曲轴皮带轮 B 时,若因黏着不易拆卸,请使用专用工具,如图 13-99 所示。

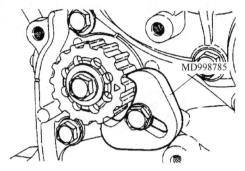

图 13-98　固定平衡轴皮带轮

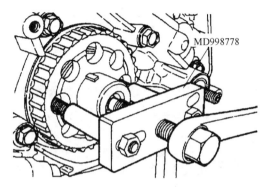

图 13-99　曲轴皮带轮 B 的拆卸

(8) 凸轮轴皮带轮螺栓的拆卸。

① 使用专用工具，固定凸轮轴正时皮带轮，如图 13-100 所示。

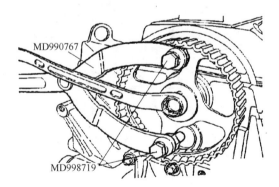

图 13-100　固定凸轮轴正时皮带轮

② 拆卸凸轮轴皮带轮螺栓。

三、正时系统部件的安装要点

(1) 凸轮轴皮带轮螺栓的拧紧如图 13-101 所示。

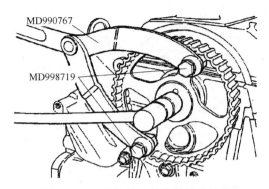

图 13-101　凸轮轴皮带轮螺栓的拧紧

① 使用专用工具固定凸轮轴皮带轮。

② 把凸轮轴皮带轮螺栓拧紧到规定的转矩。

(2) 发动机支架托座安装时，开始拧紧之前，在图 13-102 中螺栓部位涂抹密封胶。

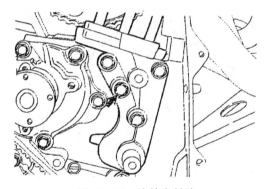

图 13-102　涂抹密封胶

(3) 上平衡轴衬套安装如图 13-103 所示。安装衬套时，将有倒角的一侧朝向油封。

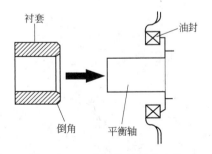

图 13-103　上平衡轴衬套安装

(4) 上平衡轴皮带轮的安装。

① 用如图 13-104 所示的工具固定平衡

轴皮带轮。

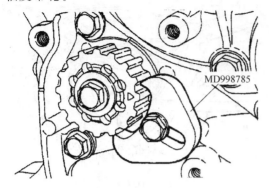

图 13-104 上平衡轴皮带轮安装

② 拧紧螺栓至规定的转矩。

(5) 正时皮带 B 的安装。

① 将曲轴皮带轮 B 及平衡轴皮带轮的标记分别与前盖上的标记对正,如图 13-105 所示。

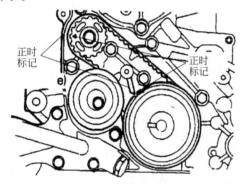

图 13-105 对正标记

② 在曲轴皮带轮 B 及平衡轴皮带轮上安装正时皮带 B。张紧一侧不允许有松弛。

③ 确认张紧器轮与螺栓中心的位置,如图 13-106 所示。

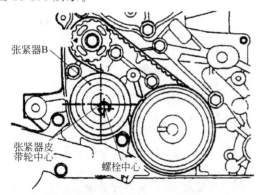

图 13-106 确认张紧器轮与螺栓中心的位置

④ 在用手指对着正时皮带张紧器一侧施加力的同时,向箭头方向移动张紧器 B,如图 13-107 所示。此时拧紧螺栓使张紧器 B 固定。

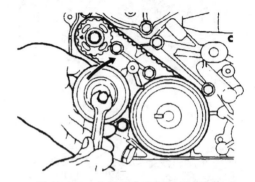

图 13-107 向箭头方向移动张紧器 B

> **注意**
>
> 在拧紧螺栓时,不要让轴与皮带轮一起转动使皮带张紧。

⑤ 确认皮带轮与前盖上的标记对正,如图 13-108 所示。

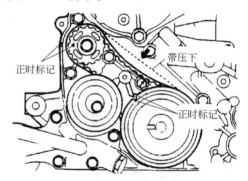

图 13-108 确认皮带轮与前盖上的标记对正

⑥ 用拇指压下正时皮带 B 的张紧一侧的中央部分,使皮带压下 5~7mm。

(6) 曲轴螺栓的拧紧。

① 使用专用工具固定飞轮。

② 安装曲轴螺栓,如图 13-109 所示。

(7) 机油泵皮带轮的安装。

① 将十字螺丝刀塞入气缸体左侧塞孔,防止平衡轴转动,如图 13-110 所示。

② 安装机油泵皮带轮。

③ 在螺母与轴承的结合面涂抹机油。

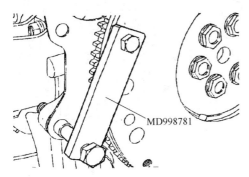

图 13-109　安装曲轴螺栓

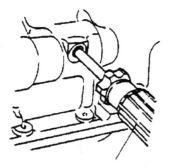

图 13-110　将十字螺丝刀塞入气缸体左侧塞孔

④ 用 54N·m 的力矩拧紧螺母。

（8）自动张紧器的安装。

① 若自动张紧器杆在伸出位置，应按照下述步骤使其缩回。

② 用带有软夹口的虎钳夹紧自动张紧器。

> **注意**
>
> 自动张紧器底端有螺塞凸出，应在虎钳和螺塞之间插入平垫板，防止两者直接接触。

③ 利用虎钳慢慢地将杆推入，直到杆的孔 A 与油缸的孔 B 对正，如图 13-111、图 13-112 所示。

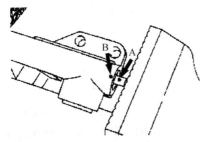

图 13-111　杆的孔 A

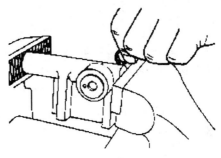

图 13-112　油缸的孔 B

④ 将螺栓（直径为 1.4mm）插入对应的孔中。

⑤ 从虎钳上拆卸自动张紧器。

⑥ 将张紧器安装在前盖上，用 24N·m 力矩拧紧螺栓，如图 13-113 所示。

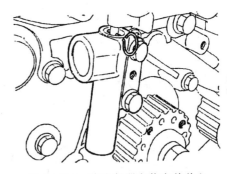

图 13-113　将张紧器安装在前盖上

> **注意**
>
> 将螺栓留在自动张紧器中。

（9）安装张紧皮带轮，使两个小孔排成一直线，如图 13-114 所示。

（10）正时皮带的安装。

① 确认正时皮带张紧器安装妥当。

② 使凸轮轴皮带轮上的正时记号与气缸盖上的记号对齐，如图 13-115 所示。

③ 使曲轴皮带轮上的正时记号与前盖上的记号对齐，如图 13-116 所示。

④ 使油泵皮带轮上的正时记号与其相应记号对齐，如图 13-117 所示。

⑤ 从气缸上拆下塞子，然后将十字螺丝刀（直径 8mm）插入孔中，如图 13-118 所示。若能插入 60mm 以上，则表示正时

标记对齐，若不能插入 20～25mm 以上，应将油泵皮带轮转一圈，然后对齐正时标记。再度检查螺丝刀能否插入 60mm 以上。将螺丝刀保持在插入位置上，直到皮带安装结束。

⑥ 将正时皮带依次对接到曲轴皮带轮、中间带轮、凸轮轴皮带轮以及张紧器皮带轮上。

⑦ 向箭头方向抬起张紧器皮带轮，然后拧紧中心螺栓，如图 13-119 所示。

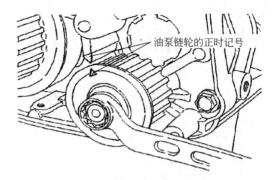

图 13-117　正时记号与其相应记号对齐

图 13-114　安装张紧皮带轮

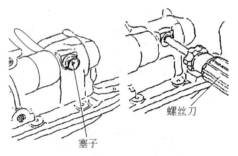

图 13-118　拆下塞子等

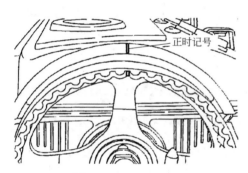

图 13-115　对正记号

图 13-119　抬起张紧器皮带轮

⑧ 检查所有正时标记成一直线。

⑨ 拆下步骤⑤时插入的螺丝刀，装上塞子。

⑩ 将曲轴顺时针旋转 1/4 转。然后再顺时针旋转，直到所有标记再度成一排。

⑪ 拧紧张紧器皮带轮中心螺栓，如图 13-120 所示。

如果不能利用专用工具，可使用能测量 0～50N·m 转矩的一般的转矩扳手。

⑫ 利用转矩扳手拧紧到 3.5N·m。

⑬ 一手利用专用工具和转矩扳手保持张紧器皮带轮，一手拧紧中心螺栓至标准

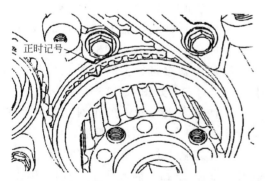

图 13-116　正时记号与前盖上的记号对齐

值,如图 13-121 所示。

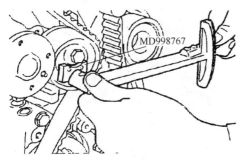

图 13-120　拧紧张紧器皮带轮中心螺栓

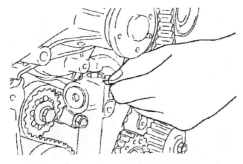

图 13-121　拧紧中心螺栓

⑭ 将曲轴顺时针旋转两转后,放置约 15min。然后检查自动张紧器的固定螺栓能否自由滑动。

若螺栓不能自由滑动,反复执行上述⑩以上步骤,直至螺栓滑动。

⑮ 取下自动张紧器固定螺栓。

⑯ 测量距离"A"(张紧器臂与自动张紧器本体),如图 13-122 所示。标准值为 3.8~4.5mm。

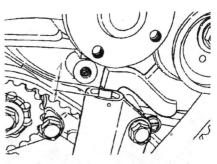

图 13-122　测量距离"A"

第九节　奇瑞 A5 车系发动机正时校对维修

一、SQR484F 发动机

(一) SQR484F 发动机正时校对

(1) 拆下发动机正时皮带上罩盖,如图 13-123 所示。

图 13-123　拆下发动机正时皮带上罩盖

(2) 拆下发动机正时皮带下罩盖,如图 13-124 所示。

图 13-124　拆下发动机正时皮带下罩盖

(3) 松开正时皮带张紧轮中心螺栓,取下正时皮带,如图 13-125 所示。

图 13-125　取下正时皮带

(4) 拔掉高压分缸线，如图 13-126 所示。

图 13-126　拔掉高压分缸线

(5) 松开气门室罩盖螺栓，取下气门室罩盖，如图 13-127 所示。

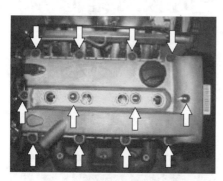

图 13-127　取下气门室罩盖

(6) 转动凸轮轴，将专用工具卡入凸轮轴后端的卡槽内，如图 13-128 所示。

(7) 用扭力扳手松开进、排气凸轮轴带轮螺栓，如图 13-129 所示。注意：松开即可，不要拆掉。

(8) 边转动曲轴，边将专用工具旋入，直到曲轴正、反都不能转动，如图 13-130 所示。

图 13-128　将专用工具卡入凸轮轴后端的卡槽内

图 13-129　松开进、排气凸轮轴带轮螺栓

图 13-130　将专用工具旋入

> **注意**
>
> 此过程应耐心去做，并且旋转曲轴的动作要轻柔，以免弄伤曲轴。

(9) 装上正时皮带，用内六角扳手转动张紧轮使皮带张紧，使张紧器上指针位于 U 形槽豁口中间位置，如图 13-131 所示。拧紧张紧轮螺栓。紧固进、排气凸轮轴带轮与凸轮轴的紧固螺栓。力矩为 120N·m±5N·m。

（10）取下正时专用工具，装上气门室罩盖、高压分缸线及正时皮带罩盖。

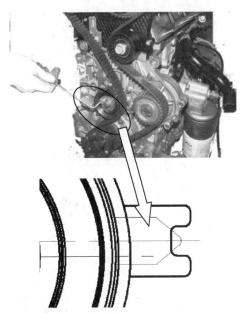

图 13-131　使张紧器上指针位于 U 形槽豁口中间位置

（二）正时皮带上、下罩更换

（1）拆卸步骤。

① 用内六角扳手松开上罩盖上的 5 个螺栓。

② 取下正时皮带上罩盖，如图 13-132 所示。

图 13-132　取下正时皮带上罩盖

③ 用专用工具卡住飞轮，如图 13-133 所示。

④ 用 13 号套筒拆下曲轴皮带轮，如图 13-134 所示。

图 13-133　用专用工具卡住飞轮

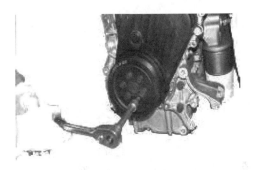

图 13-134　用 13 号套筒拆下曲轴皮带轮

⑤ 用棘轮棘杆及 10 号套筒拆下正时皮带下罩盖的 5 个螺栓，如图 13-135 所示。

图 13-135　拆下正时皮带下罩盖的 5 个螺栓

⑥ 取下下罩盖，如图 13-136 所示。

（2）检查。

仔细观察正时罩盖上有无开裂的痕迹、正时皮带有无和罩盖相干涉并摩擦的痕迹。如果有其中之一，请更换正时皮带罩盖或调整正时皮带的位置。

（3）安装步骤。

安装顺序和拆卸顺序相反，请参照拆卸步骤进行。

图 13-136　取下下罩盖

 注意

下罩盖一定要先于上罩盖安装。

二、SQR481H 发动机

SQR481H 发动机正时校对如下。

(1) 拆下发电机皮带，如图 13-137 所示。用扳手卡住张紧轮螺栓，并逆时针用力，将发电机皮带取下。

图 13-137　拆下发电机皮带

(2) 拆下发动机右悬置支架，如图 13-138、图 13-139 所示。将发动机用小吊车吊住，拆下发动机右悬置螺栓，取下右悬置支架。

(3) 拆卸曲轴皮带轮，如图 13-140 所示。挂上 5 挡并踩刹车，拆下曲轴皮带轮紧固螺栓。

(4) 拆卸正时皮带罩盖，如图 13-141 所示。分别拆下正时皮带上罩盖和下罩盖。

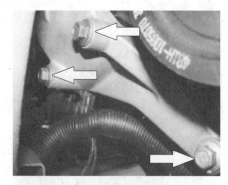

图 13-138　拆下发动机右悬置支架（一）

图 13-139　拆下发动机右悬置支架（二）

图 13-140　拆卸曲轴皮带轮

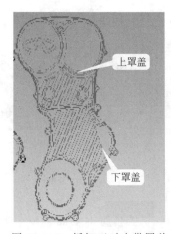

图 13-141　拆卸正时皮带罩盖

(5)拆卸正时皮带,如图 13-142 所示。松开正时皮带张紧轮中心紧固螺栓,取下正时皮带。同时松开进、排气凸轮轴带轮与凸轮轴的连接空心螺栓。

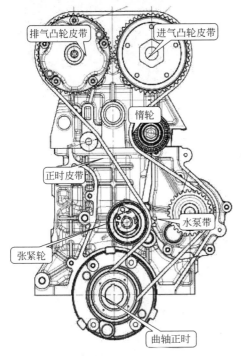

图 13-142　拆卸正时皮带

对正时皮带各处详细检查,如有图 13-143、图 13-144 所示的情况之一就更换新零件。

图 13-143　龟裂

图 13-144　异常磨损

① 背面橡胶龟裂。
② 齿根龟裂,脱离帘布层龟裂。
③ 帘布磨损、缺齿、残齿等。
④ 皮带侧面异常磨损。

即使不能确认外观的损伤,如有下列情况之一也要更换皮带。

① 水泵的水泄漏,连续出现需要加水的情况。
② 皮带上沾有较多的油渍,橡胶会膨胀受损的情况。

(6)拆下气门室罩盖,如图 13-145 所示。松开气门室罩盖的紧固螺栓,取下气门室罩盖。

图 13-145　拆下气门室罩盖

(7)凸轮轴相位的对正如图 13-146 所示。转动凸轮轴,将专用工具卡入凸轮轴传感器信号轮的偏心槽内。

图 13-146　凸轮轴相位的对正

(8)曲轴相位的对正如图 13-147 所示。拧开缸体上的堵头,将专用工具拧入,转动曲轴,直到专用工具完全卡住曲轴。此时曲

图 13-147　曲轴相位的对正

第十三章　奇瑞车系发动机正时校对维修　671

轴顺时针和逆时针都不能转动。

（9）装上正时皮带并张紧，如图13-148所示。将正时皮带按图示位置装好，用内六角扳手转动张紧轮使皮带张紧，拧紧张紧轮螺栓。紧固进、排气凸轮轴带轮与凸轮轴的紧固螺栓。力矩为120N·m±5N·m。

（10）取下校对正时用专用工具，安装气门室罩盖、正时皮带罩盖、发动机右悬置支架、发电机皮带。

图13-148 装上正时皮带并张紧

第十节 奇瑞开瑞优优车系 SQR472WF/C 发动机正时校对维修

SQR472WF/C发动机正时校对维修如下。

一、正时皮带的拆卸

（1）拆下正时皮带的外罩，如图13-149所示。

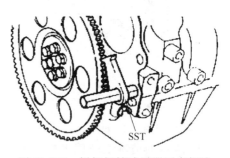

图13-150 拆卸扭转减震器固定螺栓

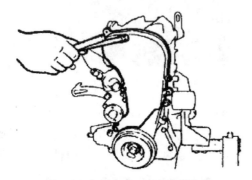

图13-149 拆下正时皮带的外罩

（2）拆卸扭转减震器。

使用专用工具来防止齿圈旋转，拆卸扭转减震器固定螺栓，如图13-150所示。此时确认曲轴正时皮带轮的记号与机油泵上的正时标记相吻合。

（3）卸下正时齿带挡板，如图13-151所示。

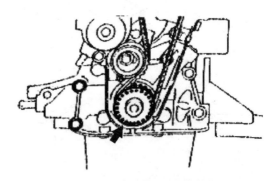

图13-151 卸下正时齿带挡板

（4）卸下张紧轮。

① 使1号气缸活塞处在压缩上止点。卸下正时罩盖，用扳手顺时针扳螺栓旋转正时齿轮，让凸轮轴正时齿轮上的正时记号与气

缸盖上的凸起标记对齐（如图13-152所示）。

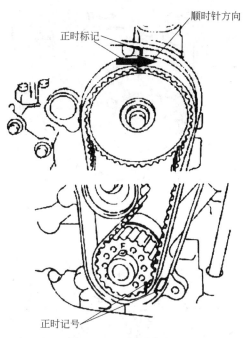

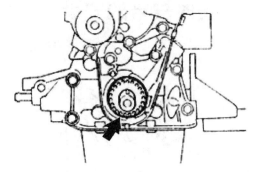

图13-154　卸下曲轴正时齿轮

（7）对正时皮带各处详细检查，如有下列情况之一或里程数达到更换条件的就更换新零件。

① 背面橡胶龟裂，如图13-155所示。

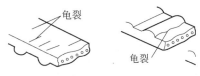

图13-155　龟裂

② 齿根龟裂，脱离帘布层龟裂。

③ 帘布磨损、缺齿、残齿等，如图13-156所示。

图13-156　磨损（一）

④ 皮带侧面异常磨损，如图13-157所示。

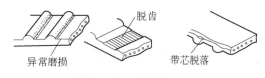

图13-157　磨损（二）

⑤ 即使不能确认外观的损伤，如下的情况之一，也要更换皮带：水泵的水泄漏，连续出现需要加水的情况；皮带上沾有较多的油渍，橡胶会膨胀受损的情况。

图13-152　对准标记

② 卸下张紧轮螺栓，卸下张紧轮，如图13-153所示。

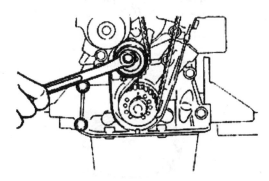

图13-153　卸下张紧轮螺栓等

（5）卸下正时齿带，绝对不能用螺丝刀等锐利工具。

使用正时皮带要注意以下几点。

① 不要在小角度内弯曲皮带，否则会导致皮带内的绳索折断。

② 因为皮带寿命较短，请不要沾上油脂和水。

③ 装上皮带后，只能顺时针旋转发动机。

（6）卸下曲轴正时齿轮，如图13-154所示。

第十三章　奇瑞车系发动机正时校对维修

二、正时皮带的安装

(1) 安装曲轴正时齿轮，如图 13-158 所示。

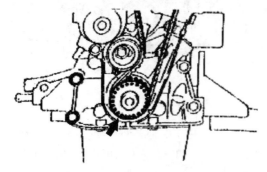

图 13-158 安装曲轴正时齿轮

(2) 正时皮带的安装（处在 1 号气缸压缩上止点位置）。

① 将凸轮轴正时齿轮套在排气凸轮轴前端，使齿轮上的定位槽与凸轮轴端面上的定位销对齐（如图 13-159 所示），然后用螺栓固定正时齿轮。

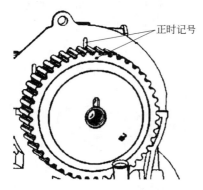

图 13-159 定位槽定位销对齐

② 确认曲轴正时皮带轮的冲印标记和油泵的标记对齐，如图 13-160 所示。

(3) 安装张紧轮，正时皮带张力调整后，安装张紧轮螺栓，按规定的转矩拧紧。按如下的要领调整正时皮带的张力安装张紧轮。

① 如图 13-161 所示，使用起子使张紧器向右摆动，使张紧轮边与水泵壳体圆弧距离为 8mm 左右，拧紧张紧轮螺栓。

② 把曲轴向顺时针方向转两周，凸轮轴正时齿轮和曲轴正时齿轮各自都吻合正时标记，然后拧紧曲轴皮带轮螺栓。

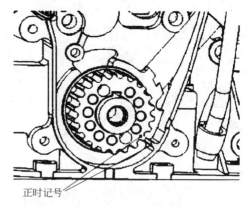

图 13-160 冲印标记和油泵的标记对齐

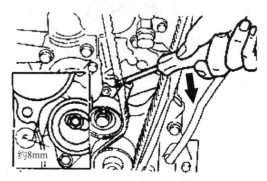

图 13-161 使用起子使张紧器向右摆动

③ 在正时皮带受拉侧的两轮中间位置，用手压下约 5mm，如图 13-162 所示。

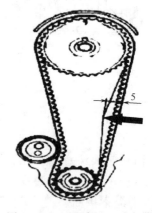

图 13-162 用手压正时皮带

注意

正时皮带的挠度达不到标准要求的时候，关键是调整上述张紧器固定螺栓放宽间隙。

（4）安装正时齿带挡板。

注意按图 13-163 所示方向安装正时齿带挡板。

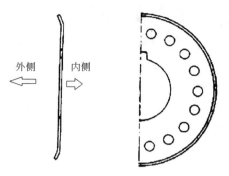

图 13-163　安装正时齿带挡板

（5）使用专用工具安装扭转减震器，如图 13-164 所示。

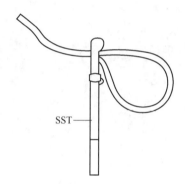

图 13-164　安装扭转减震器

无飞轮时用专用工具的齿带套住曲轴皮带轮的一部分。再用专用工具的手柄扳住不动（固定），如图 13-165 所示。注意不要使齿带转动，扭紧螺栓。

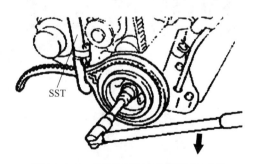

图 13-165　专用工具的手柄扳住不动

（6）有飞轮时，使用专用工具防止齿圈转动，如图 13-166 所示，然后拧紧扭转减震器螺栓。

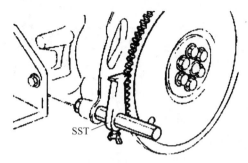

图 13-166　使用专用工具防止齿圈转动

（7）安装正时罩盖。

在图 13-167 所示的位置安装密封条。其中 1、2 处的密封条在气缸盖总成装配前安装，3 处密封条在水泵拧紧前装配。再装上正时罩盖，装配时，先用手拧入螺栓，然后拧紧。

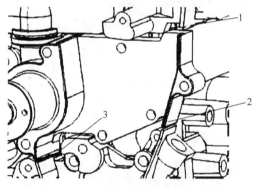

图 13-167　安装密封条

（8）安装水泵带轮，如图 13-168 所示。

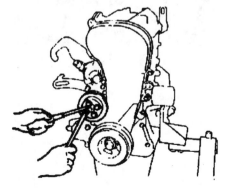

图 13-168　安装水泵带轮

第十一节
奇瑞开瑞优优车系SQR473F发动机正时校对维修

QQme轿车SQR473F发动机正时校对维修如下。

(1) 转动曲轴，使进、排气凸轮轴后部凹槽成水平线，用专用工具凸出部分插入凹槽并固定。

(2) 调整曲轴正时，如图13-169所示。

(3) 用13号套筒松开曲轴正时调整孔螺栓，如图13-170所示。

(4) 用专用工具CH-20003插入正时孔中并拧紧，如图13-171所示，用扳手转动曲轴皮带盘中的大螺母使曲轴旋转，同时慢慢拧入CH-20003，直到曲轴前后转不动为止。

凸轮轴正时校对专用工具(CH-20010)

图13-170 松开曲轴正时调整孔螺栓

图13-169 调整曲轴正时

图13-171 用专用工具插入正时孔中

第十四章 吉利车系发动机正时校对维修

第一节

吉利帝豪 EC7 车系 4G18D 发动机正时校对维修

4G18D 发动机正时链条和正时链条张紧器的更换如下。

一、正时链条的更换

（1）旋转曲轴，使 1 号气缸处于压缩上止点，拆卸正时链条罩盖，如图 14-1 所示。

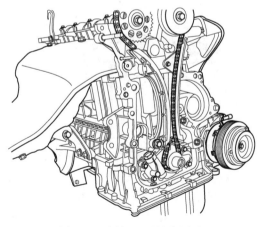

图 14-1 拆卸正时链条罩盖

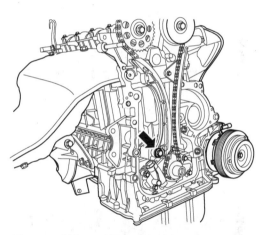

图 14-2 拆卸正时链条张紧导轨组件固定螺栓

（2）拆卸正时链条张紧导轨组件固定螺栓，如图 14-2 所示。

（3）取出正时链条张紧导轨组件，如图 14-3 所示。

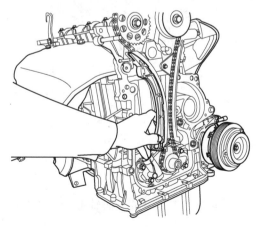

图 14-3 取出正时链条张紧导轨组件

> **注意**
> 取出过程中注意张紧器蹄块不要掉落，否则容易造成张紧器蹄块损坏！

（4）取出曲轴链轮挡圈，如图14-4所示。

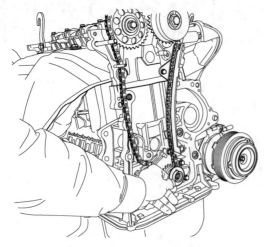

图14-4　取出曲轴链轮挡圈

（5）拆卸正时链条导向轨下固定螺栓，如图14-5所示。

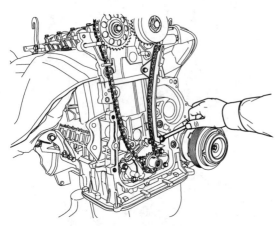

图14-5　拆卸正时链条导向轨下固定螺栓

（6）拆卸正时链条导向轨上固定螺栓，如图14-6所示。

（7）拆卸正时链条导向轨，如图14-7所示。

（8）拆卸正时链条及曲轴链轮，如图14-8所示。

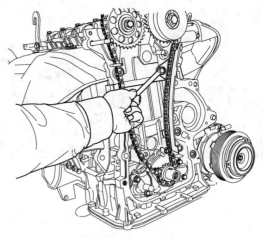

图14-6　拆卸正时链条导向轨上固定螺栓

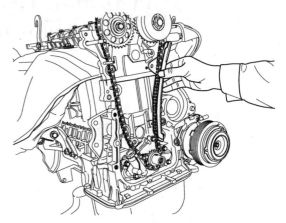

图14-7　拆卸正时链条导向轨

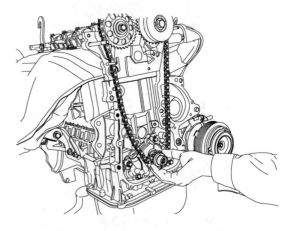

图14-8　拆卸正时链条及曲轴链轮

安装程序如下。

① 确认正时链条上的3个黄色链节1～3，如图14-9所示。

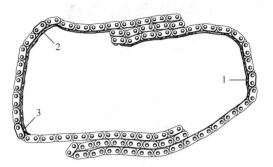

图 14-9　确认正时链条上的 3 个黄色链节

② 安装正时链条及曲轴链轮，第 1 个黄色链节对正曲轴链轮正时记号，如图 14-10 所示。

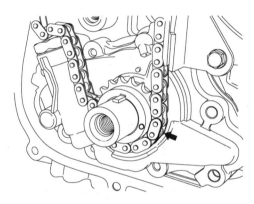

图 14-10　安装正时链条及曲轴链轮等

> **注意**
>
> 正时链条上共有三个黄色链节，其中两个黄色链节（之间相差 **6** 个链节）与进排气凸轮轴链轮正时记号对齐。

③ 使链条的第 2 个黄色链节对正进气凸轮 VVT 执行器链轮正时记号，如图 14-11 所示。

④ 使链条的第 3 个黄色链节对正排气链轮正时记号，如图 14-12 所示。

⑤ 安装正时链条导向轨组件，如图 14-13 所示。

⑥ 安装正时链条导向轨组件固定螺栓，如图 14-14 所示。

⑦ 安装张紧导轨组件，如图 14-15 所示。

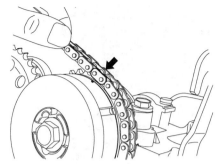

图 14-11　使链条的第 2 个黄色链节对正进气凸轮 VVT 执行器链轮正时记号

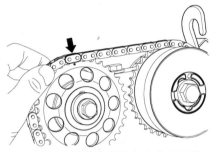

图 14-12　使链条的第 3 个黄色链节对正排气链轮正时记号

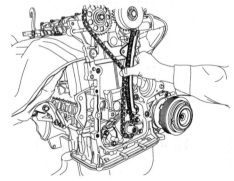

图 14-13　安装正时链条导向轨组件

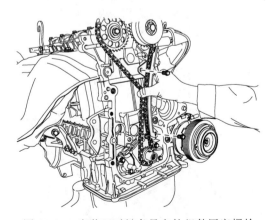

图 14-14　安装正时链条导向轨组件固定螺栓

第十四章　吉利车系发动机正时校对维修

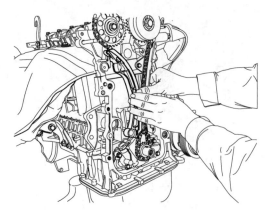

图 14-15　安装张紧导轨组件

⑧ 安装张紧导轨组件固定螺栓，如图 14-16 所示。

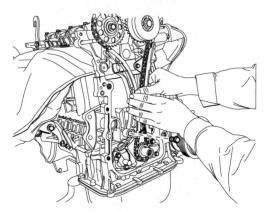

图 14-16　安装张紧导轨组件固定螺栓

⑨ 安装曲轴链轮挡圈。

⑩ 安装正时链罩盖及附件，如图 14-17 所示。

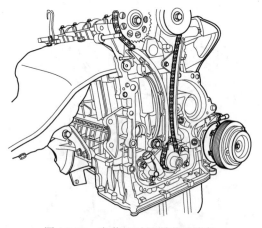

图 14-17　安装正时链罩盖及附件

二、正时链条的检查

（1）拆卸正时链条罩盖，如图 14-18 所示。

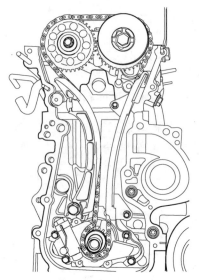

图 14-18　拆卸正时链条罩盖

（2）拆卸正时链条。

（3）检查正时链条导向轨组件是否开裂或磨损。

（4）如果在链条导向轨组件表面磨损深度超过 1mm（0.04in），则更换正时链条导向轨组件。

（5）检查正时链条张紧导轨组件是否磨损。

（6）如果在链条张紧导轨组件表面磨损深度超过 1mm（0.04in），则更换正时链条张紧导轨组件。

（7）检查正时链条和 VVT 执行器链轮是否磨损。

（8）检查排气凸轮轴链轮齿及 VVT 执行器链轮齿和链条是否有过度磨损、破损或与正时链条连杆卡死的迹象。

（9）检查曲轴正时链轮齿和链条是否有过度磨损、破损或与正时链条连杆卡死等迹象。

（10）检查正时链条张紧器是否损坏，密封垫是否完好，如果损坏，则更换正时链条张紧器及密封垫。

（11）检查正时链条润滑喷嘴工作情况，有必要时拆卸机油泵总成，检查油道，如图14-19所示。

图14-19 检查正时链条润滑喷嘴工作情况

三、正时链条张紧器的更换

（一）拆卸程序

（1）断开蓄电池负极电缆。
（2）拆卸发动机罩盖。
（3）拆卸点火线圈。
（4）拆卸气缸盖罩。
（5）旋转曲轴，如图14-20所示，使1号气缸处于上止点位置。

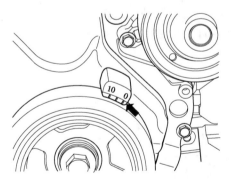

图14-20 旋转曲轴

> ✖ **注意**
> 曲轴皮带盘正时记号与正时链罩上刻度线"0"位对齐。

（6）如图14-21所示，用记号笔在进排气链轮上做好正时记号，并用专用工具GL301-022固定正时链条、专用工具GL301-018固定凸轮轴。

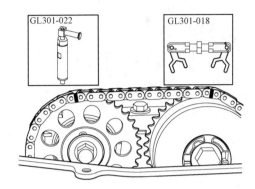

图14-21 用记号笔在进排气链轮上做好正时记号

（7）拆卸正时链条张紧器总成，如图14-22所示。

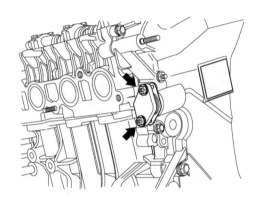

图14-22 拆卸正时链条张紧器总成

> ✖ **注意**
> 此时不能转动曲轴，以防止正时链轮滑齿。

（二）安装程序

（1）压入正时链条张紧器推杆，如图14-23所示，使张紧器进入自锁状态。

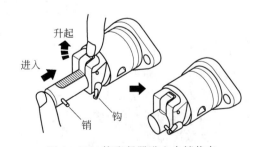

图14-23 使张紧器进入自锁状态

第十四章 吉利车系发动机正时校对维修

(2) 安装正时链条张紧器,并紧固螺母,如图14-24所示。

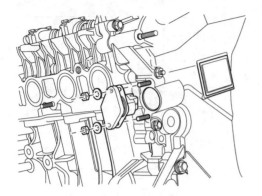

图14-24 安装正时链条张紧器

(3) 逆时针转动曲轴皮带轮,使张紧器自锁装置解除锁止,推杆弹出,如图14-25所示。

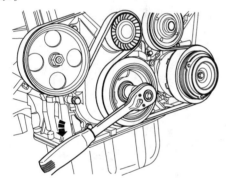

图14-25 逆时针转动曲轴皮带轮

> **注意**
> 在转动过程中用力要均匀,否则正时链条有可能造成滑齿。

(4) 确认张紧器解锁,推杆正确压紧链条张紧导轨。

> **注意**
> 如果没有正常解锁,可以利用螺丝刀反方向按压张紧导轨使张紧器解锁,如图14-26所示。

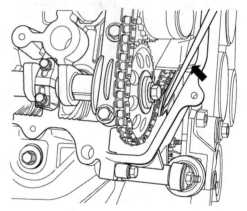

图14-26 利用螺丝刀反方向按压张紧导轨使张紧器解锁

(5) 安装气门室盖。
(6) 安装点火线圈。
(7) 安装发动机罩盖。
(8) 连接蓄电池负极电缆。

第二节
吉利远景车系 JL4G18 发动机正时校对维修

JL4G18 发动机正时调整如下。
正时链条总成的更换。
(1) 拆下发动机左底护板。
(2) 拆下发动机右底护板。
(3) 泄放冷却液。
(4) 拆下发动机塑料护罩组件。
(5) 拆下驱动皮带。
(6) 拆下动力转向泵总成。
(7) 拆下发动机总成。
(8) 拆下发动机电线束。

① 拆下点火线圈接头、PS 油压开关接头、油路控制阀接头及转速传感器接头。

② 拆下固定搭铁线的螺栓及螺母并将发动机电线束放在旁边。

（9）拆下点火线圈总成。

（10）拆下气缸盖罩组件。

① 从气缸盖罩上拆下燃油管固定夹及 2 条 PCV 软管，如图 14-27 所示。

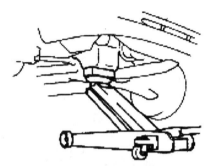

图 14-27　从气缸盖罩上拆下燃油管固定夹及 2 条 PCV 软管

② 拆下 9 个螺栓、2 个密封垫圈、气缸盖罩组件及密封垫。

（11）拆下发动机右悬置总成。

① 拆下 PS 油泵储油筒并将其置于旁边。

② 在千斤顶与发动机之间放置木块，并将千斤顶架好，然后拆下发动机右悬置总成，如图 14-28 所示。

（12）将曲轴转至 1 号缸压缩上止点的位置。

（13）拆下减震皮带轮组件。

使用专用工具拆下皮带轮螺栓，如图 14-29 所示。

使用专用工具，拆下减震皮带轮组件。

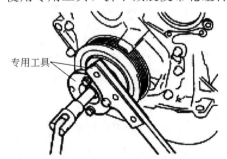

图 14-28　拆下发动机右悬置总成

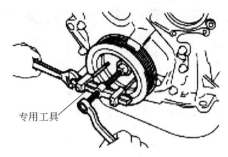

专用工具

图 14-29　拆下皮带轮螺栓

（14）拆下驱动皮带张紧器装置。

⚒ 注意

上下操作千斤顶来拆下螺栓。

（15）拆下水泵组件。

拆下 6 个螺栓及水泵组件，如图 14-30 所示。

图 14-30　拆下 6 个螺栓及水泵组件

（16）拆下发动机横梁上的发动机固定支架。

（17）拆下压缩机。

（18）拆下转速传感器。

（19）拆下紧链器组件。

⚒ 注意

在没有装紧链器组件的情况下，不可转动曲轴。

（20）拆下正时链罩组件。

① 拆下 11 个螺栓及其螺母。

② 使用星形扳手拆下双头螺栓。

③ 使用螺丝刀，从气缸盖和气缸体之间的正时链罩突出部位，将正时链罩撬开拆下。

> **注意**
>
> 小心不可损坏正时链罩、气缸盖和气缸体的接触面。

（21）拆下曲轴前油封总成。

使用螺丝刀拆下油封，如图14-31所示。

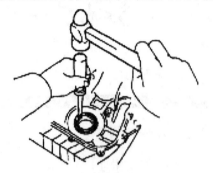

图14-31 使用螺丝刀拆下油封

（22）拆下转速传感器信号盘。

（23）拆下链条张紧轨组件。

（24）拆下链条导向轨组件。

（25）拆下正时链条。

使用2把螺丝刀将其拆下。

> **注意**
>
> ① 放置抹布以保护发动机。
> ② 在正时链条脱离链轮并转动凸轮轴的情况下，将曲轴转动1/4转，其目的是不让气门和活塞接触。

（26）安装正时链条。

① 将曲轴转至1号气缸压缩上止点的位置。

a. 从凸轮轴的六角头部位转动凸轮轴，并对正凸轮轴正时链轮上的圆点记号，如图14-32所示。

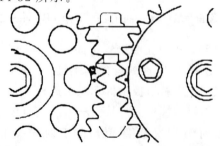

图14-32 对正凸轮轴正时链轮上的圆点记号

b. 使用减震皮带轮螺栓，转动曲轴并使曲轴上的键朝上，如图14-33所示。

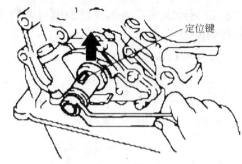

图14-33 转动曲轴并使曲轴上的键朝上

② 把正时链条安装到曲轴正时链轮上，并使有黄色记号的链节与曲轴正时链轮的正时记号对正，如图14-34所示。

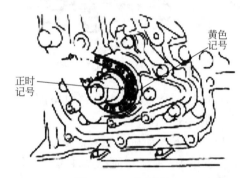

图14-34 对准标记

> **注意**
>
> 正时链条上有3个黄色的链节。

③ 使用专用工具安装曲轴正时链轮，如图14-35所示。

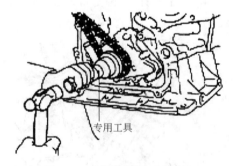

图14-35 安装曲轴正时链轮

④ 把正时链条安装到凸轮轴正时链轮上，并使有黄色记号的链节与凸轮轴正时链

轮对正，如图 14-36 所示。

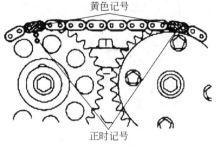

图 14-36　使有黄色记号的链节与凸轮轴正时链轮对正

（27）安装链条导向轨组件。
（28）安装链条张紧轨组件。
（29）安装转速传感器信号盘。
安装信号盘并使"F"记号朝前，如图 14-37 所示。

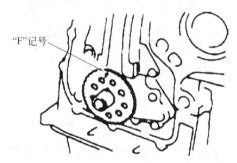

图 14-37　安装信号盘并使"F"记号朝前

（30）安装曲轴前油封总成。
① 在油封唇上涂抹少许 MP 润滑脂。
② 使用专用工具及榔头，轻轻地将新油封敲入，直到其表面，如图 14-38 所示。

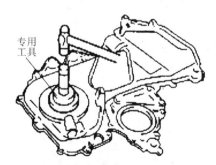

图 14-38　轻轻地将新油封敲入

注意与正时链条盖的边缘平齐。

> **注意**
> 不可让油封唇与异物接触。

（31）安装正时链罩组件。
① 从接触面上清除所有旧的密封材料。
② 如图 14-39 所示，在边缘（直径 3.5～4.5mm）上涂抹密封胶。
密封胶：硅橡胶平面密封剂 1596。

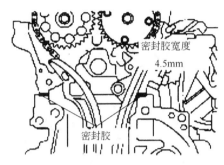

图 14-39　在边缘上涂抹密封胶

③ 使用 12 个螺栓及其螺母安装正时链罩。

> **注意**
> ① 清除接触面上所有润滑油。
> ② 涂抹密封胶后，正时链罩须在 3min 内完成装配。
> ③ 安装后 2h 内不可添加发动机机油。

（32）安装紧链器组件。
① 检查 O 形环是否清洁，如图 14-40 所示，把挂钩扣上。
② 把发动机机油涂抹在紧链器上，然后将其装上。

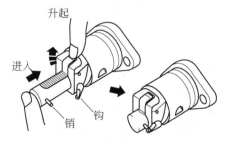

图 14-40　把挂钩扣上

> **注意**
>
> 安装紧链器时，若柱塞已弹出，则重新将挂钩扣上。

（33）安装减震皮带轮。

① 将减震皮带轮上的键槽与曲轴上的键对正，并将减震皮带轮滑入。

② 使用专用工具安装减震皮带轮螺栓，如图14-41所示。

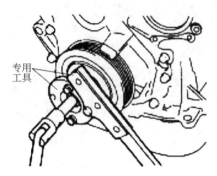

图14-41 安装减震皮带轮螺栓

③ 逆时针方向转动曲轴，以使挂钩脱离柱塞上的锁定销。

④ 顺时针转动曲轴，并检查链条张紧轨是否被柱塞推顶着。

> **提示**
>
> 若柱塞没有弹出，则可用螺丝刀或手指头将链条张紧轨压向紧链器，以使挂钩脱离锁定销并使柱塞弹出。

（34）安装转速传感器。

（35）安装发动机固定支架。

（36）安装水泵组件。

① 在水泵上安装新的O形环。

② 用6个螺栓安装水泵，如图14-42所示。

（37）安装驱动带张紧器装置。

（38）安装发动机右悬置总成。

（39）安装气缸盖罩组件。

① 把密封垫安装到气缸盖罩。

② 清除所有旧的密封材料。

③ 把密封胶涂抹在图14-43所示的位置。

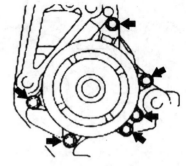

图14-42 用6个螺栓安装水泵

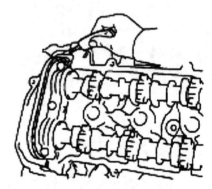

图14-43 涂抹密封胶

密封胶：硅橡胶平面密封剂1596。

> **注意**
>
> ① 清除接触面上所有润滑油。
> ② 涂抹密封胶后，正时链罩须在3min内完成装配。
> ③ 安装后，2h之内不可添加发动机机油。

④ 用9个螺栓、2个密封垫圈及2个螺母来安装气缸盖罩及拉索支架。

（40）安装点火线圈组件。

（41）安装发电机组件。

（42）添加冷却液。

（43）检查冷却液泄漏。

（44）检查机油泄漏。

第三节

吉利金刚车系 MR479Q、MR479QA、MR481QA 发动机正时校对维修

MR479Q、MR479QA、MR481QA 发动机驱动皮带的拆装如下。

（1）拆下发电机 V 带，如图 14-44 所示。

① 松开螺栓 A 和 B。

② 松开螺栓 C，拆下 V 带。

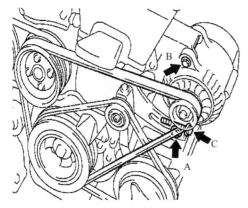

图 14-44　拆下发电机 V 带

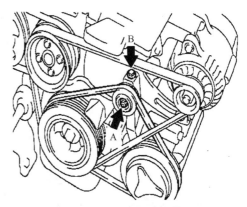

图 14-45　拆下 V 带空调压缩机到曲轴皮带轮

（2）拆下 V 带空调压缩机到曲轴皮带轮，如图 14-45 所示。

① 松开螺母 A。

② 松开螺栓 B，拆下 V 带。

（3）拆下水泵皮带，拆下 V 带。

（4）安装水泵 V 带，暂时将 V 带装在皮带轮上。

（5）调整转向助力泵 V 带，如图 14-46 所示。

① 调整动力转向皮带的张力，紧固螺栓 B。

② 紧固螺栓 A。转矩：39N·m。

（6）安装 1 号 V 带（空调压缩机到曲轴皮带轮），如图 14-45 所示。

（7）调整 1 号 V 带（空调压缩机到曲轴皮带轮）。

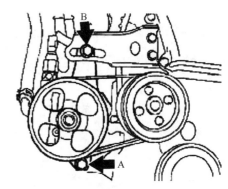

图 14-46　调整转向助力泵 V 带

① 通过紧固螺栓 B 来调整空调皮带的张力。

② 紧固螺母 A。转矩：39N·m。

（8）安装发电机 V 带，如图 14-44 所示。

（9）调整发电机 V 带。

紧固螺栓 A，然后紧固螺栓 B。

转矩：螺栓 A 为 18N·m；螺栓 B 为 58N·m。

（10）检查驱动皮带变形和张紧力。

第十五章 上海荣威车系发动机正时校对维修

第一节 上海荣威R350车系 1.5VCT发动机正时校对维修

发动机（1.5VCT）正时调整如下。

一、正时链条的拆卸

（1）举升车辆的前部。

> **警告**
> 不能在只有千斤顶的支撑的车辆下工作。必须把车辆支撑在安全的支撑物上。

（2）拧松放油螺栓，放掉机油，如图15-1所示。

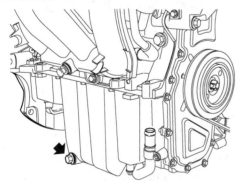

图15-1 拧松放油螺栓

（3）拆下右前车轮。
（4）拆除点火线圈。
（5）拆下凸轮轴盖。
（6）拆除机体上正时销孔安装的堵塞。
（7）盘动飞轮至飞轮销孔与机体销孔对齐。
（8）用正时销锁止专用工具TEN00002插入机体正时销孔和飞轮销孔，将飞轮锁死，如图15-2所示。

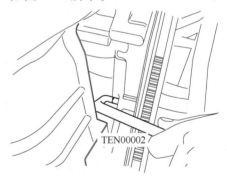

图15-2 将飞轮锁死

（9）用凸轮轴锁止专用工具TEN00004将凸轮轴相位锁止。
（10）拆下辅助传动带。
（11）拧松并取下曲轴皮带轮到曲轴上的螺栓，废弃此螺栓。
（12）取下曲轴皮带轮。
（13）用皮带轮拆装专用工具TEN00009拆卸水泵带轮，如图15-3、图15-4所示。

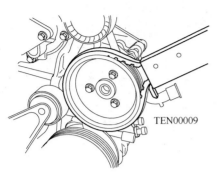

图 15-3 拆卸水泵带轮（1）

图 15-4 拆卸水泵带轮（2）

（14）拆掉正时链上盖板。

（15）拆掉正时链下盖板。

（16）拆掉正时链张紧器，并废弃密封垫圈，如图 15-5 所示。

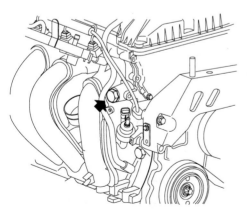

图 15-5 拆掉正时链张紧器

（17）拆掉上导轨，如图 15-6 所示。

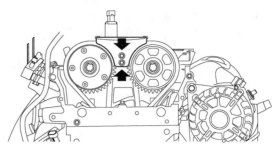

图 15-6 拆掉上导轨

（18）用机油泵链轮固定专用工具 TEN00006 拆掉机油泵链轮螺栓，如图 15-7 所示。

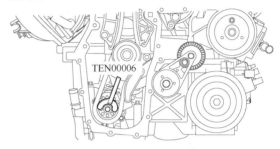

图 15-7 拆掉机油泵链轮螺栓

（19）向右张开机油泵链张器，将机油泵链轮、机油泵链条和驱动机油泵的曲轴链轮同时取下，如图 15-8、图 15-9 所示。

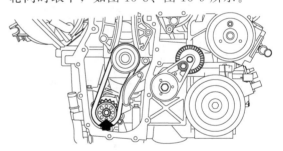

图 15-8 将机油泵链轮、机油泵链条和曲轴链轮取下（1）

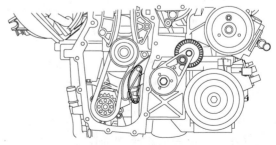

图 15-9 将机油泵链轮、机油泵链条和曲轴链轮取下（2）

(20) 拆下机油泵链条张紧器。

(21) 拆下进气调相器螺栓，并废弃。

(22) 用凸轮轴链轮固定专用工具 TEN00005 拆掉进气调相器和排气凸轮轴链轮螺栓，并废弃，如图 15-10 所示。

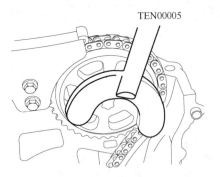

图 15-10　拆掉进气调相器和排气凸轮轴链轮螺栓

(23) 取下进气调相器和排气凸轮轴链轮，如图 15-11 所示。

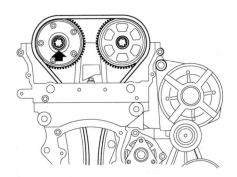

图 15-11　取下进气调相器和排气凸轮轴链轮

(24) 取下曲轴链轮和正时链条，如图 15-12 所示。

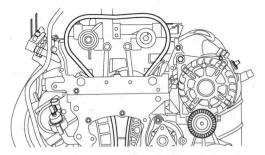

图 15-12　取下曲轴链轮和正时链条

(25) 拆掉导轨枢销，如图 15-13 所示，从链条仓上端取出张紧轨和链导轨。

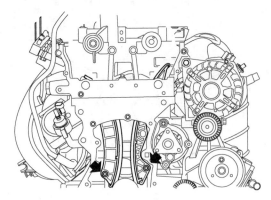

图 15-13　拆掉导轨枢销

二、正时链条的安装

(1) 拆除机体上正时销孔安装的堵塞。

(2) 盘动飞轮至飞轮销孔与机体销孔对齐。

(3) 用飞轮锁止专用工具 TEN00002 插入机体正时销孔和飞轮销孔，将飞轮锁死，如图 15-14 所示。

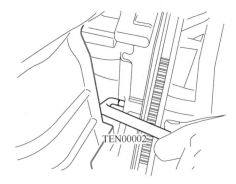

图 15-14　将飞轮锁死

(4) 用凸轮轴锁止专用工具 TEN00004 将凸轮轴相位锁止，如图 15-15 所示。

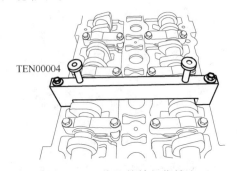

图 15-15　将凸轮轴相位锁止

(5) 装配前检查各零件是否有碰伤、油污、锈迹、脏物。如有碰伤，不得使用，如有油污，必须擦干净。

(6) 将链导轨从导轨仓右侧上端放入，分别拧入枢销，最后依次拧紧枢销，拧紧力矩为22~28N·m。

(7) 将张紧器导轨从导轨仓左侧上端放入，拧入枢销，最后拧紧枢销，拧紧力矩为22~28N·m，如图15-16所示。

并用两个螺栓固定，拧紧力矩为8~12N·m，如图15-18所示。

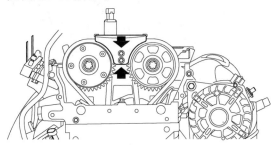

图15-18 在凸轮轴前轴承盖上装上上导轨

(11) 换上新的正时液压张紧器垫圈后，在缸盖上拧入正时液压张紧器，并拧紧，拧紧力矩为57~63N·m，如图15-19所示。

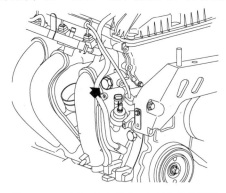

图15-19 在缸盖上拧入正时液压张紧器

图15-16 拧入枢销

(8) 在曲轴前端套入曲轴链轮-正时链；从缸盖导轨仓上端放入正时链条，链条下端套入曲轴链轮，将链条悬挂在上导轨安装凸台上。进气凸轮轴装配上进气调相器，螺栓预紧。

(9) 用凸轮轴链轮固定专用工具TEN00005将排气凸轮轴装配上凸轮轴链轮，螺栓预紧后，将链条装入两个链轮，如图15-17所示。

(12) 将进气调相器和排气凸轮轴链轮拧紧在凸轮轴上，排气凸轮轴链轮螺栓拧紧力矩为25N·m+45°，进气调相器螺栓拧紧至70~80N·m，如图15-20所示。

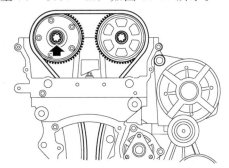

图15-20 将进气调相器和排气凸轮轴链轮拧紧在凸轮轴上

(13) 安装机油泵链条张紧器，如图15-21所示。

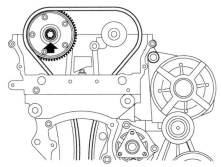

图15-17 用凸轮轴链轮固定专用工具将排气凸轮轴装配凸轮轴链轮

(10) 在凸轮轴前轴承盖上装上上导轨，

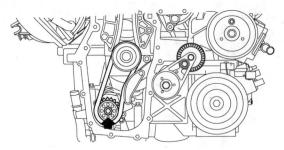

图 15-21　安装机油泵链条张紧器

(14) 将机油泵链条套在曲轴链轮上，然后将曲轴链轮-机油泵装入曲轴前端。

> **注意**
> 曲轴链轮-机油泵齿侧根部有凹坑标示，用于与曲轴链轮-正时链的区分。

(15) 将机油泵链轮套在机油泵链条上。

> **注意**
> 有产品标示的一面朝外。

(16) 转动机油泵链轮，使其中心 D 形孔对准机油泵的 D 形轴。

(17) 将机油泵链条张紧器下端向右拉动，将机油泵链轮套在机油泵轴上，并将曲轴链轮推倒底。

(18) 放开机油泵链条张紧器。

(19) 检查机油泵链条是否正确压在张紧器的导板面上。

(20) 用专用工具 TEN00006 套上机油泵链轮，拧上机油泵链轮螺栓，最后拧紧，拧紧力矩为 22～28N·m。

(21) 安装正时链下盖板。

(22) 安装正时链上盖板。

(23) 安装水泵带轮，如图 15-22 所示。

图 15-22　安装水泵带轮

(24) 安装曲轴皮带轮。

(25) 安装辅助传动带。

(26) 取下凸轮轴相位锁止的工装。

(27) 拆下飞轮正时销专用工具 TEN00002。

(28) 装好堵塞。

(29) 安装好凸轮轴盖。

(30) 安装好点火线圈。

(31) 安装好车轮。

(32) 放下车辆。

(33) 检查机油液位，如有必要添加。

第二节　上汽荣威 R550 车系发动机正时校对维修

一、1.8T（K4）发动机

（一）凸轮轴正时带的拆卸

(1) 断开蓄电池的接地端。

(2) 拆下正时带前上盖。

(3) 把发动机支撑在千斤顶上。

> **注意**
>
> 为防止对元器件的损坏，用一块木头或硬的橡胶垫在千斤顶下面。

（4）松开把动力转向储液罐固定在发动机右液压悬置上的3个螺栓，并将储液罐移到一边，如图15-23所示。

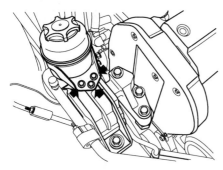

图15-23 固定动力转向储液罐

（5）拧下把发动机右液压悬置固定到发动机上的3个螺栓，如图15-24所示。

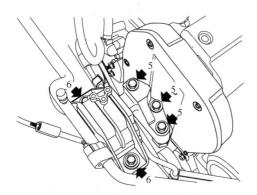

图15-24 把发动机右液压悬置固定到发动机上

（6）拧下把发动机右液压悬置固定到车身上的2个螺栓。

（7）拆下发动机右液压悬置。

（8）顺时针转动曲轴以对准凸轮轴带轮的标记，如图15-25所示。

> **注意**
>
> 千万不要用凸轮轴带轮、凸轮轴带轮螺栓或正时带来转动曲轴。

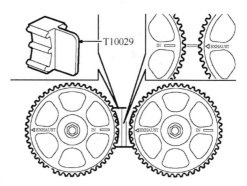

图15-25 对准凸轮轴带轮的标记

（9）装上锁止工具T10029。

（10）检查并确保曲轴皮带轮上的正时标记和正时带下前上盖的标记对准，如图15-26所示。

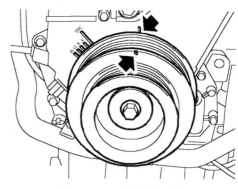

图15-26 确保标记对准

（11）拆下曲轴皮带轮。

> **注意**
>
> 拆卸曲轴皮带轮时，必须先用专用工具锁止飞轮。拆卸螺栓时不建议使用风枪，以避免产生过大的冲击。

（12）拧下2个固定PAS泵张紧轮的螺栓并拆下张紧轮，如图15-27所示。

（13）拧下3个螺钉并取下正时带前下盖和密封，如图15-28所示。

（14）拧下并废弃正时带张紧轮螺栓，并拆下张紧轮。如果还要装原来的皮带，标记下皮带上的转动方向，如图15-29所示。

（15）取下凸轮轴正时带。

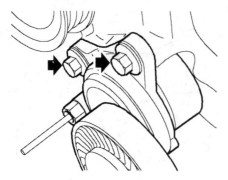

图 15-27　拧下 PAS 泵张紧轮的螺栓

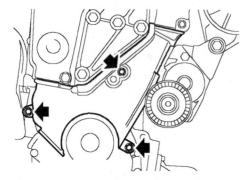

图 15-28　取下正时带前下盖和密封

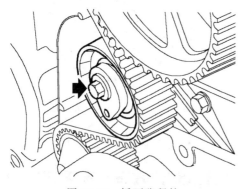

图 15-29　拆下张紧轮

(16) 从曲轴上拆下曲轴正时齿轮。

（二）凸轮轴正时带的安装

(1) 清洁正时齿轮和带轮。

> **注意**
>
> 如果烧结的带轮已经沾上了过多的机油，它们就必须泡到溶解液中，然后在安装前彻底用干净的溶解液清洗。因为烧结的带轮的多孔性结构，内含的机油会慢慢地释放出来并且会污染新的皮带。

(2) 把曲轴正时齿轮装到曲轴上。

(3) 检查曲轴齿轮上的孔和机油泵上的法兰是否对准，如图 15-30 所示。

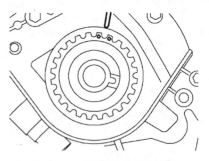

图 15-30　检查法兰是否对准

(4) 装上正时带张紧轮，固定在如时钟 9 点的位置，拧紧新的夹紧螺栓，直到刚好能移动张紧轮杆，如图 15-31 所示。

图 15-31　装上正时带张紧轮

(5) 确保凸轮轴带轮标记对准。

(6) 只能用手指装上正时带。确保皮带能在曲轴齿轮间运转，而且在安装的过程中排气凸轮轴带轮是张紧的。

> **注意**
>
> 如果装的是原来的正时带，要确保旋转方向的标记对着正确的方向。

(7) 检查并保证正时带装在所有齿轮和皮带张紧轮的中央。

(8) 清洁正时带前下盖。

(9) 把密封装到盖上。

(10) 装上正时带前下盖并把螺钉拧紧

到 9N·m。

（11）清洁 PAS 皮带张紧器和结合面。

（12）装上 PAS 皮带张紧器并拧紧螺栓至 25N·m。

（13）装上曲轴皮带轮。

（14）拿开凸轮轴带轮锁止工具 T10029。

（15）用一 6mm 的 Allen 键，逆时针方向转动张紧轮杆，并使指针和如图 15-32 所示的指针线对准。

图 15-32 对准标记

（16）如果要装原来的皮带，那么指针就必须对准，这样指针线就靠近指针的下区域，如图 15-33 所示。

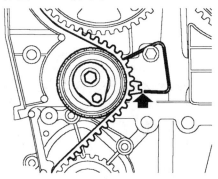

图 15-33 指针线靠近指针的下区域

（17）把张紧轮螺栓拧紧到 22N·m。

> **注意**
> 必须强调的是，指针应该从上面接近指针线。如果指针过了指针线，那就必须完全地放松张紧度，然后重新进行张紧调整程序。

（18）把扳手放到曲轴辅助皮带轮上，转动曲轴 2 整圈，对准凸轮轴带轮正时标记。

> **注意**
> 千万不要用凸轮轴带轮、凸轮轴带轮螺栓或正时带来转动曲轴。

（19）检查指针与指针线的对准情况。

（20）如果指针对得不准，松开螺栓直到刚好移动张紧轮杆。顺时针转动张紧轮杆直到张紧完全解除，然后逆时针转动张紧轮杆直到指针能与指针线正确对准。

（21）把张紧器螺栓拧紧到 22N·m。

（22）转动曲轴 2 整圈，对准正时标记。

（23）检查指针与指针线的对准情况，如果不正确，重复调整程序。

（24）装上正时带前上盖。

（25）清洁发动机右液压悬置和结合面。

（26）将发动机右液压悬置固定到车身和发动机上，装上把右液压悬置固定到车身的 2 个螺栓，并拧紧至 100N·m。

（27）装上把发动机右液压悬置固定到发动机上的 3 个螺栓，并拧紧至 100N·m。

（28）将动力转向储液罐固定到发动机右液压悬置上，并装上螺栓，拧紧至 8N·m。

（29）降低并拿开千斤顶。

（30）连上蓄电池的接地端。

二、1.8VCT（K4）发动机（旧版本）

（一）凸轮轴正时带的拆卸

（1）断开蓄电池的接地端。

（2）拆下正时带前上盖。

（3）拆下发动机右液压悬置。

（4）顺时针转动曲轴以确保曲轴皮带轮上的正时标记和正时带下前上盖的标记对准，如图 15-34 所示。

> **注意**
> 千万不要用凸轮轴带轮、凸轮轴带轮螺栓或正时带来转动曲轴。

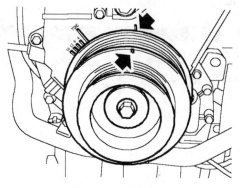

图 15-34 对准标记

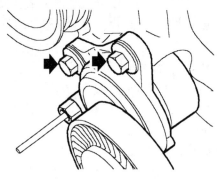

图 15-36 拆下张紧轮

(5) 拆下凸轮轴盖。

(6) 将凸轮轴锁止工具 T10038 的定位销对准凸轮轴上的定位孔，并装上 7 个缸盖螺栓固定，如图 15-35 所示。

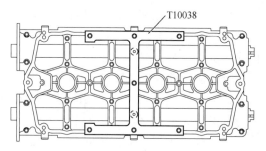

图 15-35 装上 7 个缸盖螺栓

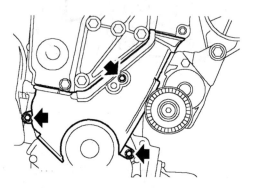

图 15-37 取下正时带前下盖和密封

(7) 拆下曲轴皮带轮。

注意

拆卸曲轴皮带轮时，必须先用专用工具锁止飞轮。拆卸螺栓时不建议使用风枪，以避免产生过大的冲击。

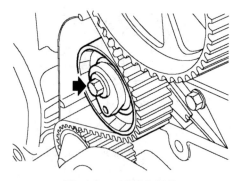

图 15-38 拆下张紧轮

(8) 拧下 2 个固定 PAS 泵张紧轮的螺栓并拆下张紧轮，如图 15-36 所示。

(9) 拧下 3 个螺钉并取下正时带前下盖和密封，如图 15-37 所示。

(10) 拧下并废弃正时带张紧轮螺栓，并拆下张紧轮，如图 15-38 所示。如果还要装原来的皮带，标记下皮带上的转动方向。

(11) 取下凸轮轴正时带。

(12) 从曲轴上拆下曲轴正时齿轮。

（二）凸轮轴正时带的安装

(1) 清洁正时齿轮和带轮。

(2) 把曲轴正时齿轮装到曲轴上。

(3) 检查曲轴齿轮上的孔和机油泵上的法兰是否对准，如图 15-39 所示。

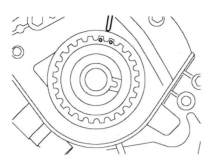

图 15-39　检查法兰是否对准

（4）装上正时带张紧轮，固定在如时钟 9 点钟的位置，拧紧新的夹紧螺栓，直到刚好能移动张紧轮杆，如图 15-40 所示。

图 15-40　装上正时带张紧轮

（5）只能用手指装上正时带。确保皮带能在曲轴齿轮间运转，而且在安装的过程中排气凸轮轴带轮是张紧的。

> **注意**
>
> 如果装的是原来的正时带，要确保旋转方向的标记对着正确的方向。

（6）检查并保证正时带装在所有齿轮和皮带张紧轮的中央。

（7）清洁正时带前下盖。

（8）把密封装到盖上。

（9）装上正时带前下盖并把螺钉拧紧到 9N·m。

（10）清洁 PAS 皮带张紧器和结合面。

（11）装上 PAS 皮带张紧器并拧紧螺栓至 25N·m。

（12）装上曲轴皮带轮。

（13）拿开 VCT 对准工具 T10038。

（14）装上凸轮轴盖。

（15）用一 6mm 的 Allen 键，逆时针方向转动张紧轮杆，并使指针和如图 15-41 所示的指针线对准。

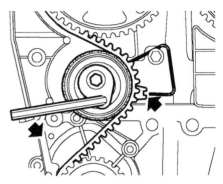

图 15-41　使指针和指针线对准

（16）如果要装原来的皮带，那么指针就必须对准，这样指针线就靠近指针的下区域，如图 15-42 所示。

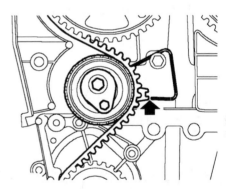

图 15-42　指针线靠近指针的下区域

（17）把张紧轮螺栓拧紧到 22N·m。

> **注意**
>
> 必须强调的是，指针应该从上面接近指针线。如果指针过了指针线，那就必须完全地放松张紧度，然后重新进行张紧调整程序。

（18）把扳手放到曲轴辅助皮带轮上，转动曲轴 2 整圈，对准凸轮轴带轮正时标记。

> **注意**
>
> 千万不要用凸轮轴带轮，凸轮轴带轮螺栓或正时带来转动曲轴。

（19）检查指针与指针线的对准情况。

（20）如果指针对得不准，松开螺栓直到刚好移动张紧轮杆。顺时针转动张紧轮杆直到张紧完全解除，然后逆时针转动张紧轮杆直到指针能与指针线正确对准。

（21）把张紧器螺栓拧紧到22N·m。

（22）转动曲轴2整圈，对准正时标记。

（23）检查指针与指针线的对准情况，如果不正确，重复调整程序。

（24）装上正时带前上盖。

（25）装上发动机右液压悬置。

（26）连上蓄电池的接地端。

三、1.8VCT（K4）发动机（新版本）

（一）凸轮轴正时带的拆卸

（1）断开蓄电池的接地端。

（2）拆下正时带前上盖。

（3）拆下发动机右液压悬置。

（4）顺时针转动曲轴以确保曲轴皮带轮上的正时标记和正时带下前上盖的标记对准，如图15-43所示。

> **注意**
>
> 千万不要用凸轮轴带轮、凸轮轴带轮螺栓或正时带来转动曲轴。

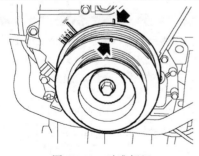

图15-43 对准标记

（5）拆下进气凸轮轴位置传感器（CMP）。

（6）拆下排气凸轮轴位置传感器（CMP）。

（7）将凸轮轴后端VCT标记粗调至图15-44所示位置。

（8）将VCT正时对准工具T10058上的凸键卡入凸轮轴的凹槽，如图15-44所示。

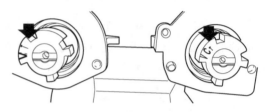

图15-44 将凸键卡入凸轮轴的凹槽

（9）拆下曲轴皮带轮，如图15-45所示。

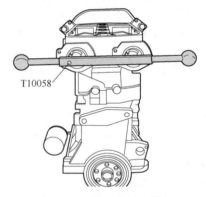

图15-45 拆下曲轴皮带轮

> **注意**
>
> 拆卸曲轴皮带轮时，必须先用专用工具锁止飞轮。拆卸螺栓时不建议使用风枪，以避免产生过大的冲击。

（10）拧下2个固定PAS泵张紧轮的螺栓并拆下张紧轮，如图15-46所示。

（11）拧下3个螺钉并取下正时带前下盖和密封，如图15-47所示。

（12）拧下并废弃正时带张紧轮螺栓，并拆下张紧轮，如图15-48所示。如果还要装原来的皮带，标记下皮带上的转动方向。

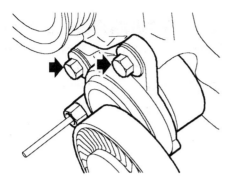

图 15-46 拧下固定 PAS 泵张紧轮的螺栓

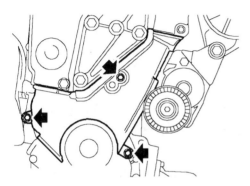

图 15-47 拧下 3 个螺钉

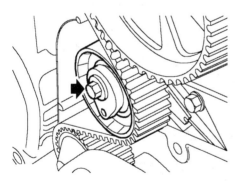

图 15-48 拆下张紧轮

(13) 取下凸轮轴正时带。
(14) 从曲轴上拆下曲轴正时齿轮。

(二) 凸轮轴正时带的安装

(1) 清洁正时齿轮和带轮。
(2) 把曲轴正时齿轮装到曲轴上。
(3) 检查曲轴齿轮上的孔和机油泵上的法兰是否对准,如图 15-49 所示。

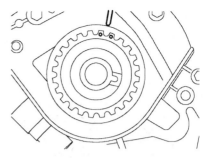

图 15-49 检查法兰是否对准

(4) 装上正时带张紧轮,固定在如时钟 9 点钟的位置,拧紧新的夹紧螺栓,直到刚好能移动张紧轮杆,如图 15-50 所示。

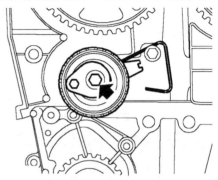

图 15-50 装上正时带张紧轮

> **注意**
>
> 如果装的是原来的正时带,要确保旋转方向的标记对着正确的方向。

(5) 检查并保证正时带装在所有齿轮和皮带张紧轮的中央。
(6) 清洁正时带前下盖。
(7) 把密封装到盖上。
(8) 装上正时带前下盖并把螺钉拧紧到 9N·m。
(9) 清洁 PAS 皮带张紧器和结合面。
(10) 装上 PAS 皮带张紧器并拧紧螺栓至 25N·m。
(11) 装上曲轴皮带轮。
(12) 拿开 VCT 对准工具 T10058。
(13) 装上排气凸轮轴位置传感器(CMP)。
(14) 装上进气凸轮轴位置传感器(CMP)。
(15) 用一 6mm 的 Allen 键,逆时针方

向转动张紧轮杆,并使指针和如图 15-51 所示的指针线对准。

图 15-51 使指针和指针线对准

(16) 如果要装原来的皮带,那么指针就必须对准,这样指针线就靠近指针的下区域,如图 15-52 所示。

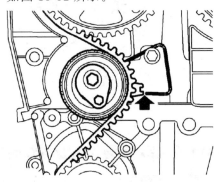

图 15-52 指针线靠近指针的下区域

(17) 把张紧轮螺栓拧紧到 22N·m。

> **注意**
> 必须强调的是,指针应该从上面接近指针线。如果指针过了指针线,那就必须完全地放松张紧度,然后重新进行张紧调整程序。

(18) 把扳手放到曲轴辅助皮带轮上,转动曲轴 2 整圈,对准凸轮轴带轮正时标记。

> **注意**
> 千万不要用凸轮轴带轮、凸轮轴带轮螺栓或正时带来转动曲轴。

(19) 检查指针与指针线的对准情况。
(20) 如果指针对得不准,松开螺栓直到刚好移动张紧轮杆。顺时针转动张紧轮杆直到张紧完全解除,然后逆时针转动张紧轮杆直到指针能与指针线正确对准。
(21) 把张紧器螺栓拧紧到 22N·m。
(22) 转动曲轴 2 整圈,对准正时标记。
(23) 检查指针与指针线的对准情况,如果不正确,重复调整程序。
(24) 装上正时带前上盖。
(25) 装上发动机右液压悬置。
(26) 连上蓄电池的接地端。

第三节 上海荣威 750 车系发动机正时校对维修

一、2.5L(KV6)发动机

(一) 前凸轮轴正时带的更换

1. 前凸轮轴正时带的拆卸

(1) 断开蓄电池的接地端。
(2) 拆下发动机机油冷却器。
(3) 拆下辅助传动带。
(4) 拆下右前部的车轮。
(5) 拆下左后凸轮轴正时带盖。
(6) 给发动机放机油。
(7) 顺时针转动曲轴,对准上面的"SAFE"位置,直到曲轴皮带轮上凹槽和前安装板上箭头的标记对准,同时如图

15-53 所示,后凸轮轴齿轮上正时标记也要对准。

(11) 松开连接发电机和蓄电池的导线接线端的软盖,如图 15-56 所示。

(12) 松开接线端的螺母,从接线端上断开导线,如图 15-56 所示。

图 15-53 后凸轮轴齿轮上正时标记

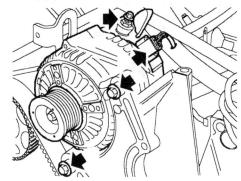

图 15-56 松开连接端的螺母

(8) 穿过下曲轴箱的内孔插入正时销 T10009,把销一直放到驱动盘内,以锁止曲轴,如图 15-54 所示。

(13) 从发电机上断开连接器的连接。

(14) 拧下 2 个固定发电机的螺栓。

(15) 松开并取下发电机。

(16) 拆下惰轮的 Torx 螺栓并拿开惰轮,如图 15-57 所示。

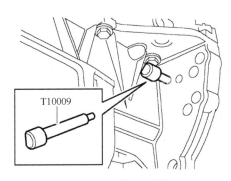

图 15-54 锁止曲轴

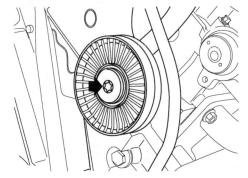

图 15-57 拆下惰轮的 Torx 螺栓并拿开惰轮

(9) 取下 3 个固定 PAS 泵皮带轮的 Torx 螺钉,拿开皮带轮。

(10) 拧开 3 个固定 PAS 泵的螺栓并把泵移到旁边,如图 15-55 所示。

(17) 拧开 3 个固定前凸轮轴正时带右盖的螺栓,如图 15-58 所示。

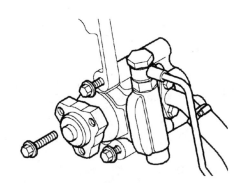

图 15-55 拧开 3 个固定螺栓

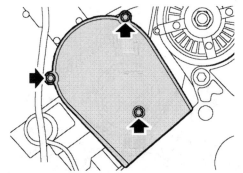

图 15-58 拧开 3 个固定前凸轮轴正时带右盖的螺栓

第十五章 上海荣威车系发动机正时校对维修

(18) 拧开 3 个固定前凸轮轴正时带左盖的螺栓,如图 15-59 所示。

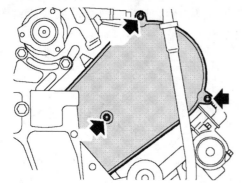

图 15-59　拧开 3 个固定前凸轮轴正时带左盖的螺栓

(19) 拿开两个前盖。

(20) 把 T10008 手柄装配到 T10017 上,如图 15-60 所示。

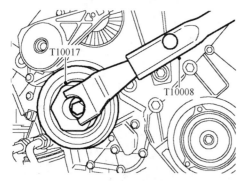

图 15-60　把 T10008 手柄装配到 T10017 上

(21) 连带 T10008 把 T10017 插入曲轴皮带轮上,松开并拿开皮带轮螺栓。

(22) 移开曲轴皮带轮。

(23) 拧开固定凸轮轴正时带下盖的 3 个螺栓并拿开盖子,如图 15-61 所示。

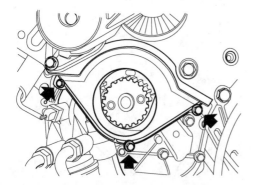

图 15-61　拧开固定凸轮轴正时带下盖的 3 个螺栓

(24) 拧下固定自动张紧轮的 2 个螺栓并拿开张紧轮,如图 15-62 所示。

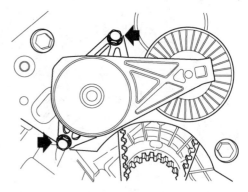

图 15-62　拧下固定自动张紧轮的 2 个螺栓

(25) 拧下把油标尺管固定到缸盖上的螺栓,从发动机油底壳拔出油标尺管,如图 15-63 所示。

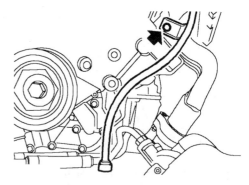

图 15-63　拧下把油标尺管固定到缸盖上的螺栓

(26) 拧下把发动机辅助支架装到缸体上的 3 个顶部螺栓,收好发动机起吊支架,如图 15-64 所示。

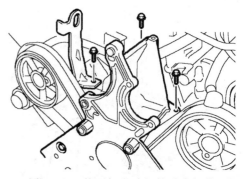

图 15-64　拧下把发动机辅助支架装到缸体上的 3 个顶部螺栓

（27）拧开把空调压缩机固定到辅助支架和缸体上的3个螺栓，移开压缩机并挂到旁边，如图15-65所示。

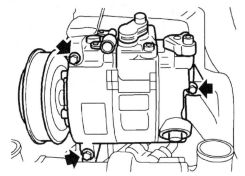

图15-65 拧开把空调压缩机固定到辅助支架和缸体上的3个螺栓

（28）松开把发动机前辅助支架固定到缸体上的5个螺栓和2个柱头螺栓，如图15-66所示。

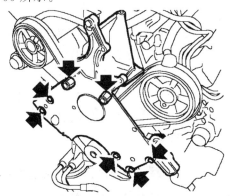

图15-66 松开5个螺栓和2个柱头螺栓

（29）松开并移开辅助支架。

（30）从正时带轮张紧器旁边取下橡胶闷盖，如图15-67所示。

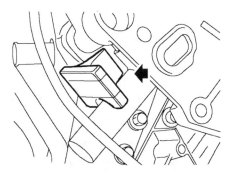

图15-67 从正时带轮张紧器旁边取下橡胶闷盖

（31）把Allen内六角扳手装到正时带张紧轮上，按图15-68所示箭头方向转扳手，释放正时带轮张紧器上的张力，拧下固定张紧器的2个螺栓。

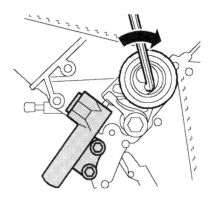

图15-68 拧下固定张紧器的2个螺栓

> **注意**
>
> 不要松开固定正时带张紧轮的Allen内六角扳手。

（32）拿开正时带轮张紧器。

（33）如果还要装这条正时带，则应该标记好皮带的转动方向。

（34）拿开正时带。

> **注意**
>
> 只能用手松开齿轮上的皮带。金属杆可能会损坏皮带和齿轮。

> **注意**
>
> 如果拿开了缸盖或要装新的正时齿轮、正时带张紧轮或冷却液泵，就要更换掉正时带。正时带必须小心储藏和搬运。一定要注意，存放正时带的时候要保证弯的半径大于50mm。千万不要用扭曲的或双叠过的正时带，因为这样会损坏强化纤维。如果在正时盖上发现有碎片，而不是灰尘，则一定不能用这样的正时带。如果正时带与发动机卡住过，则一定不要用这样的正时带。如果皮带的运行里程超过了保修保养的规定值，就不能再继续用这样的正时带。不要用被机油或冷却液污染过的正时带，检查污染原因。

(35) 取下两个排气凸轮轴的前油封，如图 15-69 所示。

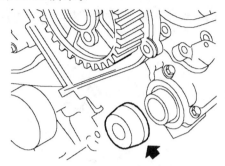

图 15-69　取下两个排气凸轮轴的前油封

(36) 把工具 T10011 装到 2 个前凸轮轴正时齿轮上，如图 15-70 所示。

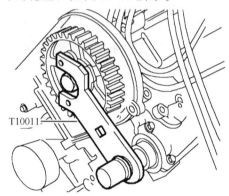

图 15-70　把工具 T10011 装到 2 个前凸轮轴正时齿轮上

> **注意**
> 当拧紧或松开齿轮固定螺栓的时候，一定要装上工具，否则，可能会损坏凸轮轴。

(37) 拆下固定前凸轮轴正时齿轮的螺栓，并废弃。

(38) 取下工具 T10011。

(39) 取下凸轮轴正时齿轮和轮毂总成。

2. 前凸轮轴正时带的安装

(1) 清洁凸轮轴正时齿轮，轮毂和皮带轮。

(2) 把轮毂装到凸轮轴正时齿轮上，把齿轮装到凸轮轴上。装上新的螺栓并可靠地拧紧以保证齿轮能转动但不倾斜。

(3) 把正时带定位到齿轮上。

> **注意**
> 如果装的是原来的正时带，要确保旋转方向的标记对着正确的方向。

(4) 把工具 T10011 装到 2 个前凸轮轴正时齿轮上，如图 15-71 所示。

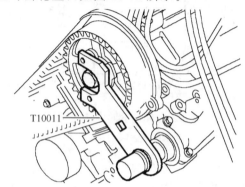

图 15-71　把工具 T10011 装到 2 个前凸轮轴正时齿轮上

(5) 顺时针充分转动两个前凸轮轴正时齿轮，从发动机前方看为顺时针。

(6) 用手把正时带装到正时齿轮上，从曲轴正时齿轮开始，按逆时针方向操作，操作的时候应该越紧越好，逆时针方向装驱动皮带应该间隙最小。

> **注意**
> 为了避免装的时候，正时带不能很好地与曲轴齿轮啮合，在皮带和机油泵皮带的导向部分之间装个合适的楔。

(7) 用虎钳慢慢地压下正时带张紧器的柱塞，装上合适的销钉，直径 1.5mm，以保持住柱塞，如图 15-72 所示。

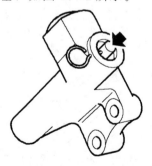

图 15-72　慢慢地压下正时带张紧器的柱塞

(8) 清洁正时带张紧器螺栓并给前3个螺纹涂上 Loctite242 胶。

(9) 用 Allen 内六角扳手把正时带张紧轮顶靠住皮带。

(10) 装上正时皮带张紧器，装上螺栓并拧紧到 25N·m。

(11) 松开正时皮带张紧轮并从张紧器上拔出销钉。

(12) 装上张紧器旁的橡胶闷盖。

(13) 拧紧前凸轮轴齿轮螺栓到 27N·m，然后再拧 90°。

(14) 拿开工具 T10011。

(15) 从正时带和机油泵皮带导向之间拿开楔。

(16) 固定发动机前辅助支架并快速地把支架固定到位。

(17) 按图 15-73 所示的顺序装上螺栓并拧紧，M10 的柱头螺栓拧到 45N·m，M12 螺栓拧到 85N·m。

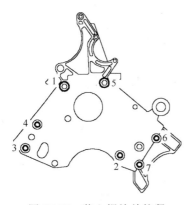

图 15-73　装上螺栓并拧紧

(18) 固定发动机起吊支架，装上把辅助支架固定到缸体上的顶部螺栓并拧紧到 45N·m。

(19) 把空调压缩机固定到辅助支架和缸体上，装上螺栓并拧紧至 25N·m。

(20) 装上发动机机油冷却器。

(21) 装上自动张紧轮，装上螺栓并拧紧到 25N·m。

(22) 清洁正时带下盖。

(23) 装上盖子，并拧紧 3 个螺栓至 9N·m。

(24) 从驱动盘和下曲轴箱上拿开 T10009 正时销。

(25) 清洁曲轴皮带轮。

(26) 把曲轴皮带轮装到曲轴正时齿轮上，确保皮带轮上的凹痕对准曲轴正时齿轮上的凸缘。

(27) 装上曲轴皮带轮螺栓和垫圈，将 T10008 和 T10017 装到曲轴皮带轮上并把螺栓拧紧到 160N·m。

(28) 从曲轴皮带轮上拿开 T10008 和 T10017。

(29) 清洁排气凸轮轴前油封的安装处，并装上新的油封。

> **注意**
> 油封的密封边和结合面必须先清洁并弄干。

(30) 清洁辅助皮带张紧器皮带轮，装上张紧器，装上螺栓并拧紧到 25N·m。

(31) 清洁油标尺管，并插到油底壳上。

(32) 把油标尺管固定到缸体上，装上螺栓并拧紧至 10N·m。

(33) 装上右前和左前正时带盖，装上螺栓并拧紧到 4N·m。

(34) 清洁惰轮皮带轮，把皮带轮固定到发动机前辅助支架上并拧紧 Allen 螺栓到 45N·m。

(35) 装上发电机，拧紧 M10 的螺栓至 45N·m，M8 的螺栓至 25N·m。

(36) 连接发电机连接器。

(37) 把蓄电池导线连到发电机上，装上螺母并拧紧到 8N·m，装上接线柱盖。

(38) 把 PAS 泵定位到辅助支架上，装上螺栓并拧紧至 25N·m。

(39) 固定 PAS 泵皮带轮并装上螺钉。

(40) 装上左后凸轮轴正时带盖。

(41) 拧紧 PAS 泵皮带轮 Torx 螺钉到 9N·m。

(42) 装上右前轮并把螺栓拧紧到 125N·m。

(43) 放下车辆,拿走支撑。

(44) 连上蓄电池的接地端。

(二) 左后凸轮轴正时带的更换

1. 左后凸轮轴正时带的拆卸

(1) 断开蓄电池的接地端。

(2) 拆下左后凸轮轴正时带盖。

(3) 抬高车辆的前部。

> **警告**
>
> 不能在只有千斤顶支撑的车下面或上面工作。一定把车子支撑在安全的支撑物上。

(4) 拆下右前部的车轮。

(5) 顺时针转动曲轴,对准上面的"SAFE"位置,直到曲轴皮带轮上凹槽和前安装板上箭头的标记对准,同时,如图15-74所示,后凸轮轴齿轮上正时标记也要对准。

图15-74 对准后凸轮轴齿轮上正时标记

(6) 穿过下曲轴箱的内孔插入正时销T10009,把销一直放到驱动盘内,以锁止曲轴,如图15-75所示。

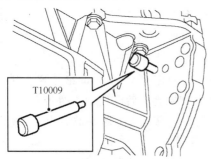

图15-75 插入正时销T10009

(7) 从缸盖上拿开左前排气凸轮轴油封并废弃,如图15-76所示。

图15-76 从缸盖上拿开左前排气凸轮轴油封

(8) 如图15-77所示,把T10003固定到后凸轮轴齿轮上,拧下把齿轮固定到凸轮轴上的螺栓并废弃。

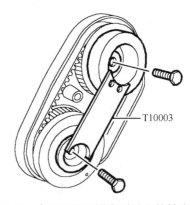

图15-77 把T10003固定到后凸轮轴齿轮上

(9) 以整体的方式拿开后凸轮轴齿轮和正时带。

(10) 如果还要装这个正时带,则应该标记好正时带的转动方向。

(11) 从凸轮轴齿轮上拿开T10003,从齿轮上拿开正时带。

> **注意**
>
> 拿掉正时带后,不用转动曲轴或凸轮轴。

> **注意**
>
> 只可以用手松开齿轮上的皮带。金属杆可能会损坏皮带和齿轮。

注意

如果正时带的运行里程超过了保修保养的规定值，就不能再继续使用此正时带。如果扭曲过了或双折过，就不能用这个正时带了，因为这会破坏纤维的结构。正时带必须小心储藏和运输。一定要注意，存放正时带的时候要保证边缘的弯曲半径大于 **50mm**。不能使用被机油污染过的正时带。机油污染会改变正时带的化学结构。消除造成油污原因。

2. 左后凸轮轴正时带的安装

（1）清洁凸轮轴齿轮和凸轮轴结合面。

（2）把齿轮倒置于平面，注意放置齿轮时定位凸台，如图 15-78 所示。

图 15-78　放置齿轮

（3）把正时带定位到齿轮上，如图 15-79 所示。

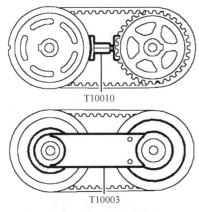

图 15-79　把正时带定位到齿轮上

（4）把 T10010 固定到齿轮之间，充分地转动中心螺母以张紧正时带，把 T10003 固定到凸轮轴齿轮上，从凸轮轴齿轮之间拿开 T10010。

（5）把 T10012 对准销装进每个凸轮轴的端头里，如图 15-80 所示。

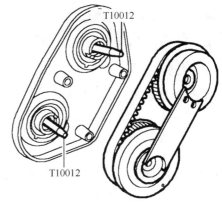

图 15-80　把 T10012 对准销装进每个凸轮轴的端头里

（6）正时带和齿轮穿过 T10012，并固定到凸轮轴上。

（7）把 T10026 装进左排气凸轮轴的前端，如图 15-81 所示。

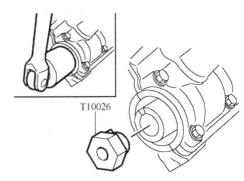

图 15-81　把 T10026 装进左排气凸轮轴的前端

（8）在 T10026 上用一 30mm 的套筒，充分转动左排气凸轮轴以使凸轮轴齿轮对准每个凸轮轴的驱动切槽。

（9）拿开 T10012 对准销，装上新的凸轮轴齿轮固定螺栓。

（10）把凸轮轴齿轮螺栓拧紧至 27N·m，然后再拧 90°。从凸轮轴齿轮上拿开 T10003。

（11）清洁左排气凸轮轴油封的凹槽，并装上新的油封。

（12）装上左后凸轮轴正时带盖。

（13）从驱动盘和下曲轴箱上拿开 T10009 正时销。

（14）装上车轮并把螺栓拧紧到 125N·m。

（15）放下车辆，拿走支撑。

（16）连上蓄电池的接地端。

（三）右后凸轮轴正时带的更换

1. 右后凸轮轴正时带的拆卸

（1）拆下右后凸轮轴正时带盖。

（2）升高车辆的前部。

 警告

不能在只有千斤顶支撑的车下或车上工作。一定把车子支撑在安全的支撑物上。

（3）拆下右前部的车轮。

（4）顺时针转动曲轴，对准上面的"SAFE"位置，直到曲轴皮带轮上凹槽和前安装板上箭头的标记对准，同时，如图15-82所示，后凸轮轴齿轮上正时标记也要对准。

图 15-82　后凸轮轴齿轮上正时标记

（5）穿过下曲轴箱的内孔放入正时销T10009，把销一直放到驱动盘内，以锁止曲轴，如图15-83所示。

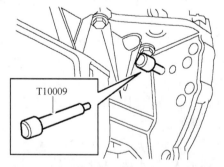

图 15-83　穿过下曲轴箱的内孔放入正时销 T10009

（6）从缸盖上拿开右前排气凸轮轴油封并废弃，如图15-84所示。

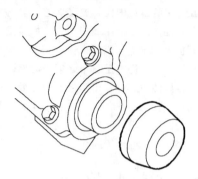

图 15-84　拿开右前排气凸轮轴油封

（7）如图15-85所示，把T10003固定到后凸轮轴齿轮上，拧下把齿轮固定到凸轮轴上的螺栓并废弃。

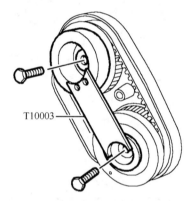

图 15-85　把 T10003 固定到后凸轮轴齿轮上

（8）以整体的方式取下后凸轮轴齿轮和正时带。

（9）如果还要装这个正时带，则应该标记好皮带的转动方向。

（10）从凸轮轴齿轮上拿开T10003，从齿轮上拿开正时带。

 注意

只可用手松开齿轮上的皮带。金属杆可能会损坏皮带和齿轮。

 注意

拿掉正时带后，不要转动曲轴或凸轮轴。

> **注意**
>
> 如果正时带的运行里程超过了保修保养的规定值，就不能再继续使用此正时带。如果扭曲过了或双折过，就不能用这个正时带了，因为这会破坏纤维的结构。正时带必须小心储藏和运输。一定要注意，存放正时带的时候要保证边缘的弯曲半径大于 50mm。不能使用被机油污染过的正时带。机油的污染肯定会改变正时带的化学结构。消除造成油污原因。

2. 右后凸轮轴正时带的安装

（1）清洁凸轮轴齿轮和凸轮轴结合面。

（2）把齿轮倒置于平面，注意放置齿轮时定位凸台，如图 15-86 所示。

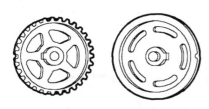

图 15-86　放置齿轮

（3）把凸轮轴正时带定位到齿轮上，如图 15-87 所示。

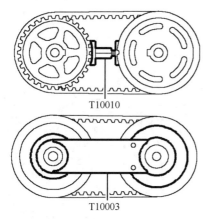

图 15-87　把凸轮轴正时带定位到齿轮上

（4）把 T10010 固定到齿轮之间，充分地转动中心螺母以张紧正时带，把 T10003 固定到凸轮轴齿轮上，从凸轮轴齿轮之间拿开 T10010。

（5）把 T10012 对准销装进每个凸轮轴的端部，如图 15-88 所示。

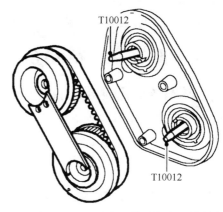

图 15-88　把 T10012 对准销装进每个凸轮轴的端部

（6）正时带和齿轮穿过 T10012，并固定到凸轮轴上。

（7）把 T10026 装进右排气凸轮轴的前端，如图 15-89 所示。

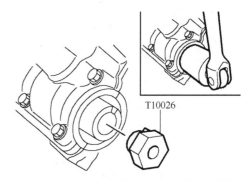

图 15-89　把 T10026 装进右排气凸轮轴的前端

（8）在 T10026 上用一 30mm 的套筒，充分转动右排气凸轮轴以使凸轮轴齿轮对准每个凸轮轴的驱动切槽。

（9）拿开 T10012 对准销，装上新的凸轮轴齿轮固定螺栓。

（10）把凸轮轴齿轮螺栓拧紧至 27N·m，然后再拧 90°。从凸轮轴齿轮上拿开 T10003。

（11）清洁右排气凸轮轴油封的凹槽，并装上新的油封。

（12）装上右后凸轮轴正时带盖。

（13）从驱动盘和下曲轴箱上拿开 T10009 正时销。

(14) 装上车轮并把螺栓拧紧到 125N·m。

(15) 放下车辆,拿走支撑。

(16) 连上蓄电池的接地端。

二、1.8T(K4) 发动机

(一) 凸轮轴正时带的拆卸

(1) 断开蓄电池的接地端。

(2) 拆下正时带前上盖。

(3) 把发动机支撑在千斤顶上。

注意

为防止对元器件的损坏,用一块木头或硬的橡胶垫在千斤顶下面。

(4) 松开把右上系杆固定到发动机右托架上的螺栓,如图 15-90 所示。

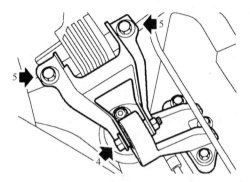

图 15-90 右上系杆固定到发动机右托架上的螺栓

(5) 拧下把发动机右上系杆固定到发动机右系杆上的 2 个螺栓。

(6) 拧下把发动机右托架固定到液压悬置上的螺母,如图 15-91 所示。

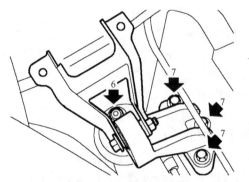

图 15-91 把发动机右托架固定到液压悬置上的螺母

(7) 拧下把发动机右托架固定到发动机上的 3 个螺栓。

(8) 拆下发动机右托架和右上系杆总成。

(9) 顺时针转动曲轴以对准凸轮轴带轮的标记,如图 15-92 所示。

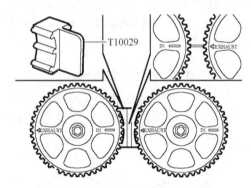

图 15-92 对准凸轮轴带轮的标记

注意

千万不要用凸轮轴带轮、凸轮轴带轮螺栓或正时带来转动曲轴。

(10) 装上锁止工具 T10029。

(11) 检查并确保曲轴皮带轮上的正时标记和正时带下前上盖的标记对准,如图 15-93 所示。

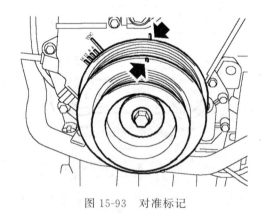

图 15-93 对准标记

(12) 拆下曲轴皮带轮。

(13) 拧下 2 个固定 PAS 泵张紧轮的螺栓并拆下张紧轮,如图 15-94 所示。

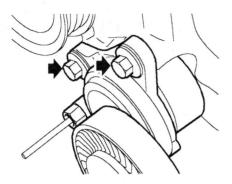

图 15-94 固定 PAS 泵张紧轮的螺栓

（14）拧下 3 个螺钉并取下正时带前下盖和密封，如图 15-95 所示。

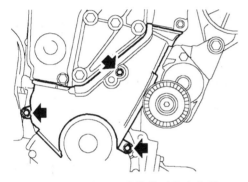

图 15-95 取下正时带前下盖和密封

（15）拧下并废弃掉正时带张紧轮螺栓，并拆下张紧轮。如果还要装原来的皮带，标记下皮带上的转动方向，如图 15-96 所示。

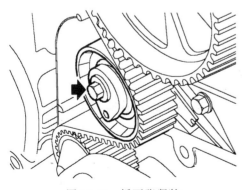

图 15-96 拆下张紧轮

（16）取下凸轮轴正时带。

> **注意**
> 只能用手指松开凸轮轴带轮上的皮带。金属器具可能会损坏皮带和带轮。

> **注意**
> 如果拆下缸盖或安装了新的正时齿轮和带轮、张紧轮或冷却泵，就要更换掉正时带。正时带必须小心储藏和处理。要注意，存放正时带的时候要保证边的半径大于 50mm。千万不要用扭曲过的或对折过的正时带，因为这样会损坏强化纤维。如果在正时带上发现有碎片，而不是灰尘，则这样的正时带不能使用。如果正时带与发动机卡住过，则这样的正时带不能使用。如果正时带的运行里程超过了保修保养的规定值，也不能再使用此正时带。不要用被机油或冷却液污染过的皮带，被污染过会改变它们的化学结构。

（17）从曲轴上拆下曲轴正时齿轮。

（二）凸轮轴正时带的安装

（1）清洁正时齿轮和带轮。

（2）把曲轴正时齿轮装到曲轴上。

（3）检查曲轴齿轮上的孔和机油泵上的法兰是否对准。

（4）装上正时带张紧轮，固定在如时钟 9 点的位置，拧紧新的夹紧螺栓，直到刚好能移动张紧轮杆。

（5）确保凸轮轴带轮标记对准。

（6）只能用手指装上正时带。确保正时带能在曲轴齿轮间运转，而且在安装的过程中排气凸轮轴带轮是张紧的。

> **注意**
> 如果装的是原来的正时带，要确保旋转方向的标记对着正确的方向。

（7）检查并保证正时带装在所有齿轮和皮带张紧轮的中央。

（8）清洁正时带前下盖。

（9）把密封装到盖上。

（10）装上正时带前下盖并把螺钉拧紧

到 9N·m。

（11）清洁 PAS 皮带张紧器和结合面。

（12）装上 PAS 皮带张紧器并拧紧螺栓至 25N·m。

（13）装上曲轴皮带轮。

（14）拿开凸轮轴带轮锁止工具 T10029。

（15）用一 6mm 的 Allen 键，逆时针方向转动张紧轮杆，并使指针和指针线对准。

（16）如果要装原来的皮带，那么指针就必须对准，这样指针线就靠近指针的下区域。

（17）把张紧轮螺栓拧紧到 22N·m。

> **注意**
> 必须强调的是，指针应该从上面接近指针线。如果指针过了指针线，那就必须完全地放松张紧度，然后重新张紧调整程序。

（18）把扳手放到曲轴辅助皮带轮上，转动曲轴 2 整圈，对准凸轮轴带轮正时标记。

> **注意**
> 千万不要用凸轮轴带轮、凸轮轴带轮螺栓或正时带来转动曲轴。

（19）检查指针与指针线的对准情况。

（20）如果指针对得不准，松开螺栓直到刚好移动张紧轮杆。顺时针转动张紧轮杆直到张紧完全解除，然后逆时针转动张紧轮杆直到指针能与指针线正确对准。

（21）把张紧器螺栓拧紧到 22N·m。

（22）转动曲轴 2 整圈，对准正时标记。

（23）检查指针与指针线的对准情况，如果不正确，重复调整程序。

（24）装上正时带前上盖。

（25）清洁发动机右托架和结合面。

（26）装上发动机右托架和右上系杆总成到发动机上，装上右托架到发动机的螺栓并拧紧至 100N·m。

（27）装上把发动机右托架固定到液压悬置上的螺母并拧紧至 85N·m。

（28）装上 2 个把右上系杆固定到右系杆上的螺栓，但先不要拧紧。

（29）拧紧把发动机右上系杆固定到发动机右托架上的螺栓到 100N·m。

（30）降低并拿开千斤顶。

（31）拧紧 2 个把右上系杆固定到右系杆上的螺栓到 85N·m。

（32）连上蓄电池的接地端。

第四节

上海荣威 W5 车系 G32D 发动机正时校对维修

一、正时系统结构

正时系统结构如图 15-97 所示。

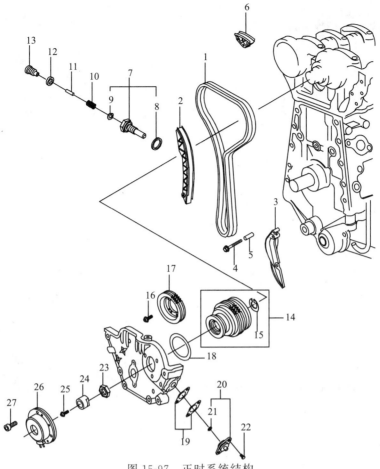

图 15-97 正时系统结构

1—正时链；2—导轨；3—滑轨；4,16,22,25,27—螺栓；5—定位销；6—上导轨总成；7—正时链张紧器；8—密封环；9—卡环；10—压缩弹簧；11—销；12—密封圈；13—旋塞总成；14—调节器；15—锁环；17—凸轮轴链轮；18,21—O 形圈；19—垫片；20—凸轮轴位置传感器；23—螺母；24—执行器；26—凸轮轴执行器磁铁

二、V 形皮带轮

V 形皮带轮如图 15-98 所示。

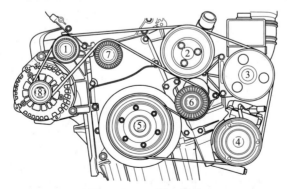

图 15-98 V 形皮带轮

1,7—惰轮；2—水泵皮带轮；3—动力转向泵皮带轮；4—空调压缩机皮带轮；
5—曲轴皮带轮；6—张紧器皮带轮；8—发电机皮带轮

三、正时链的拆卸

(1) 拆卸气缸盖罩。

(2) 拆卸火花塞。

(3) 把1缸定位在TDC（OT）位置上，如图15-99所示。

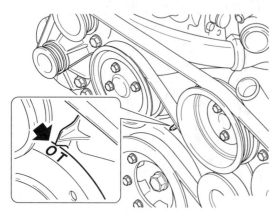

图15-99 把1缸定位在TDC（OT）位置上

(4) 把定位销插入进、排气凸轮轴突缘内，如图15-100所示。

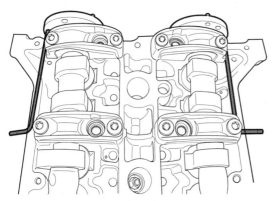

图15-100 把定位销插入到进、排气凸轮轴突缘内

(5) 拆卸正时链张紧轮。

(6) 如图15-101所示，在凸轮轴链轮两侧嵌入楔子。

(7) 用干净的软布盖住链壳，用研磨机磨削掉进气凸轮轴链轮处的正时链销，如图15-102所示。

(8) 用螺丝刀拆卸外板，并拆卸连接板，如图15-103所示。

(9) 用连接板、中央板（厚度为

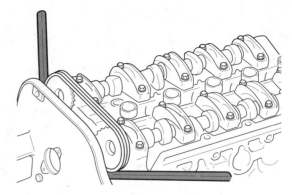

图15-101 在凸轮轴链轮两侧嵌入楔子

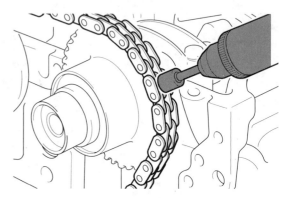

图15-102 削掉进气凸轮轴链轮处的正时链销

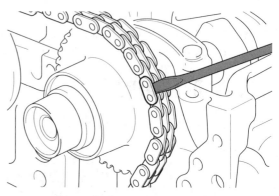

图15-103 用螺丝刀拆卸外板

1.6mm）和外板把新的正时链连接到旧正时链上，如图15-104所示。

(10) 在沿远离排气凸轮轴链轮的方向按压新正时链，以免在新正时链缠结的状态下，向发动机旋转方向转动曲轴。

(11) 从正时链壳中取出用过的旧正时链。

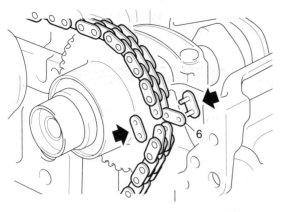

图 15-104 把新的正时链连接到旧正时链上

（12）用连接板和中央板连接新正时链的两个隔板，如图 15-105 所示。

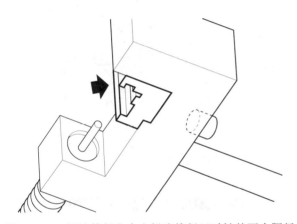

图 15-105 用连接板和中央板连接新正时链的两个隔板

（13）如图 15-106 所示，把爪和推力片安装到组装工具上。

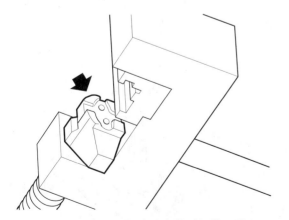

图 15-106 把爪和推力片安装到组装工具上

（14）把外板（厚度为 1.2mm）放到推力片内侧，如图 15-107 所示。

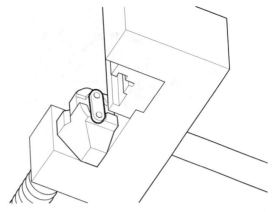

图 15-107 把外板（厚度为 1.2mm）放到推力片内侧

（15）把链总成安装到连接板上，并拧紧轴销，直到感觉受阻为止，如图 15-108 所示。

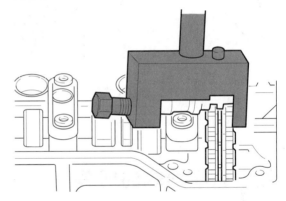

图 15-108 把链总成安装到连接板上

（16）放置链总成。

（17）如图 15-109 所示，更换推力片。

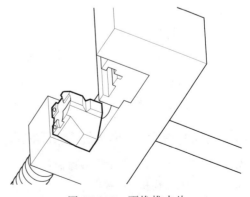

图 15-109 更换推力片

第十五章　上海荣威车系发动机正时校对维修

(18) 把链总成安装到连接板销上，并拧紧轴销，如图15-110所示。

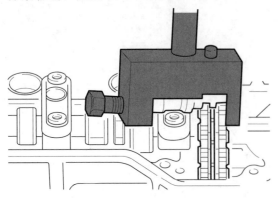

图15-110　把链总成安装到连接板销上

(19) 铆接连接板销。检查状态，如有必要重新铆接，如图15-111所示。

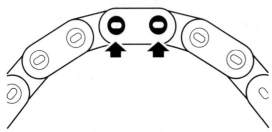

图15-111　铆接连接板销

(20) 安装正时链张紧轮。
(21) 检查凸轮轴正时位置。

四、张紧导轨的拆装

（一）拆卸

(1) 拆卸正时齿轮箱盖。
(2) 用涂料在凸轮轴链轮和正时链上做安装标记（箭头）。
(3) 拆卸排气凸轮轴链轮。
(4) 从张紧导轨销上拆卸张紧导轨。

（二）安装

(1) 安装张紧导轨。

> **注意**
> 如果塑料导槽损坏，应更换。安装时，一定要准确对正塑料导槽和张紧导轨。

(2) 安装排气凸轮轴链轮。
(3) 检查凸轮轴正时位置。
(4) 安装正时齿轮箱盖。

五、曲轴链轮的拆装

（一）拆卸

(1) 拆卸油底壳。
(2) 拆卸张紧导轨。
(3) 拆卸曲轴箱导轨。
(4) 在曲轴链轮和正时链上用涂料（箭头）做对正标记，如图15-112所示。

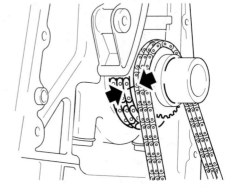

图15-112　在曲轴链轮和正时链上用涂料（箭头）做对正标记

> **注意**
> 安装时，将曲轴链轮上的对正标记与正时链上的对正标记对齐。安装正时链时，把凸轮轴链轮上的对正标记与正时链上的对正标记对齐。

(5) 拧下螺栓，从机油泵上拆下机油泵链轮，如图15-113所示。

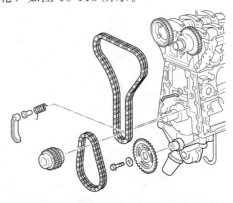

图15-113　从机油泵上拆下机油泵链轮

(6) 拆卸机油泵传动链。

(7) 拆卸机油泵正时链张紧器、正时链轴套和机油泵正时链弹簧。

(8) 用曲轴链轮拉拔器 T10056 拆卸曲轴链轮，如图 15-114 所示。

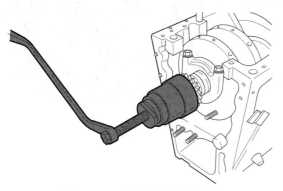

图 15-114　用曲轴链轮拉拔器
T10056 拆卸曲轴链轮

(9) 拆卸时，不要丢失曲轴皮带轮键。

（二）安装

(1) 对曲轴链轮进行加温后安装。

(2) 安装机油泵正时链张紧器。

(3) 安装正时链轴套和机油泵正时链弹簧。

(4) 安装机油泵传动链。

(5) 安装机油泵链轮。

(6) 安装曲轴箱导轨。

(7) 安装张紧导轨。

(8) 安装油底壳。

第十六章 东风悦达起亚车系发动机正时校对维修

第一节 东风悦达起亚赛拉图车系发动机正时校对维修

一、1.6L（DOHC）发动机

1.6L（DOHC）发动机正时系统部件（05款）如图16-1所示。

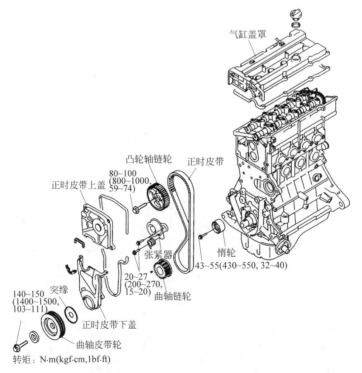

图16-1 发动机正时系统部件

(一) 正时系统部件的拆卸

此程序不需要拆卸发动机。

(1) 拆卸发动机盖。

(2) 拆卸右前轮。

(3) 拆卸2个螺栓B和右侧盖A，如图16-2所示。

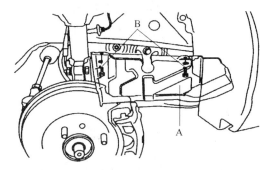

图16-2 拆卸2个螺栓B和右侧盖A

(4) 拆卸发动机装配托架。

① 安装发动机吊架，如图16-3所示。

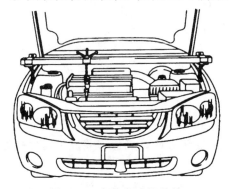

图16-3 安装发动机吊架

② 拧下螺栓B和螺母C、D，然后拆卸发动机装配托架A，如图16-4所示。

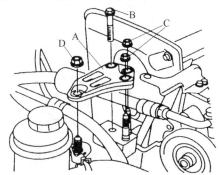

图16-4 拧下螺栓B和螺母C、D

(5) 暂时拧松水泵皮带轮螺栓，如图16-5所示。

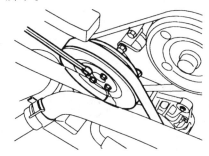

图16-5 拧松水泵皮带轮螺栓

(6) 拆卸交流发电机驱动皮带。

(7) 拆卸空调压缩机驱动皮带。

(8) 拆卸动力转向泵驱动皮带。

(9) 拧下4个螺栓，拆卸水泵皮带轮。

(10) 拧下4个螺栓B，拆卸正时皮带上盖A，如图16-6所示。

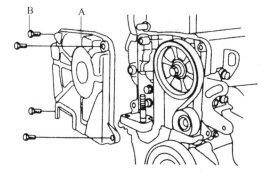

图16-6 拆卸正时皮带上盖A

(11) 转动曲轴皮带轮，并对齐它的槽和正时皮带盖的正时标记"T"，如图16-7所示。

图16-7 对齐槽和正时皮带盖的正时标记"T"

(12) 拧下曲轴皮带轮螺栓 B，拆卸曲轴皮带轮 A，如图 16-8 所示。

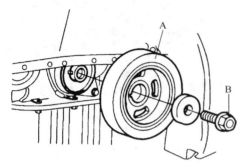

图 16-8　拆卸曲轴皮带轮 A

(13) 拆卸曲轴突缘 A，如图 16-9 所示。

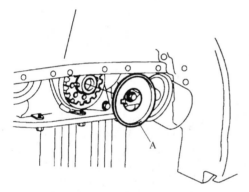

图 16-9　拆卸曲轴突缘 A

(14) 拧下 4 个螺栓 B，拆卸正时皮带下盖 A，如图 16-10 所示。

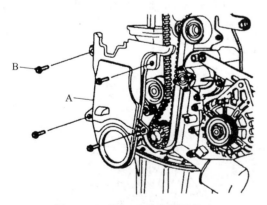

图 16-10　拆卸正时皮带下盖 A

(15) 拆卸正时皮带张紧器 A（如图 16-11 所示）和正时皮带（如图 16-12 所示）。

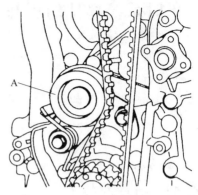

图 16-11　拆卸正时皮带张紧器 A

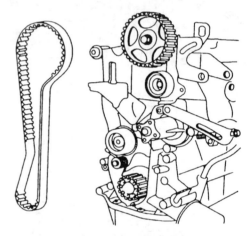

图 16-12　正时皮带

再次使用正时皮带时，应在皮带上做箭头指示旋转方向，确保安装皮带时保持原来的方向。

(16) 拆卸螺栓 B 和正时皮带惰轮 A，如图 16-13 所示。

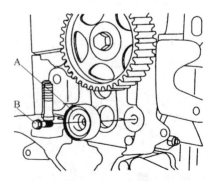

图 16-13　拆卸螺栓 B 和正时皮带惰轮 A

(17) 拆卸曲轴链轮 A，如图 16-14 所示。

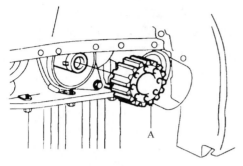

图 16-14 拆卸曲轴链轮 A

(18) 拆卸气缸盖罩。

① 分离火花塞高压线。

② 从气缸盖罩上拆卸加速踏板拉线 A，如图 16-15 所示。

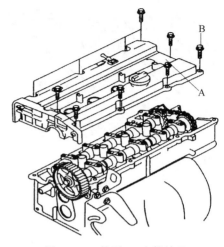

图 16-17 拧下 10 个螺栓 B

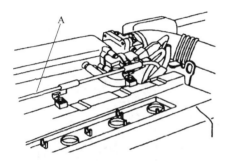

图 16-15 从气缸盖罩上拆卸加速踏板拉线 A

③ 拆卸 PCV（曲轴箱强制通风装置）软管 A 和通风软管 B，如图 16-16 所示。

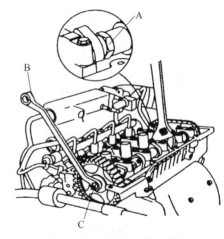

图 16-18 拆卸螺栓 C 等

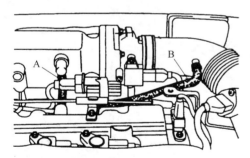

图 16-16 拆卸 PCV 软管 A 和通风软管 B

④ 从气缸盖罩 A 上拧下 10 个螺栓 B，如图 16-17 所示。

(19) 拆卸凸轮轴链轮。

用六角扳手固定凸轮轴 A 部位，并用扳手 B 拆卸螺栓 C，然后拆卸凸轮轴链轮，如图 16-18 所示。

使用扳手时小心不要损坏气缸盖和气门挺杆。

（二）正时系统部件的检查

1. 链轮、张紧器、惰轮的检查

(1) 检查凸轮轴链轮、曲轴链轮、张紧器皮带轮和惰轮的不正常磨损、裂纹或损坏的情况，必要时更换。

(2) 检查张紧器皮带轮和惰轮是否容易圆滑旋转，如图 16-19 所示，检查是否有间隙和噪声，必要时更换。

(3) 若从皮带轮轴承上有润滑脂泄漏，则更换皮带轮。

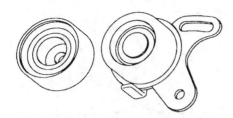

图 16-19 检查张紧器皮带轮和惰轮

2. 正时皮带的检查

（1）检查皮带上有无油或尘埃，必要时更换。

使用干布或纸擦去小型沉淀物。不要使用溶剂清洗。

（2）在发动机大修或调整皮带张力时，仔细检查皮带。如果有明显的任何缺陷，更换皮带。

① 不要彻底地弯曲、扭曲或转动正时皮带。

② 不要使正时皮带与油、水和蒸汽接触。

（三）正时系统部件的安装

（1）安装凸轮轴链轮并按规定转矩拧紧螺栓。

① 暂时安装凸轮轴链轮螺栓。

② 用六角扳手固定凸轮轴 A 部位，并用扳手 B 拧紧凸轮轴链轮螺栓 C，如图 16-20 所示。

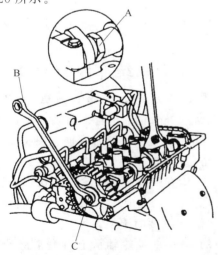

图 16-20 拧紧凸轮轴链轮螺栓 C 等

（2）安装气缸盖罩。

① 安装气缸盖罩 A 和 10 个螺栓 B，如图 16-21 所示。

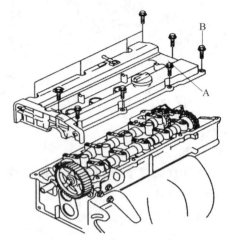

图 16-21 安装气缸盖罩 A 和螺栓 B

② 安装 PCV 软管 A 和通风软管 B，如图 16-22 所示。

图 16-22 安装 PCV 软管 A 和通风软管 B

③ 将加速踏板拉线 A 安装在气缸盖罩上，如图 16-23 所示。

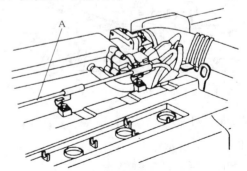

图 16-23 将加速踏板拉线 A 安装在气缸盖罩上

④ 安装火花塞高压线。

(3) 安装曲轴链轮 A，如图 16-24 所示。

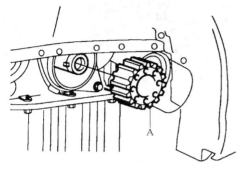

图 16-24　安装曲轴链轮 A

(4) 在将 1 号活塞放在上止点即它的压缩冲程时，对齐凸轮轴链轮 A 和曲轴链轮 B 的正时标记，如图 16-25、图 16-26 所示。

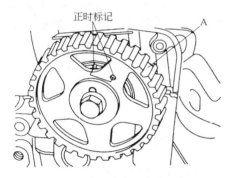

图 16-25　对准 A 的标记

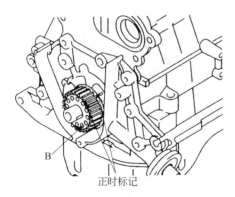

图 16-26　对准 B 的标记

(5) 安装惰轮 A 并按规定转矩拧紧螺栓 B，如图 16-27 所示。

(6) 暂时安装正时皮带张紧器 A，如图 16-28 所示。

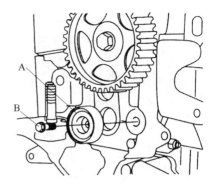

图 16-27　安装惰轮 A 等

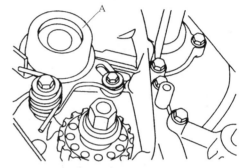

图 16-28　安装正时皮带张紧器 A

(7) 为使皮带不松弛，按下列顺序安装正时皮带，如图 16-29 所示。曲轴链轮 A→惰轮 B→凸轮轴链轮 C→正时皮带张紧器 D。

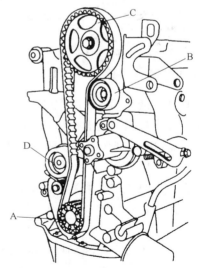

图 16-29　安装正时皮带

(8) 拧松固定螺栓 A、B，按箭头方向旋转张紧器皮带轮 C，如图 16-30 所示。

暂时拧紧固定螺栓A、B。

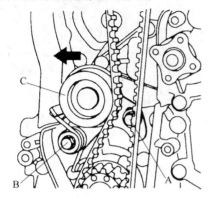

图16-30 按箭头方向旋转张紧器皮带轮

(9) 正时皮带张力调节。

① 检查正时皮带，必要时更换。

② 拧松固定螺栓A、B后，通过旋转张紧器皮带轮C给正时皮带施加张力，如图16-31所示。

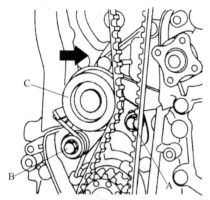

图16-31 给正时皮带施加张力

③ 检查各链轮和各正时皮带齿牙之间是否对齐，逐个拧紧固定螺栓A和B。

④ 重新检查皮带张力，如图16-32所示。

使用适当力[约49N（11lbf）]水平握紧张紧器和正时皮带张力侧时，确定正时皮带轮齿端距张紧器固定螺栓头的距离为螺栓头半径的1/2（横过平面）。

(10) 按工作方向（顺时针）将曲轴旋转2圈并重新对齐曲轴链轮和凸轮轴链轮的正时标记。

(11) 用4个螺栓B安装正时皮带下盖A，如图16-33所示。

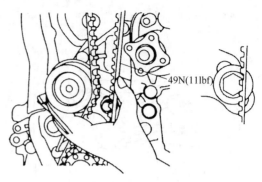

图16-32 重新检查皮带张力

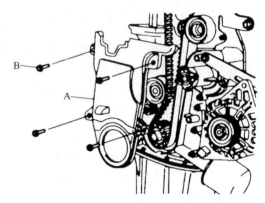

图16-33 安装正时皮带下盖A

(12) 安装突缘和曲轴皮带轮A，如图16-34所示。

确定曲轴链轮销固定在皮带轮小孔内。

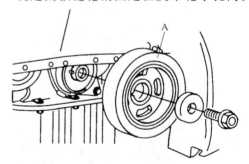

图16-34 安装突缘和曲轴皮带轮A

(13) 用4个螺栓B安装正时皮带上盖A，如图16-35所示。

(14) 用4个螺栓安装水泵皮带轮。

(15) 安装动力转向泵驱动皮带。

(16) 安装空调压缩机驱动皮带。

(17) 安装交流发电机驱动皮带。

(18) 安装发动机装配托架。

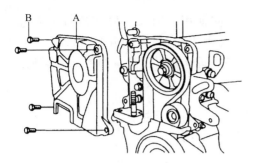

图 16-35 安装正时皮带上盖 A

用螺母 C、D 和螺栓 B 安装发动机装配托架 A，如图 16-36 所示。

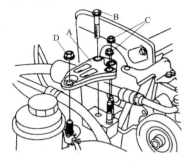

图 16-36 安装发动机装配托架 A

（19）用 2 个螺栓 B 安装右侧盖 A，如图 16-37 所示。

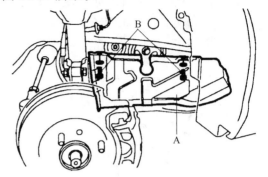

图 16-37 安装右侧盖 A

（20）安装右前轮。
（21）用 4 个螺栓安装发动机盖。

二、1.8L（DOHC）发动机

发动机正时系统部件如图 16-38 所示。

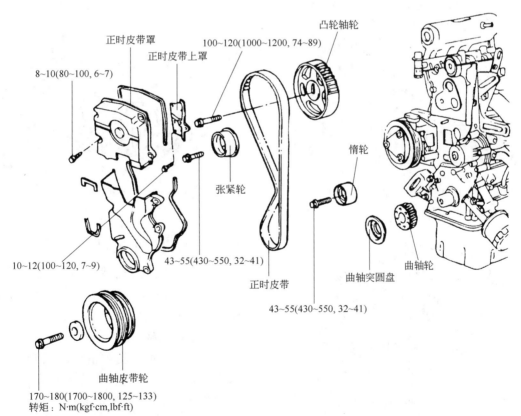

图 16-38 发动机正时系统部件

（一）正时系统部件的拆卸

(1) 拆卸曲轴皮带轮、水泵轮和皮带。
(2) 拆卸交流发电机螺栓。
(3) 拆卸水泵和皮带，如图16-39所示。

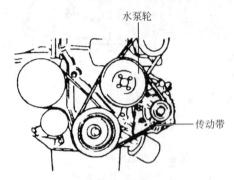

图16-39　拆卸水泵和皮带

(4) 拆卸曲轴轮。
(5) 拆卸正时皮带罩，如图16-40所示。

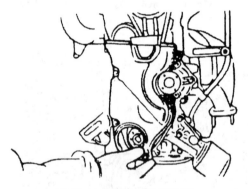

图16-40　拆卸正时皮带罩

(6) 拆卸正时皮带张紧轮，如图16-41所示。

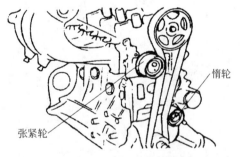

图16-41　拆卸正时皮带张紧轮

若再使用正时皮带时在皮带上做标记，以便安装时保持原来的方向。

(7) 拆卸正时皮带，如图16-42所示。

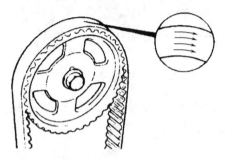

图16-42　拆卸正时皮带

(8) 拆卸惰轮。
(9) 拆卸凸轮轴。
(10) 在曲轴上拆卸正时齿轮，如图16-43所示。

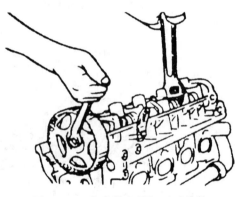

图16-43　在曲轴上拆卸正时齿轮

（二）正时系统部件的检查

1. 正时齿轮、张紧轮、惰轮的检查

(1) 检查凸轮轴正时齿轮、曲轴正时齿轮、张紧轮、惰轮的磨损、裂纹、损坏的情况，必要时更换。
(2) 检查张紧轮和惰轮的旋转、间隙、噪声，如图16-44所示，必要时更换。
(3) 更换漏润滑脂的零件。

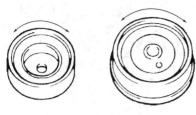

图 16-44　检查张紧轮和惰轮

2. 正时皮带的检查

（1）检查皮带上有无油或灰尘，必要时更换，不能用清洗剂清洗。

（2）发动机大修或重新调整张力时仔细观察皮带，有缺陷时更换皮带。

（三）正时系统部件的装配

（1）安装法兰盘和曲轴链轮。要特别注意它们的安装方向，如图 16-45 所示。

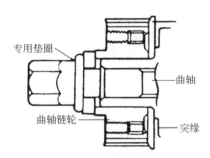

图 16-45　安装法兰盘和曲轴链轮

（2）安装曲轴链轮并按规定转矩上紧螺栓。

（3）对准凸轮轴链轮和曲轴链轮的正时标记，这时 1 号活塞位于压缩上止点。

（4）安装正时皮带张紧轮和惰轮。

（5）在曲轴上安装正时皮带，如图 16-46 所示。

注意

当在凸轮轴上安装正时皮带时，朝水泵方向推动正时皮带张紧轮后安装正时皮带。

（6）按操作方向（顺时针）转动曲轴并对准曲轴链轮正时标记。

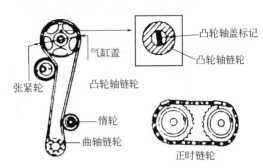

图 16-46　安装正时皮带

注意

禁止按逆时针方向转动曲轴。转动曲轴时应顺畅。

（7）重新检测皮带紧张度，如图 16-47 所示。当用一般的力［大约 2kgf（20N）］推动正时皮带的紧皮时，正时皮带齿末端下降 4～6mm（0.16～0.24in）。

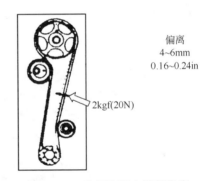

图 16-47　重新检测皮带紧张度

（8）安装正时皮带盖，如图 16-48 所示。

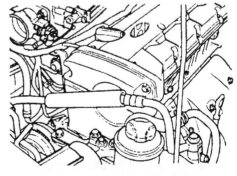

图 16-48　安装正时皮带盖

(9) 安装曲轴轮。确认曲轴链轮销与曲轴链轮孔相贴合。

(10) 安装水泵轮,如图16-49所示。

(11) 安装驱动皮带并调整皮带张力。

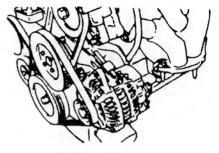

图16-49 安装水泵轮

第二节
东风悦达起亚K5车系2.0L和2.4L发动机正时校对维修

10、11款2.0L和2.4L发动机正时系统的结构基本相同。其发动机正时系统部件如图16-50、图16-51所示。

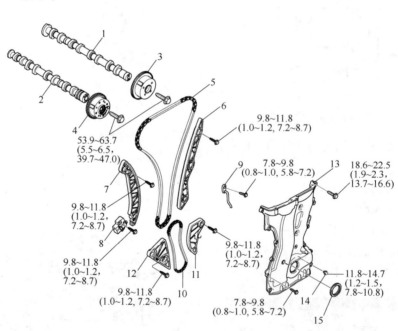

转矩: N·m(kgf·m, lbf·ft)

图16-50 2.0L发动机正时系统

1—进气凸轮轴;2—排气凸轮轴;3—进气CVVT总成;4—排气CVVT总成;5—正时链条;6—正时链条导轨;7—正时链条张紧器臂;8—正时链条张紧器;9—正时链条机油喷嘴;10—机油泵链轮;11—机油泵链条机械张紧器臂;12—机油泵链条导轨;13—正时链条盖;14—维修孔螺栓;15—曲轴前油封

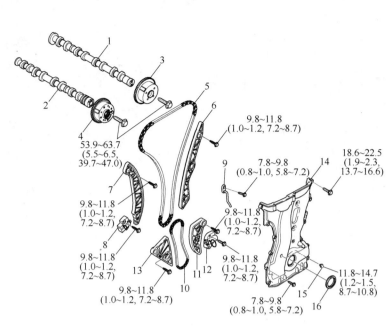

转矩：N·m(kgf·m,lbf·ft)

图 16-51　2.4L 发动机正时系统

1—进气凸轮轴；2—排气凸轮轴；3—进气 CVVT 总成；4—排气 CVVT 总成；5—正时链条；6—正时链条导轨；7—正时链条张紧器臂；8—正时链条张紧器；9—正时链机油喷嘴；10—平衡轴链条；11—平衡轴链条张紧器臂；12—平衡轴链条张紧器；13—平衡轴链条导轨；14—正时链条盖；15—维修孔螺栓；16—曲轴前油封

一、正时系统部件的拆卸

（1）拆卸发动机盖。

（2）分离蓄电池负极端子。

（3）拆卸前右车轮。

（4）拆卸车底护板。

（5）转动曲轴皮带轮并对正曲轴皮带轮的凹槽与正时链盖的正时标记，设置 1 号气缸的活塞到压缩行程的上止点，如图 16-52 所示。

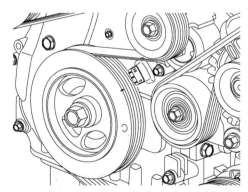

图 16-52　对正曲轴皮带轮的凹槽与正时链盖的正时标记

（6）分离动力转向油压开关连接器 A 和排气 OCV（机油控制阀）连接器 B，然后从气缸盖罩上拆卸线束，如图 16-53 所示。

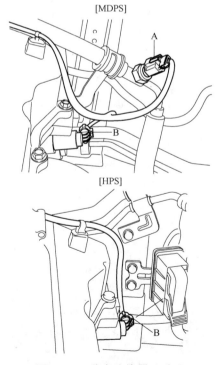

图 16-53　分离连接器 A 和 B

第十六章　东风悦达起亚车系发动机正时校对维修

(7) 分离 PCV（曲轴强制通风）A，如图 16-54 所示。

(8) 拆卸点火线圈连接器 A，拆卸导线护罩 B，如图 16-55 所示。

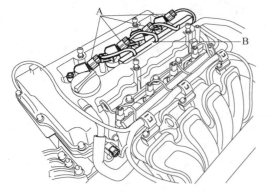

图 16-54　分离 PCV（曲轴强制通风）A

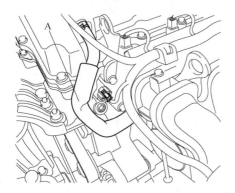

图 16-55　拆卸导线护罩 B

(9) 拆卸点火线圈 A，如图 16-56 所示。

(10) 拆卸气缸盖罩 A，如图 16-57 所示。

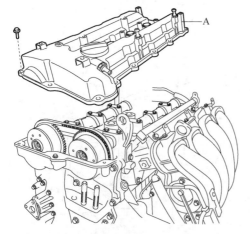

图 16-56　拆卸点火线圈 A

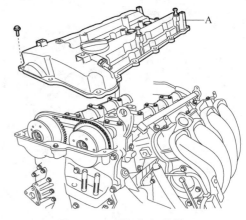

图 16-57　拆卸气缸盖罩 A

(11) 逆时针转动驱动皮带张紧器 A 后拆卸驱动皮带 B，如图 16-58 所示。

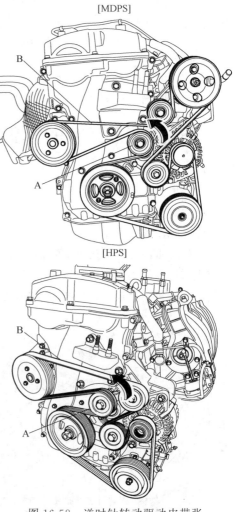

图 16-58　逆时针转动驱动皮带张紧器 A 后拆卸驱动皮带 B

（12）拧下空调压缩机下部螺栓 A，如图 16-59 所示。

（13）拆卸空调压缩机支架 A，如图 16-60 所示。

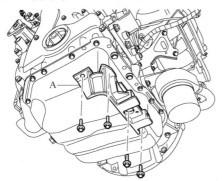

图 16-59　拧下空调压缩机下部螺栓 A

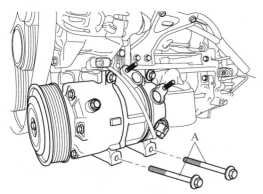

图 16-60　拆卸空调压缩机支架 A

（14）排放机油。

（15）拆卸油底壳 A。将 SST 的叶片插入梯形架与油底壳之间，如图 16-61 所示。切掉应用的密封胶并拆卸下部油底壳。

（16）在梯形架边缘设置千斤顶。

（17）分离搭铁线 A，拆卸发动机装配支撑架 B，如图 16-62 所示。

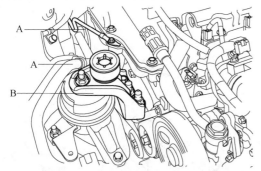

图 16-61　将 SST 的叶片插入梯形架与油底壳之间

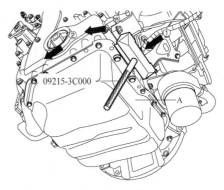

图 16-62　拆卸发动机装配支撑架 B

（18）从支架上分离动力转向油泵 A（图 16-63）。

（19）拆卸惰轮 B 和驱动皮带张紧器轮 C，如图 16-63 所示。

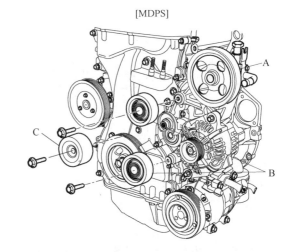

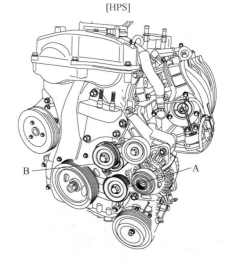

图 16-63　拆卸惰轮 B 和驱动皮带张紧器轮 C

(20) 拆卸驱动皮带张紧器 A，如图 16-64 所示。

(21) 拆卸水泵皮带轮 A 与曲轴皮带轮 B 和发动机支撑架 C，如图 16-65 所示。

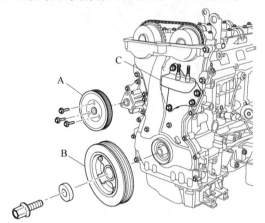

图 16-64 拆卸驱动皮带张紧器 A

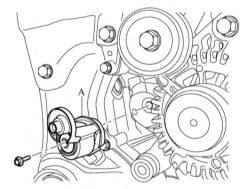

图 16-65 拆卸水泵皮带轮 A 等

拆卸起动机后，安装 SST，以固定飞轮齿圈，如图 16-66 所示。

① 在梯形架的底部拆卸防尘盖 A，拧下 2 个变速器固定螺栓 B，如图 16-66、图 16-67 所示。

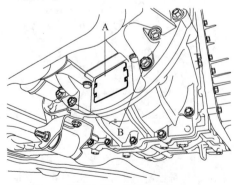

图 16-66 安装 SST

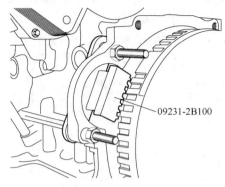

图 16-67 拆卸防尘盖（A）等

② 调整支架螺母 A 的长度，以便支架 B 的前板放进飞轮齿圈 C 齿内。

③ 调整连杆 D 的角度，以便 2 个变速器固定螺栓固定到原来固定孔内，如图 16-68 所示。

④ 使用 2 个变速器固定螺栓和垫圈安装 SST。牢固地拧紧支架的螺栓和螺母，如图 16-69 所示。

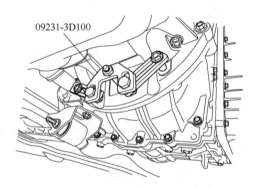

图 16-68 调整连杆（D）的角度

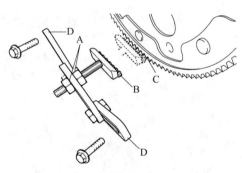

图 16-69 安装 SST

（22）通过轻轻撬动气缸盖和气缸体之间的部分，拆卸正时链条盖 A，如图 16-70 所示。

（23）确定曲轴键与主轴承盖的匹配表面对正。这样可使 1 号气缸的活塞位于压缩冲程上止点。

（24）使用细杆释放棘轮。压缩活塞，将止动销 A 插入棘轮上的孔内以固定压缩的活塞。拆卸正时链张紧器 B，如图 16-71 所示。

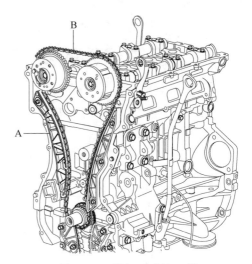

图 16-72 拆卸正时链 B 等

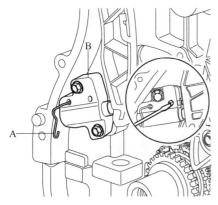

图 16-70 拆卸正时链条盖 A

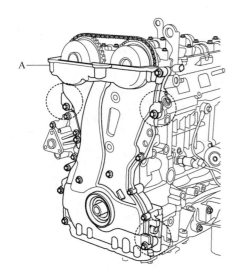

图 16-71 拆卸正时链张紧器 B

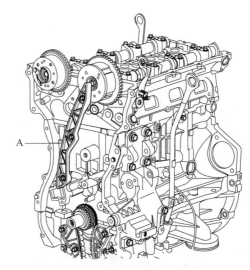

图 16-73 拆卸正时链条导轨 A

（28）拆卸正时链燃油喷嘴 A 和曲轴链轮 B，如图 16-74 所示。

（25）拆卸正时链张紧器臂 A（图 16-72）。

（26）拆卸正时链 B，如图 16-72 所示。

（27）拆卸正时链条导轨 A，如图 16-73 所示。

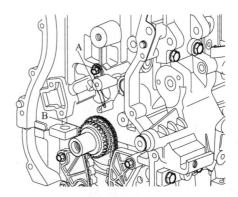

图 16-74 拆卸正时链燃油喷嘴 A 和曲轴链轮 B

(29) 拆卸平衡轴链条（油泵链条）。

二、正时系统部件的安装

(1) 安装平衡轴链条。

(2) 安装曲轴链轮 B 和正时皮带燃油喷嘴 A，如图 16-75 所示。

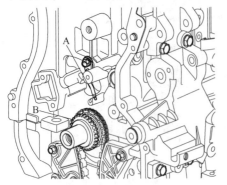

图 16-75　安装曲轴链轮 B 和正时皮带燃油喷嘴 A

(3) 设置曲轴，以便曲轴的键 A 与主轴承盖的接合表面对齐。安装进气和排气凸轮轴总成，以便进气和排气 CVVT 链轮的 TDC 标记 B 与气缸盖的顶面对齐。这样可使 1 缸活塞位于压缩行程的上止点，如图 16-76 所示。

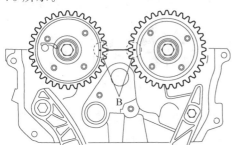

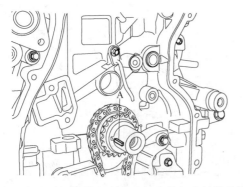

图 16-76　设置曲轴与安装进气和排气凸轮轴总成

(4) 安装正时链条导轨 A，如图 16-77 所示。

(5) 安装正时链，如图 16-78 所示。要在各轴（凸轮、曲轴）之间无松弛状态下安装正时链，执行下列程序。

曲轴链轮 A→正时链导轨 B→进气 CVVT 链轮 C→排气 CVVT 链轮 D。

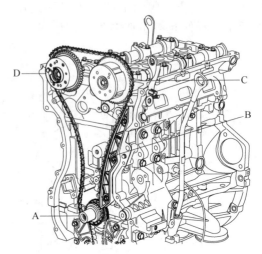

图 16-77　安装正时链条导轨 A

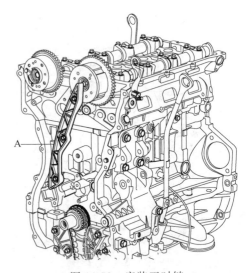

图 16-78　安装正时链

> **参考**
>
> 安装正时链时应匹配各链轮的正时标记与正时链的正时标记（有色连杆），如图 16-79 所示。

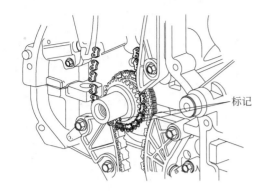

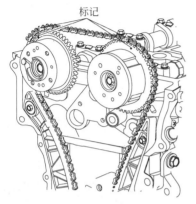

图 16-79 匹配各链轮的正时标记
与正时链的正时标记（有色连杆）

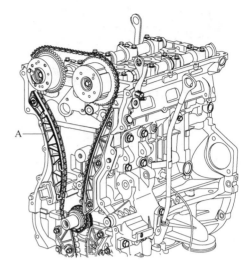

图 16-81 安装正时链自动张紧器 B 并拆卸止动销 A

(6) 安装正时链张紧器臂 A，如图 16-80 所示。

(7) 安装正时链自动张紧器 B 并拆卸止动销 A，如图 16-81 所示。

(9) 安装正时链条盖。

① 使用衬垫刮刀清除衬垫表面上的所有旧的密封物。

② 在链条盖和相对部件（气缸盖、气缸体和梯形架）上的密封胶不能沾上发动机机油等。

③ 装配正时链盖前，在气缸盖与气缸体之间的间隙涂抹液态密封胶或等效品，如图 16-83 所示。必须在涂抹密封胶后 5min 内装配部件。

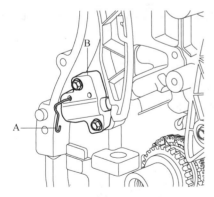

图 16-80 安装正时链张紧器臂 A

(8) 沿规则方向（从前看为顺时针）转动曲轴 2 圈后，确认进气和排气 CVVT 链轮的 TDC 标记 A 对正气缸盖顶面，如图 16-82 所示。

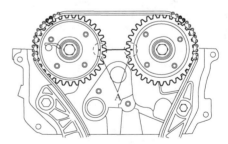

图 16-82 确认进气和排气 CVVT 链轮的
TDC 标记 A 对正气缸盖顶面

④ 在正时链盖上涂抹液态密封胶或等效品，如图 16-84 所示。

必须在涂抹密封胶后 5min 内装配部件。持续涂抹密封胶以堵住机油泄漏路径。

⑤ 为了精确装配正时链条盖，参考使用气缸体上的定位销和正时链条盖上的孔，如

第十六章 东风悦达起亚车系发动机正时校对维修

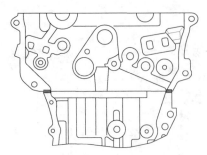

图 16-83　在气缸盖与气缸体之间的间隙涂抹液态密封胶

图 16-85 所示。

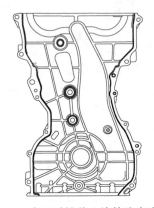

图 16-84　在正时链盖上涂抹液态密封胶

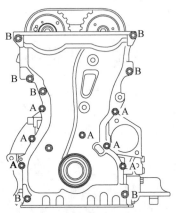

图 16-85　气缸体上的定位销和正时链条盖上的孔
A，B—不同部件上的螺孔

(10) 使用 SST 安装曲轴前油封 A，如图 16-86 所示。

(11) 安装水泵皮带轮 A、曲轴皮带轮 B 和发动机支撑架 C，如图 16-87 所示。

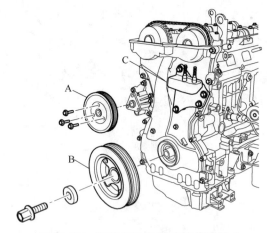

图 16-86　使用 SST 安装曲轴前油封 A

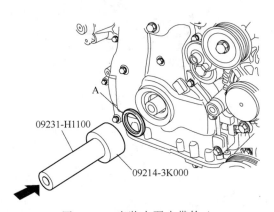

图 16-87　安装水泵皮带轮 A

参考

拆卸起动机后，安装 SST，以固定飞轮齿圈，如图 16-88 所示。

① 在梯形架的底部拆卸防尘盖 A，拧下 2 个变速器固定螺栓 B（图 16-88），如图 16-89 所示。

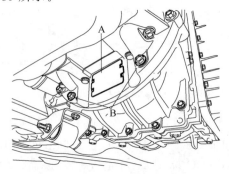

图 16-88　安装 SST

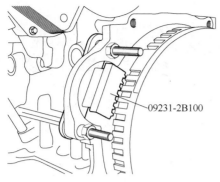

图 16-89 拆卸防尘盖 A 等

② 调整支架螺母 A 的长度,以便支架 B 的前板放进飞轮齿圈 C 齿内,如图 16-90 所示。

③ 调整连杆 D 的角度,以便 2 个变速器固定螺栓固定到原来固定孔内。

④ 使用 2 个变速器固定螺栓和垫圈安装 SST,如图 16-91 所示。牢固地拧紧支架的螺栓和螺母。

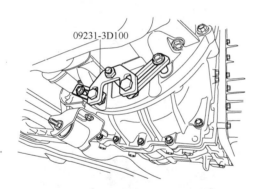

图 16-90 调整支架螺母 A 的长度

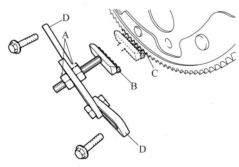

图 16-91 安装 SST

(12) 安装驱动皮带张紧器 A,如图 16-92 所示。

(13) 安装惰轮 B 和驱动皮带张紧器轮

图 16-92 安装驱动皮带张紧器 A

C (图 16-93)。

(14) 安装动力转向机油泵 A,如图 16-93 所示。

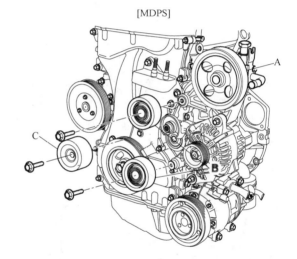

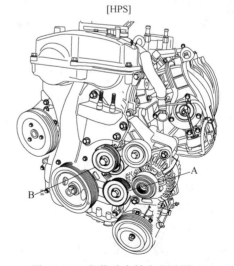

图 16-93 安装动力转向机油泵 A

第十六章 东风悦达起亚车系发动机正时校对维修 737

(15) 安装发动机装配支撑架 B 并连接搭铁线 A，如图 16-94 所示。

(16) 从梯形车架上拆卸千斤顶。

(17) 安装油底壳。

① 使用衬垫刮刀从衬垫表面上除去所有旧密封胶材料。

② 装配油底壳前，在油底壳上涂抹液态密封胶或等效品，如图 16-95 所示。必须在涂抹密封胶后 5min 内装配部件。

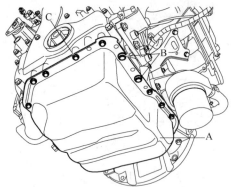

图 16-96　安装油底壳 A

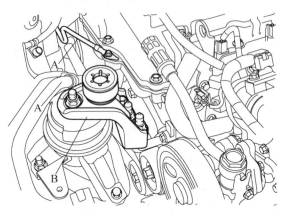

图 16-94　安装发动机装配支撑架 B 并连接搭铁线 A

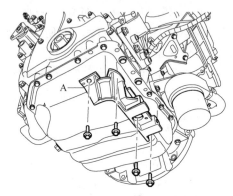

图 16-97　安装空调压缩机支架 A

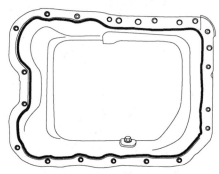

图 16-95　在油底壳上涂抹液态密封胶

③ 安装油底壳 A，分若干步均匀拧紧螺栓，如图 16-96 所示。

(18) 安装空调压缩机支架 A，如图 16-97 所示。

(19) 安装空调压缩机下部螺栓 A，如图 16-98 所示。

(20) 安装驱动皮带 B，如图 16-99 所示。

曲轴皮带轮→空调皮带轮→交流发电机

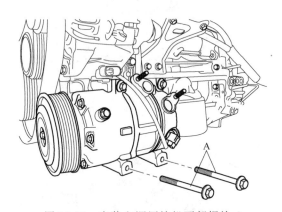

图 16-98　安装空调压缩机下部螺栓 A

皮带轮→惰轮♯1 皮带轮→动力转向油泵皮带轮（仅 HPS）→惰轮♯2 皮带轮→水泵皮带轮→皮带张紧器轮。

用扳手移动皮带张紧器轮螺栓，逆时针转动驱动皮带张紧器臂 A。把皮带放到皮带张紧器轮上后，缓慢释放皮带张紧器轮。

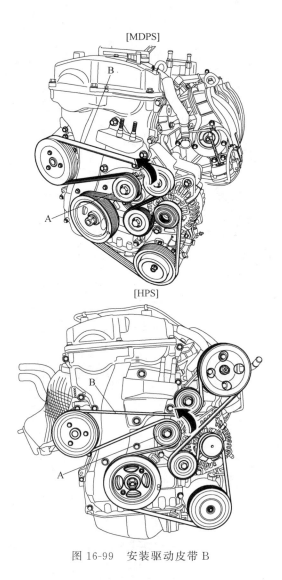

图 16-99 安装驱动皮带 B

（21）安装气缸盖罩。

（22）安装点火线圈螺栓。

（23）安装导线护罩，连接点火线圈连接器。

（24）连接 PCV（曲轴强制通风）软管。

（25）连接动力转向机油压力开关连接器（仅 HPS）和排气 OCV（机油控制阀）连接器。

（26）安装车底护板。

（27）安装前右车轮。

（28）安装空气滤清器总成。

（29）连接蓄电池负极端子。

（30）安装发动机盖。

（31）添加全部必要的油液，并检查是否泄漏。连接 GDS，检查故障代码，记录并进行删除。再次进行检查。

第三节

东风悦达起亚 K2 车系 G4FA、G4FC 发动机正时校对维修

一、正时系统部件

正时系统部件如图 16-100 所示。

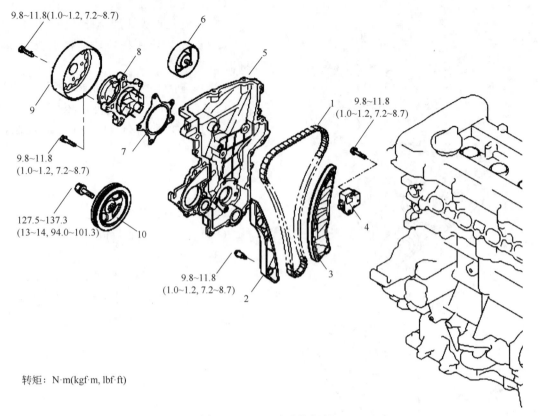

图 16-100 正时系统部件

1—正时链条；2—正时链导轨；3—正时链臂；4—正时链自动张紧器；5—正时链盖；6—驱动皮带惰轮；7—水泵衬垫；8—水泵；9—水泵皮带轮；10—曲轴皮带轮

二、正时系统的拆卸程序（1）

此程序不需要拆卸发动机总成。

（1）分离蓄电池负极端子。

（2）拧下水泵皮带轮螺栓和驱动惰轮固定螺栓。

（3）拆卸驱动皮带，如图 16-101 所示。

（4）拆卸交流发动机 A，如图 16-102 所示（MDPS 类型）。

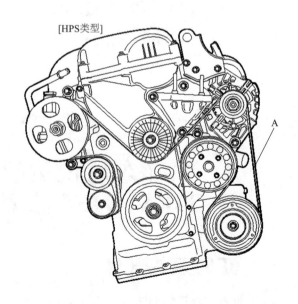

参见：逆时针转动自动张紧器拆卸驱动皮带

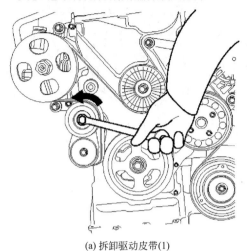

(a) 拆卸驱动皮带(1)

[MDPS类型]
拧松固定螺栓A，然后按所需松紧度按顺时针方向调整螺栓B

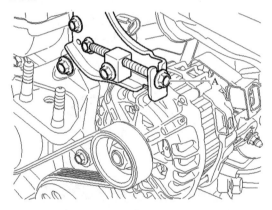

拆卸驱动皮带(A)

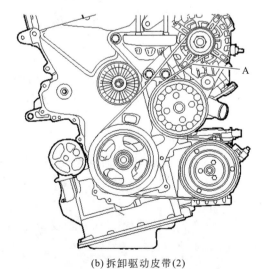

(b) 拆卸驱动皮带(2)

图 16-101　拆卸驱动皮带

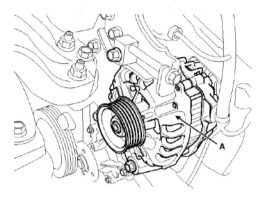

图 16-102　拆卸交流发动机 A

（5）拆卸交流发动机 A 和支架 B，如图 16-103 所示（HPS 类型）。

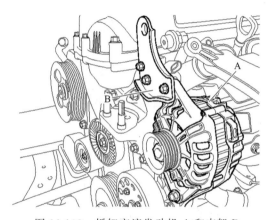

图 16-103　拆卸交流发动机 A 和支架 B

（6）拆卸右前车轮。

（7）拆卸发动机固定支架 A，如图 16-104 所示。

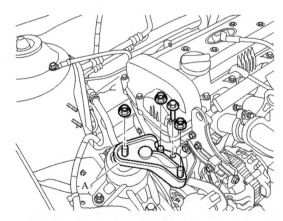

图 16-104　拆卸发动机固定支架 A

(8) 拆卸交流发电机支架 B(图 16-105)。

(9) 拆卸发动机支撑支架 A，如图 16-105 所示。

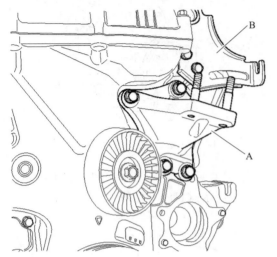

图 16-105　拆卸交流发电机支架、发动机支撑支架

(10) 拆卸水泵皮带轮 A，如图 16-106 所示。

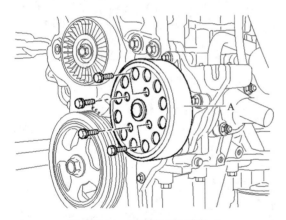

图 16-106　拆卸水泵皮带轮 A

(11) 拆卸水泵 A，如图 16-107 所示。

(12) 拆卸驱动皮带惰轮 A，如图 16-108 所示。

(13) 分离点火线圈连接器 A 和通风软管 B，如图 16-109 所示。

(14) 分离曲轴箱强制通风装置（PCV）软管 A 和 PCSV 软管 B，如图 16-110 所示。

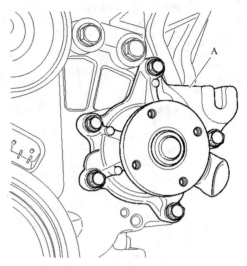

图 16-107　拆卸水泵 A

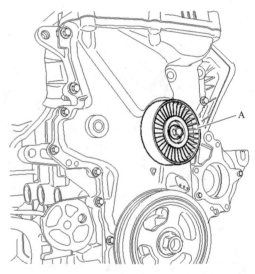

图 16-108　拆卸驱动皮带惰轮 A

(15) 拆卸点火线圈 A，如图 16-111 所示。

(16) 拆卸带有衬垫 B 的气缸盖罩 A，如图 16-112 所示。

(17) 拆卸车底护板。

(18) 顺时针旋转曲轴皮带轮，并对齐凹槽和正时链条盖的正时标记，如图 16-113 所示。

(19) 拧下曲轴螺栓 B 和曲轴皮带轮 A，如图 16-114 所示。

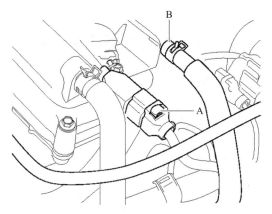

图 16-109 分离点火线圈连接器 A 和通风软管 B

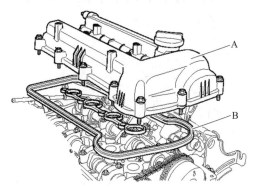

图 16-112 拆卸带有衬垫 B 的气缸盖罩 A

图 16-110 分离曲轴箱强制通风装置(PCV)软管 A 和 PCSV 软管 B

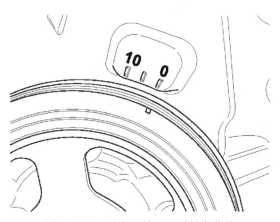

图 16-113 对齐凹槽和正时链条盖的正时标记

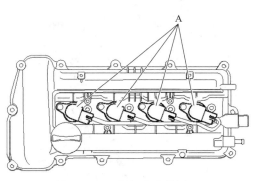

图 16-111 拆卸点火线圈 A

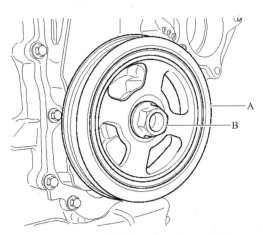

图 16-114 拧下曲轴螺栓 B 和曲轴皮带轮 A

三、正时系统的拆卸程序（2）

（1）拆卸支架 A，如图 16-115 所示。

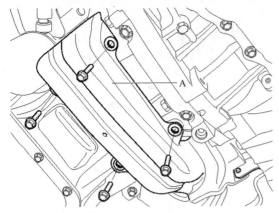

图 16-115　拆卸支架 A

（2）拆卸梯形架底部的防尘盖 A，拧下变速器固定螺栓 B，如图 16-116 所示。

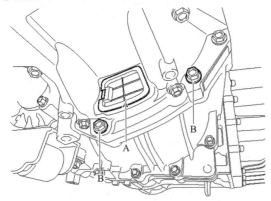

图 16-116　拆卸梯形架底部的防尘盖 A，拧下变速器固定螺栓 B

（3）调整支架螺母 A 的长度，以便支架 B 的前板放进飞轮齿圈 C 齿内（图 16-117）。

（4）调节连杆 D 的长度，用螺栓 70mm（2.7559in）固定到原来的固定孔内，如图 16-117 所示。

（5）使用两个固定螺栓和垫片安装专用工具（09231-3D100）。拧紧支架的螺栓和螺母，如图 16-118 所示。

（6）拆卸正时链条盖 A，如图 16-119 所示。

（7）对齐凸轮轴链轮正时标记和气缸盖

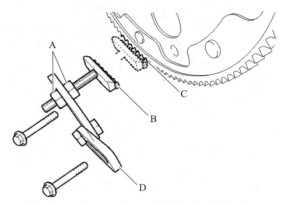

图 16-117　用螺栓固定到原来固定孔内

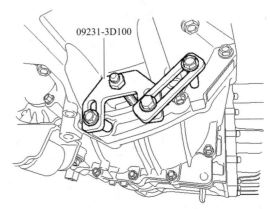

图 16-118　使用两个固定螺栓和垫片安装专用工具

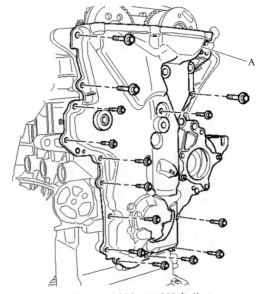

图 16-119　拆卸正时链条盖 A

的上表面,将 1 号气缸设置在 TDC 位置。

此刻检查曲轴的定位销是否朝向发动机上方。

(8) 拆卸液压张紧器 A,如图 16-120 所示。

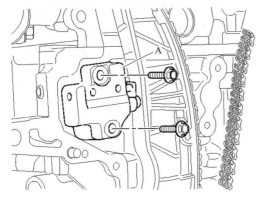

图 16-120 拆卸液压张紧器 A

(9) 拆卸正时链条张紧器臂 A 和导轨 B,如图 16-121 所示。

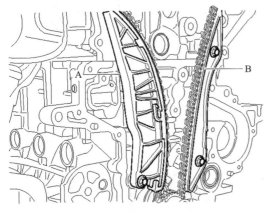

图 16-121 拆卸正时链条张紧器臂 A 和导轨 B

(10) 拆卸正时链条 A,如图 16-122 所示。

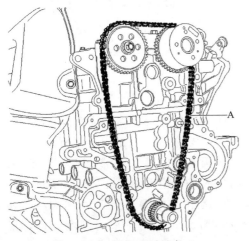

图 16-122 拆卸正时链条 A

四、正时系统的安装程序

(1) 曲轴的定位销设置在距垂直中心线约 3°的位置上,如图 16-123 所示。

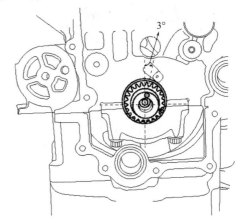

图 16-123 曲轴的定位销设置在距垂直中心线约 3°的位置上

(2) 对齐曲轴链轮正时标记和气缸盖的上表面,将 1 号气缸设置在 TDC 位置,如图 16-124 所示。

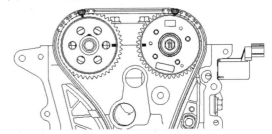

图 16-124 对齐曲轴链轮正时标记和气缸盖的上表面

(3) 安装新 O 形环 A,如图 16-125 所示。

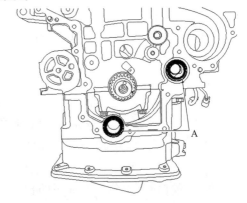

图 16-125 安装新 O 形环 A

（4）安装正时链条导轨 A 和正时链条 B，如图 16-126 所示。

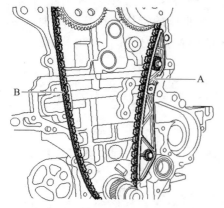

图 16-126　安装正时链条导轨 A 和正时链条 B

（5）安装链条张紧器臂 A，如图 16-121 所示。

（6）安装液压张紧器 A，拆卸销 B，如图 16-127 所示。

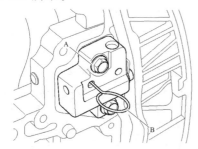

图 16-127　安装液压张紧器 A，拆卸销 B

（7）安装正时链条盖 A，如图 16-128 所示。

① 安装前，清除气缸体和梯形架表面的硬化密封胶。

② 在气缸盖和气缸体之间的表面涂密封胶（THREE BOND1217H 或 LOCTITE 5900H）。

③ 在正时链条盖的水泵接触部分应用液体衬垫 THREE BOND 1282B 或 THREE BOND 1216E，在其他部分应用 THREE BOND 1217H 或 LOCTITE 5900H。在 5min 内重新装配盖 A。

④ 对齐气缸体的定位销和油泵的孔。

（8）使用 SST（09455-21200）装配正

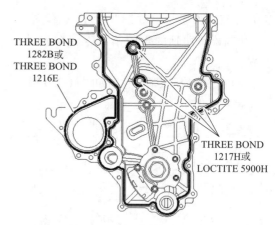

图 16-128　安装正时链条盖 A

时链条盖油封 A，如图 16-129 所示。

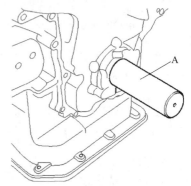

图 16-129　装配正时链条盖油封 A

（9）安装曲轴皮带轮 A，如图 16-130 所示。

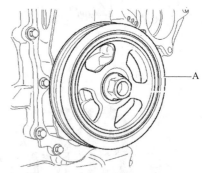

图 16-130　安装曲轴皮带轮 A

① 拆卸梯形架底部的防尘盖 A，拧下变速器固定螺栓 B，如图 16-131 所示。

② 调整支架螺母 A 的长度，以便支架 B 的前板放进飞轮齿圈 C 齿内（图 16-117）。

③ 调节连杆 D 的长度，用螺栓 70mm（2.7559in）固定到原来的固定孔内，如图

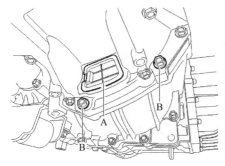

图 16-131　拆卸梯形架底部的防尘盖 A，拧下变速器固定螺栓 B

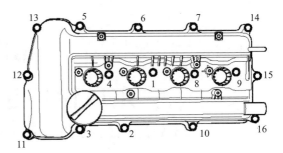

图 16-133　按顺序和步骤拧紧气缸盖罩螺栓 A

16-117 所示。

④ 使用两个固定螺栓和垫片安装专用工具（09231-3D100）。拧紧支架的螺栓和螺母，如图 16-118 所示。

（10）安装车底护板（A）。

（11）安装前右车轮和轮胎。

（12）安装气缸盖罩盖前，清除正时链盖和气缸盖上表面的机油、灰尘或硬化的密封胶。

（13）在气缸盖罩上涂抹液态密封胶后，在 5min 内重新装配，如图 16-132 所示。

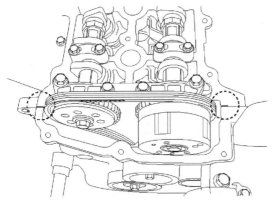

图 16-132　在气缸盖罩上涂抹液态密封胶

（14）使用新衬垫 B 安装气缸盖 A，如图 16-112 所示。

（15）按顺序和步骤拧紧气缸盖罩螺栓 A，如图 16-133 所示。

（16）安装点火线圈螺栓 A，如图 16-111 所示。

（17）安装曲轴箱强制通风装置（PCV）软管 A 和 PCSV 软管 B，如图 16-110 所示。

（18）连接点火线圈连接器 A 和通气软管 B，如图 16-109 所示。

（19）安装驱动皮带惰轮 A，如图 16-108 所示。

（20）安装水泵 A 和衬垫，如图 16-107 所示。

（21）安装水泵皮带轮 A，如图 16-106 所示。

（22）安装发动机支撑支架 A，如图 16-105 所示。

（23）安装交流发电机支架 B，如图 16-105 所示。

（24）安装发动机固定支架 A，如图 16-104 所示。

（25）安装交流发电机 A 和支架 B，如图 16-103 所示（HPS 类型）。

（26）安装交流发电机 A，如图 16-102 所示（MDPS 类型）。

（27）安装驱动皮带 A，如图 16-101 所示。

（28）通过拧紧交流发电机调整螺栓 A 调整张力，如图 16-134 所示。

（29）连接蓄电池负极端子。

图 16-134　通过拧紧交流发电机调整螺栓 A 调整张力

第十六章　东风悦达起亚车系发动机正时校对维修

第四节
东风悦达起亚远舰车系 2.0L/2.4L 发动机正时校对维修

2.0L/2.4L（DOHC）发动机正时皮带的结构如图 16-135 所示。

结构图

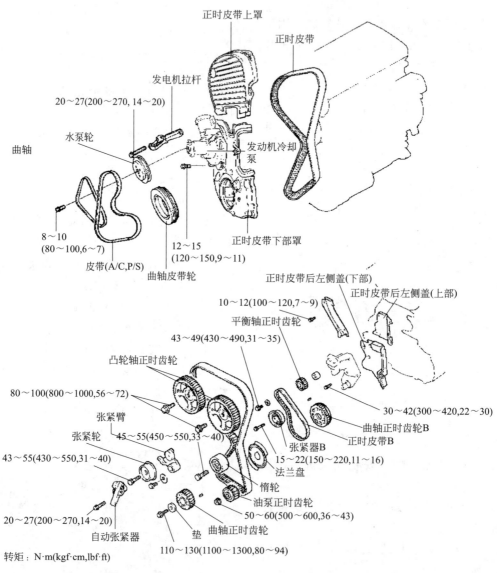

图 16-135　2.0L/2.4L（DOHC）发动机正时皮带结构

一、正时皮带的拆卸

（1）拆卸曲轴皮带轮、水泵轮和皮带。

（2）拆卸正时皮带罩。

（3）顺时针旋转曲轴并校准正时标记，使1缸活塞到达上止点位置，如图16-136所示。

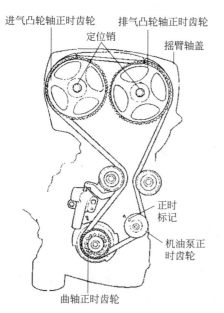

图 16-136　顺时针旋转曲轴并校准正时标记

> **注意**
> 应按顺时针方向旋转曲轴。

（4）拆卸正时皮带，如图16-137所示。

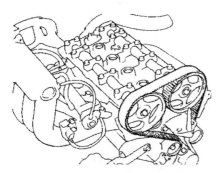

图 16-137　拆卸正时皮带

> **注意**
> 若再使用正时皮带时在皮带上做标记，以便安装时保持原来的方向。

（5）拆卸凸轮轴，如图16-138所示。

图 16-138　拆卸凸轮轴

> **注意**
> 使用工具时要注意不要损坏气缸盖。

（6）拆卸机油泵正时齿轮螺母时先将气缸体左侧塞头拆除后使用直径8mm(0.3in)的螺丝刀插入60mm(2.36in)以上，以便固定左侧平衡轴，如图16-139所示。

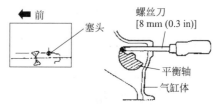

图 16-139　拆卸机油泵正时齿轮螺母等

（7）拆卸机油泵正时齿轮螺母后拆卸正时齿轮。

（8）松开右侧平衡轴正时齿轮螺栓。

（9）拆卸张紧器B后拆卸正时皮带B，如图16-140所示。

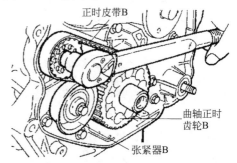

图 16-140　拆卸正时皮带B

> **注意**
>
> 拆卸正时皮带 B 后，不许插入钳子松开螺栓。

（10）在曲轴上拆卸正时齿轮 B。

二、正时系统部件的检查

（一）正时齿轮、张紧轮、惰轮

（1）检查凸轮轴正时齿轮、曲轴正时齿轮、张紧轮、惰轮的磨损、裂纹、损坏的情况，必要时更换。

（2）检查张紧轮和惰轮的旋转、间隙、噪声，如图 16-141 所示，必要时更换。

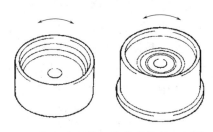

图 16-141　检查张紧轮和惰轮的旋转、间隙、噪声

（3）有漏润滑脂的更换。

（二）自动张紧器

（1）检查自动张紧器的漏油情况，如图 16-142 所示，必要时更换。

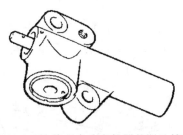

图 16-142　检查自动张紧器的漏油情况

（2）检查推杆的磨损、损坏情况，必要时更换。

（3）检测推杆长度，如图 16-143 所示，超出规定值时更换。

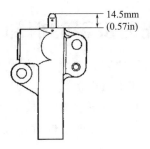

图 16-143　检测推杆长度

（4）用软垫夹住自动张紧器推入推杆，如图 16-144 所示。如果伸缩自如，更换张紧器。推入推杆时应有适当的阻力。

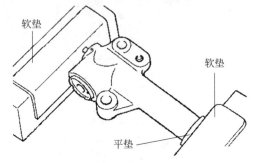

图 16-144　用软垫夹住自动张紧器推入推杆

> **注意**
>
> 要水平夹住自动张紧器。

（三）正时皮带

（1）检查皮带上有无油或灰尘，必要时更换，不能用清洗剂清洗。

（2）发动机大修或重新调整张力时仔细观察，有缺陷时更换皮带。

三、正时皮带的安装

（1）安装曲轴正时齿轮 B，如图 16-145 所示。

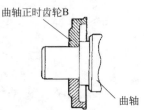

图 16-145　安装曲轴正时齿轮 B

注意

法兰盘方向不正确时有可能使皮带受损。

(2) 垫外侧涂一层机油后安装在右侧时，确认平衡轴是否按图 16-146 所示的方向安装。

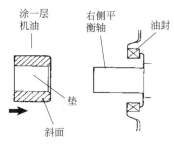

图 16-146　平衡轴的安装方向

(3) 安装右侧平衡轴正时齿轮以后用手拧紧螺栓。

(4) 各正时齿轮上的正时标记和前壳上的标记对准，如图 16-147 所示。

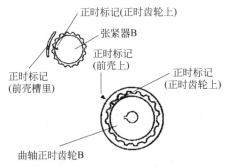

图 16-147　各正时齿轮上的正时标记和前壳上的标记对准

(5) 安装好正时皮带 B 后，确定皮带张紧，张紧器 B 安装在安装螺栓左侧的皮带轮中心，如图 16-148 所示。

(6) 举高张紧器 B 使张力侧皮带 B 绷紧然后拧紧张紧器 B，如图 16-149 所示。拧紧固定螺栓时，轴一起旋转皮带会过度绷紧，如图 16-149 所示，所以应注意避免轴一起旋转。

(7) 检查正时标记是否一致。

(8) 在张力侧皮带中间用手指向箭头方

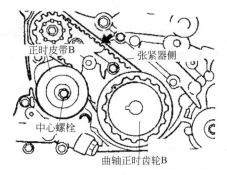

图 16-148　确定皮带张紧，张紧器 B 安装在安装螺栓左侧的皮带轮中心

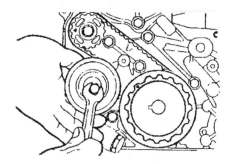

图 16-149　拧紧张紧器 B

向摁时检测皮带弯曲度是否在规定值内，如图 16-150 所示。

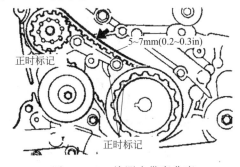

图 16-150　检测皮带弯曲度

(9) 按图 16-151 所示方向安装法兰盘及曲轴正时齿轮。

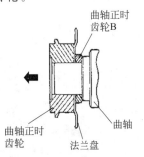

图 16-151　安装法兰盘及曲轴正时齿轮

> **注意**
>
> 法兰盘方向不正确时有可能使皮带受损。

（10）安装垫及正时齿轮按规定转矩拧紧螺栓。

（11）气缸体左侧塞孔插入螺丝刀固定平衡轴，如图 16-152 所示。

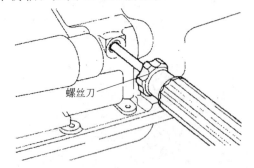

图 16-152　气缸体左侧塞孔插入螺丝刀固定平衡轴

（12）安装机油泵正时齿轮，如图 16-153 所示，按规定转矩拧紧螺母。

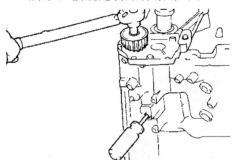

图 16-153　安装机油泵正时齿轮

（13）安装凸轮轴正时齿轮，如图 16-154 所示，按规定转矩拧紧螺栓，如图 16-155 所示。

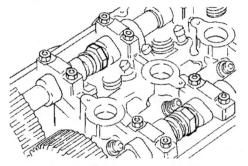

图 16-154　安装凸轮轴正时齿轮

图 16-155　按规定转矩拧紧螺栓

（14）安装自动张紧器，如图 16-156 所示。

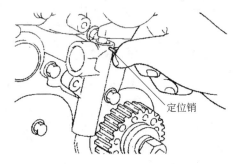

图 16-156　安装自动张紧器

① 自动张紧器底部有塞头时使用平垫和软垫夹住张紧器，如图 16-157 所示。

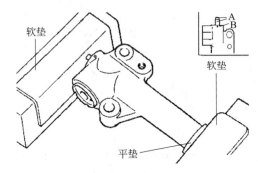

图 16-157　使用平垫和软垫夹住张紧器

② 在 A 和 B 内插入定位销。

（15）在张紧臂上安装张紧轮并按规定转矩拧紧螺栓。

> **注意**
>
> 在安装过程中不要拔出定位销。

（16）将凸轮轴正时齿轮正时标记对准

摇臂盖正时标记。凸轮轴正时齿轮的定位销朝上，如图 16-158 所示。

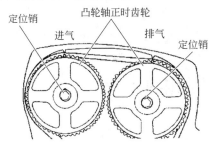

图 16-158　凸轮轴正时齿轮的定位销朝上

> **注意**
> ① 确认标记在凸轮轴正时齿轮上，如图 16-159 所示。
> ② 安装正时皮带前凸轮轴正时齿轮和气缸盖正时标记不一致时不论哪个方向都不要旋转两个齿数以上。
> ③ 非要旋转两个齿数以上时先把曲轴正时齿轮逆时针方向旋转两个齿数以后旋转凸轮轴正时齿轮。

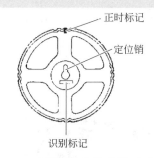

图 16-159　确认标记在凸轮轴正时齿轮上

（17）对准各齿轮正时标记，如图 16-160 所示，并按下述顺序安装。

正时皮带→曲轴正时齿轮→油泵正时齿轮→惰轮→排气凸轮轴正时齿轮→进气凸轮轴正时齿轮→张紧轮。

方法：

① 在本步骤里 1 号活塞在 TDC（压缩行程）。

② 对准油泵正时齿轮的正时标记时，先拆卸缸体左侧堵头，并插入螺丝刀检查左中心平衡轴是否在正确位置。使用的螺丝刀直径为 8mm，插入 60mm（2.36in）以上。

③ 检查正时后在缸体左侧安装堵头。

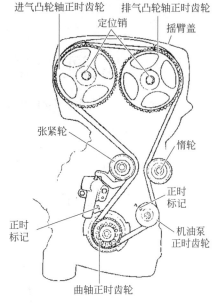

图 16-160　对准各齿轮正时标记

（18）拆卸自动张紧器定位销。

（19）曲轴顺时针方向旋转两周等待 5min，然后检测间隙 "A"（张紧器臂和自动张紧器距离），如图 16-161 所示。如果超出规格，重复步骤（14）～（18）。

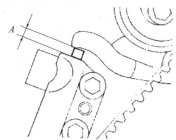

图 16-161　检测间隙 "A"

（20）安装正时皮带下部和上部罩，如图 16-162 所示。

图 16-162　安装正时皮带下部和上部罩

第五节 东风悦达起亚千里马车系发动机正时校对维修

一、1.3L 发动机

(一) 正时系统的结构

正时系统的结构如图 16-163 所示。

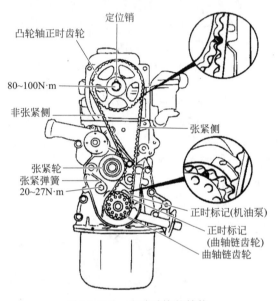

图 16-163 正时系统的结构

(二) 皮带拆卸程序

(1) 松开水泵皮带轮螺栓,如图 16-164 所示。

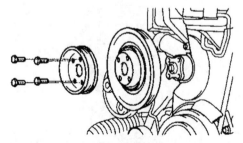

图 16-164 松开水泵皮带轮螺栓

(2) 松开发电机螺栓。

(3) 拆下水泵皮带轮和齿带。

(4) 拆下曲轴皮带轮,如图 16-165 所示。

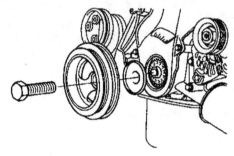

图 16-165 拆下曲轴皮带轮

(5) 拆下正时齿带罩,如图 16-166 所示。

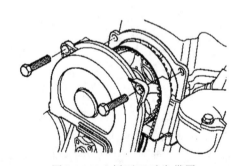

图 16-166 拆下正时齿带罩

(6) 在压缩冲程的一缸上止点校对凸轮轴链轮和曲轴齿轮的正时标记,如图 16-167 所示。

(7) 向水泵方向移动正时齿带张紧皮带轮并将它临时固定,如图 16-168 所示。

(8) 拆下正时齿带,如图 16-169 所示。

(9) 拆下凸轮轴正时齿轮。

(10) 拆下曲轴齿轮和曲轴凸缘。

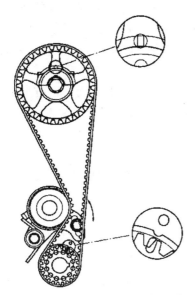

图 16-167 校对凸轮轴链轮和曲轴齿轮的正时标记

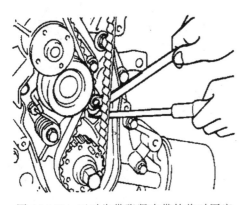

图 16-168 正时齿带张紧皮带轮临时固定

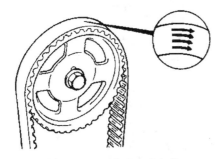

图 16-169 拆下正时齿带

(11) 拆下正时齿带张紧器。

（三）皮带安装程序

（1）如图 16-170 所示，安装法兰和曲轴正时轮。

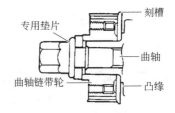

图 16-170 安装法兰和曲轴正时轮

（2）安装凸轮轴正时轮并拧紧螺栓到规定力矩。

（3）一缸处于压缩上止点时，对正曲轴正时轮和凸轮轴正时轮正时标记，如图 16-167 所示。

（4）安装张紧弹簧，并用螺丝刀在机油泵上安上弹簧的一边，如图 16-171 所示。

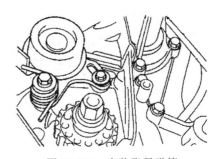

图 16-171 安装张紧弹簧

（5）按以下顺序紧紧地安装正时皮带，如图 16-167 所示。

曲轴齿轮→凸轮轴链轮→正时皮带张紧装置。

（6）安装齿带张紧器。先安装张紧器，拉簧和间隔器，暂时拧紧螺栓，如图 16-172 所示。

图 16-172 安装齿带张紧器

(7) 固定张紧器，远离水泵方向。

(8) 将正时齿带安装在曲轴正时轮上。

(9) 在凸轮轴上安装正时齿带，如图 16-168 所示。

> **注意**
>
> 当正时齿带安装在凸轮轴上时确保张紧侧张紧。然后检查保证反方向转动凸轮轴正时齿轮时，张紧侧张紧，所有正时对齐。

(10) 如图 16-173 所示松开张紧器安装螺栓 1 和 2，这样只给齿带提供弹力。检查齿带确保其处于正确位置。

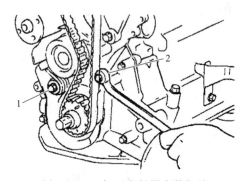

图 16-173 松开张紧器安装螺栓

(11) 松开张紧器安装弹簧，以便给正时皮带弹簧张力，如图 16-174 所示。

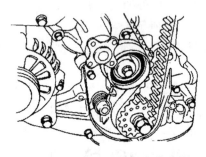

图 16-174 松开张紧器安装弹簧

(12) 按以下顺序拧紧张紧器螺栓。如果先拧紧螺栓 1，张紧器向齿带张紧方向移动。

(13) 旋转曲轴（顺时针方向）使凸轮链轮转过 2 齿的角度（15°）。

(14) 按顺时针方向旋转曲轴一周并在上止点位置重新对正曲轴皮带轮正时标记。

(15) 加力在同一方向旋转的张紧轮上，以便齿带和链轮完全接触。

(16) 按顺序松开张紧器安装螺栓 1 和 2。

(17) 在标记对准正确后，拧紧张紧轮，仅有张紧弹簧可移动。

(18) 按规定转矩拧紧张紧器安装螺栓 1 和 2。

(19) 顺时针转动曲轴带轮 2～4 圈，以使正时齿带在轮上。

(20) 重新检查皮带张紧度。以适当的力（大约 49N）水平推压张紧器和齿带张紧侧时，齿带从螺栓头中心偏移大约张紧器调整螺栓头部半径距离，如图 16-175 所示。

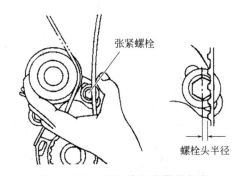

图 16-175 重新检查皮带张紧度

(21) 安装正时齿带盖，如图 16-176 所示。

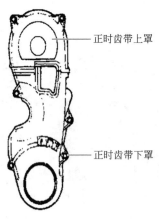

图 16-176 安装正时齿带盖

(22) 安装曲轴皮带轮。这个过程中，确保曲轴正时轮销位于皮带轮的小孔内。

(23) 安装风扇皮带并调整皮带张紧度。
(24) 安装水泵皮带皮带轮。
(25) 安装 V 形带并调整松紧度。

二、1.4L 发动机

(一) 正时系统的结构

正时系统的结构如图 16-177 所示。

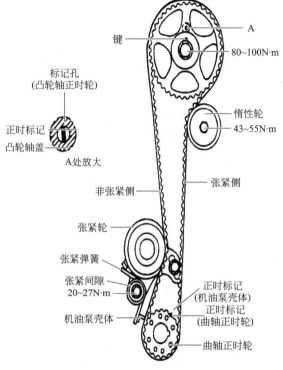

图 16-177 正时系统的结构

(二) 拆卸程序

(1) 将车辆用千斤顶顶起,如图 16-178 所示。

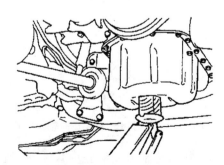

图 16-178 将车辆用千斤顶顶起

(2) 拆下发动机支架。
(3) 拆下助力转向皮带。
(4) 拆下空调压缩机皮带。
(5) 拆下发电机皮带,如图 16-179 所示。

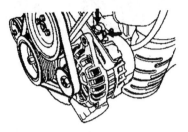

图 16-179 拆下发电机皮带

(6) 拆下水泵皮带轮,如图 16-180 所示。

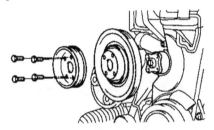

图 16-180 拆下水泵皮带轮

(7) 拆下曲轴皮带轮,如图 16-181 所示。

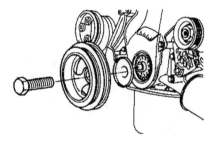

图 16-181 拆下曲轴皮带轮

(8) 拆下正时皮带盖,如图 16-182 所示。

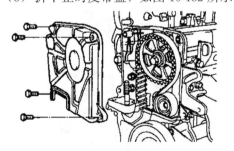

图 16-182 拆下正时皮带盖

（9）朝向水泵移动正时皮带张紧轮并临时固定，如图16-183所示。

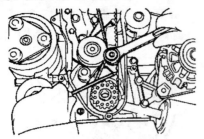

图16-183 移动正时皮带张紧轮并临时固定

（10）拆下正时皮带，如图16-184所示。

> **注意**
> 如果皮带继续使用，皮带上的箭头方向应确保与先前拆下来之前的旋转方向（发动机前侧观察）一致。

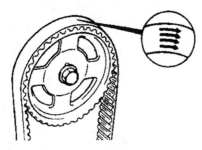

图16-184 拆下正时皮带

（11）从凸轴链轮上拆下曲轴。

（12）拆下曲轴链轮和法兰。

（13）拆下正时齿带惰轮。

（14）拆下正时齿带张紧轮，如图16-185所示。

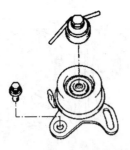

图16-185 拆下正时齿带张紧轮

(三) 安装程序

（1）如图16-170所示，安装法兰和曲轴正时轮。密切注意它们的安装方向。

（2）安装凸轮轴正时轮并拧紧螺栓到规定力矩。

（3）安装惰轮并拧紧螺栓到规定力矩。

（4）一缸处于压缩上止点时，对正曲轴正时轮和凸轮轴正时轮正时标记，如图16-186所示。

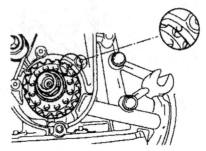

图16-186 对正曲轴正时轮和凸轮轴正时轮正时标记

（5）安装齿带张紧器。先安装张紧器、拉簧和间隔器。暂时拧紧螺栓，接下来暂时拧紧张紧器孔侧垫圈和螺栓。将弹簧底端靠在机油泵上，如图16-171所示。

（6）紧固张紧器，位置朝向水泵方向，如图16-171所示。

（7）按以下顺序将正时齿轮安装在曲轴正时轮上，如图16-187所示。

曲轴链轮1→正时齿带惰轮2→凸轮轴链轮3→正时齿带4。

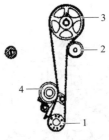

图16-187 将正时齿轮安装在曲轴正时轮上

（8）在凸轮轴上安装正时齿带。当正时齿带安装在凸轮轴上时确保张紧侧张紧。然后检查保证反方向转动凸轮轴正时轮时,张紧侧张紧,所有正时对齐,如图 16-188 所示。

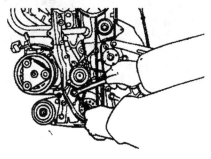

图 16-188 在凸轮轴上安装正时齿带

(9) 拧紧张紧器螺栓。

(10) 按顺时针方向旋转曲轴一周并在上止点位置重新对正曲轴皮带轮正时标记。

(11) 重新检查皮带张紧度。以适当的力(大约49N)水平推压张紧器和齿带张紧侧时,齿带从螺栓头中心偏移大约张紧器调整螺栓头部半径距离,如图 16-175 所示。

(12) 安装正时齿带盖。

(13) 安装曲轴皮带轮。这个过程中,确保曲轴正时轮销位于皮带轮的小孔内。

(14) 安装风扇皮带并调整皮带张紧度。

(15) 安装水泵皮带皮带轮。

(16) 安装发电机皮带并调节皮带张紧度。

(17) 安装空调压缩机皮带并调节皮带张紧器。

(18) 安装动力转向装置并调节皮带张紧器。

第十七章 奥迪车系发动机正时校对维修

第一节

奥迪 A4 车系 ALZ、AVJ、ALT、AWA、ASN 和 BBK 发动机正时校对维修

一、正时系统的结构

正时系统的结构如图 17-1 所示。

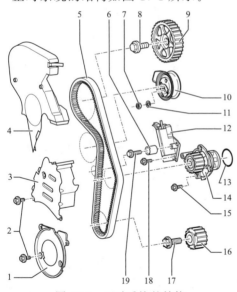

图 17-1 正时系统的结构

1—齿形皮带保护罩下段；2—10N·m；
3—齿形皮带保护罩中段；4—齿形皮带保护罩上段；
5—齿形皮带；6—导向辊；7—27N·m；
8—65N·m；9—凸轮轴驱动齿轮；10—张紧轮；
11—垫圈；12—齿形皮带的张紧装置；13—O形圈；
14—冷却液泵；15,18—15N·m；16—曲轴的齿形皮带轮；
17—以90N·m 的转矩继续转过 1/4 周（90°）；
19—25N·m；

二、齿形皮带的拆装

（一）拆卸程序

（1）拆下发动机罩，如图 17-2 所示。

图 17-2 拆下发动机罩

（2）拆下三角筋条皮带。

（3）拆下三角筋条皮带的张紧元件，如图 17-3 所示。

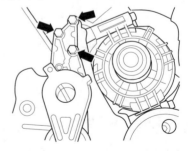

图 17-3 拆下三角筋条皮带的张紧元件

（4）拆下齿形皮带保护罩上段。

> **注意**
> 发动机的旋转只能通过沿发动机运转方向转动曲轴进行（顺时针方向）。

（5）使发动机转到气缸1处于上止点位置，为此通过沿发动机运转方向转动曲轴的齿形皮带轮的中央螺栓来旋转曲轴。在凸轮轴驱动齿轮上的标记和曲轴上的标记必须处在气缸1上止点位置，如图17-4所示。

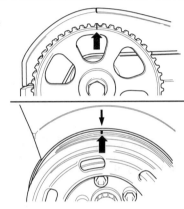

图17-4 对准标记

（6）旋下减震器，如图17-5所示。

图17-5 旋下减震器

（7）拆下齿形皮带保护罩中段和下段，如图17-6所示。

> **注意**
> 齿形皮带张紧元件是用油液减震的，并且只能慢慢地用均匀的力和张紧轮一起压入。在压入时过大的压力会损坏张紧轮。

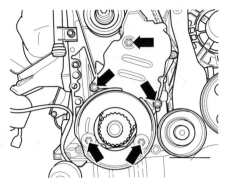

图17-6 拆下齿形皮带保护罩中段和下段

（8）用一个内六角扳手和均匀但不太大的力，逆时针沿箭头方向扳张紧轮，直至可以用专用工具T10008锁住张紧装置的活塞为止，如图17-7所示。

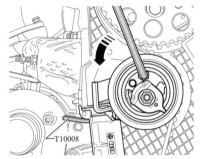

图17-7 用一个内六角扳手扳张紧轮

> **注意**
> 不得弄弯偏心轮的止动凸缘A（图17-8）。

（9）为了松开齿形皮带轮，松开张紧轮的螺母1，并用专用工具3387沿箭头方向旋转偏心轮，如图17-8所示。

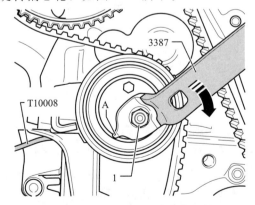

图17-8 沿箭头方向旋转偏心轮

（10）用粉笔或毡笔标出齿形皮带的旋转方向。

（11）拆下齿形皮带。

（二）安装程序（调节气门正时）

> 🔧 **注意**
>
> ① 也只有在需要把齿形皮带从凸轮轴驱动齿轮上拆下来修理时，才需要对齿形皮带进行如下的调整。
> ② 在旋转凸轮轴时，曲轴不得和任何一个气缸处于上止点位置，否则有损坏气门和活塞顶的危险。

（1）把齿形皮带安放到曲轴正时齿轮上（注意转向）。

（2）装上齿形皮带保护罩下段。

> 🔧 **注意**
>
> 减震器/皮带轮只可能在一个位置进行装配：减震器上箭头所示的孔必须超过曲轴的齿形皮带轮的最高点。

（3）固定减震器和皮带轮，注意定位，如图17-9中箭头所示。

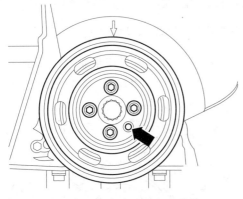

图17-9　固定减震器和皮带轮

（4）使凸轮轴驱动齿轮的标记和气缸盖罩，以及减震器的标记和齿形皮带保护罩保持一致。

（5）按照冷却泵→张紧轮→凸轮轴驱动齿轮的顺序装上齿形皮带。

三、张紧齿形皮带的拆装

（一）拆卸程序

如果齿形皮带张紧元件已完全取出，则可进行以下程序。

> 🔧 **注意**
>
> 如果齿形皮带张紧元件已完全取出那么它必须在已安装好的状态下和张紧轮一起重新压入。整个过程可能会持续5min。在压入时过大的压力会损坏张紧轮。

（1）用一个内六角扳手和均匀但不太大的力，逆时针沿箭头方向扳张紧轮，直至可以用专用工具T10008锁住张紧装置的活塞为止。

> 🔧 **注意**
>
> 不得弄弯偏心轮的止动凸缘A（图17-10）。

（2）使用专用工具3387沿箭头方向逆时针旋转偏心轮，如图17-10所示。

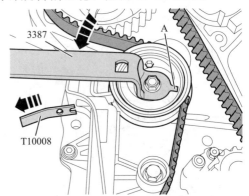

图17-10　使用专用工具3387沿箭头方向逆时针旋转偏心轮

（3）使偏心轮保持在这个位置并拔出固定板T10008。

（4）将偏心轮向右沿箭头方向顺时针旋转（如图17-11所示），直至一个尺寸等于拉紧杆和张紧装置壳体之间尺寸a的量具2（例如钻头）可以从中间穿过为止。

尺寸$a=8mm$。

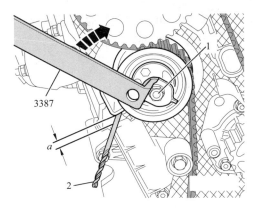

图 17-11　将偏心轮向右沿箭头方向顺时针旋转

（5）使偏心轮保持在这个位置并拧紧张紧轮的螺母 1。

（二）检查程序

> **注意**
> 发动机的旋转只能通过沿发动机运转方向转动曲轴进行（顺时针方向）。

> **注意**
> 为了旋转发动机需装上曲轴的中央螺栓。

（1）沿发动机运转方向转动曲轴 2 周，直至曲轴再次处于上止点。

（2）在凸轮轴驱动齿轮的标记和曲轴的标记必须处在气缸 1 上止点位置，如图 17-12 所示。

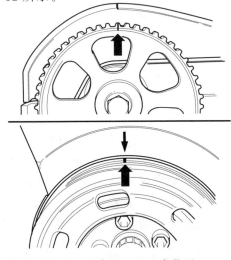

图 17-12　气缸 1 上止点位置

（3）用一把量具（例如钻头）检查拉紧杆和张紧装置外壳之间的尺寸 a。

尺寸 $a = 6 \sim 10 \mathrm{mm}$。

> **注意**
> 齿形皮带张紧元件是用油液减震的，并且只能慢慢地用均匀的力和张紧轮一起压入。在压入时过大的压力会损坏张紧轮。

（4）用一个内六角扳手和均匀但不太大的力（如图 17-13 所示），逆时针沿箭头方向扳张紧轮，直至可以用专用工具 T10008 锁住张紧装置的活塞为止。

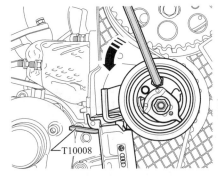

图 17-13　用一个内六角扳手沿箭头方向扳张紧轮

（5）松开张紧轮的螺母 1，如图 17-14 所示。

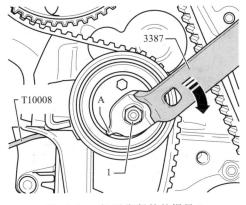

图 17-14　松开张紧轮的螺母 1

（三）安装程序

（1）安装齿形皮带保护罩的中段和上段，如图 17-15 所示。

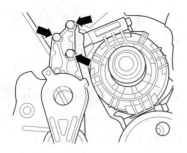

图 17-15　安装齿形皮带保护罩的中段和上段

(2) 安装三角筋条皮带的张紧装置。
(3) 安装三角筋条皮带。

第二节
奥迪 A6 车系 ATX、APS 发动机正时校对维修

一、齿形皮带的拆卸

（1）拆下发动机罩盖，拆下隔音罩，拆卸前保险杠。

（2）拆装多楔皮带，松开齿形皮带护罩两边的卡箍并取下护罩。

（3）用手将发动机转至上止点位置。标记 A 和 B 应对齐，如图 17-16 所示。

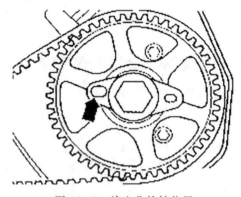

图 17-17　检查凸轮轴位置

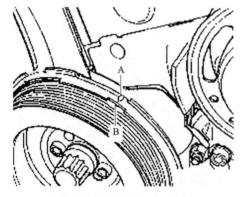

图 17-16　发动机上止点标记

（4）检查凸轮轴位置。凸轮轴链轮固定板上较大的孔应在里面对齐（如图 17-17 所示），否则，将曲轴再转一圈。

（5）拆下缸体左侧的堵塞。曲轴上的上止点钻孔应能见到或摸到，该钻孔在堵塞孔后面。

（6）如图 17-18 所示，将固定螺钉 3242 装到堵塞孔处并拧紧。

（7）拆下多楔皮带张紧器。拆下齿形皮带中部和右部护罩。

（8）如图 17-19 所示，用内六角扳手（8mm）按箭头方向转动齿形皮带张紧轮，一直转到张紧杆压住张紧元件并能将 2mm 的弹簧销装入孔和柱塞内。

（9）插入弹簧销，松开齿形皮带张紧轮。拆下减震器。

（10）如图 17-20 所示，拆下多楔皮带惰

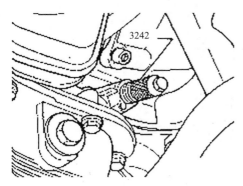

图 17-18 将固定螺钉 3242 装到堵塞孔

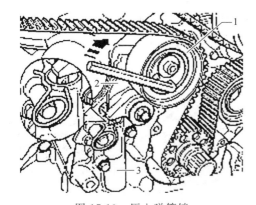

图 17-19 压入弹簧销
1—齿形皮带张紧轮；2—张紧杆；3—张紧元件

轮，拆下齿形皮带。

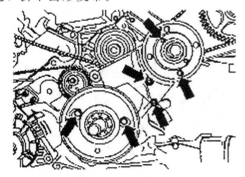

图 17-20 松开齿形皮带张紧轮

二、齿形皮带的安装

（1）如图 17-21 所示，将专用工具 3391 装到两凸轮轴固定板上。

（2）松开凸轮轴上的两个螺栓并拧出约 5 圈。取下专用工具 3391。

（3）如图 17-22 所示，用专用工具 T40001 拧下凸轮轴正时齿轮。再次将带固

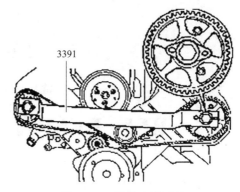

图 17-21 安装专用工具

定板的凸轮轴正时齿轮装上并拧紧。安装时必须保证凸轮轴正时齿轮在锥面上能动但不能倾斜。

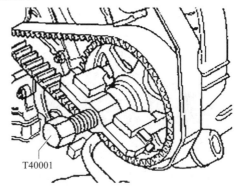

图 17-22 拆卸两凸轮轴正时齿轮

（4）如图 17-23 所示将齿形皮带装到正时齿轮上。装上专用工具 3391。

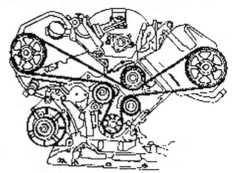

图 17-23 齿形皮带安装

（5）用 8mm 内六角扳手拧齿形皮带张紧轮直至可取出弹簧销。

（6）启动发动机前，将力矩扳手放入张紧轮的内六角内，按张紧方向用 15N·m 力矩转张紧轮，对其预张紧。

第三节
奥迪 A8 车系 BFL/BFM 发动机正时校对维修

一、拆卸齿形皮带

（1）拆下前保险杠。
（2）拆下前围。
（3）拆卸多楔带。
（4）向上拔出发动机罩 2，如图 17-24 所示。

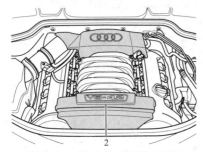

图 17-24　向上拔出发动机罩 2

（5）拆下左上和右上齿形皮带护罩。
（6）在正时皮带轮中心螺栓上沿发动机转动方向把曲轴转至第 5 缸上死点标记处。
（7）切口 B 朝向标记 A，如图 17-25 所示。

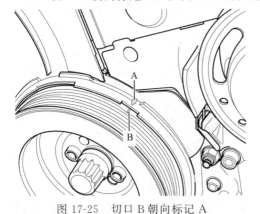

图 17-25　切口 B 朝向标记 A

> **注意**
> 为转动发动机，将工具安装在曲轴中心螺栓上。

（8）检查凸轮轴的位置。
（9）凸轮轴正时齿轮上固定板的大孔（箭头所示）必须朝内（如图 17-26 所示），否则将曲轴再转一圈。

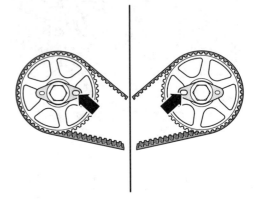

图 17-26　凸轮轴正时齿轮上固定板的大孔必须朝内

（10）从油底壳上松开水管（箭头所示），如图 17-27 所示。

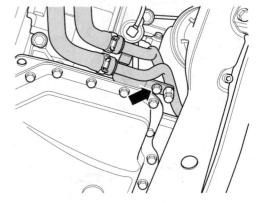

图 17-27　从油底壳上松开水管（箭头所示）

（11）从发动机缸体上松开水管（箭头所示），如图 17-28 所示。
（12）旋出油底壳上部分的上死点标记的放油螺塞（箭头所示），如图 17-29 所示。

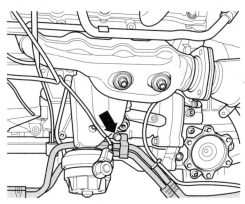

图 17-28　从发动机缸体上松开水管（箭头所示）

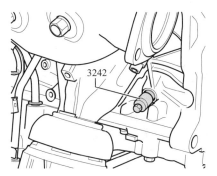

图 17-30　将固定螺钉 3242 旋入已拆下的放油螺塞的孔内

 注意

在曲轴中，一个上死点孔正好位于放油螺塞后（可触摸到），如图 **17-29** 所示。

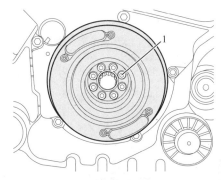

图 17-31　拆下曲轴减震器

图 17-29　旋出油底壳上部分的上死点标记的放油螺塞

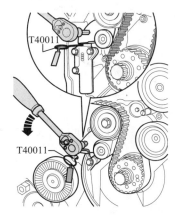

图 17-32　用内六角扳手沿箭头方向转动齿形皮带张紧辊

（13）将固定螺钉 3242 旋入已拆下的放油螺塞的孔内，如图 17-30 所示。

（14）在松开 8 个固定螺钉 1 后拆下曲轴减震器，如图 17-31 所示。

（15）拆下中部齿形皮带护罩。

（16）用一把 8mm 内六角扳手沿箭头方向转动齿形皮带张紧辊，直到张紧杠杆把张紧件压紧，锁止杆 T40011 可以插入活塞和外壳的孔中，如图 17-32 所示。

 注意

① 拔下时可以让转矩支承的支架保持在安装位置。在支架中有一个孔，通过该孔可将锁止杆插入张紧件的孔中。

② 齿形皮带张紧件以油减震，因此必须缓慢地均匀用力压紧。

③ 标记齿形皮带的传动方向。皮带转动方向装反会导致损坏。

第十七章　奥迪车系发动机正时校对维修　767

（17）松开偏心辊的螺栓（箭头所示），如图17-33所示。

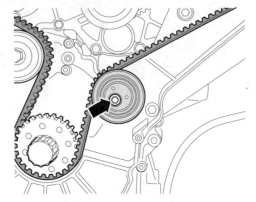

图 17-33　松开偏心辊的螺栓

（18）将两个凸轮轴正时齿轮的螺栓松开约2圈，为此用工具3036固定，如图17-34所示。

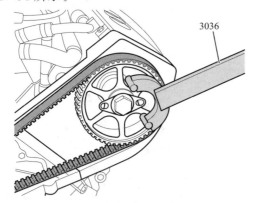

图 17-34　将两个凸轮轴正时齿轮的螺栓松开

（19）用双臂拔出器 T40001 与卡爪 T40001/2 将左右凸轮轴正时齿轮从圆锥体中拔出，如图17-35所示。

（20）拆下齿形皮带。

二、安装齿形皮带（调整配气相位）

注意

在转动凸轮轴时不允许将曲轴停在上死点，否则气门/活塞头有损坏危险。

（1）更换凸轮轴正时齿轮的螺栓1和固定板2，如图17-36所示。

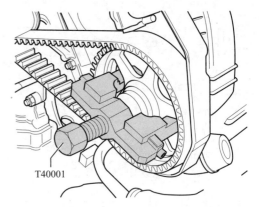

图 17-35　将左右凸轮轴正时齿轮从圆锥体中拔出

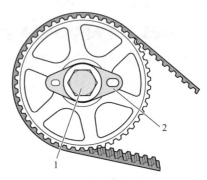

图 17-36　更换凸轮轴正时齿轮的螺栓1和固定板2

（2）给凸轮轴正时齿轮螺栓的螺纹和头部接触面上油。

（3）旋入螺栓，直到凸轮轴正时齿轮刚好还能转动且不倾斜为止。

（4）注意固定板在凸轮轴上的正确位置。

（5）在安装齿形皮带前必须确保曲轴和凸轮轴停在第5缸的上死点位置。

① 凸轮轴正时齿轮上固定板的大孔（箭头所示）必须朝内，如图17-37所示。

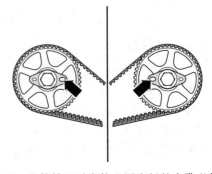

图 17-37　凸轮轴正时齿轮上固定板的大孔必须朝内

② 确保固定螺钉 3242 已旋入，如图 17-38 所示。

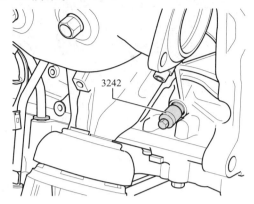

图 17-38　固定螺钉 3242 已旋入

（6）首先按下列顺序安放齿形皮带（图 17-39）：曲轴正时皮带轮 5→偏心辊 4→张紧辊 6→左凸轮轴正时皮带轮 3→冷却液泵 2。

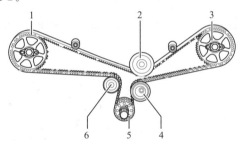

图 17-39　安放齿形皮带

（7）最后把齿形皮带安放到右凸轮轴正时皮带轮 1 上。

（8）沿箭头方向以 40N·m 的力矩转动张紧杠杆两次，以预紧齿形皮带，如图 17-40 所示。

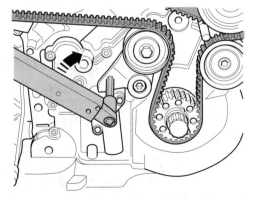

图 17-40　沿箭头方向转动张紧杠杆

> **注意**
>
> 在图 17-40 和图 17-41 中为了更好地说明，未画出转矩支承的支架。

（9）将一把 5mm 内六角扳手平放到张紧杠杆 1 和张紧件的活塞 2 之间，如图 17-41 所示。

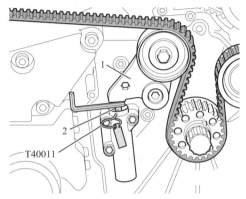

图 17-41　内六角扳手平放到张紧杠杆 1 和张紧件的活塞 2 之间

（10）张紧齿形皮带。为此用张紧辊扳手 T40009 和 VAG1783 与转换棘轮 VAS5122 沿箭头方向转动偏心辊并注意预紧力，如图 17-42 所示。

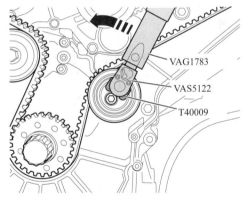

图 17-42　张紧齿形皮带

（11）拧紧偏心辊。

> **注意**
>
> 在拧紧时不要改变设置。

（12）将凸轮轴定位件 T40005 装入两个凸轮轴的固定板中，如图 17-43 所示。

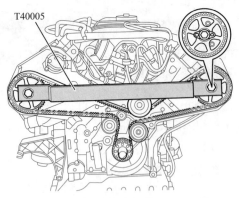

图 17-43 将凸轮轴定位件 T40005 装入两个凸轮轴的固定板中

尽量压入凸轮轴定位件。

(13) 拧紧凸轮轴正时齿轮。

 注意

凸轮轴定位件 T40005 用作夹具。

(14) 去除凸轮轴定位件 T40005。

(15) 拔出 5mm 内六角扳手。

(16) 用一把 8mm 内六角扳手沿箭头方向转动张紧杠杆,直到可以拉出锁止杆 T40011 为止,如图 17-44 所示。

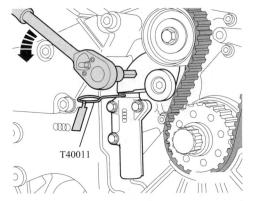

图 17-44 内六角扳手沿箭头方向转动张紧杠杆

(17) 去除固定螺钉 3242。

(18) 沿发动机转动方向将曲轴转动两圈,直到曲轴重新到达气缸 5 的上死点位置。

凸轮轴正时齿轮上固定板的大孔(箭头所示)必须朝内,如图 17-37 所示。

(19) 检查张紧杠杆和张紧件外壳之间

的尺寸 a,如图 17-45 所示。

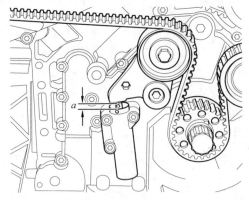

图 17-45 检查张紧杠杆和张紧件外壳之间的尺寸

尺寸 $a=5.0\text{mm}\pm1.0\text{mm}$。

 注意

如果尺寸 a 达不到规定值,重复调整。

(20) 为了检查配气相位,把固定螺钉 3242 再次拧入油底壳上部分的孔内,如图 17-46 所示。

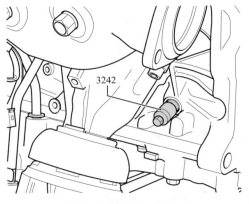

图 17-46 检查配气相位

(21) 用凸轮轴定位件 T40005 检查凸轮轴的位置。

 注意

如果无法装入凸轮轴定位件,重复调整。

(22) 从两个气缸盖上去除凸轮轴定位件 T40005。

(23) 去除固定螺钉 3242。

(24) 将上死点标记的放油螺塞用新密封圈旋入油底壳上部。

第十八章 华泰圣达菲车系发动机正时校对维修

第一节

华泰圣达菲车系 1.8K4G、DED483Q(2.0L)、4G63 和 4G64 （2.0L） 发动机正时校对维修

一、1.8K4G 发动机

（一）正时系统的结构

正时系统的结构如图 18-1 所示。

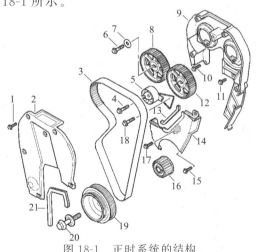

图 18-1　正时系统的结构

1—螺钉，正时带前上盖到正时带后上盖；2—正时带前上盖；3—正时带；4—螺栓，正时带张紧轮到气缸盖；5—正时带张紧轮；6—螺栓，凸轮轴带轮至凸轮轴；7—凸轮轴带轮与凸轮轴之间的垫圈；8—进气凸轮轴带轮；9—正时带后上盖；10—螺钉，正时带后上盖到气缸体（长）；11—螺栓，正时带后上盖到气缸体（短）；12—排气凸轮轴带轮；13—正时带前下盖密封；14—正时带前下盖；15—螺钉，正时带前下盖到机油泵；16—曲轴正时齿轮；17—螺钉，正时带前下盖到正时带前上盖；18—螺栓，正时带张紧轮限位拉线到气缸盖；19—曲轴带轮减震器；20—曲轴带轮螺栓和垫圈；21—正时带前上盖密封

（二）凸轮轴正时带的拆卸

（1）拆下正时带前上盖。

（2）拧下把发动机右托架固定到发动机上的3个螺栓。

（3）拆下发动机右托架。

（4）顺时针转动曲轴以对准凸轮轴带轮的标记，如图18-2所示。

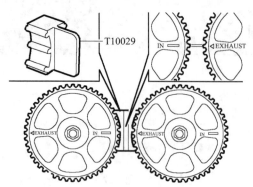

图18-2　顺时针转动曲轴以对准凸轮轴带轮的标记

> **注意**
>
> 千万不要用凸轮轴带轮、凸轮轴带轮螺栓或正时带来转动曲轴。

（5）装上锁止工具T10029。

（6）检查并确保曲轴皮带轮上的正时标记和正时带下前盖的标记对准，如图18-3所示。

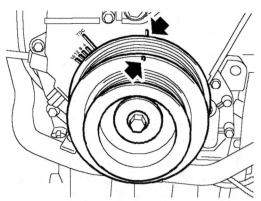

图18-3　顺时针转动曲轴以对准凸轮轴带轮的标记

（7）拆下曲轴皮带轮。

（8）拧下2个固定PAS泵张紧轮的螺栓并拆下张紧轮，如图18-4所示。

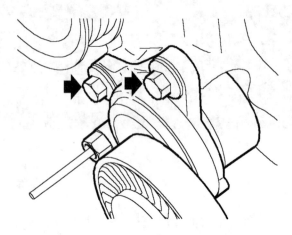

图18-4　拧下2个固定PAS泵张紧轮的螺栓并拆下张紧轮

（9）拧下3个螺钉并取下正时带前下盖和密封，如图18-5所示。

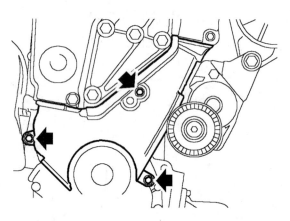

图18-5　拧下3个螺钉并取下正时带前下盖和密封

（10）拧下并废弃掉正时带张紧轮螺栓，如图18-6所示，并拆下张紧轮。

如果还要装原来的皮带，标记下皮带上的转动方向。

（11）取下凸轮轴正时带。

（12）从曲轴上拆下曲轴正时齿轮。

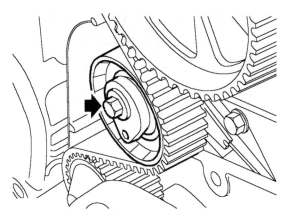

图 18-6 拧下并废弃掉正时带张紧轮螺栓

(三) 凸轮轴正时带的安装

(1) 清洁正时齿轮和带轮。

(2) 把曲轴正时齿轮装到曲轴上。

(3) 检查曲轴齿轮上的孔和机油泵上的法兰是否对准,如图 18-7 所示。

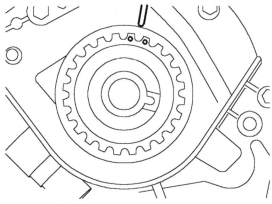

图 18-7 检查曲轴齿轮上的孔和机油泵上的法兰是否对准

(4) 装上正时带张紧轮,如图 18-8 所示,固定在如时钟 9 点钟的位置,拧紧新的夹紧螺栓,直到刚好能移动张紧轮杆。

(5) 确保凸轮轴带轮标记已对准。

(6) 只能用手指装上正时带。确保皮带能在曲轴齿轮间运转,而且在安装的过程中排气凸轮轴带轮是张紧的。

(7) 检查并保证正时带装在所有齿轮和皮带张紧轮的中央。

(8) 清洁正时带前下盖。

(9) 把密封装到盖上。

图 18-8 装上正时带张紧轮

(10) 装上正时带前下盖并把螺钉拧紧到 9N·m。

(11) 清洁 PAS 皮带张紧器和结合面。

(12) 装上 PAS 皮带张紧器并拧紧螺栓至 25N·m。

(13) 装上曲轴皮带轮。

(14) 拿开凸轮轴带轮锁止工具 T10029。

(15) 用一 6mm 的 Allen 键,逆时针方向转动张紧轮杆,并使指针和如图 18-9 所示的指针线对准。

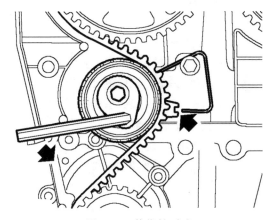

图 18-9 使指针对准

二、DED483Q (2.0L) 发动机

(一) 正时皮带的拆卸

(1) 断开负极电池电线。

(2) 拆卸前盖。
(3) 拆卸进气系统软管和导管。
(4) 拆卸附件皮带，如图18-10所示。

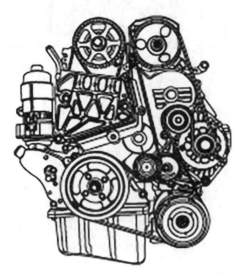

图18-10　拆卸附件皮带

(5) 使用发动机总成支架夹具DW110-060来支撑发动机总成。
(6) 移走发动机支架减震块。
(7) 拆卸正时带上盖。
(8) 拆卸附件皮带惰轮。
(9) 拆卸张紧轮。
(10) 拆卸曲轴皮带。
(11) 拆卸正时皮带下盖。
(12) 拆卸发动机支撑支架。
(13) 拆卸正时皮带张紧轮。
(14) 拆卸正时皮带。
(15) 拆卸凸轮轴皮带轮。

（二）正时皮带的调整

(1) 拆卸真空泵。
(2) 旋转凸轮轴并使标记孔位置朝上。
(3) 旋转曲轴并对齐正时标记。
(4) 拆卸曲轴固定孔螺栓。
(5) 将曲轴支架插到曲轴固定器孔上。

⚠ **注意**

轻轻旋转曲轴皮带轮，同时插入曲轴固定器。

(6) 安装凸轮轴固定器到凸轮轴后面。
(7) 对齐正时后端盖的正时标记，如图18-11所示。

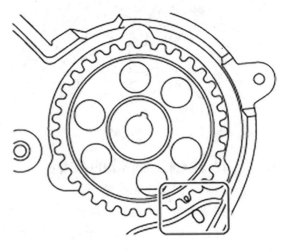

图18-11　对齐正时后端盖的
正时标记

(8) 使用手动方式安装凸轮轴带轮紧固螺栓。
(9) 安装正时皮带。
(10) 手动安装正时皮带张紧轮紧固螺栓。
(11) 逆时针旋转六角扳手，把皮带张紧。旋转直到标记对齐凹槽。
(12) 对齐凹槽，安装正时皮带张紧轮螺栓。
(13) 安装凸轮轴皮带轮螺栓。
(14) 拆卸凸轮轴支架EN-48245和曲轴支架EN-48246。
(15) 顺时针旋转曲轴最多2周，然后检查曲轴链轮的标记。
(16) 排列好正时皮带后，安装曲轴定位孔螺栓。

三、4G63和4G64（2.0L）发动机

（一）正时系统的结构

正时系统的结构如图18-12所示。

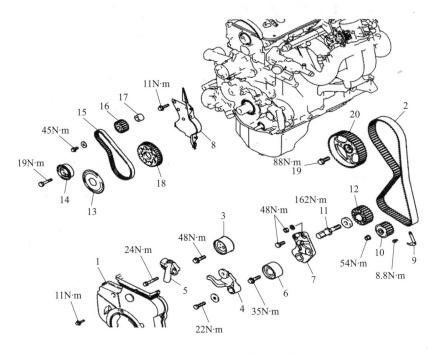

图 18-12　正时系统的结构

1—正时齿带下盖；2—正时齿带；3—张紧带轮；4—张紧臂；5—自动张紧器；6—中间带轮；7—张紧带轮支架；
8—正时齿带后盖；9—正时齿带指示器；10—油泵齿带轮；11—曲轴螺栓；12—曲轴齿带轮；13—法兰；
14—张紧器 B；15—正时齿带 B；16—平衡轴齿带轮；17—衬套；18—曲轴齿带轮 B；19—凸轮轴齿带轮螺栓；
20—凸轮轴齿带轮

（二）拆卸须知

1. 正时齿带的拆卸

记下齿带旋转方向以期复装时无误，如图 18-13 所示。

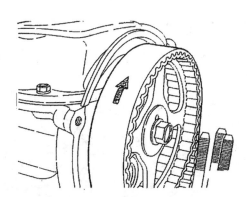

图 18-13　记下齿带旋转方向

注：
① 齿带上黏附水或油脂会急剧减少齿带使用寿命。所以拆卸后，应十分注意不要让水或油脂附着和污染齿带、齿带轮、张紧器等。不要清洗这些零件。若污染严重，须换新件。

② 若这些零件上发现水或油脂，应检查前盖油封、凸轮轴油封以及水泵有无泄漏。

2. 油泵齿带轮的拆卸

（1）拆卸气缸体侧的旋塞，如图 18-14 所示。

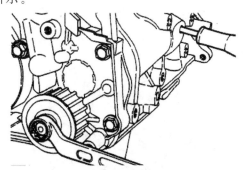

图 18-14　拆卸气缸体侧的旋塞

（2）插入直径 8mm 的十字螺丝刀，用以固定左侧平衡轴。

（3）拆卸油泵齿带轮螺母。

（4）拆卸油泵齿带轮。

3. 曲轴螺栓的拆卸

（1）使用专用工具固定飞轮，如图 18-15 所示。

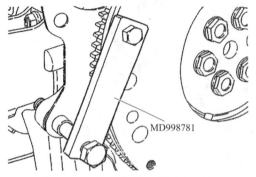

图 18-15　使用专用工具固定飞轮

（2）拆卸曲轴螺栓。使用专用工具支撑飞轮。

4. 曲轴齿带轮的拆卸

若因黏着不易拆卸，请使用专用工具，如图 18-16 所示。

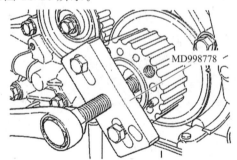

图 18-16　曲轴齿带轮的拆卸

5. 正时齿带 B 的拆卸

记下齿带旋转方向以期复装时无误，如图 18-17 所示。

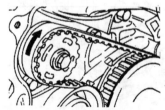

图 18-17　记下齿带旋转方向

6. 平衡轴齿带轮的拆卸

（1）使用如图 18-18 所示工具固定平衡轴齿带轮。

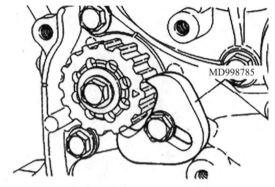

图 18-18　固定平衡轴齿带轮

（2）拆卸平衡轴齿带轮。

7. 曲轴齿带轮 B 的拆卸

若因黏着不易拆卸，请使用专用工具，如图 18-19 所示。

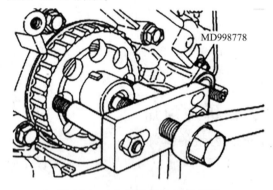

图 18-19　曲轴齿带轮 B 的拆卸

8. 凸轮轴齿带轮螺栓的拆卸

（1）使用专用工具固定凸轮轴正时齿带轮，如图 18-20 所示。

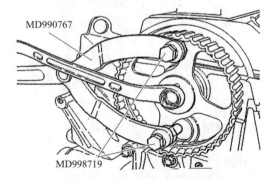

图 18-20　固定凸轮轴正时齿带轮

（2）拆卸凸轮轴齿带轮螺栓。

（三）安装须知

1. 凸轮轴齿带轮螺栓的拧紧

（1）使用专用工具固定凸轮轴齿带轮。

（2）把凸轮轴齿带轮螺栓拧紧到规定的转矩。

2. 衬套安装

安装衬套时，将有倒角的一侧朝向油封。

3. 平衡轴齿带轮的安装

（1）用如图 18-19 所示的工具固定平衡轴齿带轮。

（2）拧紧螺栓至规定的转矩。

4. 正时齿带 B 的安装

（1）将曲轴齿带轮 B 及平衡轴齿带轮的标记分别与前盖上的标记对正，如图 18-21 所示。

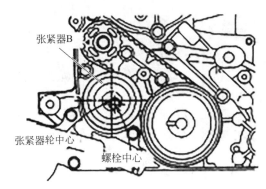

图 18-22 确认张紧器轮中心与螺栓中心的位置

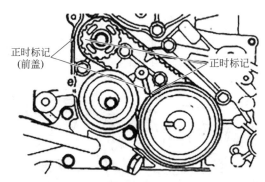

图 18-21 将曲轴齿带轮 B 及平衡轴齿带轮的标记分别与前盖上的标记对正

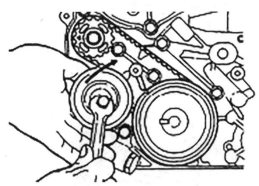

图 18-23 用手指对着正时齿带张紧器向箭头方向移动

（2）在曲轴齿带轮 B 及平衡轴齿带轮上安装正时齿带 B。张紧一侧不允许有松弛。

（3）确认张紧器轮中心与螺栓中心的位置，如图 18-22 所示。

（4）在用手指对着正时齿带张紧器一侧施加力的同时，向箭头方向移动张紧器 B。此时拧紧螺栓使张紧器 B 固定。注意在拧紧螺栓时，不要让轴与齿带轮一起转动使齿带过紧，如图 18-23 所示。

（5）确认齿带轮与前盖上的标记对齐，如图 18-24 所示。

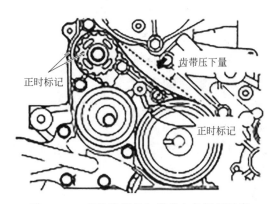

图 18-24 确认齿带轮与前盖上的标记对齐

（6）用食指压下正时齿带 B 的张紧器一侧的中央部分，齿带压下量为 5～7mm。

5. 曲轴螺栓的拧紧

（1）使用专用工具固定飞轮，如图 18-25 所示。

（2）安装曲轴螺栓。

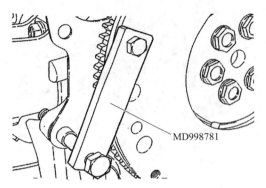

图 18-25　使用专用工具固定飞轮

6. 油泵齿带轮的安装

（1）将十字螺丝刀塞入气缸体左侧塞孔，如图 18-26 所示，阻止平衡轴转动。

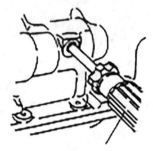

图 18-26　将十字螺丝刀塞入气缸体左侧塞孔

（2）安装油泵齿带轮。
（3）在螺母与轴承的结合面涂抹机油。
（4）按照规定的力矩拧紧螺母。

7. 自动张紧器的安装

（1）若自动张紧器杆在伸出位置，应按照下述步骤使其缩回。
（2）用带有软钳口的虎钳夹紧自动张紧器，如图 18-27 所示。

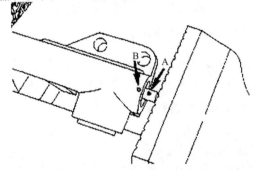

图 18-27　用带有软钳口的虎钳夹紧自动张紧器

> **注意**
> 自动张紧器底端有螺塞突出，应在虎钳和螺塞之间插入平垫板，防止两者的直接接触。

（3）利用虎钳慢慢地将杆推入，直到杆的孔 A 与油缸的孔 B 对齐为止。
（4）将钢丝（直径为 1.4mm）插进对齐的孔中，如图 18-28 所示。

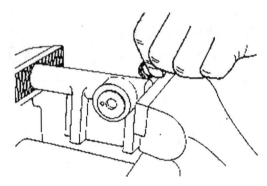

图 18-28　将钢丝（直径为 1.4mm）插进对齐的孔中

（5）用虎钳拆卸自动张紧器。
（6）将自动张紧器安装在前盖上，用规定力矩拧紧螺栓，如图 18-29 所示。

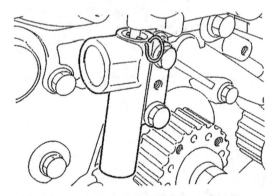

图 18-29　将自动张紧器安装在前盖上

> **注意**
> 将钢丝留在自动张紧器中。

8. 正时齿带的安装

（1）确认正时齿带张紧器安装妥当。
（2）使凸轮轴齿带轮上的正时记号与气

缸盖上的记号对齐，如图18-30所示。

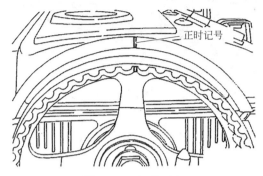

图18-30 记号对齐

（3）使曲轴齿带轮上的正时记号与前盖上的记号对齐，如图18-31所示。

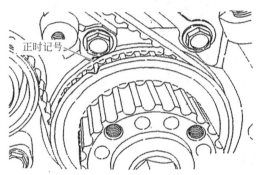

图18-31 使曲轴齿带轮上的正时
记号与前盖上的记号对齐

（4）使油泵链轮上的正时记号与其符合记号对齐，如图18-32所示。

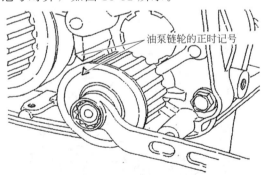

图18-32 使油泵链轮上的正时
记号与其符合记号对齐

（5）从气缸体上拆卸塞子，然后将十字螺丝刀（直径8mm）插入孔中。若能插入60mm以上，这表示正时标记对齐，若不能插入20～25mm以上，应将油泵齿带轮转一圈，然后对齐正时标记。再度检查螺丝刀能否插进60mm以上。将螺丝刀保持在插入位置上，直到皮带安装结束。

（6）将正时齿带依次连接到曲轴皮带轮、中间带轮、凸轮轴齿带轮以及张紧皮带轮上。

（7）向箭头方向抬起张紧器皮带轮，然后拧紧中心螺栓，如图18-33所示。

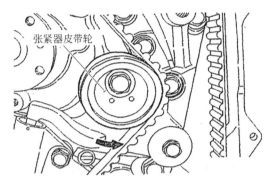

图18-33 拧紧中心螺栓

（8）检查所有正时标记是否都成一直线。

（9）拆下步骤（5）时插入的螺丝刀，装上塞子。

（10）将曲轴逆时针旋转1/4转。然后顺时针旋转，直到所有正时记号再度排齐为止。

（11）将专用工具的套筒扳手和转矩扳手装配在张紧器皮带轮上，如图18-34所示，然后拧松张紧器皮带轮中心螺栓。

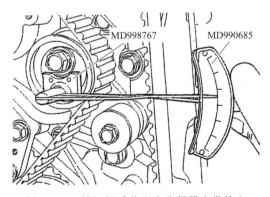

图18-34 转矩扳手装配在张紧器皮带轮上

注：

如果不能利用专用工具时，可使用能测量 0~0.3kgf·m 转矩的转矩扳手。

(12) 利用转矩扳手拧紧到 0.26~0.27kgf·m 的转矩。

(13) 一面利用专用工具和转矩扳手保持张紧器皮带轮，一面拧紧中心螺栓至标准值。

(14) 将曲轴顺时针旋转两转后，放置约 15min。然后，检查自动张紧器的固定钢丝能否自由滑动。

注：

若钢丝不能自由滑动，反复进行上述步骤 (10) 以上步骤，直至钢丝滑动为止。

(15) 取下自动张紧器固定钢丝，如图 18-35 所示。

(16) 测量距离 "A"（张紧器臂与自动张紧器本体间），如图 18-36 所示。

标准值：3.8~4.5mm。

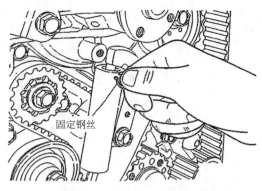

图 18-35　取下自动张紧器固定钢丝

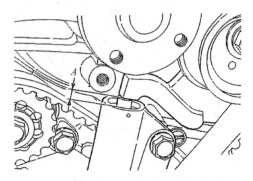

图 18-36　测量距离 "A"

第二节　华泰圣达菲 K4 车系 1.8T 发动机正时校对维修

一、凸轮轴正时带的拆装

（一）拆卸

(1) 拆下正时带前上盖。

(2) 拧下把发动机右托架固定到发动机上的 3 个螺栓。

(3) 拆下发动机右托架。

(4) 顺时针转动曲轴以对准凸轮轴带轮的标记，如图 18-37 所示。

(5) 装上锁止工具 T10029。

(6) 检查并确保曲轴皮带轮上的正时标记和正时带下前上盖的标记对准，如

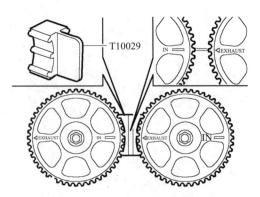

图 18-37　对准曲轴和凸轮轴带轮上的标记

图 18-38 所示。

(7) 拆下曲轴皮带轮。

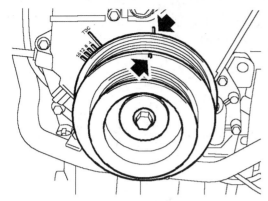

图 18-38 确保曲轴皮带轮上的正时标记和正时带下前上盖的标记对准

(8) 拧下 2 个固定 PAS 泵张紧轮的螺栓并拆下张紧轮,如图 18-39 所示。

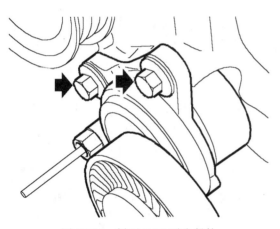

图 18-39 拆下 PAS 泵张紧轮

(9) 拧下 3 个螺钉并取下正时带前下盖和密封,如图 18-40 所示。

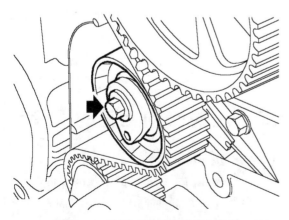

图 18-40 取下正时带前下盖和密封

(10) 拧下并废弃掉正时带张紧轮螺栓,并拆下张紧轮。如果还要装原来的皮带,标记下皮带上的转动方向,如图 18-41 所示。

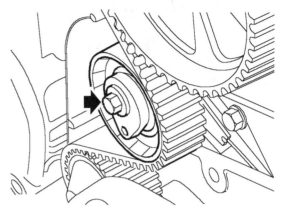

图 18-41 拆下正时带张紧轮

(11) 取下凸轮轴正时带。

(二) 安装

(1) 清洁正时齿轮和带轮。
(2) 把曲轴正时齿轮装到曲轴上。
(3) 检查曲轴齿轮上的孔和机油泵上的法兰是否对准,如图 18-42 所示。

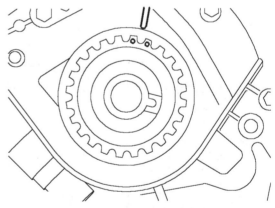

图 18-42 检查曲轴齿轮上的孔和机油泵上的法兰是否对准

(4) 装上正时带张紧轮,固定在如时钟 9 点的位置,拧紧新的夹紧螺栓,直到刚好能移动张紧轮杆,如图 18-43 所示。
(5) 确保凸轮轴带轮标记对准。
(6) 只能用手指装上正时带。确保皮带能在曲轴齿轮间运转,而且在安装的过程中

图 18-43 装上正时带张紧轮

排气凸轮轴带轮是张紧的。

(7) 检查并保证正时带装在所有齿轮和皮带张紧轮的中央。

(8) 清洁正时带前下盖。

(9) 把密封装到盖上。

(10) 装上正时带前下盖并把螺钉拧紧到 9N·m。

(11) 清洁 PAS 皮带张紧器和结合面。

(12) 装上 PAS 皮带张紧器并拧紧螺栓至 25N·m。

(13) 装上曲轴皮带轮。

(14) 拿开凸轮轴带轮锁止工具 T10029。

(15) 用一 6mm 的 Allen 键,逆时针方向转动张紧轮杆,并使指针和如图 18-44 所示的指针线对准。

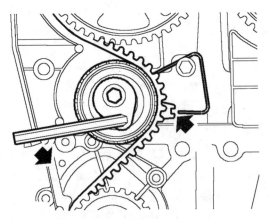

图 18-44 转动张紧轮杆并对准指针线

(16) 如果要装原来的皮带,那么指针就必须对准,这样指针线就靠近指针的下部区域,如图 18-45 所示。

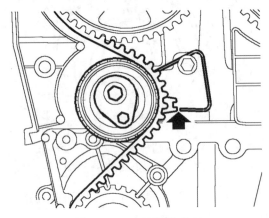

图 18-45 确认指针对齐

(17) 把张紧轮螺栓拧紧到 22N·m。

(18) 把扳手放到曲轴辅助皮带轮上,转动曲轴 2 整圈,对准凸轮轴带轮正时标记。

(19) 检查指针与指针线的对准情况。

(20) 如果指针对得不准,松开螺栓直到刚好移动张紧轮杆。顺时针转动张紧轮杆直到张紧现象完全解除,然后逆时针转动张紧轮杆直到指针能与指针线正确对准。

(21) 把张紧器螺栓拧紧到 22N·m。

(22) 转动曲轴 2 整圈,对准正时标记。

(23) 检查指针与指针线的对准情况,如果不正确,重复调整程序。

(24) 装上正时带前上盖。

(25) 清洁发动机右托架和机体结合面。

(26) 装上发动机右托架到发动机上,装上右托架到发动机的螺栓并拧紧至 100N·m。

二、正时带前上盖的拆装

(一) 拆卸

(1) 松开固定正时带前上盖的螺钉。

(2) 拧下 5 个把正时带前上盖固定到后上盖上的螺钉。

(3) 取下正时带前上盖和密封。

(二) 安装

(1) 清洁正时带前上盖。
(2) 把密封装到正时带前上盖上。
(3) 装上正时带前上盖，保证密封的位置正确。
(4) 装上固定正时带前上盖的螺钉，并把螺钉拧紧到 5N·m。
(5) 装上把正时带前上盖固定到后上盖的螺钉，并把螺钉拧紧到 5N·m。

第十九章 海马车系发动机正时校对维修

第一节

海马 M2 车系 1.3L（4A90）、1.5L（4A91）发动机正时校对维修

一、正时系统的结构

正时系统的结构如图 19-1 所示。

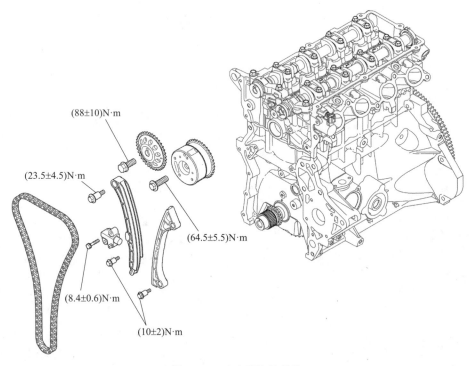

图 19-1　正时系统的结构

二、进气连续可变气门正时机构（MIVEC）

进气连续可变气门正时机构（MIVEC）如图 19-2 所示。

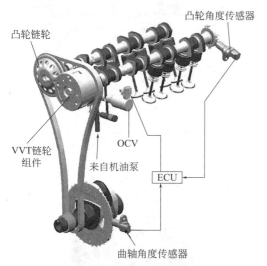

图 19-2　进气连续可变气门正时机构（MIVEC）

三、全寿命的链条

全寿命的链条如图 19-3 所示。

图 19-3　全寿命的链条

四、凸轮轴带轮的拆装

凸轮轴带轮的拆装如图 19-4 所示。

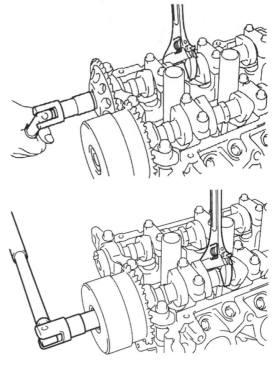

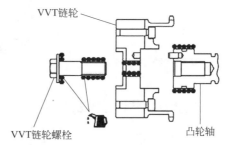

图 19-4　凸轮轴带轮的拆装

五、正时记号

正时记号如图 19-5 所示。

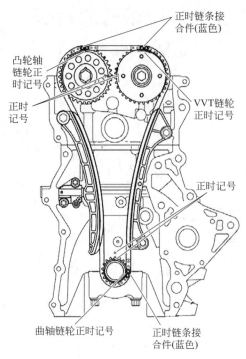

图 19-5　正时记号

六、正时实物记号

正时实物记号如图 19-6 所示。

图 19-6　正时实物记号

第二节

海马 3 车系 发动机正时校对维修

一、HM483Q 发动机

本车搭载了横置前驱的海马自主自产 HM483Q 1.8L 直列 4 缸 16 气门顶置双凸轮轴、多点电喷汽油发动机,最大功率达到 90kW/（6000r/min）,最大转矩为 160N·m/（4000r/min）。

HM483Q 发动机皮带传动如图 19-7 所示。

图 19-7　HM483Q 发动机皮带传动

二、HM484Q 发动机

正时标记如图 19-8 所示。

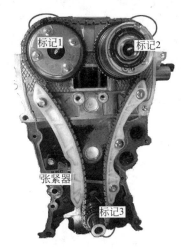

图 19-8　正时标记

第三节

海马新普马力 H2 车系 HM479Q-A、HM479Q-B 发动机正时校对维修

一、气门间隙的检查、调整

（1）辨识上止点。
（2）检查气门间隙（发动机冷态下）。
（3）调整气门间隙。

发动机正时标记如图 19-9 所示。

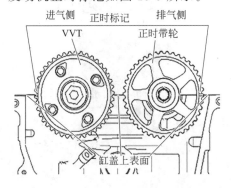

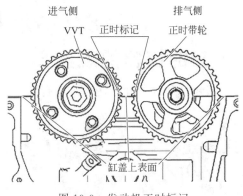

图 19-9　发动机正时标记

二、正时皮带的安装

（1）安装惰轮。
（2）安装自动张紧器，此时不要拔出锁止销。

(3) 安装张紧器臂，如图 19-10 所示。

(4) 将张紧轮装到张紧器臂上，螺栓只用手拧到底，不加转矩；安装时张紧轮的两个定位孔朝前。

(5) 安装正时皮带，并使其贴紧惰轮和张紧轮。

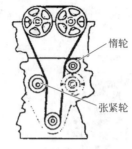

图 19-10 安装张紧器臂

(6) 用专用工具的销钉插入张紧轮的定位孔中，用指针式的转矩扳手(不可使用棘轮式扳手)使张紧轮以规定转矩(0.8N·m)压紧正时皮带，如图 19-11 所示。

图 19-11 压紧正时皮带

(7) 保持张紧轮位置不动，拧紧张紧轮螺栓。

(8) 拔出自动张紧器锁止销，此时推杆弹出，推动张紧轮压紧正时皮带。

(9) 确认所有正时标记完全对准。

(10) 如果没有对准，拆卸正时皮带，从第 1 步重新开始操作。

(11) 顺时针旋转曲轴两次，15min 后确认自动张紧器推杆伸出量，如图 19-12 所示。

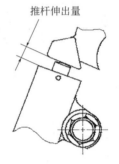

图 19-12 确认自动张紧器推杆伸出量

(12) 标准伸出量：4.85～5.50mm。

第四节 海马 S3 车系 HM484Q 发动机正时校对维修

一、正时链盒的观察孔

正时链盒的观察孔如图 19-13 所示。

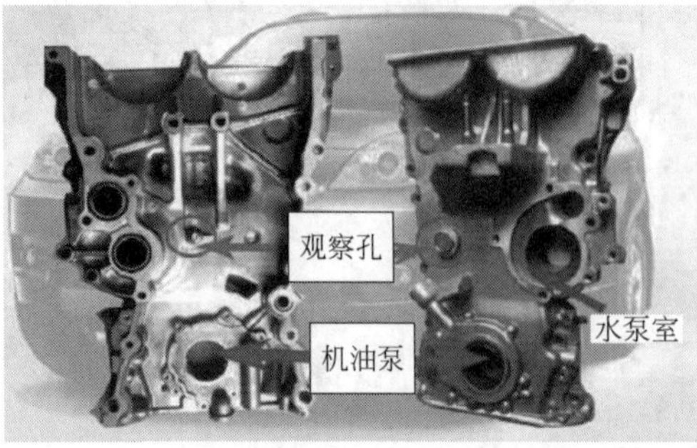

图 19-13 正时链盒的观察孔

二、正时标记

正时标记如图 19-14 所示。

图 19-14 正时标记

第二十章 南汽名爵车系发动机正时校对维修

第一节 南汽名爵 MG6 车系 1.8T 发动机正时校对维修

一、凸轮轴正时带的拆卸

（1）断开蓄电池的接地端。
（2）拆下正时带前上盖。
（3）把发动机支撑在千斤顶上。
（4）松开把动力转向储液罐固定在发动机右液压悬置上的3个螺栓，并将储液罐移到一边，如图20-1所示。

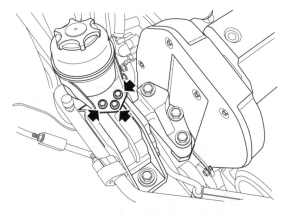

图 20-1　拆下动力转向储液罐

（5）拧下把发动机右液压悬置固定到发动机上的3个螺栓，如图20-2所示。

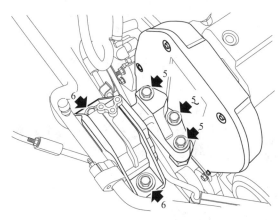

图 20-2　拆下右液压悬置固定到发动机上的螺栓

（6）拧下把发动机右液压悬置固定到车身上的2个螺栓。
（7）拆下发动机右液压悬置。
（8）顺时针转动曲轴以对准凸轮轴带轮的标记，如图20-3所示。
（9）装上锁止工具 T10029。
（10）检查并确保曲轴皮带轮上的正时标记和正时带前上盖的标记对准，如图20-4所示。

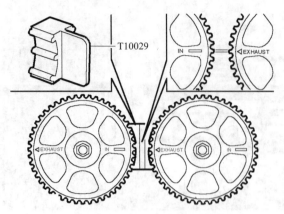

图 20-3　对准曲轴和凸轮轴上的标记

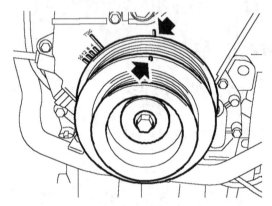

图 20-4　确保曲轴皮带轮上的正时标记
和正时带前上盖的标记对准

（11）拆下曲轴皮带轮。

（12）拧下 2 个固定 PAS 泵张紧轮的螺栓并拆下张紧轮，如图 20-5 所示。

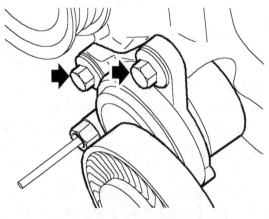

图 20-5　拆下张紧轮

（13）拧下 3 个螺钉并取下正时带前下盖和密封，如图 20-6 所示。

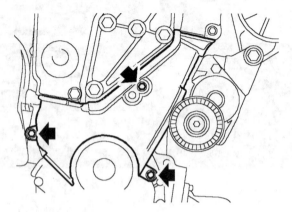

图 20-6　拆下正时前下盖和密封

（14）拧下并废弃掉正时带张紧轮螺栓，并拆下张紧轮。如果还要装原来的皮带，标记下皮带上的转动方向，如图 20-7 所示。

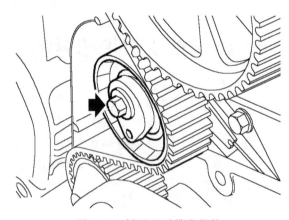

图 20-7　拆下正时带张紧轮

（15）取下凸轮轴正时带。

（16）从曲轴上拆下曲轴正时齿轮。

二、凸轮轴正时带的安装

（1）清洁正时齿轮和带轮。

（2）把曲轴正时齿轮装到曲轴上。

（3）检查曲轴齿轮上的孔和机油泵上的法兰是否对准，如图 20-8 所示。

（4）装上正时带张紧轮，固定在如时钟 9 点的位置，拧紧新的夹紧螺栓，直到刚好能移动张紧轮杆，如图 20-9 所示。

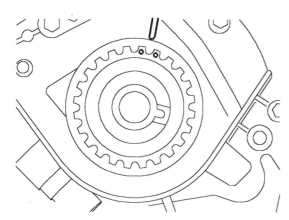

图 20-8 检查并对准曲轴齿轮孔和机油泵法兰

图 20-9 安装正时张紧轮

(5) 确保凸轮轴带轮标记对准。

(6) 只能用手指装上正时带。确保皮带能在曲轴齿轮间运转，而且在安装的过程中排气凸轮轴带轮是张紧的。

(7) 检查并保证正时带装在所有齿轮和皮带张紧轮的中央。

(8) 清洁正时带前下盖。

(9) 把密封装到盖上。

(10) 装上正时带前下盖并把螺钉拧紧到 9N·m。

(11) 清洁 PAS 皮带张紧器和结合面。

(12) 装上 PAS 皮带张紧器并拧紧螺栓至 25N·m。

(13) 装上曲轴皮带轮。

(14) 拿开凸轮轴带轮锁止工具 T10029。

(15) 用一 6mm 的 Allen 键，逆时针方向转动张紧轮杆，并使指针和如图 20-10 所示的指针线对准。

图 20-10 转动张紧轮杆并对准指针线

(16) 如果要装原来的皮带，那么指针就必须对准，这样指针线就靠近指针的下部区域，如图 20-11 所示。

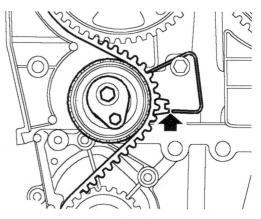

图 20-11 确认指针对齐

(17) 把张紧轮螺栓拧紧到 22N·m。

(18) 把扳手放到曲轴辅助皮带轮上，转动曲轴 2 整圈，对准凸轮轴带轮正时标记。

(19) 检查指针与指针线的对准情况。

(20) 如果指针对得不准，松开螺栓直到刚好移动张紧轮杆。顺时针转动张紧轮杆直到张紧完全解除，然后逆时针转动张紧轮杆直到指针能与指针线正确对准。

(21) 把张紧器螺栓拧紧到 22N·m。

(22) 转动曲轴 2 整圈，对准正时标记。

(23) 检查指针与指针线的对准情况，如果不正确，重复调整程序。

(24) 装上正时带前上盖。

(25) 清洁发动机右液压悬置和结合面。

(26) 将发动机右液压悬置固定到车身和发动机上，装上把右液压悬置固定到车身上的 2 个螺栓，并拧紧至 100N·m。

(27) 装上把发动机右液压悬置固定到发动机上的 3 个螺栓，并拧紧至 100N·m。

(28) 将动力转向储液罐固定到发动机右液压悬置上，并装上螺栓，拧紧至 8N·m。

(29) 降低并拿开千斤顶。

(30) 连上蓄电池的接地端。

第二节　南汽名爵 MG3 车系 N16 发动机正时校对维修

一、凸轮轴同步带的拆卸

(1) 断开电瓶接地线。

(2) 顶起车辆前部。

(3) 拆除右侧前部车轮。

(4) 松开 3 个卡扣上的冷却软管，移开软管。

(5) 拆除凸轮轴同步带齿轮室上盖。

(6) 在曲轴皮带轮螺栓上使用套筒和接长杆，顺时针旋转曲轴，对准凸轮轴齿轮正时标记（90°BTDC），如图 20-12 所示。

(7) 安装凸轮轴齿轮锁紧工具 18G1570。

(8) 拆除曲轴皮带轮。参阅发动机 N16 的修理。

(9) 在千斤顶上安装木块，放置千斤顶来支撑发动机。

(10) 松开固定发动机稳定杆与车体吊架上的贯通螺栓，如图 20-13 所示。

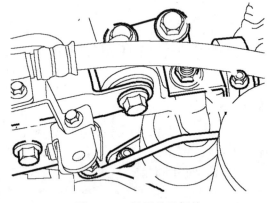

图 20-13　松开贯通螺栓

(11) 拆除固定发动机稳定杆与右侧发动机吊架上的贯通螺栓，松开发动机稳定杆。

(12) 拆除固定安装支架与发动机上的 2 个螺栓。

(13) 拆除固定安装支架与发动机吊架的螺母。

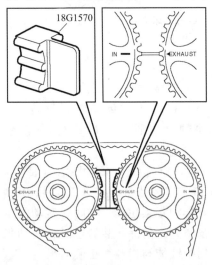

图 20-12　对准凸轮轴齿轮正时标记

（14）拆除固定约束杆的 2 个螺母，然后拆除约束杆。

（15）拆除发动机右侧吊架。

（16）拆除同步带张紧皮带轮螺栓，如图 20-14 所示。

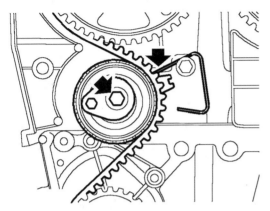

图 20-14　拆除同步带张紧皮带轮螺栓

（17）移开安装的指针弹簧丝，同时拆除同步带张紧皮带轮。

（18）拿着辅助传动带张紧装置，拆除销，使张紧装置可以逆时针完全移动，如图 20-15 所示。

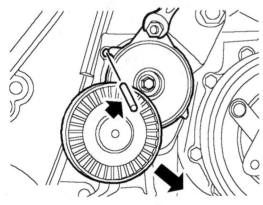

图 20-15　拆除辅助传动带张紧装置销

（19）拆除固定凸轮轴同步带下盖上连接的 3 个螺栓，如图 20-16 所示。

（20）拆除凸轮轴同步带下盖和橡胶密封件。

（21）拆除同步带。

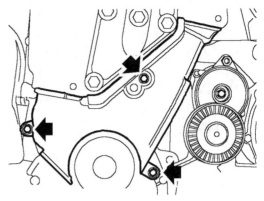

图 20-16　拆除固定凸轮轴同步带下盖上连接的 3 个螺栓

二、凸轮轴同步带的安装

（1）清洁同步带齿轮、冷却水泵和张紧装置皮带轮。

（2）检查凸轮轴齿轮是否已正确对准正时标记，并查看工具 18G1570 是否已锁紧凸轮轴齿轮，如图 20-17 所示。

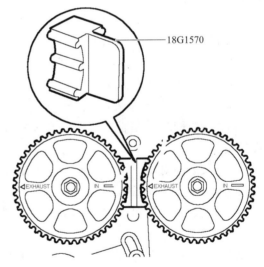

图 20-17　检查凸轮轴齿轮正时标记是否已对准

（3）检查曲轴齿轮上两点标记是否已对准机油泵的标记凸线，同时查看工具是否已锁紧飞轮，如图 20-18 所示。

（4）安装同步带张紧皮带轮，确保指针弹簧丝安装在柱形螺栓上，同时张紧杆 4 位于 9 点位置，如图 20-19 所示。

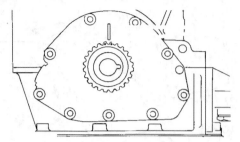

图 20-18 检查曲轴齿轮上两点标记是否已对准机油泵标记凸线

图 20-20 使指针弹簧与指示盘口对齐

置,拧紧张紧皮带轮螺栓到 25N·m。

(15) 拆除凸轮轴齿轮锁紧工具 18G1570。

(16) 用曲轴皮带轮螺栓顺时针旋转曲轴 2 整圈,对准凸轮轴齿轮正时标记,如图 20-21 所示。

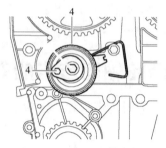

图 20-19 安装同步张紧皮带轮

(5) 安装和拧紧新的张紧皮带轮螺栓,直至可以转动张紧杆。

(6) 将同步带安装到曲轴齿轮上,随后再安装到凸轮轴齿轮上,保持同步带张紧边位于曲轴齿轮和排放凸轮齿轮之间。

(7) 只能用手指在张紧皮带轮和冷却水泵传动齿轮上安装定位皮带。

(8) 检查同步带是否已绕着所有齿轮和皮带轮中心。

(9) 安装和对准下面的同步带盖,确保橡胶密封件的正确位置。

(10) 安装同步带下盖螺栓并拧紧到 9N·m。

(11) 顺时针完全旋转辅助传动带张紧装置。保持张紧装置在此位置,同时将辅助安装销安装到张紧装置后板的孔中。

(12) 安装曲轴皮带轮。

(13) 用 6mm 内六角扳手逆时针旋转张紧杆,使指针弹簧丝与指示盘口对齐,如图 20-20 所示。

(14) 确保指针弹簧丝保持在正确的位

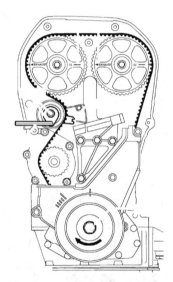

图 20-21 对准凸轮轴正时标记

(17) 检查张紧轮指针弹簧丝是否已正确对准指示盘口。

(18) 松开张紧皮带轮螺栓,直至可以移动张紧杆。

(19) 用 6mm 内六角扳手顺时针旋转张紧杆,直至指针弹簧丝恰好高于指示盘口。随后逆时针旋转张紧杆,直至指针弹簧丝已正确对准指示盘口。

(20) 确保指针弹簧丝保持在正确的位置,拧紧张紧皮带轮螺栓到 25N·m。

(21) 用曲轴皮带轮螺栓顺时针旋转曲轴 2 整圈，对准凸轮轴齿轮正时标记。

(22) 检查指针弹簧丝是否已正确对准指示盘口。

(23) 安装发动机右侧吊架，然后安装螺栓，但此时不要拧紧。

(24) 安装约束杆，然后安装螺栓并拧紧到 45N·m。

(25) 定位发动机稳定杆，安装螺栓并拧紧到 85N·m。

(26) 拧紧固定发动机稳定杆与车体吊架的螺栓到 85N·m。

(27) 拧紧固定安装支架与发动机的 2 个螺栓到 135N·m。

(28) 安装凸轮轴同步带上盖。参阅发动机 N16 的修理。

(29) 安装冷却液软管与卡扣。

(30) 安装轮胎，拧紧螺母到正确的转矩值。参阅转矩设置信息。

(31) 拆除支架和降低车辆。

(32) 连接电瓶接地线。

三、上盖-凸轮轴同步带的拆装

（一）拆除

(1) 断开电瓶接地线。

(2) 松开固定凸轮轴同步带上盖与发动机的螺栓。

(3) 拆除固定凸轮轴同步带上盖与后盖的 5 个螺栓。

(4) 拆除凸轮轴同步带上盖和橡胶密封件。

（二）重装

(1) 清洁同步带上盖。

(2) 安装同步带上盖，确保橡胶密封件的位置正确。

(3) 安装固定凸轮轴同步带上盖与后盖的 5 个螺钉，并拧紧到 5N·m。

(4) 拧紧固定凸轮轴同步带顶盖与发动机的螺栓到 5N·m。

(5) 连接电瓶接地线。

第三节　南汽名爵车系 1.8T 发动机正时校对维修

1.8T 发动机凸轮轴正时带的拆装如下。

一、凸轮轴正时带的拆卸

(1) 断开蓄电池的接地端。

(2) 拆下正时带前上盖。

(3) 把发动机支撑在千斤顶上。

(4) 松开把动力转向储液罐固定在发动机右液压悬置上的 3 个螺栓（如图 20-22 所示），并将储液罐移到一边。

(5) 拧下把发动机右液压悬置固定到发动机上的 3 个螺栓。

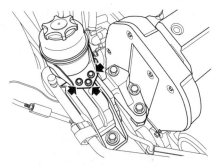

图 20-22　松开储液罐上的 3 个螺栓

(6) 拧下把发动机右液压悬置固定到车身上的 2 个螺栓，如图 20-23 所示。

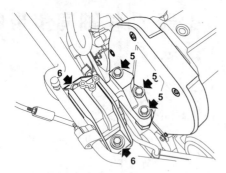

图 20-23 拧下固定发动机右液压悬置螺栓

(7) 拆下发动机右液压悬置。

(8) 顺时针转动曲轴以对准凸轮轴带轮的标记,如图 20-24 所示。

 注意

千万不要用凸轮轴带轮、凸轮轴带轮螺栓或正时带来转动曲轴。

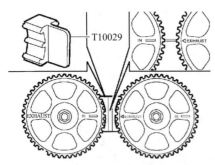

图 20-24 顺时针转动曲轴以对准凸轮轴带轮的标记

(9) 装上锁止工具 T10029。

(10) 检查并确保曲轴皮带轮上的正时标记和正时带前上盖的标记对准,如图 20-25 所示。

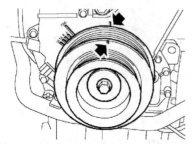

图 20-25 检查并确保曲轴皮带轮上的正时标记和正时带前上盖的标记对准

(11) 拆下曲轴皮带轮。

(12) 拧下 2 个固定 PAS 泵张紧轮的螺栓并拆下张紧轮,如图 20-26 所示。

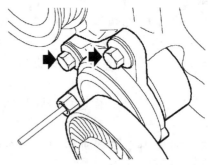

图 20-26 拧下 2 个固定 PAS 泵张紧轮的螺栓并拆下张紧轮

(13) 拧下 3 个螺钉并取下正时带前下盖和密封,如图 20-27 所示。

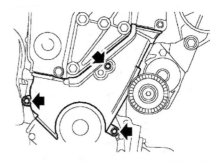

图 20-27 拧下 3 个螺钉并取下正时带前下盖和密封

(14) 拧下并废弃掉正时带张紧轮螺栓,并拆下张紧轮。如果还要装原来的皮带,标记下皮带上的转动方向,如图 20-28 所示。

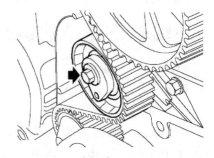

图 20-28 拧下并废弃掉正时带张紧轮螺栓

(15) 取下凸轮轴正时带。

(16) 从曲轴上拆下曲轴正时齿轮。

二、凸轮轴正时带的安装

(1) 清洁正时齿轮和带轮。

(2) 把曲轴正时齿轮装到曲轴上。

(3) 检查曲轴齿轮上的孔和机油泵上的法兰是否对准,如图20-29所示。

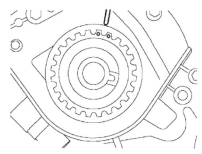

图20-29 检查曲轴齿轮上的孔和机油泵上的法兰是否对准

(4) 装上正时带张紧轮,固定在如时钟9点的位置,拧紧新的夹紧螺栓,直到刚好能移动张紧轮杆,如图20-30所示。

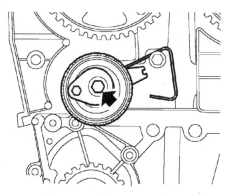

图20-30 拧紧新的夹紧螺栓

(5) 确保凸轮轴带轮标记对准。

(6) 只能用手指装上正时带。确保皮带能在曲轴齿轮间运转,而且在安装的过程中排气凸轮轴带轮是张紧的。

注意

如果装的是原来的正时带,要确保旋转方向的标记对着正确的方向。

(7) 检查并保证正时带装在所有齿轮和皮带张紧轮的中央。

(8) 清洁正时带前下盖。

(9) 把密封装到盖上。

(10) 装上正时带前下盖并把螺钉拧紧到9N·m。

(11) 清洁PAS皮带张紧器和结合面。

(12) 装上PAS皮带张紧器并拧紧螺栓至25N·m。

(13) 装上曲轴皮带轮。

(14) 拿开凸轮轴带轮锁止工具T10029。

(15) 用一6mm的Allen键,逆时针方向转动张紧轮杆,并使指针和如图20-31所示的指针线对准。

图20-31 逆时针方向转动张紧轮杆

(16) 如果要装原来的皮带,那么指针就必须对准,这样指针线就靠近指针的下部区域。

(17) 把张紧轮螺栓拧紧到22N·m。

注意

必须强调的是,指针应该从上面接近指针线。如果指针过了指针线,那就必须完全地放松张紧轮螺栓,然后重新进行张紧调整程序。

(18) 把扳手放到曲轴辅助皮带轮上,转动曲轴2整圈,对准凸轮轴带轮正时标记。

注意

千万不要用凸轮轴带轮、凸轮轴带轮螺栓或正时带来转动曲轴。

(19) 检查指针与指针线的对准情况。

(20) 如果指针对得不准，松开螺栓直到刚好移动张紧轮杆。顺时针转动张紧轮杆直到张紧完全解除，然后逆时针转动张紧轮杆直到指针能与指针线正确对准。

(21) 把张紧器螺栓拧紧到 22N·m。

(22) 转动曲轴 2 整圈，对准正时标记。

(23) 检查指针与指针线的对准情况，如果不正确，重复调整程序。

(24) 装上正时带前上盖。

(25) 清洁发动机右液压悬置和结合面。

(26) 将发动机右液压悬置固定到车身和发动机上，装上把右液压悬置固定到车身的 2 个螺栓，并拧紧至 100N·m。

(27) 装上把发动机右液压悬置固定到发动机上的 3 个螺栓，并拧紧至 100N·m。

(28) 将动力转向储液罐固定到发动机右液压悬置上，并装上螺栓，拧紧至 8N·m。

(29) 降低并拿开千斤顶。

(30) 连上蓄电池的接地端。

第四节 南汽名爵车系 N16 发动机正时校对维修

N16 发动机凸轮轴同步带的拆装如下。

一、凸轮轴同步带的拆卸

(1) 断开电瓶接地线。

(2) 顶起车辆前部。

(3) 松开 3 个卡扣上的冷却软管，移开软管。

(4) 拆除凸轮轴同步带齿轮室上盖。

(5) 在曲轴皮带轮螺栓上使用套筒和接长杆，顺时针旋转曲轴，对准凸轮轴齿轮正时标记（90°BTDC），如图 20-32 所示。

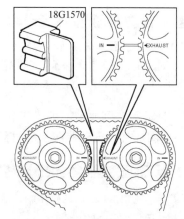

图 20-32　对准凸轮轴齿轮正时标记

(6) 安装凸轮轴齿轮锁紧工具 18G1570。

(7) 拆除曲轴皮带轮。

(8) 在千斤顶上安装木块，放置千斤顶来支撑发动机。

(9) 松开固定发动机稳定杆与车体吊架上的贯通螺栓。

(10) 拆除固定发动机稳定杆与右侧发动机吊架上的贯通螺栓，松开发动机稳定杆。

(11) 拆除固定安装支架与发动机上的 2 个螺栓。

(12) 拆除固定安装支架与发动机吊架的螺母。

(13) 拆除固定约束杆的 2 个螺母，然后拆除约束杆。

(14) 拆除发动机右侧吊架。

(15) 拆除同步带张紧皮带轮螺栓，如图 20-33 所示。

(16) 移开安装的指针弹簧丝，同时拆除同步带张紧皮带轮。

(17) 拿着辅助传动带张紧装置，拆除销，使张紧装置可以逆时针完全移动，如图 20-34 所示。

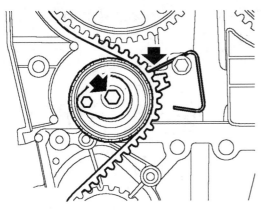

图 20-33 拆除同步带张紧皮带轮螺栓

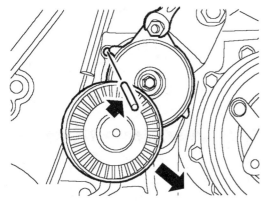

图 20-34 拆除销使张紧装置可以逆时针完全移动

(18) 拆除固定凸轮轴同步带下盖上连接的 3 个螺栓，如图 20-35 所示。

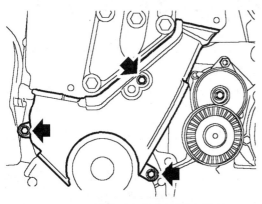

图 20-35 拆除固定凸轮轴同步带下盖上连接的 3 个螺栓

(19) 拆除凸轮轴同步带下盖和橡胶密封件。

(20) 拆除同步带。

(21) 拆除曲轴上的传动齿轮。

二、凸轮轴同步带的安装

(1) 清洁同步带齿轮、冷却水泵和张紧装置皮带轮。

(2) 检查凸轮轴齿轮是否已正确对准正时标记，并查看工具 18G1570 是否已锁紧凸轮轴齿轮，如图 20-36 所示。

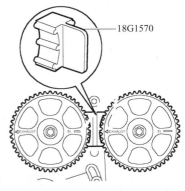

图 20-36 检查凸轮轴齿轮是否已正确对准正时标记

(3) 检查曲轴齿轮上两点标记是否已对准机油泵的标记凸线，同时查看工具是否已锁紧飞轮，如图 20-37 所示。

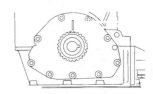

图 20-37 检查曲轴齿轮上两点标记是否已对准机油泵的标记凸线

(4) 安装同步带张紧皮带轮，确保指针弹簧丝安装在柱形螺栓上，同时张紧杆 4 位于 9 点位置，如图 20-38 所示。

图 20-38 张紧杆 4 位于 9 点位置

第二十章 南汽名爵车系发动机正时校对维修

(5) 安装和拧紧新的张紧皮带轮螺栓，直至可以转动张紧杆。

(6) 将同步带安装到曲轴齿轮上，随后再安装到凸轮轴齿轮上，保持同步带张紧边位于曲轴齿轮和排放凸轮齿轮之间。

(7) 只能用手指在张紧皮带轮和冷却水泵传动齿轮上安装定位皮带。

(8) 检查同步带是否已绕着所有齿轮和皮带轮中心。

(9) 安装和对准下同步带盖，确保橡胶密封件的正确位置。

(10) 安装同步带下盖螺栓并拧紧到 9N·m。

(11) 顺时针完全旋转辅助传动带张紧装置。保持张紧装置在此位置，同时将辅助安装销安装到张紧装置后板的孔中。

(12) 安装曲轴皮带轮。

(13) 用 6mm 内六角扳手逆时针旋转张紧杆，使指针弹簧丝与指示盘口对齐，如图 20-39 所示。

图 20-39　用 6mm 内六角扳手逆时针旋转张紧杆

(14) 确保指针弹簧丝保持在正确的位置，拧紧张紧皮带轮螺栓到 25N·m。

(15) 拆除凸轮轴齿轮锁紧工具 18G1570。

注意

确保指针弹簧丝从上部靠近指示盘口。若指针弹簧丝越过指示盘口，则完全松开张紧皮带轮螺栓，随后重复张紧过程。

(16) 用曲轴皮带轮螺栓顺时针旋转曲轴 2 整圈，对准凸轮轴齿轮正时标记，如图 20-40 所示。

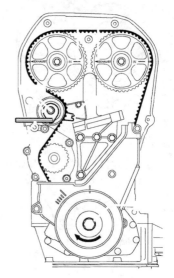

图 20-40　对准凸轮轴齿轮正时标记

注意

不得使用凸轮轴齿轮、凸轮轴齿轮连接螺栓或同步带旋转曲轴。

(17) 检查张紧轮指针弹簧丝是否已正确对准指示盘口。

注意

若指针未正确对准，执行以下程序。

(18) 松开张紧皮带轮螺栓，直至可以移动张紧杆。

(19) 用 6mm 内六角扳手顺时针旋转张紧杆，直至指针弹簧丝恰好高于指示盘口。随后逆时针旋转张紧杆，直至指针弹簧丝已正确对准指示盘口。

(20) 确保指针弹簧丝保持在正确的位置，拧紧张紧皮带轮螺栓到 25N·m。

(21) 用曲轴皮带轮螺栓顺时针旋转曲轴 2 整圈，对准凸轮轴齿轮正时标记。

(22) 检查指针弹簧丝是否已正确对准指示盘口。

(23) 安装发动机右侧吊架，然后安装

螺栓，但此时不要拧紧。

（24）安装约束杆，然后安装螺栓并拧紧到45N·m。

（25）定位发动机稳定杆，安装螺栓并拧紧到85N·m。

（26）拧紧固定发动机稳定杆与车体吊架的螺栓到85N·m。

（27）拧紧固定安装支架与发动机的2个螺栓到135N·m。

（28）安装凸轮轴同步带上盖。

（29）安装冷却液软管与卡扣。

（30）安装轮胎，拧紧螺母到正确的转矩值。

（31）拆除支架和降低车辆。

（32）连接电瓶接地线。

第五节 南汽名爵TF跑车系列发动机正时校对维修

一、K8发动机

正时系统部件（K8发动机）如图20-41所示。

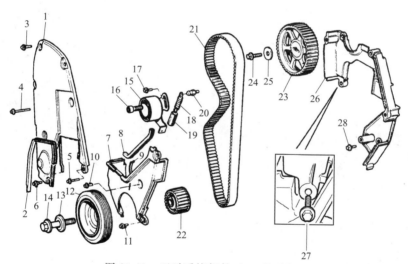

图20-41　正时系统部件（K8发动机）

1—上部前罩盖；2—密封-上部罩盖；3—螺钉M6mm×16mm-上部罩盖；4—螺栓M6mm×40mm-上部罩盖；5—螺栓M6mm×20mm-上部罩盖；6—凸肩螺钉-上部罩盖；7—下部罩盖-正时皮带；8—密封-下部罩盖及支架；9—密封-下部罩盖及气缸体；10—螺钉-上部罩盖；11—螺钉M6mm×16mm-下部罩盖；12—曲轴皮带轮；13—专用垫圈-皮带轮螺栓；14—曲轴皮带轮螺栓；15—张紧器轮与挡板；16—内六角螺钉-张紧器与气缸盖；17—凸头螺钉-张紧器挡板；18—张紧器弹簧；19—套筒-弹簧；20—柱状螺栓；21—凸轮轴正时皮带；22—曲轴正时齿轮；23—凸轮轴正时齿轮；24—凸轮轴齿轮螺栓；25—平垫圈；26—上部后罩盖-正时皮带；27—螺钉-后罩盖及冷却液泵；28—螺钉-后罩盖

（一）凸轮轴正时皮带的拆卸

（1）松开紧固正时皮带上部前罩盖的底部螺栓，如图20-42所示。

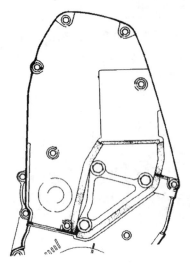

图20-42　松开紧固正时皮带上部前罩盖的底部螺栓

（2）拆卸正时皮带上部前罩盖上的6个螺栓。

（3）拆卸正时皮带上部前罩盖和密封。

（4）顺时针旋转曲轴，调整凸轮轴齿轮正时标记与气缸盖顶部匹配，即位于上止点90°，如图20-43所示。

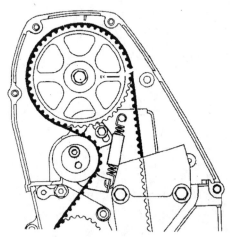

图20-43　调整凸轮轴齿轮正时标记与气缸盖顶部匹配

（5）确保曲轴皮带轮上的正时标记与正时皮带下部罩盖的标记对齐，如图20-44所示。

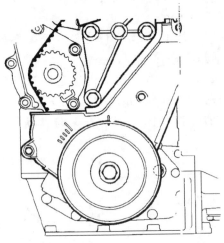

图20-44　确保曲轴皮带轮上的正时标记与正时皮带下部罩盖的标记对齐

（6）将飞轮锁止工具18G1571安放到飞轮上，如图20-45所示。

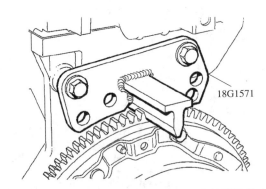

图20-45　将飞轮锁止工具18G1571安放到飞轮上

（7）用2个螺栓紧固。

（8）拆卸曲轴皮带轮螺栓和垫圈，如图20-46所示。

（9）拆卸曲轴皮带轮。

（10）拆卸紧固正时皮带下部罩盖的3个螺栓。

（11）拆卸正时皮带下部罩盖和密封。

（12）拆卸安装支架与发动机的3个连接螺栓。

（13）拆卸安装支架。

（14）松开张紧轮内六角螺栓，如图20-47所示。

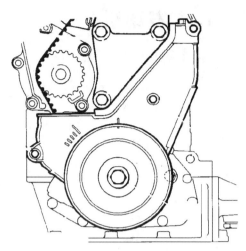

图 20-46 拆卸曲轴皮带轮螺栓和垫圈

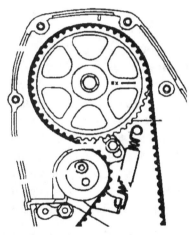

图 20-47 松开张紧轮内六角螺栓

(15) 松开张紧器挡板螺栓。
(16) 将张紧轮向下推到安全停止位置。
(17) 将挡板螺栓拧紧到 10N·m。
(18) 只用手指将正时皮带从齿轮上松开。
(19) 丢弃正时皮带。

(二) 凸轮轴正时皮带的安装

(1) 清洁正时齿轮、冷却液泵驱动齿轮和张紧轮。
(2) 确保正时标记位于上止点前 90°。曲轴齿轮点与机油泵上的凸缘对齐。凸轮轴齿轮标记与气缸盖顶面右对齐。
(3) 松开张紧器挡板螺钉，确保张紧器在调节范围内安全运动并在弹簧拉力作用下回转，如图 20-48 所示。

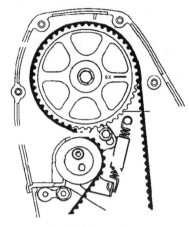

图 20-48 确保张紧器在调节范围内安全运动

(4) 将张紧轮向下推到安全停止位置。
(5) 将挡板螺栓紧固到 10N·m。
(6) 只用手指将新的正时皮带轮安装到曲轴正时齿轮、凸轮轴齿轮、张紧轮和冷却液泵驱动齿轮上，确保皮带定位在齿轮和皮带轮中央位置，并且皮带上的任何松弛都在皮带的张紧轮侧。
(7) 消除发动机安装支架紧固螺栓上的痕迹并将 Loctite542 涂在螺栓螺纹上。
(8) 安装发动机发动支架，将螺栓紧固到 45N·m。
(9) 确保插片安装在正时皮带轮下部罩盖里。
(10) 安装正时皮带轮下部罩盖，确保密封件的正确定位，将螺钉紧固到 10N·m。
(11) 将曲轴皮带轮安装到曲轴正时齿轮上，确保皮带轮上的齿定位在齿轮的突起（箭头所示）上，如图 20-49 所示。
(12) 安装曲轴皮带轮的螺栓和垫圈，紧固到 205N·m。
(13) 拆卸飞轮锁止工具 18G1571。
(14) 松掉张紧器挡板螺钉并且手指按压张紧器挡板从而张紧正时皮带，如图 20-50 所示。

图 20-49 将曲轴皮带轮安装到曲轴正时齿轮上

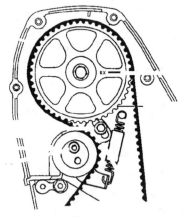

图 20-50 松掉张紧器挡板螺钉并且手指按压张紧器挡板从而张紧正时皮带

(15)在张紧轮张紧正时皮带并且挡板位置固定时，将挡板螺栓紧固到 10N·m。

(16)顺时针旋转曲轴 2 圈并使凸轮轴齿轮正时标记与气缸盖顶面一致。

(17)松掉张紧器挡板螺钉并检查皮带是否由张紧弹簧张紧。

(18)将张紧器挡板螺钉紧固到 10N·m 并将张紧轮内六角螺栓紧固到 45N·m。

(19)确保插片安装在正时皮带上部前罩盖里。

(20)安装正时皮带上部前罩盖，确保密封件的正确定位，将螺栓紧固到 5N·m。

二、K16 发动机

正时皮带部件如图 20-51 所示。

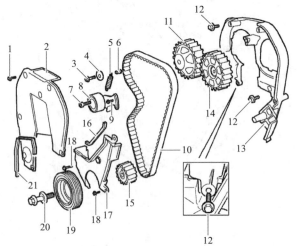

图 20-51 正时皮带部件（K16 发动机）
1—螺钉-上部前罩盖；2—上部前罩盖-正时皮带；
3—凸轮轴齿轮螺栓；4—垫圈；5—张紧器弹簧；
6—柱形螺栓；7—内六角螺栓-张紧轮；
8—张紧轮和挡板；9—凸头螺钉-张紧轮挡板；
10—凸轮轴正时皮带；11—前进气凸轮轴正时齿轮；
12—螺钉-正时皮带后部罩盖；13—正时皮带后部罩盖；
14—排气凸轮轴前正时齿轮；15—曲轴正时齿轮；
16—密封-下部前罩盖；17—下部前罩盖；
18—螺钉-下部前罩盖；19—曲轴皮带轮；
20—曲轴皮带轮螺栓和垫圈；21—密封-上部前罩盖

（一）凸轮轴正时皮带的拆卸

 注意

K16 发动机上装有两种类型的正时皮带张紧器，型号 A 是一些无可变气门控制张紧器，型号 B 是安装在一些无可变气门控制 K16 发动机上的自动张紧器。自动张紧器的起始发动机号在信息中已列出，张紧器和它们的正时皮带是不可以互换的。
无可变气门控制 K16 发动机上安装的正时皮带手动张紧器的弹簧和一个套筒安装在一起，而可变气门控制发动机上只安装一个弹簧，如图 20-52 所示。

（1）松掉底部螺栓并拆卸紧固正时皮带

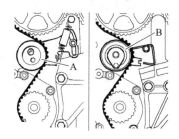

图 20-52 正时皮带张紧器

上部前罩盖的 5 个螺钉,如图 20-53 所示。

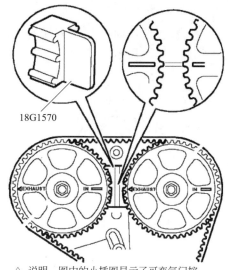

△ 说明:图中的小插图显示了可变气门控制凸轮轴正时齿轮标记。

图 20-54 调整凸轮轴齿轮正时标记到上止点 90°

(4) 安装凸轮轴齿轮锁止工具 18G1570。

(5) 检查曲轴皮带轮上的正时标记与正时皮带下部罩盖上的标记是否一致,如图 20-55 所示。

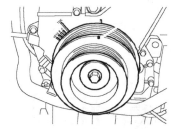

图 20-55 检查曲轴皮带轮上的正时标记与正时皮带下部罩盖上的标记是否一致

(6) 安装飞轮锁止工具 18G1571,如图 20-56 所示。

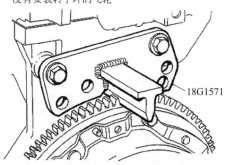

图 20-56 安装飞轮锁止工具 18G1571

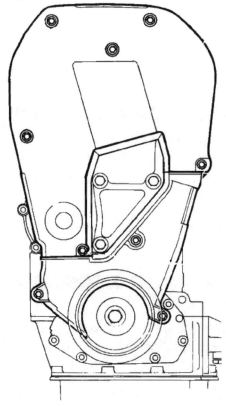

图 20-53 松掉底部螺栓并拆卸紧固正时皮带上部前罩盖的 5 个螺钉

(2) 拆卸正时皮带上部前罩盖和密封。

(3) 顺时针旋转曲轴,调整凸轮轴齿轮正时标记到上止点 90°,如图 20-54 所示。

 注意

不要用凸轮轴齿轮、齿轮固定螺栓或正时皮带旋转曲轴。

第二十章 南汽名爵车系发动机正时校对维修

（7）用两个螺栓紧固。

（8）安装飞轮紧固锁具18G1674，紧固螺栓，如图20-57所示。

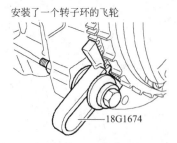

图20-57　安装飞轮紧固锁具18G1674

> **注意**
>
> 确保工具18G1674上的齿与飞轮的齿而不是转子环的齿啮合。

（9）拆卸曲轴皮带轮螺栓和垫圈，拆卸曲轴皮带轮。

（10）拆卸紧固正时皮带下部罩盖的3个螺栓。

（11）拆卸正时皮带下部罩盖和密封件。

（12）松掉张紧轮内六角螺钉，如图20-58所示。

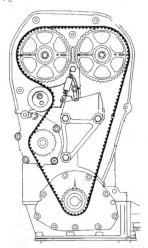

图20-58　松掉张紧轮内六角螺钉

> **注意**
>
> 如图20-58所示是无可变气门控制的凸轮轴正时齿轮和张紧器弹簧。

（13）松开张紧器挡板螺栓。

（14）将张紧轮向下推到安全停止位置。

> **注意**
>
> 可变气门控制发动机：张紧器弹簧和柱状螺栓安装用于张紧新更换的正时皮带。

（15）将挡板螺栓拧紧到10N·m。

（16）只用手指从齿轮上松开正时皮带。

（17）丢弃正时皮带。

> **注意**
>
> 在发动机大修时正时皮带必须更换。正时皮带被拆卸并且安装了气缸盖时不要旋转曲轴。

（二）凸轮轴正时皮带的安装

> **注意**
>
> 可变气门控制发动机：当安装一个新更换正时皮带时，有必要安装与新更换的正时皮带一起提供的张紧器弹簧和柱形螺栓来调整皮带张力。

（1）清洁正时齿轮、冷却液泵驱动齿轮和张紧轮。

> **注意**
>
> 如果结焦的齿轮遭受了长期的污染，必须将它们浸泡在溶剂液体中，然后在重新安装之前在干净的溶剂里彻底清洗。由于结焦材料的渗透结构，齿轮中的机油将渗出并污染皮带。

（2）凸轮轴齿轮正时标记已正确调整后，安装凸轮轴齿轮锁止工具18G1570，如图20-59所示。

（3）检查曲轴齿轮正时标记与机油泵上的凸缘匹配，即位于上止点90°，如图20-60所示。

（4）安装飞轮锁止工具18G1571，用2个螺栓紧固，如图20-56所示。

（5）安装飞轮锁止工具18G1674，紧固螺栓，如图20-57所示。

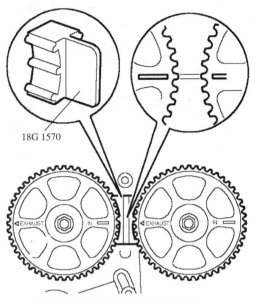

△说明：图中的小插图显示了可变气门控制凸轮轴齿轮正时标记

图 20-59　检查凸轮轴齿轮正时标记的正确调整

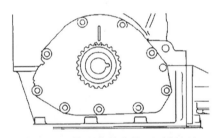

图 20-60　检查曲轴齿轮正时标记与机油泵上的凸缘匹配

> **注意**
>
> 确保工具 **18G1674** 上的齿与飞轮的齿而不是转子环的齿啮合。

（6）可变气门控制发动机：安装与新更换正时皮带一起提供的张紧器弹簧和柱形螺栓，将弹簧与张紧器挡板和柱形螺栓连接起来。

> **注意**
>
> 确保弹簧对于作用的发动机是正确的类型。
> 无可变气控制发动机：弹簧和套筒一起安装。
> 可变气门控制发动机：弹簧没有和套筒安装在一起。

（7）松掉张紧器挡板螺钉，确保张紧器在调节范围内完全移动并在弹簧拉力作用下回转，如图 20-61 所示。

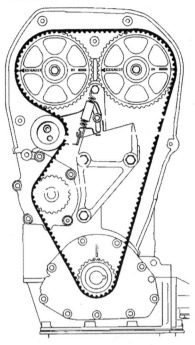

△说明：图中所示的是无可变气门控制的凸轮轴正时齿轮和张紧器弹簧

图 20-61　确保张紧器在调节范围内完全移动并在弹簧拉力作用下回转

（8）向下按压张紧器到完全停止位置，将张紧器挡板螺钉紧固到 10N·m。

（9）只用手指将新的正时皮带安装到曲轴正时齿轮上，然后到凸轮轴齿轮，保持曲轴正时齿轮和排气凸轮轴齿轮间的皮带是张紧的。

（10）松开张紧轮和冷却液泵驱动齿轮上的正时皮带，确保皮带位于齿轮和皮带轮的中间。

（11）确保插片安装在正时皮带轮下部罩盖里。

（12）安装正时皮带轮下部罩盖，确保密封件的正确定位，将螺钉紧固到 9N·m。

（13）将曲轴皮带轮安装到曲轴正时齿轮上，确保皮带轮上的齿定位在齿轮的突起上，如图 20-49 所示。

（14）用曲轴皮带轮的螺栓和垫圈紧固，

拧紧到 205N·m。

(15) 拆卸凸轮轴和飞轮锁止工具。

(16) 松掉张紧器挡板螺钉并且手指按压张紧器挡板从而张紧正时皮带，如图 20-62 所示。

(17) 在张紧轮张紧正时皮带并且挡板位置固定时，将挡板螺栓紧固到 10N·m。

(18) 顺时针旋转曲轴 2 圈并对齐凸轮轴齿轮正时标记。

> **注意**
>
> 不要用凸轮轴齿轮、齿轮固定螺栓或正时皮带旋转曲轴。

(19) 松掉张紧器挡板螺钉并检查皮带是否由张紧弹簧张紧。

(20) 将张紧器挡板螺钉紧固到 10N·m 并将张紧轮内六角螺栓紧固到 45N·m。

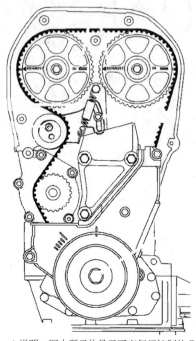

△说明：图中所示的是无可变气门控制的凸轮轴正时齿轮和张紧器弹簧

图 20-62 松掉张紧器挡板螺钉并且手指按压张紧器挡板从而张紧正时皮带

第二十一章 其他车系发动机正时校对维修

第一节 东风风神 S30 车系 N6A 10FX3A PSA 发动机正时校对维修

N6A 10FX3A PSA 发动机的结构如图 21-1 所示。

图 21-1 N6A 10FX3A PSA 发动机的结构
1—进气凸轮轴正时齿轮；2—排气凸轮轴正时齿轮；
3—正时皮带；4—正时皮带张紧轮；5—发电机；
6—水泵；7—正时皮带导轮；8—发电机皮带；
9—发电机张紧支架；10—曲轴皮带轮；
11—附件皮带张紧轮；12—附件皮带；
13—空调压缩机；14—三元催化器；
15—动力转向泵；16—前氧传感器

一、正时皮带的拆卸

（1）关闭点火钥匙，断开蓄电池负极电缆。

（2）拧紧发动机支撑架 [6a] 上的两个固定螺母，将其固定在车身上，如图 21-2 所示。

图 21-2 拧紧发动机支撑架 [6a] 上的两个固定螺母

（3）先用吊杆 [6b] 钩住发动机的两个吊耳，再用工具 [6c] 钩住吊杆 [6b]，然后用力旋转 [6c]，将其固定在发动机支撑架 [6a] 上，如图 21-3 所示。

图 21-3　先用吊杆 [6b] 钩住发动机的两个吊耳等

（4）拆卸发动机偏转限位衬、发动机偏转限位衬隔套以及固定螺母 1，如图 21-4 所示。

（5）拆卸发动机右支架总成 2，如图 21-4 所示。

图 21-4　拆卸发动机右支架总成 2 等

（6）用飞轮定位杆 [1] 定位发动机飞轮，如图 21-5 所示。

图 21-5　用飞轮定位杆 [1] 定位发动机飞轮

（7）拆卸附件皮带。

（8）拆卸正时齿轮室上盖板上的 5 个螺栓 3，如图 21-6 所示。

图 21-6　拆卸正时齿轮室上盖板上的 5 个螺栓 3

（9）拆卸正时齿轮室上盖板上的 2 个螺栓 4（如图 21-7 所示），取下正时齿轮室上盖板。

图 21-7　拆卸正时齿轮室上盖板上的 2 个螺栓 4

（10）安装进气凸轮轴定位销 [2] 和排气凸轮轴定位销 [3]，如图 21-8 所示。

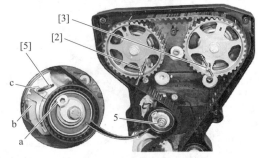

图 21-8　安装进气凸轮轴定位销 [2] 和排气凸轮轴定位销 [3]

> **注意**
>
> 进气凸轮轴定位销 [2] 和排气凸轮轴定位销 [3] 应该能够很容易地插入定位。

（11）拧松张紧轮固定螺母5。

（12）在"a"处用内六角扳手逆时针转动张紧轮以便将张紧轮固定销[5]安装到位。

（13）逆时针方向转动张紧轮使指示器"c"定位在"b"处，便可将正时皮带置于最松弛状态。

（14）拆卸曲轴皮带轮上的3个固定螺栓6，取下曲轴皮带轮，如图21-9所示。

图21-9　拆卸曲轴皮带轮上的3个固定螺栓6

（15）拆卸正时齿轮室下盖板固定螺栓7，取下正时齿轮室下盖板，取下正时皮带，如图21-10所示。

图21-10　拆卸正时齿轮室下盖板固定螺栓7

二、正时皮带的安装

（1）检查张紧轮是否能自由转动（无卡滞现象）。

（2）先将正时皮带上的标记"A"与曲轴齿轮上的槽口"d"对齐，再将皮带保持夹[4]放在曲轴齿轮上以便夹住正时皮带，如图21-11所示。

图21-11　将皮带保持夹[4]放在曲轴齿轮等

> **注意**
>
> 正时皮带上的箭头标记应该沿着顺时针方向。

（3）按照以下顺序安装正时皮带。

① 皮带导轮。

② 排气凸轮轴正时齿轮。

③ 进气凸轮轴正时齿轮。

④ 水泵皮带轮。

⑤ 张紧轮。

（4）拧紧张紧轮，拧紧力矩为(21 ± 4) N·m。

（5）正时皮带上"B"和"C"两标识应该与凸轮轴齿轮上的"E"标识一一对齐，如图21-12所示。

图21-12　对齐标识

（6）取出正时皮带保持夹[4]、飞轮定位杆[1]、进气凸轮轴定位销[2]和排气凸轮轴定位销[3]。

（7）在"a"处用内六角扳手转动，取出张紧轮固定销[5]。

(8) 让曲轴按照顺时针方向转动4圈，不要倒转，用飞轮定位杆［1］定位发动机飞轮。

(9) 用进气凸轮轴定位销［2］和排气凸轮轴定位销［3］定位凸轮轴正时齿轮。

(10) 检查指针"c"应该不超过缺口"b"处的左侧，否则，应该重新调整张力。

注意

可以轻轻转动凸轮轴以便定位。

(11) 安装正时齿轮室下盖板。
(12) 安装曲轴皮带轮。
(13) 安装正时齿轮室上盖板。
(14) 安装附件皮带。
(15) 安装发动机右支架总成。
(16) 安装发动机偏转限位衬、发动机偏转限位衬隔套以及固定螺母。
(17) 取下发动机支撑架、吊杆和发动机飞轮定位杆1。
(18) 连上蓄电池负极电缆。

三、凸轮轴的拆卸

(1) 拆卸正时皮带。
(2) 拆卸点火线圈装饰罩上的6个螺栓1，取下点火线圈装饰罩，如图21-13所示。

图 21-13　拆卸点火线圈装饰罩上的6个螺栓1

(3) 脱开曲轴箱通风管上的3个管接头2，如图21-14所示。取下曲轴箱通风管。

(4) 拆卸气缸盖罩上的16个螺栓3，取下气缸盖罩，如图21-15所示。

图 21-14　脱开曲轴箱通风管上的3个管接头2

图 21-15　拆卸气缸盖罩16个螺栓3

(5) 用扳手分别叉住进气凸轮轴和排气凸轮轴，拆卸凸轮轴正时齿轮上的2个螺栓4，取下凸轮轴正时齿轮，如图21-16所示。

图 21-16　拆卸凸轮轴正时齿轮上的2个螺栓4

(6) 拆卸4个螺栓5、张紧轮固定螺栓6、导轮固定螺栓7，取下正时齿轮室壳体，如图21-17所示。

图 21-17　拆卸4个螺栓5等

(7) 拆卸凸轮轴轴承盖上的 24 个螺栓 8，如图 21-18 所示，用锤子轻轻敲击凸轮轴轴承盖的侧边，取下凸轮轴轴承盖，取下进气凸轮轴和排气凸轮轴。

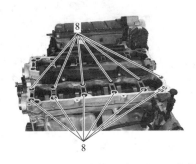

图 21-18　拆卸凸轮轴轴承盖上的 24 个螺栓 8

四、凸轮轴的安装

(1) 润滑凸轮和轴承。

> **警告**
>
> 注意不要混装进气凸轮轴、排气凸轮轴。

(2) 按照以下方向将凸轮轴安装在气缸盖中。

① 进气凸轮轴：切口"a"位于 7 点处，如图 21-19 所示。并且凸轮轴上面有"TU5JP4 ADM"标识。

图 21-19　口"a"位于 7 点处

② 排气凸轮轴：切口"a"位于 8 点处，并且凸轮轴上面有"TU5JP4 ECH"标识。

③ 认真清理气缸盖和凸轮轴轴承盖的接合面。

④ 在接合面上涂上密封胶。

⑤ 安装凸轮轴轴承盖。

(3) 在固定螺栓上涂密封胶。

(4) 按照顺序逐步拧紧固定螺栓，预拧紧力矩为 5 N·m，拧紧力矩为 (8±1) N·m。

(5) 安装正时齿轮室壳体。

(6) 安装凸轮轴油封。

(7) 安装凸轮轴正时齿轮，拧紧力矩为 (45±5) N·m。

> **注意**
>
> 不要混装两个正时齿轮。进气凸轮轴的正时齿轮上有标记"A"，排气凸轮轴的正时齿轮上有标记"E"。

(8) 安装正时齿轮（用排气凸轮轴定位销 3 和进气凸轮轴定位销 2）。

(9) 安装正时皮带。

(10) 在清理密封圈和接合面后装上气缸盖罩，拧紧气缸盖罩螺栓，拧紧力矩为 10 N·m。

(11) 安装曲轴箱通风管。

(12) 安装点火线圈装饰盖。

(13) 安装正时齿轮室下盖板。

(14) 安装曲轴皮带轮。

(15) 安装正时齿轮室上盖板。

(16) 安装附件皮带。

(17) 安装发动机右支架总成。

(18) 安装发动机偏转限位衬、发动机偏转限位衬隔套以及固定螺母。

(19) 取下发动机支撑架、吊杆和发动机飞轮定位杆 1。

(20) 连上蓄电池负极电缆。

五、发动机的拆卸

(1) 拆卸 4 个螺栓 1，取下隔热板 2，如图 21-20 所示。

(2) 用氧传感器拆装套筒 [8] 拆卸前氧传感器螺栓 3，取下前氧传感器，如图 21-21 所示。

(3) 拆卸排气歧管上的 10 个螺母 4。如

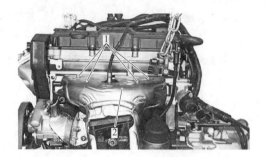

图 21-20　拆卸 4 个螺栓 1，取下隔热板 2

图 21-21　拆卸前氧传感器螺栓 3

如图 21-22 所示。

图 21-22　拆卸排气歧管上的 10 个螺母 4

（4）取下排气歧管 5 和排气歧管垫片 6，如图 21-23 所示。

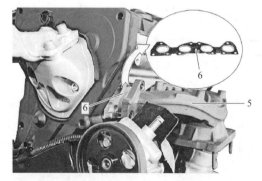

图 21-23　取下排气歧管 5 和排气歧管垫片 6

（5）拆卸机油滤清器 7，如图 21-24 所示。

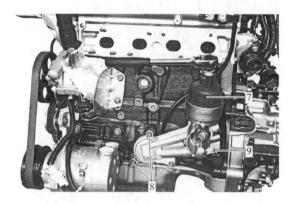

图 21-24　拆卸机油滤清器 7

（6）拆卸机油滤清器支架。
① 拆卸 3 个螺栓 8。
② 拆卸螺母 9，取下机油滤清器支架。
（7）拆卸动力转向泵隔热板上的 2 个螺栓 10，取下隔热板，如图 21-25 所示。

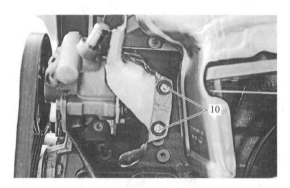

图 21-25　拆卸动力转向泵隔热板上的 2 个螺栓 10

（8）拆卸动力转向泵前部 3 个螺栓 11，如图 21-26 所示。

图 21-26　拆卸动力转向泵前部 3 个螺栓 11

（9）拆卸动力转向泵后部2个螺栓12，取下动力转向泵13，如图21-27所示。

图21-27　取下动力转向泵13

（10）拆卸空调压缩机。

① 脱开插接器14。

② 拆卸空调压缩机前部2个螺栓15，如图21-28所示。

图21-28　拆卸空调压缩机前部2个螺栓15

（11）拆卸空调压缩机后部2个螺栓16，取下空调压缩机17，如图21-29所示。

图21-29　取下空调压缩机17

（12）拆卸节气门体。

① 脱开节气门位置传感器插接器18。

② 拆卸节气门体上的3个螺栓19，取下节气门体20，如图21-30所示。

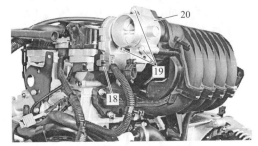

图21-30　取下节气门体20

（13）脱开油管接头21，如图21-31所示。

图21-31　脱开油管接头21

（14）脱开燃油分配器插接器22，如图21-32所示。

图21-32　脱开燃油分配器插接器22

（15）拆卸进气歧管上的9个螺母23，取下进气歧管，如图21-33所示。

图21-33　拆卸进气歧管上的9个螺母23等

(16) 拆卸燃油分配器插接器线束。

① 拆卸燃油分配器上的 2 个螺栓 24。

② 拆卸 4 个弹性夹 25，取下燃油分配器插接器线束，如图 21-34 所示。

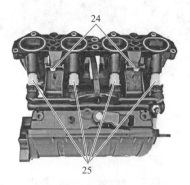

图 21-34　拆卸 4 个弹性夹 25 等

(17) 拆卸 4 个喷油器夹 26，如图 21-35 所示。

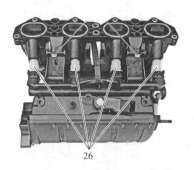

图 21-35　拆卸 4 个喷油器夹 26

(18) 取下燃油分配器 27，脱开燃油喷嘴 28，如图 21-36 所示。

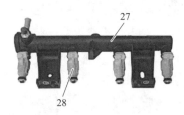

图 21-36　脱开燃油喷嘴 28 等

(19) 借助发动机吊架，将发动机总成安装在发动机和变速器翻转架上。

(20) 拆卸螺栓 29，取下进水口管路。

(21) 拆卸螺栓 30，取下爆震传感器，如图 21-37 所示。

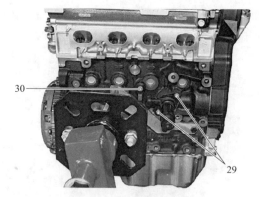

图 21-37　拆卸螺栓 30 等

(22) 拆卸螺栓 31，取下曲轴皮带轮。

(23) 拆卸螺栓 32，取下发动机右支架总成，如图 21-38 所示。

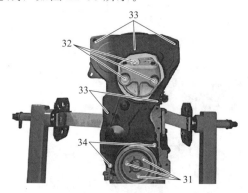

图 21-38　拆卸螺栓 32 等

(24) 拆卸正时齿轮室上盖板。

① 拆卸螺栓 33。

② 拆卸螺栓 34。

③ 取下正时齿轮室上盖板。

(25) 安装：排气凸轮轴定位销；进气凸轮轴定位销；张紧轮固定销。

(26) 用飞轮定位杆 [2] 定位发动机飞轮，如图 21-39 所示。

图 21-39　用飞轮定位杆 [2] 定位发动机飞轮

(27) 拆卸点火线圈装饰盖上的 6 个螺栓 35，取下点火线圈装饰盖，如图 21-40 所示。

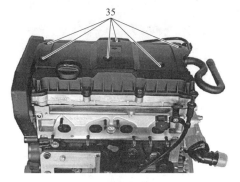

图 21-40　拆卸点火线圈装饰盖上的 6 个螺栓 35

(28) 脱开曲轴箱通风管上的 2 个插接器 36，取下曲轴箱通风管，如图 21-41 所示。

图 21-41　脱开曲轴箱通风管上的 2 个插接器 36

(29) 拆卸点火线圈上 4 个固定螺栓，取下点火线圈 37，如图 21-42 所示。

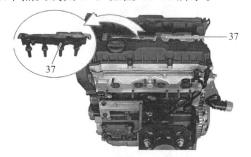

图 21-42　取下点火线圈 37

(30) 拆卸气缸盖罩上的 16 个螺栓 38，取下气缸盖罩，如图 21-43 所示。

(31) 拆卸凸轮轴轴承盖上的 24 个螺栓 39，如图 21-44 所示。

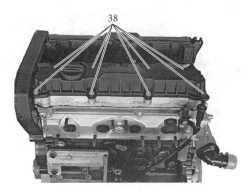

图 21-43　拆卸气缸盖罩上的 16 个螺栓 38

图 21-44　拆卸凸轮轴轴承盖上 24 个螺栓 39

(32) 用气缸盖螺栓套筒 [6] 拆卸 10 个气缸盖螺栓 40，如图 21-45 所示。

图 21-45　用气缸盖螺栓套筒 [6] 拆卸 10 个气缸盖螺栓 40

(33) 拆卸张紧轮螺栓 41，取下正时皮带 42，如图 21-46 所示。

(34) 用扳手分别叉住进气凸轮轴和排气凸轮轴，拆卸正时齿轮上的 2 个螺栓 43，取下正时齿轮，如图 21-47 所示。

(35) 拆卸正时齿轮室壳体。

① 拆卸螺栓 44。

② 拆卸螺栓 45，取下正时齿轮室壳体，

第二十一章　其他车系发动机正时校对维修　817

图 21-46　取下正时皮带 42

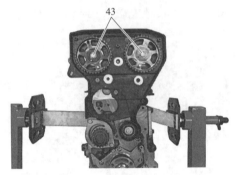

图 21-47　拆卸正时齿轮 2 个螺栓 43 等

如图 21-48 所示。

图 21-48　取下正时齿轮室壳体

(36) 拆卸 4 个螺栓 46，取下出水室总成 47，如图 21-49 所示。

图 21-49　取下出水室总成 47 等

(37) 用气缸盖分离杆 [5] 将气缸盖分离，如图 21-50 所示。

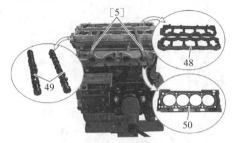

图 21-50　用气缸盖分离杆 [5] 将气缸盖分离

(38) 取下凸轮轴轴承盖 48、凸轮轴 49。

(39) 拆卸水泵上的 2 个螺栓 51，如图 21-51 所示。

图 21-51　拆卸水泵上的 2 个螺栓 51

(40) 用水泵拆卸工具 [9] 拆卸水泵 52，如图 21-52 所示。

图 21-52　用水泵拆卸工具 [9] 拆卸水泵 52

(41) 拆卸螺栓 53，取下皮带导轮，如图 21-53 所示。

(42) 安装发动机飞轮止动块 [9]，如图 21-54 所示。

(43) 拆卸曲轴正时齿轮螺栓 54，取下曲轴正时齿轮，如图 21-55 所示。

图 21-53 拆卸螺栓 53，取下皮带导轮

图 21-54 安装发动机飞轮止动块 [9]

图 21-55 拆卸曲轴正时齿轮螺栓 54

（44）拆卸离合器压盘总成上的 6 个螺栓 55，如图 21-56 所示。取下离合器压盘总成以及离合器从动盘。

图 21-56 拆卸离合器压盘总成上的
6 个螺栓 55

（45）拆卸发动机飞轮上的 6 个螺栓 56，如图 21-57 所示。

图 21-57 拆卸发动机飞轮上的 6 个螺栓 56

（46）拆卸气缸盖上的两个定位销 57，如图 21-58 所示。

图 21-58 拆卸气缸盖上的两个定位销 57

（47）拆卸油底壳上的 18 个螺栓、1 个螺母 58，取下油底壳，如图 21-59 所示。

图 21-59 拆卸油底壳上的 18 个螺栓、1 个螺母 58

（48）拆卸曲轴前油封支撑板上的 5 个螺栓 59，取下曲轴前油封支撑板以及曲轴前油封。

（49）拆卸机油泵上的 3 个螺栓 60，如图 21-60 所示。

第二十一章 其他车系发动机正时校对维修 | 819

图 21-60 拆卸机油泵上的 3 个螺栓 60 等

（50）取下机油泵齿轮和链条 61，如图 21-61 所示。

图 21-61 取下机油泵齿轮和链条 61

（51）取下机油泵驱动齿轮 62。

（52）取下半圆键 63，如图 21-62 所示。

图 21-62 取下半圆键 63 等

（53）拆卸曲轴后油封支撑板上的 6 个螺栓 64，如图 21-63 所示。取下曲轴后油封支撑板以及曲轴后油封。

图 21-63 拆卸曲轴后油封支撑板上的 6 个螺栓 64

> **注意**
>
> 在拆卸前对轴瓦和连杆进行标记。轴承使用数字 1～5 进行标记，1 号位于飞轮一侧。

（54）拆卸连杆盖上的 8 个螺栓 65，取下连杆盖，如图 21-64 所示。

图 21-64 拆卸连杆盖上的 8 个螺栓 65

（55）转动曲轴，拆卸活塞和连杆并进行标记。

（56）拆卸轴承盖上的 10 个螺栓 66，取下轴承盖及曲轴，如图 21-65 所示。

图 21-65 拆卸轴承盖上的 10 个螺栓 66

（57）拆卸 2 个止推垫片 67。如图 21-66 所示。

图 21-66 拆卸 2 个止推垫片 67

（58）拆卸活塞底部冷却喷嘴上的 4 个

螺栓 68，如图 21-67 所示，取下冷却喷嘴。

图 21-67 拆卸活塞底部冷却喷嘴上的 4 个螺栓 68

六、发动机的安装

（1）将气缸体安装在发动机和变速器翻转架上。

（2）认真清理气缸体接合面和螺纹。

（3）安装活塞底部冷却喷嘴 1；如图 21-68 所示。

图 21-68 安装活塞底部冷却喷嘴 1

（4）拧紧预先涂有密封胶的螺栓，拧紧力矩为 10N·m。

（5）安装气缸体一侧的半轴瓦。

（6）安装曲轴，如图 21-69 所示。

图 21-69 安装曲轴

> **警告**
>
> 遵照主轴瓦的选择要求，安装轴承盖。

（7）润滑（螺母以下部分和螺纹）并装上轴承盖螺栓。

（8）用手拧紧轴承盖螺栓。

（9）润滑并安装 2 号轴承上的 2 个止推片。

说明：1 号轴承位于飞轮一侧。

> **注意**
>
> 止推片的油槽朝向曲轴一侧。

（10）安装 2 号轴承盖。

（11）用手拧紧轴承盖螺栓。

（12）利用磁性百分表支架［3］把百分表［2］安装在曲轴前端部，如图 21-70 所示。

图 21-70 利用磁性百分表支架［3］把百分表［2］安装在曲轴前端部

（13）将曲轴推到一边。

（14）将百分表调整到零。

（15）将曲轴推向另一端。

（16）曲轴轴向间隙应为 0.07～0.27mm。

（17）通过更换止推片调整曲轴轴向间隙。

（18）用活塞环安装钳将活塞环安装到活塞上，如图 21-71 所示。

① 气环 3。

② 密封环 4。

③ 带弹簧的油环 5。

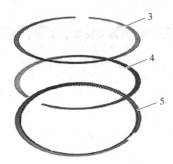

图 21-71　用活塞环安装钳将活塞环安装到活塞上

> **注意**
>
> 安装的时候"TOP"标记朝上，并且气环、密封环、油环开口相互错开 120°。

（19）在活塞表面及活塞安装导向套[10]内表面涂抹干净的发动机机油，如图 21-72 所示。将活塞气环、密封环、油环的开口分别错开 120°，保持活塞环的位置不转动。

图 21-72　在活塞表面及活塞安装导向套
[10]内表面涂抹干净的发动机机油

（20）将活塞连杆从活塞安装导向套大开口一端装入，如图 21-73 所示。保持活塞上端面与导向套端口平行。

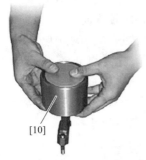

图 21-73　将活塞连杆从活塞安装
导向套大开口一端装入

（21）向下压活塞顶部，直至活塞的裙部露出来，如图 21-74 所示。

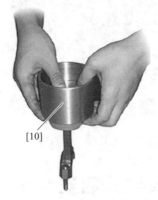

图 21-74　向下压活塞顶部

（22）将活塞连同导向套一起装入气缸筒中，如图 21-75 所示。注意活塞上的箭头标记指向凸轮轴正时齿轮端。

图 21-75　将活塞连同导向套一起装入气缸筒中

（23）用手直接推活塞顶部，如图 21-76 所示。使活塞完全进入气缸筒内，检查确认活塞安装到位，取下导向套。

图 21-76　用手直接推活塞顶部

> **注意**
>
> 在安装时，如果活塞环卡住了导向套，不能顺利推入。禁止强行敲击活塞顶部，否则有可能导致活塞环断裂，损坏安装导向套，此时应将活塞退出来，重新进行操作。

（24）安装配有新轴瓦的连杆盖（润滑轴瓦）。

> **注意**
>
> 连杆盖有安装方向，连杆盖轴瓦切口应与连杆轴瓦切口相对。

> **注意**
>
> 安装完毕后，注意检查，确保曲轴转动灵活不发卡。

（25）安装半圆键 6 和机油泵驱动齿轮 7，如图 21-77 所示。

图 21-77　安装半圆键 6 和机油泵驱动齿轮 7

> **注意**
>
> 确保半圆键在曲轴上已经安装到位。

（26）安装机油泵齿轮和链条 8，如图 21-78 所示。

图 21-78　安装机油泵齿轮和链条 8

（27）拧紧机油泵上的 3 个螺栓 9。

（28）安装曲轴前油封支撑板。

（29）拧紧曲轴前油封支撑板上的 5 个螺栓 10，如图 21-79 所示。

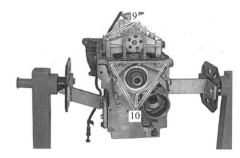

图 21-79　拧紧曲轴前油封支撑板上 5 个螺栓 10

（30）安装曲轴前油封。

（31）安装曲轴后油封支撑板。

（32）拧紧曲轴后油封支撑板上的 6 个螺栓 11，如图 21-80 所示。

图 21-80　拧紧曲轴后油封支撑板上的 6 个螺栓 11

（33）安装曲轴后油封。

（34）安装油底壳。

（35）拧紧油底壳上的 18 个螺栓、1 个螺母 12，如图 21-81 所示。

图 21-81　拧紧油底壳上的 18 个螺栓、1 个螺母 12

（36）装上油道堵盖，拧紧力矩为 30N·m。

(37) 安装发动机飞轮。

(38) 拧紧发动机飞轮上的 6 个螺栓 13，如图 21-82 所示。并且在飞轮螺栓螺纹上涂密封胶。

图 21-82　拧紧发动机飞轮上的 6 个螺栓 13

(39) 安装发动机飞轮止动块 [4]。

(40) 安装离合器从动盘和离合器压盘总成。

(41) 拧紧离合器压盘总成上的 6 个螺栓 14，如图 21-83 所示。拧紧力矩为 20N·m。并且在离合器压盘总成固定螺栓螺纹上涂密封胶。

图 21-83　拧紧离合器压盘总成上的 6 个螺栓 14

(42) 安装曲轴正时齿轮，拧紧曲轴固定螺栓 15，如图 21-84 所示。拧紧力矩为 (40±2) N·m，拧紧角度为 45°±3°。

图 21-84　拧紧曲轴固定螺栓 15

> **注意**
>
> 曲轴正时齿轮上不得粘有密封胶。

(43) 取下发动机飞轮止动块 4。

(44) 安装皮带导轮，拧紧螺栓 16，拧紧力矩为 (20±2) N·m，如图 21-85 所示。

图 21-85　安装皮带导轮，拧紧螺栓 16

(45) 安装水泵，拧紧水泵上的 2 个固定螺栓 17，拧紧力矩为 (18±3) N·m，如图 21-86 所示。

图 21-86　安装水泵，拧紧水泵上的 2 个固定螺栓 17

(46) 安装气缸体上的 2 个定位销 18，如图 21-87 所示。

图 21-87　安装气缸体上的 2 个定位销 18

(47) 转动曲轴，并用飞轮定位杆定位。

(48) 用丝锥清理缸体中缸盖螺栓的螺孔。

(49) 检查气缸盖定位销。

(50) 安装新的气缸垫和气缸盖。

(51) 用气缸盖螺栓套筒 6 拧紧气缸盖螺栓，预拧紧力矩为 20N·m，拧紧角度为 260°。

> **注意**
>
> 不要把气缸垫装反，英文标记为向上，并且在气缸垫和气缸盖接合面涂上密封胶。

(52) 润滑凸轮和轴承。

> **警告**
>
> 注意不要混装进气凸轮轴，排气凸轮轴。

(53) 按照以下方向将凸轮轴安装在气缸盖中。

① 进气凸轮轴：切口"a"位于 7 点处，并且凸轮轴上面有"TU5JP4 ADM"标识，如图 21-88 所示。

图 21-88　切口"a"位于 7 点处

② 排气凸轮轴：切口"a"位于 8 点处，并且凸轮轴上面有"TU5JP4 ECH"标识。

③ 认真清理气缸盖和凸轮轴轴承盖的接合面。

④ 在接合面上涂上密封胶。

⑤ 安装凸轮轴轴承盖。

(54) 在固定螺栓上涂密封胶。

(55) 按照规定顺序逐步拧紧固定螺栓 1～12，如图 21-89 所示。预拧紧力矩为 5N·m，拧紧力矩为 10N·m。

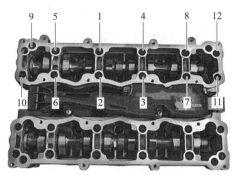

图 21-89　按照规定顺序逐步拧紧固定螺栓 1～12

(56) 用凸轮轴油封安装工具 7 安装凸轮轴油封 19，如图 21-90 所示。

图 21-90　用凸轮轴油封安装工具 7 安装凸轮轴油封 19

(57) 安装正时齿轮室壳体，凸轮轴正时齿轮螺栓的拧紧力矩为（80±8）N·m。

> **注意**
>
> 不要混装两个正时齿轮。进气凸轮轴的正时齿轮上有标记"A"；排气凸轮轴的正时齿轮上有标记"E"。

第二节
东风雪铁龙凯旋车系 EW10A(2.0L)发动机正时校对维修

EW10A 发动机（2.0L）正时皮带的拆装如下。

一、正时皮带的拆卸

（1）断开蓄电池负极接线柱。
（2）举升并固定车辆，前轮悬空。
（3）拆下附件皮带。
（4）脱开正时齿轮室上的燃油进油软管。
（5）用吊具吊起发动机。
（6）拆下右发动机支架上部正时齿轮室1。
（7）利用曲轴齿轮2的螺栓3转动发动机，直至定位位置，如图21-91所示。

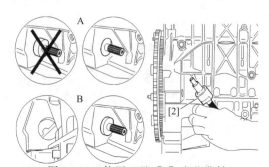

图21-92 使用工具[2]定位曲轴

A—手动变速箱上的定位孔；B—自动变速箱上的定位孔

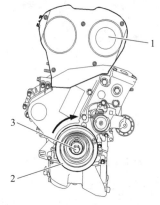

图21-91 利用曲轴齿轮2的螺栓3转动发动机

（8）使用工具[2]定位曲轴，如图21-92所示。
（9）拆下固定板上的螺栓4，如图21-93所示。
（10）脱开助力转向的管子。
（11）用工具[1]定位凸轮轴6和7，如图21-94所示。

拆下螺栓3、曲轴皮带轮2、下部正时齿轮室5。

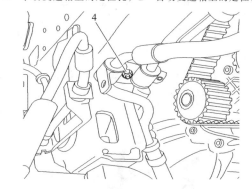

图21-93 拆下固定板上的螺栓4

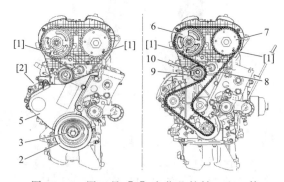

图21-94 用工具[1]定位凸轮轴6和7等

> **注意**
>
> 在没有定位曲轴和凸轮轴时，不能拆卸曲轴皮带轮2。

(12) 松开张紧轮皮带轮9的螺栓10。

(13) 让张紧轮皮带轮9按顺时针方向转动。

(14) 拆下正时皮带轮8。

二、正时皮带的安装

(1) 用工具[5a]转动张紧轮9直至超过"b"处的槽口，如图21-95所示。

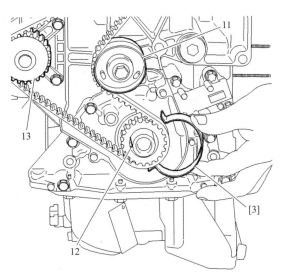

图21-96 检查曲轴齿轮销12

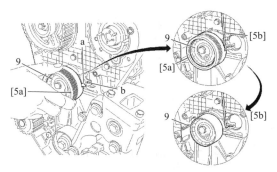

图21-95 用工具[5a]转动张紧轮9直至超过"b"处的槽口

注：在安装正时皮带之前，要检查曲轴齿轮销12是否存在，如图21-96所示。

(2) 安放工具[5b]以便在指针"a"处卡住并取出工具[5a]。

(3) 在曲轴齿轮上安装正时皮带轮8。

(4) 固定正时皮带轮8。

按照以下顺序安装正时皮带轮8：导轮11、进气凸轮轴皮带轮7、排气凸轮轴皮带轮6、水泵13、张紧皮带轮9

注：让皮带轮8尽可能与各个导轮和齿轮的外表面平齐。

(5) 取下：排气凸轮轴皮带轮的工具[1]、张紧轮9的工具[5b]。

(6) 安装：下部正时齿轮室5、曲轴皮带轮2、曲轴皮带轮螺栓3。

(7) 以（40±4）N·m的力矩拧紧螺栓3。

(8) 进行40°±4°的角度拧紧。

第三节

一汽红旗HQ3车系 3UZ-FE发动机正时校对维修

3UZ-FE发动机的拆装方法如下。

(1) 拆下火花塞。

(2) 拆下加油口盖。

(3) 拆下气缸盖罩。

(4) 拆下气缸盖罩衬垫。

(5) 拆下2号惰轮。

(6) 拆下2号链条盖。

(7) 拆下V形皮带拉紧器总成。

(8) 拆下1号惰轮。

(9) 将1号气缸固定于压缩上止点。

(10) 顺时针旋转曲轴，将凸轮轴链条轮及曲轴扭转减震器的切口对准图21-97所示位置。

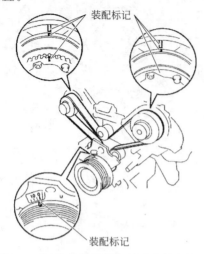

图 21-97 将凸轮轴链条轮及曲轴扭转减震器的切口对准图示位置

(11) 拆下 1 号链条盖。
(12) 拆下正时齿轮盖垫片。
(13) 拆下 1 号曲轴转角传感器板。
(14) 拆下链条。

> **注意**
>
> ① 活塞与气门干涉时会损坏部件,因此链条脱落时严禁转动曲轴。
> ② 在链条拆下后转动凸轮轴时,将曲轴链条轮向左转动 45°,并将切口对准图 21-98 所示位置时再进行转动。此外,链条安装状态下,一定要先将凸轮轴返回到标记位置后再向右转动曲轴链条轮并将其恢复到原位置。

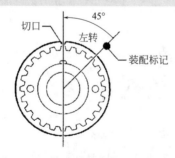

图 21-98 将曲轴链条轮向左转动 45°

① 将 1 号气缸固定于压缩上止点,检查各链条轮的装配标记,如图 21-99 所示。
② 用油漆作装配标记和前标记,如图 21-100 所示。

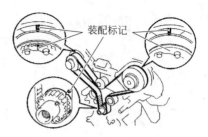

图 21-99 检查各链条轮的装配标记

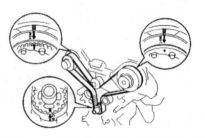

图 21-100 用油漆作装配标记和前标记

③ 拆下 1 号皮带张紧器总成。
均匀地松开 2 个螺栓,拆下张紧器。

> **注意**
>
> 张紧器拆下后,不要在杆伸出状态下进行安装。

④ 按如下顺序将链条从各皮带轮上拆下,如图 21-101 所示(图中数字为顺序)。

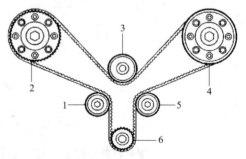

图 21-101 将链条从各皮带轮上拆下

a. 1 号链条惰轮。
b. 右凸轮轴链条轮。
c. 水泵皮带轮。
d. 左凸轮轴链条轮。
e. 2 号链条惰轮。
f. 曲轴链条轮。

(15) 拆下 1 号链条惰轮。

先用10号六角套筒扳手拆下固定螺栓，再拆下1号链条惰轮。

（16）拆下2号链条惰轮。

（17）拆下曲轴链条轮。

（18）拆下右凸轮轴链条轮。

使用用于维修凸轮轴的工具的六角部分固定凸轮轴，取下4个螺栓，拆下右凸轮轴链条轮，如图21-102所示。

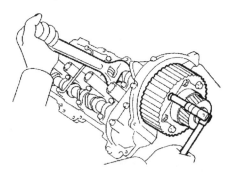

图21-102　拆下右凸轮轴链条轮

（19）拆下左凸轮轴链条轮。

使用用于维修凸轮轴的工具的六角部分固定凸轮轴，取下4个螺栓，拆下左凸轮轴链条轮，如图21-103所示。

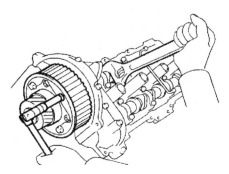

图21-103　拆下左凸轮轴链条轮

（20）拆下凸轮轴。

（21）拆下机油控制阀滤清器。

（22）拆下凸轮轴壳塞。

（23）拆下半圆塞。

（24）拆下3号凸轮轴。

（25）拆下机油控制阀门滤清器。

（26）拆下凸轮轴壳塞。

（27）拆下半圆塞。

（28）拆下2号左后链条板。

（29）拆下2号右后链条板。

（30）拆下右气缸盖。

① 使用双六角扳手（12mm12角），按图21-104所示顺序分2～3次松开前螺栓，拆下螺栓及平板垫圈。

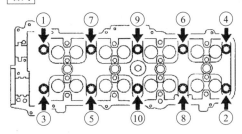

图21-104　松开前螺栓

② 拆下左气缸盖和衬垫。

（31）拆下左气缸盖。

① 使用双六角扳手（12mm12角），按图21-105所示顺序分2～3次松开前螺栓，拆下螺栓及平板垫圈。

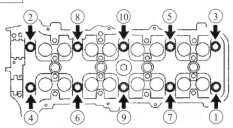

图21-105　松开前螺栓

② 拆下左气缸盖和衬垫。

（32）拆下水泵总成和衬垫。

（33）拆下2号油底壳。

小心操作以防油底壳法兰变形。

（34）拆下油底壳挡板。

（35）拆下油底壳。

（36）拆下机油集滤器。

（37）拆下机油泵总成。

① 用6号六角套筒扳手拆下螺栓E，如图21-106所示。

② 用缠有保护胶带的一字螺丝刀撬开图21-107所示位置，拆下机油泵。

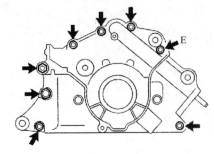

图 21-106 用 6 号六角套筒扳手拆下螺栓 E

图 21-107 拆下机油泵

③ 拆下 O 形圈。

(38) 拆下发动机后油封挡圈。

① 拆下 7 个螺栓。

② 将缠有保护胶带的一字螺丝刀插入凸轮轴轴承盖与挡圈间，撬动螺丝刀拆下挡圈，如图 21-108 所示。

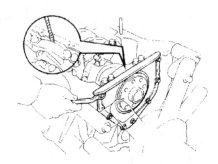

图 21-108 撬动螺丝刀拆下挡圈

③ 拆下 O 形圈。

(39) 拆下火花塞管衬垫。

① 将防止通风挡板脱落的卡爪折弯。

② 扭弯火花塞管衬垫的外周，使用尖嘴钳将其拔出，如图 21-109 所示。

(40) 安装火花塞管衬垫。

使用 SST 将新火花塞管衬垫敲入气缸盖

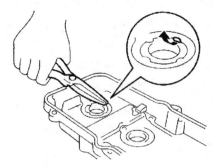

图 21-109 使用尖嘴钳将火花塞管衬垫拔出

罩并与其表面平齐，如图 21-110 所示。

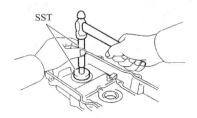

图 21-110 使用 SST 将新火花塞管衬垫敲入气缸盖罩

(41) 拆下凸轮轴正时管总成。

① 将用于维修凸轮轴的六角部分嵌入铝等材料制成的嵌块中，再用虎钳进行固定。

② 使用 5 号六角套筒扳手松开 4 个凸轮轴主动齿轮的安装螺栓，如图 21-111 所示。

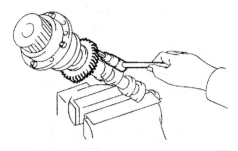

图 21-111 松开 4 个凸轮轴主动齿轮的安装螺栓

③ 拆下直螺塞和密封垫圈。

④ 先用 10 号六角套筒扳手拆下固定螺栓，再拆下凸轮轴正时管，如图 21-112 所示。

⑤ 先拆下 4 个螺栓，然后从凸轮轴正时管上拆下凸轮轴主动齿轮和油封。

(42) 安装凸轮轴固定油封。

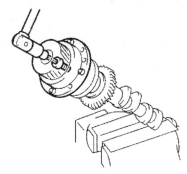

图 21-112 拆下凸轮轴正时管

(43) 安装凸轮轴正时管总成。

① 用 4 个螺栓将凸轮轴主动齿轮预紧在凸轮轴正时管总成上。

② 将用于维修凸轮轴的六角部分嵌入铝等材料制成的嵌块中,再用虎钳进行固定。

③ 将凸轮轴的直销对准凸轮轴正时管总成的安装孔,用手将其插入直至感觉到达底部。

④ 用 10 号六角套筒扳手安装固定螺栓。

⑤ 使用 5 号六角套筒扳手均匀拧紧 4 个凸轮轴主动齿轮的安装螺栓。

⑥ 安装直螺塞和密封垫圈。

(44) 拆下凸轮轴副齿轮。

① 将用于维修凸轮轴的六角部分嵌入铝等材料制成的嵌块中,如图 21-113 所示。再用虎钳进行固定。

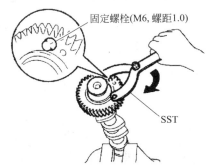

图 21-113 将用于维修凸轮轴的六角部分嵌入铝等材料制成的嵌块中

② 使用 SST 增加副齿轮右转力度,拆下凸轮轴的同时拆下已安装的固定螺栓(M6,螺距 1.0mm)。

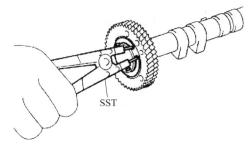

图 21-114 使用 SST 拆下卡环

③ 使用 SST 拆下卡环,如图 21-114 所示。

④ 拆下防松垫圈、副齿轮和凸轮轴正时齿轮螺栓垫圈,如图 21-115 所示。

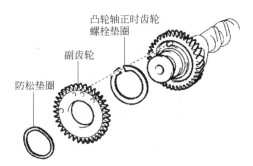

图 21-115 拆下防松垫圈、副齿轮和凸轮轴正时齿轮螺栓垫圈

(45) 检查凸轮轴正时齿轮螺栓垫圈。

(46) 安装凸轮轴副齿轮。

① 用 SST 安装防松垫圈及卡环。

② 使用 SST 向右转动副齿轮,如图 21-116 所示。将副齿轮的组装辅助孔与凸轮轴从动齿轮的组装辅助螺纹孔对齐,并将从动齿轮的齿顶对齐,安装固定螺栓(M6,螺距 1.0mm)。

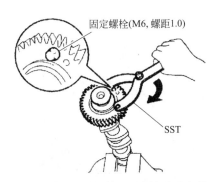

图 21-116 使用 SST 向右转动副齿轮

(47) 拆下发动机后油封。
(48) 安装发动机后油封。

① 用 SST 敲进一个新油封直到它的表面与油封挡圈边缘齐平，如图 21-117 所示。

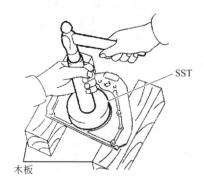

图 21-117 用 SST 敲进一个新油封直到它的表面与油封挡圈边缘齐平

② 在油封唇部外周涂抹少量 2 号 MP 润滑脂。

(49) 安装发动机后油封挡圈。

① 将新 O 形圈安装到气缸体上，如图 21-118 所示。

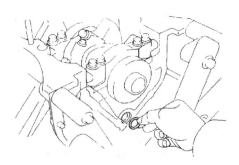

图 21-118 将新 O 形圈安装到气缸体上

② 如图 21-119 所示，连续涂抹一圈（直径 2~3mm）密封填料。

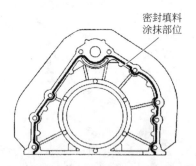

图 21-119 连续涂抹一圈（直径 2~3mm）密封填料

③ 将 7 个螺栓分数次预紧后，按规定转矩拧紧。

(50) 安装机油泵总成。

① 将新 O 形圈安装到气缸体上，如图 21-120 所示。

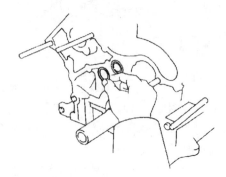

图 21-120 将新 O 形圈安装到气缸体上

② 如图 21-121 所示，连续涂抹一圈（直径 2~3mm）密封填料。

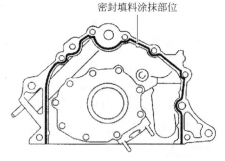

图 21-121 连续涂抹一圈（直径 2~3mm）密封填料

③ 安装时要将机油泵的驱动齿轮与曲轴的表面对齐，如图 21-122 所示。

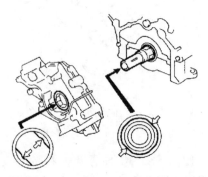

图 21-122 安装时要将机油泵的驱动齿轮与曲轴的表面对齐

④ 用 6 号六角套筒扳手安装螺栓 E，如图 21-123 所示。

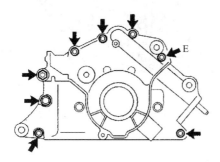

图 21-123　用 6 号六角套筒扳手安装螺栓 E

(51) 安装机油集滤器。
(52) 安装油底壳双头螺栓。
(53) 安装油底壳。
(54) 安装油底壳挡板。
(55) 安装 2 号油底壳。
(56) 安装水泵总成。
(57) 安装左气缸盖。
(58) 安装右气缸盖。

① 确定新气缸盖衬垫的左右与正反面，安装至气缸体。

② 将气缸盖装至气缸体。

③ 在螺栓的螺纹、底部和垫圈上涂抹少量机油。

④ 将气缸盖螺栓装上垫圈插入气缸盖。

⑤ 使用套筒扳手（12mm12 角）如图 21-105 所示，按顺序分 2～3 次均匀地拧紧气缸盖螺栓，用规定的转矩拧紧。

⑥ 在气缸盖螺栓顶部的发动机前方做油漆标记。

⑦ 将各个气缸盖螺栓拧紧 90°，检查油漆标记是否在拧过的 90°位置。

(59) 安装机油控制阀滤清器。

清洁机油控制气门滤清器，确定上端与下端后装于气缸盖。

(60) 安装凸轮轴。

① 检查调整垫片是否脱落，如图 21-124 所示。

安装凸轮轴前将气门挺杆全部拆下，并确认调整垫片未脱落。

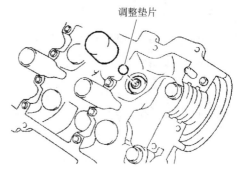

图 21-124　检查调整垫片是否脱落

② 将凸轮轴的凸轮、齿轮以及气缸盖的轴颈部分涂上机油。

③ 如图 21-125 所示，将凸轮轴的正时标记对齐，并将凸轮轴安装至气缸盖。

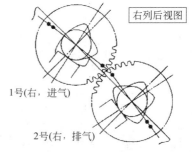

图 21-125　将凸轮轴的正时标记对齐，并将凸轮轴安装至气缸盖

④ 沿着图 21-126 所示圆周的槽，全部涂上密封填料，安装时要将凸轮罩塞的锁销对准气缸盖的槽。

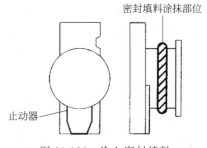

图 21-126　涂上密封填料

⑤ 如图 21-127 所示涂抹密封填料（直径 1.5～2mm），然后安装 1 号轴承盖。

⑥ 安装 1 号轴承盖的同时，将油封插入气缸盖最里边。

第二十一章　其他车系发动机正时校对维修

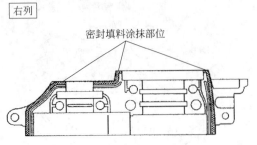

图 21-127　涂抹密封填料

> **注意**
> ① 清洁安装面并去油。
> ② 要在涂密封填料后 3min 内进行安装。
> ③ 安装后要不注入机油放置 2h。

⑦ 1号轴承盖安装后，确定轴向力方向，然后再安装其他的轴承盖和回油管。

⑧ 按图 21-128 所示顺序分 2 次拧紧轴承盖。

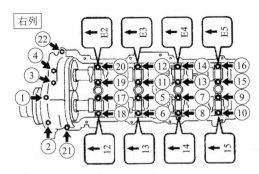

图 21-128　拧紧轴承盖

a. 如图 21-128 所示，将机油涂于螺栓 1~4 的新装密封垫圈的螺纹部位，并安装。

b. 将螺栓 5~22 的螺纹及垫圈表面涂抹机油并安装。

⑨ 使用用于维修凸轮轴的工具的六角部分转动凸轮轴，如图 21-129 所示。将用于固定副齿轮的螺栓位置上移，拆下固定螺栓（M6，螺距 1.0mm）。

⑩ 使用用于维修凸轮轴的六角部分转动凸轮轴，检查凸轮轴的装配标记是否一致。

（61）安装机油控制阀门滤清器。

（62）安装 3 号凸轮轴。

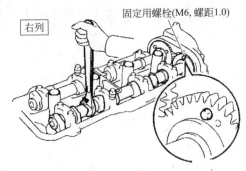

图 21-129　转动凸轮轴

① 检查调整垫片是否脱落，如图 21-130 所示。

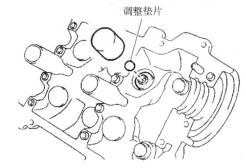

图 21-130　检查调整垫片是否脱落

② 将凸轮轴的凸轮、齿轮以及气缸盖的轴颈部分涂上机油。

③ 如图 21-131 所示，将凸轮轴的正时标记对齐，并将凸轮轴安装至气缸盖。

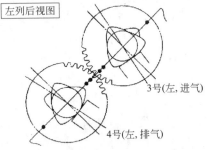

图 21-131　将凸轮轴的正时标记对齐，并将凸轮轴安装至气缸盖

④ 沿着圆周的槽，全部涂上密封填料，安装时要将凸轮罩塞的锁销对准气缸盖的槽。

⑤ 如图 21-132 所示涂抹密封填料（直径 1.5~2mm），然后安装 5 号轴承盖。

⑥ 安装 5 号轴承盖的同时，将油封插入

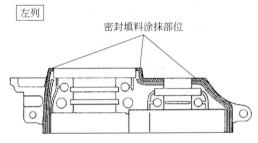

图 21-132　涂抹密封填料

气缸盖最里边。

⑦ 5 号轴承盖安装后，确定轴向力方向，然后再安装其他的轴承盖和回油管。

⑧ 按图 21-133 所示顺序分 2 次拧紧轴承盖。

a. 如图 21-133 所示，将机油涂于螺栓 1～4 的新装密封垫圈的螺纹部位，并安装。

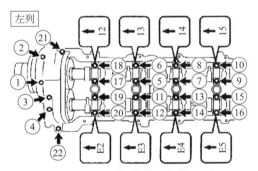

图 21-133　将机油涂于螺栓 1～4 的新装密封垫圈的螺纹部位

b. 将螺栓 5～22 的螺纹与垫圈表面涂抹机油并安装。

⑨ 使用用于维修凸轮轴的工具的六角部分转动凸轮轴，如图 21-134 所示，将用于固定副齿轮的螺栓位置上移，拆下固定螺栓（M6，螺距 1.0mm）。

⑩ 使用用于维修凸轮轴的六角部分转动凸轮轴，检查凸轮轴的装配标记是否一致。

（63）安装右后链条板。

（64）安装 2 号右后链条板。

（65）安装左后链条板。

（66）安装 2 号左后链条板。

（67）安装凸轮轴链条轮，如图 21-135

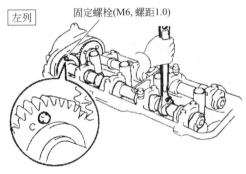

图 21-134　转动凸轮轴

所示。

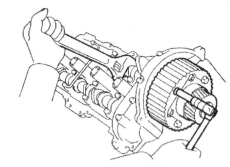

图 21-135　安装凸轮轴链条轮

（68）安装左凸轮轴链条轮，如图 21-136 所示。

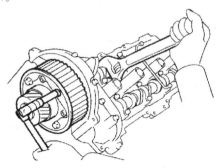

图 21-136　安装左凸轮轴链条轮

（69）安装曲轴链条轮。

（70）安装 2 号链条惰轮。

（71）安装 1 号链条惰轮。

（72）安装链条。

① 对齐凸轮轴链条轮与凸轮轴轴承盖的装配标记。

② 垫入衬垫，将曲轴皮带轮螺栓装到曲轴上。

③ 对齐曲轴链条轮的切口与机油泵的装

配标记，如图21-137所示。

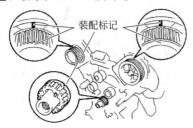

图21-137 对齐曲轴链条轮的切口与机油泵的装配标记

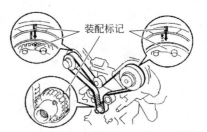

图21-138 确保凸轮轴链条轮与凸轮轴轴承盖的装配标记保持一致

④ 按如下顺序安装链条轮。

a. 曲轴链条轮。

b. 2号链条惰轮。

c. 左凸轮轴链条轮。

d. 水泵皮带轮。

e. 右凸轮轴链条轮。

f. 1号链条惰轮。

⑤ 拆下正时皮带张紧器的防尘套，并装到压具上。

⑥ 尽可能将正时皮带张紧器杆慢慢压缩，使杆和气缸的孔保持一致，并使两面宽1.27mm的六角扳手穿过杆和气缸。

⑦ 减慢压缩，从冲压工具上拆下正时皮带张紧器。

⑧ 将防尘套安装到正时皮带张紧器上。

⑨ 用六角扳手（两面宽1.27mm）将正时皮带张紧器定位到油泵的安装位置，用2个螺栓均匀地紧密组装。

⑩ 在上述状态下，确保油泵和防尘套之间没有缝隙。

⑪ 将用于固定正时皮带张紧器杆的六角扳手（两面宽1.27mm）拔出拆下。

⑫ 通过垫圈等，将曲轴皮带轮螺栓预紧，顺时针转动曲轴2次，在曲轴链条轮的装配标记和油泵的切口对齐时，确保凸轮链条轮与凸轮轴轴承盖的装配标记也保持一致，如图21-138所示。

⑬ 拆下曲轴皮带轮螺栓和垫圈。

(73) 安装1号曲轴转角传感器板。如图21-139所示安装曲轴传感器板。

(74) 安装正时齿轮盖垫板。

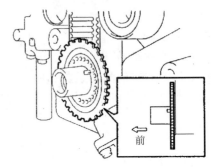

图21-139 安装曲轴传感器板

① 将衬垫安装到垫板上。

② 按油泵和水泵的指示安装垫板。

(75) 安装1号链条盖。

(76) 安装曲轴减震器。

使用SST拧紧曲轴皮带轮螺栓，如图21-140所示。

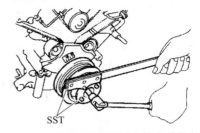

图21-140 使用SST拧紧曲轴皮带轮螺栓

(77) 检查气门间隙。

① 顺时针转动曲轴，把1号气缸固定到上止点。

② 确认图21-141上的气门间隙。

标准值：进气（0.20±0.05）mm（低温时）；排气（0.30±0.05）mm（低温时）。

(78) 调整气门间隙。

① 拆下曲轴减震器。

② 拆下1号链条盖。

③ 拆下1号曲轴转角传感器板。

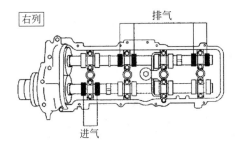

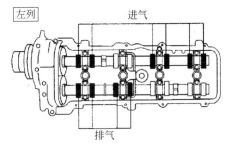

图 21-141 确认图上的气门间隙

④ 拆下链条。
⑤ 拆下右凸轮轴链条轮。
⑥ 拆下左凸轮轴链条轮。
⑦ 拆下凸轮轴。
⑧ 拆下凸轮轴壳塞。
⑨ 拆下 3 号凸轮轴。
⑩ 拆下凸轮轴壳塞。
⑪ 拆下气门挺杆。
⑫ 用千分尺测量拆下的调整垫片厚度。
⑬ 选择调整垫片。
⑭ 将选好的调整垫片安装到气门上，如图 21-142 所示。

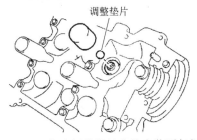

图 21-142 将选好的调整垫片安装到气门上

⑮ 安装气门挺杆。
⑯ 安装凸轮轴。
⑰ 安装 3 号凸轮轴。
⑱ 安装凸轮轴链条轮。
⑲ 安装左凸轮轴链条轮。

⑳ 安装链条。
㉑ 安装 1 号曲轴转角传感器板。
㉒ 安装 1 号链条盖。
㉓ 安装曲轴减震器。

(79) 安装 1 号惰轮，如图 21-143 所示。

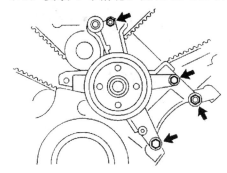

图 21-143 安装 1 号惰轮

(80) 安装 V 形皮带张紧器总成。
(81) 安装 2 号链条盖。
(82) 安装 2 号惰轮。
(83) 安装半圆塞。

沿位于半圆中间的凹槽，在半圆的一周涂抹密封填料。

(84) 安装气缸盖罩。
① 将衬垫安装到气缸盖罩上。
② 在如图 21-144 所示的位置上涂上密封填料。

(85) 安装加油口盖。
(86) 安装火花塞。

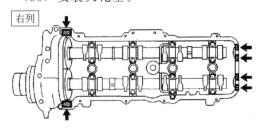

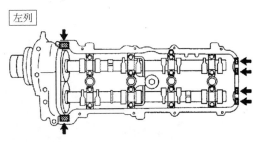

图 21-144 涂上密封填料

第四节
双龙路帝、雷斯特车系 M161、M162 发动机正时校对维修

一、正时系统结构

正时系统结构如图 21-145 所示。

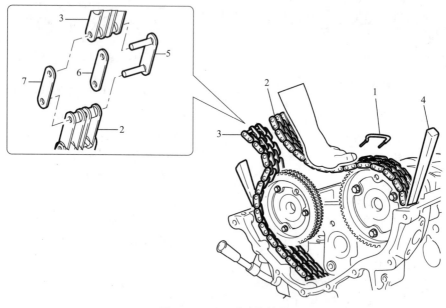

图 21-145 正时系统结构

1—销；2—新正时链；3—旧正时链；4—楔子；5—连接板；6—中央板；7—外板

二、正时链条的更换程序

（1）把 1 缸定位在 TDC（OT）位置上，如图 21-146 所示。

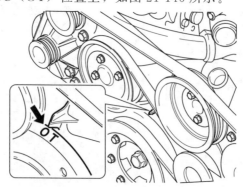

图 21-146 把 1 缸定位在 TDC（OT）位置上

（2）把定位销插入进、排气凸轮轴突缘，阻止凸轮轴转动，如图21-147所示。

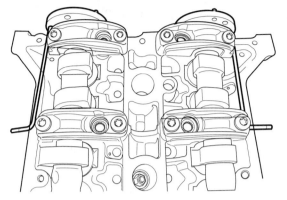

图21-147　把定位销插入进、排气凸轮轴突缘

（3）拆卸正时链张紧轮。

（4）如图21-148所示，在凸轮轴链轮两侧嵌入楔子。

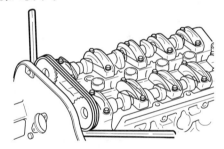

图21-148　在凸轮轴链轮两侧嵌入楔子

（5）用干净的软布盖住链壳，用研磨机磨削掉进气凸轮轴链轮处的正时链销，如图21-149所示。

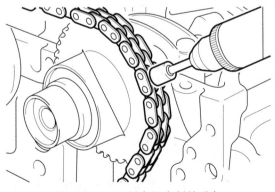

图21-149　用研磨机磨削掉进气凸轮轴链轮处的正时链销

（6）用螺丝刀拆卸外板7，并拆卸连接板，如图21-150所示。

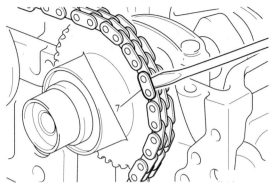

图21-150　用螺丝刀拆卸外板7

（7）用连接板5、中央板6（厚度为1.6mm）和外板7把新正时链2连接到旧正时链3上，如图21-151所示。

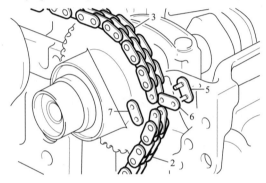

图21-151　把新正时链2连接到旧正时链3上

（8）在沿远离排气凸轮轴链轮的方向按压新正时链，以免在新正时链缠结的状态下，向发动机旋转方向转动曲轴。

（9）从正时链壳中取出用过的旧正时链。

（10）用连接板5和中央板6连接新正时链的两个隔板。

（11）如图21-152所示，把爪a和推力片b安装到组装工具上。

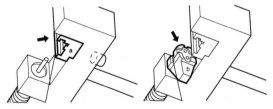

图21-152　把爪a和推力片b安装到组装工具上

（12）把外板7（厚度为1.6mm）放到

推力片 b 内侧。

（13）把链总成安装到连接板上，并拧紧轴销 c，直到感觉受阻为止，如图 21-153 所示。

（14）放下链总成。

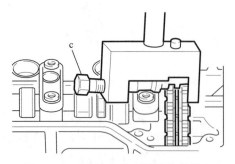

图 21-153　把链总成安装到连接板上

（15）如图 21-154 所示，更换推力片 b。

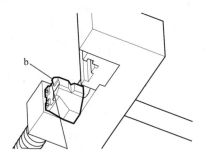

图 21-154　更换推力片 b

（16）把链总成安装到连接板销上，并拧紧轴销 c，如图 21-155 所示。

规定转矩：30N·m（22lbf·ft）。

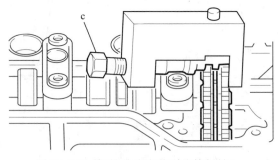

图 21-155　把链总成安装到连接板销上，并拧紧轴销 c

（17）铆接连接板销。

检查状态，必要时重新铆接。

（18）安装正时链张紧轮。

安装参考信息如表 21-1 所示。

表 21-1　安装参考信息

	螺塞	40N·m（30lbf·ft）
规定转矩	张紧轮总成	72～88N·m（53～65lbf·ft）

（19）检查凸轮轴正时位置。

第五节

一汽奔腾车系 LF、L3 发动机正时校对维修

LF、L3 发动机正时链条的拆装方法如下。

（1）断开蓄电池负极导线。

（2）拆下点火线圈。

（3）拆下轮胎（RH）。

（4）拆下底护板。

（5）松开水泵皮带轮的螺栓并拆下多携带。

（6）拆下 CKP 传感器。

（7）将机油排入一个容器中。

（8）拆下 P/S 油泵，保持油管连接，然后将 P/S 油泵放到不影响工作的地方。

（9）从连接轴上拆下传动轴（RH）。

（10）按与拆卸相反的顺序进行安装。

(11) 启动发动机并进行以下操作。

① 检查机油、发动机冷却液、变速器油和燃油是否泄漏。

② 检查点火正时、怠速和怠速混合气。

(12) 进行行车试验。

(13) 正时链条的结构如图 21-156 所示。

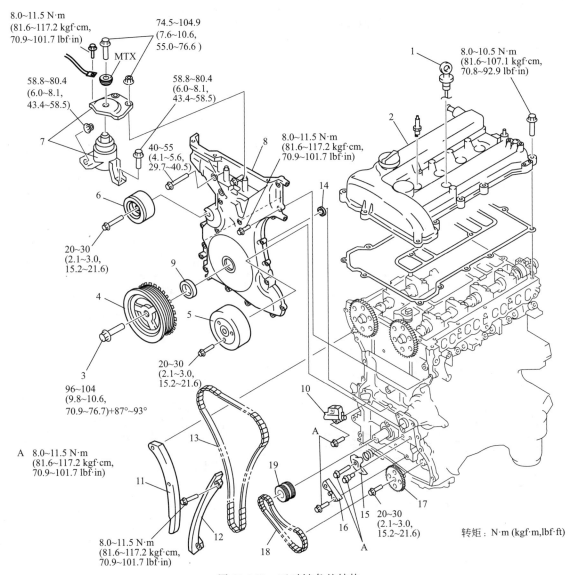

图 21-156 正时链条的结构

1—机油标尺；2—气缸盖罩；3—曲轴皮带轮锁定螺栓；4—曲轴皮带轮；5—水泵皮带轮；6—多楔带惰轮；7—3 号发动机悬置和 3 号发动机支架；8—发动机前罩；9—前油封；10—链条张紧装置；11—张紧装置臂；12—链条导向装置；13—正时链条；14—密封（LF，L3）；15—机油泵链条张紧装置；16—机油泵链条导向装置；17—机油泵链轮；18—机油泵链条；19—曲轴链轮

第六节 斯巴鲁车系发动机正时校对维修

一、ME（H4SO）2.0 发动机

该发动机是水平位置四缸单顶置凸轮轴 2.0L。

（一）正时皮带的拆卸

1. 正时皮带

（1）拆下 V 形带。
（2）拆下曲轴皮带轮。
（3）拆下正时皮带盖。
（4）拆下正时皮带导向器（MT 车型），如图 21-157 所示。

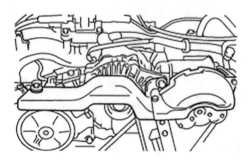

图 21-157 拆卸正时皮带导向器

（5）如果正时皮带上的定位标记 a 和箭头标记（指示旋转方向）模糊不清，在按以下步骤拆下正时皮带之前做新的标记，如图 21-158 所示。

① 使用专用工具转动曲轴。对齐链轮上的标记 a 与缸体缺口 b，然后确保右侧凸轮轴链轮标记 c、凸轮轴盖与缸盖配合面 d 左侧凸轮轴链轮标记 e，以及正时皮带缺口 f 调整正确。

② 使用白色油漆，在相关曲轴链轮和凸轮轴链轮中的正时皮带上做定位或箭头标记，如图 21-159 所示。

（6）拆下皮带 2 号惰轮，如图 21-160 所示。

（7）拆下正时皮带，如图 21-161 所示。

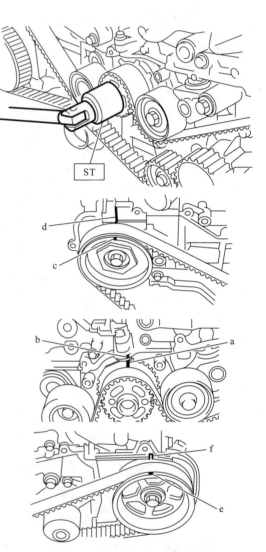

图 21-158 曲轴拆卸前做标记内容

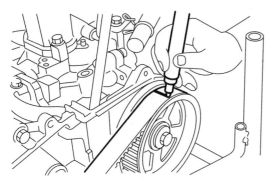

图 21-159 正时皮带上做定位标记

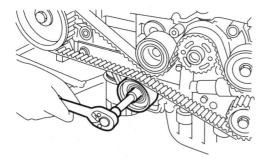

图 21-160 拆下皮带 2 号惰轮

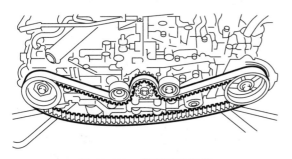

图 21-161 拆下正时皮带

2. 皮带惰轮和自动皮带张紧度调节器总成

（1）拆下皮带惰轮（1号），如图 21-162 所示。

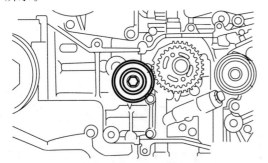

图 21-162 拆下皮带惰轮（1号）

（2）拆下自动皮带张紧度调节装置总成，如图 21-163 所示。

图 21-163 拆下自动皮带张紧度调节装置总成

（二）正时皮带的安装

1. 皮带惰轮和自动皮带张紧度调节器总成

（1）自动皮带张紧度调节器总成的安装准备。

> **注意**
> ① 必须使用垂直式压具向下移动调节器杆。
> ② 请勿使用横向型台钳。
> ③ 垂直推调节器杆。
> ④ 逐渐压入调节器，据估计需三分钟以上。
> ⑤ 请勿使压力超过 9807N（1000kgf，2205lbf）。
> ⑥ 尽可能远离气缸端表面按压调节器杆。请勿将调节器杆压入气缸。这样可能会损坏气缸。
> ⑦ 直到限位器销完全插入才能释放压力。

① 将自动皮带张紧度调节器总成装到垂直压具上。

② 用 294N 以上的压力慢慢地向下移动调节器杆，直到调节器杆与气缸中的限位器销孔对准，如图 21-164 所示。

③ 用 2mm 直径的限位器销或 2mm 直径六角头扳手插入气缸内限位器销孔，固定调节器杆，如图 21-165 所示。

（2）安装自动皮带张紧度调节器总成，如图 21-166 所示。

（3）安装皮带惰轮（1号），如图 21-167 所示。

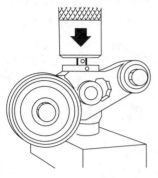

图 21-164　使调节器杆与气缸中的限位器销孔对准

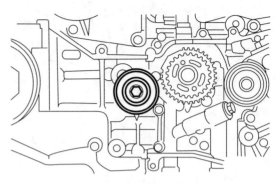

图 21-167　安装皮带惰轮（1号）

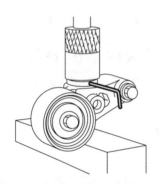

图 21-165　固定调节器杆

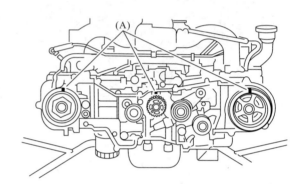

图 21-168　转动凸轮轴链轮，使之对齐标记

轮上的标记 A 时，正确放置正时皮带，如图 21-169 所示。

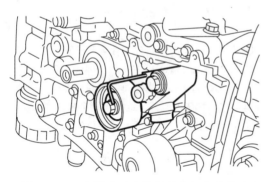

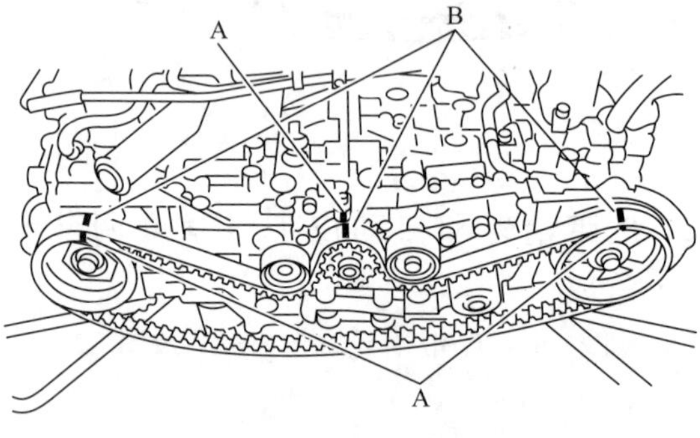

图 21-166　安装自动皮带张紧度调节器总成

2. 正时皮带

（1）自动皮带张紧度调节器总成的安装准备。

（2）安装正时皮带。

① 使用专用工具 1 转动 2 号凸轮轴链轮，然后使用专用工具 2 转动 1 号凸轮轴链轮，使得它们的对齐标记 A 处于顶部位置，如图 21-168 所示。

② 对齐正时皮带上的对齐标记 B 与链

图 21-169　对齐标记 A 与 B

（3）安装皮带惰轮（2号），如图 21-170 所示。

（4）确保正时皮带和凸轮轴链轮上的标记对准后，从张紧度调节器上拆下限位器销，如图 21-171 所示。

（5）安装正时皮带导向装置（MT 车型）。

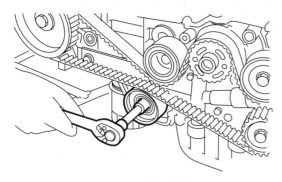

图 21-170　安装皮带惰轮（2 号）

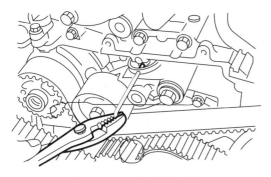

图 21-171　拆卸限位器销

① 暂时拧紧固定正时皮带导向装置的螺栓，如图 21-172 所示。

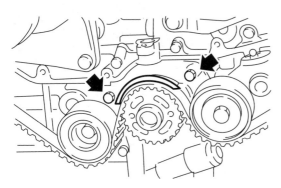

图 21-172　暂时拧紧导向设置的螺栓

② 用厚薄规检查并调整正时皮带与正时皮带导向装置之间的间隙，如图 21-173 所示。

③ 拧紧固定正时皮带导向装置的螺栓，如图 21-174 所示。

（6）安装正时皮带盖。

（7）安装曲轴皮带轮。

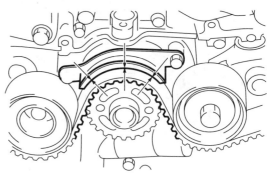

图 21-173　检查并调整正时皮带与正时皮带导向装置之间间隙

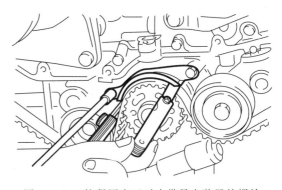

图 21-174　拧紧固定正时皮带导向装置的螺栓

（8）安装 V 形带。

二、ME（H4DO/HDOTC）发动机

（一）正时皮带的拆卸

1. 正时皮带

（1）拆下 V 形带，如图 21-175 所示。

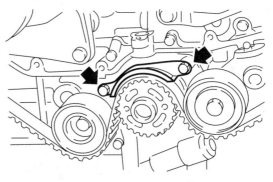

图 21-175　拆下 V 形带

（2）拆下曲轴皮带轮，如图 21-176 所示。

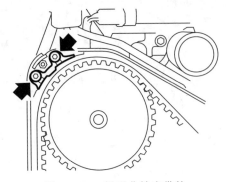

图 21-176　拆下曲轴皮带轮

（3）拆下正时皮带盖，如图 21-177 所示。

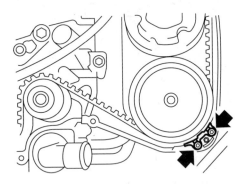

图 21-177　拆下正时皮带盖

（4）拆下正时皮带导向器，如图 21-178 所示（带正时皮带导向装置的车型）。

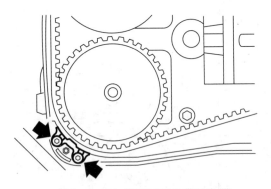

图 21-178　拆下正时皮带导向器

（5）如果正时皮带上的定位标记和箭头标记（其指示旋转方向）模糊不清，在按以下程序拆下正时皮带之前做新的标记。

① 使用 ST 转动曲轴，并将准曲轴链轮、进气凸轮轴链轮（左）、排气凸轮轴链轮（左）、进气凸轮轴链轮（右）和排气凸轮轴链轮（右）上的定位标记与正时皮带盖和缸体上的槽对齐，如图 21-179 所示。

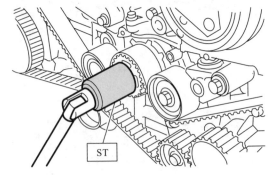

图 21-179　使各链轮上的定位标记与正时皮带盖和缸体上的槽对齐

② 使用白色油漆，在相关凸轮轴链轮中的正时皮带上做定位和/或箭头标记。

（6）拆下皮带惰轮 A，如图 21-180 所示。

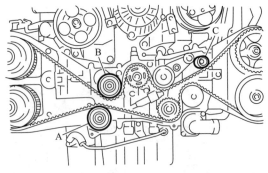

图 21-180　拆下皮带惰轮 A

（7）拆下正时皮带。

> **注意**
> 拆下正时皮带后，一定不要旋转进气和排气链轮。如果凸轮轴链轮旋转，则会使进气和排气门卡在一起并且气门杆弯曲。

2. 皮带惰轮和自动皮带张紧度调节器总成

（1）拆下皮带惰轮 B 和 C，如图 21-181 所示。

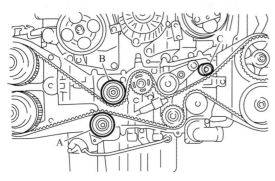

图 21-181　拆下皮带惰轮 B 和 C

（2）拆下皮带 2 号惰轮，如图 21-182 所示。

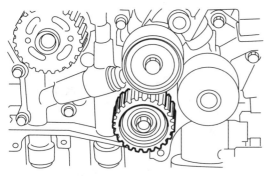

图 21-182　拆下皮带 2 号惰轮

（3）拆下自动皮带张紧度调节器总成，如图 21-183 所示。

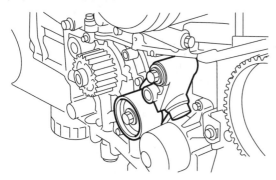

图 21-183　拆下自动皮带张紧度调节器总成

（二）正时皮带的安装

1. 皮带惰轮和自动皮带张紧度调节器总成

（1）自动皮带张紧度调节器总成的安装准备。

注意

① 必须使用垂直式压具向下移动调节器杆。
② 请勿使用横向型台钳。
③ 垂直推调节器杆。
④ 逐渐压入调节器，据估计需三分钟以上。
⑤ 请勿使压力超过 9807N（1000kgf，2205lbf）。
⑥ 尽可能远离气缸端表面按压调节器杆。不要将调节器杆压入气缸。这样可能会损坏气缸。
⑦ 直到限位器销完全插入才能释放压力。

① 将自动皮带张紧度调节器总成装到垂直压具上。

② 用 294N（30kgf，66lbf）以上的压力慢慢地向下移动调节器杆，直到调节器杆与气缸中的限位器销孔对准，如图 21-184 所示。

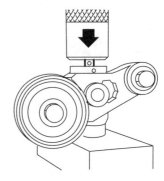

图 21-184　对准调节器杆与气缸中的限位器销孔

③ 用 2mm 直径的限位器销或 2mm 直径六角头扳手插入气缸内限位器销孔，固定调节器杆，如图 21-185 所示。

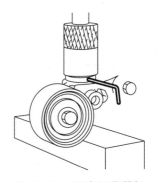

图 21-185　固定调节器杆

（2）安装自动皮带张紧度调节器总成，

如图 21-186 所示。

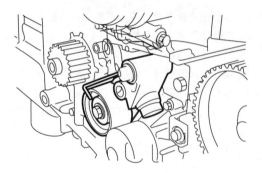

图 21-186　安装自动皮带张紧度调节器总成

（3）安装皮带 2 号惰轮，如图 21-187 所示。

图 21-187　安装皮带 2 号惰轮

（4）安装皮带惰轮，如图 21-188 所示。

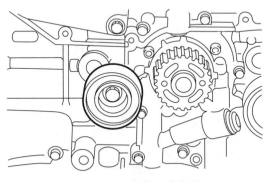

图 21-188　安装皮带惰轮

2. 正时皮带

（1）自动皮带张紧度调节器总成的安装准备。

（2）曲轴和凸轮轴链轮定位。

① 将曲轴链轮上的标记 A 与缸体机油泵盖上的标记对准，如图 21-189 所示。

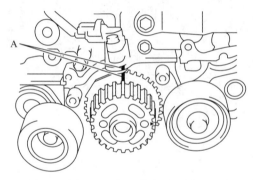

图 21-189　将标记 A 与缸体机油泵盖上的标记对准

② 将排气凸轮轴（右）上的单线标记 A 与正时皮带盖上的槽 B 对准，如图 21-190 所示。

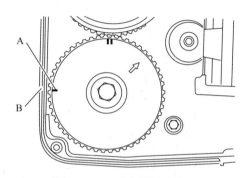

图 21-190　对准标记 A 与 B

③ 将进气凸轮轴（右）上的单线标记 A 与正时皮带盖上的槽 B 对准（确保进气和排气凸轮轴链轮上的双线标记 C 对准），如图 21-191 所示。

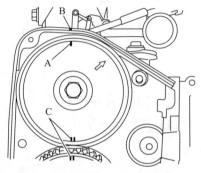

图 21-191　单线标记 A 与正时皮带盖上的槽 B 对准

④ 通过逆时针转动链轮（从发动机前部看）将排气凸轮轴链轮（左）上单线标记 A 与正时皮带盖上的槽 B 对齐，如图 21-192 所示。

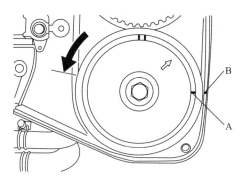

图 21-192　将标记 A 与槽 B 对齐

⑤ 通过顺时针转动链轮（从发动机前部看）将进气凸轮轴链轮（左）上单线标记 A 与正时皮带盖上的槽 B 对齐（确保进气和排气凸轮轴链轮上的双线标记 C 对准。），如图 21-193 所示。

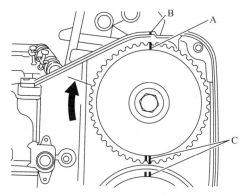

图 21-193　单线标记 A 与槽 B 对齐

⑥ 确保凸轮轴和曲轴链轮定位正确。

⚠ 注意

① 此双顶置凸轮轴发动机的进气和排气凸轮轴可在正时皮带拆下情况下独立旋转。从图 21-194 中可看出，如果进气和排气门同时升起，气门头将相互干涉，而导致气门弯曲。

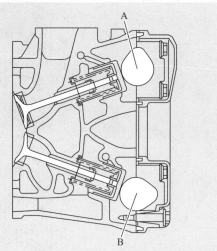

图 21-194　双顶置凸轮轴发动机进排气门布置情况
A—进气凸轮轴；B—排气凸轮轴

② 未安装正时皮带时，四个凸轮轴固定"零升程"位置，此处凸轮轴上的所有凸轮不向下推动进气和排气门（此情况下，所有气门保持未升起状态）。

③ 旋转凸轮轴以安装正时皮带时，凸轮轴（左）的♯2 进气凸轮和♯4 排气凸轮固定以向下推动它们对应的气门（在这种情况下，这些气门将保持升起状态。）右侧凸轮轴固定以使它们的凸轮不向下推气门。

④ 凸轮轴（左）必须从"零升程"位置转到正时皮带尽可以最小角度安装的位置，以防止进气和排气门头相互干涉。

⑤ 不允许将凸轮轴按图 21-195 中上图所示方向旋转。这样做可能导致进气和排气门同进上升，而导致气门头相互干涉。

（3）正时皮带的安装。

按图 21-196 所示的字母顺序将正时皮带上的定位标记与链轮上的标记对准。对准标记时，正确旋转正时皮带，如图 21-196 所示。

⚠ 注意

① 如果正时皮带滑过 1 个及以上齿，则气门与活塞可能相互敲击。
② 确保皮带旋转的方向正确。

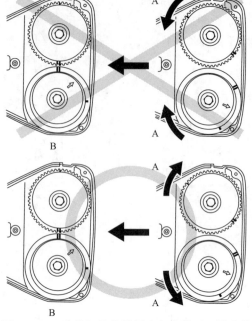

图 21-195 进排气凸轮轴固定与旋转正、误比较
A—旋转方向；B—正时皮带安装位置

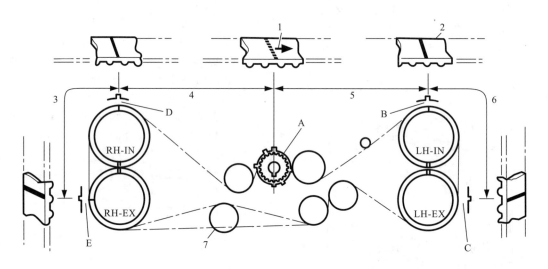

图 21-196 将正时皮带上的定位标记与链轮上的标记对准
1—箭头记号；2—正时皮带；3—28齿长度；4—54.5齿长度；5—51齿长度；6—28齿长度；7—将其装入端部

（4）安装皮带惰轮，如图 21-197 所示。

（5）确保正时皮带和链轮上的标记对准后，从自动皮带张紧度调节器上拆下限位器销。

（6）安装正时皮带导向装置。

 注意

① 在安装螺栓前，清洁正时皮带罩的螺栓孔。
② 在螺栓螺纹上涂密封胶以重复使用螺栓（仅凸轮轴链轮部分）。

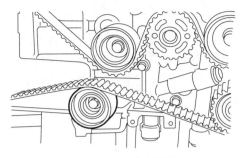

图 21-197　安装皮带惰轮

① 暂时拧紧螺栓。

② 检查并调整正时皮带与正时皮带导向装置之间的间隙，如图 21-198 所示。

③ 拧紧螺栓，如图 21-199～图 21-202 所示。

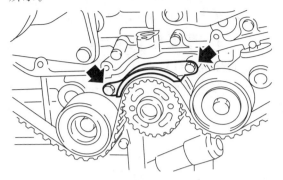

图 21-199　拧紧螺栓（1）

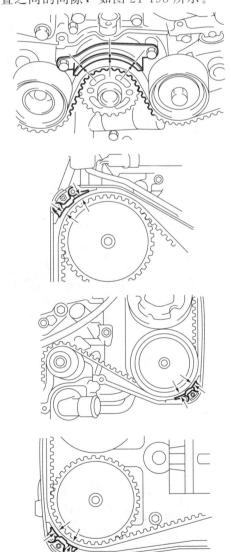

图 21-198　检查并调整正时皮带与正时皮带导向装置之间的间隙

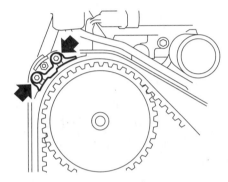

图 21-200　拧紧螺栓（2）

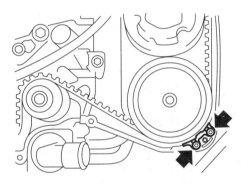

图 21-201　拧紧螺栓（3）

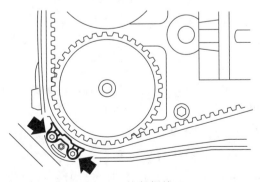

图 21-202　拧紧螺栓（4）

(7) 安装正时皮带盖。

(8) 安装曲轴皮带轮。

(9) 安装 V 形带。

(三) 正时皮带的检查

1. 正时皮带

(1) 检查正时皮带齿是否断裂、裂纹或磨损。如果发现任何故障，更换正时皮带。

(2) 检查正时皮带背侧的状况。如果发现裂纹，更换正时皮带。

2. 自动皮带张紧度调节器

(1) 目视检查油封是否泄漏，以及连杆端是否有异常磨损和划伤。如有必要，更换自动皮带张紧度调节器总成。

(2) 检查施加 294N（30kgf，66lbf）压力时调节器杆是否不移动。检查调节器杆的硬度。

(3) 如果调节器杆不硬且施加 294N（30kgf，66lbf）压力时不移动，使用以下程序进行检查。

① 慢慢压下调节器杆至气缸的端面。重复此操作两至三次。

② 调节器杆被移至最远处时，对它施加 294 N 的压力。检查调节器杆硬度。

③ 如果调节器杆不硬和向下移动，更换新的自动皮带张度紧调节器总成。

> **注意**
> ① 必须使用垂直式压具向下移动调节器杆。
> ② 请勿使用横向型台钳。
> ③ 垂直推调节器杆。
> ④ 逐渐压入调节器，据估计需三分钟以上。
> ⑤ 请勿使压力超过 9807N（1000kgf，2205lbf）。
> ⑥ 尽可能远离气缸端表面按压调节器杆。请勿将调节器杆压入气缸。这样可能会损坏气缸。

(4) 测量车身上杆凸出的量。如果不在规定范围内，更换新零部件。

3. 皮带张紧度皮带轮

(1) 检查正时皮带和调节器杆接触点的配合面是否异常磨损或划伤。如果有故障，更换皮带张紧皮带轮。

(2) 检查皮带张紧度皮带轮是否运转平衡。如果产生噪声或过度行程，进行更换。

(3) 检查皮带张紧度皮带轮是否有润滑脂泄漏。

4. 皮带惰轮

(1) 检查皮带惰轮是否运转平衡。如果产生噪声或过度行程，进行更换。

(2) 检查惰轮皮带轮的外接触表面是否异常磨损和划伤。

(3) 检查皮带惰轮是否有润滑脂泄漏。

三、ME（H6DO）发动机

该发动机是水平位置六缸双顶置凸轮轴。

(一) 正时链条总成的拆卸

(1) 拆下曲轴皮带轮。

(2) 拆下前链罩。

(3) 拆下链条张紧器（右侧），如图 21-203 所示。

注：小心不要让柱塞 A 掉出来。

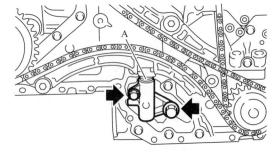

图 21-203 拆下链条张紧器（右侧）

(4) 拆下链条导向装置（右侧：凸轮之间），如图 21-204 所示。

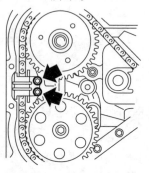

图 21-204 拆下链条导向装置（右侧：凸轮之间）

(5) 拆下链条导向装置（右侧）。

(6) 拆下链条张紧器杆（右侧），如图 21-205 所示。

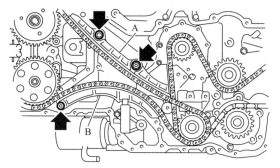

图 21-205　拆下链条张紧器杆（右侧）
A—链条导向装置（右侧）；B—链条张紧器杆（右侧）

(7) 拆下正时链条（右侧）。

(8) 拆下链条张紧器（左侧），如图 21-206 所示。

注：小心不要让柱塞掉出来。

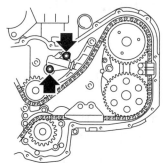

图 21-206　拆下链条张紧器（左侧）

(9) 拆下链条张紧器杆（左侧），如图 21-207 所示。

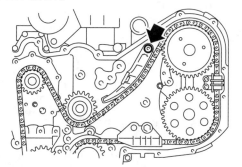

图 21-207　拆下链条张紧器杆（左侧）

(10) 拆下链条导向装置（左侧：凸轮之间），如图 21-208 所示。

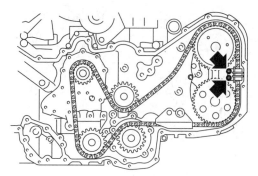

图 21-208　拆下链条导向装置
（左侧：凸轮之间）

(11) 拆下链条导向装置（左侧），如图 21-209 所示。

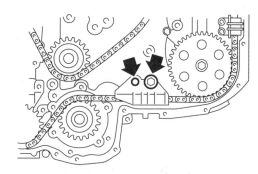

图 21-209　拆下链条导向装置（左侧）

(12) 拆下链条导向装置（中间），如图 21-210 所示。

图 21-210　拆下链条导向装置（中间）

(13) 拆下惰轮链轮（上），如图 21-211 所示。

(14) 拆下正时链条（左侧）。

(15) 拆下惰轮链轮（下），如图 21-212 所示。

第二十一章　其他车系发动机正时校对维修　853

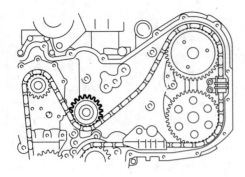

图 21-211 拆下惰轮链轮（上）

图 21-212 拆下惰轮链轮（下）

（二）正时链条总成的安装

(1) 链条张紧器安装的准备。

① 将螺钉、弹簧销和张紧杆插入张紧器体。

② 将张紧器安到橡胶垫上，同时扭转它以缩短张紧杆。随后将薄销插入张紧杆与张紧器体之间的孔，以固定它。

(2) 使用 ST 将曲轴链轮上的"顶标记"对准 9 点钟位置，如图 21-213 所示。

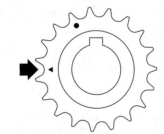

图 21-213 将曲轴链轮上的"顶标记"
对准 9 点钟位置

(3) 将排气凸轮轴链轮上的键槽对准 12 点钟位置，如图 21-214 所示。

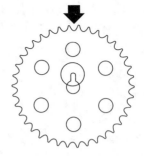

图 21-214 凸轮轴链轮上的键槽
对准 12 点钟位置

(4) 对齐进气凸轮轴链轮，如图 21-215 所示。

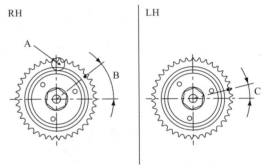

图 21-215 对齐进气凸轮轴链轮
A—顶标记；B—40°；C—15°

(5) 顺时针转动曲轴链轮，对齐"顶标记"与 12 点钟位置（活塞♯1 处于 TDC 位置）。

(6) 安装惰轮链轮（下），如图 21-216 所示。

图 21-216 安装惰轮链轮（下）

(7) 安装正时链条（左侧）。

① 对齐曲轴链轮上的正时标记 B 与正时链条（左侧）上的标记 A，如图 21-217 所示。

② 按照顺序，将正时链条（左侧）安装到惰轮链轮（下）、水泵、排气凸轮轴链轮

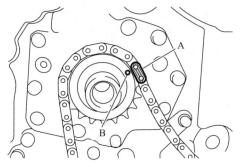

图 21-217 对齐正时标记 B 与标记 A
A—金色；B—记号

（左侧）和进气凸轮轴链轮（左侧）上，如图 21-218 所示。

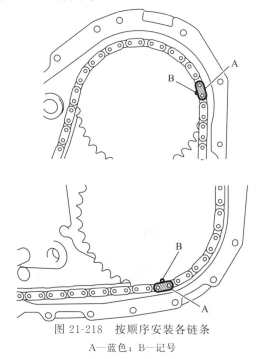

图 21-218 按顺序安装各链条
A—蓝色；B—记号

③ 安装惰轮链轮（上），如图 21-219 所示。

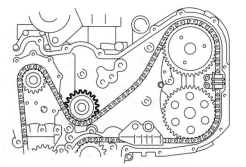

图 21-219 安装惰轮链轮（上）

④ 安装链条导向装置（左侧：凸轮之间），如图 21-220 所示。

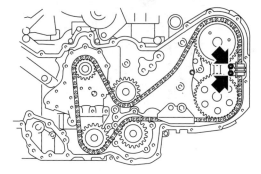

图 21-220 安装链条导向装置（左侧：凸轮之间）

⑤ 安装链条导向装置（左侧），如图 21-221 所示。

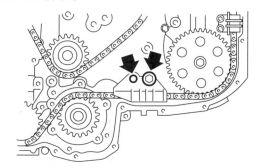

图 21-221 安装链条导向装置（左侧）

⑥ 安装链条张紧器杆（左侧），如图 21-222 所示。

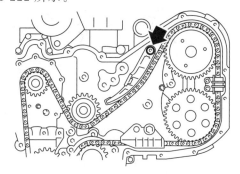

图 21-222 安装链条张紧器杆（左侧）

⑦ 安装链条张紧器（左侧），如图 21-223 所示。

（8）安装正时链条（右侧）。

① 对齐正时链条（左侧与右侧）上的记号与惰轮链轮（下）上的记号，如图 21-224 所示。

第二十一章 其他车系发动机正时校对维修 855

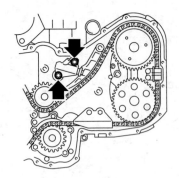

图 21-223　安装链条张紧器（左侧）

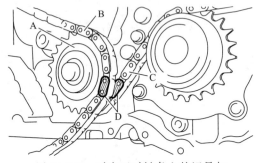

图 21-224　对齐正时链条上的记号与
惰轮链轮（下）上的记号
A—惰轮链轮（下）；B—正时链条（右）；
C—正时链条（左）；D—蓝色

② 按照顺序，将正时链条（右侧）安装到进气凸轮轴链轮（右侧）和排气凸轮轴链轮（右侧）上，如图 21-225 所示。

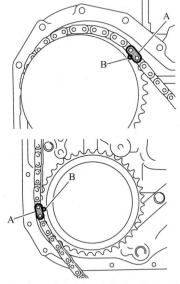

图 21-225　将正时链条安装到进气凸
轮轴链轮和排气凸轮轴链轮上
A—金色；B—记号

③ 安装链条导向装置（右侧）。

④ 安装链条张紧器杆（右侧），如图 21-226 所示。

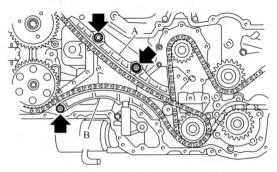

图 21-226　安装链条张紧器杆（右侧）
A—链条导向装置（右）；B—链条张紧器杆（右）

⑤ 安装链条导向装置（右侧：凸轮之间），如图 21-227 所示。

注：使用新安装螺栓。

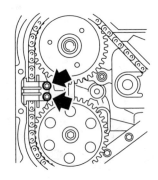

图 21-227　安装链条导向装置（右侧：凸轮之间）

⑥ 安装链条张紧器（右侧），如图 21-228 所示。

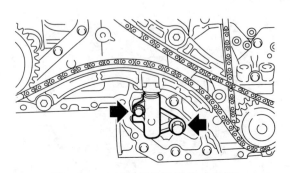

图 21-228　安装链条张紧器（右侧）

⑦ 调整链条导向装置（右侧）与链条导向装置（中间）之间的间隙在 8.4～8.6mm（0.331～0.339in）范围内。安装链条导向装置（中间），如图 21-229 所示。

⑧ 检查链轮和正时链条上的每个标记是否匹配，然后从链条张紧器上拔出止动销。

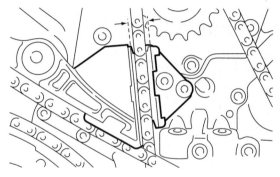

图 21-229　安装链条导向装置（中间）

第七节　中兴无限车系 XG491Q 发动机正时校对维修

正时调整部件如图 21-230 所示。

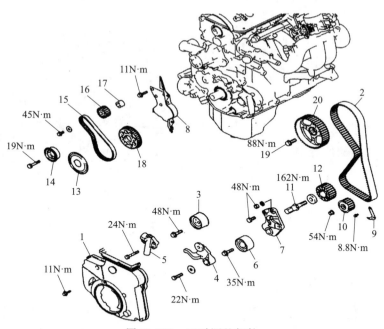

图 21-230　正时调整部件

1—正时齿带前下盖；2—正时齿带；3—张紧带轮；4—张紧臂；5—自动张紧器；6—中间带轮；7—张紧带轮支架；8—正时齿带后盖；9—正时相带指示器；10—油泵齿带轮；11—曲轴螺栓；12—曲轴齿带轮；13—法兰；14—张紧器 B；15—正时齿带 B；16—平衡轮齿带轮；17—衬套；18—曲轴齿带轮带 B；19—凸轮轴齿带轮螺栓；20—凸轮轴齿带轮

一、拆卸程序

1. 正时齿带的拆卸

记下齿带旋转方向以期复装时无误，如图 21-231 所示。

注：

① 齿带上黏附水或油脂会急剧减少齿带使用寿命。所以拆卸后，应十分注意不要让水或油脂附着和污染齿带、齿带轮、张紧器等。不要清洗这些零件。若污染严重，须换新件。

② 若这些零件上发现水或油脂，应检查前盖油封、凸轮轴油封以及水泵有无泄漏。

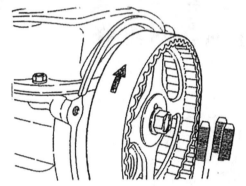

图 21-231　记下齿带旋转方向

2. 油泵齿带轮的拆卸

（1）拆卸气缸体侧的旋塞。

（2）插入直径 8mm 的十字螺丝刀，用以固定左侧平衡轴。

（3）拆卸油泵齿带轮螺母，如图 21-232 所示。

（4）拆卸油泵齿带轮。

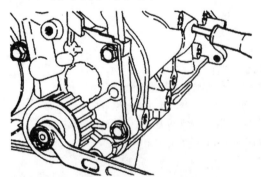

图 21-232　拆卸油泵齿带轮螺母

3. 曲轴螺栓的拆卸

（1）使用专用工具固定飞轮，如图 21-233 所示。

（2）拆卸曲轴螺栓。使用专用工具支撑飞轮。

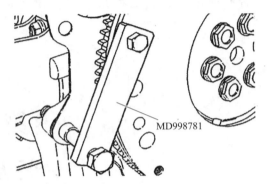

图 21-233　使用专用工具固定飞轮

4. 曲轴齿带轮的拆卸

若因黏着不易拆卸，请使用专用工具，如图 21-234 所示。

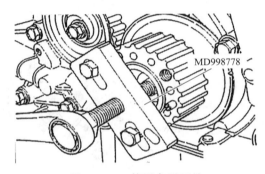

图 21-234　使用专用工具

5. 正时齿带 B 的拆卸

记下齿带旋转方向以期复装时无误，如图 21-235 所示。

注：

① 齿带上黏附水或油脂会急剧减少齿带使用寿命。所以拆卸后，应十分注意不要让水或油脂附着和污染齿带、齿带轮、张紧器等。不要清洗这些零件。若污染严重，须换新件。

② 若这些零件上发现水或油脂，应检查前盖油封、凸轮轴油封以及水泵有无泄漏。

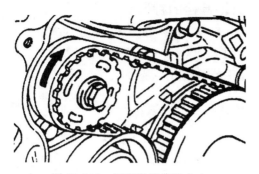

图 21-235　记下齿带旋转方向

6. 平衡轮齿带轮的拆卸

（1）使用如图 21-236 所示工具固定平衡轴齿带轮。

（2）拆卸平衡轴齿带轮。

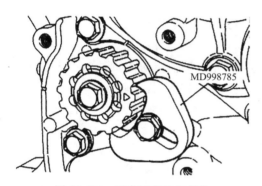

图 21-236　固定平衡轴齿带轮

7. 曲轴齿带轮 B 的拆卸

若因黏着不易拆卸，请使用专用工具，如图 21-237 所示。

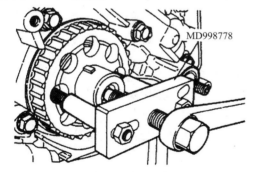

图 21-237　使用专用工具

8. 凸轮轴齿带轮螺栓的拆卸

（1）使用专用工具固定凸轮轴正时齿带轮，如图 21-238 所示。

（2）拆卸凸轮轴齿带轮螺栓。

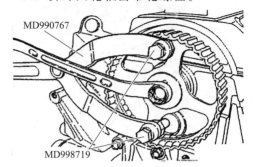

图 21-238　固定凸轮轴正时齿带轮

二、安装程序

1. 凸轮轴齿带轮螺栓的拧紧

（1）使用专用工具固定凸轮轴齿带轮。

（2）把凸轮轴齿带轮螺栓拧紧到规定的转矩。

2. 衬套安装

安装衬套时，将有倒角的一侧朝向油封，如图 21-239 所示。

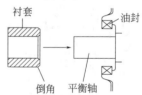

图 21-239　将有倒角的一侧朝向油封

3. 曲轴齿带轮 B 的安装

（1）将曲轴齿带轮 B 及平衡轮齿带轮的标记分别与前盖上的标记对正，如图 21-240 所示。

（2）在曲轴齿带轮 B 及平面轴齿带轮上安装正时齿带 B，张紧一侧不允许有松弛。

（3）确认张紧器轮中心与螺栓中心的位置，如图 21-241 所示。

（4）在用手指对着正时齿带张紧器一侧施加力的同时，向箭头方向移动张紧器 B。此时拧紧螺栓使张紧器 B 固定，如图 21-242 所示。注意在拧紧螺栓时不要让轴与齿带轮一起转动使齿带过紧。

（5）确认齿带轮与前盖上的标记对齐。

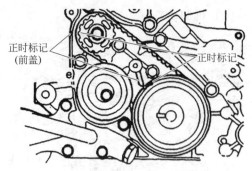

图 21-240 将曲轴齿带轮 B 及平衡轮齿带轮的标记分别与前盖上的标记对正

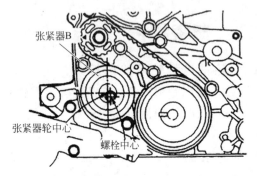

图 21-241 确认张紧器轮中心与螺栓中心的位置

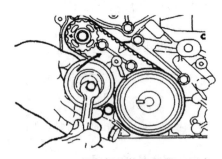

图 21-242 拧紧螺栓使张紧器 B 固定

（6）用食指压下正时齿带 B 的张紧器一侧的中央部分，如图 21-243 所示，齿带压下量为 5~7mm。

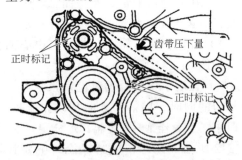

图 21-243 用食指压下正时齿带 B 的张紧器一侧的中央部分

4. 曲轴螺栓的拧紧

（1）使用专用工具固定飞轮，如图 21-244 所示。

（2）安装曲轴螺栓。

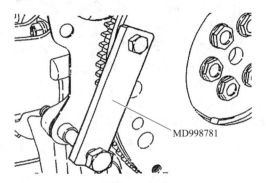

图 21-244 使用专用工具固定飞轮

5. 油泵齿带轮的安装

（1）将十字螺丝刀塞入气缸体左侧塞孔，阻止平衡轴转动，如图 21-245 所示。

（2）安装油泵齿带轮。

（3）在螺母与轴承的结合面涂抹机油。

（4）按照规定的力矩拧紧螺母。

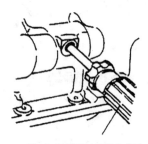

图 21-245 将十字螺丝刀塞入气缸体左侧塞孔，阻止平衡轴转动

6. 自动张紧器的安装

（1）若自动张紧器杆在伸出位置，应按照下述步骤使其缩回。

（2）用带有软钳口的虎钳夹紧自动张紧器。

> **注意**
> 自动张紧器后端有螺塞突出，应在虎钳和螺塞之间插入平垫板，防止两者的直接接触。

(3) 利用虎钳慢慢地将杆推入，直到杆的孔 A 与油缸的孔 B 对齐为止，如图 21-246 所示。

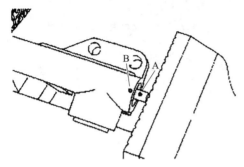

图 21-246　孔 A 与油缸的孔 B 对齐

(4) 将钢丝（直径为 1.4mm）插进对齐的孔中。

(5) 用虎钳拆卸自动张紧器，如图 21-247 所示。

(6) 将自动张紧器安装在前盖上，用规定力矩拧紧螺栓。

注意

将钢丝留在自动张紧器中。

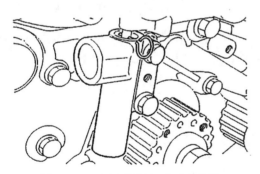

图 21-247　用虎钳拆卸自动张紧器

7. 正时齿带的安装

(1) 确认正时齿带张紧器安装妥当。

(2) 使凸轮轴齿带轮上的正时记号与气缸盖上的记号对齐，如图 21-248 所示。

(3) 使曲轴齿带轮上的正时记号与前盖上的记号对齐，如图 21-249 所示。

(4) 使油泵齿带轮上的正时记号与其符合记号对齐，如图 21-250 所示。

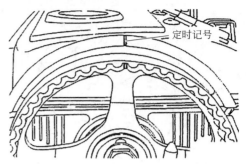

图 21-248　使凸轮轴齿带轮上的正时记号与气缸盖上的记号对齐

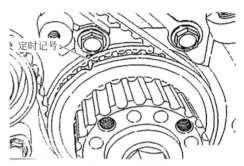

图 21-249　使曲轴齿带轮上的正时记号与前盖上的记号对齐

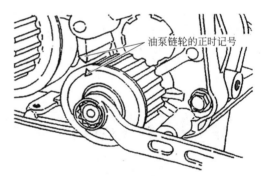

图 21-250　使油泵齿带轮上的正时记号与其符合记号对齐

(5) 从气缸体上拆卸塞子，然后将十字螺丝刀（直径 8mm）插入孔中。若能插入 60mm 以上，这表示正时标记已对齐，若不能插入 20～25mm 以上，应将油泵齿带轮转一圈，然后对齐正时标记，再度检查螺丝刀能否插进 60mm 以上。将螺丝刀保持在插入位置上，直到皮带安装结束。

(6) 将正时齿带依次连接到曲轴皮带轮、中间带轮、凸轮轴齿带轮以及张紧皮带轮上。

第二十一章　其他车系发动机正时校对维修

(7) 向箭头方向抬起张紧器皮带轮，如图 21-251 所示，然后拧紧中心螺栓。

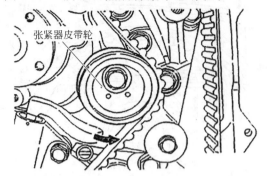

图 21-251 向箭头方向抬起张紧器皮带轮

(8) 检查所有正时标记是否都成一直线。

(9) 拆下步骤（5）时插入的螺丝刀，装上塞子。

(10) 将曲轴逆时针旋转 1/4 转。然后顺时针旋转，直到所有正时记号再度排齐为止。

(11) 将专用工具的套筒扳手和转矩扳手装配在张紧器皮带轮上，如图 21-252 所示，然后拧松张紧器皮带轮中心螺栓。

注：如果不能利用专用工具，可使用能测量 0~0.3kgf·m 转矩的转矩扳手。

(12) 利用转矩扳手拧紧到 0.26~0.27kgf·m 的转矩。

(13) 一边利用专用工具和转矩扳手持张紧器皮带轮，一边拧紧中心螺栓至标准值。

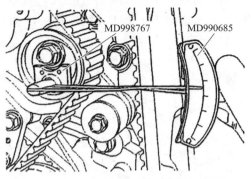

图 21-252 将专用工具的套筒扳手和转矩扳手装配在张紧器皮带轮上

(14) 将曲轴顺时针旋转两转后，放置约 15min。然后，检查自动张紧器的固定钢丝能否自动滑动，如图 21-253 所示。

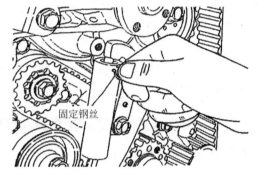

图 21-253 检查自动张紧器的固定钢丝能否自动滑动

注：若钢丝不能自由滑动，反复进行上述步骤(10)以上步骤，直至钢丝滑动为止。

(15) 取下自动张紧器固定钢丝。

第八节

江铃陆风风尚、风尚车系 CA20 发动机正时校对维修

CA20 发动机正时系统机构的拆装如下：

一、正时系统机构的拆卸

(1) 脱开蓄电池负极电线。

(2) 放出发动机冷却液。

(3) 取下发动机右支架连接板。

(4) 取下空调压缩机皮带。

(5) 取下水泵皮带轮。

(6) 取下皮带轮螺栓,取下曲轴皮带轮。

(7) 取下正时皮带前罩壳,如图 21-254 所示。

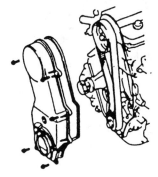

图 21-254　取下正时皮带前罩壳

> **注意**
> ① 拆下正时皮带后,绝不能转动凸轮轴和曲轴超过如图 21-257 所示的范围。如果转动,活塞和气门之间会产生干涉,可能损坏活塞和气门的有关零件。
> ② 绝不能弯折正时皮带,如图 21-258 所示。

(8) 为了安装正时皮带,通过转动曲轴来对准如图 21-255 所示的四个正时标记。

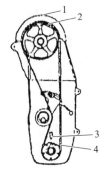

图 21-255　对准四个正时标记
1—气缸盖罩上的 V 形标记;
2—轮轴正时皮带轮上的正时标记 E;
3—泵壳体上的箭头标记;
4—曲轴正时皮带上的冲印

(9) 拆下正时皮带张紧轮、张紧轮板、弹簧和正时皮带,如图 21-256 所示。

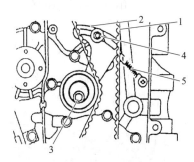

图 21-256　拆下正时皮带张紧轮等
1—正时皮带;2—张紧轮板;
3—张紧轮螺栓;4—张紧轮螺柱;5—弹簧

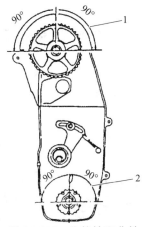

图 21-257　凸轮轴和曲轴
1—凸轮轴允许转动范围
(按正时标记,以气缸盖罩上的"V"形缺口为准可向左、右各转动 90°范围);
2—曲轴允许转动范围
(按冲印标记,以油泵壳体上的箭头标记为准可向左、右各转动 90°范围)

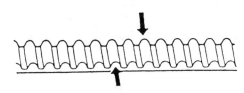

图 21-258　不能弯折正时皮带

二、正时结构的检查

(1) 检查正时皮带,看有无磨损和裂纹,需要时应进行更换。

(2) 检查张紧轮,看转动是否灵活,如图 21-259 所示。

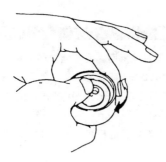

图 21-259 检查张紧轮

三、正时结构的安装

(1) 将张紧轮板装在张紧轮上,如图 21-260 所示。将张紧轮板的凸齿插入到张紧轮的孔中。

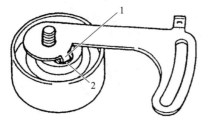

图 21-260 将张紧轮板装在张紧轮上
1—凸齿;2—孔

(2) 安装张紧轮和张紧轮板。

此时,不要用扳手拧紧张紧轮螺栓,只用手拧紧即可。确保张紧轮板按箭头方向运动(图 21-261),以使张紧轮按同样的方向运动。如果没有发生张紧轮板和张紧轮之间的有关运动,应拆下张紧轮和张紧轮板,将张紧轮板凸齿重新插入张紧轮的孔中。

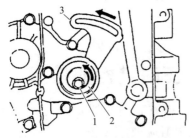

图 21-261 确保张紧轮板按箭头方向运动
1—张紧轮螺栓;2—张紧轮;3—张紧轮板

(3) 检查凸轮轴正时皮带轮上的正时标记,如图 21-262 所示。该标记应对准气缸盖罩上的"V"形缺口。如果没有对准,可通过转动凸轮轴的方法使两个标记对准,但必须注意,转动不能超过其允许范围(见图 21-257)。

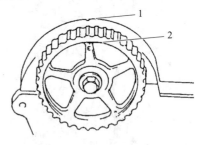

图 21-262 检查凸轮轴正时皮带轮上的正时标记
1—"V"形缺口标记;2—正时标记"E"

(4) 检查曲轴皮带轮上的冲印标记,如图 21-263 所示。该标记应与油泵壳上的箭头对准。如果没有对准,可通过转动曲轴的方法使两个标记对准,但必须注意转动不能超过其允许范围(见图 21-257)。

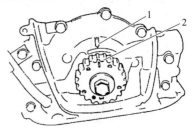

图 21-263 检查曲轴皮带轮上的冲印标记
1—箭头标记;2—冲印标记

(5) 安装正时皮带和张紧轮弹簧,如图 21-264 所示。使两组标记对准,张紧轮板向上推,在两个皮带轮上安装正时皮带,使皮带的驱动侧(端)无松弛现象。然后,装上张紧轮簧,并用手拧紧张紧轮螺栓。

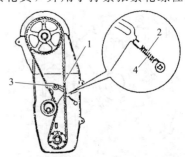

图 21-264 安装正时皮带和张紧轮弹簧
1—皮带的驱动侧;2—张紧轮弹簧;
3—张紧轮螺栓;4—缓冲器

> **注意**
> ① 装正时皮带时，应使皮带上的箭头标记与曲轴的旋转方向一致。
> ② 在这种情况下，4号活塞位于压缩行程的上死点。

(6) 安装后，为了张紧松弛的正时皮带，可顺时针方向转动曲轴两圈。当确信皮带无松弛现象后，首先拧紧张紧轮螺栓，然后按规定的转矩拧紧张紧轮螺栓，如图21-265所示。

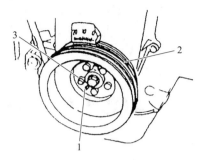

图 21-267　安装曲轴皮带轮
1—销钉；2—曲轴皮带轮；3—皮带轮螺母
拧紧转矩：16N·m。

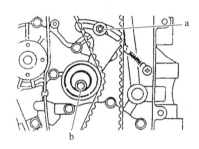

图 21-265　拧紧张紧轮螺栓
拧紧转矩：a 为 11N·m，b 为 27N·m。

(7) 安装正时皮带前罩壳，如图21-266所示。安装前，应确认密封件位于水泵和油泵壳之间。

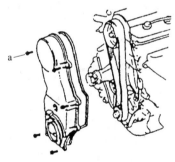

图 21-266　安装正时皮带前罩壳
拧紧转矩：a 为 11N·m。

(8) 安装曲轴皮带轮，如图21-267所示。将皮带轮上的孔装入曲轴正时皮带轮上的销钉上，然后按规定的转矩拧紧皮带轮螺栓。

(9) 装上水泵皮带轮和发电机/水泵驱动皮带，如图21-268所示。调整发电机/水泵驱动皮带的松紧程度。

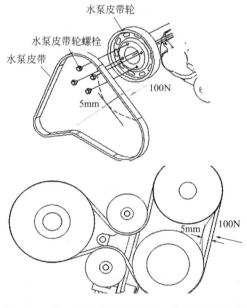

图 21-268　装上水泵皮带轮和发电机/水泵驱动皮带

(10) 安装空调压缩机皮带。调整皮带的松紧程度。

(11) 连接各管线，按规定进行固定。

(12) 向冷却系统加注冷却液，排出系统中的空气。

(13) 装上蓄电池，并接好负极电线。

(14) 确定软管连接处无冷却液泄漏。

第九节

长丰猎豹 4G94-S9L 发动机正时校对维修

发动机正时部件如图 21-269 所示。

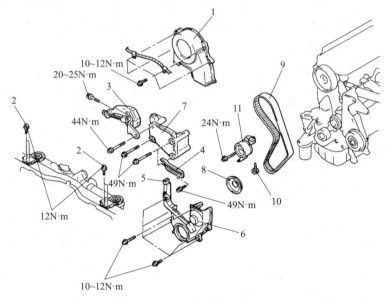

图 21-269 发动机正时部件

1—正时皮带前上盖；2—散热器上安装螺栓；3—交流发动机支架；4—动力转向油泵支座；5—曲轴转角传感器接头；
6—正时皮带前上盖；7—附件装置；8—轮缘；9—正时皮带张力调整；10—正时皮带；
11—张紧装置发条

一、正时皮带的拆卸

（1）顺时针旋转凸轮轴对准每个正时标记，如图 21-270 所示，把 1 号气缸设置到压缩上死点。

（2）松开调整螺栓。

（3）在正时皮带上使用一个螺丝刀按图 21-271 所示箭头方向使其完全压向后方。

（4）暂时拧紧调整螺栓。

（5）拆卸正时皮带。

> **注意**
> 必须总是顺时针旋转凸轮轴。

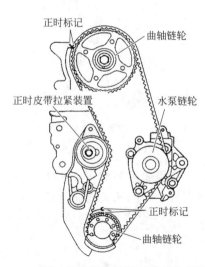

图 21-270 顺时针旋转凸轮轴对准每个正时标记

> **注意**
>
> 如要重新使用正时皮带，用粉笔画一个箭头标明顺时针方向。

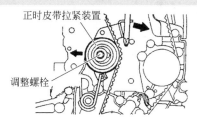

图 21-271　完全压向后方

二、正时皮带的安装

（1）如图 21-272 所示，把正时皮带张紧装置的外伸量放在张紧装置发条末端上。

（2）将正时皮带移向水泵侧，暂时拧紧调整螺栓。

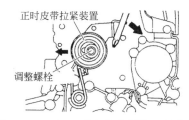

图 21-272　把正时皮带张紧装置的外伸量放在张紧装置发条末端上

（3）把每个凸轮轴链轮对准凸轮轴正时标记，如图 21-273 所示。

（4）按下面次序安装正时皮带，同时确定皮带的张紧侧没有松弛现象。

① 曲轴链轮。
② 水泵链轮。
③ 凸轮轴链轮。
④ 张紧轮。

> **注意**
>
> 在安装正时皮带后，在相反方向旋转凸轮轴链轮，再次检测皮带是否完全张紧，每个正时标记是否在合适的位置。

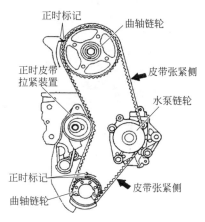

图 21-273　把每个凸轮轴链轮对准凸轮轴正时标记

三、正时皮带的张力调整

（1）最初，松开张紧轮的固定螺栓 1/2～1/4 转，这个螺栓固定在发动机安装侧，使用拉紧装置发条施加一个力到皮带上。

（2）向右旋转凸轮轴两转，再次检测每个链轮上的正时标记是否对准，如图 21-274 所示。

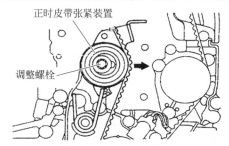

图 21-274　检测每个链轮上的正时标记是否对准

> **注意**
>
> 这个程序的目的是使用凸轮驱动力矩在正时皮带的张紧侧施加适当张力，以旋转凸轮轴，注意不能往相反方向（左旋）旋转凸轮轴。

（3）检测完后，确定有 A 标记的部分没有皮带齿，如图 21-275 所示，每个链轮上的齿被啮合，确保张紧轮安全。

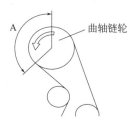

图 21-275　确定有 A 标记的部分没有皮带齿

第二十一章　其他车系发动机正时校对维修　867